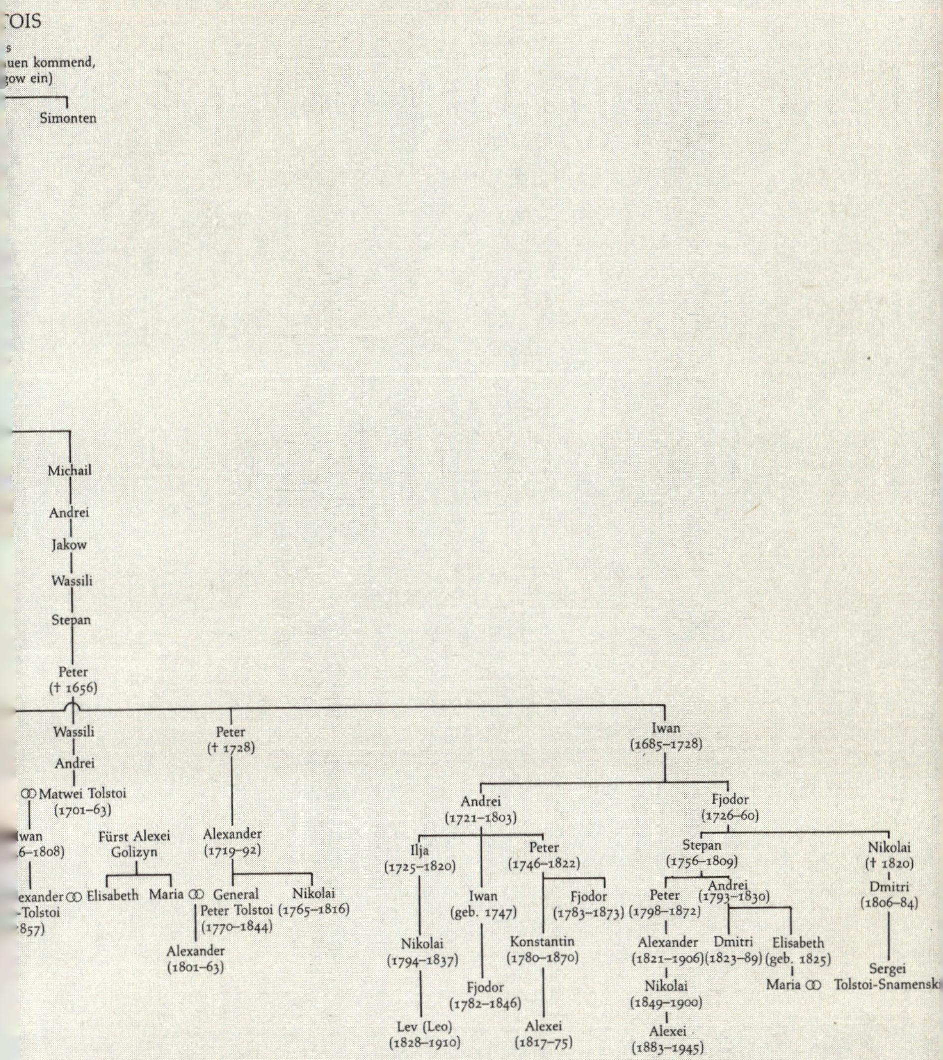

TOIS

uen kommend,
gow ein)

Simonten

Michail

Andrei

Jakow

Wassili

Stepan

Peter
(† 1656)

Wassili — Peter († 1728) — Iwan (1685–1728)

Andrei

⚭ Matwei Tolstoi (1701–63)

Iwan (...–1808)

...exander ⚭ ...-Tolstoi ...857)

Fürst Alexei Golizyn

Elisabeth   Maria ⚭ General Peter Tolstoi (1770–1844)   Nikolai (1765–1816)

Alexander (1719–92)

Alexander (1801–63)

Andrei (1721–1803)

Ilja (1725–1820)

Iwan (geb. 1747)

Nikolai (1794–1837)

Fjodor (1782–1846)

Lev (Leo) (1828–1910)

Peter (1746–1822)

Konstantin (1780–1870)

Alexei (1817–75)

Fjodor (1783–1873)

Fjodor (1726–60)

Stepan (1756–1809)

Peter (1798–1872)

Alexander (1821–1906)

Nikolai (1849–1900)

Alexei (1883–1945)

Andrei (1793–1830)

Dmitri (1823–89)

Elisabeth (geb. 1825)

Maria ⚭

Nikolai († 1820)

Dmitri (1806–84)

Sergei Tolstoi-Snamensk...

Das Haus Tolstoi

Jens Lorenzen

Nikolai Tolstoy

Das Haus Tolstoi

Vierundzwanzig Generationen
russischer Geschichte
(1353–1983)

Deutsche Verlags-Anstalt Stuttgart

CIP-Kurztitelaufnahme der Deutschen Bibliothek

Tolstoy, Nikolai:
Das Haus Tolstoi : 24 Generationen russ.
Geschichte (1353–1983) / Nikolai Tolstoy. –
Stuttgart : Deutsche Verlags-Anstalt, 1985.
Einheitssacht.: The Tolstoys <dt.>
ISBN 3-421-06287-0

© 1983 by Nikolai Tolstoy
Titel der englischen Ausgabe:
Nikolai Tolstoy, The Tolstoys
Twenty-four Generations of Russian History 1353–1983

© der deutschen Ausgabe 1985
Deutsche Verlags-Anstalt GmbH, Stuttgart
Satz: Wagner GmbH, Nördlingen
Druck und Bindearbeit: Clausen & Bosse, Leck
Printed in Germany

Inhaltsverzeichnis

Vorwort 7

1 Herkunft der Familie. 11
2 Die Tolstois und die Miloslawskis. 23
3 Der Fluch des Zarewitsch. 57
4 Der General und die drei Bären. 115
5 »Der Amerikaner«. 153
6 »Die Verkörperung einer ganzen Akademie« 185
7 Zwei Reaktionäre 217
8 Ein russischer Walter Scott. 277
9 Das Streben nach Unschuld 311
10 Der Aristokrat an Stalins Hof 367
11 Epilog: Die Flucht der Tolstois 425

Anhang

Über russische Titel 449
Zum Stammbaum. 451
Über Umschrift und Datierung 452
Danksagung. 453
Bildnachweis 455
Anmerkungen 457
Personenregister 485

Für
Alexandra, Anastasia, Dmitri
und Xenia Tolstoi-Miloslawski

Vorwort

Wie Tausende von Russen dieses Jahrhunderts wurde ich in einem anderen Land geboren und erzogen und konnte das Land meiner Ahnen erst in späteren Lebensjahren als Besucher bereisen. Dennoch erhielt ich eine sehr russische Erziehung, eine, die mir die ungewöhnliche Natur meines Erbes tief einprägte. Ich wurde in der Russisch-Orthodoxen Kirche getauft und habe dort den Gottesdienst besucht. Abends betete ich die vertrauten Worte des *Otsche nasch* (Vaterunser), besuchte Einladungen, wo kleine russische Buben und Mädchen mehrere Sprachen durcheinander plauderten, und ich spürte, daß ich mich durch Herkunft und Temperament von meinen englischen Freunden unterschied. Am bewußtesten wurde ich vermutlich von jenen melancholischen, erinnerungsschweren Wohnungen berührt, wo meine Verwandten lebten, umgeben von Ikonen, Ostereiern, Porträts des Zaren und der Zarin, Familienphotos und Emigrantenzeitungen, Andenken an jenes rätselhafte, entlegene Land der Wölfe, der Bären und der schneebedeckten Wälder von Iwan Bilibins berühmten Märchenillustrationen. Irgendwo gab es ein richtiges Rußland, zu dem wir alle gehörten, aber das lag weit hinter Raum und Zeit. Ich wußte nichts von der schrecklichen Umwälzung, die diesen seltsamen Zustand hervorgebracht hatte, bis ich etwa acht Jahre alt war. Meine Eltern erzählten mir nie von der Revolution und dem roten Terror: Ich weiß dies deshalb so genau, weil ich mich daran erinnere, wie mir einer meiner Schulfreunde die ganze Sache erklärte, als ich acht war. Zuvor hatte ich mich wie alle andern über die Siege der Roten Armee gefreut, von denen wir im Rundfunk hörten. Nun, dank der Erläuterung von Bill Sowry wußte ich, daß es rote und weiße Russen gab und daß ich zu den letzteren gehörte.

Schon einige Zeit zuvor, ich war keineswegs älter als fünf, hatte ich einen schrecklichen Traum. Ich stand an einem Fenster im ersten Stock des großen Hauses, das neben dem Haus meiner Großeltern in

North Devon liegt. Plötzlich bemerkte ich, daß alle Einwohner von Bideford ihre Häuser verlassen hatten und dicht gedrängt durch die Instow Straße eilten. Ohne weitere Erklärung wußte ich, daß sie es auf mich abgesehen hatten und daß es kein Entrinnen gab. Natürlich kann es für dieses Erlebnis eine sachliche Erklärung geben, aber es ist meine Überzeugung – und sie ist überaus lebendig –, daß mein Verstand unbewußt die entsetzlichen Erschütterungen erlebte, die mein Vater im gleichen Alter durchmachte und die irgendwo auch in meiner Seele Wurzel geschlagen hatten.

Sei es, wie es will. Nachdem ich mich in den letzten Jahren in das Leben meiner Ahnen versenkt habe, bin ich der Meinung, daß wir uns nur eines kleinen Teiles jener vererbten Eigenschaften, typischen Merkmale und Erfahrungen bewußt sind, die wir von unseren Vorfahren empfangen. Immer wieder habe ich Eigenschaften längst verstorbener Tolstois in der gegenwärtigen Generation auftreten sehen, und zweifellos werden sie dies auch in der nächsten wieder tun. Wenn man eine Familie untersucht, in der so viele Mitglieder Schriftsteller oder Künstler waren, nach innen gewandt und der Analyse zugetan, dann ist dies von Vorteil, denn so erfährt man viel über ihre geistige Struktur. Charaktere und Einstellungen kehren immer wieder.

Die Tolstois sind, wie jede andere Familie, nicht eine Ansammlung von Einzelwesen, die nur vom gleichen Familiennamen zusammengehalten werden, sondern sie haben in vieler Hinsicht teil an einer überindividuellen Einheit, durch die ein gemeinsames Bewußtsein strömt. Man sagt, die männlichen Gene seien Träger bestimmter Eigenschaften. Ich bin nicht berufen, darüber zu urteilen, ob dies richtig ist; aber ich neige dazu, es zu glauben, denn obwohl die Identifizierung von Eigentümlichkeiten einer Familie der wissenschaftlichen Analyse nicht so ohne weiteres zugänglich ist, ist dies doch so offensichtlich, daß man allein daraus schon einen Beweis für den Einfluß der Vererbung ablesen kann.

Ich habe Eigenschaften ausgesucht, die uns gemeinsam sind und die unsere Familie seit langer Zeit von anderen unterscheidet. Marc Raeff hat über die eigentümlichen Bedingungen der russischen Geschichte geschrieben, durch welche die Adelsfamilien ungewöhnlich fest in sich gefügt wurden, selbst über mehrere Generationen hinweg, und in die auch ganz entfernte Verwandte miteinbegriffen waren, sofern sie nur den Namen und die Abstammung miteinander teilten: »Die Umstände erklären die Rolle, welche eine Familie –

oder ein Clan, um die buchstäbliche Übersetzung des russischen Begriffs *rod* zu verwenden – im moskowitischen Rußland spielte ... Die Familie war die einzige Institution, die dem einzelnen half, das Gefühl der räumlichen Isolierung und der Unsicherheit hinsichtlich seiner Nachbarn und seines politischen Herrn (sei er nun ein mongolischer Khan oder ein russischer Großfürst) zu überwinden. Die Familienbande wuchsen auch deshalb so stark, weil sie ein Mittel dazu waren, der Gefahr einer vollständigen Abhängigkeit eines einzelnen Edelmannes von der Gunst seines Fürsten und der zersetzenden Kraft der Erbfolge zu begegnen. Sie wurden auch dazu verwandt, die Gewinne und die Vorteile, die ein einzelner oder eine Generation erworben hatten, für mehr als nur eine Generation zu vermehren oder zumindest zu erhalten. Wie sonst konnten Status, Besitzstand und Vorrecht, die man im Dienst erworben hatte, bewahrt und den folgenden Generationen weitervermittelt werden?« Das eigentümliche moskowitische System des *mestnitschestwo*, das es niemandem gestattete, einen Menschen zum Untertan zu haben, dessen Ahn einen aus der eigenen Familie früher zum Untertanen hatte, legten großen Wert auf die Solidarität des Familienverbandes.[1]

Zu den persönlichen Eigenschaften, die bei den Tolstois immer wieder auftreten, zählen eine hohe Lebenserwartung[2], Familienstolz (von dem Gogol berichtet)[3] und eine hochgeistige Vitalität. Wassili Klijutschewski, der große Historiker des neunzehnten Jahrhunderts, bemerkte einmal, daß »nahezu alle Adelsfamilien, die zu Zeiten Peters des Großen und Katharinas II. ins Rampenlicht traten, degeneriert sind. Die Tolstois bilden eine Ausnahme. Diese Familie hat eine bemerkenswerte Vitalität bewiesen«[4]. Sie waren auch bekannt für ihre Liebe zum anderen Geschlecht.[5] Ebenso bemerkenswert ist auch das gehäufte Auftreten von Familienmitgliedern mit ungewöhnlicher Körperkraft. Alexander Herzen staunte über die außergewöhnliche physische Kraft, die von Fjodor Iwanowitsch Tolstoi wie eine elektrische Energie ausstrahlte. Der Dichter Alexei Konstantinowitsch konnte Hufeisen von Pferden geradebiegen und mit bloßen Händen Nägel in die Wand schlagen, und sein Vetter Leo, der große Romancier, zeigte gleichfalls beispiellose athletische Stärke. Noch mit 82 stellte er seine Kraft unter Beweis, indem er sich einen Schrank auf den Rücken lud.[6]

Schließlich kann man einen Zug von Unbeherrschtheit und von Verschrobenheit beobachten, der vor allem in Fjodor Iwanowitsch,

»dem Amerikaner«, augenfällig wird, ferner in General Osterman-Tolstoi, in Alexei Konstantinowitsch und im hemmungslosen Leo. Einige sehen darin vielleicht den Schatten vom Fluch des Zarewitschs. Vieles wurde womöglich von der Familie Miloslawski vererbt: Ilja Danilowitsch Miloslawski war ebenso exzentrisch und herkulisch in seiner Statur wie alle Tolstois, und sein Vetter Iwan Michailowitsch war der gerissenste Politiker seiner Zeit.

Eine Familiengeschichte zu verfolgen ist ein seltsames Unterfangen. Wie sehr hängt unsere gegenwärtige Existenz ab von einer Vielzahl längst vergangener, zufälliger Ereignisse? Wäre Indris 1353 in Tschernigow dem Schwarzen Tod erlegen, oder hätten die Naryschkins 1682 über die Miloslawskis triumphiert, oder hätten Bulawins Kosaken 1708 Asow gestürmt – dann wäre ich nicht hier und schriebe diese Zeilen. Und hätte es nicht 1920 die Beherztheit einer englischen Kinderfrau und die Güte eines englischen Pfarrers gegeben, dann wäre ich nicht im glücklichen England geboren worden, sondern mit einiger Sicherheit als einer aus jener Generation von 1935, deren kurzes Leben in sozialistischen Umerziehungs- und Arbeitslagern nördlich des Polarkreises begann und endete.

Nikolai Tolstoy-Miloslawski

Berkshire, 1982

1
Herkunft der Familie

Wie andere europäische Adelshäuser, so sah auch der russische Adel in einer glanzvollen Ahnenreihe ein herausragendes Zeichen seines Ranges. Dieser Umstand gewann während des späten Feudalzeitalters so sehr an Bedeutung, daß es schließlich weder dem gesunden Menschenverstand einleuchten noch den Interessen des Staates dienlich sein konnte. Nach einem uralten System, als *mestnitschestwo* bekannt, entschieden die aristokratischen Beamten über die Anciennität im Staatsdienst, indem sie die Funktionen in Rechnung stellten, die sie und ihre Ahnen im Verhältnis zu anderen eingenommen hatten. Da kann es nicht überraschen, daß es darüber zu heftigen Zerwürfnissen und zu Gerichtsverfahren kam, in denen das persönliche Verdienst rechtlich nicht von Bedeutung war.

Ein Adliger, dessen »Familie einer anderen ebenbürtig oder überlegen war und der bislang bei Tisch oder im Staatsdienst auch nicht unterhalb jener anderen gesessen hatte, wurde trotzdem vom Zaren gezwungen, diesen nachgeordneten Platz einzunehmen. Das verweigert er, beleidigt und verflucht den Rivalen, und obgleich sie ihn auch zwingen, setzt er sich nicht wieder an den Tisch, sondern will sich entfernen. Das wird ihm nicht erlaubt, er wird ermahnt, nicht ungehorsam zu sein und den Zaren zu verärgern; aber er hört nicht auf zu schreien, selbst als der Zar befiehlt, ihm den Kopf abzuschlagen. Er setzt sich einfach nicht, wie ihm befohlen, sondern kriecht unter den Tisch. Dann befiehlt der Zar, ihn in den Kerker zuwerfen, oder er verweigert ihm künftig den Aufenthalt in seiner Gegenwart. Dieser Ungehorsam beraubt ihn seiner adligen Stellung, und die Familie muß ihre alte Stellung aufs neue durch Dienste für den Staat erwerben«[1].

Diese unwürdige Veranstaltung sollte man jedoch nicht an den verfeinerten Umgangsformen, wie sie an den Höfen des westlichen Europa üblich waren, messen. Vielmehr gilt es zu bedenken, daß dieses System des *mestnitschestwo* zunächst ein recht einfaches

Kontrollinstrument gegenüber der selbstherrscherlichen Gewalt des Zaren bedeutete, einen Mann seiner Wahl zu bevorzugen; außerdem stand damit ja nicht nur das eigene Amt eines Bojaren auf dem Spiel, sondern die Stellung, die Macht und der Reichtum seiner ganzen Sippe. Seine noch ungeborenen Nachkommen würden ihn vielleicht eines Tages dafür verfluchen, daß er so feige war, sich während eines Essens im Kreml an den falschen Platz zu setzen. Zuletzt allerdings wurde dieses System in Krisenzeiten, etwa im Krieg, häufig aufgegeben.

Ein derart lächerlich starres System konnte die anwachsende Macht des russischen Staates nur einschränken, und so schaffte Zar Fjodor Alexejewitsch das System des *mestnitschestwo* anno 1682 ab.[2]

Der Bericht der Tolstois über ihre Herkunft lautet folgendermaßen: 1353 kam Indris, »ein Mann von vornehmer Abstammung« (in einer Version wird er auch als »Graf« bezeichnet), aus dem Heiligen Römischen Reich nach Tschernigow, begleitet von seinen Söhnen Litwinos und Simonten sowie einer Streitmacht von 3000 Mann. Die drei wurden auf die Namen Leonti, Konstantin und Fjodor getauft. Ein Stammbaum verfolgt die Tolstois durch den älteren Sohn Konstantin zurück zu Indris.[3]

1686 erklärte Andrei Wassiljewitsch Tolstoi, daß dieser Bericht einen Auszug aus einer mittelalterlichen Chronik der Stadt Tschernigow darstelle. Diese magere Skizze läßt sich durch Beweise aus dem Eintrag selber ergänzen. Der Name »Indris« entspricht dem deutschen Namen »Heinrich«.[4] »Litwinos«, der Name seines ältesten Sohnes, bedeutet »der Litauer«, und daher ist es wahrscheinlich, daß eine frühere Überlieferung einen Hinweis auf »Konstantin *Litwinos*«, das heißt »Konstantin der Litauer«, mißverstand. Der Name des zweiten Sohnes, »Simonten«, bedeutet »Sigismund«, ein Name polnischer Herkunft. Daraus darf man vernünftigerweise folgern, daß ein Adliger oder ein Ritter namens Heinrich aus einem Teil des Heiligen Römischen Reiches kam und in die Dienste Litauens trat, das seinerzeit eng mit Polen verbunden war. Dort wurden auch seine beiden Söhne geboren; später, nach einem Aufenthalt von unbekannter Dauer, begleiteten sie ihn weiter nach Osten, nach Tschernigow in Rußland.

Es gibt gute historische Gründe dafür, daß dieser Bericht zuverlässig ist. Daß der ursprüngliche Eintrag in der Chronik höchstwahrscheinlich falsch interpretiert wurde, bedeutet erstens, daß er lange genug schon existiert haben muß, um dann gut einige Zeit vor 1686 falsch abgeschrieben zu werden. Zweitens bestärken die historischen Umstände um die Mitte des vierzehnten Jahrhunderts, als Indris, wie es heißt, nach Rußland kam, bemerkenswerterweise den Bericht, der dem Zeugnis der Familie zugrunde liegt.

Das Rußland des Jahres 1353, in das Indris und seine Gefolgsleute kamen, war ein Land, das von allen Seiten bedroht war. Es fällt schwer, sich für einen Mann einen weniger günstigen Augenblick vorzustellen, sein Familienglück in jenes unglückliche Land zu verlegen. Im Süden und Osten lag das riesige Reich der Tataren der Goldenen Horde. Um auf einen russischen Thron zu gelangen, mußte ein russischer Fürst die Flüsse hinabfahren, die ihn zur Hauptstadt des Großkhans in Sarai an der Wolga führten. Dort empfing er, in demütiger Haltung, den *iarlyk*, die Urkunde, die allein imstande war, ihm die Autorität zu verleihen, um über seine ererbten Domänen zu regieren. Wenn ein Großfürst nur daran dachte, seine eigene Außenpolitik zu bestimmen, oder nur etwas im Rückstand war mit den Tributzahlungen *(iasak)*, dann würden wieder Feuer und Schwert das russische Land überfluten, wie tatarische Armeen ihre Banden auch zu Überfällen an die westlichsten Grenzen ihres Reiches führten.

Das mächtigste der russischen Fürstentümer war Moskau, das vom Großfürsten Simeon Iwanowitsch regiert wurde. Als ob die Gewalt der Steppenhorde nicht genügt hätte, war Moskau auch vom Westen her eingedämmt von jenem anderen großen Reich, von Litauen. Zufällig kamen die drei wichtigsten Herrscher über die russische Erde – Olgerd von Litauen, Simeon von Moskau und Jani-Beg von der Horde – alle in den Jahren 1340/41 auf den Thron.

Ein großes diplomatisches Spiel fand gerade statt, in dem Moskau lediglich ein Faustpfand darstellte. Die Politik Jani-Begs hatte zum Ziel, Moskaus Griff über die schwächeren Fürstentümer zu lockern, während er ihm gerade genug Kraft beließ, um gegenüber der Ausdehnung Litauens als Bollwerk zu dienen.[5] Falls Moskau zu stark wurde, würde es womöglich versuchen, von der Horde unabhängig zu werden; falls es zu schwach wurde, würde Litauen sich auf seine Kosten ostwärts ausdehnen.

Gerade dies aber war Olgerd entschlossen zu tun. Seine Gesandten in den russischen Fürstentümern sorgten dafür, daß Bischöfe und Staatsdiener eingesetzt wurden, die Litauen genehm waren. Er verbündete sich mit dem Herrscher von Smolensk und unterzeichnete 1349 mit Moskau einen Vertrag. Im Westen machte Olgerd Frieden mit Polen und besiegte die Preußen. Endlich raffte im Osten die Pest Simeon von Moskau und weitere wichtige Mitglieder seiner Familie und seines Gefolges dahin. Von Norden her wandte sich Nowgorod gegen Moskau, und für die litauische Expansion nach Osten boten sich auf breiter Front Gelegenheiten.[6]

Südwestlich von Moskau, an den Grenzen des litauischen Reiches, lag das Fürstentum Tschernigow. Beherrscht wurde es von einheimischen Fürsten,[7] es unterstand bereits seit der Regierungszeit von Olgerds Vater der litauischen Oberherrschaft. Nun, irgendwann im vorletzten Viertel des Jahrhunderts, rückte Olgerd vor und verleibte sich Tschernigow vollständig ein; er ernannte einen seiner Söhne dort zum Großfürsten.[8]

Olgerds Politik bestand darin, Litauen in nächste Nähe zu den benachbarten russischen Staaten zu bringen. Preußische Annalen aus jener Zeit berichten uns, daß Olgerd »viele Stützpunkte« in Rußland erwarb und dort mächtige Adlige einsetzte, deren Streitkräfte ihn auf seinen Feldzügen begleiteten.[9] Viele Russen betrachteten die Anwesenheit der Litauer als ein willkommenes Gegengewicht gegen die Vorherrschaft der Tataren.

Offenbar war Indris ein solcher litauischer Militärgouverneur (*woiwode*). Olgerd nützte den Tod des Moskauer Großfürsten (1353) und das allgemein günstige Zusammentreffen verschiedener Ereignisse aus und sandte Indris mit einer Streitmacht aus, um seine Gegenwart in der einladenden Grenzregion von Tschernigow geltend zu machen. Kurz darauf errichtete er dort seine unmittelbare Herrschaftsgewalt, indem er seinen Woiwoden und eine Garnison Besatzung dort zurückbehielt, geradeso wie er es zuvor in Pleskau gemacht hatte. 1463 wurde ein livländisches »Fürstlein«, das zufällig Indrik hieß und als »ein Deutscher« bezeichnet wurde, vom Hochmeister des Deutschen Ordens ausgeschickt, um einen Friedensvertrag mit Pleskau vorzubereiten.[10] Vermutlich war dieser Indris ein Mann mit einigem Vermögen und mit militärischer Erfahrung, daß man ihm solch eine Schlüsselrolle und den Befehl über eine große Streitmacht anvertraute. Möglich ist auch, daß Heinrich, der Ahnherr der Tolstois, einstmals Ritter des Deutschen Ordens war, mit dem Litauen im November 1338 einen Vertrag unterzeichnete.[11]

Das Tschernigow, in das Indris an der Spitze seiner *druschina* (Verband von Kriegern) einzog, war eine einstmals prächtige, inzwischen aber rückständige Provinz des alten Rus. Seine Städte waren klein und weitverstreut, sie lagen hauptsächlich entlang der Flüsse Desna und Seim. Die Stadt Tschernigow erhob sich an einer strategischen Stelle auf der rechten Uferbank der Desna, oberhalb ihres Zusammenflusses mit dem mächtigen Dnjepr. Sie besaß eine Stadtfestung (Kreml), die Kathedrale der Verwandlung und die alte Kirche der Heiligen Boris und Gleb. Unterhalb des Hügels, auf dem diese eindrucksvollen Gebäude standen, lag eine große Vorstadt aus Holzhäusern, umgeben von einer hölzernen Bastion.[12] Jenseits der Mauern nach Norden hin dehnten sich nichts als Sümpfe und Wälder.

Menschliche Siedlungen gab es in diesem Rußland nur wenige, und sie waren weit verstreut. 1316 verlor eine stattliche Streitmacht, die sich von einem Angriff auf Nowgorod zurückzog, »zwischen den Seen und Sümpfen ihren Weg und begann Hungers zu sterben. Sie aßen sogar Pferdefleisch und andere das Leder, das sie von ihren Schilden rissen.«

Die Natur forderte den Menschen heraus, und sie unterlag in diesem Kampf nur selten. Einen gut Teil des Jahres lag das russische Land unter einer dicken Schneedecke, und die Menschen lebten, in kleinen Gruppen zusammengekauert, in Städten, Klöstern oder Bauernkaten. Immer wieder schlugen die Elemente zu. 1326 wurde Nowgorod von einer Feuersbrunst verzehrt. 1337 »brannte ganz Moskau nieder; und danach kamen schwere Regenfluten und überschwemmten alles ... Im gleichen Jahr suchten Brand und Wasserflut Toropetz heim.« 1340 brannte das wiedererrichtete Nowgorod erneut nieder. »Im gleichen Jahr ging Smolensk in Flammen auf ...« Zwei Jahre später wurde Nowgorod schon wieder verwüstet. Was das Feuer verschonte, verschlangen die Wasser, und Eisschollen, die in den Flüssen trieben, trugen Brücken und Boote mit sich davon.[13]

Von Westen her waren Polen, Litauer oder Deutsche auf dem Vormarsch, von Norden her die Schweden. Am schlimmsten waren natürlich die Tataren, die sich wie eine Seuche über den gequälten Leichnam des jungen Rußland hermachten. 1352 schließlich, im Jahr bevor Olgerd Indris nach Tschernigow entsandte, kam die Pest ins Land, der sogenannte Schwarze Tod, der schätzungsweise ein Viertel oder ein Drittel der europäischen Bevölkerung dahinraffte. Die Russen nahmen diese schreckliche Geißel mit dem ihnen eigenen Fatalismus hin: »Sie kam zu uns dank der Liebe Gottes, und nach seinem gerechten Urteil kam der Tod über das Volk, schmerzlich und jäh, er begann zwischen Mariae Verkündigung und Ostern zu wüten; unzählige brave Menschen starben damals. Dies waren die Anzeichen jenes Todes: ein Mensch spuckte Blut, und drei Tage später war er tot ... Dieser Tod ... wanderte über das ganze Land; und wen Gott dazu bestimmt hatte, der starb, und wen er rettete, den ermahnte und strafte er, damit wir den Rest unserer Tage tugendhaft und ohne Sünde im Herrn leben.«

Dies war das Land, wo sogar die Ikonen weinten.[14] Der Großfürst von Moskau starb und so auch seine beiden Söhne, der Metropolit und Untertanen des Fürsten sonder Zahl, Menschen jeglichen Ranges. Der Reisende, der in Rußland einzog, fuhr durch eine menschenleere Wüstenei, wo über ihm nur Raben krächzten und Fuchs und Wolf im Dickicht bellten. Scharen von Wildgänsen und verzauberten Schwänen erhoben sich aus den Flüssen, aber von menschlicher Behausung war kaum etwas zu sehen.[15]

Vielleicht ist aber das Überleben die beständigste Eigenschaft des Russen. Während Tataren, Litauer und Pest das Land überzogen, erklang auf Waldeslichtungen noch immer die Axt, und die doppelgezackte Pflugschar bereitete den Boden für den Winterroggen vor. War auch das Klima den Bewohnern feind, so war das Land doch reich an Holz zum Bau von Häusern und zum Heizen, der Wald voller Wild, Honig, wilden Beeren, Pilzen und Kräutern, und an den Wehren leuchteten Schwärme von Fischen. Als die Tataren angeritten kamen und ein schwarzes Leichentuch über Stadt und Dorf warfen, zogen die Überlebenden tiefer in die unzugänglichen Wälder und setzten dort ihre Arbeit fort. Als die Pest zuschlug, halfen Magie, Heilmittel und Kräuter, vor allem aber die Kirche, um das leidende Volk Christi zu schützen.[16]

Rußland überlebte diese Leidenszeit. Über Indris selber wissen wir nichts weiter als die Umstände seines Eintreffens. Zweifellos muß ihm vom Herrscher Tschernigows ein Gut als Patrimonium *(votschina)* übertragen worden sein, damit er sich und seine Kriegerschar ernähren konnte. Um sein ungewöhnlich großes militärisches Gefolge erhalten zu können, bedurfte es etlicher reicher Landgüter – möglicherweise solche von Bojaren, welche die Pest dahingerafft hatte. Sofern Indris nicht im Dienst eines Fürsten stand oder ihm an seinem Hof aufwartete, zog er von einem Landgut zum anderen und lebte mit seiner Familie und seinem Gefolge von den Früchten des Landes.

Diese Güter konnten sehr reich sein. Zweihundert Jahre zuvor wird ein fürstliches Gut in Tschernigow beschrieben, das 700 Sklaven und große Keller mit Hunderten von Weinfässern besaß. Jedes Gut war eine sich selbst versorgende und verwaltende Gemeinde. Auf einem Gut des fünfzehnten Jahrhunderts lebten beispielsweise zwei Waffenschmiede, drei Schneider, zwei Zimmerleute, vier Köche, zwei Bäcker, drei Feuerwehrmänner, zwei Bogenschützen, ein Schreiber, sechs Gärtner, zwei Jäger, ein Fischer, vier Müller, drei Falkenmeister, ein Geflügelaufseher, ein Küchengärtner, zwei Heizer und ein Silberschmiedmeister. Die Güter unterstanden der Aufsicht eines Verwalters *(ognischtschanin)*, dessen Aufgabe es war, seinem Herrn, wenn dieser anwesend war, eine Unterkunft zu gewähren und ihn mit einem genau festgelegten Einkommen zu versorgen, zum größeren Teil in Naturalien.[17]

Dann und wann pflegte Indris am Hof *(dwor)* des Tschernigower Kreml seine Aufwartung zu machen. Dies waren dann jeweils willkommene Gelegenheiten zu gemeinsamer Jagd, zu Ausritten und militärischen Übungen sowie zu Ratsversammlungen, auf denen über Krieg und Frieden verhandelt wurde. Auch die Teilnahme an einer Messe, die Bischof Gregor in der Verklärungskathedrale in majestätischem Ritual zelebrierte, gehörte für Indris dazu, nachdem er wenige Zeit zuvor zur orthodoxen Kirche übergetreten war.

Dann hielt der Winter seinen Einzug, und Reisen waren nur noch auf Schneeschuhen oder mit dem Schlitten möglich, riesige Schneewehen verstopften die Straßen zwischen den mit Pfählen befestigten Stadthäusern, und der Bojar mußte sich samt seinem Gefolge wochen- oder monatelang immerzu nur auf sein Gutshaus oder auf den Hof des Fürsten beschränken. Fürst Michail Schtscherbatow blickte im achtzehnten Jahrhundert mit Wehmut zurück auf das einfache Leben, dessen sich die reichsten seiner Ahnen erfreuten. Das Leben war so wunderbar langweilig in jenen weit entrückten Tagen, »als es weder Unterhaltungsliteratur noch ein gesellschaftliches Leben gab, so daß die Menschen dank schierer Langeweile auf die Heilige Schrift angewiesen waren und mithin bei ihrem Glauben blieben«.[18] Aber wahrscheinlich war das Leben seinerzeit keineswegs so dumpf, wie es im nachhinein aussieht.

Zwar stimmt es, daß es mit Ausnahme der Bibel keine Literatur gab, doch es gab eine erstaunlich reiche mündliche Überlieferung. Wenn das Festmahl zu Ende war und die Hofnarren und Gaukler von den Tischen heruntersprangen, wurden fahrende Sänger in den

Saal geführt. Sie begleiteten sich häufig selbst auf einer zurückgebogenen Harfe, der *gusli*, und sangen die Lieder vom Riesen Swijatogor und von Mykula Seljaninowitsch und wie Wolga Swijatoslawowitsch den Khan der Goldenen Horde in die Flucht geschlagen hatte. Da gab es zu berichten von den Abenteuern des mächtigen Ilja Murometz, und andere erinnerten an Tschernigows ruhmreiche Tage von einst, als Wladimir I. in Kiew regierte.

Nach den dunklen Winternächten kam das Tauwetter, kamen die Überschwemmungen und schließlich die fahle Frühlingssonne, sprießten junge grüne Blätter und Blumen, und hinter dem Pflug hörte man das Läuten der Pferdeglocken; und Fürst Dmitri Olgerdowitsch rüstete zum Krieg und erhob das Banner mit dem gekrönten Adler von Tschernigow über seinem Kriegerheer. Vielleicht kämpften Indris' Söhne 1380 auf dem großen Wachtelfeld *(kulikowo)* mit, als eine russische Armee zum ersten Mal bewies, daß sie die Tatarenhorde auf offenem Feld besiegen konnte. Zwei Brüder von Fürst Dmitri zeichneten sich in dieser Schlacht aus, und das Heldenepos »Sadonschtschina« erzählt, mit welchem Eifer die litauischen Fürsten mit Trompeten, Lanzen und Helmen auszogen, um sich mit dem Khan Mamai zu schlagen: »30 litauische Adlige« wurden im siegreichen Kampf getötet.[19]

Das Wappen der Tolstois zeigt ein Schwert, einen Schlüssel und einen Pfeil, überragt von Engelschwingen. Im frühen achtzehnten Jahrhundert wurde es als »uralt« bezeichnet, aber es ist unbekannt, wie weit diese Symbole ins Mittelalter zurückreichen.[20] Eine Familienlegende berichtet von einem Ahnen im Kerker, den ein Engel rettete, indem er ihm einen Schlüssel und Waffen für die Flucht besorgte. Unmöglich zu sagen, ob in dieser Geschichte ein Funken Wahrheit steckt und ob sie sich auf Indris oder einen seiner Nachkommen bezieht oder ob sie nur eine sinnvolle Begründung zu geben versucht.

Nach Indris' Ankunft im Jahr 1353 folgt eine Zeit, die im dunkeln liegt, was sicherlich dem Umstand zuzuschreiben ist, daß die Familie während des fünfzehnten und frühen sechzehnten Jahrhunderts an Bedeutung verlor. Dies resultierte vermutlich aus dem alten russischen Erbrecht, wonach es dem adligen Grundbesitzer gestattet war, sein Gut zu vererben, wie er wollte; es bedurfte nur der Zustimmung seiner Familie. Dies führte häufig zu einer Aufteilung des Eigentums auf mehrere männliche Erben. Jerome Blum weist darauf hin, daß »das mehrmalige Aufteilen des Erbes, das dies zur Folge hatte, leicht dazu führte, daß eine Familie eines Tages verarmte. Jede nachfolgende Generation erbte kleinere und oftmals weit verstreut liegende Parzellen Land«.[21]

Die Nachkommen Indris' folgten auch einem anderen Pfad, der seinerzeit viel beschritten wurde. Nach der Urkunde, welche die Familie 1686 ausfertigte, ging Andrei Charitonowitsch, ein Urenkel von Indris, während der Regierungszeit des Großfürsten Wassili des Blinden (1425–1462) von Tschernigow nach Moskau. Ein Grund dafür war, daß sein Vermögen aufgebraucht war, ein anderer die Aufstiegsmöglichkeiten, die der zunehmend mächtiger werdende moskowitische Staat bot. In jener Zeit traten Nachkommen aus dem verarmten Adel und selbst aus dem königlichen Geschlecht regelmäßig in die Dienste Moskaus ein.[22]

Offensichtlich schätzte Großfürst Wassili diesen Andrei Charitonowitsch sehr. Er soll seinem neuen Dienstmann auch ein silbernes Kreuz geschenkt haben, das seither in der älteren Linie der Familie weitervererbt wird. Ein fragwürdigerer Gunstbeweis lag in der Verleihung des Spitznamens *tolstoi*, was soviel bedeutet wie »dick«.[23] Auf diese Weise wurden Indris' Nachfahren bekannt unter dem Familiennamen Tolstoi.[24]

Sieht man von der Rolle ab, die Indris bei der Einverleibung Tschernigows durch Litauen in der Mitte des vierzehnten Jahrhunderts spielte, so hinterließen die Tolstois bis zur zweiten Hälfte des sechzehnten Jahrhunderts in der Geschichte Rußlands keine bedeutsamen Spuren. Erst in der Zeit, als Rußland sich unter Iwan dem Schrecklichen (1533–1584) immer stärker auszudehnen begann, berichteten die Zeugnisse von einer wachsenden Bedeutung der Tolstois.[25] Vieles hatte sich in den zweihundert Jahren seit der Zeit Indris' geändert. Das kleine und weitgehend hilflose Fürstentum Moskau hatte sich zu einem großen Staat entwickelt, der sich im Norden bis zur Barentssee und im Osten bis zum Ural erstreckte. Die Macht der Tataren war noch immer groß (ihre Armeen schleppten jedes Jahr Tausende von Russen als Sklaven davon, und 1571 plünderten sie Moskau), aber nunmehr hatte der Zar des moskowitischen Reiches für lange Zeit seine Unabhängigkeit vom Khan gefestigt.

Während dieser Zeit und der »Zeit der Wirren«, die nun folgte, traten Mitglieder der Familie Tolstoi in herausragende Stellungen, die Vertrauen und Wagemut erforderten. Man trifft sie nacheinander als Offiziere in den verschiedenen Zarenarmeen, sie erhielten weitläufige Güter samt einer großen Anzahl von Leibeigenen, und sie kämpften mit Auszeichnung gegen ausländische und gegen innere Feinde des Staates. Sie nahmen am Feldzug gegen die Schweden von 1589/90 teil und am Kampf Boris Godunows gegen den falschen Dmitri (1604). Sylvester Tolstoi wurde nach einer bemerkenswerten Karriere als Diplomat und Soldat 1612 während der furchtbaren Kämpfe getötet, die notwendig waren, um die polnischen Eindringlinge aus Moskau zu vertreiben.[26] Nach ihrem langem Abstieg von Reichtum und Macht seit den Tagen Indris' war die Familie nun wieder im Aufsteigen begriffen. Der große Historiker Klijutschewski zählte sie zu jenen neuerdings mächtigen Familien, von denen man – obzwar altadlig Moskauer Abstammung, wenn auch ohne genauen Rang – im sechzehnten Jahrhundert wenig gehört hatte. Waren es früher die Namen Tutschkow, Saburow oder Godunow, die Glanz verbreiteten, so waren es nun die Naryschkins, die Miloslawskis und die Tolstois, die neben dem Thron der kurz zuvor gekürten Romanow-Dynastie im öffentlichen Ansehen obenan standen.[27] Die beiden letztgenannten Familien, die Tolstois und die Miloslawskis, waren im Begriff, sich in einem Bündnis zusammenzufinden, das den Lauf der russischen Geschichte verändern sollte.

2

Die Tolstois und die Miloslawskis

Maria Ilinitschna Miloslawskaja

Als Iwan der Schreckliche 1584 starb, folgte ihm auf seinem Thron sein Sohn Fjodor I., ein Schwächling, der die Führung der moskowitischen Staatsgeschäfte seinem Schwager Boris Godunow überließ. 1598, nach Fjodors Tod, überredete Boris eine *Semski Sobor* (Landesversammlung), ihn zum Zaren zu wählen. Boris versuchte, das Ansehen und die Stärke der Herrschaft des Zaren Iwan wiederherzustellen, allerdings mit begrenztem Erfolg. Rußland wurde zunehmend von Unruhe und von Zerrissenheit heimgesucht, und seine Herrschaft endete in jenen schrecklichen Wirren, die Puschkin und Alexei Tolstoi in ihren Schauspielen und Mussorgski in seiner berühmten Oper »Boris Godunow« so denkwürdig auf die Bühne gebracht haben. Boris wurde beschuldigt, den Erben seines Vorgängers ermordet zu haben, den Zarewitsch Dmitri; und 1604 marschierte ein Prätendent, der »falsche Dmitri« mit Kosaken und polnischen Verbündeten gen Moskau. Inmitten der Unruhen starb Zar Boris, und der falsche Dmitri wurde in Moskau gekrönt, doch schon ein Jahr später während eines Volksaufstandes getötet.

Ein machtvoller Bojar, Wassili Schuiski, bestieg nun den Thron, aber die Spannungen nahmen noch zu und stürzten das Land ins Chaos. 1610 wurde er abgesetzt, und die Zeit der Wirren weitete sich aus zu drei verhängnisvollen Jahren von Bürgerkrieg und ausländischer Einmischung. Der Sohn des polnischen Königs Sigismund wurde in Moskau zum Zaren gekrönt, ein weiterer falscher Dmitri stachelte die Kosaken und die Bauern zum Aufstand auf, und erst 1612 gelang es dem moskowitischen Dienstadel, eine Armee aufzustellen und die Polen hinauszuwerfen. Im Februar 1613 wählte eine neu zusammengetretene Semski Sobor den sechzehnjährigen Michael Romanow auf den Thron. Während der nächsten dreihundert Jahre sollten seine Nachkommen ein belagertes Fürstentum am Rande Asiens in ein riesiges Reich verwandeln, das drei Erdteile überspannte.

Die meisten herausragenden Mitglieder des Hofes Nikolaus' II. trugen im zwanzigsten Jahrhundert noch immer die großen Namen des siebzehnten Jahrhunderts, von einer bemerkenswerten Ausnahme abgesehen. Im siebzehnten Jahrhundert hatte das Haus Miloslawski einen Rang erklommen, dem beinahe niemand gleichkam, es war ebenso berühmt wie berüchtigt, doch es verglühte im darauffolgenden Jahrhundert wie ein Meteorit. Die männliche Linie starb unter Katharina der Großen aus,[1] und ihr weiblicher Stamm war in der älteren Linie der Tolstois vertreten. Als Pawel Sergejewitsch Tolstoi, Chef der Familie und Kammerherr am Hofe, deshalb bei Kaiser Nikolaus II. vorstellig wurde, übertrug dieser 1910 der älteren Linie der Tolstois den zusätzlichen Nachnamen Miloslawski[2].

In der Morgendämmerung des 26. Januar 1648 begannen Moskaus Glocken zu läuten. Zuerst ertönte nur der klare Schlag unterhalb der Uspenski-Kathedrale. Die große Glocke des Turmes dieser Kathedrale antwortete mit ihrem vollen, warmen Ton, gefolgt von den Schlägen kleinerer Glocken. Die Flut von Klängen schwoll an, neues Geläut aus der Blagoweschtschenski- und der Roschdestwenski-Kathedrale fiel ein, von den dichtgedrängten Kuppeln der Kathedrale Wassilis des Gesegneten und von den Klöstern und Stiften der heiligen Stadt, bis das Echo von Moskaus zweitausend Kirchen und Kapellen die reine, kalte Luft erfüllte. Über dem anschwellenden Glockengeläut hob sich das tiefe Grollen der riesigen Glocke Boris Godunows von ihrem Turm am Kremlplatz heraus. Ein ausländischer Besucher, der den Glockenklang Moskaus oftmals gehört hatte, schrieb: »Nichts pflegte mich so anzurühren wie das vereinte Klingen all dieser Glocken an solchen Abenden. Die Erde dröhnte von ihrem Schwingen, und das Dröhnen ihrer Stimmen stieg wie Donner zum Himmel hinan.«[3]

Meilenweit umher, in Klöstern, Adelssitzen und Dörfern, die halb begraben im Schnee lagen, erhoben sich Männer und Frauen und begannen, sich ihren feiertäglichen Putz anzulegen. Denn an diesem Freudentag sollte die Hochzeit jenes Mannes stattfinden, der praktisch die unbegrenzte Herrschaft über die Millionen von Rechtgläubigen ausübte, die das russische Land bewohnten: »Alexei Michailowitsch, oberster, souveräner Zar und Großfürst von Groß- und Kleinrußland, Selbstherrscher von Moskau, Kiew, Wladimir und Nowgorod, Zar von Kasan, Zar von Astrachan, Zar von Sibirien, Herr über Pleskau und Großfürst von Twer, Ingra, Perm, Wjatka,

Bulgarien und anderen; Herr und Großfürst von Nischni-Nowgorod, Tschernigow, Rjasan, Rostow, Jaroslawl, Bjeloozero, Udora, Obdorsk, Kondinsk und all die nördlichen Lande; Herr des Iwersker Landes, über die Karlalinkser und die georgischen Könige, über das kabardinische Land, über die tscherkassischen und Gorsker Fürsten und oberster Herrscher vieler weiterer östlicher, westlicher und nördlicher Staaten und Lande, dem Vater, Großvater und Erben« – Titel, die man nicht leichtfertig äußern durfte, denn einen einzigen auszulassen konnte einem nachlässigen Schreiber eine schwere Tracht Prügel eintragen.[4]

Den Untertanen des Zaren, seinen »Sklaven«, wie sie sich stolz bezeichneten, war dieses Ereignis ein besonderes Vergnügen. Der erste Zar der Romanow-Dynastie, Michail Fjodorowitsch, hatte dreiunddreißig Jahre lang über ein gehorsames und ständig größer werdendes Rußland regiert. Sein Sohn und Nachfolger, der nun auf dem Zarenthron saß, war achtzehn Jahre alt und regierte seit zweieinhalb Jahren; er versprach ein ebenso aufopfernder Herrscher zu werden wie sein Vater. Ein Auslöschen der Dynastie und ein Thronfolgestreit wäre für Rußlands Aufstieg das größte Verhängnis gewesen, aber mit der Vermählung des jungen, gutaussehenden und kräftigen Zaren Alexei schien diese Gefahr gebannt zu sein.

Inmitten des Lärms und der anhebenden Geschäftigkeit stieg der Zar in Begleitung seiner Höflinge die rote Freitreppe vom Facettenpalast des Kreml hinab. Er trat in die Uspenski-(Himmelfahrts-) Kathedrale, wo der Patriarch Iosif ihn mit dem Kreuzeszeichen segnete und mit Weihwasser besprengte. Langsam schritt der Zar in der Kathedrale umher, küßte die Ikonen und betete vor den Ikonen der Heiligen um Gottes Segen für seine Vermählung. Danach trat der Herrscher wieder auf den Platz hinaus und schritt hinüber zur Kathedrale des Erzengels Michael. Dort lagen sein Vater und frühere moskowitische Zaren begraben, und für die Seelen der verstorbenen Autokraten wurde ein feierliches Requiem gelesen. Alexei Michailowitsch fiel selbst im heiligen Rußland ob seiner Frömmigkeit auf, er betete lange und inbrünstig, daß er sich seines Erbes würdig erweisen möge.

Indes die majestätischen Klänge des Kathedralenchores die dunkel bemalten Gewölbe erfüllten und die hellen Klänge der Glocken draußen erschallten, bereitete sich Moskau auf einen glorreichen Tag vor. Niemals blieb es der Stadt versagt, die Besucher mit ihrer Schönheit in ihren Bann zu schlagen. Die goldenen Kuppeln der

Kremlkirchen leuchteten über der winterlichen Landschaft und forderten den Vergleich mit Jerusalem und Konstantinopel geradezu heraus. Aber Moskaus Pracht wurde noch eindrucksvoller dank des atemberaubenden Kontrasts seiner goldenen Kuppeln, die über die endlose weiße Ebene ringsumher strahlten.[5]

Die Kälte des Januars war fürchterlich. Ein Schneefall nach dem andern überzog das Land. Besucher, die nicht an den Frost des Nordens gewöhnt waren, vermochten kaum zu glauben, daß hier das Leben weiterging. Jeder Fluß und jeder Strom fror zu, »alle feuchten Vorräte in den Häusern, den Kellern und in den Läden wurden zu Eis, und das Öl, das wir während dieser Witterung kauften, war wie Manna oder Kandiszucker. Was den Honig angeht, der wurde hart wie Stein, und so hart wurden auch die Eier, man konnte sie nicht mehr zerbrechen. Kaum hatte man im Fluß einen Fisch gefangen, gefror er und schlug gegen die anderen wie trockenes Holz...« Bärte und Schnurrbärte überzogen sich mit weißem Reif und mußten vor einem Feuer aufgetaut werden. Die Nasenlöcher froren innen zu und versperrten der Atemluft den Weg. Spuckte man auf die Erde, schlug es wie steinharte Kügelchen auf, und Urin verwandelte sich zu Eis, sobald er auf eine Oberfläche schlug. Einen seltsamen Anblick boten geschlachtete Schweine, die man zum Markt brachte; sie standen steif und aufrecht wie lebendig auf dem Schlitten, der sie durch die Straßen zog. Vierzehn Jahre zuvor hatte die Kälte selbst die Erde aufgerissen: ein mächtiger, fünfzig Meter langer Riß durchzog den Kreml-Platz. Des Nachts krachte das Gebälk der Häuser, die in der schrecklichen Kälte wie Gewehrschüsse knallten.

Im Innern konnten Bojaren wie Bauern nur überleben, indem sie mächtige Holzklötze in die großen Öfen legten, die den größten Teil eines jeden Raumes ausmachten. Trotz alledem und trotz der Hitze im Innern, vergleichbar einem Badehaus, glitzerten weiße Kristalle aus jungfräulichem Eise an jedem Schloß und jedem Türnagel. In ungeheizten Räumen hingen ganze Leintücher von Eis an den Wänden.

Die Moskauer schienen sich an die schreckliche Witterung gewöhnt zu haben und waren darauf »vorbereitet, der Kälte zu widerstehen; denn sie alle, Männer, Frauen und Kinder, kleiden sich in langen, engen Kleidern, deren Ärmel innen wie außen mit schwarzem Pelzwerk gefüttert sind, die sich gut an ihre Körper schmiegen. Niemals nehmen sie ihre Hände aus einer Art großem Beutel aus gestrickter Wolle, Pelz oder Leder, die im Winter heiß wie Feuer sind und mit denen sie all ihre Arbeiten verrichten ...«[6]

Wiewohl augenscheinlich besondere Vorkehrungen getroffen wurden, bleibt einem doch der Eindruck, daß die Russen über viele Generationen hinweg gegen Schmerz und Widrigkeiten jedweder Natur ein hohes Maß an Duldsamkeit entwickelt haben. Ein englischer Gesandter, den es beim Anblick von kleinen Kindern schauderte, die, nur mit einem Hemdchen bekleidet, im Schnee spielten, gelangte zu der Auffassung, daß die Einwohner Moskaus »so abgehärtet und sowohl an Hitze wie an Kälte gewöhnt seien, daß diese Gewöhnung Teil ihrer Natur geworden zu sein scheint«. Dies und die gemeinhin brutale Behandlung, die man dem gemeinen Volk angedeihen ließ, machte es zweifellos außerordentlich widerstandsfähig und »zweifelsohne ... gut geeignet für den Krieg«.[7]

An diesem glücklichen Tag konnte die barbarische Kälte die Einwohner Moskaus nicht abhalten. Auch war Seine Majestät zutiefst verliebt in seine Braut und würde auf keinen Fall einen Aufschub dulden. Die prächtigen Schlitten der Bojaren fuhren entlang der gefrorenen Flüsse zur Hauptstadt. Die Stadttore standen offen und hießen sie willkommen, und die sonst immer händelsüchtigen Strelizen lehnten friedfertig auf ihren Streitäxten oder saßen auf den Kanonen und sahen zu, wie die Massen durch die fünf schwerbefestigten Tore des Kreml einzogen. Arm und reich vermischte sich unauflöslich, denn bei Anlässen wie diesem liebte es der Selbstherrscher, ganz unter seinem treuen Volk zu sein. Die Weihnachtsmesse war noch nicht lange vorbei, nun machten Höker und Straßenhändler in ihren Buden wieder ihr Geschäft, und den Mund voller loser Redensarten, feilschten sie mit Kunden; Tänzer und Puppentheater lockten Zuschauer an; Bären brummten und tanzten umher; vor allem aber die Gasthäuser erfreuten sich regen Geschäfts. Die allnächtlich angehäuften Leichen vor dem *Semski dwor* hatte man entfernt, aber die trunkenen Opfer von Faustkämpfen oder im Schnee Liegengebliebenen würden bald ihre Stelle einnehmen.

Von Zeit zu Zeit machten Diener und Wächter eines hohen Herrn die Straße für ihn frei; der Schlag einer kleinen Trommel ließ die Menschen scharenweise von der Fahrstraße fliehen. Hoch oben auf seinem großen Schlitten saß der stolze Bojar in seinem weiten Hut aus Fuchspelz und mit einem pelzbesetzten Kaftan bekleidet, dessen Ärmel weit unterhalb der müßigen Hände ihres Trägers endeten. Ein schönes weißes Bärenfell, groß wie das eines Büffels, war über den Rücken des Schlittens gebreitet, Zeichen adligen Reichtums und Wohllebens. Seine Dame, die Bojarin, kam, noch prächtiger ausgestattet, in einer Kutsche hinter ihm, die auf Schlittenkufen ruhte, mit einem Gehänge aus scharlach- und rosarotem Tuch, das im Schnee schleifte. Hinter den Glasfenstern waren die Vorhänge zugezogen, denn niemals durfte eine russische Bojarin sich den Blicken der Welt aussetzen.[8]

Inzwischen war der Zar zum Facettenpalast zurückgekehrt, wo er mit kaiserlichem Prunk geschmückt wurde. Was ihm gefehlt haben mag an der Eleganz und am Geschmack seiner Zeitgenossen Karls II. von England und Ludwigs XIV. von Frankreich, das machte er durch bloßen Prachtaufwand wett. Der augenbetörende Glanz von Brokatstoffen, bedeckt mit riesigen Perlen und wertvollen Edelsteinen, blendete und verzückte selbst die erhabensten Besucher aus dem Westen. Dann und wann verneigte sich ein Bote vor dem Zaren und berichtete, welche Fortschritte die Bojaren inzwischen beim Ankleiden gemacht hätten. Der Zar hatte verfügt, daß seine Braut gekleidet sein solle wie für eine Krönung; allerdings sollte sie keine Krone tragen. Die Braut ging in dem gleichen Kleid, das die Mutter des Zaren bei ihrer Vermählung getragen hatte. Ihre Dienerinnen flochten ihr langes Haar zu einem Brautzopf. Schließlich war alles fertig, und der Zar suchte sie mit seinem goldglitzernden Gefolge auf, um sie zur Kathedrale zu geleiten. Langsam stiegen sie die roten Freitreppen hinab, ganz im Blick der riesigen Menschenschar, die nur mit Mühe von den langen Reihen der Strelizen zurückgehalten werden konnte. Als das königliche Paar in seinen beiden Schlitten Platz nahm (der Schlitten der Braut war mit langen Fuchsschwänzen geschmückt), stiegen die Bojaren auf ihre persischen Prachtrösser, um sie mit geziemendem Pomp zu begleiten. In ihren ehrfurchtgebietenden Reihen befanden sich Männer mit den größten Namen der russischen Geschichte – Namen, die in einigen Fällen weitaus älter und wohltönender waren als der der neuerrichteten Dynastie.

Das waren Fürst Wassili Andrejewitsch Golizyn, Fürst Fjodor Nikitsch Odojewski, Fürst Iwan Araslanowitsch Tscherkaskoi, Wassili Iwanowitsch Scheremetjew, Peter Petrowitsch Puschkin und weitere hochgeborene Nachkommen der Ruriks, der Guedimini und anderer Ahnen großer Adelshäuser. Mit Zeichen unverhohlenen Triumphes ritten da auch die engsten Verwandten der Braut, Simeon Jurjewitsch, Iwan Andrejewitsch, Fjodor und Grigori Jakowlewitsch und der künftige Held des Schlachtfelds Iwan Bogdanowitsch

Der Schlitten eines russischen Bojaren

– allesamt Nachkommen des Hauses Miloslawski, das für alle seines Namens ein goldenes Zeitalter aufsteigen sah. Ein goldenes Zeitalter war es allerdings – aber eines, das in blutbesudelter Tragik sein Ende fand.

Inmitten des fröhlichen Tanzens der Glocken und unter den Zurufen der Menschenmenge schritt die prachtvolle Prozession um die Ecke des Facettenpalastes und zog in die Himmelfahrtskathedrale ein. Das Innere bildete einen düsteren Gegensatz zu dem schneebedeckten Platz davor, aber Tausende von Kerzen, die in vielarmigen Kronleuchtern steckten, flackerten vor den Ikonen. Das Gesicht Christi blickte von den Fresken und Ikonen herab, sanftmütig, leidend, drohend. Eine schwere Wolke von Weihrauch hing in der Luft, während die tiefen Stimmen eines verborgenen Chores die Liturgie anstimmten.

Dann begannen der Patriarch und die Priester mit dem langen feierlichen Gottesdienst. Als die Messe vorüber war, wurde das Paar gesegnet und mit Weihwasser besprengt und küßte die Ikonen. Dann wurde die neue Zarin entschleiert und wandte ihrem Gemahl ein Antlitz zu, das so schön, so keusch und so unschuldig war wie das der Madonna der Verkündigung zu Ustjug. Das glückliche Paar trank vom Meßwein, ihre Brautkronen wurden entfernt, und Alexei wurde die historische Pelzmütze Wladimir Monomachs aufgesetzt. Der Priester gab eine längere Mahnung, wie sie als Mann und Weib miteinander leben sollten. Die Zarin war ihrem Gemahl gegenüber zu absolutem Gehorsam verpflichtet, der zu ihr in der gleichen Beziehung stand wie Christus zur Kirche. Tat sie dies nicht, so war er befugt, sie mit einem Stock sanft zu züchtigen. Sie sollten jedoch versuchen, im guten miteinander auszukommen. Wichtiger war, daß sie sich montags, mittwochs, donnerstags und freitags aller geschlechtlichen Lust enthielten und sich an den Fasttagen Mäßigung auferlegten. Auch sollten sie sich an den Sonntagen oder an Tagen, welche an die Apostel, die Evangelisten oder an andere heilige Anlässe erinnern, aller Sünden enthalten.

Endlich kam der Priester mit seiner Mahnung zu Ende, und er faßte Maria Ilinitschna bei der Hand, bot sie ihrem Gemahl dar und befahl ihnen, sich zu küssen. Danach verbarg sich die Zarin wieder hinter ihrem Schleier, während die Kongregation vortrat, um dem jungen Paar zu gratulieren. Im Facettenpalast fand daraufhin ein großes Festbankett in feierlichstem Staate statt. Der Zeremonienmeister hielt eine Rede, Bojarinnen mit zeremoniell geschmückten Tüchern aus Satin präsentierten sich der Braut, ein gemischter Chor intonierte ein höchst anstößiges Lied, mit reichem ungarischen Wein stieß man Trinksprüche aus, und die überschwengliche Förmlichkeit ließ bald nach. Bald kam die Stunde, da sich Zar und Zarin zurückzogen und sich, in Begleitung der Brauteltern und anderer Ehrenpersonen, in ihre Schlafgemächer begaben.

Maria Ilinitschna betrat, umgeben von einem Schwarm von Damen und Dienerinnen, zuerst das Gemach. Viele wunderliche Vorkehrungen waren getroffen worden, um die Fruchtbarkeit dieser Vereinigung zu sichern und die bösen Absichten der Hexen und Kobolde abzuwehren. Unter dem Ehebett befanden sich vierzig verschlungene Roggengarben, während nahebei Gefäße mit Weizen, Gerste und Hafer standen, die gleichfalls Fruchtbarkeit verkörperten. Die Ikonen waren bedeckt, damit die heiligen Bildnisse in dieser Nacht nicht Augenzeuge der Fleischeslust wurden. Maria entkleidete sich rasch bis aufs Hemd und kroch ins Bett. Gleich darauf kam der Zar an die Tür; sie sprang heraus, warf sich ein Nachtgewand um und empfing ihren Gemahl. Sie setzten sich zusammen an einen kleinen Tisch und aßen ein geröstetes Huhn. Das Mahl dauerte nicht lange. Bald erhob sich das junge Paar und ging zu Bett.

Währenddessen gaben sich die Bojaren an der Tafel des Zaren ungezügelter Ausgelassenheit hin. Zeitgenössische Berichte stimmen einhellig darin überein, daß keine derartige Gelegenheit ver-

Zar Alexei und Zarin Maria

ging ohne ein wüstes Trinkgelage, mit ständig anschwellendem Gröhlen, Singen, Prahlen, Streiten und Fluchen. Die Herren klopften sich auf ihre mächtigen Bäuche und rülpsten und furzten in fröhlicher Ungezwungenheit. Doch auch das Feiern nahm einmal ein Ende, und nach einer Stunde sandte der Zeremonienmeister einen Boten aus, um zu erfahren, ob im Gemach der Jungvermählten alles geziemend vonstatten gegangen sei. In der Tat war alles glücklich verlaufen, und die Bojaren drängten sich zu dem Gemach des Zaren. Getränke wurden gereicht, und die fröhlichen Bojaren schlurften, begleitet von Pfeifen und Kesselpauken, zu ihren Lagern davon, indes der Zar zu dem seinen zurückkehrte.

Die Glocken hatten ihr Geläut eingestellt, die letzten Feuerwerkskörper waren abgeschossen, und der Kreml lag still unter den Sternen. Nur draußen in der gefrorenen Nacht erklang das Geräusch von Pferdehufen. Es war der Oberstallmeister Iwan Wassiljewitsch Morosow, der seiner rituellen Aufgabe nachkam und bis zur Dämmerung mit gezogenem Schwert um den Palast herumritt, in dem der heilige Akt stattfand.[9]

Zwei Männer gab es, die während der nun anhebenden Festtage ebensoviel Grund zur Freude hatten wie der glückliche Zar. Der eine von ihnen war der neue Schwiegervater des Zaren, Ilja Danilowitsch Miloslawski; der andere war der frühere Hauslehrer des Zaren,

Boris Iwanowitsch Morosow. Die beiden Männer erkannten, wie sich vor ihnen infolge dieser Heirat die Aussicht auf nahezu grenzenlosen Reichtum auftat.

Alexei Michailowitsch stand zur Zeit seiner Vermählung noch immer beträchtlich unter dem Einfluß seines früheren Lehrers. Dieser stärkte seine Macht, indem er etwaige Widersacher wie die Fürsten Repnin und Kurakin dazu bewegte, reich dotierte Gouverneursposten in entlegenen Provinzen anzunehmen, während er Adlige an den Hof führte, die seinen Interessen willfahrten. Er entstammte nicht den höchsten Adelskreisen, daher war er ängstlich darauf bedacht, den Zaren mit einer Jungfrau zu verheiraten, über deren Familie er seinen Einfluß geltend machen konnte. Zusammen mit dem Patriarchen Iosif hatte er dem Zaren in den Ohren gelegen, sich zu vermählen. Alexei zeigte sich willfährig, und gemäß der russischen Tradition wurden große Scharen heiratsfähiger adliger Töchter nach Moskau eingeladen. Man kann sich leicht die angsterfüllte Rivalität, welche dieser Wettbewerb hervorrief, vorstellen. Sie endete in einer Tragödie.

Der Zar erwählte sich ein anziehendes junges Fräulein, Euphemia Wsewoloschski, und gab ihr zum Verlöbnis ein Tuch und einen Ring. Ihre darüber hochentzückten Eltern kleideten sie in vollen Staat, in dem sie dem Zaren förmlich vorgestellt werden sollte, aber neiderfüllte Rivalen brachten es fertig, daß die Vermählung nicht zustande kam. Als Euphemia erneut vor Alexei erschien, verlor sie plötzlich die Besinnung. Der Zar fürchtete, dies sei ein Anzeichen der Fallsucht, und sagte die Hochzeit ab. In Wahrheit hatte man der zukünftigen Braut übel mitgespielt; einige behaupten, man habe vorsätzlich ihren Kopfputz zu eng gebunden, während andere glaubten, es sei Gift mit im Spiel gewesen. Der Zar war aufs äußerste bestürzt, und als die Wahrheit ans Licht kam, meinte er, daß derartige Verbitterung und Neid eine Ehe unmöglich machten. Aber Boris Morisow hatte ohnehin andere Vorstellungen.

Er war ein häufiger Gast im Stammhaus des Adligen Ilja Danilowitsch Miloslawski zu Kirsach, nahe der Stadt Alexandrow. Miloslawski besaß drei Töchter, von denen die beiden älteren besonders durch ihre Schönheit auffielen. Miloslawski war ein überaus ehrgeiziger und raffgieriger Mensch, und es dauerte nicht lange, daß er und Morosow sich einig waren. Morosow ließ im Kreml keine Gelegenheit vorübergehen, ohne die lieblichen Reize der Miloslawski-Töchter zu erwähnen. Bald begann Alexei Interesse zu zeigen, und Morosow sorgte dafür, daß an einem bestimmten Tag die beiden adligen Fräulein in der Uspenski-Kathedrale zu Moskau der Heiligen Messe beiwohnten. Aus der Verborgenheit seines prächtigen, überdachten Gebetsstuhls beobachtete der Zar die Besucherinnen, und er war sofort gefangen von der süßen und sanften Schönheit der älteren, Maria. Nach dem Gottesdienst wurde sie in den Kremlpalast gebeten, wo Alexei fand, daß ihre Güte, Anmut und Gottesfürchtigkeit ihrer strahlenden Schönheit in nichts nachstanden. Bald darauf entdeckte er seine Liebe zu ihr.

Morosow verwirklichte nun den nächsten Teil seines Planes. Elf Tage nach der Hochzeit des Zaren vermählte sich Morosow mit Anna Miloslawskaja. Obgleich aber Morosow weiterhin das Amt des ersten Ministers einnahm, brachte ihm seine Ehe wenig Glück. Der englische Leibarzt des Zaren bemerkte: »Die Dame ist mit ihm nicht sehr zufrieden, da er ein alter Witwer ist [er hatte seine verstorbene Frau im Jahre 1617 geheiratet!] und sie ein blutvoller schwarzer junger Schatz; so kamen keine Kinder, sondern statt dessen Eifersucht...« Zu jenen, von denen man mutmaßte, sie genössen die Gunst der sinnlichen Anna, zählte ein Engländer namens William Barnsley.[10]

Indessen sonnte sich der neue Schwiegervater des Zaren im Lichte der königlichen Gunst. Ilja Danilowitsch war gewiß eine der bemerkenswertesten und mächtigsten Persönlichkeiten im Rußland des siebzehnten Jahrhunderts. Er war im Juli 1594 geboren und entstammte einer alten und berühmten Adelsfamilie, welche dem Land schon große Dienste geleistet hatte. Sie kam, wie die Tolstois, aus dem Westen, und von ihrem Ahnherrn erzählte man sich, er sei anno 1390 im Gefolge der Fürstin Sophie von Litauen in Moskau eingetroffen, die nach Moskau kam, um den Großfürsten Wassili Dmitrijewitsch zu ehelichen.[11] Im Kloster des hl. Sergei auf dem Stammgut zu Kirsach gab es zwölf Gräber, deren Inschriften an die Miloslawskis erinnerten, das früheste von 1492, und weitere Grabplatten mit Inschriften wurden vor dem Altar der Kirche des hl. Nikolaus in Moskau aufbewahrt.[12] Nach dem Register der Militärbefehlshaber (*rasrjadnaja kniga*) bekleideten sie im sechzehnten und siebzehnten Jahrhundert regelmäßig hohe Ämter und wurden häufig zu Provinzgouverneuren ernannt. Als 1581 der päpstliche Nuntius Rußland besuchte, wurde er von Iwan dem Schrecklichen in einem glänzenden Festbankett unterhalten; weitere Tischgenossen waren Fjodor und Wassili Iwanowitsch Miloslawski.[13]

Trotz der Größe seines Namens und seiner Herkunft hatte Ilja Danilowitsch Miloslawski nicht immer an der Spitze der moskowitischen Gesellschaft gestanden. Glaubt man dem Bericht des Engländers Collins, dessen Stellung als Leibarzt des Zaren ihn in die Lage versetzte, viel von den Gerüchten am Hofe mitzubekommen, so war er »von unbekanntem Adel, ... seine Töchter sammelten Pilze und verkauften sie auf dem Markt«. Der Gesandte von Holstein bemerkt dazu einfach, er sei »nicht besonders wohlhabend« gewesen, was eher zutreffen dürfte.[14] Denn es war der Staatsdienst, der den moskowitischen Adligen Wohlstand brachte, und Ilja Danilowitsch hatte schon einige Jahre lang ausgezeichnete Ämter innegehabt, bevor Zar Alexei seine schöne Tochter zum erstenmal gesehen hatte. 1643 war er als Gesandter nach Konstantinopel gereist.[15] Die Mission verlief voller dramatischer Zwischenfälle, und Miloslawski kehrte erst im September 1644 nach Moskau zurück.[16] Im Jahr darauf führte er eine ähnlich wichtige Gesandtschaft in die Niederlande. Da die Türken im Süden festsaßen, sollte Miloslawski – das war sein wichtigster Auftrag – niederländische Offiziere für den Feldzug anwerben, der gerade gegen Polen vorbereitet wurde.[17]

Diese beiden Missionen waren nicht nur erfolgreich, in beiden Fällen waren große Geldsummen mit im Spiel. In Anbetracht der Sitten jener Zeit und Miloslawskis offenkundiger Habgier kann man schwerlich glauben, daß er sich unterwegs nicht die eigenen Taschen vollgestopft hatte.

Das mag gewesen sein, wie es will, außer Frage steht jedoch, daß seine finanzielle und politische Stellung nach der glücklichen Vermählung seiner Tochter nicht mehr wiederzuerkennen war. Schon vor der Hochzeit schenkte ihm der Zar Geld und reiche Güter, die es ihm erlaubten, so aufzutreten, wie man es von ihm erwarten konnte. Er erhielt ein Haus innerhalb des Kreml, unweit des Zarenpalastes, das er auf der Stelle niederreißen und als einen wunderbaren Steinbau wieder aufführen ließ. Daneben errichtete er eine wundervolle Kirche.[18] Er und seine Verwandten unterhielten außerhalb von Moskau riesige Güter, und es war nicht ungewöhnlich, den Bojaren Miloslawski, umgeben von einer Schar von Dienern und Wächtern, in einer Kutsche sitzen zu sehen, die von einem Schimmelgespann gezogen wurde und sich in Richtung seines Landhauses in Kuntsowo bewegte.[19] (Drei Jahrhunderte später besaß Joseph Stalin an der gleichen Stelle seine Lieblingsvilla.) Es gab viele weitere Häuser in der schönen Umgebung von Moskau, wo die

Ilja Miloslawskis Palast im Kreml

Miloslawskis üppige Feste feierten, auf Pirsch und Balzjagd gingen und die Aufsicht über Rittergüter und Wälder führten.[20]

Die Miloslawskis waren, bei all ihren Fehlern, im großen und ganzen Menschen von Geschmack und von vollendeter Kultur, mit einem verfeinerten Interesse an den Künsten und Wissenschaften. Ilja Danilowitsch hatte in Holland gelebt und unterhielt enge Verbindungen zu den vielen niederländischen, deutschen und schottischen Militärfachleuten, die nach seiner Anwerbemission von 1645 in Scharen nach Moskau geströmt waren. Er liebte Bücher, und er ließ sich zu einer Zeit porträtieren, als jeder die Exkommunikation auf sich zog, der diesem gottlosen westeuropäischen Brauch frönte. Fedosia Iwanowna Miloslawskaja heiratete Alexander Archilowitsch, einen Mann mit feinsinnigen literarischen Neigungen, der auf dem ererbten Gut seiner Frau von Wschswjatskoje mehrere hochgepriesene Werke verfaßte. Die Zarewna Sophia, deren Mutter eine Miloslawskaja war, zeigte sich ebenso fortschrittlich für ihre Zeit und nahm sich den kultivierten und verwestlichten Fürsten Wassili Golizyn als Liebhaber.[21]

Die Liebe des Zaren zu seiner Zarin war so groß, daß er eine fast nimmer endenwollende Flut von Vorrechten und Reichtümern auf seinen glücklichen Schwiegervater und andere Miloslawskis herabregnen ließ. Bedauerlicherweise war Iljas Appetit ebenso groß wie sein Glück, und sein Name wurde zu einen Synonym für Gier und Habsucht.[22] Diese Eigenschaften sollten letztendlich zum Abstieg der Familie führen.

Ilja Danilowitsch war eine seltsame Mischung aus echtem Talent, Verschlagenheit und Possenreißerei. Er war groß und sah gut aus, und einer, der ihn kannte, beschrieb ihn als einen Mann mit den Gliedmaßen und Muskeln eines Herkules. Er besaß ein glänzendes Gedächtnis und viel Organisationsgeschick, machte sich aber manchmal durch seine kindischen Bemerkungen lächerlich. Bei seiner Mission in Holland schlug er die genußvollen Mahlzeiten, die man ihm zum Mittagessen anbot, demonstrativ aus und zog es vor, sich mit Scheiben gesalzenen Steinbutts vollzustopfen. Fragte man ihn, was er von der schönsten niederländischen Kammermusik hielte, antwortete er verdrießlich, daß das Gewinsel der russischen Bettler vorzuziehen sei.

Einzig und allein gegenüber dem Zaren benahm sich Ilja etwas umsichtiger. Zuerst fürchtete sich Alexei dank seiner Jugend vor seinem hünenhaften Schwiegervater. Mit der Zeit jedoch folgte auf die Vertrautheit die Verachtung, und er behandelte den alten Herrn eher schroff. Sprach er von ihm, so nannte er ihn nur noch »Ilja«, und es war bekannt, daß er ihn, wenn er ungeduldig wurde, in seinen mächtigen Leib stieß. Im November 1661 befragte Zar Alexei seinen Rat, was zu tun sei, um einen Einfall der polnischen Armee zurückzuwerfen. Ilja Danilowitsch, der neben ihm saß, erhob sich schwerfällig und erklärte mit volltönender Stimme, er würde, sofern man ihm das Kommando über die Armee übertrage, binnen kürzester Zeit den polnischen König als seinen Gefangenen mit zurückbringen. Dieses geistlose Geprahle war mehr als genug für den Zaren, so daß dieser ihn anbrüllte: »Was, du geborener Idiot! Du hast die Stirn, dich mit deinen militärischen Kenntnissen zu brüsten? Erzähl uns doch mal von deinen Heldentaten, damit wir hören können, ob du überhaupt fähig bist, das zu tun, was du versprichst. Alter Narr, geh und häng dich auf!«

Mit diesen Worten sprang Seine Majestät auf, verpaßte dem Bojarengroßmaul einen Stoß und fuhr, während er ihn am Bart zog, fort: »Versuchst du etwa, dich über mich lustig zu machen, du alter Schuft?«

Der arme Ilja wurde plötzlich hochgerissen und von seinem erzürnten Herrn buchstäblich hinausgeworfen.[23]

Die Bestechlichkeit und Verdorbenheit von Miloslawski und seinem Schwiegersohn Morosow führten kurz darauf zu einer unabwendbaren Katastrophe. Sie waren nämlich beide so ruchlos, den Preis des Salzes (auf das sie und ihre Kreaturen ein Monopol besaßen) in die Höhe zu treiben, und erregten damit die Unzufriedenheit der notleidenden Bevölkerung. Innerhalb von fünf Monaten nach der Vermählung des Zaren erhob sich der Mob in den Straßen, stürmte in den Kreml und verlangte den Kopf von Morosow, von Ilja Danilowitsch und Iwan Michailowitsch Miloslawski sowie von weiteren Volksfeinden. Es kam zu schrecklichen Szenen zielloser Gewalttätigkeit. Ein großer Teil Moskaus wurde niedergebrannt, etliche der Schützlinge Morosows und Miloslawskis wurden brutal hingemordet. Morosow entkam im letzten Augenblick, allerdings wurde sein Palast im Kreml geplündert, und seine Frau wurde nur deswegen verschont, weil sie, wie ein Anführer der Menge sagte, die Schwester des Zaren war.

Man glaubte allgemein, mochte das nun stimmen oder nicht, daß der Zar von schlechten Ratgebern verraten wurde.

Kaum hatten die Miloslawskis an Macht gewonnen, schien diese auch schon wieder dahinzuschwinden. Bald war ihre Herrschaft auch in den Provinzen verhaßt. Am 19. Juli wurde Michail Wassiljewitsch Miloslawski, der Woiwode von Ustjug, von einer erregten Menge beinahe gelyncht; er entkam nur, indem er einen mißliebigen Untergebenen opferte.[24]

Interessanterweise saßen die Rebellen stets der Täuschung auf, die Korruption und die Mißwirtschaft seien gänzlich die Schuld untergeordneter Beamter – ein Irrtum, den der Zar bald für sich ausnützte. Am 13. Juni trat an die Stelle Morosows und Ilja Miloslawskis Fürst Tscherkasoi, der eine Versammlung einberief, mit der er Reformen durchführen wollte. Unterdessen wurde eine Anzahl hochrangiger Untergebener der Grausamkeit des Mobs geopfert. Der Zar mußte Morosow für immer fallenlassen, weigerte sich aber standhaft, ihn töten zu lassen. Ilja Miloslawski jedoch bestach, umschmeichelte und verführte die Drahtzieher der Rebellion mit der ihm eigenen Gerissenheit und bewahrte seinen Einfluß auf seinen neunzehnjährigen Schwiegersohn, so daß er binnen weniger Wochen wieder ein öffentliches Amt bekleidete und mächtiger war denn je. Da Morosow aus dem Weg geräumt war, wurde Ilja Miloslawski »das eigentliche Staatsoberhaupt«, und die Miloslawskis übten – wie ein Historiker unlängst geschrieben hat – »während des nächsten

Zar Alexei empfängt eine ausländische Gesandtschaft

halben Jahrhunderts großen Einfluß auf die Innenpolitik Rußlands aus und spielten in den Intrigen des moskowitischen Hofes häufig eine abträgliche Rolle. Gegen Ende des Jahrhunderts war der Name Miloslawski in ganz Rußland gefürchtet und verhaßt«.²⁵

Ilja Miloslawski erhielt alle Ämter, welche zuvor der Günstling Morosow eingenommen hatte. Er leitete fünf verschiedene *prikasi* (Kanzleien). Er führte das *inosemskoi prikas*, dem die ausländischen Söldner zugeteilt waren, welche bei der Heranbildung einer modernen russischen Armee eine immer größere Rolle spielten. Er stand auch dem neugegründeten (1649) *reitarskoi prikas* vor, das zuständig war für die Erhaltung der gesamten Militärreiterei im Reich. Folgt man Dr. Collins, so nahm Ilja nunmehr die Stellung eines Generalissimus über die russischen Armeen ein, und als solcher soll er sehr fähig gewesen sein.

Während seiner Amtszeit führte Ilja Danilowitsch Miloslawski die Reformen fort, die sein Vorgänger begonnen hatte und die, bei allen

Unzulänglichkeiten, weitgehend die neue russische Armee schufen, die sich eine Generation später in den Händen Peters des Großen als ein so zerstörerisches Werkzeug erweisen sollte. Gegen diese Leistung muß man die Verschärfung der Leibeigenschaft sehen, die 1649 eingeführt wurde, um die militärische Dienstklasse zufriedenzustellen und zu stärken, denn aus ihren Reihen wurden die meisten Rekruten gezogen.[26]

Ilja Miloslawski war nicht nur Generalissimus der russischen Armee, er leitete auch das *aptekarski prikas*. In dieser Eigenschaft war er verantwortlich für die (hauptsächlich ausländischen) Hofärzte. Sie waren verpflichtet, täglich im Amt des *prikas* zu erscheinen, sich vor dem Bojaren tief zu verbeugen und dort ihre Pflichten für den Tag zu erfahren. Schließlich stand er auch noch zwei weiteren wichtigen Kanzleien vor: dem *bolschoi kasni prikas* und dem *kasennoi prikas*. Diese beaufsichtigten, zur großen Genugtuung des raffgierigen Ilja, den größten Teil von Moskaus Reichtum, von den Schatzkammern des Kreml bis zur Bestallung und Aufsicht der Kaufleute und Händler. Der Reichtum, der aus diesen Ämtern in seine Truhen floß, war riesengroß, und seine Bestechlichkeit war so stadtbekannt, daß der Zar sie unmöglich nicht bemerken konnte. Aber ein Gerücht wollte wissen, daß dies dem Zaren nicht unlieb war: Ilja hatte keine Söhne, mithin würde eines Tages sein königlicher Schwiegersohn alles erben.[27]

Ilja Danilowitschs vielleicht schlimmstes Vergehen war, daß er die Münzen zu verschlechtern suchte. In den Jahren nach 1654 ließ er etwa 120 000 Rubel aus falschem Kupfer prägen. Dies führte zu derartigem Elend, daß dem Volk wieder einmal der Geduldsfaden riß und ein nach vielen Tausenden zählender Mob sich am 14. August 1662 von Moskau hinaus nach Kolomenskoje wälzte, zum Palast ihres allergütigsten Herrschers, um ihn um Gerechtigkeit zu bitten. Vor allem verlangten sie den Kopf des Ilja Danilowitsch und seines Vetters Iwan Andrejewitsch Miloslawski, dem die Post unterstand. Doch der Zar war schon im voraus gewarnt worden, und Ilja (der bei ihm war) verbarg sich flugs in den Gemächern der Zarin. Die Zarin Maria war ebenfalls anwesend und bezeugte die Geistesgegenwart des Zaren. Dieser versprach, mit strenger Hand Gerechtigkeit walten zu lassen, und überredete die Aufständischen, nach Moskau zurückzukehren. Binnen weniger Tage griff eine Schwadron Strelizen die Meute an, tötete viele und hängte ihrer etwa fünfhundert am Galgen auf, was den anderen als Warnung dienen

Zarin Maria Ilinitschna bei einer Hofprozession

sollte.²⁸ Die erschreckte Zarin lag ein Jahr lang krank darnieder, doch Ilja war wieder einmal seiner Strafe entgangen.

Während aber Ilja dem guten Essen frönte, rückte sein Stündchen immer näher. Unbefriedigt von seiner beispiellosen Karriere, die auf Veruntreuung und Bestechlichkeit beruhte, wandte er sich als Freizeitvertreib der Sodomie zu. Dies allerdings gefiel dem frommen Alexei Michailowitsch keineswegs, und er »drängte ihn, entweder zu heiraten oder dem Hof fernzubleiben. Denn die Russen schätzen die Ehe über alles, teils um ihre Ländereien zu bevölkern, teils um Unzucht jedweder Art zu verhindern, denn zu ihr fühlen sie sich von Natur aus hingezogen, und dies wird dort auch nicht mit dem Tod bestraft. Als ein fröhlicher Gesell, 's mag seine acht Jahr her sein, es mit einer Kuh trieb, rief er einem, der ihm zusah, *ne mischkai*, stör mich nicht; und seither ist er in ganz *Moskowien* nur unter dem Namen *ne mischkai* bekannt«, schrieb Dr. Collins tadelnd.

Bald war es bei dem armen Ilja mit Münzenschlagen und Sodomie vorbei. Er erlitt einen schweren Schlaganfall, der ihn völlig niederwarf und hilflos machte. Er starb am 29. Mai 1688 im Alter von vierundsiebzig Jahren und wurde im Grabe seines Vaters beigesetzt. Seine Falstaff-Persönlichkeit jedoch geriet nicht in Vergessenheit; sein Charakter wurde in einer der Figuren einer »Komödie« porträtiert, die im einstigen Miloslawski-Palast vor dem Zaren aufgeführt wurde. Man kann sich vorstellen, wie der Mime die Züge und das Gebaren des alten Schuftes in seinem Spiel nachahmte.²⁹

Ilja hatte die Bühne gerade im rechten Augenblick verlassen. Binnen weniger als einem Jahr wurde auch die Zarin, seine Tochter,

dahingerafft. Ohne ihren Schutz hätten seine Auswüchse der späteren Tage vielleicht die Geduld des Zaren überstiegen. Als sie starb, ließ der Zar, der an ihrer Seite Kriege und Rebellionen, Pest und Feuersbrunst überstanden hatte und nun von Kummer zerquält war, ein prächtiges, würdiges Begräbnis ausrichten.

Zeitgenössische Berichte rühmen einhellig ihre Schönheit, ihre Würde und ihre Frömmigkeit. Letztere Eigenschaft grenzte schon an Tadelsucht, denn sie ließ Possenreißer, Schauspiele und andere weltliche Vergnügungen verbieten, an denen sich die Runde ihrer Vorgängerinnen vergnügt hatte. Wir wissen, daß sie und ihr Gemahl in getrennten Gemächern ruhten, aber einander besuchten, wenn sie des Nachts beisammen sein wollten. Dies geschah nicht selten, und sie schenkte ihm in einundzwanzig Ehejahren 13 Kinder. Zwei von ihnen folgten ihrem Gatten auf dem russischen Zarenthron, ein drittes war sieben turbulente Jahre lang Regent, und Zaren, in deren Adern Blut der Miloslawskis floß, regierten mit Unterbrechungen bis zum Jahr 1741.

In seinem berühmten historischen Roman »Juri Miloslawski« (1829) läßt der Verfasser Sagoskin eine Figur den Helden und Namensträger des Romans daran erinnern, daß nach einem geflügelten Wort »die Miloslawskis immer ganz und gar für den Glauben und für das Heilige Rußland einstanden«. Diese Losung hätte sicherlich auch Iwan Bogdanowitsch Miloslawski gefallen, dem es zu verdanken ist, daß Moskau 1670 nicht von dem berühmten Kosakenrebellen Stenka Rasin gestürzt und verwüstet wurde. Zwischen Rasins Horden und der Schlüsselstellung Kasan lag nur die leicht befestigte Stadt Simbirsk, deren Gouverneur Iwan Bogdanowitsch Miloslawski hieß. Miloslawski zog seine gesamten Streitkräfte in die Zitadelle der Stadt zurück. Er gelobte, »eher zu sterben, als diesen Räubern nachzugeben«, und befestigte die Zitadelle, so gut er konnte. Am 4. September traf Stenka Rasins Heer vor der Stadt ein und machte energische Vorbereitungen zu ihrer Belagerung. Schnell gelang es den Kosaken, den größten Teil der Stadt zu besetzen; einzig und allein in der Zitadelle hielt Iwan Boganowitschs bunt zusammengewürfelter Haufen einige Wochen lang aus. Kaum einen Monat später erst kam eine Vorhut der Zarenarmee unter dem Befehl von Fürst Juri Bariatinski zu Miloslawskis Entsatz. Die Aufständischen kämpften mit wilder Kühnheit, Stenka wurde in dem Getümmel zweimal verletzt. Doch als der Abend hereinbrach, erkannte er, daß sich das Kriegsglück gegen ihn gewandt hatte, und er entkam im Schutz der Nacht. Daraufhin fielen Bariatinski und Miloslawski über seine zerstreuten Anhänger her und schlugen sie machtvoll in die Flucht. Bald hingen achthundert der überlebenden Rebellen an den Galgen, und die Kosakenhorde zog nach Süden ab.

Im April 1671 fiel Stenka Rasin den Truppen des Zaren in die Hände; nach schrecklichen Folterqualen wurde er in Moskau hingerichtet. Indessen rückte Iwan Miloslawski mit einer Armee und einer kleinen Flotte die Wolga hinunter vor zu der Kosakenhochburg Astrachan, die noch immer aushielt. Am 27. November 1671 schließlich fiel die Stadt, und Miloslawski zog an der Spitze seiner Truppen als Sieger ein. Daß er den besiegten Feind danach mit großer Milde behandelte, war in der damaligen Zeit für die moskowitischen Truppen ungewöhnlich.[31]

Inmitten jenes Gestirns von Miloslawskis, welche die letzte Epoche Rußlands vor Peter dem Zaren beherrschten, hatte Iwan Bogdanowitschs Stern lange Zeit hell geglänzt.[32] Die meisten hervorragenden Stellen bei Hofe und in der Regierung wurden von Leuten ihres Namens, von ihren Schützlingen oder von ihnen verschwägerten Verwandten eingenommen.[33] Unter den letztgenannten gewannen die Tolstois immer mehr an Gewicht; ihre Geschichte ist unauflöslich mit der der Miloslawskis verbunden. Im vorhergehenden Kapitel hieß es, daß die Tolstois, obschon sie im Adelsrang standen, im sechzehnten Jahrhundert keineswegs so bedeutend waren wie im vierzehnten. Ein solcher Niedergang ist in der russischen Geschichte keineswegs ungewöhnlich. Daß sich das Schicksal ihrer Familie

Astrachan zur Zeit des Aufstandes Stenka Rasins, 1671

wieder zum besseren wandte, hing jedoch mit der Thronbesteigung der Romanows zusammen. Drei Generationen lang standen bei den Tolstois Männer mit ungewöhnlichem Talent an der Spitze. Wassili Charp Iwanowitsch Tolstoi zeichnete sich 1618 bei der Verteidigung Moskaus gegen die Polen aus und erhielt, wie dies üblich war, große Erbgüter (*votschina*) übertragen. Er wurde mit Ehrungen und Belohnungen überhäuft, spielte in der Diplomatie und auf dem Schlachtfeld eine immer wichtigere Rolle und gründete sogar auch eine Stadt, Chotmyschsk.[34]

Etwa um 1642 besaß er soviel Klugheit oder Glück, seinen Sohn Andrei mit Solomonida zu vermählen, der Tochter des Bojaren Michail Michailowitsch Miloslawski. Zu jener Zeit war diese Verbindung durchaus noch standesgemäß; doch als binnen sieben Jahren Maria Miloslawski Zarin wurde und ihre Familie ein halbes Jahrhundert lang eine Vorzugsstellung genoß, stieg auch entsprechend das Glück der Tolstois. Zwar starb Wassili im folgenden Jahr, doch sein Sohn Andrei bewies bald, daß es nicht nur der Umstand war, mit einer Miloslawskaja verheiratet zu sein, was ihm Auszeichnung eintrug. 1669 verteidigte er Tschernigow mit wahrem Löwenmut gegen einen Angriff der Kosaken und wurde bei der Duma als Adliger eingetragen.

Es war im gleichen Jahr, als die Zarin Maria Ilinitschna starb und die Bedeutung der Miloslawskis rasch ins Schwinden geriet. Noch im selben Jahr beschloß der Zar, sich aufs neue zu vermählen.[35] Zu Beginn des Jahres 1671 heiratete Zar Alexei Michailowitsch Natalja Naryschkina, die lebensfrohe und hübsche zwanzigjährige Tochter aus einer unbedeutenden Adelsfamilie. Sie war in dem Hause eines der fähigsten Berater des Zaren, Artamon Matwejew, aufgewachsen, eines Mannes von verhältnismäßig bescheidener Herkunft, aber von hervorragenden Fähigkeiten. Seine Frau war Schottin und sein Heim eine Stätte westlicher Kultur. Zu Lebzeiten der Zarin Maria und ihres Vaters hatte er sich unauffällig für die Belange der Miloslawskis eingesetzt (in seinem Hausflur hing ein Porträt seines Gönners Ilja Danilowitsch). Doch als seine junge Schutzbefohlene den Thron der Romanows teilte, ergriff er die Gelegenheit beim Schopf und wiederholte das Spiel, an dem sich mehr als zwei Jahrzehnte zuvor Boris Morosow geweidet hatte. Ein Schwarm von Naryschkins schanzte sich gutbezahlte Stellungen bei Hofe zu, während Matwejew in den Provinzen von dem dankbaren Zaren allerlei Gunstbeweise und Machtstellungen erhielt, die nicht selten auf Kosten der Miloslawskis gingen.

Noch stärker erschüttert wurde die Bedeutung der Miloslawskis, als die neue Zarin einen Sohn gebar. Am 30. Mai 1672 war der Zar überglücklich, als sie ihm ein starkes, gesundes Söhnchen schenkte. Drei Tage lang läuteten Moskaus Glocken. Einen Monat später wurde der Knabe inmitten weiterer öffentlicher Feierlichkeiten auf den Namen Peter getauft, und der stolze Zar befahl, eine Medaille zu schlagen, deren Inschrift das Kind als Rußlands »Hoffnung auf eine große Zukunft« feierte.

Die Miloslawskis beobachteten diesen Freudentaumel mit finsterem Ärger. Besaß der Zar nicht schon zwei Söhne, die bereit waren, den Elfenbeinthron Iwans des Schrecklichen zu erben? Dies waren die beiden Zarewitsche Fjodor und Iwan, der eine 1661 geboren, der andere 1666. Wenn sie ihrem Vater auf dem Thron folgen würden, dann würde die Bedeutung der Miloslawskis wieder wachsen, denn keiner der beiden Knaben besaß dazu die geistige oder körperliche Kraft, und somit würde die Macht unweigerlich zu einem guten Teil in die Hände der Verwandtschaft ihrer Mutter fallen. Nun aber hatte sich der Zar damit abgefunden, daß voraussichtlich keiner seiner beiden kränklichen älteren Söhne zur Thronfolge geeignet war, und er bereitete deshalb den Knaben der Naryschkina vor, sein

Nachfolger zu werden. Der junge Peter zeigte Symptome einer beunruhigenden Frühreife: mit sieben Monate lernte er das Laufen, bald spielte er mit Spielzeugsoldaten, Kanonen und Schwertern, und es war ganz offensichtlich, daß er die Freude seines Vaters wurde. Inzwischen blieben Peters Halbbrüder von Krankheit geschlagene Schwächlinge, kaum geeignet zur Herrschaft, sofern sie überhaupt den Vater überlebten.

Dann schwang das Pendel, wie so oft in der moskowitischen Geschichte, wieder zurück. Im Februar 1676 zog sich der kerngesunde Zar, erst siebenundvierzig Jahre alt, unerwartet eine schwere Erkältung zu und starb. Er war eine majestätische Erscheinung gewesen, gottesfürchtig, fleißig und im allgemeinen voller Güte zu jenen, die seinen »hellblauen Augen« gefielen. Darin war er nach seinem gütigen Vater geraten, dem Zaren Michail. Zu bestimmten Zeiten erwies er sich jedoch als der echte Vater des künftigen Peter des Großen. Wenn er ärgerlich war, stieß er nach den Höflingen, oder er trat nach ihnen, wie der bullige Ilja bezeugen konnte. Er pflegte gewalttätige Späße zu machen, tauchte seine dickbäuchigen Bojaren in einen eiskalten Tümpel oder trat sie spaßeshalber ins Hinterteil. Vor allem aber verfolgte er unbeirrbar das Ziel, Rußland größer zu machen. Er eroberte Smolensk von den Polen, griff die Schweden an der Ostsee an und unterdrückte mit unbarmherziger Grausamkeit den Aufstand Stenka Rasins. Doch wenn er auch den Terror als ein Instrument staatlicher Politik einsetzte, war er doch kein blutrünstiger Tyrann. Ein Historiker hat darauf hingewiesen, daß im allgemeinen »die grausamen Strafen des moskowitischen Gesetzes selten angewandt wurden«; und Alexei selbst war es, der auf den Vorschlag, ein paar Deserteure hinzurichten, menschenfreundlich erwiderte: »Es wäre hart, das zu tun, denn Gott hat nicht allen Menschen das gleiche Maß an Mut gegeben.«[36]

Nun war der allergütigste Zar tot, und seine Untertanen konnten wieder ungehindert ihren Händeln nachgehen. Im ersten Augenblick triumphierten die Miloslawskis. Wider jede Erwartung wurde der vierzehnjährige Zarewitsch Fjodor in der Uspenski-Kathedrale als Zar Fjodor II. gekrönt. Der arme junge Herr war dank angeborener Leiden derart schwach, daß er zu seinem Thron getragen werden mußte, aber gesündere Verwandte warteten bereits freudig im Hintergrund. Der Chef des Hauses Miloslawski hieß nun Iwan Michailowitsch Miloslawski, ein energischer, listiger und skrupelloser Vetter des alten Ilja. Als der Zar starb, befand er sich im fernen

Astrachan, das sein Vetter Iwan Bogdanowitsch fünf Jahre zuvor von den Kosaken erobert hatte. Aber seine Stellung als Gouverneur von Astrachan war in Wirklichkeit eine Art Verbannung, ausgeklügelt von Artamon Matwejew, der die gefährlichsten seiner Gegner möglichst weit entfernt von Moskau halten wollte.

Iwan Michailowitsch Miloslawski eilte nach Moskau und ergriff rasch die Zügel der Macht. Matwejew und zwei der Brüder Naryschkin wurden unter aufgebauschten Anklagen in die Verbannung geschickt, und wieder einmal beherrschten Miloslawskis den Staat. Der neue Zar geriet zuerst unter ihren Einfluß; da er aber die gutmütige Natur seines Vaters geerbt hatte, ließ er es nicht zu, daß Matwejew oder die Naryschkins hingerichtet wurden.[37] Es sah so aus, als hätten schließlich die Miloslawskis gesiegt; vollends gekrönt wurde dieser Sieg durch einen weiteren siegreichen Feldzug gegen Rußlands Feinde, den der furchtlose Iwan Bogdanowitsch 1679 in der Ukraine führte.[38]

Aber die Miloslawskis neigten dazu, ihre Machtstellung zu überreizen. Es war augenfällig, daß weder der kränkliche Zar noch sein Bruder lange leben würden. Starben sie, so würde ihnen ihr Halbbruder Peter auf dem Thron folgen, und der Stern der Naryschkins würde wieder steigen – für immer. Daher war es wichtig, daß der Zar heiratete und einen Erben in die Welt setzte. Sehr zum Nachteil dieses Planes verliebte sich jedoch der Zar plötzlich. Iwan Michailowitsch Miloslawski versuchte mit allen Mitteln, Fjodor gegen dieses Mädchen einzunehmen, aber der junge Zar war darüber so wütend, daß er Miloslawski für einige Zeit von dem Hof verbannte, an dem kurz darauf die neue junge Zarin residierte.[39]

Nun begannen die Ereignisse sich zu überstürzen. Die junge Zarin Agafja und ihr neugeborener Sohn starben bereits im folgenden Jahr 1681, doch war die Freude Iwan Miloslawskis darüber nur von kurzer Dauer. Kaum sieben Monate später verehelichte sich der Zar ein zweites Mal, diesmal mit Martha Apraxina, der Tochter einer alten Adelsfamilie. Einer ihrer Paten war kein anderer als Artamon Matwejew, den Iwan Miloslawski kaum fünf Jahre zuvor mit dem Tod bedroht und in die Verbannung gejagt hatte! Die neue Zarin hatte ihren Bräutigam schon vor der Hochzeit gebeten, Matwejew seine Güter zurückzuerstatten, und, wie sich zeigen sollte, mit Erfolg.

Man kann sich die Gefühle Iwan Miloslawskis vorstellen, als sein alter Widersacher sich aufs neue anschickte, in den Sattel zu steigen.

Aber wieder einmal schlugen das Schicksal – und die wechselvolle Politik Rußlands – zu und machten die Hoffnungen der Miloslawskis zunichte, um sie jedoch gleich darauf wieder aufzurichten. Zuerst starb plötzlich, wenngleich nicht unerwartet, der stets kränkelnde Zar Fjodor II. kaum zwei Monate nach seiner zweiten Vermählung. Somit war *diese* Gefahr gebannt, doch es folgte ihr eine zweite auf dem Fuß, die möglicherweise noch bedrohlicher war. Natürlich galt jetzt Fjodors Bruder Iwan als Thronfolger, doch dieser war seelisch und körperlich so schwach, daß man sich nicht vorzustellen vermochte, wie er die unumschränkte Macht ausüben sollte. Sein Halbbruder Peter zeigte andererseits schon als Zehnjähriger erstaunliche körperliche und geistige Fähigkeiten. Da die Miloslawskis am Hof an Einfluß verloren hatten, schien es für die Partei der Naryschkins ein leichtes zu sein, ihren Zarewitsch Peter auf den Thron zu setzen, mit Natalja Naryschkina als Regentin und Matwejew als ihren wichtigsten Berater. Iwan Miloslawski drohte nicht nur immerwährende Ungnade, sondern sogar das Beil des Henkers. Welches Mitleid konnte er erwarten, der doch so offen gefordert hatte, Matwejew und (so deutete man später an) auch den Zarewitsch zu töten?[40]

Wie 1613, als der Großvater des nunmehr verstorbenen Zaren gekürt worden war, so wurde auch jetzt entschieden, die Wahl einer *Semski Sobor* zu überlassen. Eine Menschenmenge, die vorgab, die verschiedensten Stände des moskowitischen Reiches zu repräsentieren, versammelte sich auf dem Kathedralenplatz. Vom oberen Ende der roten Freitreppe, die in den Facettenpalast führte, stellte der Patriarch den Versammelten die Frage, ob Iwan oder Peter den Thron besteigen solle. Die Schreie nach »Peter Alexejewitsch!« wurden immer lauter, bis alle Stimmen, die dagegen waren, zum Schweigen gebracht waren.

Die Naryschkins gewannen die Oberhand, und eiligst ritten Boten aus, um Matwejew zur Rückkehr nach Moskau zu bewegen. Selbst das Überleben des Namens Miloslawski stand auf dem Spiel. Eine Frau war es, die nun eingriff, um den Gang der Ereignisse umzukehren. Dies war für das Moskau des siebzehnten Jahrhunderts ungewöhnlich, da die Frauen der königlichen Familie noch mehr abgeschirmt waren von den Augen der Öffentlichkeit als die ihrer Untertanen und sie sogar in der Kirche im verborgenen saßen.

Die Zarentochter Sophia Alexejewna war die vierte Tochter des seligen Zaren Alexei; 1682 war sie gerade fünfundzwanzig Jahre alt.

Sie war zwar keine Schönheit, besaß aber außerordentliche Geistesgegenwart. Sie war entschlossen, daß nichts die Familie ihrer Mutter erniedrigen solle, und machte sich eiligst daran, die Entscheidung der Semski Sobor rückgängig zu machen. Es war keine Zeit zu verlieren, denn wenn Matwejew erst einmal in die Hauptstadt zurückgekehrt war, dann war die Stellung der Naryschkins womöglich nicht mehr zu erschüttern. Einen Trumpf hatte Sophia zumindest noch in der Hand: Die Regentin Natalja besaß ebensowenig wie ihre Verwandten, die Naryschkins, die Vitalität der Miloslawskis und hielt sich zu jener Zeit hinter den Türen des Terem-Palastes verborgen.

Sophia und ihr Verschwörerkreis machten sich ans Werk. Der Drahtzieher hinter all dem, was nun folgte, war ihr dreiundfünfzigjähriger Vetter Iwan Michailowitsch Miloslawski, der seit dem Tod Iwan Bogdanowitschs als das Oberhaupt der Familie betrachtet wurde. Es waren auch noch weitere Geschwister der Miloslawskis an der Verschwörung beteiligt, aber die wichtigsten Helfer Iwan Michailowitschs waren seine beiden Neffen Iwan und Peter Tolstoi.

Einem gehässigen Bericht zufolge (dem von Matwejews Sohn) waren die Brüder Iwan und Peter Tolstoi Männer von eindrucksvoller Erscheinung und hohem Verstand, aber sie sollen auch in dem Ruf gestanden haben, in dunklen Geschäften und heimtückischen Intrigen geschickt ihre Hände im Spiel zu haben. Im Volksmund nannte man sie nach ihrem Großvater Wassili ›Charp‹ Tolstoi ›Charpenki‹.

Iwan und Peter, der eine 1644, der andere 1645 geboren, waren die Söhne von Andrei Tolstoi, der etwa seit 1642 mit Solomonida Miloslawskaja verheiratet war, der jüngeren Schwester Iwan Michailowitschs. Es war diese mächtige Verbindung, die ihnen zu hohen Stellungen verhalf und sie mit der Sache der Miloslawskis zusammenbrachte. Von den zeitweiligen Rückschlägen, die ihr Oheim vor 1682 erlebte, scheinen sie nicht berührt gewesen zu sein, und wahrscheinlich erlaubte ihnen ihre angeborene Schlauheit, in verschiedenen Feuern zumindest ein lauwarmes Eisen zu halten. Iwan, der ältere, hatte durch seine Ehe mit Maria Apraxina, der Schwester der Zarin Martha, Fjodors II. Witwe, seine Stelle noch gefestigt. Die Heiraten von Vater und Sohn hatten die Tolstois in herausragende Stellungen gehoben, was im Moskau des siebzehnten Jahrhunderts jedoch auch große Gefahr bedeutete.

Während der Wochen, die auf die Wahl des Zaren Peter folgten, blieb Iwan Miloslawski auf sein Moskauer Haus beschränkt, angeblich war er zu krank, sich öffentlich zu zeigen. Aber die Brüder Tolstoi hockten oft bei ihm, und zu jeder Stunde gingen Boten ein und aus. Diese ritten vornehmlich in die Vororte der Strelizen, der gewalttätigen Prätorianergarde der Zaren. Die Strelizen waren seinerzeit höchst unzufrieden, da ihre Offiziere immer bestechlicher und selbstherrlicher geworden waren. Die Naryschkins kannten sehr wohl die Gefahr, die von diesen schlecht disziplinierten Regimentern drohte, und ließen Sold und Schmiergelder verteilen, um sich ihrer Loyalität gegenüber dem neuen Zaren zu versichern. Unglücklicherweise paarte sich jedoch bei der Partei der Naryschkins politische Unfähigkeit mit äußerster Taktlosigkeit und Arroganz.

Iwan Miloslawski wägte dies alles in seinem kalten Verstand ab. Ströme von Geld flossen von den Miloslawskis in die Siedlungen der Strelizen, aus der Gerüchteküche drangen Andeutungen über das Verhalten der Naryschkins und ihre ehrgeizigen Ziele. Der dreiundzwanzigjährige Iwan Naryschkin, so hieß es, habe sich unverschämterweise auf den königlichen Thron gesetzt, sich die Krone aufgesetzt und die Zarewna Sophia einfach beiseitegeschoben, als sie ihm deswegen Vorhaltungen machte. Es gab düstere Anspielungen auf eine Verschwörung der Naryschkins, alle Thronerben töten zu lassen und sich selber auf den Thron zu setzen. Gleichzeitig machte man dem Fürsten Iwan Chowanski, einem eitlen, dummen und ehrgeizigen Offizier, der sich bei den Strelizen großer Beliebtheit erfreute, verlockende Angebote. Chowanski ging begeistert darauf ein, und so begann das Netz der Verschwörung sich zusammenzuziehen.

Artamon Matwejew kehrte endlich aus der Verbannung zurück, um neben der Regentin Natalja sein Amt auszuüben. Anfangs beunruhigten ihn die Berichte über die Strelizenunruhen noch ein wenig, aber die Erinnerung an seine einstige Beliebtheit bei den Soldaten und der immer freundlicher werdende Empfang, der ihm zuteil wurde, je näher er den goldenen Kuppeln der Hauptstadt kam, zerstreuten seine Befürchtungen. Am Abend des 12. Mai 1682, zwei Wochen nach dem Tod des Zaren Fjodor II., fuhr er schließlich in einer Staatskarosse in Moskau ein, begleitet von der Blüte der Naryschkins. Drei Tage währte der Strom von Besuchern, die ihm Geschenke und Glückwünsche darboten. Nur ein einziger von Rang versagte dem zurückgekehrten Staatsmann seine Aufwartung, und das war Iwan Miloslawski. Aber der lag ja »krank zu Bett«.

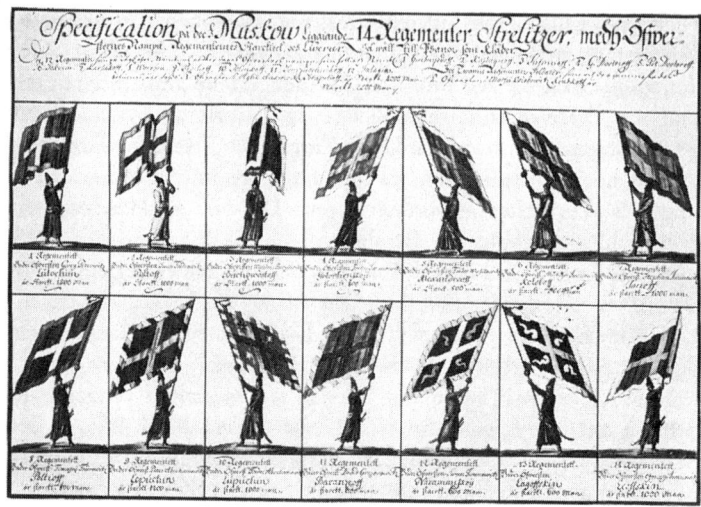

Banner der Strelizen

Am 15. Mai übernahm Matwejew seinen Sitz als Leitender Minister in der Bojarenduma. Doch er hatte nicht mit Iwan Miloslawski gerechnet. Früh an diesem Morgen kamen zwei Reiter in das Quartier der Strelizen gesprengt und brüllten allen, die ihnen begegneten, zu: »Die Naryschkins haben den Zarewitsch Iwan erdrosselt!« Die beiden waren Peter Tolstoi und sein Vetter Alexander Miloslawski (ein Sohn von Iwan Bogdanowitsch). Die kriegserprobten, streitlustigen Soldaten strömten scharenweise aus ihren Häusern und erhielten den Befehl, sofort zum Kreml zu marschieren und den Mord zu rächen. Sie waren durch die Flüsterpropaganda Iwan Miloslawskis und des Fürsten Chowanski auf solch einen Fall vorbereitet und eilten deshalb auch gleich zu den Waffen.

Die glitzernden Reihen begannen mit wogenden Fahnen und unter Trommelschlägen durch die Straßen Moskaus zum Kremlplatz zu defilieren. Die Nachricht von ihrem Anmarsch erreichte jedoch die Regentin Natalja und Matwejew im Facettenpalast zu spät, um noch die Kremltore schließen zu lassen. Von unten schallten bereits die drohenden Rufe der erregten Soldaten hinauf.

»Die Naryschkins haben den Zarewitsch Iwan ermordet! Bestraft die Verräter! Zu den Waffen!«

Die Bojaren, die sich in der Festhalle zusammendrängten, stierten einander aus bleichen Gesichtern an. Schließlich riet Matwejew der Zarin, den Zarewitsch den Massen zu zeigen und sie davon zu überzeugen, daß er lebte. Zitternd vor Furcht, den Zarewitsch an der Hand, erschien sie am oberen Ende der roten Treppe.

Einige Soldaten drängten sich hinauf, um den jungen Fürsten in Augenschein zu nehmen. Iwan bestätigte, daß er am Leben sei, und die Männer kehrten mit dieser Kunde zu ihren Kameraden zurück. Die Truppen schwankten; da ertönten plötzlich Stimmen, die wie aus einer Kehle danach schrien, daß ihnen die Verräter im Palast ausgeliefert werden sollten. Von einer Liste, die ihnen Peter Tolstoi mitgegeben hatte, riefen sie eine Reihe von Namen auf; ganz oben standen Artamon Matwejew und acht der bedeutendsten Naryschkins. Es zeigte sich aber, daß nur eine Minderheit sich diesem Verlangen anschloß, und als der Patriarch und Matwejew in eigener Person oben auf der Treppe erschienen, um der Menschenmenge gut zuzureden, sah es fast so aus, als wolle sie sich auflösen.

Da trat einer der Strelizengeneräle, Fürst Dolgoruki, dessen Name auf der Liste der Aufständischen stand, aus dem Palast und drohte ihnen schwere Strafen an, wenn sie nicht augenblicklich nach Hause gingen. Das Auftreten dieses Fürsten war so herausfordernd und drohend, daß man sich füglich fragen muß, ob er nicht von einem der Feinde der Naryschkins im Innern des Palastes dazu gedrängt wurde – vielleicht vom Fürsten Chowanski. Seine völlig unangebrachte Schelte erregte sofort von neuem die Wut des Mobs. In wilden Haufen drängten die Regimenter vorwärts über den Platz, angetrieben von den gleichen Elementen, die nach dem Blut Matwejews und der Naryschkins geschrien hatten. Ein paar Raufbolde sprangen die Treppen hinauf und stießen den immer noch brüllenden Fürsten hinunter zu ihren Kameraden, die ihn auf ihre Spieße nahmen.

Nun war ihr Blut in Wallung, und der Mob rannte kreischend durch die Säle des Facettenpalastes, bis er auf Artamon Matwejew selber stieß. Auch er wurde die Treppen hinabgeschmettert und von denen unten in Stücke gehackt. Jeder, den sie fanden, dessen Name Naryschkin war oder der ihnen diente, wurde gleichfalls hinausgeschleift und vor einer hämischen Menschenmenge in Stücke geschnitten. Drei Tage lang dauerte das Jagen und Schlachten. Es war ein unbeschreiblich grausames Schauspiel. Gelegentlich veranstalteten sie in einem Saal eine besonders blutrünstige Schreckensszene.

Der alte Kyrill Naryschkin, der Vater der Zarin, verbarg sich zusammen mit seinen Söhnen und dem siebzehnjährigen Sohn des ermordeten Matwejew in einem Lagerraum. Sie stopften die Fenster mit Kissen zu, so daß der Raum gänzlich abgedunkelt war, wagten es aber nicht, die Türe zu versperren, weil sie fürchteten, damit den Argwohn ihrer Verfolger zu erregen. Wenig später schaute ein Fähnlein Strelizen hinein. Sie fingen an, mit ihren Hellebarden in die Kissen zu stechen, aber dann murmelte einer von ihnen, daß ihre Kameraden diesen Raum bereits durchsucht haben müßten, und sie setzten ihre Jagd anderswo fort. Anschließend gelang dem jungen Matwejew dank der Hilfe eines Hofzwerges die Flucht; ihm verdanken wir diesen Bericht. Iwan Naryschkin hatte nicht soviel Glück. Die Zarentochter Sophia (die zusammen mit Chowanski die Eindringlinge insgeheim anleitete) überredete die weinende Zarin dazu, ihren Bruder zu opfern, um ihr eigenes Leben und das der anderen Überlebenden zu retten. Der junge Herr wurde schrecklichen Torturen unterzogen, danach in die Luft geworfen und mit den Spießen aufgefangen und auf den Platz getragen. Dort wurden ihm Hände und Füße abgeschnitten und sein Körper in kleine Stücke zerhackt, die die Soldaten in den Schmutz traten.

Unterdessen hatten sich die Strelizen in ihrem grausamen Vergnügen erschöpft und erklärten sich zufrieden, schworen dem Zaren, dessen Oheim sie soeben geschlachtet hatten, der Zarin, dem Zarewitsch Iwan und den Töchtern des Zaren immerwährende Ergebenheit und verließen den Kreml. Matwejews schwarzer Diener wurde gesehen, wie er den verstümmelten Leichnam seines Herrn traurig in einem Laken zur Kirche des hl. Nikolaus schleppte.

Während das Blut der Naryschkins von den Böden und Wänden des Kreml gewaschen wurde, machten Iwan Miloslawski und die Zarewna Sophia ihren nächsten Schachzug. Auf ihre Einflüsterungen hin verlangten Abgesandte der Strelizen, daß der Zarewitsch Iwan zusammen mit seinem jüngeren Halbbruder Peter zum Zaren gekrönt werde und daß anstelle der Zarin Natalja die Zarewna Sophia die Regentschaft übernehmen solle. Niemand wagte sich dagegen aufzulehnen, und am 6. Juli 1682 wurde der kranke Iwan Alexejewitsch, der weder richtig sprechen noch sehen, noch sich zu bewegen vermochte, zusammen mit Peter vom Patriarchen Joachim in der glanzvollen Kulisse der Auferstehungskathedrale gekrönt. Unter den Großen, die anwesend waren, stachen Illarion Semjonowitsch und Matwei Bogdanowitsch Miloslawski hervor, ferner Andrei Wassiljewitsch Tolstoi. Seit dem Tod Fjodors II. und dem Coup der Naryschkins waren kaum zehn Wochen vergangen.

Nach der Beseitigung der Naryschkins und der Übernahme der Regentschaft durch Sophia gab es in diesem Staat für die Miloslawskis beinahe keinen Widersacher mehr. Nur ein einziger Mann schien ihre Sicherheit zu bedrohen, und das war der eitle und wankelmütige Fürst Chowanski. Ihm sagte man nach, er habe die Absicht, Iwan Miloslawski und andere führende Bojaren töten zu lassen, sich selbst zum Zaren aufzuwerfen und seinen Sohn Andrei mit der Regentin Sophia zu vermählen. Diese Gerüchte stammten vielleicht von dem listigen Iwan Miloslawski. Er redete Sophia ein, daß sie in Gefahr sei, und sie fand einen geschickten Vorwand, Moskau zu verlassen.

Kaum war sie vor der Macht der Strelizen sicher, da sammelte sie ihre eigenen Truppen um sich, und in dem Augenblick, als Chowanski und sein Sohn unvorsichtig genug waren, sich aus ihren Mauern hervorzuwagen, sandte sie eine Schar Soldaten aus und ließ sie festnehmen. Chowanski protestierte wütend und erklärte sich bereit, die Namen der eigentlichen Drahtzieher des Aufstandes im Kreml der Öffentlichkeit preiszugeben. Das war sein Todesurteil. Iwan Miloslawski berichtete Sophia von dieser Gefahr, worauf sie sofort den Befehl ausgab, die beiden Chowanskis hinzurichten. Dies geschah noch an Ort und Stelle, wobei streng darauf geachtet wurde, daß sie keine Gelegenheit hatten, irgendwelche dunklen Geheimnisse auszuplaudern. Bald darauf wurden auch die Strelizen befriedet und die Disziplin wiederhergestellt, und so war niemand mehr, der der Regentin Sophia die Herrschaft über die Geschicke Rußlands hätte streitig machen können.

Doch der Sieg war zu einem furchtbaren Preis erkauft worden und erwies sich als kurzlebig. Mit jedem Jahr, das verging, wurden die Kräfte und die Fähigkeiten des Zaren Peter augenfälliger. 1689, sieben Jahre nach dem Wüten der Strelizen im Kreml, ergriff der siebzehnjährige Peter die Zügel der Macht.

1697 berichtete einer der wichtigsten Helfer der Miloslawskis Peter dem Großen von einer Verschwörung, in die angeblich auch die Zarentochter Sophia verwickelt war. Der Zar, der niemals die gespenstischen Szenen vergessen hatte, die er als Zehnjähriger im Facettenpalast hatte mit ansehen müssen, war so erregt, daß er schwor, an der ganzen Sippe der Miloslawskis Rache zu nehmen. Iwan Michailowitsch, der seine Ambitionen (wie Leo Tolstoi meinte) an den jüngsten Taten Cromwells ausrichtete, war 1685 gestorben und neben Ilja Danilowitsch, dem Begründer des großen Familienvermögens, in der Familiengruft beigesetzt worden.[41] Nun erging der Befehl, seinen Leichnam auszugraben und ihn von Schweinen zum Fuß der Hinrichtungsstätte ziehen zu lassen. Als Peter im folgenden Jahr erfuhr, daß sich die Strelizen aufs neue erhoben und die Hauptstadt bedroht hatten, schrieb er wütend nach Moskau, daß »hier der Same des Iwan Miloslawski wieder aufgeht« und eilte nach Hause, um die Erhebung in einem Blutbad zu ersticken.[42] Seine Rache an der Familie, an den Lebenden wie an den Toten, war so blutrünstig, daß der Name Miloslawski fortan jegliche öffentliche Bedeutung verlor.

Ein Historiker, der das Rußland des siebzehnten Jahrhunderts behandelte, schilderte die Matwejews und die Miloslawskis als »Meteoriten«, die hell am Himmel aufglühten und dann in der Dunkelheit verschwanden. Zutreffend ist auch der Hinweis von Bruce Lincoln, daß »nach 1689 kein Miloslawski in Rußland je ein hohes Regierungsamt mehr innehatte«.[43] Der Name wurde allerdings 1910 den Familienerben zurückgegeben. Und es ist durchaus möglich, daß viele der Eigenschaften, welche spätere Generationen von Tolstois zeigten, von ihren Miloslawski-Ahnen stammten. Namentlich die Brüder Iwan und Peter Tolstoi zeigten in ihrer Tücke, ihrem Mut und in ihrem Ehrgeiz große Ähnlichkeit mit ihrem Oheim Iwan Miloslawski. Der »Same der Miloslawski« erwies sich als kräftig und zählebig.[44]

3
Der Fluch des Zarewitschs

Peter Andrejewitsch Tolstoi
(I. G. Tannauer, 1719)

Nur großes Geschick und viel Glück bewahrte die Tolstois davor, das Schicksal der Miloslawskis zu teilen. Eine kluge Analyse der Umstände überzeugte die Brüder Iwan und Peter, daß die Zeitläufte – trotz der großen Fähigkeiten der Regentin Sophia und ihres Ministers und Liebhabers Wassili Golizyn – den heranwachsenden Peter begünstigen würden, der unweigerlich einen Kreis ehrgeiziger Männer um sich scharen würde, die entschlossen waren, aus dem künftigen Wandel ihren Nutzen zu ziehen. Zu ihnen zählte Fjodor Matwejewitsch Apraxin, dessen eine Schwester die Witwe des Zaren Fjodor war und dessen andere Schwester Maria mit Iwan, dem älteren der Brüder Tolstoi, verheiratet war. Diese Verbindung schuf die Brücke, über die sich die Tolstois nach dem Tod ihres mächtigen Schutzherrn Iwan Miloslawski im Jahr 1685 in das Lager Peters hinüberschmuggelten. Apraxin war sogar darauf bedacht, zwei so tüchtige und einflußreiche Männer für Peter zu gewinnen.

Als Peter sich 1689 stark genug fühlte, gegen die Regentin Sophia, seine Halbschwester, vorzugehen, zählten die Tolstois schon zu seinen engen Verbündeten. Tatsächlich hatte sich unterdessen die Strömung gegen Sophia gekehrt und waren eigentlich schon alle ihre Anhänger zu Peter übergelaufen – selbst ihr Liebhaber, Fürst Golizyn. Sie wurde in ein Kloster vor den Toren Moskaus gesteckt, und der siebzehnjährige Peter wurde regierender Zar.

Was durften die Brüder Tolstoi von ihrem neuen Herrn erwarten? Zar Peter vergaß ihnen niemals, welche Rolle sie und die Ihren in seiner Kindheit gespielt hatten, und seine Achtung vor ihren hervorragenden Fähigkeiten paarte sich mit unablässigem Verdacht gegenüber ihrer Zuverlässigkeit. Lange Zeit, nachdem Peter Tolstoi durch eine Reihe außerordentlicher Leistungen seine Treue zu Peter bewiesen hatte, hörte man Peter den Großen düster über ihn sagen: »Ach du Kopf, wärest du nicht so klug, hätte ich dich längst schon abschlagen lassen.« Und ein paar Wochen vor seinem Tod, als Peter im Zustand der Trunkenheit laut über die Vorzüge seiner Minister nachdachte, hörte man ihn sagen, daß »Peter Andrejewitsch Tolstoi in jeder Hinsicht ein sehr fähiger Mann ist, aber wenn man mit ihm zu tun hat, hält man sich besser einen Stein in der Tasche, damit man ihm die Zähne einschlagen kann, falls er einen beißen will«. Tolstoi war damals beinahe achtzig, aber binnen weniger Wochen sollte er beweisen, daß sein Talent zur Intrige noch immer unverkümmert fortbestand.

Eine weitere Anekdote erzählt, wie er bei einem abendlichen Besäufnis des Zaren auf eine ähnliche Stichelei reagierte. Tolstoi verabscheute dieses Trinken bis zur Bewußtlosigkeit, er setzte sich also vor das offene Feuer, legte seine Perücke ab, ließ den Kopf sinken und tat so, als sei er fest eingeschlafen. In Wirklichkeit lauschte er aufmerksam der leise geführten Unterhaltung zwischen dem Zaren und seinen Gefährten. Zar Peter, der im Raum hin und her lief, bemerkte plötzlich den kahlen Schädel, der im Stuhl nach hinten geneigt ruhte, klatschte zweimal drauf und sagte: »Ihr verstellt Euch, Meister Tolstoi!« Dann, einen Augenblick später, bemerkte er mit einer deutlichen Anspielung auf Tolstois toten Schutzpatron Miloslawski unheilvoll: »Dieser Kopf, der zuerst unter einem anderen Kopf diente, sitzt sehr locker: Ich fürchte, er könnte von den Schultern fallen.« Tolstoi tat so, als wache er soeben auf, schaute den Zaren an und entgegnete flugs: »Macht Euch keine Sorgen, Majestät, er ruht fest auf mir, und er ist Euch ergeben; was zuvor war, hat sich nicht und wird sich nicht wiederholen.« »Schau an!« rief der Zar, »er war gar nicht betrunken, er hat bloß so getan! Gebt ihm drei Gläser guten *flin* [warmes Bier mit einem reichlichen Schuß Branntwein und Zitronensaft], auf daß er uns freundlich gesinnt sei und an unserer Unterhaltung teilnehme.«[1]

In Wirklichkeit waren die Brüder Tolstoi genau die Art von Menschen, die Peter für seine Dienste suchte.[2] Peter Tolstoi hatte dem Zaren zuerst bei den Semjonowski- und den Preobraschenski-Garden gedient und wurde 1693 mit dem Posten des Woiwoden von Ustjug belohnt. In diese Stadt zog Peter am 12. Mai unter Kanonensalven ein und dinierte bei dem »listenreichen Tolstoi«, wie er in zeitgenössischen Berichten ausnahmslos genannt wird.[3] Aber Peter war sich im klaren, daß der Argwohn des Zaren noch nicht erloschen war, und glücklicherweise erhielt er bald Gelegenheit, seine Treue unter Beweis zu stellen.

Bekanntlich wollte der Zar unbedingt einen russischen Vorposten an den Küsten der Ostsee und des Schwarzen Meeres errichten und seinem Land eine mächtige Flotte schenken. Am 20. März 1697 machte sich der Zar auf seine berühmte Reise nach Holland und England, wo er den Schiffbau und andere komplizierte westliche Techniken des Pionier- und Ingenieurwesens studieren wollte. Zugleich war er darauf bedacht, Russen ausbilden zu lassen, die dann seiner neuen Flotte als Offiziere dienen sollten. Vier Wochen vor seiner Abreise setzte Peter den Dogen von Venedig in Kenntnis, daß er eine Gruppe russischer Adliger ausschicke, »welche vorhaben, die neuen militärischen Künste und Methoden fleißig und unverdrossen zu studieren«. Zuvörderst sollten sie den Umgang »mit Karten, Instrumenten und derlei Hilfen bei der Seefahrt« erlernen, »ferner mit einem Schiff umzugehen und seine Takelage, seine Ausstattung und den Aufbau zu kennen und, wenn möglich, an Seekämpfen teilzunehmen, und nach ihrer Rückkehr imstande sein, die besonderen Marinekenntnisse, welche sie in Europa erworben, anderen mitzuteilen«.[4]

Damals und seither hat man gemutmaßt, daß sich Peter Tolstoi, der bereits zweiundfünfzig Jahre zählte und Frau und Kinder besaß, von sich aus dieser Gruppe von Adligen anschloß, um den Argwohn des Zaren zu beschwichtigen. Vielleicht ist es zutreffender, daß der Zar Peter Tolstoi nur ungern in Rußland zurückließ, während er selbst im Ausland umherreiste.[5]

Am 30. Januar 1697 erhielt Peter Tolstoi förmliche Anweisungen abzureisen. Knapp einen Monat später hatte er gepackt und seiner Frau Solomonida Timofejewna und seinen Söhnen Iwan und Peter Lebwohl gesagt. Hoch zu Roß und begleitet von einer Schar Bediener brach er am 28. Februar auf. Im Europa des siebzehnten Jahrhunderts waren Reisen langwierig. Erst am 22. Mai traf Tolstoi in Wien ein; er blieb dort eine Woche und gelangte schließlich am 11. Juni nach Venedig. Hier verbrachte er den Winter und reiste im März auf heißen, staubigen Straßen in den Süden Italiens. Er unternahm auch zwei Fahrten auf dem Mittelmeer, besuchte Malta und kehrte im Juni über Rom nach Venedig zurück.

Der offizielle Zweck seiner Reise wurde gewissenhaft erfüllt. Mit seinen Gefährten studierte Tolstoi unter einem venezianischen Seeoffizier, Kapitän Marko Martinović, die Kunst des Navigierens. Ein zeitgenössisches Gemälde zeigt Martinović vor einem Tisch sitzend, auf dem ein Astrolab, Kompaß und Karten ausgebreitet

Peter Tolstoi und seine Gefährten studieren die Navigation

sind, während seine adligen Schüler eifrig ihren Lehrstoff erörtern. Der größte Teil des Unterrichts war jedoch praktischer Natur. Tolstoi stürzte sich mit Begeisterung darauf, verhörte türkische Korsaren, stritt sich mit seinem Kapitän über Fragen des Kartenlesens herum und wurde mit all den schwerverständlichen Begriffen der Seefahrt vertraut. Lebendig schilderte er Stürme zur See, aber weder sie noch andere grimmige Gefahren vermochten ihn abzuschrecken.

Peter Tolstois sorgfältig geführtes Tagebuch macht seinen Aufenthalt in Italien besonders bemerkenswert. Es gewährt seltene Einblicke in das Denken eines intelligenten Russen über die Zivilisation Westeuropas am Vorabend der Petrinischen Reformen. Seine Beobachtungen enthüllen die tiefe Kluft zwischen dem Rußland der frühen Romanow-Dynastie und dem aufgeklärten Europa. Er interessierte sich brennend für alles, was mit Religion zu tun hatte, verglich die unterschiedlichen Glaubensbekenntnisse, ihre Kirchen und die religiösen Praktiken miteinander und stellte sie dem »gottesfürchtigen griechischen Glauben« der Orthodoxen gegenüber. Er besuchte auch katholische Gottesdienste und blickte mit der Unbefangenheit des Gläubigen auf die Reliquien, die er dort aufbewahrt fand. Er besuchte Akademien, wo man die »hohen Künste« studieren, an Disputationen teilnehmen oder in deren Bibliotheken man herumstöbern konnte. Er erfuhr viel über klassische Kunst und Mythologie. Er war überwältigt von der Schönheit und der Größe öffentlicher Gebäude, wie er sie in Wien, Venedig, Neapel und Rom antraf. Einer Schwierigkeit begegnete der Tagebuchschreiber auf Schritt und Tritt: Die russische Sprache war einfach zu arm für solche Wunder. Immer wieder kann er nur ausrufen, daß dieses Gemälde oder jene Kathedrale ein »erstaunliches« oder »wunderbares« Meisterwerk sei, ein »verblüffendes Stück Arbeit« oder sogar »passabel« oder »respektabel« (*isriadnaja*) – Worte, die in dem begrenzten Wortschatz seiner Zeit eine weitaus höhere Bedeutung ausdrücken als später. Aber die Tiefe seiner emotionalen Erschütterung angesichts der Prachtwerke Italiens zerbricht seine sprachlichen Fesseln. Er gesteht sich das Unvermögen seines Wortschatzes ein und schreibt einfach »von diesem wunderbaren Werk, welches niemand gänzlich zu beschreiben vermag« oder von »einem Meisterstück, welches die menschliche Zunge einfach nicht darzustellen vermag«. Doch gelegentlich konnte er sogar eine Wendung finden, die seinen Genuß mitteilt. Er starrte das Äußere des Mailänder Domes an und fand ihn »ganz wunderbar und glorreich in aller Welt«. Anderswo sah er Pferde, »geschnitten aus weißem Stein mit solch wunderbarer Kunstfertigkeit, als seien sie lebendig«.

Er liebte auch die Musik und besuchte Opern und Schauspiele, wobei er ersteren den Vorzug gab. Die schönste Musik wurde in den Kirchen gespielt, und der empfängliche Edelmann vernahm in einem Kloster in Venedig einen Gesang, »so schön, daß auf der ganzen Welt solch süßer Gesang und solche Harmonie niemals gehört wurden, so wunderbar wie von Engeln«. Kirchenorgeln fand er allerdings weniger erhebend. »Ihre Klänge sind so laut, daß sie die ganze Kirche erschüttern«, schrieb er. Tolstoi beherrschte bald die italienische Sprache. Die Verschiedenartigkeit der Städte fesselte seine Aufmerksamkeit. Die Damen in Venedig »genießen es, stets herumzuflanieren und sich zu amüsieren und sind sehr schwächlich in Dingen fleischlicher Lust«. Nach dem zu urteilen, was über Peter Tolstois Wesen bekannt ist, darf man getrost annehmen, daß er in diesem Punkt persönliche Erfahrungen sammelte. In Neapel »sind Frauen und Mädchen züchtig und werden nach moskowitischer Art verborgen gehalten«. Die Vergleiche mit dem Leben in Moskau werfen ein aufschlußreiches Licht auf die großen Unterschiede, die Tolstoi kennenlernte. In Neapel, so bemerkte er wieder, führen Adlige »nicht ein einsames Dasein, wenn sie mit ihren Gemahlinnen in Kutschen umherfahren, und nehmen gerne auch Fußgänger auf, geradeso wie die Moskauer«, und die Häuser des Adels erinnerten ihn an jene zu Hause. Ähnlich waren auch die Schreiber, die auf der Piazza di San Marco in Venedig Bittschriften abfaßten; aber im allgemeinen überwogen doch die Unterschiede.

Große Gebäude, fünf Stockwerke hoch; Spitäler, die tausend Patienten versorgten; die Kanäle von Venedig; der Karneval, als Menschenmassen mit Phantasiekostümen sich durch die Gassen wälzten. Dann gab es in Venedig auch noch die Straßenlampen, welche die Stadt die ganze Nacht hindurch beleuchteten. Bedeutungsvoller als diese sichtbaren Zeichen eines fröhlichen, lebensbejahenden, kultivierten Daseins waren andere Äußerungen. Tolstoi bemerkte, daß jeder beliebige Bürger sich im Rahmen seines Gewerbes einem venezianischen Großen nähern durfte – dies ein gewaltiger Unterschied zu jenem Schicksal eines russischen Bittstellers, von dem gesagt wurde, daß er von Zar Alexei Michailowitsch wie beiläufig getötet wurde, als er sich der Person des Monarchen allzu weit näherte. In den Gerichtssälen sprachen die Menschen ruhig und höflich, »ohne zu schreien« – wie sie es vermutlich in jenem anderen Land machten, an das Tolstoi dachte! Ähnlich auffallend war, daß es in Venedig in der Öffentlichkeit keine Betrunkenen gab; insgesamt führten seine Einwohner ein Leben der Zufriedenheit, »immer fröhlich, niemals pöbeln sie andere an, und sie brauchen keine Angst voreinander zu haben; jeder tut nach seinem Wunsch, was ihm gefällt. Es hat schon immer in Venedig diese Freiheit gegeben, und die Venezianer lebten stets frei von Furcht und Übergriffen und ohne drückende Steuern«. Offensichtlich ist dieses Bild idealisiert, aber man erkennt unschwer den Vergleich, den er zieht.

Peter Tolstois beschauliches Leben ging jedoch bald zu Ende. Am 25. Oktober 1698 erhielt er von dem Bojaren F. A. Golowin ein offizielles Schreiben, das ihn zur Heimkehr aufforderte. Drei Monate später traf er zu Hause ein. Doch hörte er niemals auf, sich bei Hofe über die unvergeßliche Pracht Venedigs, Neapels und Roms auszulassen, bis es der reizbare Zar eines Tages nicht länger ertragen konnte und er den adligen Abstinenzler zwang, zur Strafe einen randvollen Humpen Wein zu leeren.[6]

Die Auslandsreise Peter Tolstois fand zur gleichen Zeit statt wie die seines Herrn, des Zaren, der gleichfalls ins Schwärmen geriet angesichts des Vorsprungs der westeuropäischen Kultur und Technik gegenüber dem rückständigen Rußland. In Holland, wo Ilja Miloslawski ein halbes Jahrhundert zuvor Botschafter gewesen war, hatte er Schiffbau studiert, getrunken wie ein Loch und war zu seinem Ärger Hollands größte Touristenattraktion geworden. Von Holland ging er nach England, wo er bei Spithead einer Flottenparade zuschaute, Mr. Evelyns Haus und Garten in Deptford durch seine »geradezu abscheulichen« Gewohnheiten ruinierte und längere Zeit eine Affäre mit einer Schauspielerin unterhielt.

Der Zweck dieser Zarenreise lag einzig und allein darin, die Navigation zu erlernen, »damit wir, wenn wir sie einmal gründlich beherrschen, nach unserer Rückkehr die Feinde Jesu Christi [die Türken] besiegen und die Christen befreien können, die unter ihnen leben. Dies zu wünschen werde ich nicht aufhören bis zu meinem letzten Atemzug«. In einem fort heuerte er englische, niederländische, dänische und schwedische Schiffbaumeister, Marineoffiziere, Wundärzte und dergleichen an und schickte sie, bevor er selbst zurückkehrte, nach Rußland voraus.

Im Juni traf Peter in Wien ein, wo er privatim Kaiser Leopold I. begegnete. Leopold versprach, ohne die Zustimmung des Zaren mit den Türken keinen Frieden zu schließen. In diesem Augenblick erhielt Peter vom Füsten Romodanowski aus Moskau einen Brief, inzwischen schon einen Monat alt, der ihn davon unterrichtete, daß einige Strelizenregimenter sich wieder erhoben hatten und auf Moskau zumarschierten. Nun war der Zar überzeugt, daß der »Same des Miloslawski« wieder einmal aufgegangen war. Er kehrte rasch nach Hause zurück, wo er am 4. September eintraf und feststellte, daß der Aufstand bereits von loyalen Truppen niedergeschlagen worden war.

Was für Peter noch zu tun blieb, bestand darin, die Schuldigen zu verhören und viele davon nach den grausamsten Folterungen hinzurichten. Eine Verbindung zwischen den Rebellen und der einstigen Regentin Sophia konnte nicht bewiesen werden; trotzdem blieb sie unter strenger Aufsicht und wurde gezwungen, den Nonnenschleier zu nehmen.

Nach der Rückkehr des Zaren konnten die Verhältnisse nicht so bleiben, wie sie waren; Peter Tolstoi hatte sie bereits in seinem Tagebuch vorsichtig kritisiert. Am Tag nach seiner Heimkehr schaute der Zar zu, wie Scheren und Rasiermesser an den Bärten, den langen Ärmeln und Rocksäumen seiner Bojaren ihre Arbeit verrichteten. Als Peter Tolstoi vier Monate später, im Januar 1699, zurückkam, glatt rasiert und in westlicher Kleidung, bemerkte er, daß genau dies über Nacht in Mode gekommen war. Der Wandel war in der Tat außergewöhnlich schnell erfolgt: Selbst das neue Jahr nahm, zum ersten Mal, nicht mehr am 1. September des vergangenen Jahres seinen Anfang, sondern am 1. Januar. Die Jahre wurden fortan nach der Geburt Christi gezählt, anstatt vom Beginn der Schöpfung vor 7208 Jahren. Nur der Gregorianische Kalender des katholischen Europa wurde noch nicht eingeführt; darin folgte Peter den protestantischen Staaten.

Peter Tolstoi wußte zweifellos, daß er eine gute Portion Glück besessen hatte. Seine Abwesenheit hatte ihn gerettet: wäre er in Moskau gewesen, als »der Same des Miloslawski« aufging, hätte ihn der Zar bestimmt mit größtem Argwohn betrachtet.

Er wollte sich unbedingt bewähren und eine Stellung erhalten, die ihm aufgrund seiner Intelligenz zustand. Er bestach den Minister für Auswärtige Angelegenheiten, den Bojaren F. A. Golowin, mit der fürstlichen Summe von 200 000 Golddukaten. Dafür erhielt er eine Stelle, die genau seinen Fähigkeiten entsprach, den Botschafterposten in Konstantinopel. Sein älterer Bruder Iwan hatte dieses Amt bereits im Jahr 1701 innegehabt,[7] aber Peter Tolstoi sollte nun als ständiger Botschafter dorthin gehen, und dies zu einer Zeit, als das Überleben Rußlands wesentlich von der Aufrechterhaltung guter Beziehungen zwischen den beiden Mächten abhing. Wiewohl das Bestechungssümmchen Golowin den Wunsch einflößte, die Zweifel des Zaren Peter auszuräumen, war es offensichtlich, daß Tolstoi für diese Aufgabe ohnehin höchst geeignet war. Italienisch, eine der Sprachen, die er fließend sprach, war am Hof des Sultans die *lingua franca* der Diplomaten, und Tolstoi war ein kultivierter Herr mit gepflegten Umgangsformen und hoher Intelligenz, der sich in jeder Gesellschaft bewegen konnte und jede Notlage meistern würde.

Inzwischen hatte auch Peters älterer Bruder Iwan ein hohes Amt erhalten, er wurde Gouverneur von Asow. Die Festung war der Schlüssel zur Strategie des Zaren nach Süden hin. Peter der Große hatte sie 1696 nach einer stürmischen Belagerung eingenommen (Peter Tolstoi war seinerzeit auch mit von der Partie).[8] Nun, da Asow in russischer Hand war, konnten russische Kriegsschiffe von den Werften in Woronesch den Don hinunterfahren und nach Belieben im Asowschen Meer kreuzen. Anno 1700 hatten die Türkei und Rußland einen Waffenstillstand auf dreißig Jahre geschlossen, aber die Türken machten kein Hehl daraus, daß sie das Schwarze Meer als ein türkisches Binnenmeer betrachteten. Solange Asow russisch blieb, war das Schwarze Meer gefährdet, und Iwan Tolstois Gouverneursposten war kaum eine Sinekure. Es fiel den Brüdern Tolstoi zu, während des ersten entscheidenden Jahrzehnts des achtzehnten Jahrhunderts Rußlands verletzliche Südflanke zu schützen: der eine Tolstoi an der militärischen, der andere an der diplomatischen Front.

Vielleicht war es dem Ausbruch des großen Nordischen Krieges zuzuschreiben, daß der Zar seine Einstellung gegenüber den Brüdern Tolstoi überdachte. Karl XII. von Schweden war in Polen eingefallen und hatte den Verbündeten und Freund Peters des Großen, König August den Starken, abgesetzt. Marschall Scheremetjew gewann an der Ostsee für die russischen Waffen glänzende Siege, aber der wirkliche Krieg hatte noch kaum begonnen. Der Zar entschloß sich, mit einer Klappe gleich zwei Fliegen zu schlagen. Die intriganten Brüder in Rußland zu belassen, hätte Schwierigkeiten bedeutet, und ihre Anwesenheit bei der Armee in Polen mochte nicht minder gefährlich sein. Es gab jedoch einen Bereich, wo man ihre Talente gänzlich gefahrlos einsetzen konnte. Die türkische »Front« war entscheidend, denn Rußland konnte nicht einen Krieg gegen den Sultan und gleichzeitig gegen Karl XII. durchstehen. Um die Türken zur Einhaltung der dreißigjährigen Waffenruhe zu bewegen, brauchte man Männer von größtem Taktgefühl, von Talent und Kühnheit. Gleichzeitig wäre den Tolstois dadurch jede Gelegenheit zur Intrige genommen.

Im Februar besuchte Zar Peter seinen Marinestützpunkt in Woronesch, wo er mit Iwan Tolstoi und anderen ein Gespräch führte. Am 15. Mai fuhr Iwan Tolstoi den Don hinunter zu seinem neuen Gouverneursposten in Asow. Der neue Gouverneur machte sich emsig daran, die Verteidigungsanlagen auszubessern und zu erweitern; er ließ die Garnison fleißig exerzieren und große Vorräte an Waren und Munition anlegen. Am 11. Oktober berichtete Iwan Tolstoi persönlich an Zar Peter, daß Asow gesichert sei und daß die neugierigen Augen des türkischen Botschafters (der gerade durch den Süden Rußlands reiste) nichts herausbekommen würden.[9]

Inzwischen war Iwans jüngerer Bruder Peter zu seiner schwierigen diplomatischen Mission aufgebrochen. Der Zar hatte ihm genaue Anweisungen mitgegeben: Er solle den Frieden mit der Türkei bewahren; die Türken überreden, daß sie den Khan der Krim davon abhielten, Südrußland mit Krieg zu überziehen, und er solle überhaupt alles in seiner Macht Stehende tun, daß die Türken die Straße von Kertsch nicht befestigten. Die letztgenannte Instruktion zeigt das Ausmaß von Peters Ehrgeiz: Er hatte mit den Schweden alle Hände voll zu tun, aber er freute sich schon auf den Tag, da seine Flotte von Asow aus unbehindert durch die Meerenge von Kertsch ins Schwarze Meer einfahren würde. Schließlich wurde Tolstoi dazu angehalten, soviel als irgend möglich über alle Vorgänge am osmanischen Hof und im Reich mitzuteilen. Dies wäre selbst für den größten Kopf Rußlands eine gewaltige Aufgabe gewesen. Denn die Türken achteten, wie Tolstoi bald erfahren sollte, keineswegs penibel auf die Einhaltung diplomatischer Gepflogenheiten, wenn ein fremder Gesandter ihren Anstoß erregte.[10]

Während Peter Tolstoi auf seiner längeren Landreise nach Konstantinopel unterwegs war, schrieb er immer wieder an seinen Bruder nach Asow. Einige dieser Briefe geben faszinierende Einblicke in das Leben Peters in Adrianopel, aber sie weisen ihn auch als einen unerwartet gefühlvollen Familienvater aus. Der beständige Argwohn Peters des Großen hatte die beiden Brüder vielleicht ein bißchen isoliert und sie dadurch enger zusammengeführt.

Er erzählte Iwan von dem höflichen Empfang durch die türkischen Beamten an der Grenze, wo ihm ein Zug von Zivilbeamten und Grenzwächtern fünfzig prächtig geschmückte Rennpferde überbrachten. Dann kam es zu Verzögerungen, da der Großwesir gestorben war und ein neuer seine Stelle übernehmen mußte. Der Sultan, Mustapha II., weilte damals in Adrianopel, und Peter Tolstoi verbrachte hier Monate, bevor er nach Konstantinopel weiterfuhr. Es gelang ihm jedoch einzugreifen, so daß der Khan der Krim, der darauf brannte, in Rußland einzufallen, diese Erlaubnis nicht erhielt. Endlich, am 12. Oktober, erhielt Peter eine Audienz beim Großwesir. Er legte seine Papiere zur Beglaubigung vor und erklärte, der Zar habe nur einen Wunsch: mit dem Sultan in Liebe und Freundschaft zu leben. Der Großwesir antwortete mit ähnlich liebenswürdigen Worten. Tolstoi hatte allen Grund, zufrieden zu sein. »In dieser Zeit«, antwortete er Iwan, »wurden nicht wenige von Gottes Absichten durch meine unwürdigen Bemühungen erfüllt.« Er hatte der Hohen Pforte hinlänglich beigebracht, daß Rußland zurückschlagen konnte, so daß der Sultan seinen ungestümen Vasallen, den Khan der Krimtataren, an der Kandare hielt.

Tollkühne Boten aus den Reihen der Kosaken trugen Peter Tolstois Briefe aus der Türkei nach Asow, und ihr Freimut bezeugt, wie sicher er sich war, daß sie nicht in türkische Hände fallen würden. Seine Sorgen beschränkten sich nicht auf die hohen Dinge des Staates. »Sei so gut«, drängte er Iwan, »und frage meinen Feodosy, wenn er nüchtern ist; nimm Dich seiner an, wenn er aber wieder zu trinken anfängt, dann bitte ich Dich dringend, bestrafe ihn streng.«

Iwan Tolstoi unterhielt seinerseits einen umfangreichen Briefwechsel mit Peter dem Großen, der immer ein besorgtes Auge auf Asow richtete. Iwans oberste Aufgabe war es, den Grenzverlauf zu sichern, den der Zar unbedingt so ziehen wollte, daß Asow und sein Nachbarhafen in Taganrog nicht gefährdet waren. Eine Flut von Anweisungen ergoß sich aus der Feder des beunruhigten Zaren. Wenn die Antwort auf sich warten ließ, pflegte beim Gouverneur eine scharfe Note einzutreffen.

Doch kurz darauf spendete der hitzige Zar Iwans Bemühungen schon wieder reiches Lob, gefolgt von einem ausführlichen Bericht seines letzten Sieges über die Schweden. Es kam aber auch vor, daß

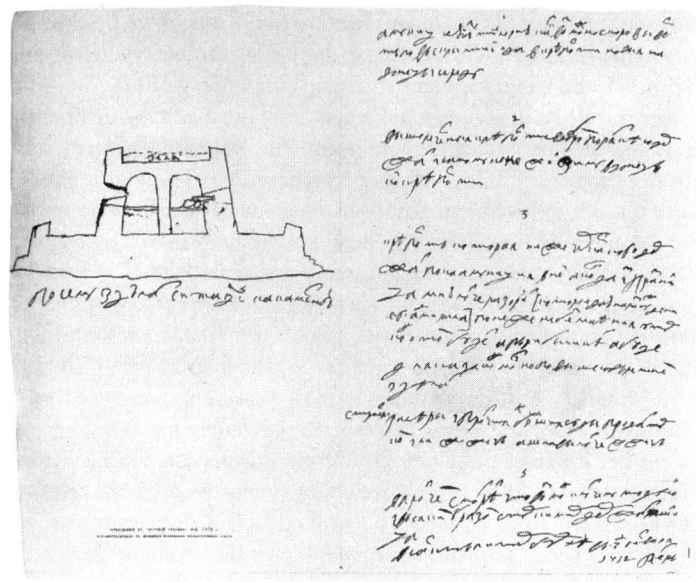

Brief von Peter dem Großen an Iwan Tolstoi, 3. Januar 1712

Peter der Große aus einer plötzlichen Laune heraus in Tolstois persönliche Angelegenheiten eingriff. Eine eilig hingeschmierte Notiz (auf der Rückseite steht in Tolstois Handschrift: »erhalten durch meinen Sohn Boris, 1706«) lautet einfach:

»Iwan Tolstoi! Dein Sohn Boris ... bittet, daß Du aus der Schatztruhe von Asow zu Lasten Deines Jahresgehalts tausend Rubel erhältst – nimm sie Dir. Peter.«

Während dieser kritischen Jahre gelang Iwan und Peter Tolstoi das Wunder, das den Zaren in die Lage versetzte, all seine Kräfte für den letztendlichen Sieg über die Schweden einzusetzen und die düsterste Epoche russischer Geschichte seit der Einnahme Moskaus durch die Polen, ein Jahrhundert zuvor, zu überwinden. Das Wunder bestand darin, die Türkei mit ihren schier unerschöpflichen Menschenmassen und Kriegsvorräten davon abzuhalten, in diesen Krieg einzutreten und Asow zurückzuerobern. Die Bedeutung Asows konnte nicht verborgen bleiben; das war eine Pistole, die auf das Schwarze Meer zielte, den türkischen Binnensee.

Die Bedrohungen Rußlands und seine Schwächen waren dem

Sultan gut bekannt. Rußlands gesamtes militärisches Potential war gegen den schwedischen Feind eingesetzt, und Peter Tolstois einzige Waffe, die Türken von einem Eingreifen abzuhalten, waren seine angeborene Schläue und der gewohnte Rückgriff auf das Mittel der Bestechung, Rußlands »goldener Regen«.

Ein Jahr nach dem Eintreffen Peter Tolstois in Adrianopel wurde Sultan Mustapha II. abgesetzt, und sein jüngerer Bruder Ahmed III. trat an seine Stelle. Tolstoi erhielt nunmehr die Erlaubnis, seine Residenz in der Hauptstadt Konstantinopel aufzuschlagen. Der neue Sultan war überaus kultiviert, er malte selbst, liebte die Dichtkunst und überschwemmte die Gärten der Stadt so sehr mit seiner Lieblingsblume, daß seine Regierungszeit als das »Zeitalter der Tulpen« bekannt wurde. Aber er interessierte sich auch brennend für Politik. Ein paar Jahre später schrieb der englische Botschafter, er sei, »soweit wir seinen Charakter kennen ... überaus habgierig, hochmütig und ehrgeizig. Er ist ungestüm, gewalttätig und grausam, aber auch schwankend und wechselhaft.«[11]

Tolstois Stellung war kaum beneidenswert. Nach seiner Ankunft schrieb er, die Türken »betrachteten die Dinge folgendermaßen: Nie zuvor habe ein Botschafter Moskaus bei der Pforte residiert, und sie fingen an, vorsichtig zu werden, namentlich in bezug auf das Schwarze Meer, wo Eure Flotte ihnen große Furcht einflößt. Ich habe überall kundgetan, daß ich gesandt wurde als ein zuverlässiger Gewährsmann des Friedens«.

Tolstois Religion war ein weiterer Grund für ihren Argwohn. Die Türken glaubten zu Recht, daß Rußland auch vorhatte, sich mit den weitläufigen orthodoxen Bevölkerungsteilen des Reiches zu verschwören. »In meinem Hof«, schrieb Tolstoi im April 1703, »sind Janitscharen aufgestellt; dies soll angeblich eine ehrenvolle Auszeichnung sein, aber in Wirklichkeit sind sie da, um Christen daran zu hindern, mich zu besuchen. Aber kein Janitschar bewacht die Franzosen, die Engländer und andere Botschafter.«

Im Grunde konnte niemand absehen, was da vor sich ging. Zwischen 1702 und 1705 wechselte der Großwesir siebenmal. Für den russischen Botschafter war dies eine überaus kostspielige Angelegenheit, denn kaum hatte er sich durch Bestechung seinen Weg zum Großwesir freigekauft, da trat schon ein anderer an dessen Stelle. Im September 1704 klagte Tolstoi gegenüber Golowin: »Jetzt haben wir den sechsten Wesir, und der ist schlimmer als alle anderen.« Als auch dieser kurz darauf sein Amt wieder verlor, war

Tolstoi verzweifelt. »Ich besitze nicht genügend, diese Wesirwechsel durchzustehen«, jammerte er. Ein weiteres Mal mußten großzügige Geschenke beschafft werden, aber »was die Geschenke für ihn angeht, weiß ich nicht, was ich tun soll; so bald kann ich dem neuen Wesir nicht unter die Augen treten, denn ich besitze nicht die Mittel, um ihm ein Geschenk zu machen«.

In Wahrheit standen die Dinge besser, als es schien. Der letzte in dieser Reihe schnell aufeinanderfolgender Großwesire war Chorlülü Ali Pascha, ein überaus tüchtiger und intelligenter Staatsmann, der danach trachtete, zuerst die Stärke des Reiches zu konsolidieren, um daraufhin sein Kriegsglück wieder zu versuchen. Kraftvoll begann er Maßnahmen zu ergreifen, um die Armee, die Flotte und die Wirtschaft zu stärken – Maßnahmen, die Rußland letztendlich bedrohen mußten, die aber vorläufig mit dem Ziel Peter Tolstois zusammenfielen: den Frieden an den Grenzen zu bewahren.

Trotz des Argwohns, mit dem ihn die Türken beobachteten, und trotz der feinsinnig ausgedachten Behinderungen, mit denen sie seine Bewegungsfreiheit und sein Zusammentreffen mit den Bürgern von Konstantinopel einschränkten, gelang es dem listigen Peter Tolstoi, für seinen Herrn wertvolle Spionagedienste zu verrichten. Innerhalb eines Jahres nach seiner Ankunft in Adrianopel hatte er einen sorgfältig recherchierten Bericht zusammengestellt, 166 Seiten umfassend, und nach Hause geschickt, in dem das Osmanische Reich beschrieben und zergliedert wurde. Zu Beginn des Jahres 1706 erhielt das Ministerium für Auswärtige Angelegenheiten einen ausführlichen Bericht über die Häfen und Städte an der gesamten Schwarzmeerküste. Die Interessen des Botschafters waren vielseitig. Er berichtete über die Einstellung der christlichen und der muselmanischen Bauern gegenüber ihren Herrn, über die Art, Truppen auszuheben und sie einzusetzen, und über die persönlichen Gewohnheiten des Sultans. Dazwischen eingestreut waren Fetzen wunderlicher Informationen, die den neugierigen Zaren ebenso erstaunten wie seinen Kundschafter.

Trotz all seiner Anstrengungen fand der Botschafter das Leben in der muselmanischen Hauptstadt langweilig, unlohnend und sogar gefährlich. Man konnte nichts erreichen, wenn man nicht riesige Summen Geldes ausgab, für die man aber kaum Rechenschaft ablegen konnte. Angekommen war er mit einer Summe von 200 000 Golddukaten und einer Auswahl kostbarer Zobelpelze, die zur Bestechung der Beamten dienen sollten, doch die rasche Abfolge von Wesiren gleich zu Beginn seiner Gesandtschaft erschöpfte selbst diesen Schatz sehr bald. Mit Ausnahme seines Sohnes Iwan, der ihn auf dieser Mission begleitete, konnte er niemandem trauen. Iwan hatte seine Fähigkeiten geerbt; er lernte Türkisch und dolmetschte für ihn. Doch zu Beginn des Jahres 1706 war Iwan mit Nachrichten seines Vaters nach Hause gefahren. »Ich gewinne an Freiheit«, schrieb Tolstoi, »aber ich habe immer noch meinen Wachtposten.«[12]

Einen bezeichnenden Einblick in die Fährnisse, unter denen er lebte, und die rigorose Art, wie er mit ihnen fertig wurde, gewährt eine typische Depesche von ihm nach Hause. »Ich fürchte mich sehr vor meinen Dienern. Da ich seit drei Jahren hier lebe, sind sie mit den Türken vertraut und sprechen ihre Sprache. Da wir nun in unserer Bewegungsfreiheit sehr eingeschränkt sind, fürchte ich, daß sie darüber die Geduld verlieren und in ihrem Glauben schwankend werden, denn der muselmanische Glaube ist für einfache Leute sehr anziehend. Wenn irgendein Judas sich dazu bekennt, wird er großes Leid stiften, denn meine Leute wissen, mit wem von den Christen ich Umgang pflog und wer dem Zaren dient, wie zum Beispiel Saba, der Patriarch von Jerusalem, und andere; und wenn irgendeiner abtrünnig wird und den Türken erzählt, wer für den Zaren tätig ist, dann werden nicht nur unsere Freunde leiden müssen, sondern alle Christen werden den Schaden davontragen. Ich verfolge dies mit großer Aufmerksamkeit und weiß nicht, wie Gott es wenden wird. Ich habe schon einmal einen solchen Fall gehabt. Ein junger Sekretär, Timotheus, war mit den Türken vertraut geworden und dachte daran, Muselmane zu werden. Dank der Hilfe Gottes erfuhr ich davon. Ich ließ ihn unauffällig rufen und begann mit ihm zu sprechen, und er erklärte mir frei heraus, daß er Moslem zu werden begehrte. Daraufhin schloß ich ihn bis zur Nacht in seiner Kammer ein. Während der Nacht aber trank er ein Glas Wein, worauf er rasch verstarb. So bewahrte ihn Gott vor bösem Tun.«[13]

Die Türkei mußte ruhig gehalten werden. Der unermüdliche Karl XII. hatte seine Truppen von Sieg zu Sieg über die polnischen und sächsischen Verbündeten des Zaren geführt, und die entscheidende Abrechnung konnte nicht mehr lange auf sich warten lassen. Niemand außer Peter Tolstoi konnte mit den Türken umgehen. Er hatte ein kompliziertes Spionagenetz ausgebaut, deren Fäden sich über das ganze Reich spannten. Die orthodoxe Kirche, die den Zaren als ihren künftigen Befreier betrachtete, lieferte ein gut funktionierendes Organisationssystem, das er geschickt einsetzte. Es gelang Tolstoi, viel mehr zu tun, als nur Erkenntnisse zu übermitteln: der Botschafter nahm gelegentlich auch Einfluß auf die türkische Regierung.

Als der Großwesir Daltaban Pascha sich 1702 geneigt zeigte, eine rußlandfeindliche Außenpolitik zu betreiben, begannen in den Hofkreisen große Summen russischen Geldes zu fließen. Plötzlich entwickelte die Mutter des Sultans aber eine Abneigung gegen den Großwesir, worauf dieser sein Amt und zugleich seinen Kopf verlor. Es zahlte sich wahrlich nicht aus, sich diesem geriebenen Diplomaten entgegenzustellen, der sich als ein würdiger Erbe seines Onkels Iwan Miloslawski erwies. Obschon er mittlerweile mehr als sechzig Jahre zählte und praktisch ein Gefangener in seiner Botschaft war, beherrschte er ein kompliziertes und einflußreiches Nachrichtennetz. Als einer der großen Spione der Geschichte bietet er ein anschauliches Beispiel dafür, was ein wirkungsvolles Spionagesystem, das auch vor Umsturzversuchen nicht zurückschreckt, zu leisten vermag. 1706 übermittelte er die traurige, aber, wie es schien, nicht unerwartete Nachricht, daß »auf Anordnung des Großwesirs, der keine fähigen Leute wünscht, zwei der klügsten Paschas erdrosselt wurden. Gott möge es so richten, daß auch alle übrigen auf die gleiche Weise umkommen.«

Die Zeit nahte schnell, da seine Anstrengungen für die Existenz Rußland lebenswichtig wurden. Während der ersten Jahreshälfte 1707 hob der schwedische König Karl XII. die furchterregendste Armee Europas aus, bewaffnete sie und bildete sie aus, und dies nur zu einem Zweck: das russische Reich zu zerstören. Mehr als siebzigtausend Mann, deren Waffen zuerst die Dänen, dann die Polen und die Sachsen geschlagen hatten, lagen an der Grenze von Finnland bis Sachsen. Sie waren hervorragend bewaffnet und ausgerüstet, glänzende Beherrscher jener vielfach erprobten, schlagkräftigen schwedischen Schlachtausbildung, und sie vertrauten voll und ganz auf die Unbesiegbarkeit des Kriegsgenies, das sie anführte. Es sah so aus, als ob nichts sie aufhalten könne.

Der Zar wußte dies nur zu gut, und nach verzweifelten, aber fruchtlosen Bemühungen um Beistand bei den europäischen Mächten, begann er sich auf das Schlimmste vorzubereiten. Am 27. August 1707 erscholl endlich Trommelwirbel, Karl XII. schwang sich in den Sattel, und die schwedische Armee begann ihren Marsch nach Osten.

Es war die fürchterlichste Stunde Peters des Großen seit dem Tag, als er Augenzeuge des Strelizenaufstandes geworden war. Da er noch nicht wagte, seine Armee den Schweden in offener Feldschlacht entgegenzustellen, befahl er ihr, sich nach Minsk zurückzuziehen, indes er selber sich in seine neue Hauptstadt St. Petersburg begab, wo er die Verteidigungsvorkehrungen aufmerksam überwachte. Gerade zu diesem Zeitpunkt erfuhr er, daß im Süden die Kosaken die Standarte des Aufstandes gegen ihn erhoben hatten. Dieser Aufstand hing unmittelbar mit der schwedischen Bedrohung zusammen und hätte zu keinem gefährlicheren Zeitpunkt ausbrechen können.

Inmitten verzweifelter Anstrengungen, Rekruten für seine Armee auszuheben, entsandte Peter eine Streitmacht unter dem Fürsten Juri Dolgoruki ins Don-Gebiet, die freilich von einer Bande Don-Kosaken unter der Leitung des wilden Ataman von Bachmut, Kondraty Bulawin, am Aidar-Fluß bis auf den letzten Mann aufgerieben wurde. Bulawin verkündete bald darauf einen allgemeinen Aufstand der Kosaken, der Bauern und anderer Besitzloser gegen die Bojaren und die Deutschen, die unter dem Zaren herrschten. Am 4. November 1707 erfuhr Peter Tolstoi von seinem Bruder Iwan, einer von Fürst Dolgorukis Offizieren habe gemeldet, »nach dem Tod des Fürsten Juri führten die Don-Kosaken ihn und mehrere Soldaten hinaus in die Steppe und hielten Kriegsrat *(krug).* Sie forderten ihn, die Soldaten und die Kosaken auf, sich ihrer Erhebung anzuschließen, und schworen, daß es ihnen nicht übel ergehen werde als Stenka Rasin«. Wie zur Zeit Stenka Rasins fiel der Funke auf einen Haufen trockenen Zunder. Vom Kaspischen Meer bis zum Dnjepr strömten Kosaken und flüchtige Bauern zu Bulawins Feldzeichen mit der Pferdemähne. Im Frühjahr 1708 sah sich Zar Peter einer Rebellion gegenüber, die selbst seinen Thron erschütterte. In der Umgebung von Tambow und selbst um Tula, keine zweihundert Kilometer von Moskau entfernt, gingen Dörfer und Gutshäuser in Flammen auf. Weit drunten im Süden war Iwan Tolstoi nicht mehr länger Gouverneur eines großen Hafens, der die türkische Macht bedrohte, sondern war nach dem Hinterland durch die aufständischen Kosakenhorden abgeschnitten. Er war es schon gewohnt, in einem wilden Land auf sich selbst gestellt zu leben, das ständig von gesetzlosen Kuban-Kosaken und feindseligen Krim-Tataren bedroht war.[14] Bisher konnte er es sich erlauben, sie zu ignorieren, aber jetzt sah es aus, als könnten sie ihn einschließen.

Am 14. April 1708 erhielt der Zar die beunruhigende Kunde, daß

Bulawin »plant, den Krieg von Tscherkassy nach Asow zu tragen ... und den Woiwoden [Tolstoi], seine wichtigsten Leute sowie die Deutschen zu töten und die Gefängnisse zu öffnen«.[15] Der Zar war in verzweifelter Sorge und übersandte seinem Gouverneur am 9. Mai einen Brief, in dem er ihm die Entsendung eines Regiments zur Stärkung seiner Garnison ankündigte, indes eine Entsatzarmee unter Fürst Wassili Dolgoruki aufgestellt wurde. Doch die eigentliche Frage lautete, ob Tolstoi sich auf seine eigenen Soldaten verlassen konnte. Peter legte noch einen Geheimcode bei, so daß der Gouverneur an Dolgoruki Nachrichten aussenden konnte. Irgendwie kam der Brief durch, doch das Schicksal von Asow hing an einem Faden. Am 10. Juni berichtete Tolstoi in einem Schreiben an Dolgoruki, er habe nunmehr von »dem Räuber Kondraschka höchstpersönlich« einen Brief erhalten, in dem dieser »seine räuberische Absicht, Asow zu nehmen«, androhte. Bulawin hatte bereits Kundschafter über die gesamte Region von Don und Kuban ausgesandt, um eine überwältigende Streitmacht zusammenzuziehen.[16] Seine Männer hatten die Don-Städte Dmitrijewsk und Tscherkassy genommen, sie belagerten Saratow und hielten Asow wie mit einem Gürtel aus Stahl umschlossen.

Aus der belagerten Festung sickerten weiterhin Nachrichten zur Hauptstadt durch. Am 28. Mai schrieb Peter abermals an Iwan Tolstoi: »Herr Gouverneur! Euren Brief hab' ich erhalten, in welchem Ihr schreibt, was in Tscherkassy geschehen ist, ich erwidre Euch darauf, daß Ihr alles Euch zu Gebote Stehende tun müßt, Eure Garnison vor Unterwanderung zu beschützen ... Peter.« Der Brief brauchte über einen Monat, er wurde durchgeschmuggelt. Die Furcht des Zaren vor Verrat aus den Reihen der Garnison war nicht unbegründet. Während Bulawins Kanonen vor den Festungsmauern donnerten, deckte Iwan Tolstoi in der Zitadelle eine Verschwörung auf, an der Anhänger der Rebellen beteiligt waren. Sie wurden ins Gefängnis gesteckt, zuvor waren allerdings einige von ihnen entflohen und hatten sich Bulawin angeschlossen. Das waren tollkühne Saporoschje-Kosaken, die sich mit mehreren entwendeten Booten stromabwärts treiben ließen.

Die Situation glich einem Alptraum. Bulawin verkündete, er suche in diesem nun offen ausgebrochenen Krieg mit Moskau die Unterstützung des Sultans. Vom Khan der Krim, dessen Herrschaftsgebiet an das der Saporoschje-Kosaken angrenzte, wußte man, daß er ebenso darauf brannte, gegen die Streitkräfte des Zaren

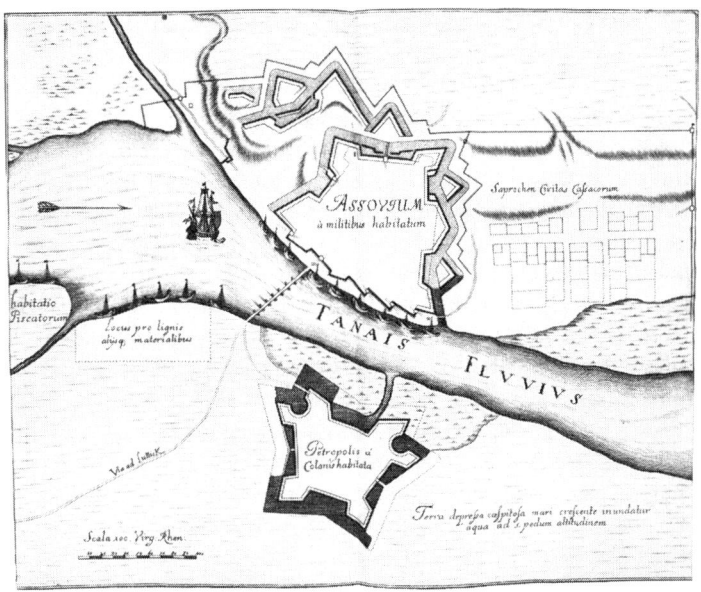

Karte von Asow

zu marschieren. Peter befahl dem Zarewitsch, Moskau gegen die Aufständischen zu befestigen.

Doch was machte indessen der fürchterlichste aller Feinde? Während des Winters hatte Karl XII. die Russen aus Polen hinausgeworfen, in Warschau seinen eigenen Kandidaten auf den Thron gesetzt und die schwedische Armee in Minsk überwintern lassen. Gleichgültig, in welcher Gefahr Asow sein mochte, Peter mußte die Verteidigung Rußlands gegen den Ansturm übernehmen, der nun ernstlich begonnen hatte.

Auf sich selbst gestellt, konnte Iwan Tolstoi nur auf seine spärliche und unzuverlässige Garnison bauen. Am 5. Juli 1708 war Bulawin mit fünftausend Mann vor den Mauern von Asow erschienen und hatte dort sein Lager aufgeschlagen. Am nächsten Nachmittag um ein Uhr begannen die Belagerer einen wilden Angriff. Iwan Tolstois Männer stürmten hinaus in eine Vorstadt, welche die Aufständischen besetzt hielten. Schließlich trafen Verstärkungstruppen der Regierung ein, und es gelang, die Zitadelle zu erreichen und die Belagerung zu brechen. Bulawins Stern verblaßte, und noch vor Ende Juli berichtete Tolstoi der Regierung, daß sich der Rebellenführer, von seinen Anhängern verlassen, in seiner Verzweiflung erschossen habe. Wie der Aufstand Stenka Rasins, so brach auch die Rebellion Bulawins erstaunlich schnell zusammen, sobald seine Gefolgsleute aus den Reihen der Kosaken merkten, daß die Stimmung umschlug. Da sie kein festes Programm besaßen, zerfielen die Aufständischen schnell zu umherschweifenden, plündernden und sengenden Banden. Die Überlebenden wurden mit der gewohnten Grausamkeit behandelt: Den stillen Don hinab trieben Galgen, deren gespenstische Lasten vor weiteren Aufständen warnten; allerdings sahen fast nur Witwen und Waisen, die sich außerhalb eingeäscherter Dörfer zusammengedrängt hatten, die Leichen der Erhängten vorbeitreiben.

Am 15. August erhielt Iwan Tolstoi vom Zaren ein Glückwunschschreiben, das zusammen mit den anderen Stücken ihres Schriftverkehrs in der Urkundensammlung unseres Familiengutes in Mursicha, unweit von Kasan, wie eine heilige Reliquie aufbewahrt wurde. »Herr Gouverneur! Wir haben Euren Brief erhalten ... von dem wir mit großer Freude von dem tödlichen Ende des bösen Räubers Bulawin erfahren, dessen Absichten der Herrgott vermittels Eurer Anstrengungen vereitelte. Für diese Bemühungen danke ich Euch und den Euren ...« Iwan wurde bald darauf in den Rang eines Geheimen Staatsrats befördert. Seine dankbare Antwort überbrachte sein Sohn Boris dem Zaren zusammen mit Geschenken: Salzfisch, gepreßten Kaviar und Trauben aus dem Süden.

Zwei Jahre später jedoch wurde Iwan Tolstoi unter etwas undurchsichtigen Umständen von seinem Gouverneursposten in Asow abgelöst. Sein Schwager Admiral Apraxin wurde am 6. Februar 1710 zum Gouverneur ernannt, indes Tolstoi die folgende Verlautbarung erhielt: »9. Februar 1710. Der Großsouverän und Großfürst Peter Alexejewitsch, Herrscher von Groß-, Klein- und Weißrußland, bestimmt, daß Gouverneur Tolstoi für seine treuen Dienste zweihundert Rubel für den Kauf eines Gutes aus dem Verkaufserlös der Bachmutski-Salzminen entnehmen darf. Dieser Erlaß des Großsouveräns bestätigt Admiral Apraxin in seinem Posten.« Iwan Tolstoi behielt jedoch nicht nur seine Kommandostellung in Asow, sondern blieb zur allgemeinen Verwirrung auch weiterhin Gouverneur.[17]

Die Vernichtung Bulawins war nicht einen Augenblick zu früh erfolgt. Im Monat zuvor hatte die schwedische Armee ihr Lager abgebrochen und die größeren Flüsse überschritten, welche die russische Grenze beschützen. Bei Golowtschin schlug Karl XII. eine überlegene russische Streitmacht in die Flucht; da er jedoch das flache Land verwüstet vorfand, entschloß er sich, gen Süden auszuweichen. Dort konnte er seine Vorräte auffrischen und neue Kräfte sammeln, bevor er den letzten Stoß gegen Moskau führte. Im Oktober näherte er sich der Ukraine, und am 27. erhielt Peter die Nachricht, daß der Hetman der ukrainischen Kosaken, Iwan Mazeppa, zu den Schweden übergelaufen sei. Zusammen mit seinem neuen Verbündeten überwinterte Karl XII. in der Ukraine. Als ob dies alles noch nicht genügte, sandte der Khan der Krim, Devlet Ghirey, Emissäre an die Schweden und bot ihnen an, ihnen bei der Zerstörung der verhaßten russischen Macht zu helfen. Dazu benötigte er die Erlaubnis seines Oberherrn, des Sultans des Osmanischen Reiches. Boten von Karl XII. und Devlet Ghirey trafen in Konstantinopel ein und bedrängten den Sultan, seine Zustimmung zu geben. Die Versuchung dazu war groß, denn hier gab es endlich die Gelegenheit, Asow wieder einzunehmen und das Schwarze Meer erneut zu dem zu machen, was es jahrhundertelang gewesen war: ein türkisches Binnenmeer. Zar Peter, der wie ein Rasender seine Streitkräfte zusammenzog, um der schwedischen Bedrohung entgegenzutreten, konnte nur noch Peter Tolstoi in Konstantinopel drängen, jedwedes Mittel anzuwenden, um zu verhindern, daß die Pforte der Bitte des Tatarenkhans entsprach.

Was im Sommer zuvor auf den Mauern von Asow sein Bruder durch Mut bewerkstelligt hatte, das versuchte Peter Tolstoi im Frühjahr 1709 durch seine Klugheit gleichzutun. Der »goldene Regen« begann auf Konstantinopel herabzurieseln.

Die schwedische Armee verließ ihre Winterquartiere und zog gen Süden, um Verstärkung aus Polen zu erwarten. Peter der Große war von Furcht ergriffen: Was, wenn Karl einen Gewaltmarsch nach Woronesch plante, wo er die Flotte des Zaren auf dem Don zerstören konnte? Dann könnte nichts eine türkische Attacke auf Asow abhalten. Mit der ihm eigenen, ungestümen Energie fuhr der Zar den Don hinunter und gesellte sich kurz nach Monatsmitte April zu Iwan Tolstoi in Asow. Dort lag er den größten Teil des Mai krank darnieder; trotzdem schaffte er es, die Garnison zu verstärken und eine große Flottenparade abzuhalten, die er mit Blick auf den Sultan veranstaltete.

In Konstantinopel machte Peter Tolstoi von diesen, im wesentlichen defensiven – ja beinahe verzweifelten – Vorkehrungen guten

Gebrauch. In der Stadt breiteten sich Gerüchte aus, eine außergewöhnlich mächtige russische Flotte sei im Begriff, aus Asow auszulaufen, um die benachbarten Provinzen des Schwarzen Meeres zu verwüsten. Der Sultan benachrichtigte Peter Tolstoi, daß die Hohe Pforte in diesem Jahr unter keinen Umständen Feindseligkeiten gegen Rußland eröffnen würde.[18]

Am 27. Mai war der Zar so weit erholt, daß er reisen konnte. Zuvor war er Iwan Tolstoi in den Ohren gelegen, äußerste Wachsamkeit walten zu lassen. Nun begab er sich zu seiner kleinen Armee, die seit Anfang des Monats die unbedeutende Stadt Poltawa gegen die Schweden verteidigte. Was nun folgte, war die größte Stunde des neuen Rußland, wie der Zar Iwan Tolstoi in einem Brief erklärte, den er am Siegestag von Poltawa schrieb.

»Herr Gouverneur! Ich verkünde Euch einen großartigen und unerwarteten Sieg, den unser Herrgott, durch die unbeschreibliche Kühnheit unserer Soldaten, die Güte hatte, uns ohne viel Blutvergießen zu schenken. Schon am frühen Morgen dieses Tages griff der Feind mit seiner ganzen Armee unsere Reiterei an. Wiewohl sie mit größtem Mut standhielt, mußte sie doch nachgeben, nachdem sie dem Feind großen Schaden zugefügt hatte. Danach formierte sich der Feind gegenüber unserem Lager, und auf der anderen Seiten stellten wir unsere Infanterie aus den Laufgräben auf, die sich unter den Augen des Feindes, mit der Kavallerie auf beiden Seiten, formierte. Als der Feind dies sah, griff er uns auf der Stelle an, worauf wir ihm in einer Weise begegneten, daß er sofort aus dem Felde geschlagen wurde. Die meisten ihrer Fahnen und Geschütze fielen in unsere Hände, desgleichen auch Generalfeldmarschall Rehnskjöld und vier weitere Generäle, nämlich Schlippenbach, Stakkelberg, Hamilton und Roos. Ferner wurde noch Premierminister Graf Piper mit den Sekretären Imerlin und Cederheilm ergriffen, zusammen mit mehreren tausend Offizieren und Männern... (Aber ich vermag nicht zu sagen, was mit dem König geschehen ist.) Ich habe die Leutnants Fürst Golizyn und Bauer mit der Reiterei ausgesandt, damit sie die Überreste des Feindes vernichten. Ich grüße Euch mit dieser unerhörten Nachricht. Peter.«[19]

Als ein Postskriptum eines ähnlichen Briefes an Iwan Tolstois Schwager, Admiral Apraxin, schrieb Peter triumphierend:

»Nun wurde mit Gottes Hilfe der Schlußstein gelegt zur Gründung von St. Petersburg.« Verständlicherweise glaubte der Zar, daß die Beendigung dieses neun Jahre währenden Alptraumes, des schwedischen Krieges, das Ende seiner Kümmernisse bedeuten würde, zumindest für den Augenblick. Aber was er in seinem triumphierenden Brief in eine Klammer gesetzt hatte, eröffnete, ohne daß er es ahnte, ihm und seinen treuen Dienern, den Brüdern Tolstoi, ein noch größeres, gefährlicheres Zwischenspiel.

König Karl XII., den eine Wunde daran gehindert hatte, an der Schlacht in gewohnt tollkühner Manier teilzunehmen, war nicht in die Ruhe seiner Väter eingekehrt. Eine kleine Schar seiner Getreuen begleitete ihn nach Süden. Mit Hilfe seiner Verbündeten, Mazeppas Kosaken, überquerte er den Dnjepr und Bug und fand Unterschlupf beim Pascha von Otschakow, dem örtlichen Gouverneur des Sultans. Der Umstand, daß seine Armee vernichtet und er ein Flüchtling war, von seinem Heimatland durch die Weite Osteuropas abgetrennt, ängstigte den König nicht einen Augenblick lang. Als er weiter nach Süden vorstieß, in das Herrschaftsgebiet des Sultans, ließ er sich mit seinem kleinen Gefolge ergebener Gefährten in Bender am Dnjestr nieder. Zugleich entsandte er Boten nach Konstantinopel, die den Sultan bedrängten, mit ihm ein Bündnis gegen Rußland zu schließen.

Ein weiteres Mal wurden die diplomatischen und andere Talente Peter Tolstois aufgewandt, um den Einfluß der schwedischen Mittelsmänner zurückzudrängen. Zuerst schien es, als ginge für die Sache der Russen alles gut. Der König, von dem Unglück bei Poltawa keineswegs entmutigt, trug seinen Kopf so hoch, daß er bei der Pforte Anstoß erregte. König Karl beleidigte sogar seinen treuesten Verbündeten, den Khan der Krim, indem er, als sie sich trafen, auf sein Vortrittsrecht pochte; aber die Tataren waren so sehr auf Krieg versessen, daß sie das kleine Ärgernis vergaßen.

Inzwischen (Mai 1710) erntete Peter der Große die Früchte seines Sieges bei Poltawa. Er hatte seinen Verbündeten August wieder auf den polnischen Thron gesetzt und erhielt Anerkennung und Bündnisangebote aus ganz Europa; jetzt zogen seine Armeen sogar durch die baltischen Provinzen Schwedens. Dänemark fiel im südlichen Schweden ein. Der einzige kriegführende Verbündete Karls, Mazeppa, war tot. Für den Aufenthalt in Bender gab es kaum eine weniger günstige Zeit, und entsprechend einfach muß Tolstois Aufgabe ausgesehen haben. Zum erstenmal seit seinem Eintreffen, sieben Jahre zuvor, wurden die Janitscharen von seinen Toren abberufen, und »es stand ihm nun frei, sein Quartier zu nehmen, wo es ihm gefiel«.

Aber leider verschätzte sich Tolstoi jetzt zum erstenmal. Er verlangte nun, daß seine Botschaft, in Anbetracht von Rußlands neubegründeter Macht im Osten, Vorrang haben sollte vor allen anderen. Nach allen Demütigungen, die er und sein Land erlitten hatten, war der Wunsch verständlich, daß der erwachte Riese das erhalten sollte, was ihm zustand. Aber Peter Tolstoi und sein Herr schätzten den türkischen Nationalcharakter falsch ein. Das ungewöhnliche Wesen Karls XII. und seine Leistungen machten auf die ritterliche und kriegerische Natur der Türken einen großen Eindruck. Chorlülü Ali Pascha, der Großwesir, dessen Politik »Friede und sich verschanzen« gelautet hatte, wurde gestürzt; an seine Stelle trat Numan Pascha, von dem wenige »bezweifelten, daß er den König von Schweden begünstigen wird, mehr als sein Vorgänger es getan hat«. Diese stolze Nation empfand mehr und mehr Ärger über den Hochmut der Russen.

Paradoxerweise vergrößerte der russische Sieg von Poltawa die Kriegslüsternheit der Türken. Tolstoi hatte dies erwartet, als er die erste Kunde von der Schlacht vernahm. Solange Rußland schwach war, waren die Türken beruhigt, aber jetzt lagen die Dinge völlig anders. Der Friedensvertrag wurde am 3. Januar 1710 erneuert, aber während des ganzen nächsten Jahres begann die Türkei ihre Kräfte zu sammeln. Aus ihrem gesamten riesigen Reich strömten allmählich Truppen und Vorräte zusammen: Janitscharen aus Ägypten, Albanier und Bosniaken aus Rumelien, Spahis aus Afrika und Timarioten aus Ägypten. Einhundertzwanzigtausend Mann schoben sich zu den Grenzen hin, und die Werften dröhnten von den Vorbereitungen für die Galeeren, Fregatten und Bombengefäße. Ein formelles Ultimatum des Zaren, Karl XII. aus dem türkischen Herrschaftsgebiet auszuweisen, lieferte schließlich den Vorwand. Der Khan der Krim traf in Konstantinopel ein und warnte den Sultan, sein Thron sei in Gefahr, wenn er nicht dem Pfad der Ehre und des nationalen Interesses folge. Der erste Hieb traf den russischen Botschafter. Peter Tolstoi »war gerade auf dem Weg zur Audienz, die ihm der Wesir gewährt hatte, als ihm in dem Augenblick, als er an der üblichen Stelle in Konstantinopel anlandete, Chiaux Baschi und Hauptmann Muxur Aga von der Wesirgarde der Janitscharen mit dem Befehl des Wesirs entgegentraten, ihn zu den Sieben Türmen zu schaffen. Sie duldeten auch nicht, daß er eines seiner eigenen Pferde bestieg, sondern setzten ihn auf einen gewöhnlichen Wallach und führten ihn so durch die Stadt an den Ort seiner Haft.«

Das war die türkische Art, den Krieg zu erklären, eine Handlung, die kurz darauf von einer Sitzung der Pforte förmlich bestätigt wurde.[20]

Der folgende Krieg war für Peter den Großen beinahe ebenso verhängnisvoll, wie sein letzter Feldzug siegreich gewesen war. Tatendurstig führte der Zar seine Armee in den türkisch beherrschten Balkan, wo er auf die Unterstützung der orthodoxen Bevölkerung hoffte, wurde aber am Pruth von den zahlenmäßig überlegenen türkischen Streitkräften umzingelt. In der nun anhebenden Schlacht wurde Peter geschlagen und angesichts hoffnungsloser Unterlegenheit gezwungen, am 12. Juli 1711 einen Vertrag zu unterzeichnen. Russische Truppen mußten Polen und das gesamte türkische Territorium, das sie 1696 und 1700 hinzugewonnen hatten, räumen, ihre Schwarzmeerflotte sollte zerschlagen werden, und sie mußten mit dem wiedereingesetzten Karl XII. Frieden schließen. Gedemütigt zog der Zar mit seiner Armee nach Hause.

Die Vertragsbedingungen enthielten Klauseln, die das Geschick der Brüder Tolstoi unmittelbar betrafen. Dem Zaren war es nicht länger gestattet, einen residierenden Botschafter in Konstantinopel zu unterhalten, und Asow mußte aufgegeben werden. Das Leben Peter Tolstois war jetzt wirklich schrecklich. Der Zar schickte einen neuen Gesandten, Schafirow, um die Friedensbedingungen auszuhandeln; den Vollzug derselben, so wurde er instruiert, sollte er möglichst lange hinausschieben. Indessen schmachtete der einstige Botschafter noch immer im Gefängnis.

»Als die Türken mich einsperrten«, schrieb Peter Tolstoi später, »steckten sie mich in ein tiefes, unterirdisches Verlies unter einem Turm. Es war sehr dunkel und stank; aber schließlich ließen sie mich dort heraus und schlossen mich für siebzehn Monate in einer kleinen Hütte ein, wo ich sieben Monate lang mit unerträglichen Schmerzen krank darniederlag. Nicht ein einziges Mal konnte ich sie bitten, mir einen Arzt zu senden; statt dessen ließen sie mich ohne Pflege liegen. Was mich zu guter Letzt aufrecht erhielt, war, daß es mir insgeheim gelang, durch mehrere Personen Arznei zu kaufen. Außerdem bedrohten sie mich jeden Tag mit Foltern und Torturen, wollten wissen, wieviel Geld ich welchem Minister gegeben hatte, um den Frieden zu bewahren.«

Die letzteren Nachforschungen rührten wahrscheinlich von den Versuchen des Hofes her, gegen den abgesetzten Großwesir Chorlülü einen Hochverratsprozeß anzustrengen. Trotz dieser bedrohlichen Untersuchungen gelang es Tolstoi, ständig mit seinem Netz von Kundschaftern in Kontakt zu bleiben und dem Einfluß der türkischen Kriegspartei entgegenzuwirken.[21]

Tolstoi kann seine Leiden schwerlich übertrieben haben. Immerhin war er zur Zeit seines Kerkeraufenthaltes siebenundsechzig Jahre alt. Aber für den zielstrebigen Zaren war Zeitgewinn von größter Bedeutung für Rußlands Erholung. Seine Sorge über die Vertragsklausel, Asow aufzugeben, war groß. Zuerst ergingen Anweisungen, die Befestigungen nicht zu schleifen; dann gab es wieder welche, sie zu schleifen, dabei jedoch die Grundmauern und die Pläne der Verteidigungsanlagen zu bewahren. Als Iwan Tolstoi von den Türken dazu aufgefordert wurde, in Erfüllung des Vertrags seine Stellung aufzugeben, »lachte er über diese Anordnung und antwortete ihnen vor den Mündungen ihrer Kanonen«. Als es November wurde, riß dem Sultan die Geduld, und er erklärte aufs neue den Krieg.

Gegen seinen Willen wurde Peter gezwungen, seinen Verpflichtungen nachzukommen, und zu Anfang 1712 wurde Asow schließlich aufgegeben. Ein Schreiben, das ehemals in unserem Familienarchiv in Mursicha lag, enthielt Einzelheiten über die Übergabe. Der türkische Vertreter, Achmed Pascha, verlangte, daß Iwan Tolstoi persönlich in das türkische Lager komme. Dessen Schwager, Admiral Apraxin, der vermutlich an die gegenwärtigen Leiden Peter Tolstois dachte, warnte ihn ängstlich, sich nicht in diese Gefahr zu begeben. Aber Iwan wollte sich nicht aus Furcht vor persönlicher Gefahr davon abhalten lassen und erschien mutig und gefaßt vor dem Pascha.[22] Asow war wieder einmal eine türkische Festung.

Von Iwan Andrejewitsch Tolstoi stammt die ältere Linie der Tolstois, die späteren Tolstoi-Miloslawskis. Iwans Witwe Maria, Schwester von Admiral Apraxin und der Zarin Martha Matwejewna, machte im Jahr darauf (1714) ihr Testament. Maria Tolstoja vermachte die Güter und die Häuser in Moskau ihrem ältesten Sohn Boris. Seinem jüngeren Bruder Andrei und Andreis Sohn Boris hinterließ sie wertvolle Ikonen mit Gold- und Silbereinfassung, ferner große Mengen Geschirr und Glas. Eine Anzahl weiterer Gegenstände waren offenbar Andenken von Iwan Tolstois Mission nach Konstantinopel. Da waren zwei türkische Pferdedecken, ein türkisches Zelt, ein stählernes türkisches Schwert mit einem Silberknauf, eine zirkassische Kandare, in Silber gefaßt, und ein türkischer Trinkbecher.

Wir können uns beinahe vorstellen, wie der Gouverneur aussah, wenn er sich in seiner Residenz zu Asow aufmachte, um den Zaren willkommen zu heißen. Er trug, wie alle Adligen in jener Zeit, europäische Kleidung. Vielleicht ging er in einem französischen Rock »aus rotem Tuch, mit goldenen und silbernen Manschetten und passenden Beinkleidern«. Andere Röcke waren mit Zobel und Biber gefüttert. Über seinem leuchtenden Gewand hing ein hirschlederner Schwertgürtel, mit goldenen Litzen verziert, und mit einem Schwert, das in einer mit Silber gefaßten Scheide aus Eidechsenhaut steckte. Während er die Treppen hinabsteigt, führt ein Reitknecht sein Schlachtroß heraus oder vielleicht eine der Kutschen. Die eine war rot und schwarz bemalt, eine andere fröhlich »ausgeschlagen mit blauem Tuch, und die Seitenwände bemalt mit Nußbäumen und mit Vögeln«.[23]

Als die Türken schließlich Asow wieder in Besitz hatten, machten sie Frieden. Zusammen mit den anderen Diplomaten wurde Peter Tolstoi aus den Sieben Türmen freigelassen und sandte sofort an Minister Golowin die klägliche Bitte: »Mit Tränen von Blut werfe ich mich vor Eure Füße und flehe Euch an: Seid so gut und bittet unseren gnädigen Herrscher, er möge Mitleid mit mir haben und mir befehlen, nach zehn Jahren der Qual aus diesem höllischen Inferno freizukommen.« Er erklärte, daß er fortan sowieso nur von geringem Wert sei, da die Türken ihn mit nicht nachlassendem Argwohn betrachteten. Peter stimmte Tolstois Bitte zu, aber die Leiden des armen Mannes waren damit noch nicht zu Ende. Aufgehetzt von Karl XII., berichtete Achmed Pascha der Pforte, daß russische Truppen – im Widerspruch zu dem Vertragstext – noch immer in Polen stünden. Ein drittes Mal begann die Türkei mit kriegerischen Vorkehrungen, und erneut wurde der unglückliche Tolstoi zusammen mit anderen Diplomaten und einer großen Anzahl von Botschaftsbediensteten und Schmarotzern in die Sieben Türme geworfen.[24] Doch Peter Tolstoi überlebte auch diesmal und stand diese letzte Haft durch.

Am 18. Oktober 1713 ratifizierten die kriegführenden Mächte den Vertrag von Adrianopel und schlossen Frieden. Tolstoi und seine Gefährten wurden aus der Haft entlassen, aber Streitigkeiten über die Grenzziehungen verzögerten ihre Abreise beinahe um ein Jahr. Erst im September 1714 kehrte Peter Tolstoi nach Hause zurück.[25]

Das Rußland des Jahres 1714 war ein völlig anderes Land als das, das Peter zwölf Jahre zuvor verlassen hatte. Eine neue Hauptstadt, St. Petersburg, war wunderbarerweise aus den Sümpfen der Newa emporgewachsen. Sein älterer Bruder war tot. Neue Gesichter umgaben den Zaren. Seine beiden Lieblingsgefährten und Berater waren Fürst Menschikow, von dem es hieß, er habe sein Leben als Lehrling eines Pastetenbäckers begonnen, und die Zarin Katharina, ein litauisches Bauernmädchen, das Scheremetjew während des Feldzugs von 1702 gefangengenommen hatte. Kanzler Golowin, dessen Protektion Tolstoi nach seiner Rückkehr aus Italien anno 1699 vorangebracht hatte, war tot, und seinen Platz nahm nun Gavril Golowkin ein.

Tolstois frühester Biograph, der französische Konsul Villardeau, behauptete, der zurückgekehrte Diplomat habe Menschikow mit zwanzigtausend Rubel bestochen, damit er ihn mit einem hohen Amt versorge und den Zar überrede, ihn zum Geheimen Staatsrat zu ernennen.[26] Doch das scheint nur böswilliger Klatsch zu sein, worauf der Historiker Pavlov-Silvansky hingewiesen hat. Denn Tolstois große Verdienste in Konstantinopel hatten ihm die Dankbarkeit des Zaren und jede Position, die er vernünftigerweise anstreben durfte, vollends eingetragen. Vielleicht hat ein Bestechungsgeld die Hände gewechselt, aber die Ernennung war ein folgerichtiger Schritt.

Auf jeden Fall waren Peter Tolstois diplomatische Fähigkeiten wieder gefragt. Karl XII., den Peter Tolstoi in Konstantinopel mit einer Abteilung Chevaulegers hatte in seine Gewalt bringen wollen, unternahm jetzt eine dramatische Flucht aus dem türkischen Herrschaftsgebiet, wo er seit fünfeinhalb Jahren praktisch als Gefangener saß. Die Unterschrift, die schließlich unter den russisch-türkischen Friedensvertrag gesetzt wurde und die Peter Tolstoi nach Rußland zurückbrachte, beseitigte zugleich jedes Motiv für die weitere Anwesenheit des schwedischen Königs in der Türkei. Vom Sultan war keine Hilfe mehr zu erwarten, und so brach er, verkleidet und mit einem einzigen Diener, zu einem wilden Ritt von sechzehn Tagen Dauer durch den Osten Europas auf und langte am 22. November 1714 in Stralsund an, Schwedens letztem Halt an der Südküste der Ostsee. Es war klar, daß der Krieg zwischen Rußland und Schweden, der bis dahin halbherzig weitergeführt worden war, nun mit aller Kraft wiederaufgenommen wurde. Aber Rußland war jetzt eine Großmacht mit mächtigen Verbündeten. Dänemark und die norddeutschen Fürsten betrachteten die schwedische Herrschaft auf deutschem Boden als etwas Widernatürliches, und im Norden hatte sich ein Bündnis gebildet, das sich nun anschickte, die Gefahr eines Kriegsausbruchs einzudämmen, die Karls Anwesenheit ankündigte.

Peter Tolstoi war maßgeblich beteiligt an den schwierigen Verhandlungen, die in einer russisch-dänischen Übereinkunft mündeten. Diese sah vor, daß Russen und Dänen die schwedische Insel Rügen vor Stralsund gemeinsam besetzten. Bald darauf fiel die Stadt, und Karl mußte in einem kleinen Schiff nach Schweden fliehen.

Am 24. Januar 1716 reiste Peter selbst nach Kopenhagen, um zu versuchen, den zaudernden König Friedrich von Dänemark dazu zu überreden, sich an der Invasion des schwedischen Festlandes zu beteiligen. Mit ihm reisten seine außenpolitischen Berater Golowkin, Schafirow und Tolstoi.

Der zweite Zweck von Peters Reise nach Europa bestand darin, der Vermählung seiner Nichte, der Zarentochter Katharina (Enkelin von Maria Miloslawski) mit dem Herzog von Mecklenburg beizuwohnen. Die Hochzeit fand in Danzig statt, und das Gefolge des Zaren traf dort am 18. Februar ein. Der Zar war nun nicht mehr so wild und ungebärdig, wie er während seines früheren Aufenthaltes im Westen in den Jahren 1697/98 erschienen war, und gab sich mit kleineren Ausschweifungen zufrieden. So versuchte er etwa, ein Gemälde aus der Marienkirche zu entwenden, oder er lieh sich während eines frösteligen Gottesdienstes die Perücke des Bürgermeisters aus. Aber der flegelhafte Charakter und die Manieren des Bräutigams sorgten dafür, daß die feierliche Zeremonie von Possenstücken begleitet war, die in Versailles und Windsor nur mit hochgezogenen Augenbrauen betrachtet worden wären.

Peter Tolstoi war indessen mit heiklen Verhandlungen mit den Polen betraut, deren König, August der Starke, schon wieder eine den russischen Interessen feindliche Politik betrieb, obgleich er seine Rückführung auf den Thron dem Sieg des Zaren bei Poltawa verdankte. Der Zar brach jetzt nach Kopenhagen auf, um dort die Invasion Schwedens vorzubereiten, während Tolstoi und die anderen Diplomaten im September mit Peters anderem mächtigen Verbündeten verhandelten, mit König Friedrich Wilhelm I. von Preußen. Aber am 17. September entschied der Zar, die Invasion Schwedens bis zum folgenden Jahr aufzuschieben, und setzte seine Reise nach Westen fort. Am 6. Dezember traf er in Amsterdam ein, wo er den Winter verbrachte.

Inzwischen bemühte sich Tolstoi, die Stärke seiner Truppen zu erhöhen, die er gleich zu Beginn des Feldzugs von 1717 gegen die Schweden werfen wollte. Am 26. November erhielt er Anweisungen, die seinen Verhandlungen mit der Regierung von Hannover als Grundlage dienen sollten. Der Kurfürst von Hannover war seit 1714 als Georg I. auch König von England, und Peter hoffte, König Georg dazu zu bewegen, die englische Flotte in der Ostsee gegen die Schweden einzusetzen. Aber Hannover mißtraute der russischen Anwesenheit in Mecklenburg. Tolstoi betonte, daß die Truppen nur dort seien, um Dänemark gegen Schweden beizustehen. Dies entsprach, wie die Ereignisse zeigten, auch tatsächlich der Wahrheit. Aber England und Hannover bezweifelten weiterhin die Glaubwürdigkeit der russischen Verlautbarungen und waren nicht zu bewegen, die Gespräche zu einem befriedigenden Abschluß zu führen. Der Zar hoffte, durch ein Gespräch mit Georg I. einen Weg aus der Sackgasse zu finden, und entsandte, während er durch Holland reiste, Tolstoi und einen weiteren Diplomaten zum König. Der jedoch war, wie sie feststellten, bereits auf einem Schiff nach England abgereist.[27]

Nachdem sich die Hoffnungen mit England zerschlagen hatten, begann Peter, die aus Frankreich kommenden Vorschläge eines gemeinsamen Bündnisses der beiden Mächte zu ihrem gegenseitigen Vorteil zu favorisieren. Verleitet von dem Gedanken an einen Besuch im Herzen der westlichen Zivilisation, verkündete er dem französischen Botschafter im Haag am 30. März 1717, daß er die Absicht hege, in eigener Person nach Frankreich zu reisen.

Der Zar und sein Gefolge trafen in Dünkirchen ein, wo sie von einem Edelmann vom Hofe Ludwigs XV. begrüßt wurden. Der Franzose erwähnt in seinem Bericht an seinen Herrn über einen der Begleiter Peters: »Der Staatsrat Tolstoi besitzt sein [Peters] Vertrauen, er ist sehr höflich und spricht Italienisch.« Es wurde auch bemerkt, daß er der einzige war, der gut Französisch sprach, und als Peter am 20. Juni Paris verließ, blieben Tolstoi und Schafirow zurück, um einen Freundschaftsvertrag auszuhandeln, welcher allerdings nurmehr ein formaler Ausdruck guten Willens war.[28] Danach folgten sie ihrem Herrn nach Spa.

Hier trat der Zar in gründliche Beratungen mit Tolstoi bezüglich einer Angelegenheit, die sein Denken seit Monaten mit wachsender

Aufmerksamkeit beschäftigte. Es war inzwischen jedermann bekannt, daß Peters Sohn und Erbe, der Zarewitsch Alexei, sich Ende des verflossenen Jahres der Aufsicht seines Vaters entzogen hatte und sich versteckt hielt.

Der siebenundzwanzigjährige Zarewitsch war Peters Sohn aus seiner ersten Ehe mit der Zarin Eudoxia. Unter der erschreckend ziellosen und lieblosen Erziehung, der sein Vater und dessen erster Günstling Menschikow ihn unterworfen hatten, wuchs Alexei zu einem frommen, sensiblen, jedoch dem Trunk ergebenen Menschen heran, der schreckliche Angst vor seinem ehrfurchtgebietenden Erzeuger hatte. Seine Vermählung mit der Prinzessin Charlotte von Wolfenbüttel war eine Staatsangelegenheit; 1714 schenkte sie ihm eine Tochter, Natalja. Aber etwa um diese Zeit ließ sich Alexei mit einem finnischen Bauernmädchen namens Afrosinja ein, in die er sich rettungslos vernarrte und die er vor aller Augen zu seiner Geliebten machte. Ein Jahr darauf, 1715, gebar ihm Prinzessin Charlotte einen Sohn, Peter, doch starb sie noch im Kindbett. Im Laufe der Zeit machten Alexeis Unterwürfigkeit und sein Versagen den Zaren noch strenger.

Schließlich stellte Peter ein Ultimatum. Er drohte seinem Sohn, wenn er nicht wesentlich mehr Interesse für das Militärleben zeige, »werde ich Dich der Thronfolge berauben, wie man ein brandiges Bein abschneidet«. Daraufhin antwortete ihm Alexei, er sei damit einverstanden und wolle bereitwilligst auf all seine Rechte verzichten. Dies war nicht die Antwort, die der Zar erwartete oder wünschte. Als er bald darauf erkrankte und fast gestorben wäre, führte ihm dies die Dringlichkeit der Thronfolgeregelung noch deutlicher vor Augen. Um seinen Sohn auf bessere Pfade zu zwingen, stellte er ihn vor eine noch viel schmerzlichere Wahl: Entweder du reißt dich zusammen, oder du trittst in ein Kloster ein. Am 20. Januar 1716 entschied sich Alexei für die Kutte. Diese weitere Abfuhr erregte Peters Ärger und Argwohn. Konnte jemand ein so großes Erbe so bereitwillig aufgeben? Da stimmte etwas nicht. Der Zar gab seinem Sohn sechs Monate Zeit, um ernsthaft darüber nachzudenken, ehe er sich zu einer Entscheidung durchrang.

Zwei Tage später begab sich der Zar auf seine Reise nach Kopenhagen, Amsterdam und Paris. Am 26. August, als sieben Monate ohne eine befriedigende Antwort verstrichen waren, schrieb Peter aus Kopenhagen an seinen Sohn und befahl ihm, ihm postwendend mitzuteilen, wie seine Entscheidung lautete. Wenn er Zarewitsch bleiben wolle, müsse er seinen Vater augenblicklich bei dem geplanten Einfall nach Schweden begleiten. Die Straßen waren schlecht und die Post langsam; erst am 21. Oktober holte ein Kurier den Zaren auf dem Weg von Kopenhagen nach Lübeck ein und brachte ihm die erfreuliche Nachricht, daß der Zarewitsch Rußland verlassen habe und sich zu ihm gesellen werde. Aber Peters Freude verschwand, als Wochen vergingen ohne ein Zeichen von seinem unberechenbaren Sohn. Am 9. Dezember schrieb er aus Amsterdam an General Weide, den Befehlshaber der russischen Truppen in Mecklenburg, und fragte an, ob er etwas Neues über den Zarewitsch wisse. Deutschsprachige Offiziere, die Weide aussandte, vermochten den vermißten Erben nicht aufzufinden, aber sie entdeckten Anzeichen dafür, daß er nach Wien gereist sein könnte.

Indessen berief Peter seinen Gesandten in Wien, Avram Weselowski, zu sich und befahl ihm, die Spur des Flüchtigen ausfindig zu machen. Weselowski kehrte nach Wien zurück und sandte sofort Kundschafter aus. Sie fanden heraus, daß eine kleine Gruppe von Reisenden, darunter ein selbsternannter »Marketender der russischen Armee«, von Danzig nach Breslau gereist war und gesehen wurde, wie sie letztgenannte Stadt »auf der Wiener Straße« verließ. Nun nahm Weselowski selbst die Fährte auf und fand den »Marketender«, aus dem inzwischen »der polnische Chevalier Kremenetski« geworden war, im Gasthaus »Zum Schwarzen Adler« in Wien. Dort hatte er für seine »Frau«, die sich fortan wie ein Mann kleidete, eine dunkelbraune Ausstattung gekauft. Ein Postmeister außerhalb Wiens hatte von einem solchen »Offizier« eine Anfrage bezüglich der Route nach Rom erhalten, doch für den Augenblick hörte die Spur in Wien auf.

Durch einen bestochenen Beamten erfuhr Weselowski, daß der Fremde, dessen Spur er verfolgte, sich unter dem Schutz des Kaisers in Ehrenberg befand, einem entlegenen Schloß in Tirol. Auf der Stelle schickte er Hauptmann Rumjanzow zu dem Schloß, um es auszukundschaften. Zehn Tage später kehrte der Hauptmann zurück und berichtete, daß der Fremde in der Tat der Zarewitsch sei und sich seit Januar auf Ehrenberg aufhalte. Mit dieser Gewißheit gerüstet, erhielt Weselowski eine Audienz beim Kaiser, dem er nun erklärte, daß der Aufenthaltsort des Zarewitschs bekannt sei, und er präsentierte die offizielle Bitte des Zaren nach dessen Rückkehr. Geschickt vermied es der Kaiser zuzugeben, daß er irgend etwas von dieser Sache wisse, aber er versprach, sich darum zu kümmern. Als

Reaktion auf Peters immer heftiger werdende Nachfragen trieb Weselowski die Sache voran; aber am 2. Juni schrieb er seinem Herrn (der inzwischen in Paris eingetroffen war), daß der Aufpasser Rumjanzow inzwischen dem Flüchtigen von Ehrenberg nach Neapel gefolgt sei, das seit 1714 vom Hause Habsburg regiert wurde.

Dies war das Dilemma, dem sich Peter im Juli 1717 in Spa gegenübersah. Schon im Monat zuvor, in Paris, hatte sich Peter Tolstoi erboten, den Zarewitsch ausfindig zu machen, und so wandte sich Peter jetzt an ihn. Tolstoi sprach fließend Italienisch und kannte die Stadt Neapel gut. Peter versah ihn mit genauen Instruktionen und gab ihm eine persönliche Bitte an den Kaiser mit, seinen Sohn auszuliefern. Karl VI. hatte jedoch einen persönlichen Grund, den Zarewitsch zu beschützen: die Kaiserin war die Schwester der verstorbenen Gemahlin des Zarewitschs.

Am 26. August trafen Tolstoi und Rumjanzow in Wien ein; am 29. erschienen sie zusammen mit Weselowski vor dem Kaiser. Seine Majestät hörte Tolstois überzeugend vorgetragene Bitte aufmerksam an und las den Brief seines russischen Vetters, der eine Mischung aus Bitten und Drohungen enthielt. Der Kaiser gab eine hinhaltende Antwort, versprach aber, den Brief zu beantworten. Dies erschien ungünstig, und am nächsten Tag suchte Tolstoi die Prinzessin von Wolfenbüttel auf, die Schwiegermutter des Zarewitschs. Ihr erklärte er feierlich, daß sein Herr nicht nur den Zarewitsch der Thronfolge berauben würde, sondern auch dessen Kinder, falls es dem Zarewitsch nicht gelang, sich mit seinem Vater zu versöhnen. Sie könne doch nicht wünschen, daß ihre Enkel ihr Erbe verlören; ob sie nicht mit ihrer Tochter, der Kaiserin, über diese Angelegenheit sprechen wolle. Die Fürstin zeigte sich von diesen Argumenten beeindruckt.

Am 18. August setzte sich ein geheimer Ministerrat zusammen, um den Kaiser bei seiner Antwort zu beraten. Die Minister waren besorgt, daß die Nichtgewährung der Bitte den unberechenbaren Zaren dazu bewegen könne, seine Armeen durch Polen und Schlesien nach Böhmen zu führen. Doch wiesen sie gleichzeitig darauf hin, daß es - so groß die Gefahr auch sei - weitaus schlimmer wäre, das Völkerrecht zu verletzen, indem sie ihren ungeladenen Gast einem möglicherweise schweren Schicksal überantworteten. Seine Majestät könne jedoch dem Zaren erklären, daß der Zarewitsch in keiner Weise sein Gefangener sei und daß es Tolstoi freistehe, sich durch einen Besuch bei ihm selbst davon zu überzeugen. Der Kaiser stimmte dieser Empfehlung zu, und am gleichen Tag empfing einer seiner Minister, Graf Sinzendorff, die drei russischen Emissäre und erläuterte die Entscheidung. Tolstoi legte seinen Fall ausführlich dar, doch ohne Erfolg. Schließlich gab er sich zufrieden, sein Opfer besuchen zu dürfen. Vor seiner Abreise suchte er noch einmal die Fürstin von Wolfenbüttel auf und bat sie, seine Bitte beim Zarewitsch zu unterstützen.

»Ich kenne den Charakter des Zarewitschs«, entgegnete sie. »Sein Vater bemüht sich vergeblich, ihn in den bunten Rock zu stecken. Er hält lieber die Perlen eines Rosenkranzes in den Händen als Pistolen, aber es würde für mich schweren Kummer bedeuten, wenn der Zar verärgert würde und meine Enkelkinder darunter leiden müßten.«

Bei einem dritten Gespräch willigte sie ein, dem Zarewitsch zu schreiben und ihn zur Heimkehr zu drängen; sie unterbrach sich nur, um Tolstoi zu fragen, ob er an das Versprechen des Zaren glaube, daß sein Sohn leben könne, wo er wolle, wenn er nur gehorchte. Tolstoi erwiderte, daß es seiner Meinung nach »keine Schwierigkeiten gibt, wenn der Zarewitsch mit ihm ginge«.

Am 21. August reisten Tolstoi und Rumjanzow aus Wien ab, langten aber wegen schwerer Überflutungen in Italien erst am 24. September in Neapel an. Zwei Tage später begegneten sie dem verschreckten Zarewitsch. Tolstoi überreichte ihm, freundlich und liebenswürdig, einen Brief seines Vaters, in dem dieser vor Gott feierlich schwor, seinem Sohn kein Haar zu krümmen, wenn dieser seine Pflicht täte und mit Tolstoi zurückkehrte. Alexei zitterte so heftig, daß er kaum sprechen konnte. Doch der alte Tolstoi sprach zu ihm in so besänftigender Weise, daß der arme junge Mann schließlich stammelte, er brauche Bedenkzeit. Im Palast des Vizekönigs trafen sie sich zwei Tage später wieder. Der Zarewitsch sagte ihnen, er fürchte sich vor dem, was geschehen könne, wenn er zurückkehrte, und daß er weiterhin den Schutz des Kaisers beanspruchen werde. Unter seinen buschigen Augenbrauen warf ihm Tolstoi einen fürchterlichen Blick zu und zischte drohend, daß der Zar ihn in diesem Falle zum Verräter erklären werde und ihn lebend oder tot ergreifen würde.

Der Zarewitsch erschrak darüber so sehr, daß er in den nächstgelegenen Raum flüchtete, wo er den Vizekönig fragte, ob es zutreffe, daß sein Vater ihn gewaltsam ergreifen könne, falls er dies wünsche. Der Vizekönig entgegnete, daß der Kaiser zwar eine Versöhnung wünsche, daß er ihn aber nicht im Stich lassen werde und mächtig genug sei, sich um seine Schutzbefohlenen zu kümmern. Ermutigt ging der Zarewitsch zu Tolstoi zurück und schwor, seinem Vater niemals in die Hände zu fallen. Tolstoi entgegnete ruhig, daß dies gewiß nicht sein letztes Wort sein könne und daß er mehr Zeit brauche zum Nachdenken. Am 1. Oktober trafen sich die beiden Parteien erneut, aber das Gespräch endete abermals in einer Sackgasse. Die Lage hätte sehr leicht ausweglos erscheinen können, aber der gerissene Diplomat hatte inzwischen Zeit gehabt, die gesamte Situation zu überdenken. Es war augenfällig, daß der Kaiser sich entschieden hatte, nicht von seinem Grundsatz abzurücken, und daß der Vizekönig strenge Anweisung erhalten hatte, eine Entführung des flüchtigen Thronerben zu verhindern. Nicht die Bärenkräfte eines Rumjanzow waren hier gefragt, sondern die machiavellistische Tücke eines Tolstoi. In Konstantinopel war er faktisch ein Gefangener gewesen, als er den Sturz von drei allmächtigen Großwesiren inszenierte, und würde nun sicherlich in der Lage sein, mit diesem schwachen Jungen fertigzuwerden.

Er gewahrte, daß der Zarewitsch zwei empfindliche Stellen hatte. Die erste war die tödliche Angst vor seinem Vater. Die zweite war seine besessene Liebe zu seiner Mätresse, während sie ihrerseits eine Schwäche besaß: ihre Einfalt und Unwissenheit. Tolstoi entschloß sich, diese voll auszunützen.

Er wandte sich an den Vizekönig, Graf Daun, und drängte ihn, Alexei dahin zu bewegen, nach Hause zurückzukehren. Dabei wies er auf die Druckmittel hin, die der Zar auf den Kaiser ausüben konnte, und wieviel besser es sei, einen unnötigen Bruch zu vermeiden, indem er gleich zustimmte. Daun neigte dazu, ihm beizupflichten, schränkte aber seine Zustimmung immer wieder ein, indem er auf die Anordnungen des Kaisers verwies. Damit wollte sich Tolstoi nicht zufriedengeben. Er berichtete in einem Schreiben nach Hause: »Danach bearbeitete ich den Sekretär des Vizekönigs, der mir bei dem gesamten Schriftverkehr sehr nützlich war und ein außergewöhnlich verständiger Herr ist. Ich bat ihn, dem Zarewitsch gegenüber, gleichsam vertraulich, die gleichen Worte zu wiederholen, die ich gegenüber dem Vizekönig gebraucht hatte. Ich gab diesem Sekretär 160 Golddukaten und versprach ihm, daß noch mehr kommen werde ...«

Der Sekretär vertraute diesen freundlichen Rat sofort dem Zarewitsch an, der darüber so bestürzt war, daß er ihm auf der Stelle eine Notiz für Tolstoi übergab. »Peter Andrejewitsch! Könntet Ihr mich heute selber besuchen und den Brief meines kaiserlichen Vaters mitbringen, dessen Ihr gestern Erwähnung tatet. Ich muß dringend mit Euch über etwas sprechen, was nützlich sein könnte.« Tolstoi zögerte eine Antwort absichtlich hinaus, tat so, als sei er nicht interessiert. Schließlich kam er und sprach lange und ernst mit dem Zarewitsch. Den Brief des Zaren hatte er nicht dabei, doch konnte er daraus lange Passagen auswendig zitieren. Der Zar ziehe gerade seine Armeen in Polen zusammen und werde bald Italien persönlich einen Besuch abstatten. Diese Drohungen waren, zusammen mit den vertraulichen Warnungen des Sekretärs, zuviel für den zitternden Jungen. »Kommt morgen mit Hauptmann Rumjanzow«, stieß er hervor, »dann will ich Euch eine endgültige Antwort geben.«

Das Netz zog sich langsam zusammen, aber Tolstoi wollte nichts dem Zufall überlassen. Panik konnte den Flüchtigen ebensoleicht zur Ablehnung treiben wie zur Zustimmung. Seine Strategie wird am besten aus seinen eigenen Worten ersichtlich:

»Sofort ging ich zum Vizekönig und erklärte ihm, was vonnöten sei. Ich bat ihn, ihm [dem Zarewitsch] schnell eine Botschaft zu senden des Inhalts, daß er das Mädchen wegschicken solle. Dies tat er [der Vizekönig]. Nach seinen [des Zarewitschs] Worten schien es mir, als ob er sich zuvörderst deswegen fürchtete, zu seinem Vater zurückzukehren, weil es die Trennung von seinem Mädchen bedeutete. Deshalb bat ich auch den Vizekönig darum, so daß ihn plötzlich aus drei Richtungen bedrohliche Nachrichten erreichten. Einmal, indem der oben erwähnte Sekretär jede Hoffnung auf den Schutz des Kaisers beseitigte, wenn er ihm beibrachte, daß sein Vater bald auf dem Weg sein werde; zum zweiten, indem ich ihm sagte, daß sein Vater umgehend eintreffen werde; und zum dritten, indem schließlich der Vizekönig ihn von seinem Mädchen trennte ...«

Die Bitte des Zarewitschs, Afrosinja in dieser Nacht noch bei sich behalten zu dürfen, wurde ihm gewährt, doch selbst dieses Zugeständnis wußte der findige Tolstoi zu seinem Vorteil zu wenden. Er nahm das Mädchen beiseite und machte ihm eindringlich klar, daß sich die Rückkehr nach Rußland für den Zarewitsch und sie zu ihrem großen Vorteil kehren werde. Er soll sogar geschworen haben, zwischen ihr und seinem jüngeren Sohn Peter eine Ehe zu stiften, tausend leibeigene Familien sollten die Mitgift sein. Das Mädchen wird als »ziemlich hübsch, lebendig und voller Ehrgeiz« geschildert, und sie war schnell gewonnen; in dieser Nacht bearbeitete sie ihren

Geliebten auf noch überzeugendere Art, als es die Worte des gutmütigen alten Herrn hätten tun können.

Am Tag darauf trafen Tolstoi und Rumjanzow erneut mit Alexei zusammen. Der Zarewitsch verkündete sofort seine Bereitschaft, mit den Gesandten heimzugehen, vorausgesetzt sein Vater versprach ihm, Gnade walten zu lassen und seine Eheschließung mit Afrosinja noch vor ihrer Ankunft in St. Petersburg zu gestatten. Tolstoi sagte mit Vergnügen zu.

Der Vizekönig war erstaunt und sogar ein bißchen ungläubig, als er von dem jähen Gesinnungswandel des Zarewitschs erfuhr, aber alles schien mit rechten Dingen zugegangen zu sein. Alexei schrieb sofort an seinen Vater und flehte ihn an, ihm die beiden Bedingungen, unter denen er zurückkehrte, zu bestätigen. Er schrieb auch an den Kaiser und bat um Erlaubnis, Seine Majestät in Wien persönlich besuchen und ihm seinen Dank abstatten zu dürfen. Schließlich, am 14. Oktober, verließen der Zarewitsch, seine junge Dame und seine Begleitung Neapel. Am gleichen Tag schrieb Tolstoi an den Zaren und ersuchte Seine Majestät dringend, dem Sohn die erbetenen Versprechungen schnell schriftlich zu bestätigen, »damit wir ihm dies berichten können. Gegenwärtig macht er Ausflüchte, daß er Rom, Venedig und andere Orte besuchen möchte, wobei es ihm in Wahrheit nur darum geht, auf der Reise zu verweilen, damit er sich Eurer Instruktionen bezüglich seiner Heirat versichern kann, bevor er daheim eintrifft«. Auch der Plan des Zarewitschs, den Kaiser aufzusuchen, machte Tolstoi Kopfzerbrechen, und er traf jede mögliche Vorkehrung, um eine solche gefährliche Begegnung zu vermeiden.

Am 17. November schrieb der Zar an seinen Sohn und stimmte seinen Bedingungen zu. Das Schreiben muß ihn irgendwo unterwegs erreicht haben, als seine kleine Reisegruppe gerade in aller Ruhe durch Italien zog, aufgehalten nur durch schwere Regenfälle und den Wunsch des Zarewitschs, religiösen Stätten einen Besuch zu machen. Seine Afrosinja, die nunmehr seit vier Monaten schwanger war, reiste hinterher, an jedem größeren Aufenthaltsort begrüßt von den besorgten Briefen ihres Geliebten. Am 21. Oktober war Tolstois Reisegesellschaft in Rom, doch erst am 15. November hatten sie Bologna erreicht. Beständig in wachsender Sorge, daß noch etwas schiefgehen könnte, falls der Zarewitsch dem Kaiser begegnete, vereinbarte Tolstoi mit Weselowski in Wien, daß sie die kaiserliche Stadt des Nachts in aller Eile passieren wollten. Welche

Ausflüchte gegenüber dem Zarewitsch gebraucht wurden, ist nicht bekannt; aber binnen zweier Tage waren sie vorbeigeeilt, gegen Norden zu, ohne daß er mit Karl VI. oder seinen Ministern in Berührung gekommen war. Am Abend des 8. Dezember trafen sie in Brünn im Mährischen ein. Noch am selben Abend kam ein Bote des Kaiserlichen Statthalters, des Grafen Colloredo, an, um ihnen mitzuteilen, daß soeben ein Kurier aus Wien eingetroffen sei, der den Befehl habe, die Abreise des Zarewitschs zu verhindern, bevor er nicht den Kaiser gesehen hatte. Tolstoi versperrte ihm den Weg, erklärte nachdrücklich, daß der Zarewitsch bereits schlafe. Der Beamte entfernte sich, doch am nächsten Morgen, bevor die Russen abreisen konnten, erschien der Statthalter persönlich, erfuhr aber nur, daß der Prinz nicht anwesend sei. Graf Colloredo beharrte darauf zu erfahren, ob er da sei. Schließlich ließ Tolstoi ihm eine Botschaft herunterschicken, die besagte, daß dies unmöglich sei und sie ohnehin in der nächsten Minute abreisen würden. Daraufhin ging der Statthalter Tolstoi persönlich an und verlangte die Erlaubnis, die Glückwünsche des Kaisers Seiner Hoheit persönlich übermitteln zu dürfen. Tolstoi verweigerte dies hochmütig, wiederholte, daß sie keine Zeit zu verlieren hätten, da der Zarewitsch sich so sehr nach seinem Vaterland sehne. Schießlich setzte der Statthalter Tolstoi trotz anschwellender Proteste und Drohungen in Kenntnis, daß sie nicht weiterreisen könnten, ehe er nicht weitere Instruktionen vom Kaiser erhalten habe.

Tolstoi sah, daß ihm keine andere Wahl blieb, als zu warten. Unterdessen bemerkte er, daß Vorkehrungen getroffen waren, ihn daran zu hindern, dem Zaren eine Botschaft zuzusenden. Seine Sorge vergrößerte sich stündlich; er mußte zwei Tage lang die weitere Entwicklung abwarten. Am 11. November traf endlich ein Bote aus Wien ein, aber es war schon neun Uhr abends, und sie sagten ihm, der Zarewitsch schlafe bereits. Am nächsten Tag machte Tolstoi weitere Auflüchte und Verweigerungen, bis der Statthalter die Geduld verlor und eine Schar Bewaffneter aufstellte, um sich gewaltsam Zutritt zu verschaffen. Zuletzt gab Tolstoi nach: der Zarewitsch werde seine Exzellenz zwischen vier und fünf Uhr empfangen. Der Empfang war in der Eingangshalle des Gasthauses, wo Hauptmann Rumjanzow wartete. Tolstoi und der Zarewitsch kamen aus dem Zimmer des letzteren. Der Statthalter übermittelte die Glückwünsche seines kaiserlichen Herrn begehrte zu wissen, ob Seine Hoheit seine Herrschaftsgebiete aus eigenen, freien Stücken verlasse. Stehend lauschten Tolstoi und Rumjanzow sorgfältig jedem Wort, während der Zarewitsch leise kurze, förmliche Antworten gab, dem Kaiser dankte und gestand, daß es sein eigener Wunsch sei, nach Rußland zurückzukehren. Sodann verneigte er sich höflich.

Mehr konnte der Kaiser nicht tun. Sie erhielten die Genehmigung abzureisen und setzten ihre Reise fort. Der Kaiser sandte dem Zaren eine heftige Klage bezüglich Tolstois Unhöflichkeit, aber in seiner Antwort schob Peter die ganze Schuld auf seinen Sohn. Über Breslau und Danzig erreichte die Reisegesellschaft des Zarewitschs schließlich am 10. Januar 1718 das von den Russen besetzte Riga. In nur sechs Monaten hatte Tolstoi die Anweisung erfüllt, die er in Spa erhalten hatte. Der Zar hatte keinerlei Hinweis gegeben, was er mit seinem Sohn nach dessen Rückkehr zu tun gedachte, der über das Schreiben vom November hinausging, in dem er ihn in Kenntnis setzte, daß er sein Versprechen halten und ihm gestatten werde, Afrosinja zu heiraten und mit ihr privatim auf dem Land zu leben. Am 22. Januar schrieb Alexei aus Twer (heute Kalinin) an seine Mätresse, daß alles in Ordnung sei und sie bald ihr häusliches Glück genießen würden. Ein Begleitschreiben von Peter Tolstoi war gleichermaßen beruhigend; sie wurden von einem jungen Verwandten, Iwan Andrejewitsch Tolstoi, zu Afrosinja nach Berlin gebracht. Mitte April traf sie in Rußland ein und gesellte sich zu ihrem hocherfreuten »Gemahl«.

Nun oblag es dem Zaren, sein schriftliches Versprechen zu erfüllen. Am 3. Februar 1718, drei Wochen nach seiner Ankunft daheim, erschien Alexei in feierlichem Zeremoniell vor seinem Vater im Großen Audienzsaal des Moskauer Kreml. Als Gefangener trug er kein Schwert, und an seiner Seite stand der unvermeidliche Peter Tolstoi. Vor einem stattlichen Aufgebot hoher Beamter, Adliger und Kirchenmänner bekannte der Zarewitsch demütig sein pflichtwidriges Verhalten, als er unter den Schutz des Kaisers floh, und flehte seinen Vater um Gnade an. Peter verurteilte sodann alle Missetaten seines Sohnes, einschließlich der Beziehungen zu seiner Mätresse Afrosinja – die in Herkunft und Stellung seiner eigenen Zarin Katharina so auffallend ähnelte. Peter fuhr jedoch fort und bestätigte sein Versprechen auf Vergebung, vorausgesetzt, sein Sohn verzichtete auf sein Erbe und versprach, seine sämtlichen Komplizen bei dem Verrat preiszugeben. Dies war eine neue, verblüffende Bedingung; aber der Zarewitsch nahm sie beflissen an, nannte ein paar Leute, die er von seinem Fluchtplan in Kenntnis gesetzt hatte. Dann schwor er öffentlich und mit großer Feierlichkeit, daß er jedem Anspruch auf den Thron entsage und nach einer geziemenden Frist seinem Halbbruder, dem unmündigen Großfürsten Peter, den Treueid leisten werde.

Dies alles machte Alexei mit Freuden; seine wirklichen Schwierigkeiten fingen freilich damit erst an. Jemand hörte, wie Iwan Naryschkin, der einer Familie entstammte, die keinen Grund hatte, die Tolstois zu lieben, im Haus des Zarewitschs murmelte: »Dieser Judas Peter Tolstoi hat den Zarewitsch hinters Licht geführt.« Das zumindest war falsch. Aber Tolstoi war der treue Diener des Zaren. Am Tage nach dem öffentlichen Thronverzicht legte Tolstoi Alexei sieben schriftlich gestellte Fragen vor, die sein früheres Verhalten und Leute berührten, die vielleicht eingeweiht waren oder ihm in seinen verräterischen Plänen beigestanden hatten. Vier Tage später antwortete der Zarewitsch mit einer weitschweifigen Erklärung, die viele Personen unterschwellig bezichtigte, darunter auch seine Mutter, die Zarin, von der Peter seit langem getrennt war. Nur von Afrosinja sagte er, sie habe nichts gewußt.

Dies war alles noch sehr harmlos, doch als Tolstoi seinem Herrn die Antwort überbrachte, kannten die Wut und das Mißtrauen des Zaren keine Grenzen mehr. Blutig schlug Peter nach rechts und links aus. Jeder, der beschuldigt wurde, dem Zarewitsch ob seiner Lage das geringste Mitgefühl entgegengebracht zu haben, wurde den barbarischsten Strafen unterzogen, derer ein Land wie Rußland fähig war. Adlige und Bischöfe, Offiziere und Priester wurden mit der Knute geprügelt, gepfählt, aufs Rad geflochten, Pflöcke wurden ihnen von hinten in den Leib getrieben, man riß ihnen die Zunge heraus oder schnitt ihnen die Nase ab. Seine frühere Gemahlin, die Zarin Eudoxia, wurde in ein Kloster in den eiskalten Norden verbannt, indes ein Offizier, der eingestand, ihr Liebhaber zu sein, mit der Knute gepeitscht und auf rostroten, glühendheißen Kohlen gebraten wurde, danach auf ein Nagelbrett gelegt und anschließend gepfählt wurde.

Zuerst schien es, als sei der Zarewitsch von diesen schrecklichen Vorgängen ausgenommen. Doch je mehr die Hinrichtungen und die Folterungen die Ahnungen des Zaren von Verrat zu bestätigen schienen, desto unvermeidlicher wurde es, daß das Versprechen des Vaters keinen dauerhaften Schutz gewähren konnte. Eigentlich konnte der Verrat nachgeordneter Personen nur von geringerer

Peter der Große verhört den Zarewitsch (Nikolai Gay, 1871)

Bedeutung sein, es sei denn, die Schuld des Hauptverdächtigen wurde damit bestätigt, um den sich immer mehr »Geständnisse« rankten. Am 12. Mai wurde Afrosinja verhört, ohne Folter. Sie lieferte eine vernichtende Anklage: ihr Geliebter habe sich häufig über die Tyrannei seines Vaters beklagt, sich in unheilschwangeren Andeutungen hinsichtlich seines Halbbruders ergangen und in aller Heiterkeit über die Möglichkeit einer Meuterei in der Armee spekuliert und was er als Zar tun würde, um das Werk seines Vaters rückgängig zu machen. Daraufhin vernahm Peter im Petershof seinen Sohn selbst, eine Szene, die das dramatische Gemälde von Nikolai Gay (1871) unsterblich gemacht hat. Dumpf gestand Alexei ein, daß im Falle einer Meuterei und wenn die Truppen sich auf seine Seite gestellt hätten, er sich ihnen wahrscheinlich angeschlossen hätte.

Dies und andere »Beweise« genügten. Peter Tolstoi erhielt die Aufgabe, aus dem verschreckten Jungen jede Einzelheit der Verschwörung herauszuziehen. Alexei wurde in die Peter-Pauls-Festung gesteckt. Ging die Tür seiner Zelle auf, dann trat die Gestalt seines Häschers ein, jenes schrecklichen Alten, der in Neapel so freundlich über die Annehmlichkeiten seiner Rückkehr gesprochen hatte. Mit ihm kamen Helfer, deren Berufsstand in Rußland selten arbeitslos war. Am 22. Juni erhielt der Erbe der Romanows in Gegenwart Tolstois fünfundzwanzig Schläge mit der Knute. Die Knute war eine dicke, harte Lederpeitsche, mehr als drei Fuß lang. Ein Engländer, der seinerzeit in Rußland lebte, hat das Verfahren geschildert. Der Folterknecht teilte »so viele Schläge auf den nackten Rücken aus, wie der Richter angeordnet hat. Dabei tritt er zuerst einen Schritt zurück und springt bei jedem Schlag nach vorn. Diesen führt er mit solcher Wucht, daß bei jedem Hieb das Blut fließt und einen Striemen hinterläßt, breit wie der Finger eines Mannes. Diese Meister, wie die Russen sie nennen, sind bei ihrer Arbeit so genau, daß sie nur selten zwei Streiche auf die gleiche Stelle legen. Sie verteilen sie statt dessen auf die ganze Länge und Breite eines Männerrückens, mit großem Geschick, einen neben den andern, von der Schulterspitze bis hinunter zum Hosengürtel«.

Zwei Tage später schob sich der Riegel zurück, und Tolstoi und seine Handlanger standen abermals vor Alexei. Diesmal erhielt er fünfzehn Hiebe und bekannte in seinem Schmerz, daß er den Tod des Vaters herbeigesehnt habe und bereit gewesen wäre, einen feindlichen Überfall auf sein Land zu unterstützen.

Mehr brauchten sie nicht. Peter Tolstoi eilte mit der unterzeichneten Aussage zum Zaren, und am 24. Juni sprach das Oberste Gericht über den Gefangenen das Todesurteil. Das Dokument, das die Verbrechen des Beschuldigten ausführlich darlegte, war von einhundertfünfundzwanzig der wichtigsten Statthalter Peters unterzeichnet, an der Spitze der Unterschriften stand die des »Geheimen Staatsrates und Hauptmannes der Leibwache Peter Tolstoi«. Der Tod des jungen Mannes wurde zwei Tage später bekanntgegeben, die Todesumstände wurden niemals restlos aufgeklärt. Nach dem offiziellen Bericht des Zaren, den er Ludwig XV. übersandte, hatte sein Sohn einen tödlichen Schlagfluß erlitten, als er zum ersten Mal die ganze Tragweite seiner Verbrechen erkannte. Von allen Berichten, die erhalten geblieben sind, ist dies der unwahrscheinlichste.

Ein Brief, der vorgibt, von Alexander Rumjanzow am Tag darauf geschrieben worden zu sein, gibt einen Bericht über die Umstände:

»Als der Zarewitsch zu dieser Zeit erkrankte, wurde das Urteil nicht an den Gerichtshof weitergereicht, sondern wir besuchten ihn in seiner Zelle. Seine Durchlaucht Fürst Menschikow, der Kanzler Graf Gavril Golowkin, der Geheime Staatsrat Tolstoi und ich gingen hinein, um ihm das Urteil vorzulesen. Kaum hatte der Zarewitsch das Todesurteil vernommen, da erblaßte er und taumelte, und es gelang uns eben noch, ihn an den Armen zu fassen, damit er nicht stürzte.« Sie legten ihn aufs Bett, und nachdem sie den Zaren davon unterrichtet hatten, ließ dieser Tolstoi, Rumjanzow und zwei weitere um ein Uhr morgens zu sich bestellen. Peter gab eine umständliche Begründung für das Urteil, bezeichnete es als schmerzlich, aber unvermeidlich; er schloß: »Ich möchte nicht das königliche Blut durch eine öffentliche Hinrichtung entheiligen, sondern das Ende im stillen und geheimen herbeiführen, damit es so aussieht, als sei sein Tod natürlichen Ursachen zuzuschreiben.« Unter der Führung Tolstois ging die Gruppe zurück in die Festung und betrat die Zelle des Zarewitschs. Er schlief gerade, und Skrupel oder Furcht bemächtigte sich der Vollstrecker des Urteils, daß sie Alexei ins Jenseits befördern sollten, ohne daß er zuvor seinen Frieden mit Gott gemacht hatte.

Nachdem er darüber nachgedacht und seine Entscheidung gefaßt hatte, knuffte er ihn und sagte: ›Eure Königliche Hoheit, steht auf!‹ Er öffnete die Augen und setzte sich, völlig verwirrt, im Bett auf und starrte uns an, zu verwirrt, um zu fragen, was wir wollten. Darauf ging Tolstoi näher zu ihm hin und sagte: ›Prinz Zarewitsch, nach dem Urteil der Höchsten dieses russischen Landes wurdet Ihr ob vielerlei Verrätereien gegen unseren fürstlichen Vater und das Vaterland zum Tode verurteilt. Wir sind es, die nach dem Befehl Seiner Majestät gekommen sind, um das Urteil zu vollstrecken, auf das Ihr Euch durch Gebet und Beichte vorbereiten müßt, da Eure Lebensspanne sich ihrem Ende nähert.‹ Sowie der Zarewitsch Tolstois vertraute Stimme erkannte, brach er in Tränen aus und beklagte den Tag, da er mit königlichem Blut geboren war. Während er so wimmerte und es offenkundig wurde, daß er zum Beten nicht fähig war, murmelte einer von Tolstois Gefährten in seinem Namen ein schnelles Gebet. Dann warfen sie ihr Opfer zurück aufs Bett und drückten zwei Kissen über sein Gesicht, bis seine herumschlagenden Arme und Beine still lagen. Als alles vorbei war, berichtete Tolstoi dem Zaren und kümmerte sich darum, daß der Leichnam weggeschafft wurde.«

Dieser Bericht, angeblich der eines Teilnehmers, wurde jedoch als Fälschung verurteilt, obschon er wahrscheinlich auf Erzählungen fußt, die seinerzeit die Runde machten. Ob der Zarewitsch an den Folgen der Torturen starb, an einem allgemeinen Schock oder insgeheim hingerichtet wurde, wird man vermutlich nie mit Sicherheit erfahren. Gewiß ist nur, daß sein Vater sein Ende bestimmte und daß es auf eine Behandlung folgte, die ihm Peter Tolstoi angedeihen ließ.[29]

Es wird berichtet, daß »in der Familie Tolstoi eine Überlieferung lebt, wonach der Zarewitsch unter den Todesqualen der Folter Tolstoi und seine ganze Familie bis in die fünfundzwanzigste Generation verflucht hat«. Tolstoi wurde noch zu seinen Lebzeiten vom Volk der Tötung des Zarewitschs bezichtigt; sie sagten, die Strafe dafür würde ihn und seine ganze Familie treffen. In einem unveröffentlichten anonymen Brief von 1726 finden wir folgende Drohung, die sich an Tolstois Neffen (Peter Michailowitsch) wendet: »Der Tod des Zarewitschs wird an Euch gerächt werden, an Eurem Enkel und der ganzen Sippe.«[30]

Es ist ein merkwürdiges Zusammentreffen, daß zweihundert Jahre später, fast auf den Tag genau, der letzte regierende Nachkomme Peters des Großen unter höchst brutalen Umständen ermordet wurde, zusammen mit seiner ganzen Familie. Darunter befand sich sein von ihm angebeteter einziger Sohn, ein weiterer Zarewitsch Alexei. Zur gleichen Zeit wurde die Familie Tolstoi ihres Erbes beraubt und über das Antlitz der Erde zerstreut.

Wie immer es auch gewesen sein mag, die unmittelbare Belohnung für Peter Tolstoi war riesengroß. Im Juni 1717 erhielt er einträgliche Monopole auf Luxuswaren und andere Handelsprivilegien zugesprochen, die allein schon gewaltige Einkünfte bedeuteten. Mitte Dezember, als er den Zarewitsch durch Österreich heimbrachte, bekam er außerdem die Ernennung zum Präsidenten des neuerrichteten Handelskollegiums (Ministerium). Dies waren Belohnungen für die großen Dienste, die er dem Staat bereits dargebracht hatte, und als die Angelegenheit des Zarewitschs erfolgreich zu Ende geführt war, kamen weitere Auszeichnungen. Am 13. Dezember 1718 wurde er zum Amtierenden Geheimen Staatsrat designiert und erhielt Güter mit insgesamt 1318 leibeigenen Familien, die einst das Eigentum von »Komplizen« des Zarewitschs waren. Er erhielt das Kreuz des höchsten russischen Ritterordens, des hl. Andreas, zusammen mit weiteren 1700 leibeigenen Familien und wurde kurz darauf zum Grafen des russischen Reiches ernannt. Schließlich ging sein zweiter Sohn Peter dank der Vermittlung des Zaren eine glänzende Verbindung mit der fünfzehnjährigen Tochter des Iwan Skoropadski ein, der Hetman der Ukraine war, seit Ma-

Peter Tolstoi
(von einem Porträt im Eremitage Museum)

zeppa mit seinem Verbündeten, Karl XII., zu den Türken geflohen war.[31]

Peter Tolstoi war nun einer der engsten Mitarbeiter und der vertrautesten Berater des Zaren. Neben seinem Präsidentenamt im Handelsministerium stand er der Kanzlei der Geheimen Staatspolizei vor, die aus den Nachforschungen in der Angelegenheit des Zarewitschs als eine feste Behörde hervorging. Der Zar hielt höchstpersönlich ein wachsames Auge auf diese Geheime Kanzlei gerichtet, und nur allzu oft wurde dort gefoltert, um Beweise zu erpressen.[32]

Peter Tolstois Lebensenergie im Alter von fünfundsiebzig Jahren war bemerkenswert. Neben diesen anstrengenden Aufgaben spielte er weiterhin eine führende Rolle in der russischen Diplomatie. 1719 kam ein britischer Gesandter, Lord Withworth, nach Berlin, um Preußen zu einem Vertrag mit Hannover und England und zu einem Friedensschluß mit Schweden zu bewegen. Die Aussicht, seinen einzigen Verbündeten, Preußen, auf diese Weise zu verlieren, war für Rußland sehr gefährlich. »Beunruhigt entsandte der Zar Tolstoi nach Berlin als den einzigen Menschen, der imstande war, die Situation zu meistern.«[33]

1721 begleitete Tolstoi den Zaren nach Riga und wohnte dort den Ereignissen bei, die zum Frieden von Nystadt führten und dem seit einundzwanzig Jahren währenden Krieg mit Schweden ein Ende machten. All dies war nichts im Vergleich zu den kräfteverzehrenden Aktivitäten des folgenden Jahres. Peter, nunmehr Kaiser und mit dem Beinamen »Der Große« geschmückt, entschied sich, den Friedensschluß mit Schweden zu nützen und gegen Persien vorzugehen und Rußland auch an den Gestaden des Kaspischen Meeres anzusiedeln. Im Mai 1722 reiste der Zar in Begleitung der Zarin zu seiner Armee; einer seiner wichtigsten Reisebegleiter war dabei Peter Tolstoi, dem niemand an Kenntnis türkischer und mittelöstlicher Politik gleichkam. Der größte Teil der Reise erfolgte mit dem Schiff, die Oka und die Wolga hinab, und dauerte zwei Monate. Tolstoi, der in Saratow aufgehalten wurde, weil er Dinge erledigen mußte, die mit dem Tod seiner Frau zusammenhingen, traf zwei Monate später beim Kaiser ein. Während Peter mit seiner Armee langsam an der Küste des Kaspischen Meeres entlangsegelte, um Derbend einzunehmen und dort eine Garnison einzurichten, blieb Tolstoi in Astrachan und überwachte die diplomatischen Angelegenheiten dieses Feldzugs.[34]

Das gesellschaftliche Treiben dieses alten Herrn war so quicklebendig wie sein öffentliches Wirken. Sein Herrscher überschüttete ihn mit Wohltaten. Tolstoi bittet ihn in einem Brief um ein erlesenes Gut unweit von Moskau. Peter antwortet, er benötige es selbst, andernfalls »würde ich es keinem andern geben als Euch«. Aber Tolstoi hatte bereits eine Villa in St. Petersburg erhalten, eine weitere in der Stadt Seljan und ein Gut bei Susdal mit 277 Familien. Überdies besaß er bereits das schöne Familiengut Snamenskoje im Gouvernement Rjasan. Man sagte ihm nach, er besäße fünftausend oder sechstausend leibeigener Familien. Sein riesiges Einkommen wurde vielleicht auch noch aus anderen Quellen vermehrt. Im März 1722 berichtete der französische Botschafter seiner Regierung, daß wohl ein Schmiergeld von zehn- oder zwölftausend Dukaten für den einflußreichen Tolstoi nicht verfehlt wäre.

In seinem Haus in St. Petersburg unterhielt er den Kaiser bei großartigen Bällen und Diners. Trotz Tolstois Enthaltsamkeit floß der Wein in Strömen, und der alte Herr pflegte die Nächte unermüdlich durchzutanzen. So unterhielt er beispielsweise den Zaren im Dezember 1718 mit Festlichkeiten, die fünf Tage dauerten.

1724, als die Verlobung des Herzogs von Holstein mit der Zarentochter Anna in St. Petersburg gefeiert wurde, war auch Peter Tolstoi für einen Tag Gastgeber des Herzogs, dessen Flügeladjutant einen Bericht über diese Begegnung hinterließ. »Seine Hoheit ging zum Geheimen Staatsrat Tolstoi, den er in Riga kennengelernt hatte, da dieser den Zaren beinahe überallhin begleitete ... Der Zar liebte ihn sehr. Er hat keine Gemahlin, sondern eine Mätresse, die zu unterhalten ihn viel kostet. Er empfing Seine Hoheit mit ausgesuchter Höflichkeit und geleitete ihn in seine Gemächer ... Seine Hoheit gewahrte sofort zwei völlig unterschiedliche Bildnisse, die, einander gegenüber, in zwei Ecken des Zimmers hingen: das eine zeigte einen russischen Heiligen, das andere eine nackte Frau. Der Geheime Staatsrat lachte, als er sah, daß der Herzog sie betrachtete, und sagte, er sei erstaunt, daß Seine Hoheit alles so geschwind bemerke, da doch Hunderte von Besuchern die nackte Gestalt bei ihm nicht bemerkt hätten, die er absichtlich in eine dunkle Ecke gehängt habe.«[36]

Peter Tolstoi hatte seinen Reichtum und seine Machtstellung durch sein ungeheures Talent erworben, mit dem er auf dem unsicheren Drahtseil des russischen Machtkampfes balancierte. Dies war eine wahrhaft großartige Leistung, denn er mußte sich ja nicht nur die Gunst des unberechenbaren Zaren erhalten, sondern seine Züge auf die Eventualität hin, daß der Zar das Zeitliche segnete, einrichten.

Nach dem Tod des Zarewitschs war dessen Halbbruder, Großfürst Peter, zum Erben ernannt worden. Doch im Februar 1722 änderte Peter das Thronfolgerecht von Grund auf. Er verkündete, daß der Kaiser, als absoluter Herrscher, seinen Nachfolger selbst bestimmen könne, ungeachtet dynastischer Präzedenzfälle. Dies stellte die Zukunft des Landes in Zweifel. Nun gab es nicht bloß die geregelte, gesetzlich abgesicherte Erbfolge nicht mehr; jetzt stellte sich auch noch die Frage, ob ein Nachfolger genügend Unterstützung erfahren würde, sobald einmal die einzige Quelle seiner Legitimität – der regierende Kaiser – nicht mehr lebte. Erst kurz zuvor, anno 1715, waren die Bestimmungen, die Ludwig XIV., der größte Monarch der Christenheit, hinterlassen hatte, schon im Augenblick seines Todes toter Buchstabe geworden.

1722 lebten von Peter dem Großen zwei Enkelkinder (Tochter und

Sohn des getöteten Zarewitschs) und drei eigene Kinder (von der Zarin Katharina). Der launische Herrscher konnte jedes beliebige von ihnen ernennen, und da sie alle erst zwischen vier und vierzehn Jahre alt waren, konnte es leicht geschehen, daß der neue Kaiser das Werkzeug für den Ehrgeiz eines mächtigen Ministers wurde. Allerdings gab es da einen Menschen, der unweigerlich an Peters Seite stehen würde, wenn diese überwältigende Gestalt von der Bühne abtrat, und die näher an den Ursprüngen der Macht stehen würde als irgend jemand sonst. Das war das einstige Wäschermädchen aus Litauen, die tüchtige, gutmütige Kaiserin Katharina.

Schon bald nach der Rückkehr des Zarewitschs hatte Tolstoi Vorkehrungen getroffen, die Kaiserin für sich zu gewinnen. Eine entfernte Verwandte von ihm, Anisia Tolstoi, war Katharinas liebste Gesellschafterin,[37] und dem alten Herzensbrecher war es ein leichtes, die Gunst der vierunddreißigjährigen kaiserlichen Gemahlin zu gewinnen. Eigentlich war es Tolstoi, der ihr Glück seit ihrer Heirat mit Peter am schnellsten vorangetrieben hatte. Im November 1723 verkündete der Zar, daß Katharina nicht nur den Titel einer Kaiserin trage, sondern auch bald als Mitregentin gekrönt werde. Die Krönung fand im Mai des folgenden Jahres im Kreml statt; die gesamte Feierlichkeit unterstand der Leitung Tolstois. Er wurde zum Großmarschall ernannt und schritt, einen Silberstab tragend, den ein kaiserlicher Adler krönte, an der Spitze des feierlichen Zuges.

Das Zeremoniell und die Feierlichkeiten gingen über mehrere Tage. Als erstes Zeichen ihrer neuen Machtstellung als Mitregentin ermächtigte Peter Katharina, Tolstoi zum Grafen des russischen Reiches zu ernennen. Bereits zu einem früheren Zeitpunkt, als niemand es erwarten konnte, hatte er ihr einen nicht minder bedeutungsvollen Dienst erwiesen. Katharina hatte einen gutaussehenden Diener, einen Deutschen namens Wilhelm Mons. Durch seine Vorzugsstellung bei der Kaiserin war Mons imstande, allen, die ihm dazu genügend Anreiz boten, größere und kleinere Wohltaten zu erweisen. Die Korruption erreichte Ausmaße, die selbst für russische Maßstäbe ungeheuerlich waren, und die Mächtigsten des Landes (darunter auch Menschikow und Tolstoi) gerieten irgendwann einmal in seine Schuld. Einzig und allein der Zar wußte von alledem nichts, bis ihm eines Tages unstrittige Beweise vorlagen. Als er dahinter kam, war sein Zorn um so größer. Es war abzusehen, daß Mons zum Tode verurteilt wurde und nun eine Jagd nach echten oder vermeintlichen Komplizen einsetzte.

Seinerzeit lief das Gerücht um – die meisten Historiker haben es freilich verworfen –, daß Mons der Liebhaber Katharinas war. Das sei dahingestellt, auf jeden Fall wurde aber die Stellung der Kaiserin gefährlich. Als Katharina ihren Mut zusammennahm und um Mons' Leben bat, bekam Peter einen Tobsuchtsanfall und bohrte dabei seine Faust durch einen wertvollen Spiegel. »So«, brüllte er, »kann ich die schönsten Zierden meines Palastes zerstören!« Katharina verstand die Anspielung: Das Schicksal von Peters Schwester, das seiner Gemahlin und seines Sohnes bezeugten, welch unbedeutendes Hindernis Familienbande für ihn bedeuteten, wenn sein Blut in Wallung war. Nach den Worten des französischen Diplomaten Villardeau »beabsichtigte der Zar (so behaupten viele), durch die Hinrichtung der Zarin, seiner Frau, und Mons' ein summarisches Beispiel zu statuieren – hätte nicht Tolstei es seinerzeit gewagt, ihn mit lebhaftesten Protesten zu überschütten«.[38]

Katharina und ihr Gemahl versöhnten sich wieder; auch Tolstoi blieb weiter der große Günstling. Aber Peters dämonische Lebenskraft war verbraucht. Am 5. November packte ihn ein Fieber, das er sich zugezogen hatte, als er ein paar Seeleute aus der gefrorenen Newa rettete, von dem er sich nicht wieder erholte. Am 23. Januar 1725 begab er sich zu Bett und empfing die Sterbesakramente. Tolstoi, Apraxin, Golowkin traten an sein Lager und erhielten Instruktionen für den Fall seines Todes; vom Thronerben war allerdings nicht die Rede. Am Nachmittag des 27. Januar, als seine Lebensgeister sichtlich dahinschwanden, rief er nach einer Tafel, auf die er die Worte schrieb: »gebt alles an ...« Er konnte es nicht mehr zu Ende führen.

Als Katharina an diesem Abend am Bett des Kaisers betete, versammelte sich unweit davon, im Ratszimmer des Winterpalastes, eine Gruppe Adliger und Senatoren. Die meisten von ihnen hatten sich eingefunden, weil sie die Nachfolge des Großfürsten Peter sicherstellen wollten, des neunjährigen Sohnes des einstigen Zarewitschs. Zweifellos war er der älteste männliche Erbe der Romanows, seine Herkunft war über den geringsten Schatten eines Zweifels erhaben. Wichtiger war noch, daß beträchtliche Teile des Landes, das in zunehmendem Maße über die Folgen von Peters Kriegen und seinen Reformen beunruhigt war, in diesem jugendlichen Erben ihre Hoffnung für eine Wiederherstellung jener Werte sahen, die der letzte Kaiser mit Füßen getreten hatte. Die Versammlung bestand hauptsächlich aus den Wortführern dieser Gruppe, die einige der größten Namen aus Rußlands tausendjähriger Geschichte trugen: Golizyn, Dolgoruki, Trubezkoi, Bariatinski und Repnin. Sie hegten überdies den Kummer, daß die letzte Regierung so viele Menschen niederer oder fremder Herkunft hochgespült hatte: Menschikow, Osterman, Devier und dergleichen – von der Kaiserin ganz zu schweigen.

Fürst Dmitri Golizyn war der maßgeblichste Sprecher zugunsten des Großfürsten. Was er vorschlug, war offenbar ein Kompromiß: Peter sollte den Thron besteigen, mit Katharina als Regentin. Viele Stimmen erhoben sich zu seiner Unterstützung, und es wurde deutlich, daß die Mehrheit die Thronfolge Peters II. begünstigte. Der nächste Redner war jedoch Peter Tolstoi. Obschon er nahezu achtzig Jahre zählte, ließ er sich doch mit bewegender Beredsamkeit über die Gefahren aus, die dem Reich drohten, wenn es von einem Kind regiert würde, und versicherte, daß ein so großes Land zuvörderst einer starken und erfahrenen Führung bedurfte. Nun sei die Zarin aber von Peter dem Großen während eines Zeitraumes von mehreren Jahren persönlich in die Regierungskunst eingeführt worden und habe eine weise und zuweilen auch heroische Rolle gespielt, als es galt, die gewaltigen Leistungen ihres Gemahls zu erhalten. Wozu also die Diskussion? Ihre Majestät sei sogar als Kaiserin in ihrem eigenen Recht gekrönt worden und sei demgemäß, nach Peters Edikt von 1722, der rechtmäßige Erbe des Zaren. Als Tolstoi seine Gedankenführung beendete, brach in der einen Ecke des Raumes Beifall aus. Als sie sich umwandten, bemerkten die Notablen zu ihrem Erstaunen eine Gruppe von Gardeoffizieren, die unbemerkt eingetreten waren. Kraft welchen Rechtes oder auf wessen Befehl sie eingetreten waren, wußte anscheinend niemand zu sagen.

Folgendes war geschehen: Tolstoi, der sich nicht gänzlich auf Verstandesgründe verlassen wollte, hatte gewisse Vorsichtsmaßregeln getroffen. Den Sohn des Zarewitschs – an dessen Tod er mitschuldig war – auf dem Thron zu sehen, wäre für seine Person eine Katastrophe gewesen, selbst wenn der Aufstieg der Tolstois nicht den Neid der anderen Adligen erregt hätte. Der Kompromiß mit der Regentschaft empfahl sich keineswegs als ein Schutzmittel. 1689 hatte Tolstoi zugesehen, wie ein anderer junger Zarewitsch namens Peter eine Regentin stürzte, bei welcher Gelegenheit er das Glück gehabt hatte, seinen Kopf behalten zu dürfen. Leicht überzeugte er Peters großen Günstling Menschikow, daß auch seine

Stellung gefährdet sei. Über den kaiserlichen Schatz des Reiches wachte jetzt Katharina, und es wurde vereinbart, an die Garden und an die Garnison der Peter-Pauls-Festung Gelder zu verteilen. In der Nähe des Palastes wurden Truppen zusammengezogen, die Posten an den Toren verdoppelt.

Die Anwesenheit der Soldaten bei der Senatsversammlung sprach eine deutliche Sprache, was noch unterstrichen wurde, als Tolstois Freund, General Buturlin, einen Befehl zum Fenster hinausbrüllte, Vom Hofe drunten ertönte gedämpfter Trommelwirbel und das Knattern von Musketen. Feldmarschall Repnin, Oberbefehlshaber der Armee, begehrte wutschnaubend von Buturlin zu wissen, mit welchem Recht er seine Befehle gebe. »Was ich getan habe, Eure Exzellenz«, entgegnete Buturlin selbstsicher, »geschah auf den ausdrücklichen Befehl unserer Herrscherin, der Kaiserin Katharina, der Ihr und ich und jeder treue Untertan bedingungslos gehorchen muß.«

Eine hitzige und langanhaltende Debatte folgte. Tolstoi gelang es, Repnin, dessen Neid auf Golizyn wohlbekannt war, auf ihre Seite zu ziehen. Der Streit dauerte bis in die Nacht hinein; gegen vier Uhr morgens gewannen Tolstoi und Menschikow die Oberhand.

Eine Deputation begab sich in das Schlafgemach des Kaisers, wo sie Katharina kniend und in Tränen aufgelöst vorfanden. Peter der Große hatte soeben seinen letzten Atemzug getan. Sie wandte sich klagend an die Besucher und bat sie als »eine Witwe und Waise« um ihren Schutz. Tief bewegt schworen ihr alle Anwesenden, sie zu verteidigen, die Gardisten und die Adligen riefen begeistert aus: »Lang lebe unsere geliebte Kaiserin! Gott schenke ihr eine glückliche und blühende Regierungszeit!« Am 30. Januar 1725 erschien ein Edikt des Senats, welches »die Kaiserin Katharina Alexejewna zur unumschränkten Herrscherin von ganz Rußland« ausrief. Zu den Unterzeichnern zählte auch Peter Tolstoi,[39] der nun mehr Macht besaß als je zuvor.

Ein Jahr darauf wurde die Macht der neuen russischen Herrscher durch die Errichtung eines Obersten Rates sichtbar gefestigt, an den der Senat seine Macht abtrat. Er bestand aus nur sechs Mitgliedern: Tolstoi, Menschikow, Admiral Apraxin, Kanzler Golowkin, Osterman und Fürst Dmitri Golizyn, wobei die beiden erstgenannten die wirklichen Herrscher des Landes waren. Tolstoi begehrte die Zügel der Macht, indes Menschikows Ehrgeiz mehr auf grenzenlosen Reichtum und das Zur-Schau-Stellen seiner Würde zielte. Vergebens hatte sich Tolstoi bemüht, Peter den Großen gegen diesen korrupten Günstling einzunehmen,[40] doch es sah wieder einmal so aus, als ob man das, was man nicht loswerden konnte, wenigstens beherrschen könnte. Ende 1726 erkrankte die zweiundvierzigjährige Katharina plötzlich. Zwar war sie im Januar 1727 bereits wiederhergestellt, aber das öffentliche Leben Rußlands durchlief ein Schaudern. Angesichts der Möglichkeit, daß der Thron ein weiteres Mal freiwerden könnte, mußten alle Stellungen eiligst neu bedacht werden. Menschikow wußte, daß er weit und breit verhaßt war und daß seine Macht auf tönernen Füßen ruhte. Wenn Katharina starb, stützte sich sein eigenes Überleben nur auf die Nachfolge ihrer Tochter Anna, die am 21. Mai 1725 den Herzog von Holstein geehelicht hatte. Aber dummerweise fing Holstein gerade mit Menschikow zu streiten an.

Zu diesem heiklen Zeitpunkt wurde Seiner Durchlaucht Fürst Menschikow vom österreichischen Botschafter, Graf Rabutin, ein raffinierter Plan vorgelegt. Peter, der Sohn des verstorbenen Zarewitschs, war der Neffe des Römischen Kaisers Karl VI. Der Kaiser war ängstlich darauf bedacht, daß das Recht seines Neffen auf den russischen Thron erhalten blieb. Sein Botschafter hatte deshalb Anweisung, den Anspruch so geschickt wie möglich zu befördern. Ein Stammbaum macht die verwandtschaftlichen Verbindungen augenfällig:

Die Romanow-Dynastie im Jahr 1727

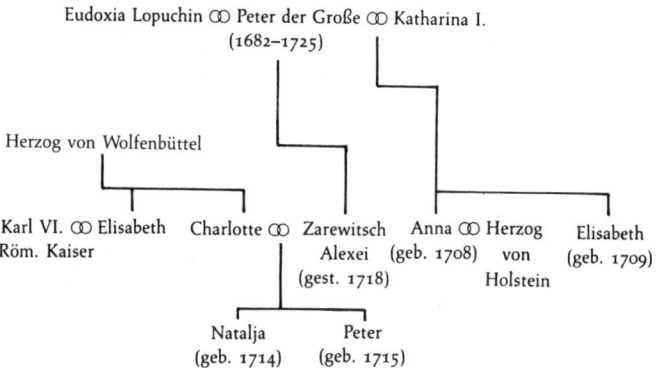

Kurz nachdem Katharina so plötzlich erkrankte, schlug Botschafter Rabutin vor, Menschikow solle seine Machtstellung befestigen, indem er seine Tochter Maria mit Peter, dem Sohn des verstorbenen Zarewitschs, verheiratet. Dies hätte für Menschikow eine weitaus glänzendere Zukunft bedeutet als alles, wovon er bisher geträumt hatte. Schwiegervater des künftigen Kaisers! Die Politik des österreichischen Botschafters obsiegte: Er trennte Menschikow von Tolstoi und gab dem Großfürst Peter einen mächtigen Beschützer. Tolstois Bestürzung kann man sich vorstellen. Er eilte zur Kaiserin, um ihr zu erklären, in welche Gefahr sich ihre Kinder begaben, falls sie der Heirat zustimmte. Dem Herzog von Holstein und seiner Gemahlin fehlte der Mut, ihre Sache selbst zu vertreten, aber der redegewandte Peter Tolstoi sprach in ihrem Namen. Katharina war beunruhigt und wiederholte Tolstois Worte überall bei Hofe. Doch Menschikow gelang es, die Ängste der Kaiserin zu beschwichtigen, die überdies zu jenem Zeitpunkt ganz der Faszination eines gutaussehenden jungen Grafen namens Sapieha erlag.

Trotz seiner aufrichtigen Bemühungen geriet Tolstoi nun zunehmend in Verzweiflung. Zu Recht fürchtete er, der junge Großfürst Peter werde ihm nicht vergessen, welche Rolle er beim Tod seines Vaters gespielt hatte. Angesichts der Schwäche des Herzogs von Holstein lag seine einzige Hoffnung darin, die Nachfolge der jüngeren Tochter Katharinas zu sichern, der Großfürstin Elisabeth. Dafür sah es jedoch nicht günstig aus. Zu den Anhängern des Großfürsten Peter zählten nicht nur seine alten Freunde aus den großen Adelsgeschlechtern und ihr neuer Verbündeter Menschikow, sondern auch der verschlagene junge Osterman, der sich nun entschieden hatte, den Schlüssel zum Erfolg bei Menschikow zu suchen. Tolstoi mußte seine Verbündeten aus dem zweiten Glied wählen: Männer wie den kraftvollen Buturlin und den skrupellosen Anton Devier, einen portugiesischen Juden, den Peter geadelt und gefördert hatte. Doch dieser trat von sich aus der Verschwörung bei, die Tolstoi anzettelte. Sobald die Kaiserin Katharina tot sei, so sein Plan, würde ihre Tochter Elisabeth zur Kaiserin ausgerufen werden, indes man den Großfürsten Peter ins Ausland schaffen wollte, damit er dort »seine Studien beenden« könne.

Doch als Tolstoi sich anschickte, Katharina zur Annahme dieses Planes zu überreden, schlug das Schicksal abermals zu: die Kaiserin erkrankte erneut. Menschikow, der ihr mit der Behauptung, sie beschützen zu wollen, Tag und Nacht aufwartete, umstellte ihre

Gemächer mit seinen Schützlingen und mit Truppen, die er aus eigener Tasche bezahlte. Unter dem Vorwand, Devier habe sich im Palast schlecht betragen, ließ er ihn und einen weiteren von Tolstois Vertrauten festnehmen und verhören. Nach fünfundzwanzig Hieben mit der Knute gestand Devier alles, und Tolstoi und die anderen wurden verhaftet.

Als man den alten Fuchs schließlich auf diese Weise in die Enge getrieben hatte, zeigte er jedoch keine Anzeichen von Furcht, sondern erklärte »mit gelassener und stolzer Miene«, daß seine Familie in größter Gefahr sei, falls der Großherzog Peter den Thron besteige. »Falls Ihr glaubt«, sagte er zu seinen Verhörern, »daß ich falsch gehandelt habe, hier ist mein Kopf, schlagt ihn ab und verfügt über meinen Körper und mein Eigentum, wie es Euch beliebt. Ich bitte nicht um Gnade; alles auf dieser Welt erscheint mir bereits ohne Sinn, und ich fühle, daß ich in einer glücklicheren Lage bin als Ihr alle zusammen.«

Das war am 3. Mai 1727. Am Morgen des 6. erzwang Menschikow (zumindest behauptete er dies) von Katharina eine Unterschrift unter einen Erlaß, der Tolstois Verbrechen aufzählte. Die Knute und die Folterungen, die man Devier gegenüber angewandt hatte, blieben ihm erspart; sein Urteil lautete auf Verbannung.

An diesem Abend starb die Kaiserin Katharina. Peter Tolstois Stern war verblaßt. Nicht allen Listen des alten Intriganten war es gelungen, diese Folge unglücklicher Zufälle zu meistern. Hätte sich der Herzog von Holstein nicht in einen so nichtigen Streit mit Menschikow verstrickt, hätte sich das Herz Katharinas für einen andern erwärmt als den jungen Grafen Sapieha, hätte sie sich am 21. Januar anläßlich der Segnung der Newa nicht dafür entschieden, lieber elegant als warm gekleidet zu gehen – wäre eines dieser unbedeutenden Vorkommnisse nicht eingetreten, dann wäre es dem alten Tolstoi vielleicht gelungen, Kaiserin Elisabeth auf den Thron zu setzen, und zwar vierzehn Jahre früher, bevor sie dann wirklich den Thron bestieg. Es war fast so, als ob ihm ein Fluch an den Fersen haftete.

In aller Eile schrieb er an seinen Neffen Boris, den Sohn des heldenhaften Gouverneurs von Asow: »Es wurde befohlen, mich heute noch zum Solowezki-Kloster zu schaffen ... Deshalb komm, Boris Iwanowitsch, um mir das Lebewohl zu entbieten; aber ich glaube, daß mein Sohn Iwan aus Trauer nicht in der Lage sein wird zu kommen, obschon ein Befehl vorliegt, euch beide einzulassen.

Rasch, schick Malow und Jaschka mit einem Bett, Kissen und Decken; auch 200 Rubel und 100 Goldstücke; ferner ein Gebetbuch und einen kleinen Psalter und alles andere, was Du für notwendig hältst. Ich kann nicht mehr schreiben, fühle mich so jämmerlich; sende den Kaftan aus Schafspelz... sonst weiß ich nicht, was ich noch brauche. Ich segne alle meine Leute.«[41]

An dem Tag, als der Verbannungserlaß ausgestellt wurde und die Kaiserin, die ihn hätte retten können, mit dem Tode rang, machten sich Peter Tolstoi und sein Sohn Iwan auf die lange Reise nach Norden. Bewacht von fünfundneunzig Soldaten, trafen sie am 18. Juni in Archangelsk am Weißen Meer ein; von dort segelten sie zu dem entlegenen Kloster auf den Solowezki-Inseln. Es war ein düsterer Zufluchtsort. Die niedrigen, weitläufigen Gebäude des Klosters sind von einem mächtigen Verteidigungswall und runden flankierenden Türmen umgeben. Die Mönche wurden für ihre strenge Askese gerühmt. Fast zwei Jahrhunderte später sollte Lenin auf dieser Insel eines der ersten sowjetischen Lager für politische Häftlinge errichten. 1924 schilderte ein Gefangener die besondere Strenge dieses gottverlassenen Fleckens Erde in den Wassern der Arktis:

»Selbst die Natur ist gegen die Verbannten... Die Witterung ist rauh und feucht. Der Sommer dauert nur zwei Monate oder zweieinhalb. Es wird sehr spät, bis der Schnee schmilzt und der Frühling kommt. Steife Brisen, Schneestürme, beißende Winde aus Nord und Nordost sind häufig. Drei Viertel des Jahres ist das Solowezki-Kloster völlig von der Außenwelt abgeschnitten. Am bedrückendsten ist der lange, dunkle Winter... Die Feuchtigkeit, die aus den Sümpfen aufsteigt, hat eine schädliche Wirkung auf die Gesundheit der Gefangenen, die ausgemergelt sind von schwerer Arbeit.«[42]

Tolstoi wurde in einer dunklen, dumpfen Zelle eingesperrt, die er nur zum Kirchenbesuch oder dann und wann zu einem Spaziergang unter strenger Aufsicht und in Fesseln verlassen durfte. Wenn der Abt dem Gefangenen anläßlich des Namenstages des Zaren Peter II. einen Krug Bier zu geben wünschte, mußte er in der Geheimen Kanzlei um Erlaubnis nachfragen. Wollte ihm ein alter Freund ein Paket mit Brot und Früchten senden, so wurde diese Bitte gleichfalls an die Kanzlei verwiesen – und verweigert. Der schlimmste Schlag war der Tod seines treuen Begleiters, seines Sohnes Iwan, der ihm während jener heiteren Tage anno 1703 in Konstantinopel Gesellschaft geleistet hatte. Der alte Mann, aller Titel entkleidet, seiner

Macht und all seines Besitzes beraubt, und nun auch noch seines liebsten Sohnes, überlebte ihn nicht lange. Am 30. Januar 1729 starb er im Alter von dreiundachtzig Jahren. Sein Leichnam wurde an einer sanften Erhebung vor der Preobraschenski-Kathedrale auf der Insel beigesetzt, und Jahre später zeigte man Besuchern eine schimmelige Grabplatte, auf der in halbverblichenen Buchstaben zu lesen stand: »Graf Peter ...«[43]

4

Der General und die drei Bären

General Graf Osterman-Tolstoi

Nach dem Tod der Brüder Iwan und Peter Tolstoi schlummerte das Familienglück der Tolstois bis gegen Ende des achtzehnten Jahrhunderts. Während der glorreichen Herrschaft Elisabeths und Katharinas der Großen erscheinen sie regelmäßig in den Registern der Generäle, der Adelsmarschälle, Geheimen Staatsräte, Woiwoden und dergleichen, aber kein Tolstoi stieg zu überragender Größe auf. Die bewegten und farbigen Herrschaftszeiten dieser beiden Kaiserinnen gaben der Familie jedoch Gelegenheit zu zeigen, daß sie zu dieser Zeit weder in ihrem Mut noch in ihrer Treue schwankend waren.

Im Mai 1760 setzte Kaiserin Elisabeth die Nachkommen Peter Tolstois wieder in den Grafenstand ein. Als 1762 Katharina die Große den Thron bestieg (wie Katharina I. besaß sie als Witwe keinen Anspruch auf die Herrschaft), zeigte eine Gruppe von Offizieren Unzufriedenheit; sie wollten an ihrer Stelle den abgesetzten Zaren Iwan VI. sehen, den letzten Nachfahren des Zaren Alexei und der Maria Miloslawski. Die Verschwörung wurde von Lew Wassiljewitsch Tolstoi, einem Leutnant der Preobraschenski-Garde, aufgedeckt und an die große Glocke gehängt. Die dankbare Herrscherin belohnte ihn reichlich und machte ihn zu ihrem Vertrauten und Günstling. Vielleicht war er es, auf den sich Katharina in einem ihrer Liebesbriefe an den Fürsten Potemkin bezieht: »Die Newa ist noch immer zugefroren, und Menschen laufen darüber. Verbiete Tolstoi, dies zu tun, da er Kinder hat und mir gut dient. Ich möchte nicht, daß er ertrinkt.«[1]

Der ältere Bruder dieses Lew Wassiljewitsch, Nikolai, ist für mich von besonderem Interesse, da ich nach ihm benannt wurde. Geboren 1737, zeichnete er sich als Offizier der Kavallerie aus, nahm 1770 an der Eroberung der türkischen Festung Bender teil und im Jahr darauf an der Eroberung der Krim. Seine Gesundheit zwang ihn, danach aus dem aktiven Dienst auszuscheiden; er zog sich im Rang eines

Wappen der Nachkommen Peter Andrejewitsch Tolstois

Obersten auf seine Güter im Gouvernement Kasan zurück. Sein Ruhestand währte nur kurze Zeit. 1773 brach der letzte Kosakenaufstand los: Jemeljan Pugatschew, der sich als Zar Peter III. ausgab (der selige Gemahl Katharinas der Großen), riß die Jaik-Kosaken zu einer Erhebung mit, und dies zu einer Zeit, da russische Armeen sich zu neuen Offensiven gegen die Türkei rüsteten. Er belagerte Orenburg, schlug ein Korps, das man gegen ihn aussandte, und zog eine große Zahl von Deserteuren aus den Regierungstruppen an sich. Die Kaiserin war ernstlich beunruhigt und entsandte General Bibikow, damit er in Kasan Truppen aufstelle und den Aufstand niederschlage.

Nikolai Tolstoi hatte sich bereits darauf eingerichtet, seinen Ruhestand aufzugeben, da er das Kommando über ein Regiment Lanzenreiter übernehmen wollte, das der Adel des Gouvernements ausgehoben hatte und das dem Oberkommando Bibikows unterstand. Doch da ließ ihn seine Gesundheit im Stich, und er mußte das Kommando wieder abgeben. Als aber Pugatschews Horden in das Gouvernement vordrangen, erhob sich Oberst Tolstoi abermals von seinem Lager und führte eine eilig zusammengestellte berittene Legion von Freiwilligen aus der Gegend gegen den Feind. Die

General Alexander Ilytsch Bibikow

Kosaken nahmen ihn jedoch gefangen und folterten ihn am 10. Juli 1774 grausam zu Tode.

Nikolais jüngerer Bruder Lew war der Ahnherr der älteren Linie der Tolstois, der späteren Tolstoi-Miloslawski. Seine Schwester Anna heiratete Graf Fjodor Osterman. Die Ostermans verbanden sich aufs engste mit den Tolstois: eine weitere Tochter von Andrei Osterman vermählte sich mit Matwei Tolstoi, einem Nachkommen aus einer anderen Seitenlinie der Familie. Ihr Enkel ist die Hauptperson in diesem Kapitel; er war ein Held, den die ganze Familie mit Stolz und Zuneigung betrachtete.

Alexander Iwanowitsch Tolstoi, der Urenkel des Grafen Osterman und der Großneffe von Lew Wassiljewitsch Tolstoi, wurde 1770 in St. Petersburg geboren. Von frühesten Kindheitstagen an wurde er in einer gänzlich militärischen Umgebung erzogen. Sein Vater, ein verarmter Adliger, »war grob, trübsinnig, mit der Regierung unzufrieden, und er ließ seine Bitterkeit oft an der Familie aus«, wie sich ein Memoirenschreiber erinnert, während ihn ein anderer als einen »Despoten gegenüber der eigenen Familie wie gegenüber seinen Leibeigenen« bezeichnet.

Iwan Tolstoi beschloß, daß sein Sohn auch Soldat werden sollte, und so wurde Alexander gleich nach seiner Geburt bei der Preobraschenski-Garde als Unteroffizier eingeschrieben. Den eigentlichen Dienst begann er mit dreizehn, als er als Fähnrich in das Regiment eintrat. 1788 sandte Katharina eine große Armee unter dem Kommando ihres Liebhabers, des Fürsten Potemkin, zu einem Angriff gegen die Türken auf den Balkan, und der achtzehnjährige Alexander focht in mehreren blutigen Kämpfen wacker mit. Woran er sich aber später hauptsächlich erinnerte, das war die schreckliche Kälte.

Im folgenden Jahr ging der Feldzug weiter, und Alexander wurde zum Leutnant befördert. Man schrieb das Jahr 1790, als er die erste Sprosse auf einer Leiter des Erfolgs erklomm, die selbst seinem griesgrämigen Vater gefallen mußte. Am 11. September befahl Potemkin einen Vormarsch auf breiter Front gegen eine Reihe türkischer Forts, welche die untere Donau bewachten. Am 18. Oktober nahm Tolstoi an der Eroberung von Kilia teil, aber schon im folgenden Monat kam der Angriff vor der mächtigen Festung Ismail zum Stehen. Diese war gut verproviantiert und wurde von einer 35 000köpfigen Garnison mit 265 Kanonen gehalten. Die Belagerer bestanden nur aus 31 000 Mann; nachdem ihre Generäle zwei Wochen lang glücklos operiert hatten, empfahlen sie den Rückzug. Potemkin, der verzweifelt einen Erfolg sehen wollte, sandte an ihrer Statt den gewaltigen Alexander Suworow, einen glänzenden Kommandeur, dem die Gewohnheit eigen war, im Augenblick des Sieges wie ein Hahn zu krähen. Nach einer Erkundungstour erklärte Suworow, er würde die Festung binnen fünf Tagen nehmen. Am frühen Morgen des 10. Dezember begann der Angriff, und nach einer beispiellos blutigen Schlacht, im Kampf von Haus zu Haus, wehte der doppelköpfige Adler über der Bastion.

Suworow hatte sich geschworen, mit den Türken kein Erbarmen zu haben, und erlaubte seinen Truppen, die Stadt zu plündern. Es folgten fürchterliche Bilder des Blutvergießens und zügelloser Plünderungen. Tolstoi, der mitten im Kampfgetümmel gestanden hatte, und zwar sowohl bei den Gefechten der Galeerenflotte auf der Donau als auch im Sturmangriff zu Lande, fühlte sich von der Grausamkeit angewidert, und obgleich er sich im Kampf ausgezeichnet hatte, gedachte er dieses Feldzuges später nur mit Grauen.

Doch die Gelassenheit, mit der der junge Offizier an den Kämpfen teilnahm, hatte die Aufmerksamkeit Suworows gefunden, der ihn aus dieser ganzen Armee dazu auserkor, der Kaiserin Katharina die Nachricht von diesem glorreichen Sieg zu überbringen. Zweifellos spielte sein schneidiges Betragen bei dieser Auswahl eine Rolle, und die beglückte Kaiserin empfing ihn mit größter Herzlichkeit. Er kehrte auf den Balkan zurück und zeichnete sich im Jahr darauf erneut aus, als Fürst Repnin die Türken bei Matschin besiegte. Die Türken waren nunmehr kampfesmüde; in Galatz wurde Friede geschlossen, und der junge Tolstoi kehrte nach St. Petersburg zurück. Heller denn je zuvor strahlte die Gunst der Kaiserin über ihm: Er wurde zum Hauptmann der Garde befördert; zwei Jahre später bereits war er Oberstleutnant. Er wurde bei Hofe eine beliebte Gestalt, weil er gut aussah, jung und sehr charmant war, überdies ein schneidiger Offizier mit einem tiefen Sinn für ritterliche Ehre. Das einzige, was ihm fehlte, war Geld, doch eine glückliche Vorsehung sorgte auch hier für einen goldenen Regen.[2]

Ungefähr um diese Zeit lernte er seine beiden Großonkel kennen, die Grafen Fjodor und Iwan Osterman. Das riesige Vermögen Andrei Ostermans war beschlagnahmt worden, aber die Fähigkeiten seiner Söhne führten sie unter Katharina II. in ausgezeichnete Karrieren, und das Vermögen wurde der Familie zurückerstattet.[3]

Keiner der beiden alten Herren hatte Nachkommen, und sie begeisterten sich für ihren vielversprechenden Großneffen. Mit der Zustimmung der Kaiserin entschlossen sie sich, ihn nicht nur als Erbe ihres Vermögens einzusetzen, sondern auch als Erbe ihres Titels und Namens. Am 27. Oktober 1796 wurde Alexander Tolstoi, inzwischen Oberst eines Chasseur-Regiments, zum Grafen Alexander Iwanowitsch Tolstoi-Osterman aus eigenem Recht ernannt. (Der Zweig der Familie Tolstoi, dem er entstammte, besaß keine Titel.)[4] Noch viel glücklicher war für den verarmten jungen Krieger die Aussicht, eines Tages in den Besitz von drei riesigen Gütern zu gelangen, die in den Gouvernements Petersburg, Moskau und Mogilew lagen. Als das achtzehnte Jahrhundert sich seinem Ende näherte, lächelte ihm das Glück noch holdreicher zu. 1797 zog er sich im Rang eines Generalmajors aus dem aktiven Dienst zurück und wurde von dem neuen Zaren Paul I. im zarten Alter von siebenundzwanzig Jahren zum Amtierenden Geheimen Staatsrat ernannt. Schließlich vermählte er sich im Oktober 1799 mit der Erbin eines der größten Vermögen Rußlands, der zwanzigjährigen Elisabeth Golizyn. Nun erfreute er sich sagenhaften Reichtums, doch der Reiz, der von der Armee ausging, ließ nicht nach, und 1801 trat er mit seinem alten Rang wieder ein.

Im März 1801 wurde Zar Paul von Meuchelmördern erwürgt, und

sein Sohn Alexander I. bestieg den Thron. Die ehrgeizige und skrupellose Politik Napoleons erregte bald den Argwohn und die Feindschaft des neuen Zaren. Von England, das noch mehr Grund hatte, den bedrohlichen Riesen zu fürchten, zum Handeln gedrängt, bereitete Rußland sich auf Krieg vor. Es schloß Bündnisse mit England, Österreich und Schweden. Als Napoleon Genua für Frankreich annektierte, rief der Zar verärgert seinen Botschafter aus Paris zurück und vereinbarte mit Kaiser Franz II. das Vorrücken russischer Truppen auf österreichischen Boden.

Am 9. September 1805 ritt Kaiser Alexander von St. Petersburg zur Grenze, die bald darauf von zwei großen russischen Armeen unter den Generälen Kutusow und Buxhoevden überschritten werden sollte, denen später eine dritte unter Bennigsen folgte. Diese hatten den Auftrag, bis in das Herz Europas vorzurücken und sich mit ihren österreichischen Verbündeten zusammenzuschließen. Mit beispielhafter Eile wurde ein Expeditionskorps, mehr als 20 000 Mann stark, zusammengestellt und vor Kronstadt eingeschifft. Es wurde von einem anderen Soldaten namens Tolstoi befehligt, von General Peter Alexandrowitsch. Dessen Befehl lautete, in die südliche Ostsee vorzustoßen: Falls Preußen sich freundlich verhielt, sollte er sein Korps in Norddeutschland mit Rußlands Verbündeten, den Schweden, zusammenarbeiten lassen; falls nicht, sollte er in Pommern an Land gehen und der Flotte helfen, eine Blockade über die preußische Küste zu verhängen und die Preußen immer wieder zu stören. Am 12. September stach der Konvoi in See. Als seinen ersten Offizier nahm sich Peter Tolstoi einen weitläufigen Verwandten aus der Tolstoi-Sippe mit, Alexander Osterman-Tolstoi; zwischen ihnen bestand eine sehr enge Beziehung, da sie beide mit Schwestern aus dem Hause Golizyn verheiratet waren.

Zuerst hatte die Flotte eine ruhige Fahrt, aber hinter Reval gerieten sie in einen Sturm, dem mehrere hundert Männer und etliche Kanonen zum Opfer fielen. Trotzdem trafen sie sicher in Schwedisch-Pommern ein. Der Zar war inzwischen nach Berlin gereist und hatte den besorgten König von Preußen überredet, den Vertrag von Potsdam zu unterzeichnen, in dem er sich verpflichtete, den Verbündeten vor Jahresende zu Hilfe zu kommen. Alles sah höchst vielversprechend aus. General Peter Tolstoi, der nach Berlin gereist war, um an den Gesprächen teilzunehmen, eilte nun zum König von Schweden, um ihn zur sofortigen Teilnahme am Feldzug gegen die Franzosen in Hannover zu drängen, welches sie seit 1803

Osterman-Tolstoi

General Peter Alexandrowitsch Tolstoi

besetzt hielten. Doch Gustav IV. argwöhnte, Preußen hege dunkle Machenschaften gegenüber Schwedisch-Pommern, und machte Ausflüchte, um seine Truppen dort zu behalten. Peter Tolstoi wollte nicht auf diesen saumseligen Verbündeten warten; Anfang November führte er seine Truppen ins Hannoversche hinein. Osterman-Tolstoi stand an der Spitze des Korps, dessen Erscheinen und Disziplin die Bewunderung der Deutschen hervorrief, die seit dem Siebenjährigen Krieg keine russische Armee mehr in ihrem Land gesehen hatten. Die Russen drängten weiter bis zur Weser, wo sich ihnen am 2. Dezember eine 24 000 Mann starke britische Armee anschloß. Deren Befehlshaber, die Generäle Don und Lord Cathart, unterstellten sich dem Oberkommando von Tolstoi, der somit zum einzigen russischen General in der Geschichte wurde, der je eine britische Armee befehligte. Schließlich stießen noch 12 000 Schweden hinzu – sie kamen spät, waren aber dennoch willkommen. Es war eine stattliche Streitmacht von 56 000 Mann, und sie dachten daran, Hameln zu nehmen, den Rhein zu überqueren – und nach Frankreich hineinzustoßen!

In diesem Augenblick traf bei der Armee die Nachricht ein, daß Napoleon die beiden wichtigsten Armeen der Österreicher und der Russen bei Austerlitz vernichtend geschlagen hatte. Damit endete die große Expedition. Die Tolstois verblieben an Ort und Stelle, um den Rückzug der Engländer zu decken, und marschierten dann in guter Ordnung durch preußisches Gebiet nach Rußland zurück.

Zu Hause angekommen, zeigte sich Osterman-Tolstoi ausgesprochen mürrisch darüber, daß er nur die »Rückseite« des großen Krieges zu sehen bekommen hatte. Die Enttäuschung war groß, denn wenn die Schweden und Briten mit der gleichen Forschheit gehandelt hätten wie Tolstoi, hätte die Armee von Norden her womöglich Napoleons Flanke gewendet und Rußland vor der Niederlage bewahrt. Suworow hätte dies bei solch einer Gelegenheit getan! Ein kleiner Trost lag in der Wahrscheinlichkeit, daß Preußens verspäteter Eintritt in den Krieg, 1806, zum Teil dem guten Eindruck zuzuschreiben war, den Tolstois Truppen auf König Friedrich Wilhelm III. gemacht hatten.[5]

Wenn Osterman-Tolstoi ungeduldig war, so war er es nicht lange. Im Oktober des folgenden Jahres, 1806, schlug Napoleon die stolze preußische Militärelite bei Jena und Auerstedt vernichtend aufs Haupt. Die russischen Armeen waren nun zum Rückzug gezwungen, da Napoleon an der Spitze von 80 000 erfahrenen Soldaten von

Austerlitz und Jena nach Polen vorstieß und sich entlang der Weichsel niederließ. Die Armeen des Zaren waren zwar zahlenmäßig überlegen, aber der russische Generalstab reichte nicht an den französischen heran. »Wer ist unter uns der Mann, der sich des allgemeinen Vertrauens erfreut und der militärisches Talent mit der Strenge verbindet, die für das Amt des Kommandierenden unverzichtbar ist? Ich selber kenne keinen solchen Mann!« vertraute der Zar Peter Tolstoi an.[6]

Doch die Russen waren zum Kampf entschlossen, und die Franzosen stießen zum erstenmal auf ernsthaften Widerstand. Davout gelang es, wenn auch unter großen Verlusten, den Narew zu überschreiten. Osterman-Tolstoi zeichnete sich an diesem Tag aus und wurde zum Generalleutnant befördert. Doch seine größte Leistung verrichtete er am 26. Dezember, als er in der Schlacht von Pultusk die linke Flanke befehligte. Dem französischen Feldherrn Lannes gelang der Durchbruch nicht, und erst als Davout mit großer Verstärkung nachhalf, zog Bennigsen seine Russen wütend aus Pultusk zurück. In Wirklichkeit endete die Schlacht unentschieden.

Doch Pultusk war lediglich ein Scharmützel neben Preußisch-Eylau, wo der Kampf in Schnee und Eis tobte und beide Seiten schreckliche Verluste erlitten. Osterman-Tolstoi kommandierte den linken Flügel, wohin nach Napoleons Strategie der Hauptstoß des Angriffes treffen sollte. Ein um das andere Mal schlugen Tolstois Männer die wildesten Angriffe ab. Er selbst wurde für kurze Zeit vom Feind umzingelt und wäre fast gefangengenommen worden, wenn ihn nicht ein beherzter Offizier herausgehauen hätte. Die Russen mußten das Schlachtfeld räumen, doch der Nimbus von der Unbesiegbarkeit der Franzosen war dahin; die 25 000 *grognards*, die im blutbesudelten Schnee lagen, waren dafür Beweis. Erst im Juni 1807 erfocht Napoleon schließlich seinen entscheidenden Sieg bei Friedland. Inzwischen war jedoch Osterman-Tolstoi am Bein schwer verletzt worden und mußte aus dem aktiven Dienst ausscheiden. Nach einem Spitalaufenthalt in Memel kehrte er in die Heimat zurück. Sein dankbarer Kaiser überschüttete ihn mit Auszeichnungen: mit dem Orden der hl. Anna, Erster Klasse; einem goldenen Schwert, mit Diamanten eingelegt und der Inschrift »Für Tapferkeit«, und mit dem Kommando über die Erste Garde-Division. Seine Bescheidenheit, sein hoher Sinn für persönliche Ehre und sein verwegener Mut, der durch nichts zu erschüttern war, machten ihn zu einem Helden des Volkes.[7]

Seine Truppen blickten mit Hingabe zu ihm auf. »Als Kommandeur der Armee war er streng, doch seine Strenge bestand nur in einem Blick, in zwei, drei drohenden Worten, die freilich mehr gefürchtet waren, als von einem anderen Befehlshaber vergattert zu werden«, erinnerte sich ein Offizier, der unter ihm gedient hatte. »Die ganze Zeit über, während er das Korps befehligte, stieß er auf keinerlei Ablehnung, obschon es Anlässe gab, Strafen auszusprechen. Er verweigerte sich niemandem, der seiner Hilfe bedurfte; wenn er einem half, dann mit beiden Händen, und er war im allgemeinen großzügig ... Heimtücke und kleine Intrigenspielchen konnte er nicht ausstehen, und er mochte diejenigen nicht, die sich ihrer bedienten; seine eigenen Belange förderte er nie und bat nie für sich um etwas, auch konnte er Schmeicheleien nicht ausstehen. Doch wenn es zum Schießen kam, preschte er kühn nach vorn. Er kümmerte sich um das Essen und um die Gesundheit seiner Soldaten wie ein Vater. Lagerte die Armee irgendwo, machte er fast jeden Tag zur Mittagszeit die Runde und probierte das Essen der Mannschaften, und wehe dem Kommandeur, in dessen Regiment er dünne oder verdorbene Rationen entdeckte!«

Alexander Iwanowitsch Osterman-Tolstoi besaß ein höchst eigentümliches, um nicht zu sagen kauziges Wesen – ungewöhnlich selbst im Kreise seiner wunderlichen Familie. Er war »eine große, schlanke Erscheinung; seine dunklen Züge wurden aufgehellt durch blaue, ausdrucksvolle Augen, deren Güte durch einen Ausdruck von Kälte, ja selbst von Strenge hindurch schien. Seine auffallendsten Charaktereigenschaften waren Aufrichtigkeit, Edelmut und ein tiefverwurzelter Sinn für alles Russische.« Man hat ihn sagen hören, daß Russen »nur soviel von einer fremden Sprache wissen sollten, daß es für einfache Gespräche und für die üblichen Höflichkeiten ausreicht«.

Die kauzigen Seiten seines Wesens wurden noch viel deutlicher, nachdem er aufgrund der Mißgunst einiger militärischer Neider aus dem aktiven Militärdienst ausgeschieden war. Doch selbst während seiner Tage im Feld gab es in seinem Verhalten vieles, worüber gesprochen wurde. So nahm er beispielsweise überallhin in seinem Zelt einen riesigen weißen Adler mit. Noch auffälliger war seine Erscheinung auf dem Marsch, wenn er an der Spitze seines Korps einherzog. Hinter dem Grafen und seinem Stab reiste ein Wagen, dessen Insassen bei den biederen Bürgern deutscher und böhmischer Städte, die herbeigeströmt waren, um das Eintreffen der Russen zu beobachten, das größte Erstaunen hervorriefen. Aus dessen Fenstern blickten nämlich die freundlichen Gesichter der drei ausgewachsenen Bären des Generals, die ihn auf jedem Feldzug begleiteten. Wo immer auch er und sein Stab untergebracht waren, wurde bei Tisch für diese drei seltsamen Gefährten aufgelegt. Tolstoi bestand auf guten Manieren, und offensichtlich war ihr Betragen tadellos.

Inzwischen erlebte Rußland wieder einmal eine kurze Zeit des Friedens. Zu Boden geworfen durch die Niederlage von Friedland und plötzlich umschmeichelt von Napoleon, der die Pläne einer großartigen Allianz ausbreitete, nahm Zar Alexander seine Einladung zu einer Begegnung in Tilsit an. Dort kamen am 18./30. Juni 1807 die beiden großen Kaiser, die Beherrscher der Welt vom Atlantik bis zum Pazifik, auf jenem berühmten Floß auf der Memel zusammen. Eine Woche lang ritten die beiden Herrscher zusammen aus, dinierten gemeinsam und beratschlagten über die Zukunft Europas. Am 25. Juni/7. Juli unterzeichneten sie den Vertrag von Tilsit, in dem sie Mitteleuropa zu Lasten von Alexanders Verbündeten, Friedrich Wilhelm von Preußen, aufteilten. Viele Russen ließen sich jedoch nicht anstecken von dieser einschmeichelnd freundlichen Atmosphäre. Graf Nikolai Tolstoi verrichtete für seinen kaiserlichen Freund und Herrn die Honneurs, aber er machte aus seinem Herzen keine Mördergrube, was seine wirklichen Empfindungen anging.[8]

Mit der Unterzeichnung des Vertrags von Tilsit nahmen die beiden Reiche wieder diplomatische Beziehungen miteinander auf. Die Tolstois, die, so scheint es, im allgemeinen Napoleon nicht mochten, zu seinen Lebzeiten ebensowenig wie später Leo Tolstoi, spielten ihre Rolle widerwillig genug. Der Generalfeldmarschall schluckte seine Empörung darüber hinunter, daß er als französischen Botschafter den General Savary empfangen mußte, der für den Justizmord an dem Herzog d'Enghien verantwortlich war. Er überwand auch den Widerwillen seines Bruders, des Generals Peter Tolstoi, so daß dieser den Botschafterposten in Paris annahm, wo er die entscheidenden Jahre 1807 und 1808 verbrachte.[9]

Am 23. Oktober 1810 zog sich Osterman-Tolstoi aus gesundheitlichen Gründen und vielleicht auch infolge seines Ärgers darüber, daß Fürst Barclay de Tolly über seinen Kopf hinweg zum Generalgouverneur des kurz zuvor eroberten Herzogtums Finnland befördert worden war, aus dem Militärdienst zurück.[10] Am 19. April 1811 starb Graf Iwan, der letzte überlebende Bruder Ostermans, und Tolstoi fügte ihre reichen Güter seinem bereits beträchtlichen Vermögen hinzu. Sein Ruhestand sollte nicht von langer Dauer sein. Der Krieg mit Frankreich war nur aufgeschoben, und ein gutes Jahr später begann Napoleons Grande Armée den Njemen zu überqueren und seinen Fuß auf russische Erde zu setzen, und dies mit der erklärten Absicht, »dem verheerenden Einfluß, den Rußland während der letzten fünfzig Jahre auf Europa ausgeübt hat, ein Ende zu machen«.

Die linke Flanke der ersten russischen Armee lagerte in Wilna, wo Graf Schuwalow das 4. Korps befehligte. Schuwalow war jedoch krank und ersuchte den Zaren Alexander, ihn seines Kommandos zu entheben. Dank eines glücklichen Zufalls traf gerade in diesem Augenblick Osterman-Tolstoi ein und bat, an den bevorstehenden Kämpfen teilnehmen zu dürfen. Der Zar, der spürte, daß es galt, »keinen Augenblick zu verlieren«, ging freudig darauf ein, ernannte ihn zum Befehlshaber des 4. Korps, ohne darüber mit Barclay zu sprechen, dem Befehlshaber der Armee, der anfangs ob dieser Kränkung beleidigt war. Der Graf war entzückt. Ein Jahr zuvor hatte er geglaubt, seine Tage als Krieger seien gezählt, und nun unterstanden ihm 20 000 Infanteristen, bereit, dem schlimmsten Feind ihres Landes die Stirn zu bieten.[11]

Einen Augenblick lang sah es so aus, als ob Napoleons Kriegsglück sich ziemlich genauso entwickelte, wie es der große Kaiser vorgesehen hatte. Dicht auf Barclays Fersen schob er den Großteil seiner Grande Armée vorwärts, während der russische Oberkommandierende sich auf Orissa zurückzog.

Murats Reiterei führte den Angriff; hohe Staubwolken aufwirbelnd, galoppierte sie in vorwärtsdrängenden Reihen entlang der Düna. Am 25. Juli zog Tolstoi seine Infanterie zusammen und trieb seinen Angriff kerzengerade auf die Franzosen zu. Die Schlacht wütete den ganzen Tag. Die beiden Kavalleriekorps Murats und sein Infanterieregiment waren den Russen zahlenmäßig weit überlegen. Die Aussichten waren hoffnungslos, aber Tolstoi hatte den Auftrag, die 1. Armee zu beschützen, bis Bagration eintraf. Das Feuer wurde so heftig, daß ganze Reihen unter den wiederholten Salven der Kartätschen niedersanken. Die schwerbedrängte Vorhut flehte den General an, ihnen zu sagen, was sie tun sollten. »Tun?« schrie Tolstoi, »Da gibt's nichts zu tun, als standzuhalten und zu sterben.« Barclay sandte Verstärkung, aber auf seiten der Franzosen trafen die

Nikolai Alexandrowitsch Tolstoi und seine Familie

Streitkräfte des Fürsten Eugène Beauharnais ein, so daß ihre Überlegenheit überwältigend wurde. Im Schutz der Nacht zog sich Tolstoi aus der brennenden Stadt in Richtung Witebsk zurück.

Tolstois 4. Korps hatte mit einer Tapferkeit gekämpft, die den Buchstaben seiner Instruktionen weit übertraf, und die Wirkung daraus war weitaus größer als die Bedeutung der Gefechte. Barclay wollte einfach Zeit gewinnen, doch der ungewöhnlich zähe Widerstand überzeugte Napoleon, daß der russische Kommandeur in seine Falle getappt war und sich anschickte, eine Schlacht anzunehmen. Mithin nahm er das Risiko auf sich, einen Tag verstreichen zu lassen, indes er auf Verstärkung wartete. Dies gab Barclay Gelegenheit, sich aus dem Staub zu machen. Als Napoleon am 28. Juli in Witebsk einzog, stellte er fest, daß der Vogel ausgeflogen war.[12]

Nachdem sie Napoleon auf diese Weise geschickt entgangen war, zog sich die russische Armee auf Smolensk zurück. Hier machten die russischen Befehlshaber Kutusow und Barclay halt, um sich bei Borodino zum Kampf zu stellen. Die große Schlacht und das Ergebnis wurden allzuoft beschrieben (nicht zuletzt auch in Leo Tolstois »Krieg und Frieden«), um hier in mehr als nur einer Skizze gewürdigt zu werden. Schützengräben waren ausgehoben und die Artillerie aufgestellt worden, als die Grande Armée unter Napoleon am 24. August den Angriff begann. Nach heftigem Kampf, der den größten Teil des Tages anhielt, gelang es den Franzosen, die Russen aus ihrer vorgerückten Festung Schewardino zu vertreiben. Der darauffolgende Tag verstrich mit Vorbereitungen der Armeen und Auskundschaftung der feindlichen Stellungen. Osterman-Tolstois 4. Korps stand auf der linken Flanke unter dem Befehl von General Miloradowitsch. Seine Stellung war stark, da vor ihnen ein Fluß mit

Schlachtszene: Scherenschnitt von Fjodor Petrowitsch Tolstoi

einem Steilufer lag, die Kolotscha, und jenseits davon sich Sümpfe ausbreiteten. Die große Fernstraße von Smolensk führt durch die Ortschaft Borodino und ging gleich links von ihnen vorbei, doch Kutusow hatte sich verrechnet, als er glaubte, die Franzosen würden hier ihren Hauptstoß führen. Napoleon hatte die Stärke der rechten russischen Flanke bemerkt und entschied sich dagegen, seine Armee durch irgendwelche weitausgreifenden Umfassungsmanöver zu überdehnen und der Gefahr eines feindlichen Angriffs auszusetzen.

Die eigentliche Schlacht begann am frühen Morgen des nächsten Tages, am 26. August, als eine ungewöhnlich helle, goldene Sonne über dem Land aufging und das Schlachtfeld in beispiellose Klarheit tauchte. Zarte Nebelschleier lösten sich allmählich über der Kolotscha und den Semeonowko-Bächen auf, als sie plötzlich von dem Donner Hunderter von Kanonen zerfetzt wurden, die entlang den Fronten ihr Feuer eröffneten und durch die immer dicker werdenden, beißenden, weißen Wolken aus den Feldgeschützen abgelöst wurden. Beauharnais' Division an der Spitze bemächtigte sich des Dorfes Borodino, nachdem sie die Kolotscha überquert hatte, indes Ney und Davout versuchten, die befestigte Position auf der Linken zu bezwingen. Die Reaktion der Russen war schrecklich, und binnen einer halben Stunde waren Zehntausende von Männern in wildem Kampfe miteinander verstrickt. Bagrations Gräben auf der linken Flanke wurden gestürmt, zurückerobert und abermals zurückerobert, mit schrecklichen Verlusten für beide Seiten. Die Russen zogen sich aus ihrer Stellung zurück, bildeten aber dahinter, auf ebener Erde, Karrees und schlugen Welle um Welle von Murats Reiterei zurück.

In der Mitte hielt General Dochturow mit seinen zwanzig Zwölfpfünder-Kanonen die mittlere Festung, und die Geschütze gossen tödliches Feuer in die angreifenden Divisionen Beauharnais'. Angesichts der blutigen Pattsituation auf der Rechten befahl Napoleon Beauharnais, das Festungswerk zu stürmen. Mit bewunderungswürdiger Kraft und Mut warfen sich Morand und Gerard durch einen Hagel von Kartätschengeschossen zur Esplanade hinauf und erstritten sich ihren Weg in die Bastion. Doch die russischen Einheiten dahinter sprangen hervor und nahmen nach einem tödlichen Handgemenge ihre alte Stellung wieder ein, die den Schlüssel zu ihrer ganzen Front bildete. Die Verluste auf beiden Seiten waren fürchterlich; der Kaiser beschloß, daß nun der Augenblick gekommen sei, einen Gewaltstreich gegen die russische Mittelstellung zu führen, bevor ihm die Fäden aus der Hand genommen würden.

Es war Mittag, und trotz des fortdauernden Kanonendonners vermochten erfahrene Offiziere unter der sengenden Sonne eine unsichtbare Lähmung zu verspüren. Napoleon bereitete den Gnadenstoß vor. Fürst Eugène Beauharnais zog für einen Frontalangriff auf die Große Festung drei Infanteriedivisionen zusammen, während Murat, der König von Neapel, seine Reiterei auf einen weiteren Angriff vorbereitete.

Die russische Mitte hatte allen Grund zur Besorgnis. Dort lag Rajewskis Korps, das die Hauptlast des Kampfes getragen hatte, zerschlagen und fast vernichtet. Nun erhielt Tolstoi den Befehl, auf den er gewartet hatte. Ein Adjutant von Barclay galoppierte mit der Order heran, hinüberzuwechseln und die Stellung hinter Rajewskis 7. Korps in der Mitte einzunehmen. Kommandos ertönten, Trommel wirbelten, und das 4. Korps marschierte hinter der von Blut überströmten Großen Festung vorbei und bezog die Stellung gleich hinter Rajewskis zerrissenen Bannern und seinen gelichteten Reihen. Was vom 7. Korps übriggeblieben war, zog sich zurück. Das 4. Korps rückte nach vorn, seine Rechte schloß sich hinten an die Große Festung an. Osterman-Tolstoi brannte schon auf den Kampf, aber was sich jetzt vor ihm seinen Blicken darbot, hätte selbst das Herz eines Löwen entmutigen können.

Napoleon hatte nicht weniger als 400 Kanonen auf die gegenüberliegende Anhöhe bringen lassen, die nun ihr Feuer auf die Festung und auf die Stellung des 4. Korps konzentrierten. Und dann, um drei Uhr, ertönten zur Linken die Signalhörner und zur Rechten die Trommeln, als der Angriff begann.

Unter dem Befehl Beauharnais' strömten drei Infanteriedivisionen über die Kolotscha und stürmten zur Festung hinauf, während das 82. Kavalleriekorps unter Caulaincourt in einer dichten Kolonne von Säbeln und Brustschildern, silbern und golden im Sonnenschein, schnurstracks auf die Reste von Rajewskis Korps und Tolstois 4. Korps vorstieß. Reiter warfen sich, Welle um Welle, gegen die Linie: französische, sächsische und polnische Kürassiere. Zuerst erschien die Dichte und die Kraft des Angriffs unwiderstehlich. Tolstois Korps verbreitete ein mörderisches Feuer und räumte zahllose Pferdesättel ab, doch die stark gelichteten Schwadrone wandten sich gerade zum hinteren Teil der Festung, als Beauharnais' Infanterie sich über die Festungsmauern ergoß und die Verteidiger bis zum letzten Mann niedermachte.

Trotz seiner niederschmetternden Verluste wich das russische 4. Korps nicht zurück. Zeitweise sah es so aus, als ob der General selbst ausfiele, denn Tolstoi mußte sich ins Feldlazarett begeben und seine Wunden behandeln lassen. Er ließ sich schnell einen Verband anlegen und eilte danach sofort zu seinem schwer bedrängten Korps zurück; unterwegs wurde er Zeuge einer tragischen Szene: der tödlich verletzte General Fürst Peter Bagration, umgeben von aufgeregten Wundärzten.

Unterdessen sandte Barclay, der unbedingt wissen wollte, ob das Zentrum standhalten werde, General Loewenstern zur Erkundung aus.

»General Barclay«, erinnerte sich Loewenstern, »sandte mich zu Graf Ostermans Korps, da er nicht wußte, was mit ihm geschehen war. Dieser wackere General, der sich durch verwegene Kühnheit auszeichnete, war bereits vom Lazarett zurückgekehrt. Im Verlauf von acht oder zehn Minuten, die ich bei Graf Osterman zubrachte, wurden mehrere aus seiner Begleitung getötet oder verwundet, darunter auch sein Adjutant Waluew, der neben mir fiel, und der junge Fürst Michael Golizyn, der von einer Kugel getroffen wurde. Nachdem ich die Situation sorgfältig untersucht hatte, war ich überzeugt, daß wir keinen Grund zur Sorge hatten und daß Graf Osterman seine Stellung wie ein Löwe verteidigen würde.«

Davon ermutigt, ordnete Barclay einen mächtigen Gegenangriff der Kavallerie an. Bis zur Dämmerung wütete die Schlacht, doch die russische Linie hielt unablässig stand.

Jede Seite beanspruchte für sich den Sieg, aber beide waren zu ausgeblutet und zu erschöpft, den Kampf fortzusetzen. Napoleon zog sich auf seine Ausgangspositionen westlich der Kolotscha zurück, während Kutusow auf der Straße nach Moschaisk abzog.[13]

Für seinen hervorragenden Heldenmut erhielt Osterman-Tolstoi den Orden des hl. Alexander Newski, den er neben dem Band der hl. Anna und dem Kreuz des hl. Georg trug.

Am 1. September machte die russische Armee in Fili knapp westlich von Moskau halt. Dort hielt Kutusow in einer Bauernkate seinen berühmten Kriegsrat ab, auf der die Frage gestellt wurde: Sollten sie sich zum Kampf stellen – und damit den Verlust der Armee riskieren; oder sollten sie sich zurückziehen, um sich an einem andern Tag zu stellen – und die heilige Stadt Moskau dem Feind überlassen? In dem abgedunkelten Raum, in dem vor einer Ikone der Jungfrau mit dem Kind eine Lampe brannte, versammelten sich die großen Führer des Jahres 1812: Kutusow, Rajewski, Osterman-Tolstoi, Bennigsen, Jermolow. Leo Tolstoi hat die Szene in seinem »Krieg und Frieden« unsterblich gemacht, wo er mit sichtlichem Familienstolz schreibt: »Auf der anderen Seite saß, den breiten Kopf mit den verwegenen Zügen und leuchtenden Augen auf die Hand gestützt, Graf Osterman-Tolstoi und schien in Gedanken versunken.«[14]

Tolstoi ergriff die Partei Kutusows und Barclays und sprach sich für Rückzug aus; man konnte sie kaum der Feigheit bezichtigen, und die Gefahren von Bennigsens Vorschlag, sich zum Kampf zu stellen, lagen auf der Hand. »Moskau bedeutet nicht Rußland«, führte er aus, »unser Ziel ist nicht einfach die Verteidigung der Hauptstadt, sondern die des ganzen Vaterlandes. Um das zu retten, ist das wichtigste Ziel die Erhaltung der Armee.«[15]

Tolstois Ansicht setzte sich schließlich durch, und so zog Napoleon in Moskau ein, dessen Bürger die Stadt zum größten Teil bis auf den Grund niederbrannten. Doch die Stunde der Abrechnung war nahe.

Ausgerechnet zu jener Zeit begann Tolstois bisher so eiserne Gesundheit nachzulassen. Nach seinen schweren Verwundungen bei Borodino und stets in dem Glauben befangen, immer an der Spitze der Gefahr und der Unternehmungen stehen zu müssen, hatte er selbst bei schlechtestem Wetter niemals die Mühen der Gewaltmärsche gescheut. Am Abend des 22. Oktober, nachdem sein Korps Wjasma besetzt hatte, schlug das milde Wetter um, und schwere Schneefälle setzten ein. Tolstois Thermometer zeigte achtzehn Grad Kälte. Einer seiner Stabsoffiziere, Fürst Nikolai Golizyn, begegnete so schrecklichen Bildern, daß sie sich unauslöschlich seinem Gedächtnis einprägten:

»Bei jedem Schritt stießen wir auf jämmerliche Gestalten, steif vor Kälte; sie fingen an, wie Betrunkene umherzutorkeln, da der Frost bereits in ihr Gehirn eingedrungen war, und fielen kurz darauf tot um. Andere saßen, schrecklich frierend, am Feuer, bemerkten nicht, daß ihre Füße, die sie aufwärmen wollten, sich zu Kohleklumpen verwandelt hatten. Viele verschlangen aus Hunger rohes Aas. Ich sah, wie sich einige von ihnen zu den Leichen hinschleppten, ihre Zähne hineingruben und versuchten, mit dieser schrecklichen Nahrung den Hunger zu stillen, der sie quälte. Wir waren außerstande, diesen jammervollen Kreaturen zu helfen, da wir selbst das Notwendigste zum Leben vermißten und auf einer Route reisten, die seit Beginn des Feldzuges täglich aufs neue geplündert worden war. Eine ganze Woche lang mußte ich mich mit getrockneten Brotrinden und Wodka aus Korn zufriedengeben, die unser Marketender zufällig bei sich führte. *Mein General setzte sich während des gesamten Feldzuges kein einziges Mal bei Tisch nieder.*«[16] (Hervorhebung N. T.)

Ein anderer Adjutant berichtete über Tolstois legendäre Genügsamkeit:

»Die Strenge der russischen Witterung hielt der Graf, so schien es, mit seiner eigenen Körperwärme ab: oftmals inspizierte er bei tiefem Frost ein Regiment und trug nichts weiter als eine Uniformjacke. Charakter, Körper und Geist waren bei ihm aus Eisen. Seine Nahrung war unglaublich bescheiden; bei Tisch nahm er selten einen Schluck Champagner. Raffiniert zubereitete Speisen, namentlich Gebäck, konnte er nicht ausstehen. Er liebte Kascha aus gekochtem Buchweizen... Einmal, als das Korps sich auf dem Marsch befand, nach einer Musterung des Regiments bei schwerem Frost, trank er nach der Rückkehr in sein Quartier ein Glas Tee und machte sich gleich danach wieder auf die Runde. In der Zwischenzeit hatte der Kommandeur, Bolchowski, ein notorischer Gourmand und Kenner der Küchenkunst, uns zu Ehren einen Essenstisch vorbereiten lassen, dessen Zutaten wir bereits rochen. Ich und der Feldscher des Korps, die den Grafen begleiteten, durften nur die Gerüche dieser Leckerbissen wahrnehmen. Wir verwünschten ihn von Herzen! Bei der ersten traurigen Rast fragte er uns, ob wir etwas essen wollten, und als ihm ein herzhaftes Ja zuteil wurde, befahl er... *Buchweizengrütze*, über die sie eine große Menge grünes Hanfsamenöl gegossen hatten. Gierig fing er zu essen an; aus barem

Hunger schluckte ich ein paar Löffel voll, aber der Feldscher lehnte es ab.«

Doch gerade diese Gesundheit war nun für einige Zeit schwer angeschlagen, und so mußte sich Osterman-Tolstoi von der Armee beurlauben lassen, um sich auszukurieren. Schon während des Winters 1812/13 kam er wieder auf die Beine, und im Frühjahr roch das alte Kriegspferd wieder Lunte und ritt gen Westen, um sich der Armee anzuschließen, die Napoleon bis nach Deutschland verfolgt und sich mit den Preußen zusammengetan hatte, die endlich die Gelegenheit beim Schopf ergriffen, die französische Bevormundung abzuwerfen. Doch noch hatte Napoleon sein erstaunlicher Genius nicht verlassen. Er hob in Frankreich neue Armeen aus und erschien abermals wie eine rächende Kriegsfurie mitten in Deutschland. Bei Lützen besiegte er am 2. Mai 1813 die Verbündeten und rückte weiter vor, um drei Wochen später bei Bautzen erneut auf sie zu treffen. Hier hatte Tolstoi ein Kommando auf dem linken Flügel inne, wo er wie gewöhnlich ganz vorne in der Kampflinie stand. Eine Kugel traf ihn in die linke Schulter, aber er leitete für drei weitere Stunden den Kampf. Als schließlich die Verbündeten, noch einmal geschlagen, zurückfielen, wurde er halbtot weggetragen.

Auch Napoleon sammelte, trotz seiner Siege bei Lützen und Bautzen, neue Kräfte. Man einigte sich auf einen kurzen Waffenstillstand. Im August herrschte wieder Krieg, diesmal kämpften die österreichische und schwedische Armee an der Seite der russischen und preußischen Verbündeten. Besorgt über einen Vorstoß der Alliierten gegen Dresden, seine wichtigste Festung, warf sich Napoleon selbst in die sächsische Hauptstadt. Als der russische und der österreichische Kaiser die Stadt von Süden her belagerten, sahen sie sich ihrerseits plötzlich von 40 000 Franzosen unter General Vandamme bedroht, die zu Napoleons Unterstützung herbeimarschiert waren. Osterman-Tolstoi, inzwischen zur Armee zurückgekehrt, wurde mit seinem Korps entsandt, um eine kleine Streitmacht zu verstärken, die Vandamme den Weg versperren sollte. Doch ein weiteres Mal wendete Napoleon eine drohende Niederlage in einen Sieg. Als seine Truppen die Russen und Österreicher aus ihren Stellungen zurückdrängten, traf die Nachricht ein, Tolstoi werde von den zahlenmäßig überlegenen Kräften Vandammes zurückgetrieben. Aus Angst, in einer Falle gefangen zu werden, wich die Armee der Verbündeten in dem unrühmlichen Versuch, sich in die Sicherheit Böhmens zu flüchten, nach Süden aus.

Als die miteinander verbündeten Kaiser, wie schon erwähnt, Dresden belagerten, konnten sie nur ein einzelnes Korps dazu abstellen, ihre Flanke gegen das Vorrücken Vandammes abzuschirmen. Dies war das Korps von Osterman-Tolstoi, das sich, lediglich 18 500 Mann stark, den 40 000 Männern Vandammes an der Elbe gegenübersah. Am Abend des 27. ritt ein Offizier mit einer Botschaft von Barclay in Tolstois Lager: Falls, was vermutlich zutreffe, Vandamme ihm den Weg nach Böhmen versperre, solle er nach Südwesten marschieren und sich der im Rückzug begriffenen russischen Armee bei Maxen anschließen. Der Befehl war klar, aber Tolstoi war unglücklich darüber. Er sah sofort die Gefahr, in der sich sein Herrscher und dessen Armee befanden. Während *er* nach Maxen marschieren würde, würde Vandamme sich absetzen und in Gewaltmärschen Richtung Teplitz ziehen, so daß er unweigerlich vor Barclay dort eintreffen müßte. Er erkannte, daß er – und er allein – Vandamme aufhalten oder ihn behindern konnte, und entschloß sich, Barclays Befehl zu mißachten und den Kampf zu wagen. Er wußte, daß das Risiko sehr groß war. Auf den ersten Blick mußte es aussehen, als ob seine Streitmacht von einer mehr als doppelt so großen feindlichen Übermacht aufgerieben würde. Aber seine Männer zählten zu den besten der Armee, eingeschlossen die siebentausend Soldaten der Gardedivision unter seinem alten Waffengefährten Jermolow. Die Alternative lautete: Die Garde verlieren – oder die Armee? Die Garde mußte geopfert werden.

Bei Tagesanbruch des 28. befahl Tolstoi Herzog Eugen von Württemberg, mit der 2. Division einen Scheinangriff auf die Franzosen zu machen, während die Garden und der Rest des Korps weiter südlich nach Peterswald marschierten. Württembergs Angriff war so forsch, daß er Vandamme überzeugte, er habe es mit dem gesamten Korps zu tun (das, so hatte ihm ein gefangengenommener russischer Wundarzt berichtet, mehr als 70 000 Mann zählte). Den ganzen Tag über führte Tolstoi den Marsch auf Peterswald zu, während seine Nachhut sich ständig gegen die sie verfolgenden Franzosen zur Wehr setzte. Von Württembergs Streitmacht blieben lediglich 2000 Mann übrig, und Vandamme sandte Napoleon eine Siegesnachricht, in der er einen größeren Sieg über »den Feind« verkündete.

Am nächsten Morgen um fünf Uhr brach Tolstoi sein Lager bei Peterswald ab und setzte seinen Gewaltmarsch nach Teplitz fort. Wieder befehligte der Herzog von Württemberg die Nachhut, doch inzwischen hatte Vandamme die zahlenmäßige Unterlegenheit des Feindes bemerkt und preschte schneidig vor. Auf einer kleinen Anhöhe bei Nollendorf stellte sich Tolstoi mit zwei Regimentern und einigen Kanonen zum Kampf, weil er fürchtete, daß sein Korps vernichtet oder beiseite gedrückt werden könnte. Dies gab der Nachhut Zeit nachzurücken. Zugleich sandte er Jermolow mit der Hauptstreitmacht voraus, um einen geeigneten Kampfplatz zu finden. In einem Nebel, der alles verhüllte und selbst das Schießpulver der Musketen feucht werden ließ, setzten sich Tolstoi und seine Nachhut zur Wehr und zogen sich dabei an jenen Ort zurück, wo Jermolow, hinter der Ortschaft Kulm, seine Männer zusammengezogen hatte. Dort stellte der General bei dem Dorf Priesten seine kleine Armee auf, die ihre größte Stärke zur Linken hatte, an den Hängen der Hügel, und mit der Reiterei zur Rechten. Sie litten stark unter Patronenmangel. Doch ihre Kampfmoral war groß.

Um zehn Uhr begann Vandammes erster Angriff. In den Häusern und Gärten des Dorfes, zwischen Obstbäumen und Wiesen ringsumher, stießen Russen und Franzosen mit aufgepflanzten Bajonetten aufeinander. Menschenmassen schwärmten in die eine und die andere Richtung aus, miteinander in tödlichem Kampf verstrickt. Vandamme entschloß sich, die Sache schnell zu einem Ende zu bringen. Zwischen den Armeen strömte ein kleiner Fluß, und von den Hängen auf der gegenüberliegenden Seite eröffneten 80 französische Kanonen das Trommelfeuer, worauf sogleich ihre ganze Armee vorrückte. Dank der Geländebeschaffenheit konnten sie nicht alle ihre Regimenter ganz in den Kampf werfen, doch der Druck ihrer großen Kolonnen war unwiderstehlich. Mit Ausnahme des Preobraschenski-Regiments warf Tolstoi alle Reserven in den Kampf, der bald nur noch von der körperlichen Stärke des einzelnen entschieden wurde, wobei die Offiziere mit Schwertern, Pistolen und Fäusten neben den gemeinen Soldaten das Ihre taten. In einem solchen Kampf mußte die Zahl entscheiden, doch Tolstoi und seine Männer wurden von dem Gedanken, daß sie *Zeit* gewinnen mußten und nicht den Sieg, um den Zaren und die Armee zu retten, zu herkulischen Anstrengungen angetrieben.

Zu diesem Zeitpunkt erschien König Friedrich Wilhelm von Preußen in den Bergen, begleitet von einer hochwillkommenen Batterie von Geschützen und einem österreichischen Regiment Chevaulegers. Er hatte die Art bewundert, wie Tolstoi seine Truppen befehligte, als dieser 1805 durch Preußen zog, und jetzt sah er ihn in der

Schlacht. Vandamme unterteilte seine Streitmacht in zwei Reihen. Die Streitmacht zur Rechten warf durch ihre bloße zahlenmäßige Stärke die Russen aus Priesten zurück. Nur ein entschlossener Gegenangriff zweier Regimenter Lanzenreiter und Dragoner trieb den Feind zurück. General Osterman-Tolstoi warf geschwind die letzte ihm verbliebene Reserve in den Kampf, das Preobraschenski-Regiment, und ritt neben ihnen her, als eine Kanonenkugel aus einer von Vandammes Geschützen ihm den linken Arm zerschlug. Als er sich kaum mehr im Sattel halten konnte, hoben ihn zwei Soldaten vom Pferd und legten ihn auf den Boden. Er versuchte aufzustehen und wollte nicht ablassen vom Kampf, aber er war zu schwach. »Dies ist der Preis für die Ehre, die Garde zu befehligen«, sagte er stolz. »Ich bin's damit zufrieden!«

Die Wundärzte des Regiments erschienen im Laufschritt und begannen ihr gräßliches Handwerk, Tolstoi den Arm, der von der Schulter herabbaumelte, abzunehmen. Hochblickend in den Kreis beklommener Gesichter, blinzelte er einem jungen Arzt namens Kutschkowski zu. »Dein Gesicht gefällt mir«, sagte der General, »schneid mir den Arm ab!« Während der Operation, die ohne Betäubung stattfand, bat er einige Soldaten, die dabeistanden, ein *russisches* Lied zu singen. König Friedrich Wilhelm ritt heran, stieg rasch vom Pferd und kniete weinend neben dem Bewußtlosen nieder. Tolstoi öffnete die Augen und fragte, den König erkennend: »Seid Ihr es, Sire? Ist der Kaiser, mein Herr, in Sicherheit?«

Vandamme wurde geschlagen und gefangengenommen, und ein Tedeum erklang auf dem offenen Schlachtfeld. Wie bei Ostrowno im Jahr zuvor hatte Osterman-Tolstoi durch seine Kühnheit die russische Armee gerettet. Hätte Vandamme Teplitz so rechtzeitig erreicht, daß er sich hätte verschanzen können, dann wären die Verbündeten beinahe sicher zwischen seinen Streitkräften und denen Murats und der anderen Marschälle aus dem Norden aufgerieben worden, und Napoleon hätte unbehindert durch Böhmen nach Wien ziehen können. Ein Schaudern rann durch die alliierte Armee, die, seit Napoleon wieder in Deutschland erschienen war, nichts als Niederlagen gesehen hatte. »Die Schlacht von Kulm verwandelte die Verzweiflung, die sich in den böhmischen Tälern breitmachte, zum Freudenschrei«, wie General Buturlin, der Flügeladjutant des Kaisers, schrieb.[16a]

Osterman-Tolstoi war der Held der Stunde. Nach zwei Operationen heilte seine Schulterwunde, und dank seiner kräftigen Verfassung war er bald völlig genesen. Er entschied sich jedoch, aus dem Militärdienst auszuscheiden, und nahm deshalb an der großen Völkerschlacht bei Leipzig nicht teil. Er war in Wien, als dort die freudige Nachricht vom Sieg über Napoleon eintraf. Eine Österreicherin gestattet uns einen Blick auf ihn, als er auf dem Gipfel seines Ruhmes angelangt war: »So wurde die Kaiserin [von Österreich] bei einem Wohltätigkeitskonzert zugunsten der Witwen der bei Leipzig Gefallenen mit dem Ausdrucke rauschender Begeisterung empfangen. Plötzlich lenkte sich die allgemeine Aufmerksamkeit auf einen Herrn in einfachem blauen Überrock, der nur mit einem Arm seinen Beifall bezeugte, da ihm der andere fehlte, und bei dem nur der leere Ärmel herabhing – es war der Sieger von Kulm, es war *Osterman*. Sofort erhob sich das gesamte Publikum von seinen Sitzen, der Name des Helden geht von Mund zu Mund, die schöne Kaiserin *Luise* [Marie Louise, die sich von Kaiser Napoleon getrennt hatte] bemerkt den Herrn, wendet sich zu ihm und begrüßt ihn mit Händeklatschen, das 3000 Personen ihr nachmachen. Wie Donnergebrüll erschallen unzählige Vivats und Tränen fließen von den abgemagerten Wangen des braven russischen Generals. Welcher Augenblick im Leben eines Kriegers!«[17]

Der altgediente General scheint das folgende Jahr in Deutschland verbracht zu haben, denn er wurde gesehen, wie er mit zwei Schwestern des Zaren und mit Goethe in Weimar dinierte.[18] Nach der völligen Niederlage und Kapitulation Napoleons kehrten der Zar und die russische Armee nach Hause zurück. Auch Tolstoi kehrte heim, und am 17. Dezember wurde er zum Kommandeur des Pawlowski-Regiments ernannt. Auf diese Ehre war er außerordentlich stolz und stellte aus seinem großen Vermögen einen Fonds für die Witwen und Waisen der gefallenen Soldaten zur Verfügung. Vor allem gewährte er den beiden Grenadieren, die ihn nach seiner Verletzung bei Kulm vom Pferd gehoben hatten, und dem Wundarzt, der seinen Arm abgenommen hatte, eine Leibrente auf Lebenszeit. 1817 wurde er in den höchsten Generalsrang erhoben, quittierte aber bald darauf den Dienst.

Die übrigen Jahre der Herrschaft Alexanders I. lebte Osterman-Tolstoi in Rußland und genoß ein Leben von unglaublichem Glanz. »Das waren meine glitzernden Zeiten«, erinnerte er sich später. In St. Petersburg erbaute er am Englischen Kai im Admiralitätsviertel einen großartigen Palast, nur einen Steinwurf entfernt vom Winterpalast, wo er ein willkommener Besucher war. Eine junge Ver-

General Osterman-Tolstoi (Georg Dawe)

wandte, die dort wohnte, hinterließ eine Schilderung dieser architektonischen Lustbarkeit. »Die Fenster meines Wohnzimmers und meines Studierzimmers blickten hinaus auf den Englischen Kai und die Newa; man konnte von ihnen aus den Rumjanzew-Platz und die erste Linie [Prachtstraße] der Wassiljewski-Insel sehen, eine der großartigsten Straßen von St. Petersburg. Im Herbst, wenn auf den Straßen und auf den Schiffen, die gegenüber unserem Fenster auf der Newa vor Anker lagen, die Lampen aufleuchteten, war der Blick herrlich. Im Empfangssalon waren die Wände und Möbel mit blaßblauem Damast ausgeschlagen, im Studierzimmer aber mit – grünem. Die Fensterlaibungen des Hauses waren überaus tief, und es standen Sofas darin. Die Fensterscheiben bestanden (was damals sehr selten war) aus jeweils einem einzelnen Stück böhmischen Glases (jede Scheibe kostete 700 Papierrubel), und sie besaßen die praktische Eigenschaft, daß zwar von den Räumen aus alles so wunderbar klar zu sehen war, als ob kein Glas die Sicht versperrte, indes man tagsüber von der Straße aus nicht sehen konnte, was in den Zimmern geschah, weil das flache Glas den Blick von außen spiegelte und den Blick nach drinnen versperrte ... Graf Ostermans Haus am Englischen Kai in St. Petersburg war vermutlich zu dieser Zeit das am aufwendigsten möblierte Haus in der Hauptstadt. Allein die Verzierungen des Weißen Saales kosteten 46 000 Rubel.[19] ... An den Innenwänden stand an der einen Seite, in einer Nische, eine lebensgroße Statue des Kaisers Alexander I. (ein Werk von Canova), davor zwei Weihrauchfässer in Form großer Vasen. In den vier Ecken des Saales standen auf hohen Podesten Büsten von Peter I. (als Kommandeur), Rumjanzew, Suworow und Kutusow. [Tolstoi diente unter den drei letztgenannten Generälen, und sein Vetter Matwei Tolstoi heiratete Kutusows Tochter und Erbin Praskowia.] Die Wände waren mit weißem Marmor und goldenen Trophäen verziert; der Fußboden bestand aus Eschenholz mit eingelegten großen Lorbeerkränzen; der Raum wurde von großen Lüstern beleuchtet. Auf der Seite gegenüber der Statue des Kaisers befand sich eine Galerie für Musiker und Sänger und eine riesengroße Feuerstelle. Die Galerie war abgetrennt durch zwei große Scheiben, welche die beiden wichtigsten und entscheidendsten Augenblicke in Rußlands Krieg gegen Napoleon darstellten: die Schlacht bei Leipzig und der Einmarsch der Alliierten in Paris. Auf der großen Marmorplatte am Kamin stand eine Porzellanvase aus Sèvres mit einer Darstellung der Schlacht von Kulm, die Kaiser Alexander Osterman geschenkt hatte, und der goldene Kelch, besetzt mit Edelsteinen, den böhmische und ungarische Magnaten dem Sieger von Kulm gewidmet hatten ... Eine Marmorplatte trug Statuen (nach lebenden Modellen gearbeitet), die jene beiden Pawlowski-Grenadiere zeigten, die Osterman nach der Schlacht geholfen und ihn vom Feld weggeschafft hatten ...

Alle andern Räume waren ähnlich großzügig, einige aber auch ganz originell ausgestattet. So waren in einem Zimmer die Wände mit Baumstämmen bedeckt, so daß es wie das Innere einer Bauernhütte aussah. In einem anderen stand eine Statue von Canova, welche die Gemahlin des Grafen in sitzender Haltung zeigte; und in einem weiteren eine Büste des gleichen Künstlers, diesmal von Osterman, die er selber entworfen hatte.«

Neben dem hier beschriebenen Palais in St. Petersburg besaß er ein ähnlich großartiges Palais in Moskau und große Gutssitze auf dem Lande, wo er den Sommer über residierte. All diese Häuser waren voller wertvoller Möbel, Gemälde, Gold- und Silberschmuck und großer Mengen von Juwelen. Von der russischen Literatur seiner Zeit war er überaus angetan, besonders berühmt war die Bibliothek in seinem Petersburger Palais. Von den Bestimmungen der Zensur war er ausgenommen, und er besaß eine bemerkenswerte Sammlung von Büchern über Militärgeschichte und die Naturwissenschaften, welche ein berühmter Schweizer Stratege, General Jomini, in seinem Auftrag sammelte.

Die Vergnügungen, die der Graf bot, waren so glanzvoll und ungewöhnlich wie ihre Umgebung. Er pflegte pünktlich um drei Uhr nachmittags zu speisen; beim dritten Glockenschlag ließ er die Türen mit der Genauigkeit des Militärs schließen, und niemand, gleichgültig welchen Ranges, durfte danach eintreten. An Werktagen setzten sich im allgemeinen etwa dreißig Personen zusammen, an Sonntagen waren es doppelt so viel. Nicht nur waren die Gäste gehalten, eine vollständige Uniform zu tragen, sondern sie mußten auch ihre Tschakos und Dreispitze während des Essens ständig auf den Knien halten. Trotz dieser Förmlichkeit, die sich einfach dem glanzvollen Rahmen anpaßte, war die Unterhaltung entspannt und höchst angenehm. Für den typischen Hauch von Spleen sorgten die lebenden Adler im Speisesaal, die auf den Leuchtern hockten und mitunter auf die Köpfe der Dinierenden herabstießen. Ihre Aufwartung machten auch die zahmen Bären, die getreuen Begleiter der Feldzüge, die nunmehr im verdienten Ruhestand lebten. Großartig kostümiert in den Livreen der Tolstois, standen sie auf eine zeremonielle Hellebarde gestützt in Habachtstellung hinter den Gästen. Einmal, als der Graf über den Adel eines Gouvernements verärgert war, ließ er die Bären in die offizielle Uniform ebendieser Provinz kleiden.

Die Gesellschaft war so lebhaft und interessant wie die Gastgeber. Unter ihnen ragten alte Kameraden aus den glorreichen Tagen von Preußisch-Eylau und Borodino hervor.

Ein überaus geliebter Freund war der General der Artillerie Kostenezky. Der Graf sandte jeden Tag eine Kutsche aus, die ihn abholen sollte, und jeden Tag schlug es der General aus, der darauf bestand, zu Fuß zu gehen, gleichgültig, wie das Wetter war. Sein militärischer Tick zielte darauf ab, die Einführung stählerner Ladestöcke für die russische Armee zu fordern. Einmal hatte er eine Batterie gerettet, indem er ganz allein gegen eine Schar von Feinden kämpfte. Seine einzige Waffe war ein hölzerner Ladestock, und man hörte ihn häufig klagen, wieviel davon er der Franzosen wegen zerbrochen habe.

Nach dem Essen wurde geraucht und geplaudert, Klavier gespielt und getanzt. Sodann spazierten vielleicht einige von den jungen Leuten über den Moika-Kanal zum Bolschoi-Theater hinüber, um die Semeonowa in »Vestalka« singen zu hören oder den großen Schauspieler tragischer Rollen, Karatigin, zu sehen, oder das Opernglas auf die hübsche Tänzerin Istomina zu richten, deren geschmeidigen Körpers wegen die Hälfte aller jungen Gardisten in Petersburg miteinander stritten oder sich duellierten. Der Graf besuchte das Theater selten oder nie, aber er hielt sich dort eine Loge für die Damen und im Parkett für die jungen Herren einen der großen Ohrensessel.[20]

Diese Versammlungen im Palais Tolstoi waren weit davon entfernt, bloße Zusammenkünfte von Veteranen zu sein, die dort auf ihrem Steckenpferd herumritten. Der Graf schätzte die Gesellschaft junger Menschen, und seine jungen Verwandten liebten auch ihn sehr. Da waren die stürmischen jungen Fürsten Golizyn, Valerian und Leonid; Alexei Petrowitsch Tolstoi, der gerade erst zwanzig geworden war, aber schon an den großen Schlachten von 1813 teilgenommen hatte und Vater eines unehelichen Kindes war; ferner Iwan Matwejewitsch Tolstoi, ein junger Diplomat, Schwager der Tochter des alten Kutusow und künftiger Großmarschall des Hofes und Postminister. Die Konversation war stets lebhaft und unbekümmert und berührte selbst die wichtigsten Fragen des Tages. Einmal, als Angelegenheiten des Staates das Thema einer erregten Debatte der jungen Männer bildeten, fragte ein hoher Staatsdiener von der alten Sorte, steif und hochnäsig, seinen Gastgeber, wie es wohl käme, daß heutzutage junge Subalterne die Stirn besäßen, sich freimütig zu wichtigen Staatsaffären zu äußern. »Ich will Ihnen sagen, warum«, knurrte der einarmige General, der wußte, daß dieser Würdenträger den Schauspielerinnen fleißig nachstellte, »es rührt daher, daß Staatsdiener sich nicht um staatliche Belange kümmern und sich nur Subalterne mit *anständigen* Dingen befassen.«

Alles, was nur im entferntesten unehrenhaft war, erregte, namentlich wenn es das zarte Geschlecht betraf, den unnachgiebigen Zorn des Grafen. Dies rührte vielleicht aus der Erinnerung an seine Mutter, die mit ihrer Güte oftmals die Folgen der väterlichen Strenge besänftigt hatte. Er trug stets ein Miniaturbildnis von ihr am Hals und sprach nur mit großer Rührung von ihr. Obgleich er seine Gemahlin, Elisabeth, schätzte, war sie doch ihrer andauernd schlechten Gesundheit wegen ziemlich oft abwesend; Kinder besaßen sie nicht. Er hatte eine uneheliche Tochter, Eudokia, die er aber, nach ihrem Alter zu urteilen, schon vor seiner Heirat im Jahr 1799 gezeugt hatte. Da Damen bei seinen Zusammenkünften im allgemeinen hochwillkommen waren, vertrat seine Nichte Sophia Apraxina, Tochter jenes Generals Peter Tolstoi, in dessen Korps Osterman-Tolstoi 1805 gedient hatte, oftmals die Gastgeberin, wenn diese nicht zu Hause war.

1820 war der Graf fünfzig, er sah aber noch immer gut aus und war körperlich frisch. Genügsam in seinen Speisen, war er von eiserner Konstitution. Es war nicht ungewöhnlich, daß er mitten im Winter in einer offenen Kalesche fuhr. Ein neuernannter General fragte ihn einmal, ob er keine Bedenken hege, daß er mit seinem einen Arm einen Sturz erleiden könne, falls ihn jemand in einer Menschenmenge schubse. Grimmig blickte ihn der Graf an. »Mich schubst niemand!« entgegnete er kurz und drehte sich abrupt um.

In mancher Hinsicht glich er eigentlich einem Witwer, weshalb es erstaunlich gewesen wäre, wenn ihn die Damen nicht sehr umschwärmt hätten. Er seinerseits pflegte ihnen gegenüber zutiefst romantische Gefühle einer ritterlichen Hingabe, wie sie selbst im Zeitalter eines Walter Scott ungewöhnlich waren. Schönheit, Sanftmut, Freundlichkeit und Witz betete er an; aber nicht der geringste Gesellschaftsklatsch durfte seine idealisierten Neigungen berühren. An seinem Militärrock trug der General gewöhnlich eine geliebte Blume, die ihm seine letzte Angebetete geschenkt hatte. Die Blumen und die Dulcineas wechselten von Zeit zu Zeit, bis er einer wunderbaren polnischen Schönheit begegnete, der Fürstin Theresa Jablonowskaja. Seine Verehrung war grenzenlos.

Nur gelegentlich riefen seine Absonderlichkeiten Feindschaft hervor, doch auch dann nur durch unglückliche Mißverständnisse. So suchte er beispielsweise einmal einen Kutscher. Man schickte ihm einen Mann mit ausgezeichneten Empfehlungen, der jedoch einen auffallend roten Bart hatte. »Ich würde dich gern einstellen«, erklärte Tolstoi entschuldigend, »aber ich kann rote Haare nicht ausstehen.« »Ich kam so auf die Welt«, antwortete der Kutscher mannhaft, »was kann ich dagegen tun?« »Gut«, meinte der Graf, als er ihn fortschickte, »du könntest zum General S... gehen, der es fertiggebracht hat, sein Haar schwarz werden zu lassen, und ihn bitten, dir das Geheimnis zu verraten.« Unglücklicherweise erschien am Tag darauf der Kutscher vor dem General S... und erklärte:

»Graf Osterman läßt Eure Exzellenz grüßen und bittet um das Rezept, wie man seine Haarfarbe ändern kann.«

Ein noch bedauerlicheres Mißverständnis hatte mit Osterman-Tolstois geliebten Bären zu tun. Eines Tages stellte ihm die Post zwei Briefe zu: den einen von einer Dame aus seiner Bekanntschaft, welcher den Tod ihres Gatten mitteilte, den anderen von einem Offizier, dem er einen Bären zur Verwahrung gegeben hatte und der gleichfalls erklärte, daß dieser verschieden sei. Der Graf, dessen Handschrift beinahe unleserlich war, diktierte je ein Antwortschreiben an seine Briefpartner. Unglücklicherweise redete er keinen von beiden mit Namen an, sondern begann einfach mit »Lieber Freund« und fuhr mit den passenden Ausdrücken des Bedauerns fort. Er unterzeichnete die Briefe und befahl seiner Sekretärin, sie zu versiegeln, die Adressen gab er ihr. Durch ein verständliches, obschon bedauerliches Mißgeschick erhielt der Offizier kurz darauf Beileidsbezeugungen anläßlich des Verlustes eines verdienstvollen Ehemannes; indes die Dame mit Bestürzung von dem tief empfundenen Bedauern las, welches das Verscheiden eines geliebten Vierbeiners, eines haarigen Freundes, dessen wildes Grunzen und dessen torkelnde Tänze sie so oft unterhalten haben müssen, hervorgerufen habe.

Mit dem Tod seines Herrn, des Zaren Alexander I., ging für Osterman-Tolstoi das Goldene Zeitalter zu Ende. Sein Ehrenkodex ritterlicher Treue umschloß auch die glühende Ergebenheit gegenüber seinem Kaiser, für den er so viele schwere Schlachten geschlagen und so viele schmerzliche Wunden empfangen hatte. Als sein Herr am 19. November 1825 verstarb, beschloß er, daß im neuen, autoritären Rußland kein Platz für ihn sei. Er vermißte nicht nur den Charakter des verstorbenen Zaren, sondern er mochte auch das Rußland seines Nachfolgers nicht. Für Zar Alexanders unangenehm autoritären Minister Araktschejew hatte er seine Verachtung öffentlich bekundet, obschon er in seiner Ergebenheit den Minister gegen jede Vernunft nicht mit seinem Herrn in Beziehung setzte. Nun unterdrückte der neue Kaiser Nikolaus, Alexanders Bruder, mit großer Härte den Dekabristenaufstand und gab deutlich zu erkennen, daß er Rußland wie eine von Araktschejews verhaßten Militärsiedlungen an den russischen Grenzen zu regieren beabsichtige. Osterman-Tolstoi maß Disziplin und Ordnung hohe Bedeutung zu, aber er übte Autorität stets mit aufrichtig väterlicher Anteilnahme gegenüber jenen aus, für die er verantwortlich war. Er hatte Armut und grausame Behandlung in seiner Jugend kennengelernt und konnte nur Widerwillen empfinden für die schweren Strafen, welche die jungen Offiziere trafen.

Entsprechend entschloß er sich im Jahr darauf, ein Rußland zu verlassen, das sich rapide in einer Weise zu verändern begann, die ihm nicht gefiel. Es heißt, daß er aus seiner Verachtung für die neuen Herrscher seines Landes kein Hehl gemacht haben soll, und reiste plötzlich ab, anstatt bei einem feierlichen Staatszeremoniell zu erscheinen, wo er als einer der höchstdekorierten Generäle Rußlands einen Ehrenplatz eingenommen hätte.

Die nächsten fünf Jahre verbrachte er in Italien und in Deutschland, wo er noch viele Freunde besaß aus jenen Tagen nach 1813, als er dort genas. Über seine Reisen zu dieser Zeit ist wenig bekannt, doch traf ihn im Oktober 1827 ein alter Freund, als seine Kutsche gerade bei Dirschau die Weichsel nach Pommerellen überquerte.[21] Es gab allerdings noch einen weiteren Grund für seinen Auslandsaufenthalt. In St. Petersburg flüsterte man, eine »große Liebe« habe ihn von Rußland nach Italien gelockt; und es trifft zu, daß er, wie Peter Tolstoi ein Jahrhundert zuvor, eine schöne italienische Geliebte hatte.

Da seine Frau noch am Leben war, wenngleich sie immer kränker wurde (sie litt an Wassersucht), mußte er doch Vorkehrungen treffen, damit sie nichts davon erfuhr. Das sollte eigentlich nicht schwierig sein, da sie weiterhin in Rußland lebte, während er umherreiste. Einmal jedoch mußte er sein Geheimnis durch seltsame Ausflüchte verbergen. Er weilte noch in Italien, als seine Frau Paris besuchte, um sich einer Behandlung zu unterziehen. Ausgerechnet zu diesem Zeitpunkt mußte auch der Graf »einer unvorhergesehenen Herzensangelegenheit wegen« nach Paris fahren. Da er wußte, daß seine Gemahlin dort war, stieg er unter dem angenommenen Namen Iwanow in einem obskuren Gasthof ab und richtete es so ein, daß seine Briefe an die Gräfin so gesandt wurden, als kämen sie aus Italien. Zu seinen Gunsten läßt sich zumindest sagen, daß er mit seiner Gattin in regelmäßigem Briefverkehr stand.

Die Liaison des Grafen war von längerer Dauer. 1831, als er in München war, beschloß er, sich einen alten Wunsch zu erfüllen und den Mittleren Osten zu besuchen. Vielleicht hatte er sich das große Interesse für alles, was mit dem Osmanischen Reich zusammenhing, aus der Zeit bewahrt, da er zu Katharinas der Großen Zeit unter Rumjanzew und Suworow diente. Er war eng befreundet mit Constantine Ribopier, einstmals Botschafter in Konstantinopel, mit dem er die Politik der Hohen Pforte besprach. Er wollte die Wallachei und Moldau besuchen (heute Rumänien), die Rußland kurzzeitig besetzt hielt, und Ägypten, vor allem aber wünschte er, daß Griechenland seine Unabhängigkeit erhielt. Wie Lord Byron träumte er davon, die Griechen in die Freiheit zu führen, und verbrachte in St. Petersburg viele Stunden mit dem Erlernen der griechischen Sprache.

Drei Jahre lang durchstreifte der General, der jetzt in den frühen Sechzigern stand, den Osten. In Begleitung des deutschen Forschers Jakob Fallmerayer bereiste er Griechenland, den Balkan, Kleinasien, Syrien und Ägypten. 1831 fiel der kriegerische Ibrahim Pascha mit einer ägyptischen Armee in das syrische Herrschaftsgebiet des Sultans ein, und es hieß von dem Sieger von Kulm, er habe ihm jenen entscheidenden fachmännischen Rat gegeben, der ihm zum Sieg verhalf. Wenn dies stimmt, handelte Tolstoi den Interessen des Zaren genau zuwider, denn dessen Politik bestand nun darin, eine geschwächte Türkei zu stützen als eine Bastion gegen das Gebiet, welches in den Augen von Nikolaus I. zu einer britischen und französischen Einflußzone werden sollte. Diese Überlegung hätte Graf Tolstoi allerdings nicht sehr gestört.

In Jerusalem verbeugte sich der Graf, ein frommer, rechtgläubiger Christ, mit tiefer Inbrunst vor dem Grabmal Unseres Herrn. Auf seiner Weiterreise nach Ägypten verblüffte er dessen Einwohner durch seinen ungewöhnlichen Lebensstil. Er mietete ein großes Boot, um damit den Nil hinunterzusegeln, und führte eine Bibliothek von fünfhundert Bänden mit sich. An Deck befand sich eine große Büste Alexanders I. und auch eine kleine, notdürftig eingerichtete Kapelle mit einer Vielzahl von Ikonen, vor denen Lichter glänzten und Weihrauch aufstieg. Während das Gefährt langsam den ruhigen Strom hinabglitt, erspähten Fellachen, die auf den Flußufern arbeiteten, die große, eckige Gestalt, die kniefällig vor dem Heiligenschrein betete. Von der vorbeigleitenden Erscheinung mit Ehrfurcht ergriffen, hielten sie ihn für einen Imam einer besonders gottesfürchtigen Sekte und nannten ihn verehrungsvoll den Einarmigen Sklaven Allahs.

In Konstantinopel stattete Osterman-Tolstoi Sultan Mahmud II. einen Höflichkeitsbesuch ab. Nach dem Austausch von Artigkeiten machte der Sultan eine Bemerkung über den seltsamen Stock, auf den sich Tolstoi stützte: Er war überaus dick und schwer, und als Kauf diente ihm das lebenstreu geschnitzte Ebenbild eines Totenschädels. Mahmud fragte nach dessen Bedeutung. Tolstoi war keineswegs verlegen; schließlich hatte er einmal dreißigtausend Landsleute des Türken tot auf der Donau treiben sehen. »*Hodie mihi, cras tibi*«, erwiderte er und übersetzte: »Heute mir, morgen dir.« Dann fuhr er erläuternd fort, für den Fall, daß der Sultan die Bedeutung nicht begriffen hatte: »Obschon Ihr zu Eurer Zeit eine Menge Köpfe abschlagen ließet, wird Euer Kopf unweigerlich eines Tages meinem Stockknauf ähneln, und vielleicht viel früher, als Ihr denkt.«

Diese Anspielung bezog sich offenbar auf das berüchtigte Massaker, das Mahmud 1826 unter seinen Janitscharen anrichten ließ; aber der Sultan war zu verblüfft, daran Anstoß zu nehmen, und er befahl, seinen berühmten Gast mit größter Höflichkeit zu behandeln.

1835 kehrte Osterman-Tolstoi nach Italien und zu seiner Herzensdame zurück. Im Oktober, kurz nach seiner Rückkehr, erhielt er zu seiner Überraschung in seiner hübschen Villa in Florenz einen Brief des Kaisers Ferdinand von Österreich.

»Mein lieber Graf Osterman-Tolstoi. Mein Vater, der Kaiser [Franz I.] hat beschieden, zur Erinnerung an die russischen Garden, deren heroischer Widerstand am 29. August 1813 das Vorrücken des französischen Korps unter General Vandamme aufhielt, ein Denkmal errichten zu lassen. Diese Absicht meines seligen Vaters zu erfüllen, wurde mir zuteil, und Ihr werdet sicherlich mit Bewegung erfahren, daß am 29. September letzten Jahres der Kaiser, Euer erhabener Herr, Seine Majestät der König von Preußen und ich den Grundstein für dieses Denkmal gelegt haben.

Bei diesem feierlichen Anlaß bedauerten wir, daß derjenige, der in jenem glorreichen Kampf die wackeren russischen Truppen befehligte und dessen Name inskünftig untrennbar mit diesem Tage verbunden ist, dessen wir gerade gedachten, nicht anwesend war. Als kleine Entschädigung dafür sende ich Euch die Medaille, die ich zu diesem Anlaß schlagen ließ. Ihr werdet Freude empfinden, dies als Erinnerung an einen Tag, der für Euch so ruhmreich verlief, zu empfangen, für Eure braven Waffengefährten, für den Souverän, dem Ihr auf Kosten Eures Leibes dientet. Ich bitte Euch, sie zu bewahren als Zeugnis des höchsten Respektgefühls, welches mein Vater für Euch empfand und welches ich gleichfalls teile. Ferdinand, Kaiser.«

Diese sehr schön gearbeitete Medaille zeigte einen fertigen Entwurf des Denkmals.[22]

In Wahrheit hatte Zar Nikolaus Tolstoi zu der Feierlichkeit eingeladen, doch dieser hatte unter Vorgabe von irgendwelchen Gründen abgesagt. Die lange Reise kann es nicht gewesen sein, die ihn davon abhielt, denn er fuhr einen Monat später ohnehin nach Rußland zurück und blieb für kurze Zeit auf seinem Landgut im Gouvernement Mogilew. Dort erhielt er eine viel größere Auszeichnung: ein Offizier aus St. Petersburg überbrachte ihm ein ungemein gnädiges Glückwunschschreiben des Kaisers und ein Päckchen, das das Abzeichen des höchsten Militärordens Rußlands enthielt, den des hl. Andreas. Nach einem halbamtlichen Bericht war Osterman-Tolstoi über diese Auszeichnung hocherfreut; doch einem anderen zufolge soll er sich nicht einmal die Mühe gemacht haben, das Päckchen zu öffnen.[23]

Ungefähr zur Zeit seiner Rückkunft aus dem Mittleren Osten, im April 1835, starb seine Gattin Elisabeth, und der General konnte sich somit nun bei seiner Geliebten ein festes Domizil einrichten. Ein Stich, gezeichnet 1827 in Pisa, zeigt ihn auf einer Bank sitzend, eine Pfeife in der Hand, zu seiner Rechten eine Korbwiege mit einem schlafenden Säugling und zu seinen Füßen zwei Knaben, die mit einem Lamm spielen. In der Inschrift darunter heißt es: »Mit 55 wird es Zeit, sich häuslich zu machen«.[24]

Zuletzt freilich machte sein angeborener Sinn für Ritterlichkeit seinem wohlverdienten häuslichen Glück ein Ende. Seine Überzeugung wuchs, daß der Unterschied an Jahren die Stellung seiner Geliebten gefährlich unterhöhlte, und obgleich es seinem Herzen weh tat, bestand er darauf, daß sie sich mit einem gutaussehenden jungen Italiener verheiratete. Er stattete sie mit einer reichen Mitgift aus, sorgte für eine gute Erziehung der Kinder und kümmerte sich großzügig um ihre Zukunft – so großzügig, daß er auf den Ostermanschen Gütern bei Moskau Wälder einschlagen lassen mußte.

1837 zog sich General Osterman-Tolstoi nach Genf zurück, wo er die letzten zwanzig Jahre seines Lebens verbrachte. Die alte Schweizer Stadt neben dem tiefblauen See zog jedes Jahr dreißigtausend Besucher an, nebst vielen Ausländern, die sich hier für immer niederließen und die in »der Oberschicht eine sehr angenehme Gesellschaft vorfanden, darunter viele Personen, die sich durch literarische oder wissenschaftliche Verdienste ausgezeichnet hatten«.[25] Abgesehen von einigen wenigen Freunden aus früheren, glücklicheren Tagen, lebte der alte Graf jedoch ein abgeschiedenes

General Osterman-Tolstoi in Pisa, 1827

Leben. Als er anno 1850 sein achtzigstes Lebensjahr vollendete, hätten sich nur wenige der französischen und der englischen Touristen, die den einarmigen alten Herrn sahen, wie er langsam, auf seinen kräftigen Stock gestützt, an den Festungsmauern oberhalb des Sees entlangspazierte, der wackeren Tage von Borodino und Kulm besonnen. Eine andere Welt tat sich auf, in der russische Armeen unter einem neuen Zaren antraten und neue Generäle sich auf der Krim demütigen ließen. Doch die Bürger von Genf betrachteten ihn mit Respekt und Besitzerstolz.

Sein Studierzimmer blieb ein Heiligenschrein für seinen geliebten Kaiser, und alle nur erdenklichen Erinnerungsstücke an den seligen Zaren Alexander – Porträts, Büsten, Medaillons – bedeckten die Wände und das Mobiliar. Er lebte dort der Vergangenheit, las immer wieder die Gedichte Derschawins, den er in seiner Jugend, zur Regierungszeit Katharinas der Großen, am liebsten gelesen hatte. »Meine Bibel«, so pflegte er den zerlesenen Band zu nennen. Er wollte nie über das neue Rußland sprechen, welches sich an die Stelle dessen gesetzt hatte, das er vor 1825 kannte.

Doch das Interesse für junge Menschen blieb ihm. »Als er in Genf lebte«, schrieb ein alter Freund, der ihn in seinen ruhmreichen

Tagen gekannt hatte, »war er am liebsten mit einheimischen Studenten zusammen.«

Zu Beginn des Jahres 1857 erkrankte der Graf schwer. Seine Familie und seine Freunde hofften, seine kräftige Verfassung würde es ihn durchstehen lassen. Aber das Alter und seine zahllosen Verwundungen forderten ihren Preis. Großfürst Michael Nikolajewitsch machte ihm einen Höflichkeitsbesuch, doch der Mann, der den Thron seines Onkels gerettet hatte, war nicht mehr bei Bewußtsein. Sein Schwiegersohn und die Enkelkinder saßen weinend am Bettrand, als er im Februar 1857 in den Armen seiner Tochter friedlich entschlief.

5
»Der Amerikaner«

*Skizze von Fjodor Iwanowitsch Tolstoi,
von Puschkin*

»Einer der meistgefeierten Duellanten Rußlands, Graf de Tolstoi, übersandte einem Marineoffizier, mit dem er sich gestritten hatte, eine Herausforderung, die jener ihm mit der Begründung abschlug, der Graf sei im Umgang mit Waffen allzu geschickt. Tolstoi schlug dann vor, daß sie mit Pistolen gegeneinander kämpften, und zwar von Mündung zu Mündung, aber auch dies lehnte der Seemann ab und bestand auf einem Kampf nach, wie er sagte, Seemannsart, das heißt, man packt sich gegenseitig, springt ins Wasser, und der Sieg wird dem zugesprochen, der nicht ertrinkt. Diesem Vorschlag widersprach nun wiederum der Graf, weil er nicht schwimmen konnte, worauf ihn sein Gegner der Feigheit bezichtigte. Da fiel ihn der Graf an, packte ihn und warf sich mit ihm zusammen ins Meer. Sie wurden jedoch bald aus dem Wasser gefischt, doch der Seeoffizier war so schwer verletzt, daß er ein paar Tage später starb.«[1]

Der Hauptakteur in dieser bizarren Begegnung war Fjodor Iwanowitsch Tolstoi, seinen Zeitgenossen allenthalben als »der Amerikaner« bekannt. Sein entfernter Verwandter, Leo Tolstoi, der große Schriftsteller, lernte ihn als jungen Menschen kennen und schilderte ihn als »eine außergewöhnliche Persönlichkeit, verbrecherisch und anziehend«. Das widersprüchliche Wesen seines Vetters faszinierte ihn, und er verwendete ihn in seiner Erzählung »Zwei Husaren« und als einen Charakterzug in der Person Dolochows in »Krieg und Frieden«.[2] Fjodors Schrullen und Abenteuer machten ihn selbst in jener so bewegten Zeit, in der er lebte (den Napoleonischen Kriegen und den Folgejahren), in Rußland zu einem Gesprächsgegenstand.

Fjodor wurde am 6. Februar 1782 geboren und in der ungezwungenen Atmosphäre eines Landgutes erzogen. Da sein Vater weit weg in der Armee diente, darf man mutmaßen, daß man ihm keine Manneszucht abverlangte, obschon kaum weniger als seinen Kameraden. Er wurde in jungen Jahren in die Marineakademie nach St. Petersburg geschickt, doch nach dem Abschluß trat er nicht in die

Kaiserliche Marine ein, sondern in eine Elitetruppe, in die Preobraschenski-Garde. Einer, der ihn gut kannte, schilderte ihn als »einen gefährlichen Narren, weil er mit der Pistole hervorragend schoß, ebenso gut fechten konnte wie Severbek [ein bekannter Fechtmeister jener Zeit] und gegen wahre Fechtmeister mit dem Säbel antrat«. In all diesen Dingen zeigte er unerschütterlichen Mut und war trotz seiner Wildheit in der Schlacht und im Duell beherrscht. »Gleichgültig, was ein anderer tat, er machte das Zehnfache davon. Das war damals unter jungen Leuten Mode, aber Graf Tolstoi trieb es bis zur Verzweiflung.« Seine Neigung, es toller zu treiben als irgendein anderer, war wortwörtlich zu verstehen; zusammen mit dem berühmten Ballonflieger Garnerin schwebte er über der Erde, und mit dem Forscher Kruzenstern segelte er um die Welt.

Er begann schon früh die Karriere seiner Extratouren. Im September 1798, im Alter von sechzehn Jahren, erhielt er das Offizierspatent seines Regiments. Aber sechs Monate darauf wurde er zeitweise einer unbedeutenden Einheit zugeteilt und mußte schweißtreibende Garnisonsarbeiten verrichten – das war die Strafe für einen Fehltritt, der nicht überliefert ist. Als er wieder bei seinem Regiment war, setzte er sein bisheriges Leben fort: Trinken, Spielen, Weibergeschichten und übermütige Streiche jeglicher Art. Der erste, über den wirklich einiges bekannt ist, war ein Duell mit seinem vorgesetzten Offizier, Oberst Baron Drizen.

Vermutlich lag die Schuld nicht gänzlich bei dem jungen Mann. Dies kann man aus dem Umstand folgern, daß der Oberst diesem Treffen zugestimmt hatte und Tolstoi anscheinend straffrei ausging. Denn er trug noch immer die Uniform der Preobraschenski-Garden, als er kurz darauf an einem Abenteuer teilnahm, das ihm seinen Beinamen eintrug und ihn im ganzen Reich berühmt machte.

1803 hatte die Russisch-Amerikanische Handelsgesellschaft, die den Handel und die Niederlassungen an der Pazifikküste Sibiriens und Alaskas beaufsichtigte, schwere Rückschläge erlitten. Eingeborene hatten das russische Fort auf der Insel Sitka geplündert und die Garnison niedergemetzelt; das neuerbaute Schiff, die *St. Dmitri*, ging vor der Insel Umnak verloren, und britische und amerikanische Händler setzten dem Handel mit Fellen schwer zu. All diese Rückschläge rührten daher, daß es so schwierig war, Güter mit einiger Regelmäßigkeit über die riesige Landmasse Sibiriens zu befördern. Deshalb beschloß die Handelsgesellschaft, mit Unterstützung des Zaren Alexander I. zwei große Schiffe auszurüsten und sie in den

Fernen Osten zu entsenden. Man kaufte die Schiffe in London: die *Leander* wurde in *Nadeschda* umgetauft, und aus der *Thames* wurde die *Newa*. Ein erfahrener Kapitän, Iwan Kruzenstern, sollte die Expedition leiten.

Im Frühjahr 1803 lagen beide Schiffe in Kronstadt vor Anker. Nun entschloß sich der Kaiser, das ursprüngliche Reiseziel zu erweitern und mit den gleichen Schiffen eine Gesandtschaft an den japanischen Hof zu entsenden, der russische Annäherungsversuche bislang argwöhnisch beäugt hatte, den man aber vielleicht durch einen kühnen Streich dieser Art überzeugen könnte, die Gesandtschaft zu empfangen. Der Emissär erhielt eine geziemende Gefolgschaft, damit es ihm nicht an Achtung ermangele. Nun erfolgte der Vorschlag, Fjodor Petrowitsch Tolstoi, Fjodor Iwanowitschs ersten Vetter, in diese Gefolgschaft aufzunehmen; dieser war ein Jahr jünger als Fjodor Iwanowitsch und hatte gleichfalls die Marineakademie besucht. Aber er hatte bereits seine künstlerischen Begabungen in sich entdeckt, die ihn als Maler, Bildhauer und Medaillenschneider in höchste Ränge emporsteigen ließen, und lehnte die Ehre ab.[3] Der Kaiser scheint gedacht zu haben, daß ein Tolstoi soviel tauge wie ein anderer, und statt seiner wurde Fjodor Iwanowitsch ernannt. Dies erwies sich als ein verhängnisvoller Fehler. Ein weiterer Irrtum war es, Tolstoi als »höflich erzogen« einzustufen.

Am 26. Juli 1803 stachen die *Nadeschda* und die *Newa* in Kronstadt in See. Tolstoi fuhr in der Uniform eines Leutnants der Preobraschenski-Garde an Bord der *Nadeschda,* unter dem unmittelbaren Kommando Kruzensterns. Die Schiffe legten in Helsingfors, Kopenhagen und Falmouth an, ehe sie den Atlantik erreichten. Nach einem Aufenthalt auf den Kanarischen Inseln überquerten sie am 14. November den Äquator – die ersten russischen Schiffe, die jemals ihre Flagge auf der südlichen Erdhalbkugel zeigten. Ein Seemann, als Neptun verkleidet, trat in Erscheinung, aber Kruzenstern verbat sich dergleichen Späße, die auf europäischen Schiffen üblich waren, weil er um die Disziplin fürchtete. In diesem Fall war es freilich nicht einer seiner Matrosen, sondern ein Offizier, der die gute Ordnung an Bord in Frage stellte.

Vor Brasilien wurden die Schiffe sieben Wochen aufgehalten, während die beschädigten Masten der *Newa* ersetzt und Vorkehrungen für die gefährliche Fahrt um Kap Hoorn getroffen wurden. Erst am 3. März 1804 gelangten sie in den Pazifik, nachdem sie vor Patagonien wilde Brecher und einen Beinahe-Zusammenstoß mit einem Schwarm von zwanzig Walen überstanden hatten. Im Mai ging die *Nadeschda* in Nuku Hiwa auf den Marquesas-Inseln vor Anker. Bald war das Schiff von Hunderten nackter Insulaner umringt, die es fröhlich umschwammen und dabei Kokosnüsse, Bananen und Früchte des Brotbaumes für Tauschgeschäfte in die Höhe hielten. Unter ihnen befand sich ein Engländer namens Roberts, nackt und braungebrannt wie die anderen, der seit sieben Jahren mit seiner Eingeborenenfrau auf diesem Inselparadies lebte.

Nach Ablauf einer gebührenden Frist stattete der König von Nuku Hiwa dem Vertreter des Zaren einen Staatsbesuch ab. Er war nicht ganz so nackt wie seine Untertanen, immerhin trug er einen Gürtel. Er war ein gutgebauter, schmucker Mann von etwa fünfundvierzig Jahren, dessen Körper von Kopf bis Fuß mit feinen Tätowierungen bedeckt war. Bald waren gute Beziehungen zu den Russen hergestellt, und Kruzenstern stattete wenig später dem Hof des Königs einen Besuch ab, wo er auch dessen schöne Tochter kennenlernte. Die Inselbewohner gingen mit ihren unerwarteten Besuchern höflich und freundlich um, schienen aber mit ihren Nachbarinseln in dauerndem Kriegszustand zu leben. Bedrohlicher schien es Kruzenstern, als eines Tages mehr als hundert nackter Mädchen angeschwommen kamen und auf höchst einladende Weise gewisse Freuden andeuteten, die auf die Seeleute warteten. Die gefährlichen Amazonen wurden, soweit möglich, in Schach gehalten, obschon man glaubt, daß der dafür durchaus empfängliche Tolstoi eine Gelegenheit für eine nähere Bekanntschaft gefunden hat.

Viele Seeleute ließen sich während dieses Aufenthalts tätowieren, und auch Tolstoi ergriff die Gelegenheit beim Schopf und ließ sich für alle Zeiten die verschlungensten Muster auf seinen Körper zeichnen.

Die beiden Schiffe fuhren weiter zu den Sandwich-Inseln (heute Hawaii), wo sie sich nach kurzem Aufenthalt voneinander trennten. Wegen der Verzögerungen bei der Umschiffung von Kap Hoorn wurde entschieden, die russischen Niederlassungen zuerst zu besuchen und erst danach Japan den Staatsbesuch abzustatten. Die *Newa* segelte zu den Kodiak-Inseln vor der Küste von Alaska und half bei der Wiedereroberung von Sitka mit, indes die *Nadeschda* geradewegs nach Kamtschatka segelte, wo sie Mitte Juli eintraf. Sie waren nun beinahe ein Jahr zur See, und offenbar litt Tolstois ruheloser Geist unter den Beschränkungen an Bord eines Schiffes.

Seine Streiche und Auswüchse stellten selbst die Geduld eines

Eingeborener auf Nuku-Hiwa

Kruzensterns auf eine harte Probe. So gab es da beispielsweise einen alten Geistlichen an Bord, Vater Gedeon, der der Schiffsbesatzung geistlichen Zuspruch erteilen sollte. Seine Schwäche war der Trunk. Einmal hielt Tolstoi bei einem Besäufnis mit ihm mit, und es endete damit, daß der Priester flach auf dem Rücken lag und fest schlief. Da schickte sich Tolstoi an, den Bart des Alten mit einem großen Klumpen Wachs auf dem Deck zu befestigen, und drückte das Siegel des Kapitäns darauf, das er aus dessen Kabine entwendet hatte. Als der arme Priester erwachte, warnte ihn Tolstoi, nicht das Siegel mit dem doppelköpfigen Adler zu zerbrechen, damit er nicht Hochverrat begehe. Zu guter Letzt mußte der Bart abgeschnitten und versiegelt auf dem Deck zurückgelassen werden.

Fjodor Tolstoi hatte auf dieser Seereise einen Affen dabei, den ein Vetter später als »einen Orang-Utan, so klug, geschickt und unternehmenslustig wie ein Mensch« beschrieb. Er fand großen Gefallen an diesem Tier; später wurde ihm sogar nachgesagt, es sei eine seiner zahllosen Beischläferinnen gewesen. Wie dem auch sei, auf jeden Fall war der Affe von hoher Intelligenz und tatendurstig. Als

Kruzenstern einmal an Land ging, vermutlich war es Hawaii, schlichen sich Tolstoi und sein Affe in dessen Kabine. Dort nahm der unverantwortliche junge Edelmann einen Stoß Logbücher und anderes Schreibzeug des Kapitäns, legte sie auf den Tisch und plazierte obendrauf ein sauberes Stück Papier. Dieses beschmierte er sodann mit Tinte, knitterte es zusammen und steckte es in seine Tasche. Der Affe schaute aufmerksam zu, und als der Graf die Kabine verlassen hatte, beschäftigte er sich in gleicher Weise mit den verbliebenen Papieren. Als Kruzenstern schließlich zurückkam, stellte er fest, daß dieser fremde Besucher die meisten seiner wertvollen Aufzeichnungen zerstört hatte.

Eine Zeitlang drückte der gutmütige Kapitän gegenüber derlei Streichen und anderen Auswüchsen wie Trinken und Glücksspiel ein Auge zu. Doch als ein Teufel Tolstoi dazu trieb, zwischen Kruzenstern und dem Kapitän des Schwesterschiffes *Newa*, Lisiansky, Ärgernis zu stiften, hatte seine Geduld ein Ende. Als er dann auch noch Gefallen daran fand, die Mannschaft zur Meuterei aufzuwiegeln, war es offensichtlich, daß es so nicht weiterging. Kruzenstern hatte schon bei früherer Gelegenheit Tolstoi in Arrest gebracht; nun drohte er ihm noch Schlimmeres an. Aber Tolstoi konnte nicht aufhören, den völlig verwirrten Matrosen Meuterei zu predigen, und der Kapitän rief ihn wieder zu sich. »Graf«, wiederholte er, »Sie stören die Mannschaft dieses Schiffes und unterhöhlen meine Autorität. Wenn Sie mir nicht Ihr Wort geben, daß Sie sich ordentlich benehmen, werde ich Sie auf einer unbewohnten Insel aussetzen – es ist gerade eine in Sicht.«

»Nun gut!« rief Tolstoi aus, »Sie wollen mir offenbar Angst machen. Werfen Sie mich ins Wasser, oder setzen Sie mich auf einer öden Insel aus – mir ist das gleich. Aber ich werde Unwillen gegen Sie erregen, solange ich an Bord dieses Schiffes bin.«

Kruzensterns offizieller Bericht erklärt einfach, es habe »eine kleine Veränderung im Gefolge unserer Gesandtschaft gegeben: Graf Tolstoi ... verließ das Schiff und reiste von hier ab, mit dem Ziel St. Petersburg.« Die vollständige Geschichte war jedoch etwas komplizierter. Einem anderen Bericht zufolge mußte man nämlich einen Trick anwenden, um den Widerstand des ungezogenen Grafen zu verhindern. Die gesamte Schiffsbesatzung war an einem verlassenen Küstenabschnitt an Land gegangen, als das Zeichen, an Bord zurückzukehren, unerwartet früh ertönte. Tolstoi war mit seinem Freund, dem Affen, auf einem Spaziergang und mußte zusehen, wie das Schiff ohne ihn Segel setzte. Er lüftete den Hut und verbeugte sich mit übertriebener Höflichkeit vor dem abreisenden Kruzenstern, dann wandte er sich um und ging daran, sich für sein neues Leben vorzubereiten. Ein kleines Warenlager mit Nahrungsmitteln hatten sie für ihn am Strand zurückgelassen.

Tolstoi fand den Weg zu einer weiteren Insel, wo er monatelang in der Wildnis lebte, mit dem Eingeborenenstamm der Tlingit zusammenkam und wie einer von ihnen lebte. Später behauptete er, sie hätten ihn zu überreden versucht, ihr Zar zu werden; wahrscheinlich war es zu ihrem Glück, daß er das Angebot ausschlug. Er begleitete die Jäger des Stammes auf ihren Jagdausflügen und ging mit Harpune und Bogen so geschickt um, wie er es mit Florett und Säbel gewesen war. Es fällt schwer zu glauben, daß er in völliger Keuschheit lebte, wiewohl die Frauen der Tlingits der Reize ermangelten, die ihre Schwestern von den Sandwich-Inseln besaßen. Ihr wichtigstes Schmuckstück war ein Knochen, der durch die Unterlippe gesteckt war.[4]

Einmal wurde er von Kriegern eines feindlichen Stammes gefangengenommen, die ihn ihrer Gottheit opfern wollten, indem sie ihn zu verspeisen beabsichtigten. Als er, gefesselt, darauf wartete, daß das Mahl begann, kündigten wilde Schreie das Eintreffen eines anderen feindlichen Stammes an. In der nun anhebenden blutigen Schlacht blieb Tolstoi kein unparteiischer Beobachter. Glücklicherweise siegten die anderen; allerdings waren die Fährnisse des Grafen damit noch nicht vorbei, denn nunmehr wurde er selbst als eine Gottheit verehrt.

Als der Winter näherkam, wurde Tolstoi seines primitiven Daseins überdrüssig und beschloß endlich, in die Zivilisation zurückzukehren. Er machte am Strand ein großes Feuer und lockte damit ein Schiff an, das ihn zum Hafen von Petropawlowsk auf der Halbinsel Kamtschatka mitnahm. Von dort reiste er zu Pferd, mit einem Boot oder (wenn ihm das Geld ausging) zu Fuß durch die ganze Weite Sibiriens. Im Juni 1805 traf er im Gouvernement Kasan ein.[5]

Irgendwo in den unendlichen Wüsteneien Sibiriens traf er einen betrunkenen Alten, der wahrscheinlich aus politischen Gründen oder eines Verbrechens wegen verbannt war und der zu den Lauten einer Balalaika seine Gassenhauer sang. Später pflegte sich Tolstoi zu erinnern, daß er »selten in einem Theater oder in einem Konzertsaal so tief bewegt wurde wie von diesen blödsinnigen Liedern«. Sein Eintreffen im Gouvernement Kasan wurde von einem Augen-

Kruzenstern vor Petropawlowsk

zeugen festgehalten, der sich erinnerte, wie erstaunt er war, dieser wilden Gestalt zu begegnen, die von Kopf bis Fuß tätowiert und mit einer von Wind und Wetter gezeichneten Uniform der Preobraschenski-Gardisten gekleidet war, in der er offenbar die Tlingits auf ihre Walroßjagden geführt hatte:

»Seine Erscheinung verblüffte uns. Auf dem Kopf trug er ein dickes Büschel gekräuseltes, schwarzes Haar; seine Augen schienen, vermutlich infolge der Hitze und des Staubes, blutunterlaufen zu sein; sein eher melancholischer Ausdruck wirkte besorgt, und seine sehr ruhige Art zu sprechen ängstigte meine Gefährten. Ich verstehe nicht, warum ich nicht die geringste Angst verspürte, sondern – im Gegenteil – eine starke Anziehung. Er blieb ein bißchen bei uns und sprach in ganz normaler, wenngleich sehr einfacher Weise, doch so einsichtig, daß ich enttäuscht war, als er uns verließ.«

Fjodor Tolstois außergewöhnliche Abenteuer fanden für den Rest seines Lebens allenthalben Interesse, wiewohl sich damals, als er zurückkam, gerade alle Augen auf den Krieg in Mitteleuropa hefteten, wo Rußlands Armeen Österreich zu Hilfe kamen. Mit Freude erinnerte er sich seines Aufenthaltes bei den Wilden Alaskas, und seine Wohnungen waren mit Erinnerungsstücken ihrer Waren und

Waffen geschmückt. Hundert Anekdoten über seine Beziehung zu Kruzenstern und, insonderheit, zu dem Affen liefen in den Petersburger Salons um. Eine besonders schöne Geschichte war allerdings ein bißchen *ben' trovato*, zumindest aber nicht ganz wahrheitsgemäß. Man erzählte sich, Tolstoi habe genau am Tage seiner Rückkehr in die Hauptstadt erfahren, daß Kruzenstern an diesem Abend einen Ball veranstaltete. Tolstoi habe seinen tätowierten Körper in einen Abendanzug geworfen und sei auf dem Ball erschienen. Kruzenstern konnte seinen Augen nicht glauben. »Graf Tolstoi, sind Sie es wirklich?« »Wie Sie sehen«, entgegnete »der Amerikaner« trocken, »ich war auf der Insel, wo Sie mich ausgesetzt haben, so glücklich, daß ich Ihnen verziehen habe und hergekommen bin, um Ihnen zu danken.«

Im Laufe der Jahre verwirrten sich Tolstois Erinnerungen ein bißchen. Als 1842 die Zeitungen voll waren mit Berichten über Zusammenstöße zwischen Briten und Franzosen im Südpazifik, bemerkte der alte Graf, er habe Grund zu glauben, die gegenwärtige Königin von Tahiti, Pomare, sei seine Tochter.[6] In Wirklichkeit kam die *Nadeschda* niemals in die Nähe von Tahiti.

Wie vergnügt die Gesellschaft über Tolstois Ausschweifungen auch gewesen sein mag, seine Vorgesetzten waren es nicht. Am 10. August 1805 wurde er der Reserve von St. Petersburg zugeteilt und bald darauf zum Garnisondienst in die abgelegene Festung Nyslott zwischen den finnischen Seen abkommandiert. Mehr als zwei Jahre lang führte er an jenem schönen, aber einsamen Ort ein kümmerliches Dasein; er wandte seine ganzen überschüssigen Kräfte auf, dieser trostlosen Einöde zu entkommen. All seine Anläufe waren jedoch vergebens, bis Zar Alexander im Februar 1808, angestachelt von Napoleon, Schweden den Krieg erklärte. Er wollte Schwedisch-Finnland erobern und damit eine Grenze aufheben, die, wie man meinte, gefährlich nahe an St. Petersburg lag. Ein alter Freund, General Fürst Michael Dolgorukow, wurde zum Befehlshaber dieses Militärdistrikts ernannt, und dieser besaß genügend Einfluß in hohen Kreisen, so daß Tolstoi seinem Stab zugeteilt wurde.

Tolstoi zeigte im Feld die gleiche bemerkenswerte Kaltblütigkeit und den gleichen Mut wie bei seinen privaten Schelmenstreichen. Im Oktober 1808, während der Schlacht von Idensalm, erblickte der General eine Gelegenheit, sich flugs einer Brücke zu bemächtigen, die den schwedischen Linien gegenüber lag. »Um ihnen keine Zeit zu lassen, die Brücke zu nehmen, befahl der Fürst seinem Adjutanten, dem Grafen Tolstoi, mit einigen Kosaken die am nächsten liegenden schwedischen Dragoner anzufallen«, schrieb ein Freund, der dabei war. Hinter Tolstoi standen zwei Kompanien, eine leichte Infanterie und eine mit Sappeuren. Die Kosaken ritten wild auf die Brücke los und trafen gerade rechtzeitig ein, sie so lange unter Feuer zu nehmen, bis die Sappeure ihr Werk der Zerstörung zu Ende geführt hatten.

Fürst Dolgorukow wurde jedoch bald darauf von einer Kanonenkugel getötet. Tolstoi und die anderen Adjutanten begleiteten den Leichenzug trauernd nach St. Petersburg,[7] aber trotz seines Wagemutes vor Idensalm war es »dem Amerikaner« untersagt, in der Hauptstadt zu bleiben. Kurz nach der Bestattung des Fürsten wurde er einem Bataillon seines alten Regiments zugeteilt, den Preobraschenski-Garden, die im Südwesten Finnlands, in Åbo, lagen. Dort zeichnete er sich gleichfalls aus. Sein Kommandeur, Fürst Golizyn, befahl ihm, den Sund auszukundschaften, der Finnland von Schweden trennt. Mit einer kleinen Eskorte von Kosaken ritt Tolstoi die gefrorene Meerenge der Länge und Breite nach ab. Er kehrte mit einem umfassenden Bericht zurück, in dem er vor allem unterstrich, daß die Durchquerung schwierig, aber nicht unmöglich war und daß die Schweden auf jeden Fall aus dieser Richtung keinen Angriff erwarteten. Aufgrund dieses Berichts startete General Barclay de Tolly seinen brillanten Angriff über den gefrorenen Bottnischen Meerbusen, eroberte die Åland-Inseln und landete auf dem schwedischen Festland Streitkräfte, welche die Hauptstadt Stockholm bedrohten. Im Frühjahr 1809 sah sich Schweden gezwungen, um Frieden zu bitten, und Finnland ging in russische Herrschaft über.

Sein Löwenmut in der siegreichen Schlacht von Idensalm und sein entscheidender Anteil an Barclays Zug durch den Sund hätten Tolstoi in seine alte Stellung zurückgebracht und ihm eine Beförderung eingetragen, hätte sich nicht der wilde, zerstörerische Zug seines Charakters erneut geltend gemacht. In der Garnison in Åbo schlug er sich in zwei berüchtigten Duellen, im ersten mit einem Hauptmann Brunow, im zweiten mit einem jungen Offizier der Leibwache namens Alexander Naryschkin. Die Berichte über letzteres weichen inhaltlich voneinander ab, doch die ausführlichste Darstellung enthüllt es als die Folge eines absurden Mißverständnisses.

Brücke bei Idensalm

Eine Gruppe von Offizieren pflegte sich in Tolstois Quartier des Abends zum Kartenspiel einzufinden, darunter der junge Naryschkin. Eines Abends war es so warm, daß die Spieler ihre Röcke ablegten. Im Verlauf des Spiels bat Naryschkin Tolstoi, ihm ein As zu geben. Tolstoi legte die Karten hin, stülpte seine Hemdsärmel hoch und entgegnete mit einem Grinsen, indes er eine knorrige Faust zeigte: »Wie Sie wünschen!« Das war ein Wortspiel mit dem russischen Wort *tus*, das sowohl As als auch Ohrfeige bedeutet. Naryschkin brauste auf, da er dies für eine Beleidigung hielt, warf die Karten hin und stürzte zur Tür hinaus. Beunruhigt über diese Andeutung, versuchten die anderen, Tolstoi zu überreden, in einem Schreiben zu erklären, das Ganze sei nur ein Scherz gewesen, aber vergebens. Naryschkin wollte sich schlagen. Am Duellort verkündete er seine Absicht, seinen Gegner zu töten. »Was das angeht«, erwiderte Tolstoi, als sie ihre Pistolen erhoben, »das hier ist für Sie!« Naryschkin wurde in die Seite getroffen und starb drei Tage später.

Denkt man an die Langeweile des Garnisonslebens und den strengen Ehrenkodex jener Zeit, dann kann es nicht verwundern, daß die Gemüter sich erhitzten. Sich zu duellieren war jedoch von der Regierung streng verboten, und Fjodor Tolstoi wurde festgenommen und in der Festung Wiborg eingekerkert. Einer Anekdote zufolge bat er unablässig um seine Freilassung. Aber es war vergebens, und erst am 2. Oktober 1811 wurde er aus dem Dienst entlassen und durfte sich auf sein Gut in Kaluga zurückziehen. Vermutlich war es ihm nach wie vor verboten, die Hauptstadt zu besuchen, und höchstwahrscheinlich wurde ihm die Zeit lang. Aber es dauerte nur ein paar Monate. Am 24. Juni/6. Juli 1812 überschritt die Grande Armée den Njemen, und Napoleon begann seinen Vormarsch auf Moskau.

Fjodor Tolstoi war nicht mehr Offizier im aktiven Dienst (es ist nicht bekannt, ob er 1811 unehrenhaft entlassen wurde, obschon man ihm nachsagt, er sei insgesamt elfmal in den Mannschaftsrang zurückversetzt worden) und meldete sich deshalb freiwillig in die Moskauer Landwehr. Nach der Schlacht von Borodino stand ein alter Freund nahe der mittleren Batterie, als »er hörte, daß jemand nach einem gewissen Obristen Graf Tolstoi suchte. Es sah aus, als ob dies mein alter Freund war, der gerade eine Abteilung der Landwehr befehligte. Er war aus Neugierde zu dem Vorposten gegangen, um sich die Franzosen anzuschauen ... Wir konnten nur ein paar Worte tauschen und gedachten des Fürsten Dolgorukow. Er sagte mir, welchen Befehl er habe, und eilte dann zu seinem Kommandostand zurück, den er mir gezeigt hatte. Am 28. [nach der Schlacht] hörte ich aus einem der Wagen die Stimme des Grafen nach seinem Mann rufen, der ein Stück weiter weg war. Ich ging hin und fand den Grafen am Bein verletzt. Er bot mir etwas Madeira an.«

Etwa zur gleichen Zeit sah auch General Jermolow Tolstoi in seinem Wagen liegen, wobei er Schwierigkeiten hatte, seinen wahren Zustand zu erkennen. Um zu beweisen, daß er wirklich verwundet war, riß Tolstoi den Verband von seinem Bein und ließ das Blut herausströmen. Jermolow war genügend beeindruckt, seine Ernennung zum richtigen Oberst vorzuschlagen, was Fjodor Iwanowitsch auch wurde. Für seine Kühnheit während der Schlacht erhielt er das St.-Georgs-Kreuz.[8]

Nach dem Ende des Feldzugs ließ sich Tolstoi in Moskau nieder, wo ihn große Teile der Gesellschaft hochleben ließen. Er war als Kriegsheld berühmt. Überdies war er witzig, charmant, intelligent und hatte Phantasie. Er war bei Männern wie bei Frauen entsprechend beliebt.

In diesen Moskauer Tagen war er mit Peter Alexandrowitsch Naschtschokin eng befreundet. Natürlich kam diese Freundschaft ebenfalls auf eine absonderliche Weise zustande. »Im Club war ein höllisches Spiel im Gange. Schließlich waren nur noch Naschtschokin und Tolstoi am Kartentisch übrig, alle anderen waren gegangen. Als sie sich gegenseitig ausbezahlten, erklärte Tolstoi, daß ihm der andere zwanzigtausend Rubel schulde. ›Nein, ich werde nicht zahlen‹, sagte Naschtschokin, ›Sie haben das zwar hingeschrieben, aber verloren habe ich es nicht.‹ ›Vielleicht stimmt das, aber ich bin gewohnt, mich an das zu halten, was geschrieben steht, wie ich noch beweisen werde‹, antwortete der Graf. Er stand auf, schloß die Tür, legte eine Pistole auf den Tisch und sagte weiter: ›Sie ist geladen. Zahlen Sie nun, ja oder nein?‹ ›Nein.‹ ›Ich gebe Ihnen zehn Minuten Bedenkzeit.‹

Naschtschokin zog seine Uhr aus der Tasche, dann eine Brieftasche und erwiderte: ›Die Uhr ist vielleicht fünftausend Rubel wert, und in der Brieftasche befinden sich fünfundzwanzig Rubel in Papier; das ist alles, was Sie kriegen, wenn Sie mich töten. Aber der Polizei müssen Sie nicht bloß tausend geben, wenn Sie straflos davonkommen wollen. Wieviel kriegen Sie also, wenn Sie mich töten?‹ ›Guter Freund!‹ rief Tolstoi, seine Hand ergreifend. ›Endlich habe ich einen Mann gefunden!‹«

Sie umarmten sich und wurden von nun an gute Freunde. Für den Rest ihres Lebens waren sie beinahe unzertrennlich, sie vergnügten sich zusammen, begleiteten einander gelegentlich ins Gefängnis und veranstalteten auf ihren Landgütern große Jagdpartien. In Begleitung von Hunderten von Jägern und einer riesigen Hundemeute verbrachten sie den ganzen Tag im Sattel. Wenn der Abend hereinbrach, begaben sie sich in den Park des nächstgelegenen Landgutes, errichteten auf den Rasen oder im Hof die Zelte und verbrachten die ganze Nacht in Trinkgelagen. Das Erstaunen und die Bestürzung der Gutsbesitzer kann man sich vorstellen.

Die Treue zu seinem Freund nahm bei Tolstoi ungewöhnliche Züge an. Eines Nachts, als sie in Tolstois Haus Karten spielten und wie gewöhnlich schwer tranken, brach zwischen Naschtschokin und einem anderen Spieler ein Streit aus. Bald drohten sie sich Folgen an, und sie vereinbarten für den nächsten Morgen einen Zweikampf. Natürlich sollte Tolstoi ihm sekundieren. Am nächsten Morgen kam Naschtschokin zur verabredeten Stunde in das Zimmer seines Freundes und fand ihn noch im Bett, eine halbleere Flasche Rum neben sich. Nachdem er sich ein Glas genehmigt hatte, erinnerte er den Grafen, daß sie spät dran seien für ihre Verabredung. »Nun, vielleicht bist du's, der spät dran ist«, lachte Tolstoi und setzte sich auf. »Was! Du wirst unter meinem Dach beleidigt und glaubst, ich ließe es zu, daß du dich auf ein Duell einläßt? Nur ich hatte das Recht, dich zu rächen; du hast mit diesem jungen Burschen vereinbart, dich mit ihm um acht zu treffen, aber ich hab' mich um sechs mit ihm geschlagen. Er ist tot.«[9]

Bei all diesen Anekdoten von Tolstoi, »dem Amerikaner«, darf man nicht vergessen, daß sie auch Übertreibungen und Verwechslungen enthalten und daß Tolstoi sich selbst einen Spaß daraus machte, die öffentliche Meinung zu schockieren. Leo Tolstoi pflegte an eine weitere Spielergeschichte seines wilden Verwandten zu erinnern. »Graf«, so beschuldigte ihn einmal ein Mitspieler, »Sie betrügen, und ich werde mit Ihnen nicht mehr spielen.« »Natürlich betrüge ich«, stimmte ihm Fjodor Tolstoi verbindlich zu, »aber ich mag es nicht, wenn man mir das sagt. Spielen Sie weiter, oder ich schlage Ihnen mit diesem Leuchter den Schädel ein.«

Sein Widersacher war höflich genug weiterzuspielen – und gewann.

Tolstoi war stolz darauf, daß er so geschickt zu betrügen wußte, und meinte, das sei in Ordnung, vorausgesetzt man lasse sich nicht ertappen. »Nur Dummköpfe verlassen sich auf das Glück«, pflegte er im Vertrauen zu sagen; und bei anderer Gelegenheit: »Ich korrigiere die Fehler der Göttin Fortuna!« Aber gegenüber einem Freund, der ihn zum Spiel einlud, entschuldigte er sich: »Nein, *mon cher*, dazu hab' ich dich zu gern. Wenn wir spielten, würde ich mich notgedrungen auf anderes verlassen als auf das Glück.«

Fjodor Iwanowitsch war auch als Küchenmeister bekannt. Der Schriftsteller Faddei Bulgarin, ein guter Freund von ihm, schreibt dazu: »Er bot seinen Gästen keine übertrieben große Anzahl von Gängen an, aber jeder Gang war ein höchst erlesenes Beispiel der Kochkunst. Er kaufte die Speisen stets selbst ein. Er nahm mich einige Male mit, beteuernd, daß die Auswahl von Nahrungsmitteln den höchsten Grad der Kultiviertheit bilde und daß gutes Essen das Innere der Leibeshöhle veredle, woraus die Intelligenz hervorgehe. So kaufte er also nur solche Fische aus dem Schwimmbecken des Fischhändlers, die kräftig schwammen, die also quicklebendig waren. Die Qualität des Fleisches schätzte er nach seiner Farbe und so weiter.«

Man fühlt sich versucht, ihn nach den Maßstäben unseres so ganz und gar anderen Zeitalters zu beurteilen und ihn als einen Verrückten zu betrachten, als einen Raufbold, ja als einen Totschläger. Das wäre nicht nur gänzlich unzeitgemäß, es würde uns notwendigerweise dazu bringen, die Aussagen vieler seiner empfindsamen Freunde und Bekannten, darunter die begabtesten Menschen jenes Zeitalters, zu übersehen. Zusammen mit Fürst Wiasemski, Denis Dawydow und anderen Dichtern und Genießern gründete er einen Club, bekannt als die »Ritter des Korkens«, wo man sich, ähnlich der zeitgenössischen »English Beef Steak Society«, zum Essen traf. Die einzelnen Mitglieder schmiedeten aufeinander Verse, so auch einen auf Tolstoi, dem sie ein durchaus zutreffendes Kompliment machten:

Und hier ist unser Amerikaner-Held,
Der auf Borodinos glorreichem Feld
Tapfer ertrug seine Kriegerwunde
Und auch sein Bajonett hoch schwang!
Zur Erinnerung dessen ziert St. Georg
Deine männigliche Brust.
Bei unseren friedlich-brüderlichen Festen
Bist du samt Denis einer der Besten!

Diese Anspielung bezog sich auf Denis Dawydow, auch er ein Held von 1812.

1824 vollendete der Stückeschreiber Alexander Gribojedow sein gefeiertes Werk *Gore ot Uma* oder »Verstand schafft Leiden«, eine glänzende Satire auf das russische Geistesleben. Die Zensur verbot die öffentliche Aufführung. Der Verfasser hielt jedoch häufig private Lesungen ab, und einmal zählten auch Alexander Puschkin und Fjodor Tolstoi zu den Anwesenden. Bei dieser Veranstaltung las Gribojedow fast die ganze Komödie vor, von ein paar Auslassungen abgesehen, und der Beifall am Ende war überwältigend. Die Satire war so brillant und so treffend, daß jedermann das zeitgenössische russische Leben und die Personen darin erkannte. Ein gewisser Schicharew, den die Natur mit einem ausgezeichneten Gedächtnis, aber mit wenig Taktgefühl beschenkt hatte, bestand darauf, eine Passage zu rezitieren, die der Verfasser absichtlich ausgelassen hatte. Darin beschreibt eine Figur namens Repetilow eine stadtbekannte Person:

> Doch unser hellster Kopf – ich leiste drauf Verzicht,
> dir seinen Namen erst zu nennen,
> du mußt ihn ja sofort erkennen,
> denn einen zweiten gibt's in Rußland nicht –
> Ein Raufbold, lebt nur vom Skandale,
> war nach Sibirien verbannt,
> kam heim als halber Kamtschadale,
> und gilt als frecher Defraudant.
> Hat einer heutzutag Verstand,
> so kann er gar nicht ehrlich bleiben!
> Doch wenn er vom Gewissen spricht,
> dann scheint ein Dämon ihn zu treiben:
> Die Augen sprühn, blutrot ist das Gesicht,
> die Worte schlagen ein wie Keulen,
> er selbst weint, wir alle heulen![10]

Der Gastgeber und die Gäste waren über dieses krasse Beispiel taktlosen Benehmens bestürzt, denn »der Amerikaner« saß ja mitten unter ihnen, »ein Mann, der einen anderen Menschen mit der gleichen Leichtigkeit tötete, wie er beim Kartenspiel betrog oder ein Glas Wein leerte. Der Gastgeber war in einer schrecklichen Lage; Gribojedow saß schweigend da, und die Gäste wußten nicht, wohin sie blicken sollten«, wie später einer der Anwesenden erzählte. Nach einer Weile fing der Champagner zu fließen an, und die Gäste plauderten schnell und aufgeregt miteinander, um den unglücklichen Vorfall vergessen zu machen. Der geistlose Schicharew freilich merkte von alledem nichts. Er schlug einen Trinkspruch auf die Gestalt Repetilow an, voller Lob für die Lebensechtheit dieser Figur. Schließlich wandte er sich, noch immer neben dem rotäugigen »Amerikaner« stehend, Gribojedow zu, um ihm das am wenigsten erwünschte Kompliment zu zollen, das ein Literat je erhalten hat. »Gestatten Sie mir, hochverehrter Alexander Sergejewitsch, Ihnen meinen herzlichst empfundenen Dank zu entbieten, daß Sie mir, Schicharew, diese Gelegenheit gegeben haben, und ich hoffe, Sie werden mir jetzt gestatten, diesen Teil aus Repetilows Rede zu wiederholen, den Sie selbst so sehr lieben.« Inzwischen waren alle Versammelten und namentlich Gribojedow in in einem Zustand nervöser Anspannung. Der unglückliche Schicharew trug die Passage ein weiteres Mal vor, mit großem Pathos, bis er schließlich geendet hatte und stolz in die erschreckte Runde blickte.

Zuletzt fand Gribojedow den Mut, sich an Fjodor Tolstoi zu wenden und eine lahme Erklärung hervorzustammeln, daß er keine Sekunde lang an ihn gedacht habe, als er diese Zeilen schrieb. Tolstoi richtete seinen durchbohrenden Blick auf den Dramatiker. »Alexander Sergejewitsch«, sagte er eindringlich, »dies waren nicht die Fingerübungen eines Künstlers, sondern mein lebensechtes Porträt. Meine ganze Biographie. Lassen Sie mich Ihnen noch einmal danken. So lange Rußland lebt, so lange die russische Sprache gesprochen wird, so lange wird Ihre Komödie leben und vom russischen Volk weitererzählt werden, und so wird dank Ihres Großmuts mein schlechter Name mit ihm fortleben!« Ein hörbarer Seufzer der Erleichterung ging durch den Raum. Der warmherzige Puschkin, überwältigt von dieser offensichtlichen Gutmütigkeit des Tigers, umarmte Tolstoi und küßte ihn auf beide Wangen. Tolstoi muß jedoch noch länger darüber nachgedacht haben, da er Gribojedow bei einer anderen Begegnung ansprach: »Warum haben Sie über mich geschrieben, daß ich ›im Spiel nicht gerade sehr ehrlich‹ sei?« »Nun, ... Sie spielen nicht gerade sehr ehrlich Karten.« »Ist das alles? Dann hätten Sie es aber deutlicher sagen sollen.«[11]

Die Erwähnung Puschkins führt uns zu der engen, aber sturmbewegten Freundschaft, die sich zwischen den beiden Männern entwickelte. Sie müssen sich gegen 1819 kennengelernt haben, aber die Verbannung und ein unglücklicher Streit trieb sie innerhalb weniger Monate wieder auseinander. Einem Bericht zufolge soll Tolstoi Puschkin infamerweise nachgesagt haben, er unterhalte eine schändliche Verbindung zur Geheimen Staatskanzlei. Der Dichter war soeben in den Süden Rußlands verbannt worden, weil er politische Epigramme schrieb, die die Regierung kränkten. Puschkin war erst zwanzig Jahre alt (er hatte sein erstes Gedicht 1814 veröffentlicht, mit fünfzehn Jahren), und da er so leidenschaftlich war wie Tolstoi, geriet er in helle Wut. Er rächte sich auf die passendste Weise:

In einem Leben, düster und verächtlich,
Ging er für viele Jahre unter,
Alle Wege, die's nur gab,
Besudelte er mit Untaten ...
Nun, seine schlimmsten Verbrechen vergessend
Und ein neues Blatt umwendend,
Ist er, Gottlob, in diesen Zeiten
Nur ein die Karten zinkender Dieb.

Inzwischen war sich Tolstoi der Angriffe bewußt, die sich gegen ihn richteten, und er antwortete mit einem geistreichen Gedicht aus seiner eigenen Feder. War er auch kein Puschkin, so besaß Fjodor Tolstoi doch beträchtliches Talent, geschätzt von den Dichtern seiner Zeit, zwischen denen und ihm viele Spottgedichte, Schmähschriften und andere *jeux d'esprit* hin und her gingen.[12] Zustimmend zitierte Puschkin die Zeilen des Fürsten Wiasemski, die ihren Freund treffend charakterisieren:

> Unter den Stürmen des Schicksals ein unerschütterlicher Fels –
> In seiner zügellosen Leidenschaft so leicht wie ein Blatt.

Doch schließlich begann sich Puschkin in seinem abgelegenen Kaukasus zu fragen, ob die Sache wirklich so ernst war, wie er sich eingeredet hatte. »Warum lasse ich ihn nicht einfach links liegen?« schrieb er am 12. Oktober an Wiasemski.

In einem weiteren Brief legte Puschkin seine Empfindungen ausführlich dar. »Verzeihen Sie, wenn ich mit Ihnen über Tolstoi spreche ... Es schien ihm Spaß zu machen, feindselig gegen mich zu sein und sich in Briefen an den Fürsten Schachowski über mich lustig zu machen. Ich wußte das alles, und da ich bereits verbannt war und Rache zu den vordringlichsten christlichen Tugenden zähle, bewarf ich Tolstoi von meinem hochwichtigen Verbannungsort aus mit literarischem Kot. Jemanden eines Verbrechens zu bezichtigen, übersteigt Ihrer Meinung nach die Grenzen der Dichtkunst. Dem stimme ich nicht zu. Wo das Schwert Justitias nicht eingreift, müssen wir uns der Peitsche der Satire bedienen ... Sie werfen mir vor, daß ich von meinem entlegenen Verbannungsort Kischinew aus einen Angriff auf einen Mann veröffentliche, der in Moskau lebt. Aber für mich ist es überhaupt keine Frage, daß ich zurückkehren werde. Es war meine Absicht, nach Moskau zu gehen, denn nur dort kann die Sache völlig bereinigt werden ... Tatsache ist, daß ich die Angelegenheit mit Tolstoi austragen möchte und keinen weiteren Gedankenaustausch auf Papier wünsche. Ich könnte mich Ihnen gegenüber stärker und klarer rechtfertigen, aber ich respektiere Ihre Verbindung zu einem Menschen, der Ihnen so wenig ähnlich ist.«

Es ist nicht bekannt, wieviel Tolstoi von Puschkins Ärger wußte oder wie er darauf reagierte. Puschkin entstammte einer Adelsfamilie, die so stolz war wie die Tolstois, und sein Blut war in Wallung. Zweifellos verstärkte die Langeweile des abgeschiedenen Provinzlebens seine natürliche Wut und hielt sie am Brodeln; aber er wollte sich wirklich mit dem fürchterlichen Fjodor Iwanowitsch schlagen. Unablässig übte er mit Schwert und Pistole, stärkte seine Handgelenke, indem er sich häufig an den Händen aufhängte und eine eiserne Lanze warf, und er befragte einen Wahrsager bezüglich des Ausganges (unwahrscheinlich, daß er eine günstige Prophezeiung erhielt).

Inzwischen arbeitete er schon an einem weiteren Werk, welches ironischerweise mehr dazu beitrug, Fjodor Iwanowitsch unsterblich zu machen als irgendeiner von dessen tollen Streichen oder mutigen Heldentaten. Im Juli 1824 schrieb er seinem Bruder: »Tolstoi erscheint in seinem ganzen Ruhmesglanz im vierten Buch des *Onegin*...« Indes, die Pläne des Dichters nahmen in ihrer Ausführung andere Gestalt an, und Tolstoi erscheint, in durchsichtiger Verkleidung, im sechsten Buch von »Eugen Onegin«, und zwar in einem Zusammenhang, der deutlich auf eine spätere Zeit in der Beziehung der beiden Männer zueinander hinweist.

Nach fünf Jahren Verbannung erhielt Puschkin von Zar Nikolaus I. die Erlaubnis, nach Moskau zurückzukehren. Er traf dort am 8. September 1826 ein und speiste an ebendiesem Abend, noch in Reisekleidung, bei einem Freund namens Sobolewski. Er bat Sobolewski, gleich am nächsten Morgen Tolstoi in seiner Moskauer Wohnung eine Herausforderung zuzustellen. Glücklicherweise hielt sich der Graf nicht in der Hauptstadt auf; dies gab Freunden von ihnen Zeit, eine Versöhnung herbeizuführen. Ihre alte Freundschaft war rasch wiederhergestellt. Es sind noch heute ein paar Briefe von 1828 erhalten, in denen drei Freunde, einer von ihnen Puschkin, Tolstoi zu einem fröhlichen Gelage einluden. »Da wir nun wissen, daß Du hier bist, hab die Güte und gesell Dich zu uns. Vollgeladen mit Wein, dürstet uns nach Dir.«

Im folgenden Jahr waren Tolstoi und Puschkin einander so nahe, daß der Graf sogar als Vermittler zwischen dem Dichter und seiner künftigen Frau, Natalja Gontscharowa, auftrat, deren Mutter gegen diese Verbindung war. Tolstois Beredsamkeit erwies sich als erfolgreich, wie einer von Puschkins Briefen an Madame Gontscharowa beweist: »Auf meinen Knien, Tränen der Dankbarkeit verströmend, schreibe ich an Sie, um Ihnen zu sagen, daß Graf Tolstoi mir Ihre Antwort überbracht hat: diese Antwort ist keine Zurückweisung. Sie erlauben mir zu hoffen. Falls Sie mir irgendwelche Weisungen erteilen möchten, bitte richten Sie sie an den Grafen Tolstoi, er wird das Seine tun, daß sie mich erreichen.«[13] Aus zufälligen Bemerkungen im Briefwechsel Puschkins und anderer Freunde weiß man, daß Tolstoi und er zumindest bis in das Jahr vor des Dichters allzufrühem Tod im Duell auf freundschaftlichem Fuß standen.

Tolstois eigene Ehe hatte sich auf eine bezeichnend ungewöhnliche Weise angebahnt. Unter jungen Wüstlingen war es seinerzeit Brauch, Zigeunersiedlungen außerhalb von Moskau zu besuchen oder Sänger und Tänzer aus deren Kreis einzuladen, bei ihren Gelagen aufzuspielen. Fjodor Tolstoi war sehr eingenommen von einem Zigeunermädchen namens Eudokia Tugajewa (»Paschenka«), mit einer wunderbaren Gesangsstimme, und brachte sie dazu, bei ihm in seinem Haus in Starokonjuschenny Pereulok zu leben. Er war ihr treu, und diese Anhänglichkeit, heißt es, wurde nach mehreren Jahren des Zusammenlebens durch ein dramatisches Ereignis im Englischen Club noch gefestigt. Im Verlauf einer besonders schweren Spielsaison verlor er eine so große Summe, daß er mit Sicherheit annehmen mußte, seine Zahlungsunfähigkeit werde bekannt. Der Gedanke an diese Schande war ihm unerträglich, und er beschloß, sich zu erschießen. Eudokia bemerkte seine Niedergeschlagenheit und erkundigte sich vorsichtig nach dem Grund. »Der Amerikaner« sagte düster: »Du kannst mir nicht helfen. Sie werden mich auf die schwarze Liste setzen, und damit kann ich einfach nicht leben – ich werde mich aus dem Weg räumen.« Das Mädchen sagte nichts, aber ein, zwei Tage später kam sie mit der geforderten Summe zu ihm. »Wo in aller Welt hast du dieses Geld her?« fragte Tolstoi. »Von dir. Du hast es mir im Lauf der Zeit gegeben. Ich hab' alles aufgehoben. Bitte nimm es, es gehört ganz dir.« Diese Großzügigkeit und Ergebenheit überwältigten den Grafen, und am 10. Januar 1821 wurden sie Mann und Frau.

Eudokia war damals vierundzwanzig und Fjodor achtundzwanzig. Am 20. August des gleichen Jahres gebar sie eine Tochter, die sie auf den Namen Sarah tauften. Sie erbte das unstete Genie ihres Vaters und wurde zu ihrer Zeit eine wohlbekannte Dichterin, die in Englisch so flüssig schrieb wie in Französisch, Deutsch oder Italienisch. Kritiker von der Bedeutung eines Belinski und eines Herzen rühmten ihr Talent.

Es war etwa zur Zeit ihrer Geburt, daß sich im Leben Tolstois ein merklicher Wandel vollzog. Es gab viele Salons, wo die schöne, aber niedriggeborene Eudokia nicht empfangen wurde, und ihr empfindlicher Gatte weigerte sich, eine Einladung anzunehmen, wo er argwöhnen mußte, daß sie nicht wirklich willkommen war. Schon herablassende Bemerkungen über Zigeuner im allgemeinen erzürnten ihn.[14]

Das erste Anzeichen des neuen Menschen war, daß er tatsächlich aufhörte, beim Spiel zu betrügen. Er lebte weiterhin einen guten Teil des Jahres in Moskau, den Rest der Zeit verbrachte er auf seinen Landgütern und mit Besuchen in St. Petersburg. Er las ungeheuer viel und verbrauchte viel Zeit und eine Menge Briefpapier mit Menschen, die er als seine treuen Freunde betrachtete. Einst waren sein Verhalten und seine Einstellungen zynisch und amoralisch gewesen;[15] doch nun huldigte er gelegentlich dem Aberglauben.

Seine Kinder betete er an, und er verbrachte viel Zeit damit, mit ihnen zu spielen und ihnen etwas beizubringen. Doch eines nach dem andern von Sarahs Geschwistern starb bei der Geburt oder in frühester Kindheit. Er begann sich zu fragen, ob dies nicht eine göttliche Strafe sei für seine Jugendsünden. In seinem Notizbuch hatte er die Namen jener elf Gegner festgehalten, die er im Zweikampf getötet hatte. Während ein Kind ums andere starb, strich er feierlich einen Namen nach dem andern aus und schrieb dahinter das Wort »Quitt«. Schließlich erreichte das schreckliche Sterben ebendiese Zahl; und als sein zwölftes Kind geboren wurde, ein bezauberndes, munteres kleines Mädchen, strich er den letzten Namen in seiner Liste aus, und man hörte ihn sagen: »Nun, gottlob, mein lockenhaariges kleines Zigeunermädchen darf leben!« Die Kleine, Praskowia, überlebte wirklich und wurde so klug und lebhaft wie ihre Mutter.

Als Praskowia 1831 geboren wurde, war Sarah zwar noch am Leben, doch hatte sie immer stark gekränkelt, und als sie 1838 starb, war sie gerade siebzehn Jahre alt. Ihr ständiges Kranksein mag, zusammen mit den rasch aufeinander folgenden Sterbefällen der späteren Kinder, den abergläubischen Tolstoi sehr wohl überzeugt haben, daß das Schicksal auch ihr einen frühen Tod bestimmt habe.

Am 12. Februar 1828, während dieser traurigen Spanne seines Lebens, schrieb Fjodor Iwanowitsch an seinen Freund nach Paris, an den Fürsten Gagarin. »Ich lebe in schlimmster Langeweile, Trauer und dem Trunk ergeben. Ich danke Dir aus ganzem Herzen, daß Du meiner Familie gedenkst. Nur Sarah macht mein unerträgliches Leben lebenswert; meine Frau hat seit drei Monaten nicht das Krankenlager verlassen, nachdem sie meinen dritten Sohn tot zur

Welt gebracht hat. Mithin ist meine Hoffnung auf einen Erben mit der letzten Geburt gestorben. Eine Sorge, die Dir unbekannt ist; aber glaub mir, lieber Freund, daß dies unaufhörlich schmerzt. Verzeih mir, lieber Freund, mein zusammenhangloses Schreiben, aber ich fühle mich ganz blöde ... PS: In drei Tagen fahre ich nach Mogilew ...«

Es war in dieser Zeit der Melancholie, als er sogar zeitweise ganz zu trinken aufhörte, daß Puschkin ihn im sechsten Buch des »Eugen Onegin« als den erfahrenen Duellanten Sarezki porträtierte:

> Sarezki, einst ein Grobian
> Und überhaupt ein Liederjan
> Mit einem schändlichen Betragen.
> Jetzt, seiner Jugendkraft beraubt,
> Ein lediges Familienhaupt,
> Ein Freund in allen Lebenslagen,
> Sogar ein anständiger Mann.
> Wie sich ein Mensch doch ändern kann!

> Es war bis zu des Lebens Mitte
> Ein Kampfhahn, wild in seinem Haß;
> Es heißt, er traf auf fünfzehn Schritte
> Mit der Pistole das Herz-As.
> Im Kriege war er einst betrunken
> Vom Pferde in den Dreck gesunken.
> Auch das gereichte ihm zu Ehr,
> Weil ihn des Feindes Militär
> Bei diesem Unfall festgenommen.
> Ein wahrer Regulus! bereit,
> Beim nächsten Waffengang erneut
> In die Gefangenschaft zu kommen,
> Um täglich in Paris schon früh
> Auf Pump zu saufen bei Veri.

> Er liebte einen Spaß zu machen
> Und brachte mit der Fertigkeit,
> Auf Kosten anderer zu lachen,
> Auch Kluge in Verlegenheit.
> Nicht jede seiner Eskapaden
> Verlief für ihn ganz ohne Schaden,

Denn manchmal fiel er selbst herein,
Doch ohne groß gekränkt zu sein.
Es amüsierte ihn, zuweilen
In einem munteren Disput
Dem Widersacher eine gut
Gezielte Antwort zu erteilen
Und gute Freunde zu entzwein,
Um dann ihr Sekundant zu sein.

Versuchte er, sie zu versöhnen
Bei einem Mittagsmahl zu dritt,
So nur, um sie danach zu höhnen
Als Feiglinge auf Schritt und Tritt.
Doch jugendliches Überschäumen
Entschwindet wie verliebtes Träumen
Mit zunehmendem grauem Haar.
Wie schon gesagt, Sarezki war
Jetzt weise nach den turbulenten
Jungmännerjahren, baute Kohl –
Und fühlte sich dabei so wohl
Wie einst Horaz – betreute Enten
Und zahme Gänse an dem See
Und lehrte Kinder A B C.

Er war nicht dumm, doch ohne Güte,
Die Diskussion mit ihm verhieß
Manch scharfsinnige Geistesblüte,
Belehrung über das und dies.
Onegin schätzte das. Deswegen
Kam es ihm gar nicht ungelegen,
Als ihn beim Solobillardspiel
Sarezki plötzlich überfiel.
Der unterbrach nach kurzem Bleiben
Die Unterhaltung mit Geschick
Und reichte ihm mit ernstem Blick
Als Lenskis Sekundant ein Schreiben.
Onegin brach es auf, gespannt
Zu sehn, was in dem Briefe stand.[16]

Kaum verwunderlich, daß ein so vielseitiger und zur Übertreibung neigender Charakter Puschkin anzog, der dank seines romantischen Temperaments gerne Menschen bewunderte, die die Konvention mißachteten und ihre Zeitgenossen unentwegt vor den Kopf stießen. Am Rande des Manuskripts von seinem »Eugen Onegin« entwarf Puschkin eine Skizze seines Freundes, die den starken Eindruck unterstreicht, den dieser auf seine Umgebung machte. »Fjodor Iwanowitsch war von mittlerer Größe, stämmig, kräftig gebaut und schmuck; das Gesicht rund, voll und dunkel, das gekräuselte Haar schwarz und voll, dazu leuchtende Augen; und wenn er zürnte, war es schrecklich, ihm ins Auge zu blicken.«

Alexander Herzen erinnerte sich später, daß »ein Blick auf die Erscheinung des Alten, auf seine Stirn, die mit grauen Locken bedeckt war, auf seine funkelnden Augen und seinen athletischen Körper, offenbarte, mit welchem Feuer und mit welcher Kraft die Natur ihn ausgestattet hatte«.[17]

Seine schwelende Energie und seine Körperstärke waren keineswegs die einzigen Anzeichen seines ungewöhnlichen Lebenswandels. Seine Verwandte Maria Kamenskaja, Tochter des großen Bildhauers Fjodor Petrowitsch Tolstoi, erinnerte sich einer Begegnung mit dem berüchtigten »Amerikaner«.

»In meiner Kindheit«, schrieb sie viele Jahre später, »hatte ich so viele absolut phantastische Geschichten über meinen Onkel, ›den Amerikaner‹, gehört, daß es nicht erstaunlich ist, daß ich ihn wie ein achtes Weltwunder ansah, als ich am Mittagstisch meines Großvaters neben ihn gesetzt wurde. Doch da war eigentlich gar nichts so Auffälliges an Fjodor Iwanowitsch. Er war ein Mann wie andere Männer: ältlich, mit lockigem grauen Haar und roten Wangen und großen, stechenden schwarzen Augen ... und er plauderte und witzelte bei Tisch wie alle anderen auch, so daß ich schon fast ein bißchen enttäuscht war. Aber wir waren mit dem Essen noch nicht ganz fertig, als Großvater zu meiner Freude seinem Neffen auf die Schulter klopfte und vergnügt zu ihm sagte: ›Nun, Amerikaner, unterhalte meine Gäste; zeig den Damen deinen Brustkorb und deine Arme, und zeig hinterher den Herrn alles übrige an dir!‹

Fjodor Iwanowitsch, so schien es, war hocherfreut über Großvaters Bitte, und mit einem Grinsen fing er an, seinen schwarzen Gehrock aufzuknöpfen. Als er ihn öffnete, konnte man auf seiner Brust das große, eingerahmte Bildnis des hl. Spyridon sehen, Schutzpatron aller Grafen Tolstois, welches der fromme Amerikaner

Fjodor Iwanowitsch Tolstoi

immer trug. Er legte es neben sich auf den Tisch nieder, öffnete seine Hemdbrust und entblößte seine mächtige Brust. Jeder am Tisch erhob sich von seinem Stuhl und blickte aufmerksam hin: sie war mit Tätowierungen übersät. Und mittendrin saß in einem Kreis irgendein großer, vielfarbiger Vogel, einem Papagei sehr ähnlich, in einem roten und blauen Reifen. Als jedermann die Figuren auf seiner Brust hinlänglich betrachtet hatte, zog Fjodor Iwanowitsch seinen Rock aus und rollte seine Hemdsärmel hinauf: beide Arme waren gleichermaßen völlig tätowiert, mit Schlangen und anderem wilden Getier ringsherum. Die Damen seufzten und stöhnten unablässig und fragten besorgt: ›War das nicht sehr schmerzhaft, Graf, als diese Wilden Sie tätowiert haben? Wie haben Sie diese Figuren ausgewählt? Ach, welcher Schmerz!‹

Wenn Fjodor Iwanowitsch mit den Damen fertig war, nahmen ihn die Herren mit nach oben, in Großvaters kleines Stübchen, und zogen ihn dort weiter aus und inspizierten ihn von Kopf bis Fuß.«[18]

Fjodor Iwanowitsch tat seinerzeit nichts lieber, als der kühnen

Taten glücklicherer Tage zu gedenken. »Im Jahr 1844«, erinnerte sich Liprandi, ein alter Kriegskamerad aus den Tagen des Finnischen Feldzuges 1808, »als ich wieder einmal in Moskau war und A. F. Veltman besuchte, traf ich dort einen mir unbekannten alten Herrn mit sehr dichtem grauen Haar. Wenngleich mir seine Züge nicht unbekannt vorkamen, war ich doch weit davon entfernt zu erraten, wer er war. Das Gespräch war ganz allgemein. Schließlich stellte uns unser verehrter Gastgeber einander vor. Fast mit einer Stimme fragten wir einander: ›Bist du das etwa?‹ Und dann stellte sich heraus, daß es so war.«[19]

»Er besaß eine ausgezeichnete Bildung«, erinnerte sich der Schriftsteller Bulgarin, »sprach mehrere Sprachen, liebte die Musik und Literatur, las viel und stand mit Künstlern, Schriftstellern und Liebhabern von Kunst und Literatur auf vertrautem Fuß. Er war teuflisch schlau und von wundervoller Beredsamkeit. Er liebte Paradoxien und Haarspaltereien, und es war schwer, ihn in einer Auseinandersetzung zum Gegner zu haben. Er war jedoch, wie man so sagt, ein anständiger Kerl, jederzeit bereit, für einen Freund alles zu tun ... Ich gedenke seiner als einer ungewöhnlichen Erscheinung, selbst in jenen Tagen, als Menschen weder nach der Uhr lebten noch so sprachen, wie sie erzogen waren, und keineswegs in Habachtstellung standen, das heißt in einer Zeit, da sich mancher ausgelassene Don Quichote über Etikette und Konvention hinwegsetzte.«

Tolstois Ansichten wurden, falls sie das nicht schon zeitlebens gewesen waren, von Grund auf slawophil und reaktionär. Er war es, der Gogol nachsagte, er sei ein Feind Rußlands und sollte in Ketten nach Sibirien geschleift werden, als er seinen »Revisor«, diese berühmte Satire auf die Bürokratie, auf die Bühne brachte. Da Zar Nikolaus das Stück sehr bewunderte, scheint sich Tolstoi mit diesem Urteil auf seine eigenen reaktionären Hinterbeine gestellt zu haben – was zweifellos auch seine Absicht war.[20]

Gogol kannte Tolstoi, und in einem Brief vom 22. Oktober 1846 wirft er ein interessantes Licht auf den alten Herrn. Er erläutert dem Schauspieler Schtschepkin, wie »Der Revisor« gespielt werden sollte: »Im allgemeinen wäre es gut, wenn die Schauspieler sich so verhielten wie eine wohlbekannte Persönlichkeit, die sie kennen. Wer die Rolle des Peter Petrowitsch spielt, sollte die Worte in einer besonders wohltönenden, deutlichen und würdevollen Art deklamieren. Er sollte den Menschen nachahmen, von dem er weiß, daß er am besten Russisch spricht. Es wäre gut, wenn er sich ein bißchen so benehmen könnte wie Tolstoi, der Amerikaner.« Hier ist ein mittelbarer Beweis für seine großartige Redegewandtheit, derer so viele Zeitgenossen Erwähnung taten.[21]

Doch die Tage des wilden Mannes gingen zu Ende. Ein paar Wochen, nachdem Gogol diese Anweisungen schrieb, starb Tolstoi. Er soll auf Knien vor seinen Ikonen gelegen haben, wo er inmitten des Gebets verstorben ist.[22]

Seine Gewalttätigkeit von einst war lange vorbei, und sein Hinscheiden wurde von einem großen Freundeskreis, zu dem die größten Geister dieser Zeit zählten, aufrichtig beklagt. Wie der Dichter Wassili Schukowski einem Freund erklärte: »Er besaß viele gute Eigenschaften. Ich persönlich kannte nur seine guten. Die anderen, das war Gerede; sein Herz war stets mein, und seinen Freunden war er ein guter Freund.«

Eine gemäßigtere Generation konnte nicht so leicht begreifen, welcher Geist da gegangen war. Ein Freund versuchte einer jungen Dame zu schildern, welch ein Mensch er war. »Solche Leute gibt es heute nicht mehr«, erklärte er. »Wenn ihn jemand, den er mochte, um ein Armband aus den Sternen des Firmaments gebeten hätte, er hätte es ihm geholt. Für ihn war nichts unmöglich, und alles wich vor ihm zurück. Ich versichere Ihnen, Sie wären in seiner Gegenwart so angsterfüllt gewesen wie in der eines Löwen. Und was für eine Art von Menschen haben wir heute? Lauter rückgratlose Schwächlinge!«

Seine Witwe überlebte ihn, sie starb 1861; überlebt hat ihn auch seine Tochter Praskowia, die 1887 unglücklicherweise von ihrem Koch ermordet wurde. Die Feder seines Verwandten Leo Tolstoi hat ihn unsterblich gemacht. »Der Amerikaner« erscheint unverkennbar als Graf Fjodor Iwanowitsch Turbin in Tolstois Erzählung »Zwei Husaren«. Turbin trifft zufällig in einer Kleinstadt ein, als dort gerade die Wahl des einheimischen Adels stattfindet, und wird von einem der dort versammelten Gutsbesitzer, einem pensionierten Offizier, als der gefeierte Husar und Duellant erkannt, der er ist. ›»Und wie angenehm er im Umgang ist!‹ erklärt ein anderer. ›Er ist wohl nicht älter als fünfundzwanzig Jahre?‹

›Nein, er sieht nur so aus, aber er ist älter. Man muß nur wissen, wer er ist. Wer hat die Migunowa entführt? – er. Sablin hat er niedergeschossen, Matnew hat er an den Beinen aus dem Fenster geschmissen, dem Fürsten Nesterow dreihunderttausend Rubel im Spiel abgenommen. Man muß wissen, was für ein Tollkopf er ist.

Ein Spieler, ein Raufbold, ein Verführer; aber eine Seele von Husar, wahrlich, eine Seele. Wir haben ja den Ruhm, aber wenn jemand verstehen könnte, was das heißt, ein echter Husar zu sein. Ach, das war eine Zeit!‹«

Während des kurzen Aufenthaltes des Grafen in der Stadt wird dessen Leben wie von einem Wirbelwind bewegt. Er borgt sich von dem alten Offizier gnädigerweise zweihundert Rubel, weigert sich aber, sie zurückzugeben; er besucht den Adelsball und entzückt alle dank der erlesenen Anmut seines Tanzes und seines schneidigen Selbstbewußtseins; und er lenkt die unsterbliche Liebe einer schönen Witwe auf sich. Wie er sich ihr nähert, das könnte aus dem Leben gegriffen sein:

»›Mein Bruder hat mir gesagt, Graf, daß Sie auf der Reise Unglück gehabt haben und jetzt ohne Geld sind. Wenn Sie aber Geld brauchen, wollen Sie es nicht von mir leihen? Ich würde mich sehr freuen.‹

Aber kaum hatte Anna Fjodorowna das ausgesprochen, erschrak sie plötzlich und errötete. Die ganze Heiterkeit war im Augenblick aus des Grafen Miene verschwunden.

›Ihr Bruder ist ein Narr!‹ sagte er schroff. ›Sie wissen, wenn ein Mann einen anderen beleidigt, so schießen sie sich; aber wenn eine Frau einen Mann beleidigt, was tut man dann, wissen Sie das?‹

Nacken und Ohren der armen Anna Fjodorowna färbten sich purpurrot. Sie schlug die Augen nieder und antwortete nicht.

›Eine Frau küßt man dafür vor der ganzen Gesellschaft‹, sagte der Graf leise, sich zu ihrem Ohr neigend. ›Erlauben Sie mir, wenigstens Ihr Händchen zu küssen‹, fügte er nach langem Schweigen, sich der Verlegenheit der Dame erbarmend, hinzu.

›Ach, nur nicht jetzt gleich‹, sagte Anna Fjodorowna schwer seufzend.

›Also wann dann? Ich reise morgen in der Frühe ... das sind Sie mir schuldig.‹

›Nun, so darf es eben nicht geschehen‹, sagte Anna Fjodorowna lächelnd.

›Gestatten Sie mir nur, eine Gelegenheit zu suchen, Sie heute noch zu sehen, um Ihr Händchen zu küssen. Ich werde Sie schon finden.‹

›Wie wollen Sie denn eine solche Gelegenheit finden?‹

›Das ist nicht Ihre Sache. Um Sie zu sehen, ist mir alles möglich ... Also gut?‹

›Gut.‹«[23]

Aber Graf Turbin verbrachte den späteren Teil der Nacht bei den Zigeunern (»Ach, mein Gräflein, mein Täubchen, mein Schatz, welch ein Glück!« flüstert ein wohlgestaltetes junges Zigeunermädchen.) Danach rettet er einen jungen Mann, der sich im Spiel ruiniert hat, indem er ganz einfach in das Zimmer des Gläubigers platzt, wo das Geld gerade auf dem Tisch ausgezählt wird. Als Luchnow, der Spieler, sich weigert, für diese Summe mit Turbin zu spielen, wird das Gesicht des Grafen plötzlich leichenblaß. Er versetzt Luchnow einen fürchterlichen Hieb auf den Kopf, grapscht sich das Geld und macht sich davon. Er streckt seinen Kopf zurück durch die Tür und sagt noch:

»Falls Sie Satisfaktion wünschen, stehe ich Ihnen zu Diensten. Ich werde noch eine halbe Stunde in meinem Zimmer sein.«

Als Fjodor Tolstoi einst in Deutschland reiste, mußte er einem Beamten einige Einzelheiten zu seiner Person mitteilen. Nach seinem Gemütszustand befragt, antwortete er einfach: »lustig«.[24] Die Realität war vielschichtiger. Für Herzen und seither auch für andere lag die Erklärung weitgehend in der erstickenden Wirkung der Autokratie des frühen neunzehnten Jahrhunderts, die jedes rechtschaffene Streben, das von Kraft und Charakter zeugte, unterdrückte.

»Die erstickende Leere und das Schweigen des russischen Lebens bringen, vor allem wenn sie auf seltsame Weise mit einem quicklebendigen, ja sogar stürmischen Charakter in Berührung kommen, alle möglichen Auswüchse hervor. In Suworows Hahnenschrei... und in den wilden Untaten Tolstois, des Amerikaners, höre ich einen ähnlichen Ton, der uns allen vertraut ist, obschon in milderer Form oder in eine andere Richtung gehend... Da entwickelt sich eine wilde Leidenschaft, eine schlechte Neigung, und man braucht sich nicht darüber zu wundern: Seit langem durften wir unsere Laster ungehindert austoben, aber wer sich für die Sache der Menschheit einsetzt, den steckt man beim ersten Anzeichen davon in eine Garnison oder schafft ihn nach Sibirien...«[25] Und Sergei Tolstoi schließt eine Monographie über das Leben seines Verwandten mit den Worten: »Wer weiß? Mit einer anderen Erziehung und in einem anderen Milieu hätten sich seine Energien und seine hervorragenden Fähigkeiten vielleicht anderen, gewinnbringenderen Zwecken zugewandt und sich zugunsten der Menschheit nutzbar gemacht.«

Es ist reizvoll, diese Erklärung anzunehmen, die in der Tat einiges für sich hat. Für die tatkräftigeren, energischeren Angehörigen des russischen Adels, die große Talente, Reichtum, das Ansehen der Gesellschaft und wirklich jeden anderen Vorteil besaßen *außer* wirkliche politische Macht und Verantwortung, muß das Leben zeitweise unerträglich enttäuschend gewesen sein.

6
»Die Verkörperung einer ganzen Akademie«

Fjodor Petrowitsch Tolstoi, 1840

Die Romane Leo Tolstois und die Lyrik Alexei Konstantinowitschs sind im Westen hinlänglich gut bekannt; aber wahrscheinlich wissen nur wenige Menschen, daß die gleiche Familie die russische Kultur auch in der Malerei und in der plastischen Kunst bereicherte.

Fjodor Petrowitsch wuchs, wie andere seiner Familie zu dieser Zeit, in verhältnismäßig armseligen Umständen auf. Der große Reichtum des berühmten Grafen Peter Andrejewitsch war nach dessen Streit mit Menschikow und seiner Verbannung ins Weiße Meer enteignet worden, und wenn auch seine Nachkommen 1760 den Titel zurückerhielten, besaßen sie doch insgesamt nur noch zweitausend Leibeigene. Im achtzehnten Jahrhundert pflegten die Tolstois zu sagen, daß »es in unserer Familie keine Reichen gibt; wohlhabend sind nur diejenigen, die sich reich vermählen«.

Fjodors Vater, auch er ein Peter Andrejewitsch (ein Urenkel des Mannes, der den Zarewitsch entführt hatte), wurde 1746 geboren. Sein Fleiß und mehr noch seine Ehrlichkeit brachten ihn im Militärdienst voran, bis er Generalmajor und Vorstand des Kriegskommissariats wurde. Katharina die Große schätzte seine Rechtschaffenheit sehr und behandelte ihn ein wenig so, wie man ein Original behandelt. Einmal brach im Kriegskommissariat ein Feuer aus und war schon nahe daran, auf den Tresorraum überzugreifen. Unter Einsatz seines Lebens rettete Peter Tolstoi eine große Summe Geldes, die dort lag, und brachte sie zu seinem Vorgesetzten, dem Sohn der Zarin. Dieser Herr sah ihn spöttisch an, schickte alle andern zur Tür hinaus und wandte sich wieder an Tolstoi. »Sie sind ein Dummkopf, Graf Peter Andrejewitsch, ein ehrlicher Dummkopf!« – »Worüber beklagen Sie sich?« fragte der erstaunte Graf. »Hier ist alles unberührt!« – »Ich weiß das wohl, alter Knabe, daß hier alles unberührt ist, aber Sie sind ein Dummkopf, ein Erzdepp! Wir hätten glauben können, das Feuer habe alles vernichtet. Ach, Bruderherz, Sie tun mir leid, sehr leid! Sie werden Ihr Leben lang arm bleiben.« Er hatte recht. Katharina II. betrachtete ihren ehrlichen General huldvoll und freundlich, aber ihren ungeliebten Erben hatte er tief gekränkt, indem er ihm das Geld aus dem Schatz verweigerte. »Sagen Sie ihm, er wird sich noch einmal daran erinnern!« brüllte der erzürnte Zarewitsch; als er 1796 als Paul I. auf den Thron folgte, wurde der arme Tolstoi entlassen. Seine Frau (Peter Andrejewitsch hatte sie in Kasan geheiratet, als sie erst vierzehn war) hatte ihm nichts in die Ehe mitgebracht, statt dessen schenkte sie ihm sechs Kinder: fünf Buben und ein Mädchen. Aber sie war musisch veranlagt und intelligent, und sie waren eine glückliche, wenngleich verarmte Familie.

Fjodor, der vierte Sohn, besaß wirklich bemerkenswertes Talent, aber sein älterer Bruder Alexander (geb. 1777) zeigte viele jener Züge von Raserei, die »den Amerikaner« ausgezeichnet hatten. Alexander besaß eine außerordentlich bewegliche Mimik, um die ihn vielleicht ein Grimaldi beneidet hätte, und man sagte, er habe sogar einzelne Haarpartien auf seinem Kopf in unterschiedliche Richtungen bewegen können. Er widmete sein kurzes Leben grobem Schabernack, einer ausgefallener als der andere.

Er war der einzige in der Familie, der von Kaiser Paul mit Wohlgefallen betrachtet wurde. Doch auch Alexander I. setzte die Gunstbezeigungen fort, obwohl Alexander Tolstoi gewissenlos genug war, dem Kaiser eine Zahl toller Streiche zu spielen: daß er dem Kaiser, wenn sie auf Manöver waren, allmorgendlich auf mysteriöse Weise das Frühstück aus dessen Zelt verschwinden ließ, war noch der anständigste von allen. Einmal traf eine riesige Urne aus Jaspis im Winterpalais ein und wurde dort ausgestellt. »Meine Güte, wie riesengroß!« rief eine bezaubernde junge Dame aus. »man könnte fast darin schwimmen!« »Probieren wir's!« brüllte Tolstoi aus der Menge und schwang sich in voller Uniform in das Gefäß. Er tat so, als mache er Schwimmbewegungen, als plötzlich das Gelächter erstarb und die Hofgesellschaft einen breiten Weg zu der Vase freimachte. Tolstoi zog den Kopf ein und blieb still auf dem Boden liegen. Der Zar und sein Gefolge betraten den Saal und bewegten sich langsam zwischen den Reihen sich verneigender Herren und knicksender Damen hindurch. Seine Majestät bemerkte sogleich, daß jeder sich verzweifelt bemühte, ein unstillbares Lachen zu unterdrücken. Stirnrunzelnd blickte er umher und lächelte auf einmal. »Es kann nur Tolstoi sein!« murmelte er, und nach einer Betrachtung der Urne ging er weiter in die nächste Galerie.

Aber der arme Alexander Tolstoi war wirklich »nicht normal«, wie meine Großtante Lily zu sagen pflegte, und nahm ein unglückliches Ende. Er entschloß sich plötzlich zur Heirat, doch seine Frau verließ ihn binnen eines Jahres und ließ ihm ihre kleine Tochter Lisa zurück. Die Tapferkeit, mit der er 1812 gegen die Franzosen gekämpft hatte, brachte ihm eine Auszeichnung, doch seine Verletzungen untergruben rasch seine Gesundheit. Er kehrte in das Haus seines alten Vaters zurück und war ein schwerkranker Invalide, als der er mit zweiundvierzig Jahren starb. Seine Nichte erinnerte sich an ihn in jenen Jahren: hingelümmelt in einen Sessel, war der pensionierte Schelm verkümmert zu »einer blassen Figur in einem weißen Morgenrock mit schrecklich ausgemergelten Zügen, er hustete immerzu und spuckte in ein hübsches, kleines rotes Kupferbekken mit Löwenfüßen. Ich fürchtete mich vor diesem unglücklichen Invaliden und starrte ihn nur aus einiger Entfernung an«.[1]

Fjodors jüngerer Bruder, Wladimir, war Soldat; er wechselte später in den zivilen Staatsdienst über. Verheiratet hat er sich nie, entsann sich eine Nichte, er sei aber »sehr aufmerksam zu den Damen gewesen – wie alle Tolstois«. Der dritte Bruder, Konstantin (1780–1870) war der Vater des großen Dichters Alexei Tolstoi. Er war ein braver Soldat und galt in seinen Tagen als einer der besten Tänzer, aber unglücklicherweise entwickelte sich zwischen seiner Frau Anna und ihm eine derart unüberwindliche Abneigung, daß sie ihn mit ihrem kleinen Sohn bald nach dessen Geburt verließ. Die Gräfin Anna verheiratete sich nicht wieder, blieb aber weiterhin mit der Familie, namentlich mit ihrem Schwager Fjodor, auf freundschaftlichem Fuß.

Fjodors fünfter Bruder hieß Peter, geboren 1787. Er ging wie Fjodor zur Marine und schloß 1804 die Marineakademie ab, um ein, wie sich herausstellen sollte, vielversprechendes Abenteurerleben zu führen. Auf Drängen seines Vaters wurde er zur englischen Marine abgestellt und diente unter Admiral Nelson »während dessen Weltumsegelung«. Dies scheint sich auf Nelsons Fahrt zu den Westindischen Inseln zu beziehen, anno 1805, die mit der Schlacht von Trafalgar ihren Höhepunkt fand. Nach sechs Jahren Dienst kehrte Peter als Leutnant zur russischen Marine zurück. Seine Familie war von der Erscheinung ihres heimgekehrten Helden hingerissen, braungebrannt und hübsch, wie er aussah. Doch ach, binnen eines Jahres ertrank er unglücklicherweise, als sein Schiff, die *Pollux*, in einem schrecklichen Sturm vor der Insel Gotland unterging (1809).

Peter Andrejewitsch Tolstoi

Der vierte Sohn des alten Grafen Peter Andrejewitsch Tolstoi, Fjodor, wurde am 10. Februar 1783 geboren, zu einer Zeit, als der Graf noch immer in der Gunst Katharinas der Großen stand. In der Dienstwohnung der Familie, im ersten Stock des St. Petersburger Kriegskommissariats, gleich neben dem Jusupow-Palast, kam der Kleine auf die Welt. Beinahe jeden Tag kam die Kaiserin auf ihrem Schlitten vorbei und vergaß nie, zum Fenster der Gräfin einen Kuß hinaufzuwerfen. Kaum war das Kindchen getauft, wurde es auch schon zum Feldwebel in den Preobraschenski-Garden ernannt und gnädigerweise für ein Jahr vom Dienst freigestellt. Doch der kleine Fjodor zeigte keine Lust für das Spiel mit hölzernen Schwertern, Trommeln und Spielzeugsoldaten, die es in den meisten Knabenzimmern gab. Sein einziges Spielzeug waren Papier, Bleistifte, Pinsel und Farben, mit denen er den ganzen Tag über malte. Sein Talent offenbarte sich schon in sehr jungen Jahren, und es war klar, daß er eines Tages sehr wohl ein Mitglied der Akademie der Künste werden könnte – wäre da nicht die Tatsache gewesen, daß seinerzeit ein Edelmann seinem Sohn ebensowenig erlauben konnte, eine Karriere als Künstler einzuschlagen, wie ihn einem Schuster oder einem Schneider in die Lehre zu geben.

Fjodors grenzenlose Begeisterung für Kunst erfreute die Eltern und ängstigte sie zugleich. Beispiele seines frühreifen Talents, darunter auch die gelungene Zeichnung eines Pagen, der eine Fackel hielt, ausgeführt im zarten Alter von *vier* Jahren, pflegten sie voller Stolz den Freunden und Verwandten zu zeigen. Gleichzeitig fürchteten sie, sein übergroßes Interesse für die graphischen Künste würde ihn in seiner militärischen Laufbahn behindern, für die ihm eine große Zukunft verheißen war: 1792 suchte sie in ihrer Petersburger Wohnung ein entfernter Verwandter auf (ein »Onkel«, wie man in Rußland sagte), der bereits im Alter von vierundzwanzig Jahren in der Armee hohes Ansehen genoß und den offenbar eine goldene Karriere erwartete. Graf Peter Alexandrowitsch Tolstoi, später ein hochdekorierter Kommandeur in den Napoleonischen Kriegen, kommandierte damals gerade ein Dragonerregiment, das unweit von Wilna lag. Er bot sich an, den Jungen mitzunehmen und ihn für seine künftige Laufbahn vorzubereiten. Nach viel Seelenqual stimmten Fjodors Eltern widerwillig zu, weil sie dem Knaben etwas Gutes tun wollten.

Zuerst langweilte das neue Leben Fjodor gewaltig, doch bald fand er neue Interessensgebiete. Er wurde ein begeisterter Reiter, der schon als Zehnjähriger vor dem Regiment Kunststücke vollführte und anfing, ungezähmte Pferde einzureiten. Aber sein Onkel vergaß sein Versprechen nicht, den Knaben erstklassig erziehen zu lassen. Fjodor wurde nach Polotsk auf ein Kollegium geschickt, das der Leitung der Jesuiten unterstand, denen die Russen im achtzehnten Jahrhundert etliche ihrer besten Erziehungsstätten verdankten.[2] Unter der inspirierenden Anleitung des Vorstandes dieses Kollegiums, des Universalgelehrten Pater Gruber, begann Fjodor sein Naturtalent in eine Richtung zu entwickeln, die sich als ziemlich fruchtbar erweisen sollte. Insonderheit machte ihn Pater Gruber mit alten Stichen bekannt, an denen Fjodor zuerst lernte, wie man kopiert, und später erfuhr, wie sie handwerklich ausgeführt wurden.

In der Zwischenzeit kletterte der Knabe auf der Beförderungsleiter ziemlich schnell nach oben. Mit dreizehn war er Hauptmann, mit vierzehn Major. Schließlich kam die Zeit, den Onkel zu verlassen, für den er dankbare Hochschätzung empfand, die allerdings auch nicht frei war von Kritik. »Peter Alexandrowitsch war kein Dummkopf«, schrieb er später, »aber gleichwohl verfügte er über keinen überragenden Verstand. Er besaß keine sehr gute Erziehung, und Französisch sprach er nur schlecht. Er bildete sich ein, etwas zu wissen, obschon er dies doch gar nicht nötig habe ... Doch er war sehr großzügig, wahrheitsliebend und in höchstem Maße aufrichtig, und er war bereit, vor jedermann, wer er auch sei, ohne zu zögern für die Wahrheit einzustehen.« Diese letztere Eigenschaft sollte Napoleon erzürnen, in dessen Reich Graf Peter in den Jahren 1807/1808 als Botschafter residierte.

Im Jahr 1800 trat Fjodor Tolstoi, inzwischen siebzehn Jahre alt, in die St. Petersburger Militärakademie ein. Er fuhr mit der Flotte von Kronstadt nach Stockholm, machte während der Reise viele Skizzen und führte auch ein Tagebuch. Aber die Seekrankheit setzte ihm schwer zu, und er sehnte sich nach einer geistreicheren Beschäftigung. »Ich spürte«, schrieb er, »daß mir so vieles von meinem Leben fehlte. Der Ausbildungsplan der Marineakademie war nur für unkomplizierte, rechtschaffene Seeoffiziere, aber nichts für aufgeklärte Geister; und ich wollte aufgeklärt sein. Daher benutzte ich jede Gelegenheit, um Menschen kennenzulernen, die sich in den Künsten hervorgetan hatten, und besuchte öffentliche Vorlesungen.« Er wurde mit einigen der berühmtesten Gelehrten seiner Zeit bekannt, darunter dem Dichter Schukowski, dem Fabeldichter Krylow und dem Historiker Karamsin. Ins Theater ging er regelmäßig, namentlich das Ballett begeisterte ihn. Es dauerte nicht lange, und auch seine eigenen Talente fanden große Beachtung. Ein schön modelliertes Reliefporträt Napoleons erregte viel Bewunderung.

1802 schloß er die Marineakademie ab und schrieb sich zum Studium an der Akademie der Künste ein. Kaiserin Elisabeth hatte die Akademie gegründet, um in Rußland die schönen Künste zu fördern, und Katharina die Große hatte sie erweitern lassen. Sie war in einem großartigen klassizistischen Gebäude am rechten Ufer der Newa untergebracht, gegenüber dem Englischen Kai. Viele betrachteten sie als das schönste Bauwerk der Hauptstadt. Ein beeindruckter englischer Besucher bemerkte wenig später, in ihrem Äußeren sei sie »bei weitem das klassischste und reinste Bauwerk dieser Größe in St. Petersburg«, und »jedes Teil ihres Interieurs ist ein Beispiel für vollkommene Architektur«. Der Unterricht und die Ausstattung in der Akademie waren hervorragend, und nach dem Banausentum der Marineausbildung fühlte sich Fjodor Tolstoi wie in einem Paradies, dem er von nun an sein ganzes langes Leben widmen sollte.[3]

Zuerst schrieb er sich in den Kurs für Medaillenschneider ein, eine Kunst, in welcher sein Talent sich schließlich am vollkommensten entfaltete. Sein Lehrer Schilow, erinnerte sich Tolstoi, »lehrte mich, nach seiner Zeichnung Wachsmodelle anzufertigen. Dazu gab er mir unterschiedliche Mengen Palmenholz, das er sehr geschickt formte, und ein Profil des römischen Konsuls Caracalla, das ich nachbilden

Akademie der Künste in St. Petersburg

sollte. Von diesem Augenblick an besuchte ich immer die Kurse der Medaillenschneider, sofern meine Studien dies gestatteten.« Sein begeistertes Aufgehen in dieser Arbeit erregte die Anteilnahme seiner Professoren. Einer von ihnen, ein ausgezeichneter Bildhauer namens Prokofiew, sah ihm lange zu, während Fjodors Finger mit wunderbarer Geschicklichkeit das Wachs formten. Schließlich konnte Prokofiew nicht länger an sich halten und fragte: »Sagen Sie mir, warum studieren Sie? Wollen Sie wirklich ein Künstler werden, oder betreiben Sie es wie alle Ihre Standesgenossen nur als eine Liebhaberei?« Tolstoi erwiderte ernst, es sei sein einziger Wunsch, ein echter Künstler zu werden. »Nun dann«, antwortete Prokofiew dem jungen Marineoffizier (der selbst im Kunstunterricht die Marineuniform tragen mußte[4]), »dann müssen Sie sich für den ganzen Lehrgang der Akademie einschreiben.« Weiterer Anstöße bedurfte der junge Mann nicht, er warf sich entschlossen auf alle Studienfächer.

Doch zu diesem Zeitpunkt sah es so aus, als ob all die glühenden Verheißungen seines Talents, die bereits in einigen überaus geschickt ausgeführten Zeichnungen ihren Niederschlag fanden, durchkreuzt würden. Plötzlich erhielt Tolstoi den Befehl, die russische Flotte in Regensholm aufzusuchen. In großer Besorgnis sah er all seine Hoffnungen zerstört und wandte sich verzweifelt an seinen wohlwollenden Verwandten, den Grafen Peter Alexandrowitsch Tolstoi, der glücklicherweise gerade Militärgouverneur von St. Petersburg war. Sofort sprach der General den Marineminister an,

Admiral Tschitschagow, und erreichte, daß Fjodor am 23. Juli 1804 zum Adjutanten des Admirals ernannt wurde. Das erforderte seine Anwesenheit in der Hauptstadt und ermöglichte es ihm, seine Studien fortzusetzen.

Trotz alledem, Fjodor Tolstoi blieb seinem Entschluß treu, und noch im gleichen Jahr gab er sein Offizierspatent zurück. Er stürzte sich auf einen Beruf, der für einen Menschen seiner Herkunft lächerlich erscheinen mußte. Es fehlte ihm an Geldmitteln, an Einfluß und an Unterstützung, und er schien zum Leben des bedürftigen Bohemiens verurteilt zu sein. Große Teile der Gesellschaft höhnten über seinen Spleen. »Was? Graf Tolstoi, Angehöriger einer der großen Familien Rußlands – ein Künstler? Einer, der sich Tag und Nacht abplackt und schuftet?« So murmelten die Unbarmherzigeren. Aber für Tolstoi gab es keine Qual der Wahl: Für ihn war die Kunst die Welt – oder sie war nichts.

Anfangs ging es ihm wirklich schlecht. Er war buchstäblich dazu verurteilt, mit seiner Hände Arbeit sein Brot verdienen zu müssen. Er entwarf Kameen für Broschen im antiken Stil, die damals sehr in Mode standen und die seine treue Kinderfrau Matrjona zum Verkauf auf den Markt brachte. Wenn er die paar Groschen, die er damit verdiente, für Bücher und Kunstmaterialien ausgab, tröstete sie ihn: »Macht Euch keine Sorgen, junger Herr; arbeitet, studiert, aber sorgt Euch nicht. Die alte Nannie wird Euch Buchweizenkascha und Kohlsuppe bereiten – arbeitet weiter, mit Gottes Hilfe!« Der Lohn für ihre Hingabe ließ nicht lange auf sich warten. Tolstois wunderbare Zeichnungen im klassischen Stil fanden immer mehr Beachtung, bis jemand die Aufmerksamkeit von Kaiser Alexander I. auf sie lenkte. Der Zar war so beeindruckt, daß er ihm eine Stelle in der Galerie der Eremitage verschaffte, mit einem Jahresgehalt von 1500 Rubel.

Nach dieser Ernennung ließ sich Fjodor Tolstoi zusammen mit Matrjona in einer bequemen Erdgeschoßwohnung bei der Kettenbrücke unweit der Sommergärten nieder. Er richtete sein Atelier und die Wohnräume ganz nach seinem Geschmack ein, kaufte sich neue Kleider und war es zufrieden, daß Matrjona die Hauswirtschaft mit gewohnter Selbstherrlichkeit führte. Bis er eines Tages mit der Nachricht heimkam, daß er bald heiraten werde. Die künftige Braut war eine siebzehnjährige Anna Fjodorowna Dudina, eine von sieben Kindern der Witwe eines Kommerzienrates, die in einer der Straßen auf der Wassiljewski-Insel lebte, gerade auf der anderen Seite der

Annette Tolstoja

Newa. Fjodor war in dem alten Holzhaus mit seinem von Bäumen beschatteten Garten, der sich über die Länge eines ganzen Wohnblocks erstreckte, ein regelmäßiger Besucher geworden. Er war sehr verliebt in Anna Fjodorowna, die so sanftmütig und freundlich wie schön war. Ihr Herz war von dem hübschen, begabten jungen Grafen gleichermaßen tief berührt, und es dauerte nicht lange, und sie hatten sich die Ehe versprochen und die Hochzeit festgelegt.

Die jungen Leute beteten einander an, und es wurde daraus eine Liebesheirat, die ein Leben lang anhielt. Nur die alte Kinderfrau, Matrjona, die ein ausgeprägtes Gespür für gesellschaftliche Unterschiede hatte, wehrte heftig ab. »Wer sind Sie?« rief sie ärgerlich, als sie die Nachricht erhielt, »sagen Sie, wer sind Sie? Ein Graf – ja oder nein!? Ein Kommerzienrat! Die Frau eines Kaufmanns, höre ich? Die Kaufmannsfrau Frau Dudina! Es scheint, daß Sie sonst niemanden finden konnten? Die Welt ist groß genug für Sie, oder nicht? Da gab es für Sie keine Gräfin oder Prinzessin? Sie mußten sich eine Kommerzienrätin aussuchen! Ein schöner Vogel, wahrhaftig! Nun, Sie sollten wissen, daß ich nicht die Bedienstete einer Kaufmannsseele sein möchte! Auch nicht die Ihre! Ich gehe, ich gehe, und ich möchte Sie auch nicht wiedersehen!« Auch Fjodor geriet in Wut, und die alte Dame ging. Sie kehrte jedoch später zurück, und die junge Gräfin nahm sie bald durch ihre nie nachlassende Güte und Freundlichkeit für sich ein.

Ein knappes Jahr darauf, am 10. August 1811, wurde ihr erstes Kind geboren, eine Tochter Elisabeth. Dies waren unruhige Zeiten für alle Russen, und der erste Schrei der kleinen Lisa lautete zum Entzücken der Familie nicht »Mama« oder »Papa«, sondern »Hurra, Sieg!« – Worte, die seinerzeit jedem Russen auf der Zunge lagen.

Im gleichen Jahr gestaltete der stolze Vater ein schönes Wachsrelief (heute in der Tretjakow-Galerie), das die junge Familie zeigt: Vater, Mutter und das kleine Kind, in klassische Gewänder gehüllt; daneben steht ihr Pudel Hektor und betrachtet sie schützend.[5]

Mit einem bequemen kleinen Heim, einem ansehnlichen, obschon bescheidenen Einkommen und einer liebevollen Familie konnte sich Tolstoi nun uneingeschränkt seiner schöpferischen Tätigkeit widmen. Annette war nicht nur eine hingerissene Bewunderin und eine Quelle des Zuspruchs, sie schenkte ihm ihre Hilfe, wo sie nur konnte. Sie nähte hervorragend, besaß selbst einiges künstlerisches Talent und nahm so Fjodor viel von den rein handwerklichen Arbeiten ab: sie half ihm, die Grundstoffe zuzubereiten, Formen zu gießen, und sie führte sogar seine russische und französische Korrespondenz. Vor allem aber war sie ihm eine Inspiration. Glücklicherweise ist es nicht notwendig, sich auf zeitgenössische Beschreibungen zu verlassen, will man ihren Zauber erfahren. Denn ihr anbetungsvoller Gatte modellierte nicht nur Wachsreliefs und Statuen von seiner hübschen Frau, sondern fand auch sehr schnell in ihr die Inspiration, wie man weibliche Formen schlechthin darstellt. Annettes sanft klassische Züge und ihre anmutig gerundete Gestalt standen völlig im Einklang mit seiner Vorstellung von ungeschmückter weiblicher Schönheit.

In jedem eleganten russischen Salon fand man zu jener Zeit ein Exemplar von Bogdanowitschs heiterem Gedicht »Duschenka« (Das Herzchen), das auf der griechischen Erzählung von der Liebe zwischen Cupido und Psyche fußt. Der Dichter hat seine Lesart der russischen Umgebung angepaßt, den Hintergrund bildet, unschwer erkenntlich, Park und Palast von Zarskoje Selo. Es erschien erstmals 1778 und fand Tolstois Aufmerksamkeit, da es geeignet schien, ein Phantasiegemälde einer vergangenen Mittelmeerwelt heraufzubeschwören, welche ihn und seine Zeitgenossen in ihren Bann schlug. Luftige, geräumige Landhäuser mit Portikos, von Säulen getragen, die den Blick hinaus auf sonnendurchflutete Zypressen- und Oliven-

Bas-Relief von 1811,
angefertigt von Fjodor Petrowitsch Tolstoi,
das seine Familie zeigt

Annette Tolstoja als Duschenka

haine öffnen, wo götterähnliche Knaben und Nymphen lebten, deren geschmeidige Körper nur soweit verhüllt waren, wie es die Schicklichkeit gebot. Die regungslose Stille der Luft läßt den schrillen Klang der Zikaden und die warmen Düfte ahnen, die von der weißschäumenden Ägäis herüberwehen.

Doch dies öffnet den Blick nach vorn (die Illustrationen zu »Duschenka« entstanden zwischen den Jahren 1820 bis 1833), in eine Zeit, als der Weizen der Tolstois blühte. Die erste Zeit nach seiner Heirat lebte das junge Paar zwar vielleicht nicht gerade dürftig, doch zumindest ohne den Ballast von Luxus. Da Tolstois Wohnung für eine Familie zu klein war, zogen sie in das Haus von Annettes Mutter auf der Wassiljewski-Insel. Das lag zwar weiter entfernt von der Stadtmitte, war aber für ihre Bedürfnisse geräumig genug; dort wurde auch die kleine Lisa geboren. Keine fünf Jahre später aber zog die alte Dame aus, um bei einer weiteren verheirateten Tochter zu leben, in Charkow, und das Haus wurde verkauft. Fjodor und Annette bezogen ein kleines, einstöckiges Mietshaus in einem noch weiter entlegenen Stadtteil auf der Wassiljewski-Insel. Hühner, Enten, Gänse und Kühe scheinen dort nur so umhergeschwärmt zu sein; aber was sie an malerischer Umgebung gewannen, konnte den Eindruck einer entlegenen Einöde nicht aufheben.

Der Haushalt bestand aus der dreiköpfigen Familie, ferner aus zwei Leibeigenen, Iwan und Axinia, aus dem Haushalt der Schwiegermutter nebst einer neu eingestellten Köchin. Wohlhabende Verwandte schienen es vorzuziehen, sie zu vergessen. Fjodors Vater, der alte Graf Peter Andrejewitsch, wollte wirklich gerne helfen, doch die französische Besetzung von 1812 hatte sein Gut in Mitleidenschaft gezogen und ließ ihm wenig übrig. Es war Fjodor, der ihm unter die Arme griff, indem er seine Schwester Nadeschda einlud, mit in seinem Haushalt zu leben. Hinterher pflegte Fjodor mit süßsaurem Witz jener Tage ihres bohemienhaften Daseins zu gedenken.

Einmal, als er gerade in der Akademie war, saßen seine Frau und seine Schwester daheim, als sich die Tür ihres Zimmers öffnete und ein Riesenkerl von einem Mönch eintrat, dessen Äußeres ausgesprochen unheilvoll wirkte. Gräfin Anna kam der obligatorischen Bitte um Almosen zitternd nach, erschrak aber noch mehr, als sich ihr Besucher niederließ und ein höchst unklösterliches Lied herausschmetterte. Ihre Schwägerin ängstigte sich derart, daß sie so tat, als riefe sie Diener herauf: »Iwan, Peter, Andrei!« Der Mönch stieß ein rohes Lachen aus. »Ruf nur, Schätzchen, vielleicht weiß ich nicht, daß ihr nur eine Köchin habt, den Burschen Wanja und ein Mädchen (das mit dem Kleinen im Hof spielt) und daß die Köchin und Wanja nicht zu Hause sind. Ruf nur, ruf nur! Vielleicht kommen sie.« Und er zog unter seiner Kutte eine lange, glänzende Klinge hervor. Die Damen starben fast vor Angst, als dank eines glücklichen Zufalls Fjodor unerwartet heimkam und ihren frommen Besucher hinauswarf.

Menschliche Kauzigkeit fand damals auf der Wassiljewski-Insel wenig Beachtung. Ein besonderes Original pflegte jeden Sonntag an Tolstois Haus vorbeizukommen. Es war dies die arme, verrückte Tochter eines Generals Glawatschewski, die von religiösem Wahn besessen war. Sie bekannte sich zu dem damals ziemlich bekannten Mystiker Labsin, Vizepräsident der Akademie der Künste, und pflegte tagaus, tagein, sommers wie winters, nackt durch die Straßen zu laufen, nur mit einem kurzen Mäntelchen bekleidet. In dieser ungewöhnlichen Aufmachung lief sie, einen Eimer in der Hand, über die ganze Insel. Sie holte Wasser aus der Newa und ging damit, Psalmen singend, zur Haustür von Präsident Labsin und säuberte sie ergeben. Neugierigen Passanten sagte man: »Das ist bloß die Tochter des Generals«, und die Polizei meinte offenbar, der Rang ihres Vaters sei genügend hoch, um ihr dieses Verhalten nachzusehen.

Fjodor Tolstoi ging so sehr in seiner Arbeit auf, daß er alles um sich herum beinahe vergaß. Das ging so weit, daß er selber einmal zu diesem Hauch von Schrulligkeit in seinem städtischen Vorposten beitrug. Er rasierte sich eines Morgens, nur mit Hemd und Pantoffeln bekleidet, vor einem Spiegel, der auf dem Fensterbrett stand. Neben dem Spiegel lag Hektor, der schöne, weiße Pudel der Tolstois, in stiller Versunkenheit. Der Graf hatte sich eingeseift und das Rasiermesser in der Hand, als er ein Paar Hände in das offene Fenster greifen sah, die seinen Hund packten und verschwanden. Außer sich vor Wut sprang Tolstoi aus dem Fenster und rannte hinter dem Störenfried her. Er sah den Dieb vor sich, der aus Leibeskräften rannte, und Tolstoi hinterher. Passanten blieben stehen und starrten dieser Erscheinung nach: nur mit einem Hemd und Pantoffeln bekleidet, das Gesicht voller Schaum und ein offenes Rasiermesser in der Hand. Der Dieb blickte zurück und verdoppelte seine Anstrengungen. Auch Tolstoi rannte schneller, bis er ihn zuletzt vor dem Bolschoi-Prospekt, der belebten Hauptstraße der Wassiljewski-Insel, einholte. Er packte den Mann am Schlafittchen, verpaßte ihm einen Schlag, der ihn taumeln machte, und zwang ihn, den Pudel herzugeben.

Wenn er aber gehofft hatte, der Vorfall sei unbemerkt geblieben, hatte er sich geirrt. Die vornehme Gesellschaft, die solches wunderliche Gebaren nicht gutheißen konnte, redete bald darüber – wiewohl viele einräumten, daß bei einem Edelmann, der so weit heruntergekommen war, daß er Künstler wurde, Grillen dieser Art unvermeidlich seien. Doch der nun folgende Ausschluß aus der *beau monde* kümmerte ihn nicht im mindesten. Er war den ganzen Tag mit seiner Arbeit beschäftigt, von der er nur ungern eine Minute abzwackte. Er arbeitete in seiner Dienststelle in der Eremitage und war auch für die Münze zuständig (diese Stelle hatte er seit 1810 inne) und verbrachte jede freie Minute mit Malen und Formengießen.

Im Hause seines Onkels und Wohltäters, des Generals Graf Peter Alexandrowitsch Tolstoi, lernte er den berühmten General Osterman-Tolstoi kennen, und er fertigte von ihm eine eindrucksvolle Reliefbüste aus Wachs an. Dieses Konterfei zeigt den General betont steif und hochmütig (diese Wirkung hinterließ er bei denen, die ihn

General Osterman-Tolstoi

nicht gut kannten), und Fjodor nannte ihn damals einen »hochtrabenden Aristokraten und äußerst grausam zu seinen Leibeigenen«, beides Beschuldigungen, die ganz offensichtlich nicht zutrafen.[6]

Zu diesem Gefühl der Abneigung könnte verständlicherweise auch beigetragen haben, daß er eine Zeitlang gemäßigt fortschrittliche Anschauungen vertrat, obgleich die wahren Ursprünge dieser Ansichten in der freizügigeren Haltung eines menschenfreundlichen jungen Künstlers zu suchen sind, der in einer Zeit lebte, als ein byronisches Sehnen nach öffentlicher und privater Freiheit wie ein elektrischer Strom durch die Welt der Intellektuellen fegte. Fjodors Freunde waren zum größten Teil hochgemute junge Adlige, die darauf brannten, gegen Riesen und Windmühlen zu kämpfen. Viele von ihnen sollten sich in den Dekabristenaufstand von 1825 verstricken. Er selbst schrieb dazu: »Dies waren nicht Gestalten jener typischen Vertreter einer Generation, zu denen der größere Teil unserer jungen Aristokraten gehört, die nur für Bälle und Salongeschwätz erzogen wurden, sondern Menschen, die ihr Vaterland liebten und sich immerzu den Wissenschaften hingaben, denen sie dienen wollten«. Er schloß sich Freimaurerlogen und Diskutierzirkeln an, die von einem erneuerten Rußland träumten, mit einem Zaren an der Spitze, der wirklich das Volk repräsentierte. Sie traten für die Abschaffung der Leibeigenschaft ein und dafür, daß jedermann den Schutz des Gesetzes anrufen kann. Sie betrachteten die Aufklärung des Volkes als einen wichtigen Schritt in Richtung auf eine Gesellschaft von freien Menschen, und Tolstoi forderte nachdrücklich: »Unser oberstes Ziel besteht darin, dem gemeinen Volk schnellstmöglich das Lesen und Schreiben beizubringen«. Er spielte eine wichtige Rolle in einer Bewegung, die neue Schulen gründete, welche auf dem nach dem Engländer Joseph Lancaster benannten System beruhten, das die Lehrerknappheit zu überwinden suchte, indem es ältere Schüler dazu abstellte, den jüngeren zu helfen. In der Hauptstadt wurden drei solche Schulen gegründet, da aber Alexander I. in den späteren Jahren seiner Regierungszeit zunehmend reaktionären Einflüsterungen erlag, mißbilligte man diese Schulen als Brutstätte der Freidenkerei und des Umsturzes, und schließlich wurden sie geschlossen.

Indes, obschon Tolstoi und seine Freunde unter sich derart radikale Pläne besprachen wie die Ersetzung der Monarchie durch eine Republik, schloß er sich doch nicht dieser kompromißlosen Gruppe an, welche sich zur offenen Revolte gegen die Regierung aufwarf. »In mir wohnte die unerschütterliche Bereitschaft«, schrieb er, »allen zu helfen, die um Hilfe baten oder ihrer bedurften. Da ich von Politik und allem, was damit zusammenhängt, nichts verstehe, handelte ich von Anfang bis Ende auf folgende Art: Ich half, wem ich helfen konnte, und gab jenen ehrlichen Rat, die darum baten.« 1821 verließ er diese führende Reformgesellschaft, die er bis dahin unterstützt hatte; von der Verschwörung, die 1825 in einem bewaffneten Aufstand gipfelte, wußte er nichts. Als er von den Kämpfen auf dem Senatsplatz erfuhr, ging er hin, um sich die Vorgänge anzusehen, kehrte aber nach Hause zurück, ohne sich einzumischen. Gleichwohl brachten ihn seine früheren Ausflüge *in politicis* in Verdacht, zumal der neue Kaiser, Nikolaus I., die Revolution mit Stumpf und Stiel ausmerzen wollte. Anfang 1826 wurde er festgenommen und verhört. Zwar leugnete er, von dem Aufstand etwas gewußt oder mit den Aufständischen sympathisiert zu haben, antwortete aber seinen Fragestellern trotzdem ehrlich und entschlossen.

Als ein Mitglied der Untersuchungskommission, Fürst A. N. Golizyn, andeutete, daß Tolstoi als ehemaliges Mitglied doch die

Namen der Mitglieder anderer Zweige dieser politischen Gesellschaft kennen müsse, antwortete er sarkastisch: »Eure Exzellenz haben höchstpersönlich mehreren Gesellschaften von Mystikern angehört und wissen trotzdem weniger als ich über deren Mitgliedschaft.« Und als er bezüglich eines guten Freundes befragt wurde, der teilgenommen hatte, antwortete er noch offener: »Die aufgeklärte Intelligenz, das ehrliche, empfindsame Herz und die edle Seele von Oberst Fjodor Nikolajewitsch Glinka haben mich immer zu ihm hingezogen, und ich genoß seine Freundschaft und pflege sie noch immer.«

Obgleich er sich nun keineswegs bemühte, sich bei der Regierung des neuen Zaren lieb Kind zu machen, mißbilligte er doch den Dekabristenaufstand entschieden. »Mein Gott«, schrieb er, »wie viele junge Männer von Bildung, mit hervorragenden Neigungen und voll ehrlicher Vaterlandsliebe mußten ihr Leben dafür opfern ... unermüdlich im Einsatz, damit ihr Land vorwärtskommt ... ehrliche Streiter für die Sache der Wahrheit und die Verteidigung der Unterdrückten ... zerstörten sie sich selbst und beraubten in einer unglücklichen, vorschnellen, nutzlosen Verschwörung und offenen Erhebung ihr Land ihrer fruchtbringenden Begabungen.« Er selbst forderte weiterhin Reformen im Erziehungs- und im Rechtsbereich sowie die Aufhebung der Leibeigenschaft, die für die Bauern eine niederdrückende Belastung bedeutete.

Es liegt auf der Hand, daß Fjodor Tolstoi sich nicht vornehmlich mit Politik beschäftigte. Medaillen zu prägen war sein höchstes Ziel. Russische Medaillen waren seinerzeit zum größten Teil schlecht entworfen, ein Abklatsch jener Stile, die in Westeuropa längst veraltet waren. Um es mit Tolstois Worten zu sagen: »All diese Medaillen im Stil der Zeit Ludwigs XIV. setzten sich aus unpassenden Allegorien zusammen, die mythologische Gottheiten und ähnliche Witzfiguren darstellten, gekleidet in jene Phantasiekostüme, wie man sie seinerzeit auf der Bühne sah; dazu dann noch wilde Tiere und Vögel, Arten, die man unmöglich bestimmen kann ... Und das Ganze war ohne Geschmack, ohne Gefühl für die Natur und ohne jegliches Verständnis für Kunst oder Perspektive ...«

Tolstoi legte allergrößten Wert darauf, daß der Medailleur den gesamten Herstellungsprozeß beherrschte, vom ersten Skizzenentwurf bis hin zum Gießen. Der wahre Medailleur sei nicht ein Techniker, sondern ebenso ein Künstler wie Künstler in anderen Bereichen; als solcher müsse er sowohl die schöpferische Inspiration

Medaille für Czacki *Medaille von Kulm*

besitzen, sich einen Entwurf auszudenken, als auch das handwerkliche Geschick, ihn auszuführen. Darüber hinaus müsse er ein umfängliches Wissen in Geschichte, Architektur, Naturgeschichte und anderen Wissenschaften mitbringen, da sich wahre Kunst durch Echtheit und Beständigkeit auszeichne. Vor allem aber müsse der Entwurf eines Medailleurs auf den ersten Blick die Person, das Thema oder das Ereignis mitteilen, für das er entworfen wurde. Es gäbe keinen besseren Lehrmeister für all diese Tugenden, meinte Tolstoi, als die Meisterwerke der griechischen und der römischen Welt mit ihrem untrüglichen Sinn für Linie und Perspektive und ihrer wunderbar übersichtlichen Anordnung. Tolstoi hatte bereits 1809 in praktischer Form bewiesen, worin seine Theorie bestand, und zwar mit einer herrlichen Medaille, die er in Anerkennung der Leistungen des polnischen Pädagogen Tadäus Czacki für die russische Provinz Wolhynien prägte. Weitere Entwürfe, ebenso meisterhaft ausgeführt, erschienen in den folgenden Jahren.

Vier Jahre nach seiner Berufung in die Münze stellte sich Tolstoi eine Aufgabe, deren Erfüllung zweifelsohne sein *magnum opus* werden sollte. »Ich bin Russe«, schrieb er 1814, als das Land den Sieg über Napoleon feierte, »und ich bin darauf stolz. Da ich am Ruhm meiner Landsleute teilhaben möchte ... wage ich mich an ein Unterfangen, welches den größten Künstler entmutigen würde. Doch die beispiellose Glorie unserer Tage ... kann ein mittelmäßiges Talent so inspirieren, daß es in das Tor zur Zukunft eintreten wird. In diesem Überschwang des Gefühls werde ich es wagen, die bemerkenswerten Ereignisse der Jahre 1812, 1813 und 1814 auf Medaillen darzustellen und in jenem schwachen Abglanz des Gefühls, dessen ich fähig bin, an die Nachwelt weiterreichen, da ich ihr mitzuteilen wünsche, wie zu unserer Zeit jedermann so empfand wie ich und wir alle glücklich waren, Russen zu sein.«

Die erste Medaille, die er daraufhin entwarf, goß und prägte, zeigte eine Büste des Zaren Alexander I. in Gestalt des altslawischen Götterhelden Rodomysl. Zusammen mit neunzehn weiteren Entwürfen für Medaillen präsentierte Fjodor Tolstoi sie der Akademie. »Wenn die Akademie mir mit Mitteln beistehen könnte«, schrieb er in seinem Begleitbrief, »würde ich mich anheischig machen, neunzehn Medaillen nach ähnlichem Plan zu fertigen.« Er sah sich zu dieser Bitte genötigt, da ihm jegliche Mittel fehlten, dieses Vorhaben allein durchzuführen.

Doch die Akademie war höchst beeindruckt. Es wurde ein Komitee aufgestellt, einzig und allein zu dem Zweck, Tolstois Gesuch zu prüfen. Die Begeisterung des Komitees war angesichts der Großartigkeit des Projekts und der bereits unter Beweis gestellten Fähigkeiten des Künstlers schnell geweckt. Es bewilligte ihm zwanzigtausend Rubel, um ihn in die Lage zu versetzen, diese Aufgabe auszuführen. Diese Summe erscheint verschwenderisch groß, wenn man sie nicht an der Größe der Aufgabe mißt. Tolstoi strebte nichts Geringeres an als höchste Vollendung, und die peinliche Sorgfalt, die er gegenüber seinem Vorhaben walten ließ, weitete jeden Prozeß ins Gigantische aus. Schon lange bevor er mit den ersten Skizzen anfing, hatte er umfängliche Forschungen angestellt bezüglich der zu gedenkenden Ereignisse: er hatte Augenzeugen der Feldzüge befragt, darunter Veteranen aus allen Rängen, er hatte ihre Erinnerungen und Eindrücke verschlungen, bis seine Vorstellungen zu einem schöpferischen Ganzen zusammengeflossen waren.

Von Anfang an vermied er jeden Gedanken an eine konventionelle Darstellung siegreicher Generäle oder zeitgenössischer Waffen und Uniformen. Auch von undurchsichtigen allegorischen oder symbolischen Darstellungen wollte er nichts wissen. Er schöpfte seine Inspiration aus seiner geliebten griechischen und römischen Geschichte, von der er nicht eine idealisierte ästhetische Vorstellung hatte, sondern die einer wirklichen Welt, wo die Tugenden des Patriotismus, des Heldentums und des Bürgersinns in hoher Blüte standen. Der Klassizismus hatte sich in Rußland in den mittleren Jahrzehnten des achtzehnten Jahrhunderts aus französischen und deutschen Vorbildern fortentwickelt und erhielt neuen Auftrieb durch die Ausgrabungen von Herkulaneum und Pompeji, so daß die alte Welt in neuem Glanz erstrahlte. Was sowohl Europäer als auch Russen an der antiken Welt bewunderten, war, mit den Worten des großen deutschen Gelehrten Johann Winckelmann, »die edle Einfalt und stille Größe«, die so gut zur Kunst der Romantik und dem staatsbürgerlichen Empfinden der Aufklärung paßten.

Tolstoi spürte, daß sein neoklassizistischer Ansatz die Ereignisse, derer er gedenken wollte, auf eine höhere, stärker durchgeistigte Ebene hob. Die anmutigen, kraftvollen Gestalten, die die stürmischen Ereignisse der jüngsten Geschichte so kühn versinnbildlichten, verkörperten bei ihm, allgemein gesehen, sämtliche Teile des heldenmütigen russischen Volkes oder hohe Ideale von Heldentum und Ritterlichkeit. Dies alles nimmt homerische Ausmaße an: Den Franzosen gestand er kriegerischen Mut zu und den Russen jene Eigenschaft, auf die sie angefangen hatten, stolz zu sein: kraftvolle, geduldige Stärke, Rückhalt und ruhiges Vertrauen in die Gerechtigkeit ihrer Sache und in den Sieg am Ende. Auf einigen der Medaillen begegnet man heftigem, wildem Kampfgetümmel: schlagende Schwerter, hoch erhobene Streitäxte und angsterfüllte Gestalten, unter tödlichen Streichen taumelnd. Auf anderen ist alles absichtsvolle Eile, so beispielsweise dort, wo Napoleon furchtsam über eine ruhende Gestalt flüchtet, welche den Njemen verkörpert, oder wo zwei russische Krieger bei Katzbach über gefallene Körper hinwegstürmen. Bei dem entscheidenden Sieg General Osterman-Tolstois bei Kulm, 1813, entwindet ein russischer Kämpe einem fallenden Franzosen das Schwert. Beim Kampf an der Beresina herrscht für einen Augenblick eine furchtbare Stille, während ein trotziger Russe, Schwert und Schild auf dem Rücken, grimmig hinter sich weist auf ein mit Leichen übersätes Feld. Dann gewinnt die Bewegung an Leben, und als die russischen Armeen schließlich 1814 in Frankreich einziehen, sehen wir bei Brienne, Fère-Champenoise und Arcis-sur-Aube den Feind immer tiefer sinken, indes der russische Eroberer ihn mit Lanze und Axt wild niederschlägt. Diese Medaillen sind nicht nur als Einzelstücke in sich harmonisch, sondern bewegen sich gleichsam in einem auf- und abwogenden Rhythmus von Fließen und wuchtigem Innehalten des Geschehens und spiegeln so die Ereignisse einer Epoche wider, an die sie erinnern wollen.

Es war eine gigantische Aufgabe, der er sich mit all seiner außergewöhnlichen Kraft und Konzentration hingab. 1814 schuf

Aushebung der Landwehr, 1812

Tolstoi die erste Medaille aus dieser Serie (die von Alexander I.), und es dauerte bis 1836, als er die letzte Medaille vollendete und mit der Inschrift versah: »Friede in Europa« – er hatte zweiundzwanzig Jahre an seinem Meisterwerk gearbeitet. Als diese herrliche Serie nach und nach die Münze verließ, ergossen sich der Beifall der Öffentlichkeit und Ehren aus allen Winkeln über den dankbaren Künstler. Die Russen geraten leicht in Überschwang, wenn sie sehen, wie patriotischer Stolz mit künstlerischem Talent Hand in Hand geht, und so wurde Tolstoi 1828 zum Vizepräsidenten der Akademie der Künste ernannt. Beinahe ebenso großer Beifall erhob sich im Ausland, als augenfällig wurde, daß Rußland künstlerisches Genie besaß, wie man es kaum erwartet hatte. Fast alle europäischen Akademien übertrugen ihm die Ehrenmitgliedschaft. Die englische Regierung lud ihn ein, eine ähnliche Serie zur Erinnerung an englische Siege zu entwerfen, was er mit der patriotischen Begründung ablehnte, er sei seiner Natur gemäß außerstande, als Künstler einer Sache volle Gerechtigkeit widerfahren zu lassen, die nicht die seine sei. Die Medailleure der Österreichischen Akademie schrieben aus Wien: »Kein Land hat in den letzten Jahrhunderten etwas Schöneres hervorgebracht«, und der Staatskanzler, Fürst Metternich, erging sich in ähnlichen Worten. Aber das höchste Lob kam vom großen Goethe, der ihm seine tiefe Bewunderung für seine Fähigkeiten gestand sowie den heiß empfundenen Wunsch, ihm zu begegnen.

Ein treuer Freund, Nikolai Longinow, der einzige Mensch, der nach der unglücklichen Episode mit dem Hundedieb zur Familie gehalten hatte, hatte Tolstois Werk gegenüber der Kaiserin Elisabeth, der Gemahlin des Zaren Alexander I., gepriesen. Die Kaiserin bekundete Interesse, den jungen Künstler kennenzulernen, und so wurde er an den Hof gebracht und ihr vorgestellt. Während ihrer Unterhaltung erwähnte die Kaiserin, Longinow habe die Geschicklichkeit des Grafen im Umgang mit Wasserfarben gerühmt, und sie fragte, ob sie nicht einige Beispiele seiner Arbeit sehen dürfe. Ein bißchen verlegen erklärte er, er sei zuvörderst Medailleur, und Malerei sei für ihn einfach eine Liebhaberei. Doch die Kaiserin gab nicht nach.

Das Gemälde, das er ihr zur Begutachtung auswählte, war sein Lieblingsbild. Es zeigte erstaunlich lebensgetreu ein paar Zweige des Johannisbeerstrauchs, rot, weiß und schwarz, gleichsam ohne Anordnung zusammengestellt.

Longinow präsentierte der Kaiserin das Bild, und sie war über alle Maßen entzückt. Sie sandte ihm eine Dankesnachricht, auf die bald ein wertvolles Geschenk folgte: ein Ring mit einem Diamanten, dessen Verkaufserlös es den Tolstois ermöglichte, ihr kleines Haus am Smolensker Friedhof gegen ein größeres Haus nahebei, auf der Nordseite der Wassiljewski-Insel, zu vertauschen, von wo aus man den waldbestandenen Park und die Villa eines alten Grafen Stroganoff überblicken konnte. Seine hellen und luftigen Räume, mit wenig, aber geschmackvollem Mobiliar im griechischen Stil, hielt Tolstoi kurz darauf in einem entzückenden Aquarell fest. Aber es ging noch weiter: Die Kaiserin war so hingerissen von ihrem Bild, daß sie weitere Kopien davon bestellte, um sie ihren Verwandten im Ausland zu schenken. Für jede Kopie traf ein weiterer diamantener Ring ein. Die Kaiserin blieb fortan eine großzügige Wohltäterin der Tolstois; so traf sie Anordnungen, daß deren kranke Tochter Lisa auf ihre Kosten behandelt und erzogen wurde.

Tolstois Fleiß war außerordentlich, und nichts vermochte seine Konzentration zu stören. »Am Morgen«, erinnerte sich seine Toch-

Stilleben mit Früchten und Blumen, von F. P. Tolstoi

ter, »stand mein Vater gewöhnlich mit dem ersten Hahnenschrei auf und setzte sich an ein kleines Fenster, wo er an seinen Medaillen arbeitete ... Oder er verschwand irgendwohin, wahrscheinlich ging er seinen Verpflichtungen in der Münze nach ... Dann pflegte Papa gegen vier Uhr nach Hause zu kommen und auf der Stelle ein rosafarbenes, leinenes russisches Hemd anzuziehen. Großvater und der eine oder andere von den Onkeln kamen praktisch immer zum Essen. Der Tisch war unter einer Markise des Vordachs gedeckt. Nachdem wir geschwind verzehrt hatten, was der liebe Gott uns gerade schenkte, strömten alle vergnügt auf den Hof hinaus, und jeder tat sein Bestes, die schöne Sommerluft zu genießen. Die Damen spielten mit dem Reifen, während die Knaben Pfähle in die Erde schlugen und oftmals auch das Knöchelspiel spielten.« Der Graf pflegte die Familie mit Jongleurkunststücken zu unterhalten oder nahm sie zu Kahnfahrten auf die Tschernaja mit, oder sie gingen im Park des Grafen Stroganoff spazieren.

Unterdessen fand eine Reihe von Bas-Reliefs, welche die Odyssee illustrierten, allgemeinen Beifall, der auch einer mächtigen Terra-

Familienbildnis, 1830

kottabüste des Gottes Morpheus (1822) zuteil wurde. Er entwarf Reliefs, die (im hellenistischen Stil) Szenen aus der Landarbeit darstellten, für einen zeremoniellen Goldteller, der Nikolaus I. anläßlich seiner Krönung überreicht wurde; und später schuf er zwei Türflügel für die Erlöser-(Spasski-)Kathedrale in Moskau, mit Christus auf dem Richterstuhl und den vier Evangelisten. Zur gleichen Zeit, als er an diesen Projekten arbeitete, versuchte er sich in immer neuen Formen der Malerei, die er der Kaiserin gegenüber in übertriebener Bescheidenheit als Liebhaberei bezeichnet hatte. Er malte ausgesucht zarte Stilleben mit Blumen, Früchten, Insekten und Vögeln, für das Auge alles so frisch und lebendig wie jener Johannisbeerstrauch, mit dem er ein Vermögen gemacht hatte. Da gab es Skizzen vom Leben auf dem Lande, Zeichnungen mit imaginären Szenen aus der römischen und griechischen Geschichte und glanzvolle Meisterwerke wie jener *trompe-l'œil*, die perspektivisch gemalte Kulisse einer Landschaft, die scheinbar unter einem Blatt Seidenpapier lag – und das alles geradeso dreidimensional wie die Wirklichkeit. Dann gab es da noch größere Landschaftsbilder und beschwörende Effekte von nachtdunklen Wolken über Gewässern,

Am Fenster in einer mondhellen Nacht, 1822

der Mond im Dämmerlicht halb ausgelöscht. Ein Mädchen sitzt am offenen Fenster (vielleicht seine Annette) und spielt leise auf einer Gitarre, während draußen Kähne sanft die mondbeschienene Newa hinabgleiten. Puschkin schrieb über Fjodor Tolstoi, er sei der geeignete Illustrator für sein Werk »Eugen Onegin«. »Was wäre, wenn man Fjodor Tolstois Zauberpinsel einsetzen würde? Nein, zu teuer«, seufzte er.

Es gab eine weitere Kunstform, die Tolstoi sich zueigen machte: den Scherenschnitt. Menschliche Profile im Scherenschnitt abzubilden war schon seit einiger Zeit beliebt, aber Tolstoi fand seine Ablenkung dabei, Vignetten herzustellen, die im wesentlichen lebensgetreue Szenen aus den Napoleonischen Kriegen darstellten. Obgleich er sich, wie gewöhnlich, sehr streng an jede Einzelheit hielt, an Bewegung und Lebensnähe, betrachtete der Künstler sie lediglich als amüsante Spielereien. Sie zeigen Armeen auf dem Marsch, Kosaken, Artillerie, Napoleon an einem Feuer sitzend, Kampfgetümmel und ähnliches; auch entzückende Szenen aus dem bäuerlichen Leben. Für Kinder waren diese Panoramen besonders unterhaltsam. Wenn sein Haus, wie es oft geschah, von einer Menge fröhlicher Kinder, Verwandter und fremder Besucher schwirrte, empfand er angesichts dieser Ablenkung keinen Widerwillen; seine unermüdlichen Hände und sein Gehirn arbeiteten weiter. Eine seiner Töchter berichtete, wie ihn »die Anwesenheit von Gästen nicht ruhen ließ, sondern wie er weiterzeichnete, während er dem Gespräch, dem Vorlesen oder der Musik lauschte«. Er entzückte seine Gäste, indem er Scherenschnitte anfertigte und ganze Geschichten aus dem glänzenden, schwarzen Papier herausschnitt. Diese vergnügliche Kleinkunst war für Tolstoi einfach eine Geschicklichkeitsübung und ein Vergnügen, aber keine ernstzunehmende Kunst. Infolgedessen gingen viele davon verloren oder wurden achtlos weggeworfen.

Als ob dies alles noch nicht genügt hätte, betrat Tolstoi noch ein weiteres Feld schöpferischer Betätigung. Er hatte schon in jungen Jahren das Ballett in St. Petersburg besucht und verspürte die größte Begeisterung für diese Kunst, die ja buchstäblich lebt und atmet. Sein erstes Werk war »Die Goldene Harfe«, ein Ballett mit einem ossianischen Thema. Tolstoi, der diese Kunst in ihrer ganzen Breite unter dem großen Ballettmeister Didelot studiert hatte, schrieb das Libretto, entwarf dramatische Kostüme *à l'écossaise* für die Tänzerinnen und, dazu passend, wildromantische Szenen für den Hintergrund, und zeichnete in einer Reihe von Skizzen dem Ballettmeister Stellungen für die Hauptdarstellerinnen auf, die ihre Rollen noch unterstreichen sollten. Dieses Ballett, im Jahr 1838 komponiert, hätte ein farbenfrohes Schauspiel zu werden versprochen.

1842 verfaßte er ein weiteres Ballettstück, diesmal unter der Sonne Hellas' handelnd, was für ihn eine Zeit bedeutete, »da die ganze Welt jung war«. Doch keines von beiden wurde jemals aufgeführt, weil es der Zar in einer Laune ablehnte, Aufführungen im kaiserlichen Theater zuzulassen.

Sein Aufgehen in der ganzen Vielfalt künstlerischer Schöpfung half ihm, einen harten Rückschlag zu überwinden. 1835 starb seine Frau Annette und mit ihr seine Inspiration, seine Helferin und Zuflucht in all den Jahren, in denen er aus der Armut des Unbekannten aufstieg, bis er als eines der bedeutendsten Talente Europas Anerkennung fand. Sie hinterließ ihm zwei Töchter, Lisa und Maria. Drei Jahre später heiratete der Fünfundfünfzigjährige ein zweites Mal. Die Braut hieß Anastasia Iwanowna Iwanowa, sie war zweiundzwanzig und die Tochter eines armen Offiziers. Auch sie gebar ihm zwei Töchter, Katharina und Olga.

Als Olga 1859 geboren wurde, zählte ihr Vater bereits sechsundsiebzig; dies ließ vermuten, daß auch Fjodor Tolstoi ein Erbe jener Lebenskraft war, derer sich der Großteil der Familie erfreute. Doch in mittleren Jahren hatte seine Gesundheit allmählich nachzulassen begonnen. Er verspürte Atembeschwerden, und sein Herz machte ihm Sorgen. Seine Ärzte empfahlen ihm, sich in einem ausländischen Badeort behandeln zu lassen. Tolstoi hatte seit langem die großen Kunstgalerien und die architektonischen Schätze Italiens besuchen wollen, aber seine beengten Umstände (er war noch immer von seinem Gehalt abhängig und hatte umfangreiche familiäre Verpflichtungen) schienen dies nicht zuzulassen. Widerwillig entschloß er sich, den Beistand des Zaren zu suchen. Mit Unterstützung des Präsidenten der Akademie reichte Tolstoi ein Bittgesuch um einen Zuschuß von viertausend Rubel ein, welche ihn in die Lage versetzt hätten, der Empfehlung seiner Ärzte zu folgen. Nikolaus I. bewilligte das Gesuch, aber er war so kleinlich, die erbetene Summe zu halbieren.

Trotz der Härte, welche dies mit sich brachte, entschied Tolstoi, daß ihm keine andere Wahl bliebe, und machte sich am 5. Juni 1845 zusammen mit seiner Gemahlin auf die Reise. Sie durchquerten Deutschland, besuchten Frankreich und ließen sich dann in Italien nieder. Während der Reise führte er stets ein Tagebuch, in das er seine Gedanken über die Menschen und die Politik jener Länder, die er besuchte, niederschrieb. Immer wieder hielt er mit Bleistift und Pinsel die Landschaft fest, die wunderlichen Trachten und Menschentypen sowie die malerischen Überreste, derer er ansichtig wurde. Während er sich an all diesen lebenden Beweisen einer alten Kultur weidete, teilte er die Überzeugung seiner Landsleute, daß ihr Heimatland Eigentümlichkeiten besaß, die an Tiefe und Wahrheit dem leichtfertigen, oberflächlichen Europa in mancher Beziehung überlegen waren. »Wir sind noch jung«, so dachte er. »Was Bildung, Sorgfalt und Genauigkeit anlangt, besitzen wir noch nicht diese Tradition. Aber trotz unserer Jugend: Laßt uns erst einmal die eigene Richtung und Mittel finden, und wir werden die Deutschen augenblicklich überholen, obgleich sie sich bereits seit Jahrhunderten der Früchte ihrer Kultur erfreuen. Und Europa wird erkennen, was Rußland alles kann. Die Klugheit, Kühnheit und all jene angeborenen Eigenschaften des russischen Volkes werden Deutschland weit, weit hinter sich lassen.« Hier kann man diese eigentümlich russische Eigenschaft entdecken: das enttäuschte

Unterlegenheitsgefühl, gepaart mit dem Bewußtsein der eigenen Stärke.

Während er sich in Rom und Neapel aufhielt, versenkte sich Fjodor Tolstoi ganz in die Welt der antiken Cäsaren, die der größte Quell seiner Inspiration war. Doch empfand er gleichzeitig angesichts der Armseligkeit eines guten Teils der Bevölkerung einen tiefen Abscheu, was auch die in seinem Innern gehegten Empfindungen für die Menschheit widerspiegelt – und vielleicht auch etwas von jener patriotischen Befangenheit, welche russische Reisende seit Fonvisin,7 dazu verleitete, ungünstige Vergleiche zum Leben in ihrem Vaterland anzustellen.

In Rom erwies Tolstoi in seiner Ungeduld mit dem bürokratischen Philistertum der Kolonie russischer Künstler, denen die Akademie ein Stipendium gewährt hatte, damit sie im Ausland studieren und arbeiten konnten, einen nützlichen Dienst. Die russische Regierung hatte aus Gründen, die sie selbst am besten kannte, als Direktor und Aufseher der im Ausland lebenden Maler einen deutschen General namens Kil ausgewählt, der nicht nur in allen ästhetischen Belangen gänzlich unwissend war, sondern überdies die Manieren eines Wilden mit einem auch sonst unangenehmen Wesen verband. Glücklicherweise genügten Tolstois Ansehen und sein Einfluß in der Akademie, um die Abberufung des Generals sicherzustellen – ein Ereignis, welches ihm die herzliche Dankbarkeit der jungen Maler eintrug.

Es gab viel, worüber man sich freuen konnte. Er traf wieder mit seinem alten Freund Gogol zusammen und verbrachte fruchtbare Stunden mit russischen und italienischen Malern und Gelehrten. Es erfüllte den Maler mit einer erquickenden Frische zu sehen, wie sich hier in quirlig belebten Städten die antike Welt mit der neuen vermischte, wo die malerisch gekleideten Bewohner noch immer in Mietskasernen lebten, sich durch Straßen drängten, in denen einst Vergil gelaufen war, und in Kirchen beteten, die schon Dante und Boccaccio vertraut gewesen waren. Er streifte in den Ruinen von Pompeji umher und hielt sie in seinen Skizzen fest, besuchte die Galerien von Florenz und Genua, bevölkerte in seiner Vorstellung das Kolosseum mit Menschenmassen und erblickte Szenen von imperialer Glorie und von Blutrünstigkeit, die sich seine Phantasie schon lange vor seiner Reise ausgemalt hatte.

Die Knickrigkeit seiner Regierung warf einen Schatten auf diese schöne Reise. Tolstoi spürte immer mehr Heimweh nach St. Petersburg und seinem bequemen Heim, doch seine Geldmittel waren so knapp, daß er sich kaum seine tägliche Nahrung leisten konnte, geschweige denn die Kosten für die Heimfahrt. Seine Reisekasse war erschöpft; nach einer Wasserkur in Franzensbad lag er sechs Wochen krank darnieder. In seiner übergroßen Verzweiflung bat er Zar Nikolaus, ihm die weiteren zweitausend Rubel zu gewähren, die zur Heimreise nötig waren. Der Kaiser gewährte ihm tausend Rubel, und im April 1846 kehrte er mit seiner Frau zu einem unerbittlichen Pensum Arbeit zurück, denn ein Entwurf der Türen zur Erlöser-Kathedrale sowie Zeichnungen, Gemälde, Entwürfe für das Ballett, Medaillen, Skulpturen und Illustrationen warteten bereits auf ihn.

Nicht nur sein Vaterland, sondern auch andere Länder überschütteten sein ergrauendes Haupt mit Ehren. 1851, auf der ersten Weltausstellung in London, erhielt er eine Goldmedaille. Im gleichen Jahr ernannte ihn die Moskauer Gesellschaft der Künste zum Ehrenmitglied, und 1859 wurde er zum Vizepräsidenten der Akademie der Künste auf Lebenszeit gewählt. Schon seit langem war sein Haus auf der Wassiljewski-Insel an den Sonntagabenden, wenn er »zu Hause« war, zum Treffpunkt vieler der größten Geister Rußlands geworden. In früheren Jahren waren es Puschkin, Schukowski, Gogol, Krylow, Belinski, Brjullow und Glinka gewesen; indes die Jahrzehnte verstrichen, saßen Schewtschenko, Maikow, Turgenjew und ein vielversprechender junger Verwandter, Leo Tolstoi, auf ihren Plätzen. Viele weniger bekannte Künstler und Gelehrte wurden willkommen geheißen, und namentlich junge Künstler, die noch um ihr Brot kämpfen mußten, fanden hier Ermutigung und Ratschläge. Tolstoi erinnerte sich nur allzu gut an seine eigenen Jahre des Lebenskampfes, um nicht denen, die auf dem gleichen schweren Weg gingen, unter die Arme zu greifen.

Allmählich jedoch gewann ein grausames Leiden immer mehr die Oberhand. Sein linkes Auge war von einem Glaukom befallen, und er litt schreckliche Kopfschmerzen. »Manchmal bin ich nahe daran, mich nach dem Tod zu sehnen«, vertraute er in einem bittern Augenblick seinem Tagebuch an. 1861 reiste er abermals nach Italien, hauptsächlich um dort medizinische Behandlung zu suchen. Doch seine körperlichen Leiden dämpften nicht seine Sorge um das Wohlergehen seiner Landsleute. Die Nachricht von der Aufhebung der Leibeigenschaft (1861) machte ihn überglücklich. »Die Leibeigenen befreit zu sehen, war der Traum seines ganzen Lebens«, schrieb eine seiner Töchter. »Er war unsagbar glücklich, daß er es noch erlebte, und seine letzte Arbeit war eine Gedenkmünze, die an dieses Ereignis, das seinem Herzen so wichtig und lieb war, erinnerte.«

Obwohl er sich während seines Aufenthaltes im Ausland gründlicher Behandlung unterzog, kehrte Tolstoi 1862 mit nur geringer Besserung heim. Sein Gesundheitszustand verschlimmerte sich unaufhaltsam, bis er in den letzten Jahren fast völlig erblindete. Was nie nachließ, das waren seine unversiegbare Herzensgüte, seine Großzügigkeit und seine Begeisterung für alles, was den Menschen und sein künstlerisches Schöpfungswerk betraf. Er starb am 13. April 1873, neunzig Jahre alt. Er, der so viel getan hatte, um das Leben seiner Landsleute und das der ganzen Menschheit zu bereichern, hinterließ seiner Witwe genau einhundert Rubel – was nicht einmal ausreichte, die Bestattungskosten zu decken.

7
Zwei Reaktionäre

Dmitri Andrejewitsch Tolstoi

Dmitri Nikolajewitsch Tolstoi wurde am 12. März 1806 auf dem Familiengut Snamenskoje im Gouvernement Rjasan geboren. Das Gut war eine Hinterlassenschaft seines Ur-Urgroßvaters, des Grafen Peter Andrejewitsch Tolstoi, dessen Dienste für Peter den Großen im dritten Kapitel dieses Buches beschrieben wurden. Sein Vater, Graf Nikolai Fjodorowitsch, hatte das Gut erweitert und dort eine prächtige Kirche erbaut, die der berühmte Rastrelli entworfen hatte.[1]

Dmitri war das jüngste von acht Kindern, er hatte fünf Schwestern und zwei Brüder, und sie lebten unbekümmert in einem Tohuwabohu, wie es zu jener Zeit für viele adlige Haushalte bezeichnend war. Das Haus war stets mit Menschen gefüllt, die kamen und gingen; aber auch mit solchen, die zwar kamen, aber nie mehr fortgingen. Dazu zählte der polnische Tanzlehrer, den sie aus Moskau für vier Monate engagiert hatten, der dann aber die nächsten vierzig Jahre dort blieb und in Snamenskoje verstarb. Da gab es ferner den gewohnten Hauslehrer und die Gouvernante, den deutschen Gutsverwalter und den holländischen Hausmeister, Vorbeireisende und Offiziere im Ruhestand. Dann gab es natürlich noch den gewohnten Strom von Spaßmachern und von Geisteskranken, die bei den Tolstois zeitweise ihr Lager aufschlugen, gefolgt von Sängern, ja selbst von ganzen Chören. Die eigentliche Dienerschaft umfaßte etliche achtzig Männer und Frauen, von denen jeder eine bestimmte Verpflichtung und seinen festen Platz bei Tisch hatte.

Graf und Gräfin schienen als Eltern vollkommen zu sein, und sie wurden von ihren Kindern und einer Armee von Aufwärtern und Besuchern angebetet. Der alte Graf, Nikolai Fjodorowitsch, und Gräfin Natalja Andrejewna pflegten voller Entzücken den jeweils neu ankommenden Besucherstrom zu begrüßen. Umgekehrt waren auch sie samt ihren älteren Kindern gern gesehene Gäste in den benachbarten Häusern. Als Dmitri sich Jahre später anschickte, in der Bibliothek von Snamenskoje seine Memoiren zu schreiben, gedachte er darin seiner Überzeugung, daß niemand ein so großes oder ein so glückliches Heim besessen oder so schön gespielt hatte wie er und seine Geschwister.

Einmal im Jahr, gewöhnlich war es im Sommer, machten sie den großen Familienausflug nach Sadonsk. Graf Nikolai unternahm diese Pilgerfahrt, um das Grab seines Onkels und das des Bischofs Tichon zu besuchen. Die Planung dieses alljährlichen Ausflugs war eine langwierige Angelegenheit, und die Reise selbst dauerte niemals weniger als eine Woche – obschon Sadonsk nur etwa hundert Kilometer entfernt lag. Nachdem sie schließlich jedesmal alle versammelt waren, begann sich ein langer Zug von Fahrzeugen langsam auf die Fahrstraße hinauszubewegen. Zuerst kam eine Kutsche, in der Mama, Dmitri und seine kleinste Schwester saßen. Sodann folgte eine weitere mit den vier älteren Schwestern und ihrer Gouvernante. Als nächstes kam Papas Landauer, mit dem Wappen der Tolstois an der Seite, gefolgt von dem Wagen mit Dmitris beiden älteren Brüdern und ihrem Hauslehrer. Hinter ihnen folgte ein endloser Strom von Droschken, Wagen und Karren, in denen die Diener saßen. Am Ende kam der Bagagewagen von Snamenskoje, vollbepackt mit Bettzeug und Kissen, Zelten und allerlei Küchengerät, und vermittelte den Eindruck, als sei hier ein Regiment auf dem Marsch.

Im Schneckentempo ging es vorwärts. Sofern das Wetter schön und der Ausblick einladend war, gab der Graf dem Zug das Zeichen zum Anhalten. Ein reichhaltiges Mahl wurde auf dem Rasen ausgebreitet, danach pflegte er im Schatten Tee zu trinken. Die Stunden verstrichen – warum nicht gleich hier zu Mittag essen? Es endete damit, daß man die Zelte aufschlug und alle unter einem violett funkelnden Firmament einschliefen. Am nächsten Tag gab es keine drängende Hetze, und im allgemeinen machte sich die Kolonne nach dem Mittagessen auf den Weg. Für die Kinder bedeuteten diese Reisen einen unfehlbaren, kaleidoskopischen Blick ins Paradies.

Wenn sie dann in Sadonsk eintrafen, stiegen sie im Kloster ab. Vor dem Auspacken marschierten alle in die Kirche, um einem Gedenkgottesdienst für Bischof Tichon beizuwohnen. Der kleine Dmitri starrte ängstlich und aufgeregt auf den Sarkophag, den ein goldenes Bildnis Tichons überragte. In der Düsternis glommen Lampen und Kerzen, und der schwermütig stimmende Trauergesang, der vom Schreien und Schluchzen verwirrter Weiber aus der

Gemeinde unterbrochen wurde, hinterließ bei ihm einen schrecklichen Eindruck, bis er sich nach dem Augenblick sehnte, wo sie in das Tageslicht hinausfliehen könnten. Doch waren sie erst einmal wieder draußen, dann waren der Haushalt der Tolstois und die Mönche die besten Freunde. Seine Eltern waren überaus gottesfürchtig und hielten die alljährlichen Fastentage und die Feste der Kirche gewissenhaft ein.

Der Einfall Napoleons von 1812 hinterließ bei dem kleinen Buben, der erst sechs Jahre zählte, nur eine schwache Erinnerung; doch die endlosen Gespräche der älteren Menschen über dieses Ereignis vergaß er nicht. Er selbst wurde jedoch Augenzeuge zweier wirbelsturmartiger Erscheinungen dieses Krieges: jenseits des Parkes galoppierten wilde Baschkiren und kirgisische Chevaulegers in die eine Richtung, während eine Kolonne französischer Kriegsgefangener in die andere Richtung marschierte. Sein Vater schenkte Freund und Feind die gleiche Gastfreundschaft. Französische Offiziere speisten an seinem Tisch und ihre Männer drunten im Hof.

Die Jahre vergingen wie im Fluge, und die Kinder wuchsen heran. Dmitris Vater, der seine Kinder anbetete, wurde immer unglücklicher, als die Zeit näherrückte, daß sich sein Ältester zum Militär begeben mußte. Aber Alexander, der Liebling der Familie, konnte es gar nicht erwarten, zu seinem Regiment nach Moskau zu kommen, und war wie im Rausch, als seine Uniform eintraf. Doch als es dann 1818 soweit war, war selbst er betrübt, und das ganze Haus zerfloß in Tränen. Das war der erste Augenblick der Trauer, den Dmitri erlebte.

Ein gewisser Wassili Anochin, ein Regierungsangestellter aus der Umgebung, hatte als ein unbedeutender Gast in Snamenskoje logiert und war dort freundlich behandelt worden. Er war ein ehrgeiziger Bursche, und es gelang ihm, sich bis in die Ränge des Dienstadels emporzudienen. Dazu waren Zeugnisse von einheimischen Standespersonen vonnöten, und Graf Tolstoi war der erste, der ihm eines ausstellte. Doch Anochin war ein ehrgeiziger und verbohrter Mensch, einer von denen, die einem eine Freundlichkeit wie einen gönnerhaften Gefallen übelnehmen. An einem schönen, sonnigen Morgen platzte er mit einigen Polizisten in das Haus und verkündete in arroganter Haltung, er sei gekommen, um in diesem Haushalt Rekruten für die Armee auszuheben. Er stellte bewaffnete Wachtposten an den Eingang, während er mit seinen Männern das Haus wild auf den Kopf stellte und Männer entsprechenden Alters grob die

Treppen hinunterbeförderte. Der Graf war, als er seine jammernden Diener so weggeschafft werden sah, derart erzürnt und über seine eigene Ohnmacht entsetzt, daß ihn beinahe der Schlag rührte. Seine Frau brach zusammen, und die Kinder waren in Tränen. Als schließlich alles vorbei war, schleppte Anochin triumphierend eine Anzahl Männer mit sich davon. Zu ihnen zählte der Diener des Grafen, sein Butler und sein Lieblingskoch – liebe Freunde, mit denen er Karten zu spielen pflegte. Als Dmitri fünfzig Jahre später beim Niederschreiben seiner Denkwürdigkeiten auf dieses Ereignis zu sprechen kam, spürte er, wie ihn noch einmal das gleiche schmerzliche Gefühl überkam. Schließlich gelang es über einige Beziehungen in Rjasan, die entführten Diener wieder zurückzuholen, doch zuvor war ihnen die vordere Hälfte ihres Schädels glattgeschoren worden; dies war die normale Behandlung. Von der Veranda aus beobachtete der kleine Dmitri ihre Heimkehr.

Dieser Vorfall beleuchtet besser als jeder andere das unberechenbare und grausame Wesen der alten Autokratie. Was theoretisch die despotische Macht des Zaren erhöhte, spielte in Wirklichkeit die Handlungsvollmacht in die Hände von Menschen niederer Gesinnung wie diesem Anochin, die sich gelegentlich wie kleine Tyrannen über die Höchsten im Lande emporschwangen. Es war dieser zutiefst gesetzlose Wesenszug der Autokratie, der seinerzeit hochgesinnte junge Männer in die Arme der Dekabristen und anderer revolutionärer oder reformerischer Organisationen trieb.

Währenddessen durchliefen die Kinder ihre Ausbildung, die in einer recht exzentrischen Weise vonstatten ging. Der polnische Tanzmeister Vikenty unterrichtete in ihrer kleinen Schule im Haus *alle* Fächer. Vikenty vermittelte ihnen das bißchen Französisch, das er selbst beherrschte (mit einem starken polnischen Akzent), nebst

Aushebung eines Rekruten

Erdkunde, Weltgeschichte und Rechnen, und das alles vermittels Grundschulbüchern, die er im Haus vorfand. Es wäre ihm niemals eingefallen, daß es auch noch andere Wissenszweige geben könnte. Mit dreizehn war Dmitri in seiner Bildung so weit fortgeschritten, daß er Französisch lesen konnte, ohne freilich ein einziges Wort davon zu verstehen; er besaß bruchstückhafte Kenntnisse der klassischen Geschichte und konnte ein wenig rechnen. Andererseits kannte er die gesamte Liturgie und den Katechismus, und er war mit der Bibel und anderen heiligen Schriften gründlich vertraut. Die Ausgewogenheit fehlte, bemerkte er später; dennoch sollte aus ihm einer der besten Gelehrten seiner Zeit werden.

Doch dem Leben dieser friedfertigen Einwohner von Snamenskoje stand eine große Veränderung bevor. Nach dreißig Jahren ländlich-beschaulicher Zufriedenheit sah sich der Graf gezwungen, sich nach Moskau zu begeben. In Dmitris Gehirn wirbelten märchenhafte Bilder umher. Die große Stadt konnte er sich nur mit einiger Mühe vorstellen, er hielt sie für eine bedeutend größer geratene Ausgabe des Dorfes Snamenskoje. Vor allem der Gedanke an Brücken faszinierte ihn, da er noch niemals eine gesehen hatte. Daß sie aus Stein gebaut waren, hielt er überhaupt für das Bemerkenswerteste, und er stellte sich vor, wie Pferde darüberliefen und die Funken von ihren Hufen stoben.

In Moskau sollte die Familie im Haus eines Vetters wohnen, der sich gerade auf einem Posten in Reval aufhielt. Das Haus stand nahe des Presnenski-Tores, mithin mußte man also, welch ein Glück, durch ganz Moskau fahren. Für den kleinen Dmitri, der aus dem Fenster der Kutsche hinauslugte, bot sich ein Panorama höchster Erregung. Herrliche Kirchen und Häuser aus *Stein* mit steinernen Löwen über den Türen und goldenen Kuppeln glänzten hoch oben, drängten sich in den Straßen, und das Gewirr von Kutschen und Menschen brachte seine erregte Phantasie an jeder Straßenecke zu neuem Staunen. Besonders reizvoll empfand er die Abfolge farbiger Schilder über den Läden, die er für eine Art öffentliche Kunstausstellung hielt. So dicht gedrängt und großartig war dieser lärmerfüllte Anblick, daß es dem Kind wie ein Bild aus einer Laterna magica vorkam. Wie seltsam war es doch etwa, all dieses Räderwerk durch den Schnee stieben zu sehen, statt der Schlitten, die er von zu Hause her kannte!

Allmählich gewöhnte sich die Familie an die neue Lebensweise. Zahlreiche Verwandte statteten ihnen einen Besuch ab und kamen den Tolstois dank ihrer gewandten Umgangsformen ehrfurchtgebietend vor, während sie ihrerseits heillos hausbacken gewirkt haben müssen. Einladungen zum Diner kamen zuhauf und riefen bei den Mädchen der Tolstois einige Verlegenheit hervor, da sie nicht wußten, was sie anziehen sollten. Die älteren Mädchen, bezaubernd und schön, besuchten bald die großen Bälle des Adels, wo sich die Oberschicht der russischen Gesellschaft versammelte. Zuerst war es schwierig, zu diesen exklusiven Kreisen Zutritt zu erhalten, doch ein einflußreicher Onkel, Graf Fjodor Andrejewitsch Tolstoi, General und Senator, Besitzer einer der besten Bibliotheken Rußlands, die dem großen Historiker Nikolai Karamsin als wichtigste Quelle gedient hatte, öffnete ihnen alle Türen.

Obwohl sie sich gerne in diese Gesellschaft aufnehmen ließen, lebten die Tolstois zu Hause geradeso, wie sie es von Snamenskoje her gewöhnt waren. Ganze Scharen von Dienern füllten das Haus, und einer davon verkörperte die ungewöhnliche Tradition des russischen Lebens im frühen neunzehnten Jahrhundert. Es war dies der *skasotschnik* oder Geschichtenerzähler. Wenn sich Graf Tolstoi ins Bett zurückzog und sein Diener die Vorhänge zugezogen hatte, erzählte der *skasotschnik* mit lauter, deutlicher Stimme seine Geschichten, bis sein Herr eingeschlafen war. Zweifellos hatte fünfhundert Jahre zuvor ein ähnlicher Erzähler seinem Ahnherrn Indris die gleichen Geschichten erzählt.[2]

Aber ach, das Leben des alten Herrn ging seinem Ende entgegen. Trotz der ständigen Betreuung durch Dr. Pfeller, einen der angesehensten Ärzte Moskaus, und einer neumodischen Elektrobehandlung, wurde er zusehends schwächer. Ein französischer Spezialist, Dr. Cantou, wurde hinzugezogen, was Dr. Pfeller über alle Maßen erboste, der jenen einen kenntnislosen Pferdedoktor schalt. Doch selbst Cantous Behandlung zeitigte keine Wirkung, und Ende Mai erlitt der Graf einen Schlaganfall. Am 2. Juni segnete er das Zeitliche, und sein Leichnam wurde zum Begräbnis auf sein Gut geschafft. Als sich der Zug Snamenskoje näherte, geleiteten ihn die weinenden Bauern zur Kirche. Dort wurde er neben seinem Vater und seinem Großvater, Graf Fjodor Iwanowitsch (dem Enkel Peter Tolstois, dem Botschafter Peters des Großen in Konstantinopel), der diese Kirche erbaut hatte, beigesetzt.

Nach dieser Tragödie konnte es die Familie nicht länger ertragen, im gleichen Haus in Moskau zu leben, daher mieteten sie sich ein Haus, wo sie ihr Leben im Kreise nahebei wohnender Verwandter ziemlich müßig zubrachten. Dmitri nahm Zeichenstunden, und er gewann bald die Überzeugung, eines Tages ein großer Künstler zu werden. Er freundete sich mit Maria Dochturowa an, einer Verwandten, die neben ihrer Intelligenz auch andere Begabungen verriet und ihn mit der deutschen Philosophie bekannt machte, die seinerzeit in Rußland großes Ansehen genoß. Um seine kläglich vernachlässigte Bildung zu verbessern, zog Dmitri in eine französische *pension*. Aber trotz der Bemühungen seines polnischen Tanzlehrers blieb sein Französisch so schlecht, daß er nach ein paar Wochen wieder ausziehen mußte, und alle späteren Unterrichtsbemühungen schlugen fehl.

Eines Tages verkündete seine Mutter, sie würden den Sommer auf dem Lande zubringen. Dmitri war glücklich; er verbrachte die Tage damit, in den Gärten und Wäldern herumzutollen. Und seltsamerweise war es auch hier, wo seine Bildung ihren Anfang nahm. Sein Vater hatte eine ausgezeichnete Bibliothek mit Büchern über alle Sachgebiete hinterlassen, in der Dmitri stundenlang herumstöberte. Später räumte er ein, daß man mit dieser autodidaktischen Art, sich Wissen anzueignen, auch seine geistigen Kräfte verpuffen konnte, doch glücklicherweise führte ihn ein angeborenes Gespür für Gelehrsamkeit in die richtige Richtung. Er und die Bibliothek schienen nur aufeinander gewartet zu haben, und die langen Stunden, die er in der Gesellschaft verstorbener oder fremder Schriftsteller und Gelehrter zubrachte, sollten reiche Frucht tragen.

Wenn dann die Sonne auf die üppigen Wiesen von Snamenskoje herabstrahlte, pflegte er sich von den Büchern loszureißen und ins Freie hinauszueilen. Die Beizjagd war seine große Leidenschaft. »Ich erwarb einen Falken«, erinnerte er sich, »und richtete ihn eine ganze Nacht ab, während er auf meinem Arm saß. Ich habe kein einziges Mal mit ihm gejagt. Für mich war es tragisch zuzuschauen, wie sich der Raubvogel auf die schutzlosen Wachtelhühner stürzte; was mich fesselte, war, aus dem ungezähmten Falken, diesem wilden Vogel, ein gefügiges Werkzeug meines Willens zu machen.«

Doch diese glückseligen Tage näherten sich bald ihrem Ende. Dmitri war sechzehn und mußte sich für den Staatsdienst vorbereiten. Den jungen Männern aus den besten Familien blieb nur der Militärdienst; der Zivildienst wurde beinahe als eine Schande betrachtet. Peter der Große hatte 1722 eine Liste jener Ränge festgelegt, nach welcher Adlige zum Staatsdienst verpflichtet wurden; die neue Verfügung Peters III. von 1762 hob diese Verpflichtung auf, aber erwartet wurde es nach wie vor. Namentlich in den Regierungsjahren Nikolaus' I. wurde jeder Versuch, dem Dienst zu entgehen, mit äußerstem Argwohn betrachtet: ein solcher Mensch mußte sicherlich illoyale Gedanken gegenüber seiner Regierung hegen! Da jedoch diese Rangliste alle gesellschaftlichen Vorstellungen durchdrungen hatte und den einzigen geraden Weg zu hohen und gut dotierten Ämtern bildete, nahmen es die meisten Menschen als eine unabänderliche Tatsache in Kauf.[3] Dmitri wurde bei den Garden eingeschrieben und mithin dazu verpflichtet, sich gewissenhaft auf die Aufnahmeprüfung der Kadettenschule vorzubereiten. Zu diesem Zweck kehrte er im Winter 1822 nach Moskau zurück und zog in die Wohnung eines Vetters ein.

Bald ging Dmitri, der immer knapp bei Kasse war, das Geld aus, mit dem er seine Privatstunden bezahlen sollte. Sein Verwandter war so freundlich und bat zwei Freunde, Stepan Maslow und Iwan Kalaidowitsch, beide Freimaurer, ihm gegen ein kleines Entgelt Unterricht zu geben. »Ich für meinen Teil empfand«, schrieb Dmitri Jahre später, nachdem er eine beachtete Persönlichkeit des öffentlichen Lebens geworden war, »für Maslow mein ganzes Leben lang die größte Dankbarkeit und kindliche Ergebenheit. Noch heute, da er 79 ist und ich 66, komme ich mir, wenn ich ihm begegne, vor wie ein ängstlicher Schulknabe vor seinem Lehrer.« Maslow sorgte dafür, daß sein junger Freund in dem legendären Kreis der »Asse« eingeführt wurde, der aristokratischen Gesellschaft Rußlands, zu der die Fürsten Dmitri Golizyn, Fürst Sergei Gagarin und sein berühmter Vetter General Peter Tolstoi gehörten.

In all diesen Jahren war Dmitri Tolstoi in einem geistigen Klima erzogen worden, welches seinem Empfinden nach gegenüber dem Zaren, der rechtgläubigen Kirche und dem Vaterland von bedingungsloser Loyalität erfüllt war. Diese allzu vereinfachte Vorstellung erhielt einen schweren Stoß, als die Familie während der schönen Tage in Snamenskoje 1825 aus den Zeitungen erfuhr, daß Kaiser Alexander I. gestorben war. Es hatte zuvor keine Anzeichen gegeben, daß der Zar auch nur unpäßlich gewesen wäre, geschweige denn, daß er im Sterben lag, und eine Zeitlang wurde die Nachricht einfach nicht geglaubt. Als dann die Wahrheit unumstößlich feststand, wich die Fassungslosigkeit einer ängstlichen Besorgnis. Der edelmütige Zar, der Rußland zum Sieg über Napoleon geführt, die Freiheiten Europas wiederhergestellt und die Heilige Allianz gegründet hatte, war nicht mehr! In Snamenskoje kam die Trauer aus dem Herzen und war aufrichtig, als plötzlich eine noch verblüffendere Nachricht die Stimmung umschlagen ließ: Großfürst Konstantin hatte auf die schwere Last des Thrones verzichtet, statt dessen war sein Bruder Nikolaus zum Zaren ausgerufen worden ... und gegen ihn war in St. Petersburg ein Aufstand ausgebrochen, der nur mit Mühe und Not unterdrückt werden konnte. »Aufstand« hieß es allenthalben, denn die Vorstellung von einer Revolution war in Rußland so gut wie unbekannt.

In der Provinz betrachteten nur wenige den Aufstand der Dekabristen anders als mit Abscheu. Die Großgrundbesitzer hielten ihn für einen verräterischen Angriff auf das tragende Gebäude der russischen Gesellschaft, während die Bauernschaft entweder diese Ansicht teilte oder aus der gesellschaftlichen Herkunft der Verschwörer den Schluß zog, daß es sich um den Aufruhr unzufriedener Adliger handeln müsse. Nur in den Städten bedauerte ein unzufriedenes liberales Bürgertum das Scheitern des Umsturzversuches. Als Dmitri nach Moskau zurückkehrte, fand er dort ein geistiges Klima vor, das sich von dem in – im wesentlichen ländlichen – Rjasan gewaltig unterschied. Viele der größten Familien hatten junge Leute in ihrer Verwandtschaft, die gerade im Gefängnis der Peter-Pauls-Festung saßen, wo Prozeß und Verurteilung auf sie warteten. Während sich die ältere Generation über das künftige Schicksal ihrer Kinder mit Sorgen quälte, empfanden viele von den Jüngeren für diese beherzten jungen Idealisten, die nun für Sibirien oder für das Schafott bestimmt waren, romantisches Mitgefühl. Zwei der Freunde des jungen Dmitri waren, wie sich jetzt herausstellte, an dem Umsturzversuch beteiligt, und auch er entging nicht der Ansteckung. Seine junge, attraktive Verwandte, Maria Dochturowa, die die Werke Lord Byrons, Lamartines und Puschkins gierig verschlang, sammelte um sich eine Schar junger Menschen, die eine alte, aus den Fugen geratene Welt wieder ins rechte Lot bringen wollten. Dmitri schloß sich diesem Kreis an.

Später erinnerte er sich, daß der größere Teil der Gesellschaft die Aufständischen verurteilte. Doch die (in den Augen des neunzehnten Jahrhunderts) schweren Strafen, die die jungen Leute erwartete, deren größte Schuld ihre blinde Begeisterung für Freiheit und Gerechtigkeit gewesen war, erregten allenthalben Jammer und Mitgefühl. In der Abgeschiedenheit des Salons prallten die Meinungen schroff aufeinander, und die Tolstois standen auf beiden Seiten dieser Front. Unter den Würdenträgern, die dem Obersten Gerichtshof vorstanden, ragte ein Günstling des Zaren heraus, Graf Peter Alexandrowitsch Tolstoi, ein fünfundfünfzigjähriger General und ehemaliger Botschafter am Hofe Napoleons. Zu jenen, die er aburteilen half, zählte ein junger Verwandter von ihm, Wladimir Tolstoi, Fähnrich in einem Infanterieregiment, der »von dem Plan, den Zaren zu töten, gewußt hatte und einer Geheimgesellschaft angehörte und deren Zielen kannte, ohne sich allerdings aktiv daran zu beteiligen; er war achtzehn, als er sich 1824 dieser Gesellschaft anschloß«, und wurde zu zwei Jahren Zwangsarbeit verurteilt.[4]

Dank des geistigen Einflusses seines Freundes Maslow wurde Dmitri davor bewahrt, sich einer offenkundig revolutionären Sache anzuschließen, doch in seinem Innern wühlten die leidenschaftlichen Träume einer Maria Dochturowa. »Dieser doppelte Einfluß«, erinnerte er sich, »spaltete meinen Verstand: Einerseits hatte ich nicht nur nichts übrig für diese Regierung, sondern betrachtete den Zaren insgeheim als einen Tyrannen, der aus persönlicher Rachsucht so viele Opfer verschlang; andererseits erkannte ich in ihm die Verkörperung des Staates, dem zu dienen als dem obersten Herrscher des russischen Volkes meine ureigenste Verpflichtung war. Ich studierte fleißig, aber für nichts auf dieser Welt wäre ich in den Dienst des Hofes getreten.« Als der Zar nach Moskau kam, um sich in der alten Hauptstadt krönen zu lassen, mietete die ganze Familie aus Snamenskoje ein Zimmer, von dem aus man den Zug der Prozession überblicken konnte. Dmitri jedoch blieb zu Hause, entschlossen, daran keinen Anteil zu nehmen.

Zu seinem Glück wußten seine Angehörigen nichts von seinem revolutionären Fieber. Maslow machte für ihn einen Arbeitsplatz in der Petitionskammer ausfindig, die zu jener Zeit eine grundlegende Reform durchlief. Seine Aufgabe war wenig anregend: Er mußte Bittgesuche zusammenfassen, bevor sie der Kommission zur Beratung vorgelegt wurden. Das darauf folgende Verfahren war typisch russisch. Kein Bittgesuch wurde rundheraus abgelehnt, aber es wurde auch über keines eine endgültige Entscheidung getroffen. Dem Bittsteller erklärte man, daß man der Sache nachgehen werde, während das Gesuch in eine andere Abteilung weitergeleitet wurde. Niemand in dieser Abteilung, vom Minister bis hinab zu Dmitri Tolstoi, besaß auch nur die mindeste Kenntnis über Gesetze, Verfahren, ja selbst über die Befugnisse dieser Abteilung.

Als ein Beispiel, welches die Handlungsweise der russischen Bürokratie unter Nikolaus I. zeigt, möge ein Bittgesuch dienen,

General Graf Peter Alexandrowitsch Tolstoi.
(Georg Dawe)

welches von der Witwe eines General Zimmermann stammte, Grundbesitzer in Tambow, das Eigentum ihres seligen Mannes betreffend, und das auf Dmitris Schreibtisch landete. Nachdem die Kammer über die von Dmitri erstellte Zusammenfassung beraten hatte, erklärte sie, es sei notwendig, das Bittgesuch »in geziemender Weise« weiterzuleiten. Doch was war unter dieser »geziemenden Weise« zu verstehen? Die Kammer hatte nicht die geringste Ahnung. Es war die Sache der Anwälte in Tambow, sich über dieses Problem den Kopf zu zerbrechen, und diese legten die Angelegenheit dem Distriktgericht vor. Dieser Gerichtshof, der das Bittgesuch der Witwe zuvor verworfen hatte, gelangte nun zu dem Eindruck, daß die Kammer seine Zustimmung wünschte, also gab er sie. Es scheint, daß die Gerechtigkeit wiederhergestellt wurde, allerdings mehr aus Glück als aus Vorsatz.

Es dauerte nicht lange, da kehrte der Zar nach St. Petersburg zurück, und bald darauf ging über die Angestellten der Kammer, ungeachtet ihrer Verdienste, ein Regenguß von Belohnungen und

Orden nieder. Nach ein paar Wochen lustloser Tätigkeit fand sich Dmitri zu seiner Überraschung auf die unterste Sprosse der Stufenleiter des Zivildienstes befördert. Trotz seiner jüngsten revolutionären Neigungen war er über diese Beförderung glücklich, so auch seine stolze Mutter. Er erfreute sich nun eines immer größer werdenden Bekanntenkreises, junge Männer mit ähnlichem Rang und aus seiner Gesellschaftsschicht, und bald genoß er das Vergnügen eines regen gesellschaftlichen Umganges. Sein bester Freund, er hatte ihn zufällig im Theater kennengelernt, war ein stürmischer, kluger junger Mann namens Gregor Wolchow; dieser brachte Dmitri mit allen Vergnügungen dieser geistreichen und kultivierten Oberschicht in Berührung: mit guten Weinen, livrierten Dienern, dem Austausch hochfliegender Gedanken und mit Gedichten, die man selbst verfaßte.

All dies war jedoch nur das Vorspiel zu einem noch funkelnderen Leben. Er wurde – eine weitere Beförderung – der Kanzlei des Staatssekretärs Longinow in St. Petersburg zugeteilt. Endlich war er für die große Hauptstadt ausersehen, wo jeder Ehrgeiz sein Ziel erreichen würde. In St. Petersburg fand er bei einem Deutschen eine Unterkunft, und am nächsten Tag suchte er das Ministerium auf. Es war in dem unteren Teil von Longinows Wohnhaus untergebracht, wo Dmitri die ganze Familie beim Frühstück vorfand. Sie nahm ihn sofort als einen der Ihren auf. Das einzige Wölkchen am Himmel war, daß Longinow es vorgezogen hätte, mit ihm französisch zu sprechen.

Die Jahre vergingen, und Dmitri machte dank seines klugen Verstandes eine rasche Karriere. 1831, nach der Niederschlagung des Aufstandes in Polen, diente er dort unter Graf Stroganoff und unterstützte ihn bei der Wiederaufrichtung der russischen Herrschaft. Später wurde er dem Generalgouverneur der baltischen Staaten zugeteilt, dies zu einer Zeit der beträchtlichen Verwirrung und der Spannungen. Die Bauern forderten stürmisch ihre Befreiung, ihre adligen deutschen Grundbesitzer suchten ihre privilegierte Stellung innerhalb des Reiches zu festigen, während die Regierung alle Anstrengungen unternahm, die Russifizierung auch auf diese Region auszudehnen (1836 wurde in Riga ein orthodoxes Bistum gegründet). Dmitri fand dies alles aufregend: »Dies brachte eine Vielzahl von Erinnerungen, und dies um so mehr, da meine Dienstzeit in Riga ungewöhnlich war und die mir anvertrauten Aufgaben ihresgleichen noch nicht gesehen hatten«.

Für seinen Fleiß und seine treuen Dienste wurde Tolstoi mit der Ernennung zum amtierenden Staatsrat belohnt und später zum Gouverneur des Gouvernements Rjasan ernannt, so daß er einen Teil des Jahres auf seinem geliebten Gut Snamenskoje zubringen konnte. Er unterhielt den tapferen walisischen Obersten William Williams, der während des Krimkrieges die türkische Festung Kars gegen die russischen Angreifer verteidigte. Als er schließlich in Gefangenschaft geraten war, reiste Oberst Williams als ein geehrter Gast des Zaren nach Petersburg. Der Gouverneur war von den aufwühlenden Geschichten Williams' (sie sprachen französisch) über dessen tollkühne Taten in Indien und im Kaukasus begeistert.

1856 wurde Tolstoi als Gouverneur in das Gouvernement Kaluga und anschließend nach Woronesch berufen. Er verbrachte jedes Jahr viel Zeit in Snamenskoje, um seinen Geist zu erholen und seine Erinnerungen mit neuem Leben zu erfüllen. Mit Belustigung stellte er fest, daß ihm, wenn er die offiziellen Pflichten, die ihm sein Amt vorschrieb, buchstäblich befolgte, genau drei Stunden aus einem ganzen Tag übrigblieben zum Essen, Schlafen und zum Empfang von Bittstellern und keine einzige für körperliche Ertüchtigung. Graf Tolstoi war ein treuer Diener der Regierung und ein ergebener Untertan des Zaren, aber die Verwirrung und die Widersprüche im Durcheinander der Bürokratie erzürnten ihn. Er hegte in den meisten Dingen altmodische Ansichten, aber seiner Rechtschaffenheit und seiner Gutmütigkeit wegen wurde er von den meisten seiner Untergebenen geliebt. Vor allem war er ein zutiefst kultivierter Mann mit weitläufigen literarischen und historischen Interessen. Er hatte Puschkin gekannt und war an seiner Seite, als der Dichter 1837 nach einem Duell im Sterben lag.[5]

1861 wurde Tolstois früherer Vorgesetzter in Riga, P. A. Waluew, zum Innenminister ernannt. Er war ein fähiger und intelligenter Staatsmann, ein Konservativer, der die alte, geistlose Herrschaft Nikolaus' I. verachtete, der aber die vorhandenen Einrichtungen auf eine Art gestärkt sehen wollte, daß sie der russischen Regierung neues Leben einflößten. Er war von der Notwendigkeit überzeugt, daß man die anschwellende Flut der Reformbewegung zügeln und für die eigenen Zwecke nutzbar machen müßte, und er schrieb scharfsinnig: »Die Weltgeschichte bezeugt, daß es in der Entwicklung von Staaten Zeiten gibt, in denen man Ideen, die die gesellschaftliche Ordnung unterhöhlen, nicht allein durch den Einsatz von Regierungsmacht unterdrücken kann, und zwar aus dem einfachen

Grund, daß es nicht genügend bedingungslos einsatzbereite Kräfte gibt, die der Regierung zur Verfügung stehen. Deshalb ist der Staat auch auf die Mitwirkung jenes Teils der Gesellschaft angewiesen, der von gegensätzlichen Vorstellungen erfüllt ist oder erfüllt sein kann.«

Um ihm bei dieser Aufgabe zu helfen, betraute Waluew Leute mit den entsprechenden Ämtern, deren Zuverlässigkeit er bei früherer gemeinsamer Tätigkeit kennengelernt hatte. Zu ihnen zählte Dmitri Nikolajewitsch Tolstoi, der im August 1861 Direktor der Polizeiabteilung wurde. Es mag verwundern, daß ein so menschenfreundlicher und hochherziger Mann für ebendiese Abteilung ausgesucht wurde,[6] aber zu dieser Zeit war die Polizei für weitaus mehr Dinge zuständig als nur für die Aufrechterhaltung der öffentlichen Ordnung. Einer von Tolstois Verwandten, Pawel Golenischtschew-Kutusow-Tolstoi (ein Enkel des berühmten Feldmarschalls Kutusow), schrieb später von der Hingabe und dem Idealismus, den er und viele andere aus dem Hochadel empfanden, als sie zu einer Zeit, da so viele lebenswichtige Reformmaßnahmen durchgeführt wurden, ihren Dienst antraten, um Rußland gegen die Kräfte des Umsturzes zu schützen. Es gab damals noch nicht viele Verwaltungsbehörden, oder sie befanden sich bestenfalls in den ersten Anfängen, und so war es Aufgabe der Polizei, dafür zu sorgen, daß die Gesellschaft in ihren notwendigsten Belangen versorgt und beschützt wurde.[7] Wir brauchen nicht eigens hinzuzufügen, daß die Bürokratie diesen hehren Zielen nicht gerecht wurde, aber für Männer wie Dmitri Tolstoi war dies ein Anreiz zu größerer Anstrengung.

Was der Polizeidienst im Rußland des neunzehnten Jahrhunderts alles an Aufgaben enthielt, sieht man, wenn man die Probleme betrachtet, die dem neuen Direktor der Reihe nach vorgelegt wurden: nationalistische Umtriebe in der Ukraine, Mißhelligkeiten zwischen Bauern und Grundbesitzern, Regelung der Angelegenheiten der kirgisischen Horden, Reorganisation der Kirche und (nicht zuletzt) der Polizei selbst. Vor allem aber war da die gewaltige Erschütterung, die durch das Reich ging, als am 19. Februar 1861 die Verfügung erschien, welche die Leibeigenschaft abschaffte. Tolstois Ansicht war stark konservativ. Er wollte eine gerechte, ständisch geordnete Gesellschaft, beherrscht von einem absoluten Monarchen, aber nicht der Willkür unterworfen, welche die Herrschaft Nikolaus' I. auszeichnete. Er hielt Alexander II. für einen Monarchen, der hinlänglich aufgeklärt war, diese Vorstellung zur Realität werden zu lassen. Aber wo er auch hinblickte, sah er unfähige oder unwillige Beamte, die seine Maßnahmen behinderten. Unter dem Vorwand, nicht in bester Gesundheit zu sein, gab er am 17. April 1863 sein Amt auf und zog sich aus dem öffentlichen Leben zurück. Die Regierung schenkte ihm Land im Gouvernement Samara, verweigerte ihm aber den Senatorenposten, um den er gebeten hatte. Gekränkt, daß seine dreißig Jahre im Dienst für Zar und Vaterland nicht großzügiger honoriert wurden, reiste er ab.[8]

Die zwanzig Jahre, die ihm noch verblieben, widmete Tolstoi der Schriftstellerei und der wissenschaftlichen Forschung. Er wurde 1876 zum Präsidenten der Gesellschaft russischer Altertümer gewählt und behielt dieses Amt bis 1879. Er veröffentlichte eine Reihe von Büchern und Aufsätzen zu historischen und archäologischen Themen. Glücklicherweise verbrachte er seinen Ruhestand nicht allein. Als Gouverneur hatte er, alter Hagestolz, der er war, die obligatorischen Bälle und Empfänge gegeben. Aber schließlich heiratete er doch noch, und zwar Jefrosinja, die Tochter eines Gärtners, von der er einen Sohn namens Sergei hatte. 1872 vollendete er seine autobiographischen Erinnerungen, auf die sich meine Darstellung weitgehend stützt.

Dmitri Nikolajewitsch Tolstoi starb am 14. März 1884. Sein Enkel fiel im Weltkrieg, und der Zweig der Tolstoi-Snamenskis (dank der Liebe zu seinem Gut durfte er 1878 einen weiteren Zunamen anfügen) scheint damit ausgestorben zu sein. Welchen Weg sein Sohn Sergei, den er so sehr liebte, eingeschlagen hat, ist nicht bekannt, doch ein anderer Verwandter, der ihm in mancher Hinsicht wie ein Sohn war, erfüllte all die Versprechen, welche sich Dmitri Nikolajewitsch erhofft haben könnte.

Der Graf hatte einen Vetter ersten Grades, Andrei Stepanowitsch Tolstoi, der dreizehn Jahre älter war als er. Dieser Graf Andrei hatte das alte Gut der Tolstois geerbt, Schelbowo im Gouvernement Susdal, das sich im Besitz der Familie befand, seit Wassili Iwanowitsch Tolstoi von 1621 bis 1625 Woiwode von Susdal gewesen war. 1830 wurde Andrei Stepanowitsch erschossen, und zwar, wie es hieß, während eines Essens von seinem Gastgeber, nachdem er sich in seiner Trunkenheit damit gebrüstet hatte, mit der Gastgeberin auf allzu intimem Fuße zu stehen.[9] Er hinterließ zwei Söhne im Alter von sechs und sieben Jahren, und angesichts des Umstandes, daß deren Mutter sich wieder verheiratete und sie ohne Heim waren, bot der gütige Graf Tolstoi-Snamenski den Waisen seinen Schutz an. Der jüngere der beiden ertrank unter tragischen Umständen im Alter von neunzehn Jahren, doch der ältere, der auch Dmitri hieß, schlug eine Laufbahn ein, die so ausgezeichnet wie umstritten war. Die beiden Männer waren letzten Endes nicht nur durch gemeinsame Vorfahren miteinander verwandt, sondern auch durch ihre Nachkommen, denn Sergei, der Sohn des Grafen Tolstoi-Snamenski, heiratete Maria, die Tochter seines Mündels.

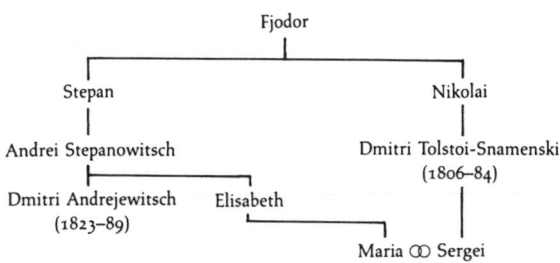

Der Reichtum und die Stellung, die Dmitri Nikolajewitsch genoß, waren groß genug, daß er seinen jungen Verwandten im Alter von dreizehn Jahren auf das erstklassige Kaiserliche Lyzeum nach Zarskoje Selo schicken konnte. Das Lyzeum, fraglos Rußlands höchstangesehene und exklusivste Bildungsanstalt, war anno 1810 mit dem erklärten Ziel gegründet worden, »junge Menschen (auszubilden), die für die wichtigen Bereiche des Staatsdienstes ausgewählt wurden«. Während seines hundertjährigen Bestehens sollte es sich in dieser Hinsicht als sehr erfolgreich erweisen, seine Absolventen nahmen in unverhältnismäßig hoher Zahl die wichtigsten Staatsämter ein. Gleichwohl setzte es 1836, als der junge Tolstoi die Anstalt belegte, seinen höchsten Stolz darein, daß hier der unsterbliche Puschkin seine Bildung erhalten hatte.

Der Studienverlauf war streng reguliert, entsprechend seinem Ziel, nicht nur die intellektuellen Fähigkeiten der Schüler zu entwickeln, sondern auch treue und fromme Diener des Staates und des Zaren heranzubilden. Das Lyzeum war exklusiv, und es wurde sorgfältig darauf geachtet, daß es so blieb. Es war in einem Flügel des kaiserlichen Palastes zu Zarskoje Selo in prächtigen Räumlichkeiten untergebracht.

Um sicherzugehen, daß die Schüler sich mit Leib und Seele dem Ziel widmeten, eines Tages die ersten Diener des Zaren zu sein, wurden sie während des sechsjährigen Ausbildungsganges völlig von dieser Anstalt vereinnahmt. Ausgang und Besuche waren streng geregelt, und nur während der Sommerferien konnten die Knaben überhaupt bei ihren Familien sein. Ein strenger Tagesablauf überwachte jede Bewegung der Schüler, vom Aufstehen um sechs Uhr morgens bis zum Schlafengehen um zehn Uhr abends. Während der Unterrichtsstunden und an öffentlichen Örtlichkeiten mußten sie eine Uniform militärischen Zuschnitts tragen. Ihr Lesestoff wurde genau zensiert, und ihr Arbeitspensum und die Examensvorschriften waren so anspruchsvoll, daß ihnen, zumindest theoretisch, kaum ein Augenblick für Müßiggang oder für einen Streich blieb.

Doch es gab auch mannigfaltigen Ausgleich, welcher zu erklären vermag, warum die meisten Schüler für ihre Alma mater ein Leben lang ein Gefühl der Zuneigung und der Treue empfanden. Die Unterrichtsfächer waren breit angelegt und vermittelten vornehmlich Recht, Sprachen, Literatur, Geschichte und Volkswirtschaftslehre. Dann und wann hörte man Klagen, der Lehrplan sei zu freisinnig und nicht spezialisiert genug. Neben den eigentlichen Lernfächern gab es noch Unterricht in Kunst, Fechten, Tanzen, Musik und Sport. Kost und medizinische Betreuung waren ausgezeichnet, und die meisten Schüler fanden, daß sie für vieles dankbar sein müßten. Die Disziplin war streng, doch die Bestrafung selten unmenschlich.

Der junge Dmitri war von dieser Atmosphäre des Fleißes und der Ergebenheit sehr angetan. Sein Lerneifer war außergewöhnlich, und da er auch über eine hervorragende Auffassungsgabe verfügte, erschreckte ihn das anspruchsvolle Lernziel nicht. Sein Vater war tot und die Mutter wiederverheiratet, so daß auch sein Heimweh nicht so groß war wie bei vielen seiner Kameraden. Tatsächlich scheint das Bewußtsein, im Grunde ein Waisenkind zu sein, ihn in der Entschlossenheit bestärkt zu haben, daß er auf sich selbst angewiesen war und auf eigenen Beinen stehen müsse. Seine einzige gefühlsmäßige Bindung war die an seinen gütigen Verwandten, Dmitri Nikolajewitsch.

Obwohl das Lyzeum all seine Erziehungskunst aufbot, konnte es die Schüler doch nicht vor allen Doktrinen der Auflehnung bewahren, die in der ersten Hälfte des neunzehnten Jahrhunderts mit jedem Jahrzehnt zunahmen. In Wirklichkeit wurden die strengen

Zensurbestimmungen unter Nikolaus I. straflos umgangen. »Es gab kein einziges verbotenes, ausländisches Buch, das nicht in die Hände eines vierzehn- oder fünfzehnjährigen Schülers des Lyzeums gelangen könnte«, schrieb ein ehemaliger Schüler. Zu Tolstois Altersgenossen zählte auch Petraschewski, der in der sozialistischen Theorie zu den Fortgeschrittenen gehörte, und der begabte Satiriker Saltykow-Schtschedrin. Obschon er allen umstürzlerischen Ideologien zutiefst feindlich gesonnen war, kannte er doch die Denkweise seiner Gegner durch und durch und scheute sich niemals, ihnen in einem intellektuellen Disput persönlich entgegenzutreten.

Am 31. Januar 1843 bestand Tolstoi die Abschlußprüfung mit Auszeichnung, und für die Art, mit der er die Ideale verkörperte, derentwegen das Lyzeum gegründet worden war, erhielt er eine goldene Medaille. Treue und hohe Verstandeskräfte – Tolstoi besaß beides in bemerkenswertem Maße, und er war tief von der Überzeugung durchdrungen, daß die Erziehung, die er genossen hatte, ein Erfolg war.[10]

Dank seiner tadellosen Eigenschaften und des Einflusses seines hochgestellten Gönners, D. N. Tolstoi-Snamenski, war Dmitri Andrejewitsch eine vielversprechende Karriere sicher. Er diente vier Jahre lang in der Kanzlei, die für die Beaufsichtigung der Mädchenschulen und der Wohlfahrtseinrichtungen zuständig war; 1847 wurde er in die Abteilung für Geistliche Angelegenheiten des Innenministeriums versetzt. Eine seiner wichtigsten Pflichten bestand darin, das Material für einen Bericht über die nichtorthodoxen Konfessionsgemeinschaften Rußlands zusammenzutragen. Diese Nachforschungen konnte er auch anderweitig gut gebrauchen, denn er veröffentlichte 1863/64 ein Buch unter dem französischen Titel »Le Catholicisme romain en Russie«, ein zwar gelehrtes Werk, das aber weit davon entfernt war, unparteiisch gegenüber einer Religion zu sein, die Tolstoi für ein heimtückisches Werkzeug hielt, die wichtigste nationale Einrichtung Rußlands zu unterminieren. Schon einige Zeit zuvor, 1848, hatte er im jugendlichen Alter von fünfundzwanzig Jahren eine umfängliche Geschichte der russischen Finanzbehörden unter Katharina der Großen veröffentlicht. Seine Schaffenskraft war derart auffallend, daß er als Dreißigjähriger zum Direktor der Abteilung für Geistliche Angelegenheiten ernannt wurde.

Aus all diesen Zeugnissen einer erstaunlichen Hingabe an seine Karriere könnte man folgern, Dmitri Tolstoi sei von Anfang an der herzlose Bürokrat schlechthin gewesen. Um so mehr mag es erleichtern, wenn man erfährt, daß er auch Zeit fand für die kleinen Dummheiten, welche die meisten jungen Männer begehen. Er gehörte einer Gruppe lebhafter und talentierter junger Leute an, die sich im Haus des reichen, gastfreundlichen Grafen Alexei Bobrinski am Michailowski-Platz zu versammeln pflegten. Im gleichen Jahr, als Tolstoi seine Studien zu Ende führte, zog ein reicher Grundbesitzer namens Jasykow mit seiner Familie nach St. Petersburg. Er hatte zwei gutaussehende Töchter, die den Jungen in der Hauptstadt unfreiwillig Anlaß zu mancherlei Kummer und Streit boten. Die eine von beiden übte auf Dmitri Tolstoi eine weitaus größere Anziehungskraft aus als das Finanzsystem Katharinas II. Es war in der Fastenzeit, im Frühling, als die Mädchen regelmäßig die Kirche besuchen mußten. Ganze Schwärme junger Offiziere und Adliger wurden plötzlich fromm und erschienen zu ihrer Andacht in der gleichen Kirche. Auch Tolstoi erschien dort, und er überredete einen Freund, der zufällig ein begabter Künstler war, diese Gelegenheit zu benützen und ihm eine lebensgetreue Skizze von seiner Angebeteten anzufertigen. Die beiden jungen Herren ließen sich in einem günstig gelegenen Winkel der Kirche nieder, wo der Künstler ein hübsches Konterfei anfertigte, welches Tolstoi daheim ausgiebig betrachten konnte. Um den Zeichenvorgang vor der Gemeinde zu verbergen, versteckte der Künstler den Zeichenblock in seinem Hut. Bedauerlicherweise verfolgte ein junger Fürst, der gleichfalls für diese Dame entflammt war, das Ganze mit brennenden Augen. Aus lauter Eifersucht rannte dieser Rivale zur Mutter des Mädchens und warnte sie, gleichsam als Unbeteiligter, vor dem Gerede, das aus Tolstois offenkundigem Verhalten entstehen würde. Nur unter größten Schwierigkeiten wurden die Wogen wieder geglättet. Graf Dmitri Nikolajewitsch griff ein, um jegliche Aussicht auf eine Ehe zwischen seinem Neffen und Fräulein Jasykowa zu unterbinden; sie heiratete später einen niederländischen Diplomaten.[11]

Tolstoi blieb noch einige Jahre ledig. Am 8. November 1853 wurde er mit Sophia vermählt, der bescheidenen und einfachen, aber gutherzigen Tochter des Generals Bibikow. Bibikow war im Jahr zuvor Innenminister geworden, und an Bewunderung für die absolute Monarchie kam ihm niemand gleich. Ein Historiker hat unlängst darauf hingewiesen, daß er »der Macht des Staates blinden Glauben geschenkt hat und der Auffassung gewesen ist, alle Formen gesellschaftlicher Organisation seien von Grund auf schlecht«. Als

General Dmitri Bibikow

Generalgouverneur von Kiew war er dafür bekannt geworden, daß er die obskurantistische Politik seines Herrn mit Begeisterung ausführte und sich in einer Rede gegen Ende seiner Amtszeit damit gebrüstet hatte, er habe nichts getan, um zwischen Staat und Gesellschaft eine Brücke zu bauen; an seiner Beliebtheit sei ihm nie etwas gelegen.[12]

So waren alle Einflüsse, die Dmitri Tolstois Ansichten prägten, mehr oder weniger konservativ. Hugh Seton-Watson sagt von ihm: »Tolstoi wurde in der historischen Literatur Rußlands als einer der bigottesten und einflußreichsten Reaktionäre des neunzehnten Jahrhunderts bekannt. Er wurde von gebildeten Russen mit liberalen Anschauungen ebenso gehaßt wie von radikalen. Der eher konservative Tschitscherin schrieb in seinen Memoiren: ›Man kann nur wenige Menschen nennen, die Rußland größeren Schaden zugefügt haben‹.«[13] In all dem steckt ein Körnchen Wahrheit ... aber in Rußland waren die Dinge immer etwas anders, als sie erschienen.

Von 1853 bis 1860 stand Tolstoi der Kanzlei des Marineministeriums vor. In den ersten Jahren dieses Zeitraumes erlebte er den unglücklichen Rückschlag, den Rußland und die autokratische Politik Nikolaus' I. im Krimkrieg hinnehmen mußten. Der Kaiser starb, als die Feindseligkeiten noch in vollem Gange waren, und nachdem der Vertrag von Paris 1856 Rußland demütigende Bedingungen auferlegt hatte, riefen von allen Seiten Stimmen nach einer Reform. Nikolaus hatte die Militarisierung des gesamten russischen Lebens damit gerechtfertigt, daß sie die Nation unwiderstehlich stark machen würde – doch da war sie nun auf ihrem eigenen Boden von der Armee »Napoleons des Kleinen« geschlagen, und das nur vierzig Jahre, nachdem ihre Armeen auf den Fersen Napoleons des Großen in Paris eingezogen waren. Irgend etwas stimmte nicht, und für die meisten Menschen (auch für den neuen Zaren Alexander II.) war es die Unterdrückungspolitik der früheren Regierung. Sie war nicht nur offenkundig moralisch verwerflich, sondern auch hoffnungslos unzulänglich. Was den Briten und den Franzosen einen Vorteil verschaffte, war ihr freies politisches System, das jene Intelligenz und Unabhängigkeit förderte, mit denen man unter anderem auch Kriege gewinnen konnte.

Der größte Streitpunkt war seinerzeit natürlich die Befreiung der Leibeigenen. Wie in den meisten anderen Gesellschaften hatte es auch in der russischen Gesellschaft wahrscheinlich schon seit den frühen Anfängen Leibeigenschaft (und Sklaverei) in der einen oder anderen Form gegeben. Aber bis zum Ende des fünfzehnten Jahrhunderts scheint die Mehrzahl der russischen Bauern aus freien Pächtern bestanden zu haben. Im Jahr 1497 wurde ihr Recht auf Freizügigkeit durch ein Gesetz geregelt, und erst danach wurden sie allmählich an die Scholle gebunden. Es war das Gesetzeswerk *(uloschenje)* des Zaren Alexei Michailowitsch von 1649, das die russische Bauernschaft schließlich zu Leibeigenen machte.[14] Die weitreichenden Reformen seines Sohnes Peters des Großen, die Rußland in vielerlei Hinsicht an Europa annäherten, banden die Leibeigenen sogar noch fester an ihren Boden, und zwar in der Verfügung von 1722, die ihrerseits darauf abzielte, das steuerlich belastbare Vermögen des Adels noch zu vergrößern; denn dies war nötig, um für Rußlands größeren Militärhaushalt und für sein gewachsenes Ansehen aufzukommen. 1785 erweiterte Katharina die Große in der »Gnadenurkunde« *(schalowannaja gramota)* die Herrschaftsgewalt der adligen Grundbesitzer über ihre Leibeigenen, zwar nicht absichtlich, aber es lief doch darauf hinaus.[15]

Diese Einrichtung, die abzuschaffen man sich nun anschickte, darf man daher nicht als ein längst dem Untergang geweihtes Überbleibsel aus grauer Vorzeit betrachten, sondern als etwas verhältnismäßig Neues, dessen Bedeutung im Grunde jeden Winkel des russischen Lebens berührte. Im Laufe des neunzehnten Jahrhunderts hatten die

Auswirkungen der europäischen Aufklärung die öffentliche Meinung Rußlands so tief durchdrungen, daß die Mehrheit der Gebildeten die Leibeigenschaft als ein widernatürliches Übel betrachtete, das man abschaffen müsse, wenn Rußland ein vollwertiges Mitglied in der Gemeinschaft zivilisierter Völker werden wollte. Dennoch verlangte der Adel lauthals nach begleitenden politischen und administrativen Maßnahmen, die ihn für diesen Verlust voll entschädigen sollten.[16]

Diese ganze augenfällige Unordnung und Infragestellung des Status quo erschreckten Dmitri Tolstoi in seinem Marineministerium. Diese gefährlichen Vorschläge bedrohten die Selbstherrschaft und wollten zugleich den Adel seiner wirtschaftlichen Grundlagen berauben. Anfang des Jahres 1860 sandte er dem Kaiser eine unbeherrscht formulierte, sarkastische Denkschrift, in der er die bevorstehende Maßnahme, von der er schon im voraus wußte, daß sie die grundbesitzende Schicht unweigerlich ruinieren würde, bitter bedauerte. Alexander II. war über diese Kritik verärgert und verwarf sie als töricht oder von vorsätzlicher Bösartigkeit. Tolstoi war über den Lauf der Dinge so bekümmert, daß er am 19. September 1860 aus dem liberal gesinnten Marineministerium ausschied.

Am 19. Februar 1861 wurde die Leibeigenschaft in ganz Rußland aufgehoben. Die Verwirrung, die beinahe zwangsläufig darauf folgte, war für Dmitri Tolstoi der Beweis, daß die ganze Maßnahme schädlich war. Viele Bauern hatten nur eine äußerst verschwommene Vorstellung davon, was damit beabsichtigt war. In Jasnaja Poljana, auf dem Gut Leo Tolstois, weigerten sich die Bauern einmal bei einer Gelegenheit, das Heu zu mähen, und die Ernte konnte nur gerettet werden, indem der Schriftsteller und die Seinen selber zu Sense und Rechen griffen.[17] Anders als sein berühmter Verwandter betrachtete Dmitri Tolstoi solche Vorfälle nicht als zwangsläufig auftretende Anfangsschwierigkeiten. Am 30. April 1861 (das war sechs Wochen nach dem Befreiungsdekret; die Bauern waren jedoch verpflichtet, ihre alten Verpflichtungen noch während der folgenden beiden Jahre einzuhalten) schrieb er an seinen ihm zustimmenden Onkel ärgerlich: »Drei von vier Dörfern in unserem Besitz erfüllen die Fronarbeiten mehr oder weniger zufriedenstellend, doch das vierte (Fursowo ...) weigert sich geradeheraus, irgend etwas zu tun ... Wir haben Grund zu hoffen, daß wir ohne Einkommen dastehen werden und Rußland ohne Brot. Alle großen Güter um Lesischtsch herum müssen feststellen, daß ihnen die Arbeit verweigert wird! Wie sehr müssen wir doch der zuständigen Kommission dafür dankbar sein! ... In Petersburg erlassen sie gerade eine Faustregel, wonach es nur dann als Unruhe anzusehen ist, wenn sich die Bauern in offener Rebellion erheben; aber wenn sie einfach die Arbeit oder die Ablösungszahlen verweigern, dann bleibt dies unberücksichtigt, und sie betrachten den Ort, wo dies geschieht, als friedlich. Somit herrschen nur in Kasan und in Pensa Unruhen, wo die Bauern die Soldaten verjagt haben, aber an anderen Orten ist alles so, wie es sein soll.«[18]

Für Männer wie die beiden Tolstois, deren Güter nach wohlmeinenden, patriarchalischen Grundsätzen verwaltet worden waren, losgelöst von den erregten Debatten Petersburgs oder Moskaus, kam die Befreiung wie ein von Grund auf schädlicher Schachzug, der den Frieden auf dem Lande und die Beziehungen, die den Unbilden der Zeit widerstanden hatten, zerstörte. Das alles war dem erzürnten Dmitri Andrejewitsch zu viel, und er gab seine neue Stellung im Ministerium für Volksaufklärung an dem gleichen Dezembertag auf, als der Liberale A. W. Golownin zum Minister dieses Hauses ernannt wurde.

Während der nächsten beiden Jahre, als die Reformen weitergingen, lebte Tolstoi halb im Ruhestand; er fungierte als Kurator zweier berühmter Mädchenpensionate, des Alexander- und des Katharinen-Instituts, und beschäftigte sich mit wissenschaftlichen Forschungsarbeiten. Letzteres war, wie es seinem einsamen und selbständigen Charakter geziemte, sein Leben lang seine Lieblingsbeschäftigung. Auf seinem Landgut in Rjasan ließ er eigens einen Turm errichten, in dem er die vierzigtausend Bände seiner Bibliothek unterbrachte. Da gab es Werke in jeder wichtigeren europäischen Sprache, und infolge seines früheren Interesses für die Regierungszeit Katharinas der Großen errichtete er eine wertvolle Sammlung von Manuskripten aus dieser Zeit. Seine Interessen waren vielseitig; er veröffentlichte auch die Tagebücher, die sein Vorfahr Peter Tolstoi in den Jahren 1697–1699 in Italien geführt hatte.

Die antirussischen Aufstände, die im Januar 1863 in Polen und Litauen ausbrachen und erst im folgenden Jahr unterdrückt wurden, machten offenbar einen tiefen Eindruck auf Tolstoi. Zuvor hatte Tolstois früherer Vorgesetzter im Marineministerium, Großfürst Konstantin, weitreichende Reformen durchzuführen versucht. Obgleich die Landreformen erst nach der Niederschlagung des Aufstandes kamen, war dies für Tolstoi der unwiderlegliche Beweis – falls

Beweise überhaupt nötig waren –, daß Schwäche und Zugeständnisse nur zu weiteren Übergriffen gegen die territoriale Integrität Rußlands und die Autorität des Zaren einluden. Tolstois schwarzseherische Überzeugungen fanden nicht viel Gefolgschaft, und er blieb politisch ein Einzelgänger, der hilflos mit ansehen mußte, wie das alte Rußland, das er so sehr liebte, rings um ihn her zerschlagen wurde. Es mochte so aussehen, als seien seine Tage vorbei, als der träge Fluß der russischen Geschichte plötzlich eine jähe Wendung nahm.[19]

Am 4. April 1866 flanierte Zar Alexander in den Sommergärten von St. Petersburg, als sich aus der Menge der Zuschauer ein junger Mensch löste, eine doppelläufige Pistole aus seinem Rock zog und damit auf den Zaren feuerte. Einem Bauern gelang es, seinen Arm wegzureißen, so daß die Kugel danebenging. Der Attentäter versuchte zu fliehen, wurde aber von der Polizei ergriffen. Im Verhör stellte sich heraus, daß er Dmitri Karakosow hieß. Er war von dem schwer bestimmbaren Gedanken erfüllt, dazu berufen zu sein, die Massen durch eine große Tat zu befreien, und er beschloß, daß die Ermordung des Zaren die dramatischste Tat sei. Obschon seinerzeit im Land eine wenig revolutionäre Stimmung herrschte – denn nach den großen Reformen neigte man eher der Rechten zu – fand man, daß Karakosow mit einer sozialistischen Verschwörergruppe in Verbindung stand, die sich den melodramatischen Namen »Hölle« gegeben hatte. Er wurde am 3. September gehängt, und ein paar Dutzend von dieser Bande wurden nach Sibirien verbannt.[20]

Viel bedeutsamer als die Bestrafung jener, die in den Attentatsversuch einbezogen waren, war die Wirkung auf die öffentliche und die amtliche Meinung. Sofort machte sich das Gefühl breit, daß man vielleicht den Reformweg allzu schnell beschreite, und der Ruf nach einer festen Hand am Bremshebel wurde laut. Neue Minister wurden ernannt, die der Volksverhetzung kompromißlos gegenüberstanden: zu ihnen zählte Dmitri Tolstoi. Am 14. April 1866, zehn Tage nach Karakosows Attentatsversuch, war der liberale Minister für Volksaufklärung Golownin entlassen, und Tolstoi nahm seinen Platz ein. Endlich, im Alter von dreiundvierzig Jahren, war seine Stunde gekommen. Seine Befähigung für dieses Amt war unbestritten. Als Gelehrter genoß er hohes Ansehen, und er hatte seit seinem Studienabschluß im Jahr 1843 bereits in der Kulturverwaltung gearbeitet. Er hegte strenge Ansichten hinsichtlich der Gefahren, die ein Kompromiß mit den Gegnern der Autokratie nach sich ziehen würde, und diese Anschauungen waren jetzt so anziehend, wie sie zuvor abstoßend gewesen waren.

Das Ministerium für Volksaufklärung wurde nun als die vorderste Kampflinie betrachtet in dem Krieg, der gegen die geheimen Befürworter einer Revolution zu führen war. Nicht nur waren Karakosow und seine vielen Mitverschwörer Studenten gewesen, auch an den Universitäten hatte die Agitation im großen und ganzen zugenommen. In den Jahren 1861 und 1862 hatten an der Universität und an der Technischen Hochschule von St. Petersburg Massendemonstrationen stattgefunden, bei denen 300 Studenten festgenommen und 659 relegiert wurden, die Universität wurde für zwei Jahre geschlossen. In dem Jahrzehnt vor 1866 ging deutlich ein Wind der Erregung durch Rußlands Universitäten. 1861 unterzeichnete eine Anzahl Moskauer Professoren einen Bericht, in dem es hieß, »die russische Gesellschaft hat dem Studenten ein hohes Selbstwertgefühl eingeflößt, dies eine Vorstellung, die man kaum in einem anderen Land findet ... Zum gegenwärtigen Zeitpunkt spürt jeder Mensch in Rußland zutiefst das Bedürfnis nach Bildung als dem einzigen Weg, auf dem wir unseren bedrückenden gesellschaftlichen Übeln entfliehen können ... In den Augen vieler verkörpert der Student die künftige Hoffnung Rußlands«.[21] Es waren überdies die Universitäten, durch die aus dem Westen gefährliche Ideen nach Rußland gelangten; sie stellten, in den Worten von Nicholas Riasanovsky, »die wichtigste Stromleitung für westliche Kenntnisse und Denkweisen in Rußland dar«.[22] Hier war das Brennmaterial, das bereit schien, auf jeden Funken anzusprechen, den eine böswillige oder übelwollende Hand hineinwarf. Dmitri Tolstoi fiel die Aufgabe zu, die schwelende Bedrohung zu löschen.

Selbstverständlich folgten der Ernennung des neuen Ministers weitreichende Veränderungen, und sein Erscheinen wurde in der akademischen Welt mit berechtigter Sorge begrüßt. Es waren nicht nur seine erklärtermaßen reaktionären Anschauungen, welche Professoren ebenso wie Studenten vollends davon überzeugen mußten, daß die Dinge nicht so weitergehen würden wie unter dem vergleichsweise gemütlichen Golownin, sondern auch Tolstois legendärer Fleiß, seine Hartnäckigkeit sowie seine unabänderliche Erwartung, daß andere sich mit den gleichen Maßstäben messen lassen müßten.

Die Probleme, die auf ihn warteten, müssen allein schon ihrer Größe und des kritischen Stadiums wegen, in das sie nun bald traten, bestimmt größer gewesen sein als die, denen die Erziehungsminister anderer Völker ins Auge blickten; aber kaum hatte sich der neue Minister mit den Problemen vertraut gemacht, da verkündete er schon seine Absicht, eine Inspektionsreise entlang der Wolga zu machen. Zwischen dem 4. August und dem 23. September reiste er von seinem Haus im Gouvernement Rjasan nach Moskau, sodann die Wolga hinab bis Astrachan am Kaspischen Meer und zurück über Saratow, Samara und Simbirsk nach Kasan und über Nischni-Nowgorod, Kostroma und Jaroslawl weiter nach St. Petersburg: eine Reise von gut sechstausend Kilometern. Doch war dies nicht bloß ein Zur-Schau-Stellen seiner Amtsautorität, wie dies die Russen seit Jahrhunderten gewohnt waren; Berichte über Tolstois Besuch in Kasan verdeutlichen dies. Die vormals tatarische Stadt, 1552 von Iwan dem Schrecklichen erobert, hatte 1758 von der Kaiserin Elisabeth ein Gymnasium erhalten, und dieses war 1804 zur Universität erhoben worden. Sie war Rußlands östlichster Vorposten der Aufklärung und erlangte bald hohes akademisches Ansehen.

Peter Schestakow, der Rektor der Universität, vergaß nie mehr, welche Angst er und seine Kollegen empfunden hatten, als sie an diesem 3. September Tolstoi zum erstenmal an der Eisenbahnstation erwarteten. »Dieser Graf Tolstoi wird den Rektor von Kasan, den Golownin ernannt hat, mit dem er auf dem Kriegsfuß steht, durch einen anderen ersetzen«, verhieß ein fröhliches Gerücht. Sein Erscheinen war in der Tat beängstigend, im nachhinein freilich weniger, als man erwartet hatte.

Mit seinem bleichen, hageren Gesicht, seinen flinken Bewegungen und seiner lebendigen Art zu sprechen, schien er seine dreiundvierzig Jahre Lügen zu strafen. Binnen kürzester Zeit waren seine Gastgeber von seiner Konzentrationskraft, seinem enthusiastischen Interesse für alles, was mit der Universität zu tun hatte, und seiner Fähigkeit, Neues aufzunehmen, beeindruckt.

»Der Graf inspizierte untergeordnete Bildungseinrichtungen mit großer Sorgfalt, aufmerksam lauschte er dem Bericht eines jeden Rektors über die Mittel, die seiner Institution zur Verfügung stehen, und was nötig wäre, diese Einrichtungen zu verbessern. Graf D. A. Tolstoi blieb eine ganze Woche in Kasan; abgesehen von den Vorlesungen an der Universität besuchte er Kollegs am Theologischen Seminar, und er suchte das Gymnasium für Knaben und Mädchen auf. Jeden Abend empfing er bei sich, wie vereinbart, eine Reihe von Professoren und lernte sie bei einem Glas Tee kennen.«

Die Universitäten und Schulen konnten sich bald selbst davon überzeugen, daß die legendäre Belastbarkeit des neuen Ministers keineswegs übertrieben worden war. Während er sich unermüdlich von einer Person zur andern und von einem Thema zum nächsten bewegte (man wußte, daß er jedem Gesprächspartner genau zwei Minuten gewährte), beeindruckte er alle durch seine ungewöhnlich rasche Auffassungsgabe sowie dadurch, daß er sich auch in einem sichtlichen Durcheinander von Gesprächsterminen den geistigen Überblick und den nötigen Durchblick bewahrte. Die wissenschaftlichen Forschungen, die er während seiner Amtszeit als Minister fortführte, schienen ihm lediglich eine Erholung von seiner Arbeit zu sein. Natürlich machte er bei dieser schier übermenschlichen Arbeitsbelastung auch Fehler, »doch was allen mit besonderer Freude auffiel und sie unwiderstehlich zu ihm hinzog, das war seine Direktheit, seine Fröhlichkeit und seine Offenheit, von denen eine ansteckende, bezaubernde Wirkung ausging«.

Dies war die Ansicht des Rektors, die von vielen seiner älteren Kollegen geteilt wurde. Weiter unten war allerdings die Angst größer. Studenten, jüngeren Dozenten und anderen flößte er einfach Angst ein. Ein Priester, der ihm auf seiner Reise begegnete, floh erschreckt, als er bloß erfuhr, wer er war. (Tolstoi war im Jahr zuvor zum Prokurator der Heiligen Synode ernannt worden und somit für Kirchenangelegenheiten zuständig. Dies war jedoch eine Verpflichtung, der er aus Gleichgültigkeit nicht nachkam.[23]) In späteren Jahren erinnerten sich ehemalige Studenten der von sorgfältigen Vorbereitungen angefüllten, furchtbaren Wochen, die dem Besuch vorausgingen. Gemäß eines Rundschreibens des Ministeriums mußten alle Dozenten, die dem Minister vorgestellt wurden, ihre Bärte rasieren, die man anscheinend als ein Zeichen von Freidenkerei betrachtete. Ein ehemaliger Schüler eines Gymnasiums erinnerte sich an die fröstelige Erscheinung des Ministers. Gekleidet in seine Ministeruniform, mit einem Stern auf der Brust und dem symbolischen goldenen Schlüssel eines Kammerherrn am Hofe (was er seit 1858 war) auf dem Rücken, »blickte diese große, hagere, zugeknöpfte Gestalt ... mit einem eisigen, trockenen Stierblick langsam auf die Schüler, die Habachtstellung angenommen hatten, und ohne ein Wort des Grußes, ohne ein Lächeln, bat er uns, Platz zu nehmen, und suchte sich einen Sitz an einem der vorderen Pulte, nächst einem sich zusammenkauernden Schüler; in ähnlicher Weise ließ sich sein Gefolge weiter hinten nieder.

›Fahren Sie mit dem Unterricht fort!‹ befahl der Graf, und der Schüler Sergei begann, die grammatische Übung an der Tafel klug, klar und intelligent zu zergliedern; mehrmals unterbrach ihn der Minister, stellte mit trockener, knapper Stimme seine Fragen; danach befahl er anderen Schülern, ein Diktat zu schreiben, und er untersuchte das Übungsheft des Baschkiren Kutlemetow besonders gründlich. Er verbrachte vierzig Minuten im Klassenzimmer und verließ sodann, mit einem Nicken, langsam und still den Raum. Wladimirow [der Lehrer], käsweiß, zitterte vierzig Minuten lang um sein Schicksal (er hatte eine große Familie und war schrecklich arm), sank vor Erschöpfung am nächsten Pult nieder und war vor Erregung sprachlos.

Im Klassenzimmer herrschte völlige Stille, nur das Summen einer Fliege und das tiefe Atmen des Lehrers waren zu hören. So endete diese Unterrichtsstunde. Lehrer wie Schüler standen lange Zeit unter einem schweren, niederdrückenden Eindruck: ihr Leben lang. Es gab weder Tadel noch Schelte, aber der eisige Blick des Ministers übertrug etwas Kaltes und Unheilvolles.«

Dieser Bericht gibt einen unangenehmen Eindruck von Tolstois Art. Er war eine komplizierte Persönlichkeit, die von Zeitgenossen höchst unterschiedlich beurteilt wurde. Angesichts seines unnatürlich zurückhaltenden und selbstgenügsamen Wesens ist es möglich, daß es Mißtrauen in die Gefühle anderer Menschen ihm gegenüber war, was ihn dazu bewegte, zurückgezogen und unpersönlich zu erscheinen. Doch in dem gerade geschilderten Fall liegt es näher, zu glauben, daß er absichtlich einen strengen Eindruck machen wollte. Es war sein erster Besuch in Kasan, und an der dortigen Universität hatte es ernste Unruhen gegeben; auch der Möchtegern-Meuchelmörder des Zaren, Karakosow, war dort eingeschrieben gewesen. Es ist sehr wohl möglich, daß der Minister deutlich machen wollte, daß eine neue Ära des Gehorsams und der Disziplin angebrochen war.

Dies erscheint um so glaubhafter, als es eine Vielzahl von Beweisen dafür gibt, daß er ein ganz anderes Gesicht zeigen konnte, wenn es die Situation verlangte. Ein anderer ehemaliger Schüler, diesmal einer aus dem Gymnasium im entlegenen Orenburg, weit draußen in der Steppe Sibiriens, schildert einen der seltenen Besuche des Ministers. Die Schule war wie gewöhnlich von oben bis unten geschrubbt und auf Hochglanz gebracht worden. Die Knaben hatten neue Schuluniformen erhalten und ihre Haare scheren lassen (vielleicht waren auch lange Haare ein Zeichen von Gottlosigkeit). In vollständiger Uniform, mit Dreispitz und Schwert, traten die Lehrer in die Klassen. Tag für Tag hatten sie die gleiche Lektion durchgenommen, bis die Schüler sie wie das »Vaterunser« hersagen konnten.

»In jenen Tagen gab es noch keine Bahn nach Orenburg, und daher war der genaue Tag, an dem der Minister eintreffen sollte, nicht bekannt. Das war der Grund, daß wir mehr als eine Woche lang in diesem Zustand ängstlicher Erwartung herumsaßen; schließlich stürzte eines Tages Michail Matwejewitsch [ein Lehrer] atemlos und hochrot im Gesicht in unsere Klasse, sein Schnurrbart wogte in höchst erschreckender Weise, und, auf einem Bein stehend, hob er einen Finger hoch und flüsterte: ›Er ist eingetroffen! Er wird gleich dasein!‹«

In der nächsten Stunde gab es Russisch, und der Lehrer, Danilow, befahl den Buben augenblicklich, die Lektion aufzuschlagen, die sie die ganze Woche vorbereitet hatten.

»Fast im nächsten Augenblick hörten wir Schritte, und der Minister trat in das Klassenzimmer. Er trug einen einfachen Gehrock mit einem Stern. Er trat näher zu den Knaben hin und sagte einfach: ›Guten Tag, Kinder. Setzt euch.‹ Dann schüttelte er Danilow, der ganz verwirrt war, die Hand; er fragte, was wir gerade studierten, und fügte dann hinzu: ›Bitte fahren Sie mit Ihrer Lektion fort. Ich bin nicht hier.‹ Er ging durch die ganze Klasse und trat an mein Pult. Ich stand auf. Er lächelte, legte seine Hand auf meine Schulter und sagte leise: ›Setz dich, setz dich‹ und setzte sich neben mich auf meine Bank. Danilow rief K. auf und begann, ihn auszufragen und etwas zu erklären. Graf Tolstoi hörte aufmerksam zu, und gleichzeitig fragte er mich leise, wie viele Schüler wir in unserer Klasse seien, ob es viele Kirgisen darunter gäbe, wie sie vorankämen und viele weitere Fragen. Ich war kein Feigling und verstand damals ohnehin nichts von Rängen und Graden und antwortete daher frank und frei.«

In dieser angenehmen Weise ging es weiter, aber Danilow konnte kaum unterrichten, weil er unbedingt hören wollte, was der Minister dem Knaben zuflüsterte. Schließlich verabschiedete sich der große Mann mit den Worten: »Nun, auf Wiedersehen, Kinder! Studiert fleißig, und liebt euer Gymnasium!«

Der Knabe erlitt dank der Aufmerksamkeit, die ihm zuteil geworden war, einige Unbill, denn Danilow berichtete seinen Vorgesetzten von dieser Konversation, und diese verhörten den Schüler in einem Anfall von Angst ausgiebig, weil sie wissen wollten, was der Minister zu ihm gesagt hatte. Und als der Minister drei Monate später einige Veränderungen innerhalb des Lehrkörpers anbefahl, traf ihn der Verdacht, der Anstifter gewesen zu sein.[24]

Allen Sinel hat das wichtigste Ziel des neuen Ministers für Volksaufklärung gut zusammengefaßt. Das entscheidende Problem, dem sich Tolstoi gegenübersah, schreibt er, bestand darin, »die Bedürfnisse des Landes, das ein leistungsfähiges Schulsystem benötigte, mit den Gefahren zu versöhnen, die der Autokratie aus ebendiesem System erwuchsen. Nirgendwo trat dieser Grundwiderspruch deutlicher hervor als an der Universität, denn aus ihrer Studentenschaft kam die Elite, welche der Staat benötigte, und sie hatte zugleich, seit den 1850er Jahren, viel zur Instabilität Rußlands beigetragen, denn die Studenten demonstrierten aktiv für ihre Rechte und schlossen sich scharenweise der revolutionären Bewegung an.« Es war ein späterer russischer Premierminister, Graf Witte, der dieses in seinem innersten Kern erfaßte, als er sagte: »Bildung begünstigt die soziale Revolution; aber wenn das Volk unwissend ist, verliert man Kriege.« Dies ist ein Problem, mit dem sich das heutige sowjetische Regime ebenso herumquält wie seine kaiserlichen Vorgänger. Nach 1856 hatte sich gezeigt, daß der Skorpion gleich zwei Stacheln im Schwanz hatte: auf die Niederlage im Krimkrieg folgten bald Studentenunruhen. Eine Folge dieses anscheinend unlösbaren Problems war, daß die darüber verzweifelte Regierung nach extremen Lösungen suchte. »Der Posten des Erziehungsministers war einer der wackligsten im russischen Staatsapparat. Während des Zeitraumes 1802–1917 bekleideten nicht weniger als siebenundzwanzig Personen dieses Amt.«[25]

Zar Alexander II. unterstützte jedoch mit bemerkenswerter Unerschrockenheit Minister, die sein Vertrauen genossen, und Tolstoi blieb vierzehn Jahre lang, von 1866 bis 1880, Minister für Volksaufklärung.

Seine Art, das wichtigste Problem anzugehen, die Studentenunruhen, war einfallslos, aber erstaunlicherweise erreichte er damit sein Ziel. Für Tolstoi war die Lösung, um ein weiteres Mal Allen Sinel zu zitieren, »ihrer Konzeption nach einfach, nicht jedoch in ihrer Ausführung. Er wollte die weiterführende Bildung durch mehr Lehrkräfte, bessere Schulen und Bewilligung weiterer Mittel für Forschungszwecke verbessern; die Studentenunruhen wollte er durch strengere Kontrolle des Lehrkörpers sowie durch sorgfältigere Überwachung und Auswahl der Studenten bekämpfen.« Sein Ansatz hatte also eine negative und eine positive Seite. Tolstoi verließ sich sehr auf jene zuverlässige Waffe autoritärer Regierungen: die Zensur. Namentlich Lehrbücher wurden von einer Zentralbehörde des Ministeriums gründlich untersucht, und die Entscheidungsgewalt über die Auswahl der Lehrbücher, welche vormals den Universitätsbehörden anvertraut gewesen war, wurde nun vom Ministerium ausgeübt. Auch Bibliotheken wurden nach allem untersucht, was vom Ministerium auch nur als annähernd aufrührerisch betrachtet wurde. Die Zensurbehörde stufte die Bücher nach ihrem geschätzten Wert ein; zwischen 1866 und 1877 wurde mehr als 55 Prozent des vorgelegten Studienmaterials zugelassen. Von den nicht genehmigten wurde eine große Zahl einfach als unzulänglich eingestuft, ungeachtet ihrer politischen Inhalte.

Ebenso wie Bücher mußten auch Pädagogen überwacht und ausgesiebt werden. Um die, wie er meinte, übertriebene Selbstbestimmung der Universität abzuschaffen, ersetzte er alle Rektoren bis auf einen durch Männer seiner Wahl, die in den meisten Fällen nicht eine Lehrer-, sondern eine Verwaltungsausbildung besaßen. Desgleichen entließ er den engagierten, aber allzu nachsichtigen Nikolai Pirogow von seinem Posten; er hatte bislang Studenten überwacht, die im Ausland studierten.[26] Da er immerzu besorgt war, daß Universitäten, die sich schon durch die räumliche Entfernung seiner Aufsicht entzogen, es zulassen würden, daß die Dinge wieder so gefährlich wurden wie ehedem, erhöhte er die Anzahl und die Amtsgewalt seiner Bezirksinspektoren, die – wenn sie ihre Anweisungen buchstäblich erfüllten – dem Lehrkörper und den Studierenden nachspionieren und eigentlich jede ihrer Bewegungen, innerhalb und außerhalb der Schule, beaufsichtigen sollten. In Wirklichkeit war jedoch die Anzahl dieser Inspektoren angesichts der gigantischen Größe Rußlands, den widrigen klimatischen Bedingungen und seiner schlechten Nachrichtenübermittlung so klein, daß die Überwachung ziemlich ungenügend blieb. Vor allem aber war Tolstoi entschlossen, die Entscheidungsgewalt an sich zu ziehen und dafür zu sorgen, daß alles Wichtige bis hin zu den Lehrplänen von seiner eigenen Entscheidung abhängig gemacht wurde.

Der einzige Zweck dieser vermehrten Aufsicht bestand natürlich darin, das Aufbegehren der Studenten zu unterdrücken. Es unterliegt kaum einem Zweifel, daß die Regierung recht hatte, wenn sie die Studentenschaft als für extremistische Ideen anfällig betrachtete. Revolutionäre Ideen, kompromißlose Maßnahmen, Allheilmittel für die Leiden der Menschheit und dergleichen üben auf unausgereifte Geister, die vor lauter Männlichkeit nur so strotzen, zugleich aber jegliche praktische Erfahrung vermissen lassen, eine natürliche Anziehungskraft aus. Aus einer Reihe von Gründen war die Gefahr für Rußland größer als für andere Länder. Die Studenten saßen eingeklemmt zwischen einer unnachgiebigen, gedankenlosen Bürokratie auf der einen Seite und den Millionen von abergläubischen Analphabeten auf der andern, und da war es nur natürlich, daß sie sich als eine Elite betrachteten. Die Gefahr läßt sich statistisch belegen: in den 1870er Jahren waren 36 Prozent der revolutionären Aktivisten Studenten.

Aber ungestümer Idealismus war bei weitem nicht die einzige Ursache der studentischen Unzufriedenheit. Viele Studenten waren jämmerlich arm, sie hausten in armseligen Quartieren in den Vorstädten und nährten sich schlecht und recht von den Brocken, die ihnen die Studentenküchen boten. Allzu oft war es ein Kampf ums Überleben, und diese Umstände wurden teils von Bestimmungen verursacht oder verschärft, die eigentlich dazu dienen sollten, die Unruhe im Keim zu ersticken. Alle studentischen Verbindungen beispielsweise waren streng verboten, so daß es den jungen Männern unmöglich war, gemeinsam Gelder aufzutreiben, mit denen sie sich billige Bücher und Nahrungsmittel hätten beschaffen können. Andere Bestimmungen, erdacht, um eine unverantwortliche Einstellung zum Leben fernzuhalten, verletzten einfach die Selbstachtung der Studenten. Starre Regeln überwachten ihr Verhalten innerhalb und außerhalb des Kollegs, betrafen Rauchen und Kleidung ebenso wie ihre Mußestunden; ein Bündel entsprechend strenger Bestrafungen verliehen diesen Regeln Nachdruck.

Obschon Tolstoi viele dieser Bestimmungen von seinen Vorgängern übernahm, wandte er sie noch strenger an und fügte ihnen weitere hinzu. Er war überzeugt, daß es möglich sei, das zweifache Übel, das beeindruckbare junge Gemüter bewegte: schlechter Einfluß von außen und der Müßiggang der Studierenden, durch Gesetze zu bekämpfen. Zensur und Polizei sowie die Kontrolle seiner Aufpasser bekämpften das erstere Übel, während Zulassungsbeschränkungen zum Studium und höhere Studienanforderungen den Studenten wenig Zeit für gesellschaftsfeindliche Umtriebe ließen.

Im großen und ganzen kam Tolstoi seinem erklärten Ziel erstaunlich nahe, die Studentenschaft der revolutionären Bewegung zu entziehen. Erst nach 1876 begannen erneut Umtriebe, als die Autokratie allmählich einer neuen außenpolitischen Krise ins Auge blicken mußte. Zeitweise wurden neue repressive Maßnahmen ergriffen, welche die Studenten dem Staat weiter entfremdeten. Alles in allem war Tolstois Hingabe, mit der er die Universität zu verbessern trachtete, echt, sie entstammte weitgehend seiner eigenen Liebe zu den Wissenschaften. Schließlich hatte er drei grundsolide wissenschaftliche Bücher und elf Aufsätze und Monographien verfaßt. In seinem Glauben an die dauerhafte Wirkung von Disziplin und an das Studium als einem Heilmittel gegen die Unzufriedenheit der Jungen ging er sicherlich fehl, doch dies muß man, zumindest teilweise, seinem rastlosen Fleiß im Lyzeum und später noch zuschreiben. Man sollte nicht vergessen, daß viele der Kontrollen, die heute unannehmbar erscheinen, seinerzeit an allen Universitäten Europas praktiziert wurden; auch, daß es »das ›rückständige Rußland‹ war, ... in dessen weiterführenden Bildungseinrichtungen mehr Studenten eingeschrieben waren als in den Hochschulen eines jeden anderen Landes, die Vereinigten Staaten ausgenommen«.[27] Schließlich: Die Finanzmittel und die Arbeitskräfte, die der russischen Zentralregierung im neunzehnten Jahrhundert zur Verfügung standen, waren so knapp bemessen, daß eine auch nur annähernd wirkungsvolle Anwendung ihrer Bestimmungen unmöglich war. Und der Widerspruch, der diesem immer gegenwärtigen Hindernis entsprang, war ein beständiger Anreiz, immer schärfere Gesetze zu erlassen, die aber letzten Endes freilich nur auf dem Papier standen. Von einem ideologisch motivierten Polizeistaat des zwanzigsten Jahrhunderts war dieses System weit entfernt.

Dmitri Tolstois Arbeit beschränkte sich nicht auf die Universitäten. In Wirklichkeit fand die höhere Schule den größeren Teil seiner Aufmerksamkeit, zumal es dort wirklich die Möglichkeit gab, die Dinge zum Guten zu wenden. Tolstoi verlangte, daß die Universität die Früchte eines Eliteschulwesens aufnahm, welches seinerseits seine Auswahl traf aus den zuverlässigen Teilen der Gesellschaft und diese jungen Menschen mit dem richtigen geistigen Rüstzeug versah. Tolstoi entschied, daß letzteres zuvörderst im Bereich der klassischen Studien zu finden war. Viele Konservative und Reaktionäre machten geltend, daß die Geschichte und die Literatur des alten Griechenlands und Roms schlagendere Beispiele böten für Rebellion, Tyrannenmord und Freidenkerei als jedes andere mögliche Studienfach. Ein noch gewichtigerer Einwand lautete, daß diese Kenntnisse in einer zunehmend technisierten und naturwissenschaftlich geprägten Welt ohne praktischen Wert seien.

Tolstois Anschauung war jedoch entscheidend. Er unterstützte einerseits die Auffassung – sie wurde seinerzeit in Europa fast überall vertreten –, daß sich die humanistischen Fächer als einzigartiges geistiges Übungsfeld für künftige Verwaltungsfachleute und öffentliche Bedienstete eignete. Der logische und systematische Aufbau der griechischen und der lateinischen Grammatik und die erhabene Weltanschauung der wichtigsten Gestalten aus der antiken Mittelmeerwelt erwecke in denen, die sie studierten, eine ausgewogene und vernünftige Lebensanschauung. Die Naturwissenschaften befänden sich hingegen in einem höchst experimentellen Stadium. Junge Menschen, die sich plötzlich den halbgaren und scheinbar revolutionären Schlußfolgerungen aus neuesten Forschungen gegenübersähen, seien allzu aufnahmefähig gegenüber neuen Theorien jeglicher Couleur. Die meisten sozialistischen Theoretiker des neunzehnten Jahrhunderts von Charles Fourier bis Karl Marx bauten auf einer mehr oder weniger überzeugenden »wissenschaftlichen« Grundlage auf. Es sei nicht möglich, solche Anschauungen unmittelbar in Frage zu stellen, da man sie ja, wenn man dies tun wollte, mit jenen reizvollen, aber trügerischen Ideen erst einmal bekanntmachen müßte, mit denen sie sonst vielleicht nie in Berührung gekommen wären. Weitaus besser sei es, junge Menschen mit gesunden, analytischen Methoden des Denkens und einer guten Allgemeinbildung in den Kulturfächern auszustatten, so daß sie die wilden Ansprüche der Schwärmer in aller Ruhe untersuchen könnten. Ein Beispiel dafür sei die Situation in England, jenem beneideten Hort der Stabilität, wo in den öffentlichen Schulen und in den Universitäten die Klassiker das Feld beherrschten und Ideologen kaum irgendwo ihr garstiges Haupt erheben konnten.

Es gab einen weiteren, praktischeren Grund. Tolstois Plan sah vor, daß die Universitäten ihre Studenten so weit wie möglich nur aus den Eliteschulen rekrutierten, den Gymnasien, in die von Anfang an die richtigen Schüler eintraten. Gymnasien waren nicht nur beträchtlich teurer als die daneben herlaufenden Realschulen, die Tolstoi an die Stelle der alten Realgymnasien treten ließ, sondern sie hatten auch einen strengeren Lehrplan, der beherrscht wurde von den humanistischen Fächern. Dies brachte es mit sich, daß das Gymnasium faule Kinder und Kinder aus einer sozial weniger verantwortungsbewußten Gesellschaftsschicht abschreckte oder nachträglich entfernte. Alles in allem hoffte Tolstoi, kluge, intelligente Kinder aus jener Adelsschicht anzuziehen, die Rußland mit hingebungsvollen, leistungsfähigen Beamten versorgen sollte; daher wollte er, daß sie, nachdem ihr Charakter und ihre Neigungen am Gymnasium geformt worden waren, an der Universität eine erstklassige Ausbildung erhielten. Es war ein unglaublich ehrgeiziges Ziel, das zu erreichen nur wenige Menschen hoffen durften, aber Dmitri Tolstoi war der letzte, der sich von der Größe einer Aufgabe hätte abschrecken lassen.

Die vorgesehene Rangordnung innerhalb der Schulen konnte nur dann in Kraft treten, wenn das Ministerium die Vollmacht besaß, die Fächer und die Stundentafel vorzuschreiben. Dies bedeutete wiederum den Erlaß sorgfältig ausgearbeiteter Gesetze. Von der Linken wie von der Rechten gab es starke Opposition, und erst 1871 wurden die Verfügungen einer Sonderkonferenz zur Beratung vorgelegt. Von beiden Seiten kamen heftige Angriffe; zuletzt entschied sich eine Mehrheit – trotz seiner Beredsamkeit – gegen Tolstoi. Sie hatten den Eindruck, daß sein Programm einen Schritt zurück bedeutete, und zwar in jene reaktionäre Richtung, die Rußland bereits genug Schaden zugefügt hatte. Doch das russische Pendel, das im letzten Jahrhundert der Romanow-Herrschaft niemals lange stillstand, neigte sich unweigerlich der konservativen Seite zu.

Die revolutionäre Bewegung hatte wieder einmal, im Inland wie im Ausland, erschreckende Ausmaße angenommen. Nach dem Sieg der Preußen über Frankreich anno 1870 war Kaiser Napoleon III. abgesetzt und eine Republik ins Leben gerufen worden. In Paris hatte sich die revolutionäre Kommune erhoben und die Stadt unter ihre Herrschaft gebracht; sie wurde erst unterdrückt, nachdem sie entsetzliche Greuel und Zerstörung angerichtet hatte. Nach einem Dämmerschlaf von mehr als einem Jahrzehnt schienen zu Hause wieder weitverzweigte Verschwörungen stattzufinden. Gegen Ende des Jahres 1869 reiste Sergei Netschajew von der Schweiz nach Rußland, gründete dort einen kleinen, revolutionären Kreis, der sich »Abrechnung des Volkes« nannte, und lenkte von allen Seiten Aufmerksamkeit auf seine Aktivitäten, indem er einen seiner Mitverschwörer brutal umbringen ließ, bevor er wieder über die Grenze floh. (Dostojewskij hat das Verbrechen und seinen Anstifter in seinem Roman »Die Dämonen« literarisch verewigt.) Die revolutionäre Bewegung, in der er maßgeblich mitwirkte, war weitreichend und gefährlich. Es ist unbestreitbar, daß die Ansichten und die Handlungen, die sich der russischen Regierung im neunzehnten Jahrhundert feindlich entgegenstellten, häufig das unmittelbare Ergebnis der illiberalen Politik waren, welche diese Regierung betrieb. Entsprechend hat auch der verstorbene Tibor Szamuely in seinem Buch »The Russian Mind« behauptet, der Terrorismus sei weitgehend die Kehrseite der Medaille gewesen, die Autokratie hieß, ihr Produkt und zugleich ihr Feind. Aber was auch die geschichtlichen Quellen des Terrors gewesen sein mögen, Alexander II. und seine Berater mußten einfach der Tatsache Rechnung tragen, daß sie es ziemlich oft mit Leuten zu tun hatten, wie man sie in jeder Gesellschaft findet, die an psychischen Krankheiten litten und deren gesellschaftliche Entfremdung sich durch den »revolutionären Akt« auszudrücken suchte. Netschajew beispielsweise »war ein hageres, verkümmertes, nervöses Kerlchen mit brennenden kleinen Augen und fahrigen Bewegungen, das immerzu an den Fingernägeln herumkaute, so daß seine Finger voller wunder Stellen waren«.[28] Es ist kaum zu glauben, daß ein solcher Mensch den Dolch beiseitegelegt hätte, wenn Rußland eine parlamentarische Demokratie geworden wäre. Auch der Umstand, daß die aktiven Verschwörer nur eine verhältnismäßig kleine Zahl ausmachten, bedeutet nicht, daß sie nicht für die Gesellschaft bedrohlich waren. 1917 sollte sich zeigen, was eine Handvoll hingebungsvoller Netschajews in Krisenzeiten alles zuwege brachte.

Die Gefahr war offensichtlich, und am 18. Juni 1871 benützte der Zar seine Vollmacht und setzte Tolstois Minderheitsvotum gegen den Staatsrat durch. Einen Monat später wurde dieser Plan Gesetz. Fortan lag der Schwerpunkt des gymnasialen Lehrplans auf Latein, Griechisch und Mathematik. 41 Prozent des wöchentlichen Unterrichts wurde den Klassikern gewidmet, der Löwenanteil davon den Sprachen. Dies mag übertrieben hoch erscheinen, aber an den preußischen und sächsischen Schulen wurde den Klassikern noch mehr Zeit zugestanden, nämlich 47–48 Prozent.

Tolstoi tat, was er konnte, um die Qualität der Bildung in den Gymnasien zu verbessern. Die Eingangsvoraussetzungen wurden verschärft, und er verlängerte die Ausbildung um ein Jahr. Innerhalb der starren Grenzen, die ihm der klägliche Zustand der kaiserlichen Schatulle auferlegte, erhöhte er die Gehälter des Lehrkörpers, um besseres Personal anzulocken. Auf der Negativseite ließ er die Beschränkungen verstärken, welche die Tätigkeiten der Schüler betrafen, auch die Aufsicht über den Lehrkörper. Es scheint kaum nötig zu sagen, daß das Lernen mittels Auswendiglernen unbeschreiblich langweilig war und viel Feindseligkeit und Widerwillen hervorrief. Doch der Unterrichtsgegenstand wie auch die Lehrmethode unterschieden sich keinesfalls so auffallend von dem, was man zur gleichen Zeit in, sagen wir, Großbritannien praktizierte, und Tolstoi glaubte fest, daß die Ausbildung des Geistes, ähnlich wie die des Körpers, wenig zu erreichen vermochte ohne große Anstrengungen und ein wenig Schmerz. Er konnte durchaus auch bedeutende Erfolge vorweisen. Die Abschlußprüfungen ergaben eine zufriedenstellend hohe Quote von »Bestanden«, und sie war in den gefürchteten Fächern Latein und Griechisch ebenso hoch wie in leichteren Fächern.

In Übereinstimmung mit seinem Wunsch, die Schüler zu »gängeln« – die Schüler aus dem Gymnasium in den Staatsdienst, die freien Berufe und in die Universität; die aus den Realschulen in Wirtschaft und Handel –, gab Tolstoi dem zweiten Rang von Schulen einen viel stärker praktisch ausgerichteten Lehrplan. Das rückständige Rußland begann sich mit erstaunlicher Geschwindigkeit zu industrialisieren und benötigte eine immer größere Zahl von Menschen mit technischen Kenntnissen. In den ersten vier Klassen lernte man Religion, Russisch, Mathematik, Erdkunde, Geschichte, Schönschrift, technisches Zeichnen und zwei Fremdsprachen. Die letzten beiden Klassen boten die Fächer Naturkunde, Physik, Chemie und angewandte Mechanik an. In den kaufmännischen Zweigen konnte man statt der beiden letzteren auch Buchhaltung und Kanzleikunde wählen. Da die Absolventen der Realschulen nicht für die Universität bestimmt waren, sollte ihre Ausbildung so vollständig und so praktisch wie nur möglich sein.

Gymnasien und Realschulen sorgten gemeinsam für die Bedürfnisse einiger tausend der begabtesten Söhne Rußlands. Aber wer kümmerte sich um die ungelehrten Millionen, das »dunkle Volk«, das erst zehn Jahre zuvor der Leibeigenschaft entronnen war? 1864 unterstanden in ganz Rußland lediglich 1846 Volksschulen der Aufsicht des Ministeriums. Eine weitaus größere Anzahl wurde vom Klerus betrieben, aber ihre Anforderungen waren ganz allgemein niedrig. Ursprünglich hoffte Tolstoi, daß die Kirche und die örtlichen Ratsversammlungen *(Semstwos)* die Zahl der Schulen und ihre Qualität anheben würden, doch als dies nicht geschah, begann er 1869, die Aufsicht seines Ministeriums auf die Grundschulen auszu-

Dmitri Andrejewitsch Tolstoi

dehnen. Er forderte weitgehende Verbesserungen und setzte ziemlich viele, emsige Inspektoren mit erhöhten Vollmachten ein. Er richtete Lehrerseminare und Modellschulen ein, und er setzte innerhalb des Spielraumes, den ihm die knappen Finanzmittel gaben, Druck ein, um die Anzahl der Schulen unter ministerieller Aufsicht und die Güte der Schulen unter örtlicher Aufsicht anzuheben. Die Modellschulen wurden als ein besonderer Erfolg betrachtet: Nachdem das Ministerium von der Regierung weitere Gelder herausgepreßt hatte, erhöhte es die Anzahl dieser Schulen von 166 im Jahr 1873 auf 1009 sechs Jahre darauf.

Entschlossen widerstand Tolstoi den reaktionären Vorschlägen von Geistlichen, die Grundschulen wieder der Aufsicht des Klerus zu unterstellen; dies alles »beweist abermals den aufrichtigen Wunsch des Ministers, Rußlands Volksschulen aufzuwerten und zu verbessern. Er richtete ein ziemlich vernünftiges System der Grundschulerziehung ein, mit Lehrerbildungsanstalten und Regierungsaufsichtsbeamten. Anders als einige Konservative anerkannte Tolstoi den großen Bedarf seines Landes an einer Bevölkerung, die lesen und schreiben konnte, und er setzte sich gewissenhaft dafür ein, dieses Bedürfnis zu stillen«.[29]

Vielleicht lag Tolstois durchschlagendster Erfolg in seiner vierzehnjährigen Amtszeit als Erziehungsminister in der Verbesserung der Qualität, des Ansehens und der Zahl der Lehrer. Er überwand schnell die anfänglich vorhandene Feindschaft gegenüber den bereits vorhandenen (und kläglich unzulänglichen) Lehrerseminaren und machte sich ans Werk, um Rußland »allen anderen internationalen Mächten in der Bildung wie in der Politik ebenbürtig zu machen«.[30] Das Ministerium arbeitete eine Reihe von Maßnahmen aus, um sicherzustellen, daß die Seminare ebenso ihrer Aufsicht unterstanden wie die Schulen, deren künftige Lehrer dort ausgebildet wurden, und das tägliche Pensum der Seminaristen wurde entsprechend abgesteckt, um sie gegen Ansteckung mit revolutionärem Gedankengut zu schützen. Seine Leistungen waren, mit anderen Worten, beachtlich. Er preßte ständig Gelder aus dem hart bedrängten Minister der Finanzen, gründete während seiner Amtszeit neunundfünfzig Lehrerbildungsanstalten und erhöhte die Anzahl, die Qualität und die Motivation der Lehrer, die in staatlichen Anstalten eingesetzt waren.[31]

Tolstoi strebte letzten Endes ein politisches Ziel an, und darin war er erstaunlich erfolgreich. In den 1870er Jahren war kein Student aus den altsprachlichen Anstalten an der radikalen Bewegung beteiligt, und unter den vielen Tausenden von Menschen, die seinerzeit in Verdacht gerieten, an revolutionären Umtrieben beteiligt gewesen zu sein, waren, wie Tolstoi stolz hinwies, nur drei Seminaristen.

Die meisten liberalen und einige konservative Gegner seiner Politik als Minister für Volksaufklärung verfolgten Dmitri Tolstoi mit bitterem Haß, und ihre Schriften und Denkwürdigkeiten geben lebhaft Zeugnis von seinen Fehlern, wie sie sich in ihren Augen darstellten. B. N. Tschitscherin beschrieb ihn als »einen Bürokraten bis ins Mark, der ... jeden Anflug von Freiheit haßt, ... hinterlistig, gierig, böse, nachtragend, heimtückisch, zu jeder Schandtat bereit, wenn es um seine eigenen Ziele geht, welche dem Zaren gewöhnlich gefielen, aber bei allen rechtschaffenen Leuten Haß hervorriefen«. Das alles hätte Dmitri Tolstoi nicht gestört, er machte sich wenig aus den Anschauungen anderer. »Ich will keine Popularität, ich verachte das Streben nach Volkstümlichkeit«, erklärte er 1867, kurz nach Beginn seiner Amtszeit.[32]

Natürlich war er ein Reaktionär. Er glaubte, daß die Autokratie die einzige Regierungsform sei, die für Rußland geeignet war. Er glaubte, daß Reformen – wenn die russische Geschichte überhaupt etwas lehrte – einem Volk zwangsläufig von oben aufgezwungen werden und daß das Volk sie oft nur widerwillig akzeptierte. Eine feste, väterliche Hand sei notwendig, die Geschicke eines Landes zu lenken, das so groß, so unwissend, sprunghaft und vielleicht auch so grausam war wie Rußland. Genau in Übereinstimmung mit diesen Ansichten glaubte Tolstoi, der Zar und seine Minister hätten von Gott den Auftrag erhalten, das Los derer zu bessern, die dem Gehorsam des Selbstherrschers anvertraut waren. Hand in Hand mit seiner festen Entschlossenheit, radikale Lehren auszumerzen, ging seine Überzeugung, Rußland müsse imstande sein, in bezug auf seine geistige Kultur sein Haupt ebenso hoch zu tragen wie die Nationen Europas. Er war weder Slawophiler noch Chauvinist noch ein schwarzer Klerikaler, er anerkannte die Leistungen der europäischen Kultur und sah keinen Grund, warum Rußland nicht aus seinen, Europas, Gaben Nutzen ziehen solle.

Als Gelehrter folgte er seinen Neigungen auf höherer Ebene, indem er Laboratorien, Bibliotheken, Observatorien und der Akademie der Wissenschaften seinen Beistand lieh. Er errichtete drei neue Hochschulen, erneuerte sieben, die heruntergekommen waren, und legte den Grundstein für eine neue Universität in Sibirien. Den Finanzminister brachte er dahin, daß dieser den Anteil der Bildungsausgaben am Staatshaushalt binnen eines Jahrzehnts nahezu verdoppelte. 1865 besuchten sechs von zehntausend Einwohnern eine höhere Schule; 1880 betrug ihr Anteil mehr als sechzehn, was nur zum Teil dem Bevölkerungswachstum zuzuschreiben war.

In Wahrheit lag jedoch die Schwäche des ganzen Systems in der autokratischen Herrschaftsform selbst begründet, denn diese war in ihrer Politik nicht weniger sprunghaft als die parlamentarischen Regierungen Westeuropas. Alexander II. brachte verdienstvollen Ministern mehr Unterstützung entgegen als die meisten Zaren, aber Krisen führten unweigerlich Änderungen herbei. In den Jahren 1878 und 1879 brachen im Bauernvolk, in der Arbeiterschaft und bei den Studenten Krawalle und Unruhen aus. Eine neue Welle des politischen Mordes folgte, sie fand ihren Höhepunkt am 5. Februar 1880 in einem Sprengstoffattentat auf das Leben des Zaren in seinem eigenen Winterpalais. Die Explosion verwüstete einen Raum, der für eine Begegnung des Zaren mit dem Fürsten von Bulgarien vorgesehen war. Zum dritten Mal entging der Zar einem Attentat, aber nun wurden weitreichende Veränderungen beschlossen. Die Sicherheitskräfte hatten versagt, den Herrscher in seinem eigenen

General Loris-Melikow

Palast zu beschützen, offensichtlich reichten bloße Unterdrückungsmaßnahmen nicht aus. Im August 1880 wurde General Loris-Melikow, der Leiter der Obersten Exekutivkommission, zum Innenminister ernannt. Er war ein Kriegsheld (1878 hatte er von den Türken Kars erobert) und forderte eine Politik, die Entschlossenheit mit Reformen verband. Dmitri Tolstoi wurde als der Minister ausgemacht, dessen reaktionäre Politik die gegenwärtigen Unruhen mit herbeigeführt hatten. Paradoxerweise beschuldigte man ihn, er habe mit seiner strengen Hand die Ausbrüche der Radikalen hervorgerufen und gleichzeitig in seinen Seminaren Revolutionäre herangezüchtet. Tolstoi mußte gehen; am 22. April 1880 schied er aus dem Amt.

Loris-Melikow machte einen ersten, behutsamen Schritt in Richtung einer repräsentativen Regierung. Er schlug vor, gewählten örtlichen Volksvertretern bei der Vorbereitung von Gesetzen eine begrenzte beratende Rolle einzuräumen. Am Morgen des 1. März 1881 stimmte Alexander II. dem Vorschlag zu und befahl dem Ministerrat, bei seinem Zusammentreffen drei Tage später diese Verfügung zum Gesetz zu erheben.[33] An diesem Nachmittag wurde er von Revolutionären der Organisation »Narodnaja Wolja« (Wille des Volkes) ermordet: mit einer improvisierten Granate sprengten sie mehrere berittene Begleiter des Zaren und eine Anzahl von Zuschauern in die Luft; als der Zar aus seiner bombensicheren Kutsche ausstieg, um den Verletzten Trost zu spenden, wurde er von einer zweiten Explosion getötet.

Nach einigen Wochen der Unentschlossenheit ließ sich der neue Zar, Alexander III., dazu überreden, den Pfad der Verfassungsreform nicht weiter zu verfolgen. Am 29. April veröffentlichte er einen Aufruf, in dem er seine Absicht kundtat, mit voller autokratischer Gewalt zu regieren. Loris-Melikow trat am Tag darauf zurück, als Innenminister wurde er von dem reaktionären Grafen N. P. Ignatiew abgelöst.

Nun begann die Öffentlichkeit, in das Spiel einzugreifen, namentlich darin, daß sie den Juden nachstellte, von denen man glaubte, sie seien in irgendeiner Weise für die Ermordung Alexanders II. verantwortlich. Es muß jedoch gesagt werden, daß die – unlängst erfolgte – Behauptung eines Historikers, Alexander III. habe selbst »eine schreckliche Serie von Pogromen im Süden Rußlands in Gang gesetzt«[34], völlig aus der Luft gegriffen ist. Daß die Umtriebe nicht verhindert wurden, war, wie man erwarten darf, der Inkompetenz der Verwaltung zuzuschreiben. Im Nordwesten des Landes wurden sie entschlossen unterdrückt, und Bruce Lincolns Behauptung, daß keiner der Aufstände unterdrückt wurde, ist einfach falsch. Daß er es nicht schaffte, sie in der Ukraine und in Polen zu verhindern, war ein wichtiger Grund für Ignatiews Entlassung.[35]

Ein weiterer Unruheherd zu Ignatiews Zeiten war die »Heilige Heerschar«, eine Gruppe adliger Phantasten, die, als Geheimgesellschaft organisiert, sich »dem Schutz Seiner Majestät des Kaisers und der Ausrottung des Umsturzes« widmeten. Ihre Aktivitäten waren eher romantisch als wirkungsvoll. Sie gaben unter der Hand drei Zeitschriften heraus, die eine davon gemäßigt im Ton, doch die beiden anderen predigten revolutionäre Gedanken mit solch schrecklicher Blutrünstigkeit, daß sie den normalen, »anständigen« Radikalen sein Leben lang davon abschreckten. Genau ausgearbeitete Pläne, revolutionäre Führer, die im Ausland lebten, zu beseitigen, verliefen im Sande, da kein Geringerer als der ehemalige Innenminister Loris-Melikow die Opfer warnte. Das Faß war voll, als Mittelsmänner der »Heiligen Heerscharen« siegessicher ein Fähnlein von Geheimdienstleuten festnahm, deren Aktivitäten sie mißdeutet hatten.

Nach der Entlassung Ignatiews begann sich Alexander nach einem neuen Innenminister umzusehen. Dmitri Andrejewitsch Tolstoi hatte bereits durch eine sehr kluge Studie über die Beziehungen Rußlands zum Heiligen Stuhl die Gunst des Kaisers auf sich gezogen. Nun fiel die Wahl des Zaren, unter den Einflüsterungen seines reaktionären Beraters Konstantin Pobedonoszew, auf Tolstoi. Die näheren Umstände wurden von einem Verwandten erzählt, Michail Wladimirowitsch, einem siebzigjährigen Gelehrten für Kirchenfragen. Er spielte gerade mit Dmitris Frau in deren Haus in der Mochowaja-Straße Karten, als es an der Tür klingelte. Der Graf, der gerade in seinem Studierzimmer war, kam heraus und fand einen Boten mit einem Brief und einem Päckchen vom Zaren. Darin fand er eine Botschaft, die folgendermaßen lautete: »Beim Aussortieren von Sachen meines Vaters stieß ich auf sein Lieblingssiegel, welches ich Ihnen zu seiner Erinnerung übersende.« Tolstoi war von diesem Gunstbeweis entzückt und rief den Minister des Zarenpalastes an.

»Wann darf ich auf das Glück hoffen, Seiner Majestät meine Dankbarkeit für diese freundliche Aufmerksamkeit zu bekunden?« fragte er. Als Antwort darauf wurde er für den nächsten Abend zum Diner eingeladen. Offenbar stand etwas bevor, und die Gräfin Sophia lud Vetter Michail ein, bei der Rückkehr des Grafen anwesend zu sein. Am Abend darauf kam Tolstoi um neun Uhr vom Kaiserlichen Palast zu Petershof in aufgeräumter Stimmung zurück und erklärte, er sei zum Innenminister ernannt worden. Als der Kaiser ihm dies unterbreitete, habe er geantwortet: »Majestät, ich bin schon betagt und habe Ansichten entwickelt, die zu ändern ich nicht imstande bin. Ist es Euer Majestät Wunsch, einen Minister zu haben, dessen Ansichten dem Wandel unterworfen sind?«

»Von welchen Ansichten sprechen Sie?« wollte der Zar wissen.

»Nun, ich glaube beispielsweise, daß der Adel im Mittelpunkt unserer Geschichte steht, und im Lauf der letzten 25 Jahr wurde alles getan, um diese Schicht zu untergraben.«

»Ja, da pflichte ich Ihnen bei.«

»In diesem Falle bin ich entzückt, die Ehre zu haben, meine Dienste zu erneuern«, entgegnete der Graf.[36]

Dies geschah am 30. Mai 1882, als Tolstoi neunundfünfzig Jahre zählte. Nach der bitteren Erfahrung der Entlassung als Erziehungsminister glaubte er sich in einem Alter, da sein Stern im Sinken begriffen war. Nun fand er sich in einer Stellung, die der eines Premierministers – in Rußland – am nächsten kam, überdies besaß er das volle Vertrauen des Kaisers. Seine Kollegen waren so gut wie alle Männer mit ähnlichen Anschauungen. Von jetzt an wurde die Politik Rußlands von einem Triumvirat bestimmt: von Dmitri Tolstoi und den beiden reaktionären Beratern des Zaren, Konstantin Pobedonoszew, dem Prokurator der Heiligen Synode, und dem Publizisten Michail Katkow. Dieses Bündnis wurde durch eine Heirat noch mehr gefestigt, als Tolstois Sohn und Erbe Gleb Dmitrijewitsch sich mit Katkows Tochter Olga vermählte. Diese drei Männer waren sich nicht nur in ihren festgefügten politischen Überzeugungen ähnlich, sondern auch in ihren hohen geistigen Fähigkeiten. Katkow war der Herausgeber der renommierten literarischen Zeitschrift *Russki Westnik* (Russischer Bote), die unter anderem die Werke Leo Tolstois veröffentlicht hatte.

Tolstois erste Aufgabe als Minister bestand darin, den Augiasstall zu reinigen, den ihm sein Vorgänger Ignatiew hinterlassen hatte.

Schon bei seiner Ernennung hatte der Zar Tolstoi zugestimmt, daß die »Heiligen Heerscharen« unterdrückt werden sollten, doch angesichts von deren erlauchter Mitgliedschaft verstrich einige Zeit, ehe man dies ins Werk setzte. Es dauerte jedoch nicht lange, und die »Heerscharen« lieferten erwartungsgemäß selbst einen Grund für ihre Unterdrückung. Ihr Exekutivkomitee verfaßte ein in schwülstigem Stil gehaltenes Rundschreiben, in dem sie Teile der Öffentlichkeit einlud, sich ihrer »geheimen« Bruderschaft anzuschließen. Bedauerlicherweise fiel ein Exemplar in die Hände eines jungen Tunichtguts, der diesem Schreiben in Form eines Anagramms den Namen eines hohen Polizeioffiziers hinzufügte, den die Öffentlichkeit haßte. Mit einem bombastischen Wachssiegel versehen, machte das Schreiben wie gewöhnlich in den merkwürdigsten Kreisen die Runde. Der wütende Polizeioffizier, dessen Name hinzugefügt worden war, sorgte dafür, daß der Minister davon erfuhr, und zuletzt stimmte der Kaiser einem totalen Verbot zu. Dieses kam in Form eines Briefes des Grafen Tolstoi, der der Gesellschaft zu ihren glanzvollen Erfolgen gratulierte, zugleich aber darauf hinwies, daß sie aus ebendiesem Grunde nutzlos geworden sei.[37]

Noch heftiger ging man gegen die Ausschreitungen vor, die sich Rußlands Juden zum Ziel genommen hatten. Wie viele seiner Landsleute konnte Tolstoi die »hebräische Lepra« nicht ausstehen, aber noch mehr verhaßt war ihm Gesetzlosigkeit. »Mein ganzes Programm«, erklärte er, »kann man mit einem Wort zusammenfassen: Ordnung.« Die Pogrome fanden urplötzlich ein Ende, und am 25. Juni 1882, knapp einen Monat nach seinem Amtsantritt, drohte

Tolstoi in einem Rundschreiben allen Beamten, die in irgendeiner Weise Juden zur Ausreise zu überreden suchten, schwere Strafen an. In den Jahren 1881 und 1882 waren etwa 20 000 geflohen, mit seiner Hilfe kamen etwa 3000 wieder zurück. Gleichwohl blieben Gesetze in Kraft, welche die Juden in ihrem Niederlassungsrecht, ihrer Berufsausübung und in anderen Dingen beschränkten, und die freiwillige Ausreise hielt das ganze Jahrzehnt über an. Alles, was Tolstoi tun konnte, war, einige der Gesetze zu beseitigen, welche die Juden behinderten, und die Wirkung von anderen zu mildern.[38]

Tolstoi glaubte, die Autokratie sei die bestgeeignete Regierungsform für den Genius des russischen Volkes. Er war gleichermaßen davon überzeugt, daß die Autokratie wirkungsvoll und gerecht regieren müsse. Zuvörderst war er darauf bedacht, die Bürokratie zu verfeinern; er wollte sie zu einem sachgerechten Instrument machen, mit dessen Hilfe man die Wünsche der Regierung durchsetzen konnte und das zugleich empfänglicher war für die Bedürfnisse jener, die ihr unterstanden. Im Rahmen dieser Konzeption brachte Tolstoi zweifellos wertvolle Fertigkeiten ins Spiel. Er wollte die gleiche Art Fortschritt sehen, den er als Erziehungsminister ins Werk gesetzt hatte, der sich aber nun auch auf alle anderen Gebiete des russischen Lebens erstrecken sollte. Er glaubte, daß alles, was geeignet erschien, die öffentliche Ruhe in dieser kritischen Zeit zu stören, scharf unterdrückt werden müsse, und aus dem gleichen Grund neigte er auch dazu, von Handlungen abzulassen, die auf einen größeren Teil der Bevölkerung nur unnötig provozierend wirken mußten.

Obschon Tolstoi nicht für die Außenpolitik verantwortlich war, machte er doch beim Zaren seinen beträchtlichen Einfluß geltend, um eine versöhnliche Diplomatie in die Wege zu leiten, an der niemand Anstoß nehmen konnte – sie wurde für die Regierungszeit Alexanders III. ein Charakteristikum. Noch heute blicken viele Russen beifällig auf eine Außenpolitik zurück, welche, im großen und ganzen, Rußlands Status als Großmacht bewahrte, ohne daß das Land andauernd versuchte, seine Grenzen zu erweitern oder bei seinen Nachbarn eine feindliche Stimmung hervorzurufen. In den Jahren 1886/87 verursachte beispielsweise ein erfolgloser russischer Versuch, sich in die inneren Angelegenheiten Bulgariens einzumischen, Spannungen zwischen Deutschland und Rußland, und dies ausgerechnet zu einer Zeit, als auch die deutsch-französischen Beziehungen gespannt waren. Viele Russen sahen hier eine Gelegenheit, im Trüben zu fischen. Tolstoi war darüber so besorgt, daß er am 28. Dezember 1886 an den Kaiser schrieb, sich zunächst dafür entschuldigte, daß er sich in etwas einmischte, was nicht seine Angelegenheit war, aber doch betonte, daß die äußeren Angelegenheiten notgedrungen auch die inneren berührten und umgekehrt. Nach einer kurzen, aber überaus scharfsinnigen Analyse der europäischen Szenerie (er notierte so nebenbei, daß es langfristig Deutschlands Ziel sein müsse, sich das deutschsprachige Österreich anzugliedern), schloß er mit einem starken Appell: »Aus diesen Gründen scheint es mir..., daß Rußland seine Handlungsfreiheit bewahren und sich nicht zu seinem Nachteil in bilaterale Verträge einbinden lassen sollte«.[39] Glücklicherweise hegte Außenminister Giers ähnlich maßvolle Ansichten, die schließlich in der Unterzeichnung des Rückversicherungsvertrags mit Deutschland gipfelten, der Rußland zu sehr wenig verpflichtete.[40]

Dmitri Tolstoi war in seiner siebenjährigen Amtszeit als Minister für innere Angelegenheiten weitgehend erfolgreich, wenn man sie an seinen eigenen Zielen mißt, und diese Politik war – der schrillen Behauptungen seiner vielen Gegner zum Trotz – für das Land vorteilhaft.[41]

Eine Minderheitengruppe, welcher der Staat viel schlimmer zugesetzt hatte als den Juden, war die Sekte der Altgläubigen, die die Veränderungen in der Kirche, die während des siebzehnten Jahrhunderts eingeführt worden waren, verwarfen. Zu den Reformen der vorausgegangenen Regierung hatten auch Maßnahmen gezählt, ihre Stellung zu verbessern. Einzelne Gesetzesübertretungen, die aus ihren Reihen erfolgten, behandelte Tolstoi mit der gleichen Nachsicht, mit der er auch jüdische Übertretungen ahndete, und er machte ihnen weitere Zugeständnisse, dessen größtes die Erlaubnis war, daß die Altgläubigen 1883 in der heiligen Stadt Moskau einen Kongreß veranstalten durften. Im allgemeinen wurde den Altgläubigen auch gestattet, ihre Gottesdienste abzuhalten, vorausgesetzt sie feierten sie unauffällig und versuchten nicht, aus der orthodoxen Bevölkerung Konvertiten für sich zu gewinnen. Dies stand mit der Überzeugung des Ministers in Einklang, daß nichts geduldet werden dürfe, was den russisch-orthodoxen Glauben teilte oder schwächte, da dieser, neben der Autokratie, eine der beiden Säulen des Heiligen Rußlands darstellte.

Weniger freundlich war seine Politik gegenüber der katholischen Kirche in Polen. Über den Katholizismus dachte Tolstoi engstirnig.

Er sah in ihm die Knechtung Polens, daher war die Regierung entschlossen, ihn auszumerzen. In dem russisch beherrschten Teil Polens, der prekärerweise an Rußlands mächtige Nachbarn im Westen angrenzte, sah man die Gefahrenzone des Reiches. Seiner Bevölkerung gegenüber wurde eine Politik der brutalen Russifizierung verfolgt, deren Ziel es war, die polnische Sprache gänzlich auszurotten, was sich aber dank polnischer Zähigkeit als eine Illusion erwies. Die Polen hegten gegen diese brutale Ausrottungspolitik einen tiefen Haß in ihren Herzen. Noch kaum erholt von der Unterdrückung des Aufstandes von 1863, mußten sie diese verletzenden und tyrannischen Übergriffe gegen ihren Nationalkörper hinnehmen. Letztendlich führte dies natürlich zu größerem patriotischen Eifer der Polen. Ähnliche Maßnahmen unternahm Tolstoi in den baltischen Staaten, wo er den germanisierenden Einfluß der deutschstämmigen Barone fürchtete, um die russische Sprache durchzusetzen und die Herrschaft der Barone in dieser Gegend zu schwächen.

Dies alles schmeckt sehr widerwärtig, und so war es letztendlich die intolerante Politik selbst, die den größeren politischen und moralischen Schaden in Rußland anrichtete. Weniger zu seiner Entlastung, als vielmehr um die Dinge ins rechte Lot zu rücken, muß man sagen, daß Rußland dabei eigentlich nur die gleiche Politik verfolgte wie jede andere Nation in Europa auch. Deutschland sprang mit seinen Polen ebenso hart um, und selbst im liberalen Großbritannien versuchte der Bildungsminister nach 1847, die gälische Sprache auszutilgen (gälisch zu sprechen wurde als ein Beweis der Unmoral angesehen!), und ein so gebildeter Engländer wie Matthew Arnold konnte ihren Untergang mit den Worten kommentieren: »ein Ereignis, welches für sie gesellschaftlich und politisch so wünschenswert ist«.[42] Nur im österreichischen Galizien wurden die Polen unter der Herrschaft der Habsburger vergleichsweise gut behandelt.

Dmitri Tolstois Russifizierungspolitik war nicht zu rechtfertigen, aber offensichtlich war er wie immer einzig und allein um die Aufrechterhaltung der Sicherheit besorgt und wollte nicht aus rein chauvinistischen Gründen versuchen, die eine Lebensform durch eine höherwertige zu ersetzen. Er machte keinen Versuch, diese Politik Finnland gegenüber anzuwenden oder dessen Autonomie zu beschneiden, die es seit 1809, seit es von Schweden losgelöst war, besaß. Es bestand keine Gefahr, daß Schweden sich in die Belange

Finnlands einmischen würde, daher war er froh, das Land in Frieden lassen zu können. Auch gegenüber den Muselmanen in Zentralasien verfolgte Tolstoi eine behutsame Politik. Alles in allem war Tolstois Politik gegenüber den ethnischen wie den religiösen Minderheiten des russischen Reiches vorsichtig und im wesentlichen pragmatisch. Sein Vorgehen war scharf, wo er um die öffentliche Ordnung fürchtete, und entspannt, wo diese gesichert zu sein schien.

Der Nationalismus Polens und Zentralasiens stellte für den Zusammenhalt des Reiches keine unmittelbare Bedrohung dar, wiewohl er beim Ausbruch einer Krise dazu werden konnte. Der wirklich gefährliche Gegner war, wie Tolstoi es sah, die revolutionäre Bewegung im Innern Rußlands. Während der Amtszeit Tolstois blieb die russische Bevölkerung im großen und ganzen vergleichsweise ruhig. Loris-Melikow hatte die Polizeiverwaltung reformiert, und Tolstoi setzte dies fort. Der furchtbare Ruf, der dem Minister vorauseilte, genügte vermutlich, um die meisten potentiellen Unruhestifter abzuschrecken, während er die Polizeigewalt (die für ein Land von der Größe Rußlands winzig war) daran erinnerte, daß sie stets die Armee zu Hilfe rufen konnten. Die Folge von Anschlägen auf das Leben Alexanders II., die 1881 mit dem Tod des Zaren ihren Höhepunkt fand, legte beredtes Zeugnis von der Entschlossenheit und dem Rückhalt der »Narodnaja Wolja« ab. Kurz darauf gelang es ihren Agenten, einen Deputiertenminister des Innern und einen Militärprokurator eines Kriegsgerichts in Kiew zu ermorden. Zwar hatten Festnahmen die aktive Mitgliedschaft dieser Bewegung inzwischen gewaltig vermindert, doch konnte dies die Regierung unmöglich wissen.

Im Feldzug gegen die »Narodnaja Wolja« ging Dmitri Tolstoi nun zum Angriff über, indem er versuchte, die Bewegung mit Spionen und Spitzeln zu durchsetzen. Dies bedeutete zwangsläufig ein Geplänkel auf gefährlichem Terrain, und das Ministerium wurde nicht selten das Opfer eines Doppelagenten, der die Seiten wechselte oder gleichzeitig für beide Parteien arbeitete. So erklärte sich ein Sergei Degajew, ein Mann von grenzenlosem persönlichem Ehrgeiz, bereit, die »Narodnaja Wolja« zu verraten, und bereitete den Schlag vor, der 1883 zur Festnahme ihrer unerschrockenen Führerin Vera Figner führte. Doch Degajews Verhalten fand das Mißtrauen der im Exil lebenden Überreste der Führung, und sie bewegten ihn unter Drohungen dazu, die Ermordung eines besonders verhaßten Polizei-

Graf Dmitri Andrejewitsch Tolstoi

offiziers herbeizuführen. Degajew floh und beendete seine Tage als Professor an einer Universität in South Dakota.

Trotzdem lebte die »Narodnaja Wolja« nicht mehr lange; ihr Rückgrat war schon gebrochen. 1884 stellten ihre Zeitungen das Erscheinen ein, da sie nicht mehr erfolgreich in Rußland zirkulieren konnten. Schließlich endete die »Narodnaja Wolja« auf eine klägliche und zugleich komische Weise. Tichomirow, seit der Verhaftung Vera Figners der Führer der Organisation im Exil, hatte plötzlich eine Erleuchtung und schrieb Alexander III. eine unterwürfige Entschuldigung für all seine Missetaten; am Ende bat er um die Erlaubnis, in sein Vaterland zurückkehren zu dürfen. Ihm wurde Vergebung zuteil; später erhielt er von Nikolaus II. als eine Art Belohnung ein goldenes Tintenfaß.

Abgesehen von einem Einzelanschlag auf das Leben des Zaren im Jahr 1887, für das Lenins Bruder zusammen mit vier weiteren zum Tode verurteilt wurde, blieb Rußland für den Rest dieses Jahrzehnts ruhig. Bernhard von Bülow, später deutscher Außenminister und Reichskanzler, der 1885 zur Botschaft seines Landes nach St. Petersburg reiste, gibt in seinen »Denkwürdigkeiten« faszinierende Einblicke in das Denken Tolstois. Ab Warschau fuhr er mit Graf Tolstoi im gleichen Abteil. Die Reise dauerte etwa dreißig Stunden, währenddessen unterhielt sich der allmächtige Minister des Innern freimütig mit dem jungen Diplomaten. Er sprach zuerst von seiner Enttäuschung, daß sein Programm, das die humanistischen Fächer begünstigte, in Rußland soviel Feindseligkeit hervorgerufen habe, und hoffte, daß er für seine Bemühungen wenigstens in Deutschland, der Heimat der Geisteswissenschaften, geschätzt werde.

Sodann sprach er über seine gegenwärtigen Schwierigkeiten, namentlich über seine Einstellung gegenüber der revolutionären Bewegung und den Forderungen nach Verfassungsreform. »Er erzählte mir nicht ohne Humor, daß er einige Wochen früher eine geistig hochstehende Nihilistin, Fräulein Vera Figner, die Tochter eines Generals, im Kerker besucht habe. Als rührige und tapfere Agentin des nihilistischen Exekutivkomitees sei diese Dame direkt oder indirekt an vielen Attentaten beteiligt gewesen. Er habe während zwei Stunden mit ihr diskutiert.[...]

Als er Fräulein Figner verließ, habe er ihr gesagt: ›Ich bedaure, Vera Petrowna, Sie jetzt verlassen zu müssen. Wenn ich noch zwei Stunden bleiben könnte, würde ich Sie zu staatstreuen Ideen bekehren.‹

Sie habe ihm schlagfertig erwidert: ›Und ich bedaure erst recht Ihr Fortgehen, Dmitri Alexandrowitsch[!]. Denn wenn Sie mir noch zwei Stunden gewidmet hätten, würde ich Sie für meine Ideale gewonnen haben.‹

Der Minister schloß an diese pikante Erzählung eine in ihrer Weise kluge und jedenfalls durchdachte Auseinandersetzung über russische Zustände. Er bestritt nicht, daß in Rußland die reine Autokratie auf die Länge kaum haltbar wäre. Aber der westeuropäische Parlamentarismus eigne sich noch weniger für Rußland. Das russische Volk würde mit einem solchen ebensowenig umzugehen wissen wie ein großer und täppischer Bauer mit einem zierlichen Kinderspielzeug. Graf Tolstoi sagte mir, und ich habe viele Jahre später, nach dem Ausbruch der russischen Revolution, bisweilen daran gedacht: ›Jeder Versuch, westeuropäische, parlamentarische Regierungsformen in Rußland einzuführen, wird scheitern. Wenn das zaristische System, das trotz seiner Mängel und Schwächen, die ich zugebe, seit Jahrhunderten Rußland zusammenhält, gestürzt werden sollte, wird der Kommunismus an seine Stelle treten, der nackte, blanke Kommunismus, *le communisme pur et simple, le communisme de Mr. Karl Marx à Londres, qui vient de mourir et dont j'ai étudié attentivement et avec intérêt les théories*' (der reine, einfache Kommunismus, der Kommunismus des Herrn Karl Marx aus London, der soeben gestorben ist, und dessen Theorien ich aufmerksam und mit Interesse studiert habe).«

Tolstoi fuhr fort zu erklären, daß Rußlands einzige Hoffnung in dieser schlimmen Lage in der Fortentwicklung der Semstwo-Organisation der örtlichen Ratsversammlungen liege und in der andauernden, langen Periode der inneren Ruhe, damit Rußland seine im Entstehen begriffene Industrien fortentwickeln könne. Als Bülow darauf hinwies, daß dieses Programm keine Zugeständnisse mache in puncto persönlicher Freiheit, Rechtssicherheit und religiöser Toleranz, welche in Westeuropa als die Grundvoraussetzungen betrachtet würden, antwortete Tolstoi lebhaft: »Gewiß! [...] Oh, gewiß! Aber zunächst müssen wir dem Nihilismus den Garaus machen. *Nous sommes dans la bonne voie.* (Wir sind auf dem richtigen Weg).«[43]

Wenn von Bülow diese Unterhaltung richtig wiedergibt, und das ist wahrscheinlich, dann war Dmitri Tolstoi bemerkenswert hellsichtig, was den künftigen Verlauf der revolutionären Bewegung angeht. Denn 1885 kann es in Rußland nur sehr wenige Menschen gegeben haben, die voraussahen, daß sich der Marxismus zur vorherrschenden Lehre des Umsturzes entwickeln würde. Von den subversiven Bewegungen, die bislang Tolstois strenge Unterdrückungsmaßnahmen überlebt hatten, waren es die Narodniki (die »Volkstümler«, d. h. die Anhänger der »Narodnaja Wolja«) und die Anarchisten, welche sichtlich die gesamte wahrnehmbare Begeisterung auf sich zogen. Der Glaube der Narodniki bestand, wenn man diesen vieldeutigen Wust von Glaubenssätzen vereinfachen darf, aus einer Art romantischem Sozialismus, da und dort mit einer Spur Marxismus durchsetzt, aber ohne Marxens in die Zukunft gerichtete Auslegung der Geschichte. Wirklich Fuß gefaßt in Rußland hat der Marxismus aber wirklich erst mit den Schriften Georgi Plechanows, und es war erst in der Zeit, als sich Tolstoi mit von Bülow unterhielt, daß sich in St. Petersburg ein kleiner marxistischer Debattierklub bildete.[44]

Offenbar war es nicht die Anziehungskraft, die der Marxismus in jener Zeit unter Radikalen besaß, die Tolstoi davon überzeugte, daß Rußland, sollte es eine Revolution erleben, ein marxistisches Regime bei sich einführen würde. Sein scharfsinniger, zynischer Geist begriff augenblicklich die Wirkung, die eine Lehre wie die von Marx auf anfällige Russen haben mußte. Marx selbst hielt es für unwahrscheinlich, daß Rußland in naher Zukunft eine Revolution erleben würde, doch das lag daran, daß er an seine eigene Theorie glaubte, die besagte, daß das Land zuerst ein kapitalistisches Stadium durchlaufen haben müsse. Tolstoi hingegen scheint verstanden zu haben, was Marx offenbar nie begriff: daß der Marxismus selbst ein historisch-politisches Gebilde für sich darstellt. Nicht das ausgeklügelte, haarspalterische Hirngespinst war es, das auf fruchtbaren Boden fiel. Was Russen, deren Land in einem Stadium innerer Unruhe und moralischer Ungewißheit war, anzog, das war erstens die überzeugende weil »wissenschaftliche« chiliastische Prophetie der totalen Zerstörung dieser dekadenten, bösen alten Welt, an deren Stelle ein verjüngtes Neues Jerusalem treten werde; und zweitens »die intellektuelle Befriedigung durch ein Denksystem, das praktisch nichts dem Zufall überläßt und das es ermöglicht, an die eherne Regelhaftigkeit der Geschichte zu glauben und daran, daß ›im Prinzip‹ alle künftigen Ereignisse vorhersehbar sind«.[45]

Die meisten Menschen hielten den russischen Staatsapparat damals vermutlich für fürchterlich, ja für übertrieben mächtig. Tolstoi hingegen spürte, wie er von Bülow anvertraute, seine innerste

Schwäche. Er funktionierte weitgehend in einem geistigen und moralischen Vakuum. Überall gab es ein unbewußtes Sehnen, auf das der Marxismus paßte wie das Tüpfelchen auf das i. Ein Schotte, Mackenzie Wallace, der in den frühen 1870er Jahren in Rußland umherreiste, stieß auf diesen Geist in einem frühen Gewand. Er schreibt über die Bauern, die er im nördlichen Rußland traf, folgendes: »Ein großer Teil von ihnen kann lesen und schreiben, und gelegentlich trifft man unter ihnen einen, der den starken Wunsch nach Bildung verspürt. Ich lernte in dieser Region mehrmals Bauern kennen, die eine kleine Sammlung von Büchern ihr eigen nannten, und zweimal fand ich darunter, zu meinem Erstaunen, eine russische Übersetzung von Buckles ›History of Civilization in England‹!
Wie fand ein Werk dieser Art, möchte man fragen, den Weg dorthin? Wenn der Leser eine kurze Abweichung gestattet, will ich das Faktum zu erklären versuchen. Zu Beginn der gegenwärtigen Herrschaft gab es unter den gebildeten Ständen Rußlands eine seltsame intellektuelle Bewegung, über die ich später mehr sagen werde. Diese Bewegung nahm verschiedene Formen an; zwei ihrer hervorstechendsten waren der Wunsch nach enzyklopädischem Wissen und der Versuch, das gesamte Wissen auf wissenschaftliche Form zu beschränken. Für Menschen dieser Geistesverfassung besaß Buckles großes Werk selbstverständlich eine mächtige Anziehungskraft. Auf den ersten Blick schien es, als reduziere es die vielgestaltigen, widersprüchlichen Tatsachen der Menschheitsgeschichte auf ein paar einfache Grundsätze und als lasse es aus dem Chaos eine Ordnung hervortreten. Daher hatte es so großen Erfolg. Im Verlauf weniger Jahre wurden nicht weniger als vier Übersetzungen unabhängig voneinander veröffentlicht und verkauft – so hat mir zumindest ein zuverlässiger Gewährsmann mitgeteilt.«[46]
Auf diesen ausgesprochen fruchtbaren Boden fiel Marxens Samen (seine Lehren gaben noch viele weitere Erklärungen) und ging nach geraumer Zeit auf. Anders als Marx verstand Dmitri Tolstoi die Notlage Rußlands, und er sah klar, welche große Anziehungskraft dessen Ideen, von Plechanow und anderen passenderweise vereinfacht, in Rußland haben mußten. Tolstois Politik bestand darin, seine Maßnahmen weiterzuverfolgen und auf Zeit zu spielen, während Rußland mit Höchstgeschwindigkeit eine solide industrielle Grundlage aus dem Boden stampfte, dazu auch Schulen, Krankenhäuser und andere Einrichtungen, bis die Verbreitung von Bildung bei einem Großteil der Bevölkerung eine genügend breite, rationale

Weltanschauung gewährleistete. Urteilt man nach dem Ton seiner Unterhaltung mit von Bülow, dann war seine Einschätzung hinsichtlich der Leistungskraft der Rationalität jedoch nicht optimistisch. Während seiner Amtszeit als Innenminister war er in seinen selbstgesteckten Zielen weitgehend erfolgreich. Die Revolutionsgefahr war gebannt, die russische Industrie durchlief in der Tat eine Blütezeit, die Semstwos gewannen trotz fortwährender Beschränkungen an Stärke. Ob diese Vereinigung aus Stärke und (im allgemeinen) Ehrlichkeit die Dynastie gerettet haben würde, wenn sie von den nachfolgenden Innenministern fortgeführt worden wäre, ist unmöglich zu sagen. Man muß bedauern, daß er nicht eine so unternehmungsfreudige Einstellung gegenüber fruchtbaren Reformen besaß wie Loris-Melikow.

Das größte Problem, dem sich die Autokratie in den 1880er Jahren gegenübersah, war die Unzufriedenheit der Bauern. Damals hatte es den Anschein, als habe die Befreiung von 1861 ebensoviel bäuerliche Unzufriedenheit hervorgerufen, wie sie vertrieben hatte. Vermutlich war dies unvermeidlich, selbst wenn ein Solon den Gesetzesakt durchgeführt hätte. Wie die Dinge standen, wurde in weiten Teilen der Bauernschaft der Ärger immer größer, weil sie nun oft genug schlechter dran waren als in den Tagen der Leibeigenschaft. Es wurde im allgemeinen der Einwand erhoben, den Bauern sei bei den Zuweisungen nach der Befreiung zu wenig Land zugesprochen worden, und in vielen Fällen war die Fläche kleiner als die, die sie vor 1861 bestellt hatten. Darüber hinaus fanden sich die Bauern mit Schulden und Abgabeverpflichtungen überladen, die zu bestreiten ihnen einfach die Mittel fehlten, denn die Grundbesitzer konnten sich ihren Besitz nicht einfach entschädigungslos wegnehmen lassen. Unglücklicherweise verschlimmerten äußere Umstände diese Situation: vor allem die Finanzkrise, eine Folge des russisch-türkischen Krieges von 1877/78, und ein weltweiter Tiefstand der Getreidepreise in den Jahren nach 1873.[47]

Unter dem gewaltigen Eindruck der russischen Industrialisierung, welche die Herrschaft Alexanders III. eingeläutet hatte, verließen viele kurz zuvor befreite Leibeigene das flache Land, um in den Fabriken der Städte Arbeit zu suchen. Da sie weiterhin in enger Verbindung zu ihren Heimatdörfern standen, gewannen Unzufriedenheit und Volksverhetzung eine weite Verbreitung, denn Stadt und Land reagierten auf die gleichen Zwänge. Am 7. Januar 1885 brach unter den 8000 Arbeitern von Morosow im Gouvernement

Wladimir ein ernster Streik aus. Truppen griffen ein, und nach einer Woche war der Streik gebrochen dank der Festnahme von nahezu sechshundert Leuten. Sie wurden vor Gericht freigesprochen, doch ein Beben ging durch das Reich. Von nun an bestand zwischen Bauern und Arbeitern in ihrem gemeinsamen Kampf Einhelligkeit. Die Bewegung war bislang dem Zaren und seiner Regierung gegenüber noch nicht offen feindselig, aber es konnte nicht lange dauern, und Volksverhetzer und umstürzlerische Literatur würden auf diesem fruchtbaren Boden ernten. Für Tolstoi lautete die Gefahr nicht Revolution; für ihn bestand sie in dem schrittweisen Zusammenbruch der Ordnung, der vom unerlaubten Niederschlagen vom Holz der Grundbesitzer bis zu Überfällen, Brandstiftung und Mord reichte. Immer wieder wurde der Minister aufgefordert, Truppen und Landpolizei auszusenden – man war weit entfernt von dem Zustand der Rechtsstaatlichkeit, auf den Tolstoi hinarbeitete.[48]

Der Minister glaubte, daß die Schuld vornehmlich bei Rußlands lähmender, ohnmächtiger Bürokratie zu suchen sei. Die Rechtfertigung der Autokratie lautete, daß sie einem Reich Bewegung und Ziel gäbe, das zu riesengroß und zu unterschiedlich sei, auf andere Weise regiert zu werden. Ein Übermaß an Konsultation, Beratung oder Teilnahme der Bevölkerung an der Regierung müsse damit enden, daß die ganze schwerfällige Maschinerie zusammenbreche. Aber der absolute Herrscher brauchte, wenn er seiner Aufgabe als entscheidendes Zentrum dieser komplizierten Gemeinschaft gerecht werden wollte, nicht nur die Macht, sondern auch die Befähigung, tiefverwurzelte Interessenklüngel und das mächtige Eigengewicht des Landes, seine riesige Größe und seine erstorbenen Traditionen zu überwinden. Dmitri Tolstoi sah deutlich, daß die Absichten der Regierung, die sein Ministerium verkündete, auf ihrem Weg nach unten durch die sumpfigen Kanäle der Provinzbürokratie ziemlich häufig vereitelt wurden, geradeso wie es Gogol in einer früheren Regierungszeit so drastisch angeprangert hatte. Und ebenso umgekehrt: die verstopften Kanäle ließen die gerechtfertigten Beschwerden der Bauernschaft nicht durch, sie verhinderten, daß sie den Kaiser und seine Berater erreichten.

Tolstois Vorschlag, diese gigantischen Hindernisse zu beseitigen, wurde in den 1880er Jahren in Regierungskreisen heiß diskutiert und fand heftigen Widerstand. Er sprach sich für die Einrichtung eines neuartigen örtlichen Beamten aus, unter dem Namen ›Landkommandant‹ *(semsky natschalnik)* bekannt, der weitreichende

Vollmachten erhalten sollte, exekutive wie richterliche, und der als ein unmittelbares Bindeglied zwischen Volk und Regierung tätig werden sollte. Er würde imstande sein, sofort Urteile zu fällen, Reibungspunkte abzuschleifen und die auftretenden Engpässe, verursacht von den örtlichen *Semstwos* beziehungsweise der Bürokratie, zu durchbrechen. Diese Personen sollten vorzugsweise aus respektierten örtlichen Adelskreisen ausgewählt werden. Aber dieser Vorschlag scheiterte, wie zu erwarten war, in diesem Morast des öffentlichen Lebens in Rußland an dem Mangel an brauchbarem Personal. Worauf einer dieser Landkommandanten selber hinwies: »Ihre Vollmachten waren so groß, daß ein guter Mann sie nützlich anwenden würde – aber aus dem gleichen Grund konnte ein schlechter Verwalter großen Schaden stiften. Bedauerlicherweise war die Auswahl von Kandidaten für diese Ämter in vielen Fällen unzulänglich, infolgedessen richteten sie nicht selten mehr Schaden als Nutzen an.«[49] Das Ganze bedeutete im wesentlichen, daß die Bürokratie nun einen weiteren Arm erhielt, und zwar einen, dem die Bürokraten mißtrauten und den die Bauern fürchteten.

Doch gerade als diese unselige Maßnahme schließlich die Zustimmung des Kaisers fand, wurde der Kopf, der sie ausgedacht und nach ihr verlangt hatte, jählings von der Bühne entfernt. Dmitri Tolstoi war seit geraumer Zeit ein kranker Mann, gleichwohl hatte ihn sein fanatisches Pflichtbewußtsein lange daran gehindert, sein anstrengendes Tagespensum einzuschränken. 1885 erlitt er einen Herzinfarkt. Alexander III. schickte ihn zur Erholung auf das kaiserliche Gut Liwadija auf der Krim. Er genas, aber 1887 warf ihn ein Schlaganfall erneut nieder. Zu Beginn des Jahres 1888 ging er zurück an die Arbeit, aber seine Gesundheit war nun schwer angeschlagen. Er widmete die ihm verbleibenden Monate der Überwachung der Gesetze bezüglich der Landkommandanten und starb am 25. April 1889 plötzlich an einem erneuten Herzinfarkt. Er war sechsundsechzig Jahre alt.[50] Der englische Botschafter Sir Robert Morier schrieb, sein Tod hinterlasse »eine große Kluft« in der Regierung,[51] und Alexander III. äußerte in seinem Telegramm an die Gräfin Sophia Dmitrijewna: »Mit welch fürchterlichem Schmerz habe ich von dem Verscheiden des lieben Dmitri Andrejewitsch erfahren; für Sie ist es ein tragischer Verlust, aber für mich ist es vielleicht noch schlimmer: solch ein hingebungsvoller, nobler und rastlos tätiger Mensch und Kollege wird schwer zu ersetzen sein. Gott schütze Sie in Ihrem tiefen Leid«.[52]

Dmitri Andrejewitsch wurde auf dem Familiengut Sawidowka bei Tula beigesetzt, wo er jeden Sommer einige Zeit zu verbringen pflegte.[53] Gräfin Sophia Dmitrijewna erlebte noch die Revolution von 1905; sie starb 1907.

Daß der Nachruf des Kaisers auf ihn zutraf, daran kann es keinen Zweifel geben. Dmitri Tolstoi besaß viele hervorragende Eigenschaften. Er war ein Mann mit hehren Grundsätzen, dazu loyal, ehrlich, hochintelligent und so fleißig, daß man gerechterweise sagen darf, er habe sich im Dienste seines Landes buchstäblich zu Tode gearbeitet. Seine Rechtschaffenheit war makellos; wo es aber wahrscheinlich kaum jemals Einhelligkeit geben wird, das ist die Frage, ob seine Verdienste für sein Land eher nützlich oder schädlich waren. Sowohl vor als auch seit der Revolution hat sich die überwältigende Mehrheit gegen seine Politik ausgesprochen, und mit Pobedonoszew teilt er sich den Ruf, der größte Reaktionär des neunzehnten Jahrhunderts gewesen zu sein. Jüngere Forschungen, namentlich die Arbeiten von Allen Sinel und Jackson Taylor, haben diese einseitige Sehweise beträchtlich korrigiert, und schließlich haben seine Leistungen als Minister für Volksaufklärung und als Minister des Innern ihre gerechte Würdigung erfahren.

Seine politischen Leistungen entziehen sich dagegen im wesentlichen einer objektiven Beurteilung. Es war eine Tragödie, daß es Alexander III. an Weitsicht fehlte und er Loris-Melikow nicht gestattete, seinen Kopf durchzusetzen, und wenige weideten sich am Sturz dieses großen Staatsmannes mehr als Dmitri Tolstoi. Aber der müßte kühn sein, der angesichts der tödlichen Lähmung Rußlands mit Gewißheit zu behaupten wagte, an welcher Stelle und wie sich dieses alte Rußland selbst hätte erneuern können. Tolstoi glaubte, daß sein Land in den kommenden Jahren zuallererst der Stabilität und der Ordnung bedurfte, und daß es das bekam, dafür sorgte er in den 1880er Jahren. Da er glaubte, daß zu jener Zeit die Alternative zur Autokratie nur Plünderung und Diktatur heißen konnte, begünstigte er entschieden den Status quo. Schließlich hätte alles, so mag er gedacht haben, noch wesentlich schlimmer sein können. Es gab vieles im Rußland der Romanows, das der Bewunderung wert und würdig war, und einheimische wie fremde Besucher zeigten sich von den Fortschritten im Lande beeindruckt. Viele Menschen seiner Generation bewahrten sich ihre Erinnerungen aus der Jugendzeit, an ein ruhiges, von der Vätersitte bestimmtes Leben auf dem Lande wie das auf dem Gut seines Onkels in Snamenskoje, das im ersten Teil dieses Kapitels beschrieben wurde. Diese Erinnerung war nicht gänzlich falsch, und daher sahen sie kaum einen Vorteil darin, den Verfall dieser Gesellschaft voranzutreiben. Letzten Endes, so spürte er, könnte es wohl dem Untergang geweiht sein, aber er bildete sich ein, er wüßte, was danach kommen würde. Schließlich hatte er Karl Marx gelesen und Vera Figner zugehört.

8
Ein russischer Walter Scott

Alexei Konstantinowitsch Tolstoi

Über Alexei Konstantinowitsch Tolstoi hat ein Kritiker unlängst geschrieben: »Von den Dichtern seiner Generation war A. K. Tolstoi der vielseitigste, der originellste und letztlich der interessanteste.« Er war Dichter, Stückeschreiber und Verfasser historischer Romane, und von all den Tolstois, von denen in dieser Familiengeschichte die Rede ist, war er vielleicht der gewinnendste und der mit dem angenehmsten Charakter. Er war das schöne Ideal eines russischen Edelmannes des neunzehnten Jahrhunderts und bildet einen angenehmen Gegensatz zu seinen ungestümen, wenngleich brillanten Verwandten. Er war romantisch und zivilisiert, geliebt von allen, die ihm begegneten.

Alexeis Großvater, Generalmajor Graf Peter Andrejewitsch Tolstoi, haftet in der Erinnerung als eine freimütige Soldatennatur von so außergewöhnlicher Integrität, daß er seine dreizehn Kinder in bitterer Armut zurückließ, als er starb. Konstantin, sein dritter Sohn, wurde 1780 geboren und kämpfte wacker in den Kriegen gegen Schweden und Frankreich mit, bis er als Sechsundzwanzigjähriger mit einer Verwundung am linken Arm aus dem Dienst schied. Sein Auftreten blieb immer etwas soldatisch: geradeheraus und umständlich; er hatte blaue Augen und eine große Nase und war ein Freund des Zechens und der Fröhlichkeit. Seine erste Frau starb bald nach ihrer Heirat, und am 13. November 1816 vermählte er sich in St. Petersburg mit der schönen jungen Anna Perowskaja. Sie war die uneheliche Tochter des Grafen Alexei Rasumowski, deren Oheim insgeheim der Gemahl der Kaiserin Elisabeth und Hetman der Ukraine gewesen war.

Bedauerlicherweise war diese Ehe eine einzige Katastrophe. Am 24. August 1817 gebar Anna einen Sohn, der auf den Namen Alexei getauft wurde; doch schon sechs Wochen später verließ sie ihren Gemahl und kehrte nie wieder zurück. Es scheint, als ob sich das junge Mädchen, ungeachtet der Empfindungen des Grafen, erlaubt hatte, eine Ehe einzugehen, die ihr von Anfang an wenig bedeutete.

Zusammen mit dem Säugling verließ Anna ihren Mann Konstantin Tolstoi und zog zu ihrem Bruder Alexei Perowski, und es erweckt den Anschein, als sei zwischen den beiden Familien deswegen kein böses Blut entstanden. Statt seines wirklichen Vaters, den er nie kennenlernte, wurde nun ihr Bruder der »Vater« des kleinen Alexei. Die plötzliche Flucht der jungen Mutter samt ihrem Kind führte zu nimmer enden wollenden Gerüchten, Alexei sei das Produkt einer blutschänderischen Vereinigung von Bruder und Schwester, und die Heirat sei flugs veranstaltet worden, um diesen Umstand zu verbergen. Die Daten der Eheschließung und der Taufe rechtfertigen eine solche Geschichte gewiß nicht.

Das neue Heim des kleinen Alexei war in Krasny Rog im Gouvernement Tschernigow, aus der sowohl die Tolstois wie auch die Perowskis stammten. Auf einer Anhöhe gelegen, umgeben von einem der Landschaft angepaßten Park im englischen Stil, war dieses Landhaus das Werk des berühmten italienischen Architekten Rastrelli. Es war ein Rausch von Luxus und Schönheit, mit einer wunderbaren Bibliothek voller seltener Bücher und kostbarer Handschriften. Alexei Perowski, der Eigentümer dieses Paradieses, eines Gutes, das 25 000 Hektar Land bedeckte, war ein höchst gebildeter Mensch mit künstlerischen Empfindungen. Er war ein gelehrter Kenner der Pflanzenwelt und bereicherte den Park um seltene und schöne Pflanzen. Der kleine Alexei spielte auf den Rasenflächen und den Spazierwegen, doch am meisten beeindruckte diese frühreife romantische Seele der große Wald jenseits davon, dessen düstere Tiefen man auf der anderen Seite des sich dahinschlängelnden Flusses Rog erahnen konnte. Dort weideten unter uralten Bäumen Ziegen, Rehe, Füchse, Wölfe und Wildschweine, ungezähmte Bewohner eines Landes der Phantasie und des Abenteuers.

Während er unter dem freundlichen Auge und der Inspiration seines Onkels heranwuchs, entdeckte Alexei in der großen Bibliothek Schätze, die er in die Freiheit jener Wälder trug und die dort seinen empfänglichen Geist zu begeisterten Höhenflügen schöpferischer Phantasie beflügelten. Später erinnerte er sich, wie er als Sechsjähriger eine alte Anthologie mit russischen Gedichten gefunden hatte. Bald kannte er sie auswendig und beherrschte ihr Versmaß. Oftmals bekannte er, daß der schmutzige rote Umschlag jenes Bandes »tief in meinem Gedächtnis haftet und mein Herz schneller schlagen läßt, wenn ich seiner ansichtig werde«. Von einer alten Kinderfrau hörte er die russischen Märchen von der Hütte, die auf Hühnerbeinen umherwandelte, von der garstigen Hexe Baba-jaga, von dem Grauwolf und dem Feuervogel. Sein Onkel, der ihm in allem, nur nicht in Wirklichkeit, ein Vater war, gefiel sich in einer Begeisterung, die er nie verlor, und setzte das Kind mit seinen Geschichten von Rittern und Troubadouren, Vampiren und mitternächtlichen Burgen, die nur von schreienden Eulen bevölkert waren, in wilde Erregung. Ein böses Wort oder eine unfreundliche Geste – in Krasny Rog waren sie eine Seltenheit.

Als Alexei neun Jahre zählte, wurde sein Onkel zurückbefohlen in den Dienst nach St. Petersburg, und seine Mutter und er zogen mit ihm in die Hauptstadt. Dort wurde Alexei ein Gespiele des achtjährigen Thronerben, des künftigen Zaren Alexander II. Die Jungen rannten zusammen mit ihren kleinen Freunden den ganzen Tag mit einer Energie herum, die alle ringsumher in Erstaunen versetzte. Alexei Tolstois Kraft fand Beachtung, er warf sich die anderen über die Schulter und galoppierte, wie ein Pferd wiehernd, mit ihnen davon.

1827 reiste der junge Tolstoi mit seinen »Eltern« nach Deutschland, wo er die Bekanntschaft Goethes machte, »der mir instinktiv kolossalen Respekt einflößte dank der Worte, die ich Menschen über ihn hatte sagen hören. Von diesem Besuch her erinnere ich mich noch der majestätischen Züge Goethes und auch, daß ich auf seinen Knien saß«, besann er sich später. Alexei Perowski wagte sich selbst auf das Feld der Literatur und schrieb in Anlehnung an die Erzählungen E. T. A. Hoffmanns Schauergeschichten. Eigens für seinen Neffen verfaßte er eine Erzählung mit dem Titel »Die schwarze Henne«.

1831 reiste die Familie nach Venedig, und Alexei hielt all die wundervollen Dinge, die er sah, in seinem Tagebuch fest. Er war berauscht von der Pracht der italienischen Kunst und sandte viele Beispiele davon nach Hause, geradeso wie sein Oheim mit Freuden riesige Summen ausgab für die Werke Tizians, Tintorettos und Michelangelos. Auch die düsteren Verliese der Inquisition, die Zelle unter den Bleidächern, aus der Casanova entfloh, und der Palast der Dogen schlugen ihn in ihren Bann. Sein Schreibstil, seine Wahrnehmung und sein Kunstgenuß waren für einen Dreizehnjährigen ungewöhnlich und kündigten seinen späteren Geschmack und seine Neigungen an. »Diese verfallenen Gemäuer, die tödliche Stille der

Alexei Konstantinowitsch Tolstoi (Karl Brjullow)

Gassen und vor allem die schwarzen Gondeln verleihen Venedig einen Hauch von Schwermut«, notierte er am 23. März 1831.

Sie reisten weiter nach Rom, wo sie dem Bildhauer Thorwaldsen begegneten und dem russischen Maler Brjullow bei seiner Arbeit an dem riesigen Ölgemälde »Die letzten Tage von Pompeji« zuschauten. Der künftige Verfasser historischer Romane war bestürzt, als er in Pompeji gewahrte, daß die meisten Fundgegenstände in ein Museum verbracht worden waren; am liebsten hätte er sie an Ort und Stelle vorgefunden und den Lavastrom von einst wieder zum Leben erweckt. Als Alexei nach Rußland zurückkehrte, lief sein Herz über vor Liebe zu der Wärme, den Düften, Geräuschen und der Schönheit des sonnigen Italien. Diese begeisternde Erfahrung hatte sein Herz ergriffen, und die Vorstellung von vollendeter Schönheit durchdrang nun sein ganzes Wesen.

Doch das Rußland des neunzehnten Jahrhunderts war nicht Europa, und die kaiserlich-russische Bürokratie streckte unweigerlich ihre Fänge nach ihm aus wie nach jedem andern auch, gleichgültig wie hoch er von Geburt war. Am 9. März 1834 wurde Tolstoi zu Studienzwecken in die Archive des Außenministeriums geschickt. Die Bekanntschaft mit den alten Dokumenten aus Rußlands furchtbarer Geschichte machte ihm Freude, doch als er knapp zwei Jahre später für dieses Amt in Frage kam, rief der Gedanke an den Staatsdienst nur Widerwillen in ihm hervor. Der glühende Wunsch seines Onkels, ihn auf der Stufenleiter der Beförderung rühmlich emporsteigen zu sehen, riß zwischen ihm und Alexei zum erstenmal eine Kluft auf.

Doch ein schwerer Schlag sollte das Hindernis beseitigen, das der Ehrgeiz seines Onkels vor ihm errichtet hatte. Alexei Perowski erkrankte ernstlich, und sein Neffe wurde von den Archiven beurlaubt, um ihn zur Genesung nach Nizza zu geleiten. Die Krankheit hatte ihn schwer gepackt, und sie waren gerade erst in Warschau angelangt, als Perowski in den Armen des jungen Tolstoi verschied. Die Trauer schlug ihn zu Boden. Sein Onkel Alexei hatte ihm eine Ausbildung zuteil werden lassen, um die ihn jeder junge Mann beneiden mußte, aber für einen, der einen solchen Born voll Romantik und Poesie in sich trug wie Alexei Tolstoi, war sie unbezahlbar. Er kehrte nach St. Petersburg zurück, um seine Mutter zu trösten. Der Schock warf sie auf das Krankenlager nieder.

Am 13. Januar 1837 berief ihn die Regierung auf einen neuen Posten: sie gesellte ihn der russischen Gesandtschaft beim Bundestag des Deutschen Bundes bei, der in Frankfurt am Main tagte. Dort lernte er die Schriftsteller Gogol und Schukowski kennen und vergnügte sich mit der schillernden Gesellschaft, die sich dort versammelte.

Tolstoi stand nun an der Schwelle seiner Laufbahn als Dichter. Er schien jeden Vorteil zu genießen: er war reich (sein Onkel hatte ihm Krasny Rog und sein Vermögen vermacht), sah gut aus, er war bezaubernd und glänzend talentiert. Wir kennen sein Aussehen, da ihn Brjullow 1836 in Moskau in wundervoller Ähnlichkeit malte. Tolstoi erscheint da im Gewand eines Jägers mit Jagdhund und Flinte vor einem Wald, doch der Audruck auf seinem Gesicht enthüllt seine verzückte Liebe zur ungezähmten Natur.[1] Ein Freund berichtete seinerzeit, er habe niemals »in einem Menschen ein solch empfängliches und empfindsames Herz erblickt und solch immerfort hehre Ideale wie in Tolstoi«. Kein Kummer schien seine Seele zu umwölken, und sein ansteckendes Lachen und seine umgängliche Art gewannen ihm Freunde, gleichgültig, wohin er ging.

Seine Pflichten in Frankfurt waren nicht beschwerlich, und im Oktober 1838 reiste er mit dem Thronerben, dem Großfürsten Alexander, nach Italien und verbrachte dort mit seiner Mutter den Winter. In Como verliebte er sich in die Tochter eines Hausverwalters. Die Romanze endete mit seiner Abreise, doch die Gefühle für die hübsche Peppina blieben in seiner Erinnerung haften und tauchten in seinen Schriften auf. Liebe bedeutete ihm weder Leiden noch Leidenschaft, sondern einen Zustand berauschter Verzückung und des Aufgehens in einer Welt, in die kein Mißklang und nichts Häßliches dringt.

Er verliebte sich auch in die jüngere Schwester seines Freundes, des Fürsten Meschtschersky, die soeben von der Krönung der Königin Viktoria zurückgekehrt war, wo sie die Engländer mit ihrem Charme betört hatte. Doch Alexeis Mutter stellte sich dieser Verbindung entgegen; zu Recht vermutete Meschtschersky, daß sie eifersüchtig wünschte, ihren Sohn für sich zu behalten. Seine besitzergreifende Mutter versicherte sich, daß es eine Herzensangelegenheit blieb, die zu ihren Lebzeiten notgedrungen auf Sparflamme brannte. Daß es ihm nicht das Herz zerbrach, deutet darauf hin, daß er zu sehr in einer höheren Art von Liebe aufging und daher dieser besonderen Liebe nicht bedurfte.

Daheim in St. Petersburg nahm Alexei wieder sein sorgloses Leben auf. Nicht nur von den Tolstois hatte er eine Vorliebe für Streiche geerbt, sondern auch von seinem Onkel Alexei Perowski, der einst einen leicht beeindruckbaren Freund in eine nur in der Vorstellung vorhandene Freimaurerloge einführte. Zusammen mit zwei weiteren gleichaltrigen Verwandten, Alexei und Wladimir, war er für die achtbaren Bürger der Hauptstadt eine rechte Plage. An ihrem Schlitten pflegten sie eine lange Stange zu befestigen, die über den Bürgersteig lief, so daß die Passanten unerwartet reihenweise in die Höhe springen mußten. Im Theater stieg einer von ihnen »zufällig« einem erhabenen Würdenträger auf die Zehen und trieb ihn sodann mit tage- und wochenlangen Entschuldigungen zur Verzweiflung. Bei anderer Gelegenheit machten sie die Pferde von der Kutsche eines Botschafters los und ließen sie dann vergnügt die Straße hinuntergaloppieren. Einmal trieben sie es jedoch zu bunt, als sie eines Abends die berühmtesten Architekten St. Petersburgs zum Winterpalais riefen und ihnen weismachten, die St.-Isaak-Kathedrale sei soeben eingestürzt. Der strenge Zar Nikolaus I. fand das allerdings nicht sehr lustig.

Trotz seiner Beliebtheit bei der Jeunesse dorée der Stadt, vor allem bei den Damen, unterlag Alexei auch weiterhin den Verlockungen des freien Landes und der Literatur. Noch immer pflegte er in aller Ruhe seine Talente und widmete sich vornehmlich einer Reihe seltsamer und phantastischer Geschichten, die den phantasiebegabten jungen Mädchen von St. Petersburg schlaflose Nächte bereiten sollten. »Der Vampir« war die gespenstischste Geschichte, und man sollte sie gewiß nicht in einem düsteren Zimmer über mondbeschienenen Kanälen lesen. Schauder und Phantastereien folgen einander in traumähnlicher Folge.

> Unter der Burg fließt und rauscht die Donau,
> Und schwärzeste Wolken ziehen darüber ...
> Die Tat ist vollbracht, des Alten Kehle zerrissen,
> Und Ambrosius feiert mit seiner Bande.
> Der Mond badet sich in blutigen Wassern –
> Und das falsche Weib speist mit Ambrosius.

Ein paar kritische Rezensionen konnten Tolstoi nicht abschrecken; eine davon unterstellte ihm sogar, daß dies alles nur mit der Abhängigkeit des Verfassers von Opium erklärt werden könne. In Wirklichkeit kann man seine Vorliebe für phantastische und düstere Bilder eher den wunderlichen altrussischen Geschichten zuschreiben, die er von seiner Kinderfrau aufgenommen hatte, hervorgebracht von einer ungebändigten Phantasie, wie sie sich in den dunklen Wäldern von Krasny Rog frei entfalten konnte. Der Geschmack seines Onkels und die Begeisterung des damaligen Publikums für Schauergeschichten verstärkten diese Neigung.

Doch niemals schwang bei Alexei Tolstoi etwas Morbides mit. Dann und wann überkam ihn ein Anfall von Sehnsucht nach einer vergangenen Zeit, aber das hielt nicht lange an. Damals entwickelte er auch eine wahre Leidenschaft für die Jagd. »Neben meiner Sehnsucht nach Italien begann sich bald ein seltsamer Gegensatz herauszubilden, was auf den ersten Blick wie ein Widerspruch erscheinen mochte: dies war die Leidenschaft für die Jagd. In meinem zweiundzwanzigsten Lebensjahr schlug sie mich derart in ihren Bann und ich gab mich ihr mit so viel Eifer hin, daß ich meine ganze freie Zeit mit Jagen zubrachte. Ich war damals dem Palastdienst des Kaisers Nikolaus zugeteilt und folgte jenem glitzernden Leben, das für mich nicht ohne Vergnügen war, aber ich schlüpfte oft davon, um mich eine ganze Woche lang in den

Wäldern zu verlieren, manchmal mit Freunden, im allgemeinen aber allein.«

Während der 1840er Jahre stieg er bei Hofe unaufhörlich empor. Ihn verlangte nicht nach diesen Pflichten, aber sie waren nicht beschwerlich, und sein gesellschaftliches und literarisches Leben blühten auf. An den immer hitziger werdenden Zerwürfnissen zwischen Slawophilen und Westlern und den unterschiedlichen literarischen Richtungen hatte er keinen unmittelbaren Anteil. Er verabscheute alles, was nach Bösartigkeit und Fanatismus roch, aber er konnte sich nicht dem Einfluß der neuen Schule des historischen Realismus entziehen, der mit den Schriften Puschkins und Lermontows seinen Anfang nahm. Die Begeisterung für die Realität und die Wiedererschaffung der Vergangenheit verbannte die Vampire, Hexen und Gespenster eines E. T. A. Hoffmann und seiner Anhänger schnell in urzeitlichen Nebel. Wie Walter Scott, so bewahrte sich auch Tolstoi eine kindliche Liebe für jene schrecklichen Gestalten, doch er war bei weitem zu vernünftig, diesen fahlen Geistern samt ihrer blutverschmierten Krallen zu gestatten, ihn zu verzaubern.

In Gesellschaft jener glänzenden Versammlung von Genies, die das Rußland Nikolaus' I. überstrahlten – Puschkin, Nekrasow, Turgenjew, Gogol, Schukowski –, war Tolstoi immer ein beliebter Gast bei den üppigen Einladungen, die der Millionär Fürst Demidow, Fürst Wiasemski und andere große Gesellschaftslöwen gaben. Er dinierte auch mit dem Amateurchemiker Fürst Odojewski, der mit eigenen Händen Saucen herstellte, die so abscheulich waren, daß einem Gast noch vierzig Jahre später, als er nur daran dachte, übel wurde. Daheim wachte Tolstois Mutter über sein dienstliches und sein gesellschaftliches Leben und ging (so heißt es) nie zu Bett, ehe er nicht zu Hause war.

Während einer gemütlichen Dienstreise nach Kaluga, anno 1850, wurde seine Freundschaft und schriftstellerische Zusammenarbeit mit dem schrulligen Nikolai Gogol enger. Trotz merklicher Unterschiede in ihrer Persönlichkeit empfand Tolstoi zeitlebens große Liebe und Bewunderung für den großen Satiriker, Stückeschreiber und Romancier. In der Politik teilten sie die Zuneigung zur Monarchie. Als Gogol 1852 starb, hielt eine verrückte Laune der Zensurbehörde Turgenjew von der Hauptstadt fern, weil er auf seinen Schriftstellerkollegen einen allzu löblichen Nachruf verfaßt hatte. Alexei Tolstoi war über diesen Akt gemeinsten Despotismus bestürzt und setzte sich mit seltenem Eifer dafür ein, daß das Urteil zurückgenommen wurde. Trotz seiner Beziehungen zum Zaren und dessen Erben dauerte es doch fast zwei Jahre, bis seine Anstrengungen von Erfolg gekrönt waren. Sein Ansehen bei der kaiserlichen Familie war gefährlich gesunken, doch sein Lohn lag in der Verzückung, mit der er Turgenjews »Aufzeichnungen eines Jägers« las, dieses wundervolle Werk, das er treffend mit einer Sonate Beethovens verglich.

Waren die Verbindungen Alexei Tolstois zu Gogol auch eng, so war es doch ein anderer Tolstoi, der mit Gogol auf noch freundschaftlicherem Fuße trat und ihm sein Haus zur Verfügung stellte, in dem er schließlich starb. Graf Alexander Petrowitsch Tolstoi, geboren 1801, war der Sohn des russischen Botschafters am Hofe Napoleons nach dem Vertrag von Tilsit. Seine Karriere in der Armee und im diplomatischen Dienst verlief ausgezeichnet, er war Gouverneur von Twer und Militärgouverneur von Odessa, ging aber 1840 in den Ruhestand, um sich mit Fragen der Religion zu beschäftigen. Er lernte Gogol bei einer Auslandsreise kennen, und da er seine literarischen, politischen und religiösen Überzeugungen teilte, wurde er sein bester Freund. Von da an standen dem Schriftsteller seine Wohnstätten in Rußland und im Ausland offen. Alexander Tolstoi war ein sehr wohlhabender Edelmann voll wunderlicher Einfälle. Gogol begleitete ihn häufig ins Ausland, und er lernte in dessen Haus in Rom Fjodor Petrowitsch kennen (Alexei Konstantinowitschs Onkel), der jedoch einen sehr sarkastischen Bericht von dieser Begegnung hinterließ. In Moskau lebte Graf Alexander Tolstoi in einer großartigen Villa in der Nikitski Avenue (heute Suworow-Straße 7). Dort hatte Gogol eine Suite für sich (völlig in Grün), und die Diener des Grafen warteten ihm auf, kurzum, er vermißte nichts. Dort war es auch, wo Tolstoi in einem Anfall von Wahnwitz den zweiten Teil seines Romans »Die Toten Seelen« verbrannte und wo er auch starb.[2]

Bei einer solchen Natur scheint es unvermeidlich, daß er einer großen Leidenschaft erliegen würde, und man muß sich nur wundern, daß er bereits das vergleichsweise hohe Alter von vierunddreißig Jahren erreicht hatte, als das Unvermeidliche geschah. Auf einem jener Maskenbälle, die er seit geraumer Zeit als den Gipfel fader Langeweile betrachtete, lernte er eine junge Dame kennen, deren lebhafte Augen und honigsüße Stimme ihn unwiderstehlich zu ihr hinzogen, und zwar trotz des Umstandes, daß er wenig mehr von ihr zu sehen bekam als eine Maske und eine Flut leuchtend blonder Haare nebst einem biegsamen, lebendigen Körper. Doch als er näher herankommen wollte, lachte sie und verschwand. Die schöne Unbekannte entpuppte sich als Sophie Andrejewna Bachmetewa, die seit 1846 mit einem Gardeoffizier verheiratet war, der keine ihrer Leidenschaften teilte. Sie hatten sich bald darauf getrennt, und Sophie zog sich zurück auf das Gut ihrer Familie, da sie am liebsten auf einem Kosakensattel und mit einer Muskete über der Schulter über die Felder galoppierte.

Ihre Schönheit, ihr Charme und ihre Liebe für das Land samt ihrer Begeisterung für Literatur ließen sie wirklich als die für Alexei Tolstoi bestimmte Partnerin erscheinen.

»Ich fand diesen Satz in Deinem Tagebuch«, schrieb er 1851 und zitierte: »›Um zur Wahrheit zu gelangen, ist es einmal im Leben notwendig, alle früheren Gedanken loszuwerden und einen neuen geistigen Anfang zu machen.‹ Wie gerne möchte ich mit Dir an meiner Seite nach einer solchen Erneuerung streben! Ich bin wie ein großer Schuppen für Kaleschen oder wie ein riesiges Zimmer, das angefüllt ist mit allerlei Dingen, einige davon sehr nützlich und einige wenige sehr kostbar, die aber alle durcheinander liegen; ich möchte sie mit Dir auseinanderlesen ...« Eine Reihe holpriger Verse, einige überschwenglich, andere schwermütig, unterstreichen das gleiche Thema. Sophie lud ihn in ihr Haus nach Smalkow ein, wo er in einer Umgebung, die bezaubernd und ungezwungen, zufällig und intim in einem war, wahres Glück fand. Das steife Gehabe bei Hofe und in der Gesellschaft war ihm zuwider, und nur die enge Freundschaft mit Großfürst Alexander und sein Respekt für Zar Nikolaus hielten ihn davon ab, die goldenen Ketten zu sprengen, die ihn an die Hauptstadt banden.

»Wenn ich an Dich denke«, gesteht er in einem weiteren Brief, »sehe ich eine Hütte, halb verdeckt von Bäumen, ich sehe das Land, ich höre Dein Klavier und diese Stimme, die mich erzittern läßt, seitdem ich sie zum erstenmal vernahm. Und alles, was nicht zu diesem ruhigen, guten Leben paßt – das ganze Geschwätz der Welt, Ehrgeiz, Eitelkeit usw., all die Heuchelei, die für dieses künstliche Leben notwendig und dem Bewußtsein so schädlich ist –, all das kommt mir von weitem wie ein häßlicher Krankheitserreger vor: ›Für Deine Liebe gebe ich das auf für alle Zeiten!‹ Und dann überfällt mich eine überwältigende Glückseligkeit, und Deine Worte lassen in meinem Herzen eine Antwort erklingen, die mir sagt, daß fortan nichts Dich treffen kann; und ich sehe im selben Augenblick, daß alles eingebildete Glück, diese Hütte, dieses gute, ruhige Leben – alles in uns ist. *Es ist Dein Herz, das vor Glückseligkeit singt, und meines ist es, das lauscht,* und da dies alles in uns ist, kann niemand es rauben, und wir können inmitten dieser Unruhe allein und glücklich sein.«

Doch diese Unruhe, die von außen wie die von innen, ließ sich nicht so leicht fernhalten. Am 4. Mai 1851 wurde Alexei zum Zeremonienmeister des Hofes ernannt. Sophie erkrankte schwer, so schwer, daß er einmal um ihr Leben fürchtete; doch sie erholte sich. Er machte eine kurze Reise nach Paris und schrieb ihr ständig, um in seiner Liebe zu schwelgen und in der Schwermut, die ihn packte, wenn sie getrennt waren. Am gefährlichsten war die unverkennbare Feindschaft seiner Mutter zu ihrer Verbindung. Besitzergreifend wie immer, versuchte sie, allerdings vergeblich, ihrem Sohn einzureden, daß Sophies Vergangenheit zwischen ihm und ihr stehen müsse.

Seufzend, lyrisch, nostalgisch fuhren Tolstois Verse fort, bis ein Sturm sich zusammenbraute und seine Begeisterung zu noch bewegenderen Reimen beflügelte. Während eines längeren Besuches in seiner geliebten Ukraine spürte er die Anziehung des flachen Landes stärker denn je.

Kennst du das Land, bedacht mit reichstem Segen,
Wo Fluß und Bach erglänzt im Silberschein,
Wo Pfriemengräser sich im Windhauch regen,
Die Häuser lauschen aus dem Kirschenhain,
Die Bäume stehn in blütenbuntem Reigen
Und ihre Früchte bis zur Erde neigen?

Er zeichnet ein unnachahmliches Bild von dem schweren, schlafenden Land, einem Glöckchen in der Ferne, von Lerchen, die aufsteigen, während die Sonne über der Ebene gleißt.

Kennst du das Land? Es träumte die Ukraine,
Grau quirlte ob dem Sumpf des Brodems Tanz,
Die Erde schlief in fahlem Dämmerscheine,
Kaum sprühte Funken der Plejaden Kranz –

Doch die Stimmung ändert sich. Tolstoi gedenkt längst entrückter Kriegerheroen, und dann bricht es aus ihm hervor:

Kennst du das Land, wo , mit den Polen streitend,
Der Russe starb auf grauser Kampfesstatt?
Wo Kotschubej, zum Henkerblocke schreitend,
Geflucht Maseppa, seinem Todfeind, hat?
Wo Ströme Bluts geflossen im Gefechte,
Zu schützen unsern Glauben, unsre Rechte?[2a]

Wie mit einer Stimme ließen die Dichter Rußlands patriotische Verse erklingen, gute, schlechte, im allgemeinen mittelmäßige. Dies genügte der freimütigen und offenen Natur eines Alexei Tolstoi nicht, der Aufschneiderei verachtete. Im Frühjahr 1854, als er mit Sophie auf der Wolga segelte, entschloß er sich, etwas zu tun. Er war ein Hüne von einem Mann, ein ausgezeichneter Reiter und Schütze, und der Gedanke, in die Schlacht zu reiten gegen den Feind seines geliebten Landes, gefiel seinem ritterlichen Geist. Die Verbündeten landeten ihre Streitkräfte erst im September auf der Krim, und die ersten Kriegshandlungen fanden auf See statt. Im April erschien eine britische Flotte unter Admiral Napier in der Ostsee, bombardierte Hangö in Russisch-Finnland und bedrohte den großen Marinestützpunkt von Kronstadt. Tolstoi gesellte sich zu den Menschenmengen an der Küste, blickte durch sein Fernrohr zu der fernen Kette von Segeln, auf deren einem der wilde Napier seine Untaten ausheckte.

Alexei entschloß sich, ein kleines Dampfschiff zu kaufen, es mit einem Hundert gut bewaffneter Seeleute auszustatten und mit ihm, als Luxusjacht getarnt kaschiert, eine Reihe von Überfällen gegen den Feind zu unternehmen. Zusammen mit einem Freund, dem Grafen Bobrinski, erwarb er von der kaiserlichen Fabrik in Tula eine stattliche Anzahl von Waffen und schickte sich an, den Bauern auf seinem Gut militärischen Schliff beizubringen. Doch zuletzt obsiegte wieder einmal der russische Schlendrian; die Bauern auszubilden erwies sich als unmöglich, und hundert Hindernisse türmten sich auf. Alexei Tolstoi kochte vor Verzweiflung, mußte sich aber damit zufriedengeben, mit seinem Diener an der baltischen Küste wütend auf und ab zu reiten und sich über die Bulletins zu erregen, die aus dem Kaukasus und von der Krim kamen. Berichte über die Leiden der Soldaten trafen ihn schwer, und er meldete sich freiwillig zu einem Scharfschützenregiment. Es war gerade zu dieser Zeit, daß Zar Nikolaus die Augen schloß (18. Februar 1855). Nach dieser langen Nacht absolutistischer Herrschaft begann das Land allmählich wieder zu atmen. Tolstoi hatte die Unterdrückung so schmerzlich empfunden wie andere, wenn er auch die Geradlinigkeit und den aufrechten Charakter des Zaren respektierte. Als Zeremonienmeister war Alexei Tolstoi verantwortlich für das kaiserliche Begräbnis, das ihn einige Wochen völlig in Anspruch nahm.

Sowie er diese Obliegenheit erfüllt hatte, suchte er den neuen Zaren auf, Alexander II., mit dem er seit Kindheitstagen eng befreundet war, und erhielt die Erlaubnis, sich dem Regiment seiner Wahl anzuschließen. Er wurde als Major einem Detachement unterstellt, das gänzlich von adligen Freiwilligen befehligt wurde. Eine Zeitlang führten sie in Übungslagern im kriegsfernen Nowgorod ein müßiges und vergnügtes Leben; Alexei schrieb patriotische Verse und Trinklieder für die Offiziersmesse, wo er dank seiner sonnigen Natur rasch beliebt wurde. Aber in seinem Innern kochte es.

Endlich wurde das Regiment nach Odessa verlegt, wo Dysenterie und Typhus mehr Soldaten töteten als die Schlachten vor Sewastopol. Alexei mußte seinen Freund Bobrinski pflegen, den das Fieber nahezu verzehrte, dann packte auch ihn die Krankheit. Als sein Freund auf den Tod darniederlag, telegraphierte der besorgte Kaiser tagtäglich. Eines Tages, als Alexei schwitzend und zitternd auf seinem Bett lag, gewahrte er beim Erwachen Sophie Bachmetewa, die sich über ihn beugte. Sie war an seine Seite geeilt, als sie von seiner Krankheit erfahren hatte, und blieb bei ihm, als er sich erholte und schließlich im Kreise seiner Kameraden vollends genas. Während das Debakel dieses Feldzugs augenfällig wurde, brachen unter seinen Freunden heftige Zerwürfnisse aus, die einmal fast mit einem Duell geendet hätten. Alexeis stolzer, leidenschaftlicher Geist verlangte nach einem Krieg bis zum äußersten, die Vorstellung eines unehrenhaften Friedens wies er schroff zurück. Andere sahen darin eine nutzlose Donquichotterie und erblickten in der Niederlage eine deutliche Verurteilung von Rußlands hilfloser Rückständigkeit.

Alexeis kraftvoller Körper genas bald völlig, und als er wieder vor Kraft strotzte, fuhr er aufs Meer hinaus und trank mit neuerwachter, heiterer Lebenslust die salzige Luft. Bewaffnet mit Pistolen und Dolch erkundete er einige Steinbrüche, wo man den Unterschlupf von Räubern wähnte, und machte sich dann mit Sophie auf zu einer erquickenden Reise durch die ungezähmte Pracht der Krim. Gierig sog er den herrlichen Anblick schroffer Schluchten und ferner Wasser, verlassener Tatarendörfer und Legenden einer malerischen Vergangenheit in sich ein. Wie gewöhnlich ließ er seine Gefühle in dankbaren Versen verströmen, die durchdrungen waren von tiefster

Naturverehrung. Seine Werke wurden kritisiert, damals wie später, weil sie kein gesellschaftliches Engagement zeigten, keine psychologische oder metaphysische Analyse.

Alexei Tolstoi verabscheute gekünstelte Kunst und urbanes Raffinement. Die sogenannte naturalistische Literatur mit ihrem Begleitmotiv von Niedrigkeit und Obszönität stieß ihn ab. Als die berühmte französische Schauspielerin Rachel ihre Rolle der Adrienne Lecouvreur nach etlichen Besuchen in einem richtigen Hospital allzu lebensnah und leidend spielte, zog sich Tolstoi mit Abscheu zurück. Widerwärtigkeit und Häßlichkeit seien nicht Gegenstand der Kunst. Bis ans Ende seiner Tage bewahrte er sich eine kindliche Begeisterung und Phantasie, und auch in den späten Jahren gelang es nicht, sie mit Zynismus und Weltmüdigkeit zu überlagern. Bei seiner Rückkehr von der Krim verbrachte er eine Nacht mit einem Onkel in einem Haus am Dnjepr, wo es angeblich spukte. Die Pistolen in Griffbereitschaft warteten sie vergeblich auf die Rückkehr des Werwolfs.

Hier verabschiedete er sich von Sophie, denn er wollte unbedingt nach Krasny Rog zurückkehren und die Zustimmung seiner Mutter zu seiner Heirat mit Sophie erwirken, sobald diese geschieden war. Erwartungsgemäß versagte ihm die Gräfin Anna Alexejewna ihre Einwilligung und wandte all die Künste einer selbstsüchtigen Mutter auf, um diese Verbindung zu verhindern. Alexei brach es das Herz. Er liebte seine Mutter über alles – und konnte doch nicht die Beziehung eingehen, die für sein Lebensglück unerläßlich war, ohne eine andere zu zerstören. Mit einem Schimmer von Hoffnung, daß die Zeitläufte die Dinge irgendwie ins rechte Lot bringen würden, reiste er nach Moskau ab. In der alten Hauptstadt bereitete sich Kaiser Alexander II. auf die Krönung vor. Begierig, seinen alten Freund bei sich zu behalten, drang er in Alexei, die Stellung eines Flügeladjutanten anzunehmen. Trotz rivalisierender Verlockungen nahm er – Zweifel im Herzen – an und erhielt am Tage der Krönung, dem 26. August 1856, seine Ernennung. Ein weiteres Mal mußten seine öffentlichen Verpflichtungen mit seinen Bestrebungen als Dichter kollidieren. Andererseits begriff er bald, daß er diese enge Verbundenheit mit dem Zaren gut zugunsten des russischen Volkes einsetzen konnte, das gerade in das Zeitalter der großen Reformen eintrat. Dieser löbliche Entschluß brachte seinen Lohn. Die bezaubernde und empfindsame Kaiserin Maria Alexandrowna wurde seine leidenschaftliche Bewunderin und Freundin, nachdem sie ihm eines

Abends in ihrem Palast zu Gatschina beim Vortrag seiner Gedichte zugehört hatte. Es bedurfte nicht Alexeis romantischer Ergebenheit gegenüber der Monarchie, um diese Gefühle zu erwidern, denn sie war – abgesehen davon, daß sie Kaiserin war – eine zartfühlende, aufrichtige Frau. Seine schöne Herrscherin betörte ihn förmlich; wäre seine Angebetete weniger gefühlvoll und begeisterungsfähig gewesen, dann wäre sie gewiß eifersüchtig geworden. Von nun an las er auf ihre Bitte hin alle seine neuen Schöpfungen der Zarin vor, die ihn auch bat, ihr seine ersten Gedichtbände zu widmen.

Die Rückkehr an den Hof brachte Tolstoi jedoch gerade die Art von Publizität, die er vermeiden wollte. Ohne ihn zu fragen, ernannte ihn der Kaiser zum Vorsitzenden eines Komitees, das die Tätigkeiten der Altgläubigen untersuchen sollte. Er schrieb an Sophie und gestand ihr seine Betrübnis darüber, daß er sich diese Last hatte aufbürden lassen. Ein Schriftsteller sei er, kein Beamter; überdies habe er wenig Kenntnis und wenig Interesse für diesen Alltagskram und könne nicht umhin zu bemerken, daß er sich durch Geburt und Geschmack unweigerlich von den anderen unterscheide. »Sie können machen, was sie wollen, es wird ihnen doch nicht gelingen, mich den Massen zu verbinden.« Dabei hatte ihn der Kaiser genau deshalb ausgesucht, weil er einen menschenfreundlichen und unabhängigen Geist suchte, der diese heikle Angelegenheit zu beaufsichtigen verstand. Er unterzog sich dieser Aufgabe gewissenhaft genug, kannte sich aber in politischen Dingen zugegebenermaßen nicht aus. Dieser Aufgabe wegen mußte er einen seit langem gehegten Wunsch zurückstellen: einen historischen Roman zu schreiben, der im sechzehnten Jahrhundert handelte. Statt dessen arbeitete er an seinen Gedichten weiter, denen er sich mit Unterbrechungen widmen konnte. 1857 veröffentlichte der *Sovremennik* (Der Zeitgenosse) neben einigen seiner Gedichte die Geschichte »Jugend« seines Vetters Leo Tolstoi. Die beiden standen sich niemals sehr nahe, aber sie speisten gelegentlich zusammen, und Alexei schrieb begeistert an Sophie über das Talent des jüngeren Tolstoi und verhieß ihm eine große Zukunft als Schriftsteller. Alexei teilte mit Leo die Begabung, kleine Kinder für sich einzunehmen. Als Sophie im Frühjahr 1857 aus Gesundheitsgründen ins Ausland reiste, besuchte Alexei oft ihre kleinen Neffen und Nichten. Namentlich der vierjährige Andrei entzückte ihn mit seiner Begeisterung für Geschichten aus dem Tierreich.

Dies war das Familienleben, nach dem er sich sehnte, das ihm aber die nicht minder große Liebe zu seiner Mutter versagte. Dann kam die Nachricht, die zwar sein Dilemma löste, ihn jedoch gleichwohl zu Boden warf. Am 1. Juni 1857 verschied die Gräfin Anna Alexejewna. Sophie war nicht da, ihm Trost zu spenden, und er war niedergeschlagen. »Ich bin noch nicht, was ich sein sollte, um zu sagen, ich liebe Dich«, schrieb er; »alles ist vorbei, meine Mutter ruht im Grab, alle sind fortgegangen, und ich bin mit ihr allein!« Eine Zeitlang war er verzweifelt, da half ihm nur der Gottesdienst und gelegentlich ein Hoffnungsstrahl, mit seiner Mutter in dieser anderen, schöneren Welt sprechen zu können, in der sie nun weilte.

Allmählich versöhnten ihn seine innere Frohnatur und seine Vernunft mit dem Verlust, ohne daß er ihn jedoch jemals gänzlich vergessen konnte. 1858 und die Jahre danach waren eine Zeit beispielloser Erregung im öffentlichen Leben Rußlands, und Tolstoi wurde, ob er nun wollte oder nicht, von jenem Aufbruch der Geister gefangen, der das selbstzufriedene russische Reich heimsuchte. Reformen lagen in der Luft; Ende des Jahres 1857 befahl der Kaiser, als Vorspiel zu einer allgemeinen Emanzipation die Leibeigenen in Wilna, Grodno und Kaunas zu befreien, was nicht nur Millionen Leibeigene freisetzen sollte, sondern gleichsam auch das ganze russische Volk, für das die Leibeigenschaft – symbolischerweise in ihrer Gesamtheit, faktisch nur teilweise – Ausdruck einer uralten Knechtschaft war.

Alexei war ebenso patriotisch, religiös und durchdrungen von seiner Liebe zu der russischen Vergangenheit wie jeder beliebige Slawophile, aber es gefiel ihm nicht, die traditionelle russische Gemeinde, den *mir*, zum einzigen Weg Rußlands in die Zukunft zu erheben, einen Weg, der die Herrschaft der Autokratie überließ und es den Russen gestattete, sich gesellschaftlich und moralisch ohne die Fesseln des Privateigentums und die Konventionen des Rechts zu entwickeln. Für Tolstoi war dies eine Art Kommunismus, mochte er sich auch an Traditionen und an die Scholle klammern, mithin ein Nein gegenüber dem Individuum, »dem einzigen fruchtbaren Prinzip der Zivilisation«. Das schmeckte nach »Gleichheit, jenem törichten Vermächtnis von [17]93, die es niemals gegeben hat, gleichgültig in welchem Gemeinwesen«. Die gewünschte Einheit der Klassen, die angeblich aus der geplanten, der Erde verbundenen Gemeinschaft hervorgehen sollte, betrachtete er schlimmstenfalls als eine Nivellierung nach unten, im besten Falle als eine leere Hülse. Zu seinen eigenen Bauern unterhielt er enge Beziehungen, die sich jedoch auf väterliches Wohlwollen gründeten, nicht auf radikale Überzeugungen.

Die aus Westeuropa eingeführten Lehren des Materialismus, Utilitarismus und dergleichen mit ihren versteckten Drohungen von Pöbelherrschaft fand er samt und sonders gleichermaßen widerwärtig. Und was die Reaktionäre anlangt, so hielt er ihre Politik für nicht viel anders als die ihrer Erzfeinde, der Radikalen. Alle diese drei extremen Auffassungen hatten im wesentlichen zum Ziel, die Menschheit im Namen ihrer allumfassenden Theorien zu einer gesichtslosen Masse zu erniedrigen, zu einer Art gestaltlosem Meeresungeheuer, das durch eine düstere Landschaft geistert. Als Dichter liebte er mannigfaltige natürliche Schönheit und die Vielfalt menschlicher Charaktere.

Tolstoi läßt in seinen Gedichten anklingen, daß es damals in Rußland keinen Platz gab für Neutralität. Allenthalben bemäkelte man, daß es ihm an politischem Engagement fehle, was diejenigen, die ihn unter ihrem Banner sehen wollten, als unverantwortliche Selbstsucht bezeichneten. In Wahrheit besaß er durchaus eine Anschauung, allerdings keine mit einer festumrissenen und alles umfassenden Botschaft, die zu einer Zeit, als Argumente wie Speere ausgetauscht wurden, anziehend gewesen wäre. Seine Anschauung war im wesentlichen die eines Aristokraten. Er glaubte an ein gesellschaftliches Oben und Unten, an Vielfalt und Wandel; an Ehre, gegenseitigen Respekt und Anstandsformen des Lebens. Indes er gewahrte, wie die sich widersprechenden Ideologien den Menschen auf ihr jeweiliges Prokrustesbett legen wollten, betrachtete er die Welt als eine unglaublich reiche Schöpfung, die man studieren, erfahren und bewundern müsse. Da er an den Höfen und in den Weinbergen Deutschlands und Italiens ebenso zu Hause war, konnte er die Verachtung der Slawophilen für das »dekadente« Europa nicht teilen; und noch weniger gefiel ihm die Ansicht der verwestlichen Radikalen, die in der Gesellschaft nur einen serbonischen Sumpf erblickten, dessen widerlich demagogische Ausdünstungen von seiner schwabbeligen Oberfläche ablenkten.

In seinem langen Gedicht »Johann Damascenus«, veröffentlicht 1859, schildert Tolstoi seine Not in nur dürftiger Verhüllung. Er macht freimütig Gebrauch von einer Heiligenlegende des achten Jahrhunderts und erzählt, wie der heilige Johannes den Hof des Kalifen zu verlassen wünscht, wo er ein verwöhnter Günstling war.

Alexei Konstantinowitsch Tolstoi

Er will den Eitelkeiten dieses Lebens abschwören und sich dem Lobe Gottes und der Verehrung seiner Schöpfung hingeben. Der Kalif bietet ihm sein halbes Königreich an, wenn er nur bleibt, geht aber davon ab, als er Johannes' Entschlossenheit bemerkt. In Jerusalem tritt der Heilige in ein Kloster ein und wird, um Eitelkeit und weltlichem Gehabe zu entsagen, von einem strengen Abt gezwungen, für die eine Begabung, die er zu feiern wünscht – die Dichtkunst und die Lobpreisung des göttlichen Mysteriums – ein Schweigegelübde zu leisten. Er geht darauf ein, doch wenig später erliegt er der jammervollen Bitte eines Mönches, ihm doch ein Lied zu schreiben, das seines verstorbenen Bruders gedenkt. Während er dieses großartige Gebet vorträgt, tritt der Abt ein und macht ihm heftige Vorwürfe wegen seines Rückfalls und seines Stolzes. Zuerst wird der Dichter gezüchtigt, schließlich und endlich aber gerechtfertigt, denn die Jungfrau erscheint in einem Traum und bittet Johannes, das ihm von Gott anvertraute Talent fruchtbar zu machen, um Seine Schöpfung zu feiern und die Zweifler in Verwirrung zu versetzen. Das Gedicht endet damit, daß Johannes die ideale Welt und ihre irdische Verkörperung verherrlicht. Alexei Tolstois Leiden während seiner Dienste bei Hofe und seine Ansichten über die Bestimmung des Dichters werden augenfällig.

Im Juni 1860 reiste er nach England, wo er an spiritistischen Sitzungen des berühmten Mediums Daniel Dunglas Home teilnahm, den er bereits in Rußland kennengelernt hatte. Mit seinen von Platon entliehenen Überzeugungen von der Existenz einer idealen Welt, im Vergleich zu der das irdische Leben nur ein fahler Schatten sei, fand er in den Manifestationen des Spiritismus eine überzeugende Parallele zu seiner eigenen Vorstellung von der Funktion des Dichters als Orakel und Deuter. So war es fast unvermeidlich, daß er eine unwiderstehliche Neigung fürs Tischerücken, Levitationen, Stimmen und Musik, tierischen Magnetismus und all die anderen Verlockungen der Illusion entwickelte, die zu jener Zeit außerordentlich in Mode waren.

Alexei Tolstoi kehrte über Frankreich und Deutschland nach Hause zurück und traf gerade rechtzeitig ein, um Augenzeuge der Befreiung der Leibeigenen zu werden. Sofort reiste er auf sein Gut nach Krasny Rog und las vom obersten Treppenabsatz aus, Sophie an seiner Seite, den versammelten Bauern die Proklamation vor. Es gab einige Verwirrung, die sich erst auflöste, als die Bauern zu der Auffassung kamen, dies sei eine Fälschung der Proklamation, die darauf aus sei, sie wichtiger Rechte zu berauben. Ungerührt ob dieses kleinen Zwischenfalls, blieb er an diesem seinem Lieblingsort und verbrachte schreibend und frohgemut seine Tage inmitten seiner sechstausend Bücher und all der wirren Annehmlichkeiten eines ländlichen russischen Haushalts. Diese längere Abwesenheit vom Hofe überzeugte ihn, daß er endlich mit dem offiziellen Leben für immer brechen müsse. Das war schwierig, denn ihn hielten weniger die Pflicht als vielmehr freundschaftliche Bande, doch »Ketten bleiben Ketten, selbst wenn sie aus Blumen sind«. Ein ausführliches Gesuch an den Kaiser hatte zur Folge, daß er am 28. September 1861 aller amtlichen Verpflichtungen entbunden wurde. So erlebte Alexei Tolstoi im gleichen Jahr wie die Bauern seine Befreiung.

Er feierte seine Freiheit, indem er jenes Werk zu Ende schrieb, das ihn vielleicht am meisten berühmt machte: den historischen Roman »Fürst Serebriany«. Er hatte bereits in den 1840er Jahren damit begonnen, ihn aber wiederholt zur Seite gelegt. Sein Sujet war die Regierungszeit Iwans des Schrecklichen, ein Thema, das in Rußland in mancher Hinsicht das Lackmuspapier geblieben ist, mit dem man politische Einstellungen testet. Die Geschichte handelt von einem tapferen, jungen Fürsten, Nikita Romanowitsch Serebriany, der 1565, nach fünfjährigem Dienst in Litauen, nach Rußland zurückkehrt. Dieser Kunstgriff erlaubte es Tolstoi, die Umwälzung, die in Iwans Charakter und in seinem Herrschaftsgebaren stattgefunden hatte, durch die Augen eines unschuldigen Zeitgenossen zu sehen. Vieles an der Handlung ist unbedeutend oder bewegt sich im Rahmen einer historischen Romanze, wie gehabt. Fürst Serebriany liebt eine bleiche Schönheit, die in seiner Abwesenheit mit dem ehrwürdigen Bojaren Morosow verehelicht wird; da gibt es Entführungen, magische Beschwörungen, Kämpfe, Träume, hartherzige Schurken und edle Räuber. Tolstoi bedient sich dabei mancher Erzählelemente, wenn auch reichlich verspätet, Sir Walter Scotts und seines keineswegs erfolglosen russischen Plagiators Michail Sagoskin, Verfasser des »Juri Miloslawski« (1829). Das Detail von Geschichte und Landschaft wird jedoch in einer reichen Vielfalt präsentiert, die eines Scott zu dessen Glanzzeiten würdig gewesen wäre; sie ist das Ergebnis ausgiebiger Nachforschungen und eines Empfindens für das russische Land.

Die überzeugendste Gestalt seines Romans ist Zar Iwan selbst. Er ist hochintelligent und, wenn er will, huldvoll und bezaubernd, dennoch aber zu seinem Tyrannen herabgesunken, der einem Angst macht und an dessen Hof niemand sicher ist. Mit Hilfe seiner *opritschniki*, einer Bande niedriggeborener Mietlinge, die reuelos zu jedem Verbrechen bereit sind, läßt der Zar jeden foltern oder töten, der seinen Unwillen erregt. Ein Verbrechen folgt dem anderen, Iwan erholt sich immer wieder von den häufig auftretenden Anfällen verzweifelter Reue, und das Ganze gipfelt schließlich in einer gewaltigen öffentlichen Massenhinrichtung, ein historisches Ereignis, das 1570 stattfand. Tolstoi weist alle Versuche zurück, dies unter dem Gesichtspunkt »historische Notwendigkeit« oder gewandelter moralischer Anschauungen zu betrachten, und läßt den Leser unverhüllt seinen Schrecken spüren, daß sich jemals derartiges in Rußland ereignet hat. Die grundsätzliche Verteidigung einiger Schriftsteller, Iwan sei gezwungen gewesen, die *opritschnina* ins Leben zu rufen und sie auf die großen Bojaren loszulassen, um deren Ehrgeiz zu zügeln, sieht Tolstoi als Iwans schwerstes Verbrechen an.

Es war dieses Motto oder der Versuch, es so zu deuten, was in feindlich gesinnten Lagern Spott hervorrief. Es hieß, Tolstoi habe Iwans Handlungen einzig und allein unter dem Blickwinkel seines Standes und seiner Ahnen gesehen. (In »Juri Miloslawski« wird Iwan IV. dafür gescholten, daß er die Miloslawskis so schlecht behandelt.) Kritiker spotteten über das Gemälde, das Tolstoi angeblich gemalt hatte, wonach die Gesellschaft des Jahres 1570 aus dem Zaren, den *opritschniki*, den Bojaren und einigen romantischen Wegelagerern bestanden haben soll. Daß die restlichen 90 Prozent der Bevölkerung nichts dazu taten, Iwan für seine Mißhandlung der Bojaren entschieden zu tadeln, war zweifellos dem Umstand zuzuschreiben, daß sie es überaus gerne sahen, ihre tyrannischen Herren bestraft zu sehen, wenngleich erst spät. Dies war die Ansicht von Dostojewskijs Zeitschrift *Vremja* (Zeit) und der meisten anderen Periodika.

Daß die gelehrten Zeitschriften fast einhellig Feindseligkeit zeigten, legt nahe, daß diese Kritik nicht ganz unberechtigt war. Die sich abplackenden Menschenmassen treten (wie in der gesamten historischen Literatur dieser Zeit) beinahe überhaupt nicht ins Bild. Serebrianys ritterliche, unabhängige Natur könnte im Spanien Philipps II. oder im Frankreich Heinrichs II. zu Hause gewesen sein, aber im Moskau Iwans IV. ist sie fehl am Platz. Es ist durchaus vorstellbar, daß er ein Sonett auf die Augenbrauen seiner Geliebten verfaßt oder daß er eine Laute gespielt haben könnte unter ihrem Balkon. Daß er das Prügeln von Leibeigenen anordnete, bei Tisch rülpste oder herumkotzte, ist es nicht.

Gleichwohl erscheint die Kritik – trotz aller scheinbarer Plausibilität – ungerecht. Die Fadheit des Helden und der Mangel an sozialgeschichtlichem Hintergrund sind zweifelsohne zum Teil der Tradition zuzuschreiben, die Scott begründet hat und die von Sagoskin (nicht allerdings von Alexandre Dumas) übernommen wurde, desgleichen auch der bekundete Wunsch, eine Art »heiligen Narren« zum Romanhelden zu machen. Eine solche Gestalt bot künstlerisch die Möglichkeit, all die Missetaten unter Iwans IV. Herrschaft in starken Gegensatz zu zivilisiertem Verhalten zu stellen, obgleich dies offenbar zu Lasten der historischen Wahrheit und des künstlerischen Effekts ging. Dieser Einwand kann eigentlich gegen alle Romane Scotts vorgetragen werden, obschon nur wenige Scotts literarisches Genie leugnen würden.

Der gewichtigere Einwand, Tolstoi habe die Ereignisse übertrieben eng vom Standpunkt seines eigenen Standes her betrachtet, scheint haltlos zu sein. Er war ein profunder Kenner der Geschichte, und das im allgemeinen rohe Wesen und rauhe Benehmen der Bojaren des sechzehnten Jahrhunderts muß ihm gut bekannt gewesen sein. Tolstoi scheint sagen zu wollen, daß Iwans rohe Übergriffe gegenüber dem Stand, der allein gesellschaftliches Bewußtsein besaß und erste Anfänge zivilisierten Benehmens zeigte und der allein die Macht hatte, die despotische Willkür des Zaren einzudämmen beziehungsweise eine Institution zu entwickeln, die ihrerseits imstande war, diese Macht ständig zu beschränken – letzten Endes Angriffe gegen die Freiheit selbst waren. Wenn nicht einmal die Bojaren Rechtsschutz genossen, was drohte dann erst dem Volk? Eine Szene gleich am Anfang des Buches beleuchtet das: Serebriany und sein Diener ziehen in ein Dorf unweit von Moskau ein, dessen Einwohner soeben frohgemut ein Verlöbnismahl vorbereiten. Die Dorfbewohner drängen die Reisenden, mit ihnen zu feiern, aber kurz darauf werden sie von einer Bande Berittener angegriffen. Serebriany hält die Angreifer für Räuber und hilft, sie abzuwehren. In Wirklichkeit gehören sie zur *opritschnina* des Zaren, die Hoch wie Niedrig gleichermaßen auflauern, und als der Anführer der *opritschniki* sich beim Zaren beschwert, entgeht der Fürst nur mit knapper Not der Hinrichtung. Offensichtlich will Tolstoi damit sagen, daß sie in der Tat Räuber waren und daß Iwans Mißbrauch seiner Macht als Autokrat bedeutete, daß es im Grund überhaupt *kein* Gesetz gab – die Gesellschaft befand sich in einem Zustand, wo es eigentlich keine Regierung im Sinne dieses Wortes gab, sondern nur die Willkür der Banditen des Zaren.

Theoretisch besaß Alexander II. die gleichen Vollmachten wie Iwan IV., und wenn er es so gewünscht hätte, hätte er seine Macht in ähnlich despotischer Weise ausüben können. Was ihn davon abhielt, waren nicht Gesetze, sondern die verfeinerte Lebensart des neunzehnten Jahrhunderts. In dem Roman »Fürst Serebriany« scheint Tolstoi seine Leser vor zwei Übeln warnen zu wollen, die in diesem Punkt gemeinsame Sache machten: den Slawophilen mit ihrem Ruf nach der überlieferten Gleichheit der bäuerlichen Gemeinde, der ein wohlmeinender Autokrat vorstand; und dem radikalen Glauben der Westler-Radikalen an eine sozialistische Nivellierung. In seiner Widmung an die Kaiserin scheint Tolstoi auf die Gefahr hindeuten zu wollen, daß die alte Tyrannei wieder auflebt, und er erinnert seine Leserschaft, wie sehr sie für den gegenwärtigen Stand der Dinge dankbar sein müsse: »Der Name Ihrer Majestät, den Sie mir gestattet haben, diesem Roman voranzustellen, der zur Zeit Iwans des Schrecklichen spielt, ist die beste Gewähr dafür, daß zwischen den dunklen Zeitläuften unserer Vergangenheit und der aufgeklärten Anschauung der Gegenwart eine unüberbrückbare Kluft liegt.«

Alexei Tolstoi erfuhr beständig Angriffe von Kritikern, die es ihm übel nahmen, daß er nicht Stellung bezog zu den spezifisch politischen und gesellschaftlichen Fragen des Tages. Wenn er seinen geliebten Glauben an das Prinzip *l'art pour l'art* aufgab, dann nur, um ein Bild zu malen, das größer war als eines, das seine gesellschaftlich engagierten Zeitgenossen hätten akzeptieren können. Glücklicherweise teilten seine Leser diese intellektuellen Anfechtungen nicht. »Fürst Serebriany« sagte weiterhin einer großen Lesergemeinde zu, die sein üppiges Historiengemälde und die dramatische Zuspitzung schätzte. »Fürst Serebrianys« glänzend gemachte Beschwörung einer aufregenden Vergangenheit verschaffte ihm weltweites Ansehen, der Roman wurde ins Polnische, Englische, Französische, Deutsche und Italienische übersetzt. Er erfreut sich bis auf den heutigen Tag in Rußland großer Beliebtheit.

In seiner kurzen Autobiographie gab Alexei Tolstoi ohne weiteres zu, daß sein Werk vornehmlich dem Bürgertum gefiel, und er schien wenig verärgert über die weitgehend feindliche Aufnahme bei seinen Kritikern. Die war auf jeden Fall eine Zeit zu feiern. Sophie war endlich von ihrem längst vergessenen Gemahl geschieden, und am 15. April 1863 heiratete sie ihren Geliebten in der griechischen Kirche zu Leipzig. Sein Glück wäre vollkommen gewesen, hätte er nicht gesundheitliche Rückschläge erlitten. Trotz seiner ungewöhnlich starken und kräftigen Verfassung durchlitt er damals zusehends schlimmer werdende Anfälle, die nach Asthma aussahen. Er war genötigt, weit umherzureisen, um ein gesünderes Klima zu suchen, und vermißte Sophie sehr, genoß freilich die malerischen Schönheiten des alten Europa wie je zuvor.

Seine Lebensfreude ist erstaunlich, wenn man an die Widerwärtigkeiten jener Jahre denkt. Bislang wußte kein Biograph, daß Sophie mehrere Jahre lang, wenn nicht während ihrer ganzen Ehe, sehr krank war. (Ich schulde einem Nachkommen des Grafen Bobrinski Dank, der mich mit Kopien des Briefwechsels eines seiner Vorfahren mit Alexei Tolstoi, seinem engsten Freund, bekannt gemacht hat, die bislang Unbekanntes enthüllen.)[3]

Ihr Leiden nahm zu. Am 30. September 1871 schreibt Tolstoi aus Krasny Rog: »Ich glaube, meine arme Frau ist nicht mehr in der Lage, zu lesen und zu schreiben. Ihre Augen, weit davon entfernt, besser zu werden, machen auf mich den Eindruck, schlechter zu werden. Dies geht nun schon so seit Februar, und Sie wissen, was ihr das Lesen bedeutete; es war *ihr Leben* (sie konnte 24 Stunden damit

Sophia Andrejewna Tolstoja

zubringen), daher können Sie sich ihren kläglichen Zustand vorstellen, seit ›die Nacht über sie kam‹, wie sie sagt. Etwas relativ Harmloses ist ihr zugestoßen. Das Pferd stürzte unter ihr hin, und dabei verrenkte sie sich die linke Hand, die sie nun seit einiger Zeit in der Schlinge trägt. Gerne würde sie ihre beiden Hände und Arme hergeben, wenn sie ihre Augen retten könnte. In Wien werden wir A. H. aufsuchen, er soll der beste Augenarzt sein, den es gibt.«

In der »großen Welt« der europäischen Städte war er beliebt wie eh und je; dort war es der König von Preußen, der mit Ungeduld darauf wartete, sich von seinem Geist, seinem Humor und seinen faszinierenden Gesprächen unterhalten zu lassen, und die Kaiserin Maria Alexandrowna, die in Bad Schwalbach zur Kur weilte und einer Lesung von Tolstois neuem Schauspiel »Der Tod Iwans des Schrecklichen« lauschte. Dabei wurde sie »abwechselnd rot und blaß, während sie zuhörte«. Noch berauschenderes Lob für seinen »Fürst Serebriany« spendete ihm Iwan Gontscharow (der Verfasser des »Oblomow«), den er 1864 in Karlsbad traf und der den Roman zu einem Meisterwerk erklärte, das erst nach dem Tod seines Verfassers das gebührende Lob erhalten würde.

In jenen entrückten Tagen mischten sich viele Russen unter die zivilisierte europäische Gesellschaft, die über den Nationen stand und nicht gehässig versuchte, die Merkmale einzelner Nationen abzuschleifen oder einander anzugleichen. Hier begegnete Tolstoi jenem aristokratischen Ideal, das er so schätzte. Am Hof zu Weimar, inmitten der Porträts von Großherzögen und anderer malerischer Zeugnisse altüberlieferter aristokratischer Macht und Unabhängigkeit, spürte Tolstoi, wie sein Herz in dieser mittelalterlichen europäischen Umgebung »freier schlug«, zu der er doch, wie er fest glaubte, »einst gehört hatte«. Seine Ahnen hatten fünf Jahrhunderte lang in Rußland gelebt, aber zuvor (wie die Geschichte von Indris' Eintreffen zeigt) hatten ihre Vorfahren zum Adel des Heiligen Römischen Reiches gezählt. Obgleich sein russischer Patriotismus während des polnischen Aufstandes von 1863 nicht verblaßte, war sein Mitgefühl doch auf der Seite der Polen, als der »Henker« Murawiew mit seiner grausamen Unterdrückung begann, weil die Polen »Elemente der europäischen Kultur und Zivilisation besitzen, die der unsrigen überlegen sind«.

Ein kleines Beispiel möge verdeutlichen, wie sehr im Rußland des neunzehnten Jahrhunderts unter einer Fassade von *politesse* noch immer die rohe, altmoskowitische Natur hauste. Der berühmte radikale Schriftsteller Nikolai Tschernyschewski, dessen materialistische Anschauungen Tolstoi abstießen, war zu vierzehn Jahren Zwangsarbeit verurteilt worden. Dies verletzte Alexeis tief empfundenen Glauben an Geistesfreiheit, und er benützte seine Freundschaft mit dem Kaiser dazu, während eines Jagdausflugs im Gouvernement Nowgorod für den verbannten Dichter zu bitten. Alexander II. unterbrach ihn unwirsch mit den Worten: »Ich bitte Sie, Tolstoi, sprechen Sie *niemals* Tschernyschewskis wegen mit mir!«

Gleichwohl, im schönen Krasny Rog fühlte er sich so zufrieden wie immer, und wenn er zu seinen ewigen Reisen aufbrach, trug er immerzu dieses Landgut in Gedanken. Aus dem Ausland pflegte er an seinen kleinen Neffen Andrei zu schreiben und Ausflüge auf dem Fluß, Angelfahrten, Jagdausflüge und nächtliche Exkursionen zu planen. Im Wald würden sie zusammen eine Hütte bauen, Tee trinken, Schach spielen und Ausschau halten nach Wölfen. »Stimmt es nicht, Andreika, daß es auf der ganzen weiten Welt nichts Schöneres gibt, als auf dem Land zu leben und vor allem im Wald?« In den Jahren 1865/66 verbrachten Alexei und Sophie einige Monate in England: zuerst auf der Insel Wight, dann in London. Dort lernte er Wilkie Collins und Charles Dickens kennen. Nach England kam wieder einmal Italien.

»Wir kehrten auf der Straße von Ostia zurück und sahen in weiter Ferne Berge, die aber nicht wirkliche Berge waren, sondern Wolken, Musik, Geruch von Blumen. Und wir hörten die Lerchen schlagen und die Esel brüllen. Und wir gelangten in die Straßen der Stadt, die schrecklich stanken, und ein malerischer Mönch ließ uns in eine Kirche eintreten ... wir liefen im Kolosseum umher ... und wir gingen in Galerien, wo Sophie Bilder kopierte ... Dann spazierten wir des Nachts auf die Piazza del Popolo und hörten das Wasser aus den Marmorlöwen plätschern und sahen den Mond über dem Pincio aufsteigen ... Es war so warm, und der Duft der Orangenbäume umwehte uns ...«

In Rom freundeten sich die Tolstois eng mit dem Komponisten Franz Liszt und seiner Mätresse an, der Prinzessin Helena zu Sayn-Wittgenstein, die dem russischen Schriftsteller einen klugen Rat gaben: »Gehen Sie nach Hause, suchen Sie nach russischen Quellen der Inspiration und vergeuden Sie nicht Ihre großen Talente. Lassen Sie nicht die Nachwelt bedauern, daß Sie reich und glücklich waren ... Vergnügungen sind vergänglich, aber ein Buch bleibt.« Goldene Worte, aber schwer zu sagen, wie dies der Autor mit seiner immerwährend jungenhaften Begeisterung und seiner unvermischten Liebe zu den wechselnden Szenerien des Lebens in Einklang bringen sollte. Für Tolstoi besaß Rom beinahe ebenso viele Verlokkungen wie Krasny Rog.

Unterdessen hatte Tolstois Stück »Der Tod Iwans des Schrecklichen« endlich die wüste Behandlung des Zensors hinter sich und fand bei den Kritikern geteilte Aufnahme, daran war der Dramatiker inzwischen gewöhnt. Das Schauspiel auf die Bühne zu bringen war der nächste Schritt. Die starke Unterstützung des Hofes ermöglichte es dem Theater, das Stück mit einer Pracht zu inszenieren, die selten ihresgleichen gefunden haben kann. Mit Hilfe der Historiker Sabelin und Kostomarow, des Künstlers Wjatscheslaw Schwartz und der Bühnenbildner Tschitschkow und Botscharow wurde Tolstois Stück ein verblüffender Bühnenerfolg. Die erstaunliche Pracht der Kostüme und der Kulisse gab der schweren, juwelengeschmückten Stickerei der altmoskowitischen Trachten und der dämmrigen, zukkenden, weihrauchgeschwängerten Luft in den Kammern und Gewölben des Kreml eine überwältigende Wirkung. Die Premiere fand am 12. Januar 1867 im Marjinski-Theater statt, in Gegenwart des

Kaisers, des Hofes, des diplomatischen Corps, der *beau monde* und der intellektuellen Oberschicht St. Petersburgs. Ihre Begeisterung kannte keine Grenzen, und Abend für Abend überhäuften sie die Bühne mit Blumen und Applaus. Trotzdem blieb die Kritik gespalten. Der ehemalige Zensor Nikitenko notierte spöttisch in sein Tagebuch: »Oh, es ist gut gemacht! Aber warum gehört er nicht irgendeinem literarischen Zirkel an? Und ein Adliger ist er obendrein noch, zumindest dem Namen nach und seiner Stellung bei Hofe. Aber daß er ein Mann von großem Talent ist und ein sehr schönes Schauspiel geschrieben hat, was kümmert das die Totengräber und Scharlatane, welche die junge Generation ausbilden?« Daß dies nicht völlig aus der Luft gegriffen war, beweist der Sarkasmus eines Kritikers, der mit einer für das kaiserliche Rußland erstaunlichen Meinungsfreiheit bissige Bemerkungen über die »Herrschaften und hohen Würdenträger« machte, die am ersten Abend anwesend waren. Tolstoi hingegen war nach einigen Veränderungen in der Besetzung und in der Inszenierung entzückt. Die kleine Verstimmung, die ihm sein fünfzigster Geburtstag bescherte, war bald überwunden.

Die Fortsetzung zu »Iwans Tod«, »Zar Fjodor«, schien im Vergleich zum ersten Teil schlechter geraten zu sein. Dies erklärt sich zum Teil aus dem schwächlichen Charakter von Iwans Nachfolger, den Tolstoi als einen weiteren angenehmen »heiligen Narren« hatte porträtieren wollen. Selbst in dieser Eigenschaft fiel ein Vergleich mit Shakespeares ähnlichem »Heinrich VI.« nachteilig aus. Aber auch diesmal fußte die Spitze der Kritik nicht auf ästhetischen Gründen. In den immer konservativeren Regierungskreisen glaubte man damals (1868), daß dieses Stück mit seiner Darstellung eines schwachsinnigen Zaren und seines Tuns die aufrührerische Haltung seiner Untertanen rechtfertigen wolle und von antimonarchistischer und radikaler Einstellung zeuge. Tolstoi, ein überzeugter Monarchist, war über diese verfälschende Unterstellung besonders verärgert; doch die Zensurbehörde griff ein, um die Darstellung auf der Bühne zu verhindern. Der Verfasser protestierte lebhaft: Ob Shakespeare etwa Republikaner gewesen sei, weil er »Macbeth« und »Richard III.« schrieb. (Offenbar wußte er nicht, daß Königin Elisabeth 1601 »Richard II.« hatte verbieten lassen, da ihr die Folgerungen daraus zu gefährlich erschienen.)

Wie groß auch Alexei Tolstois Enttäuschung sein mochte, er konnte immer auf den Wiesen, in den Wäldern und an den Seen von

Krasny Rog neuen Lebensmut schöpfen. Keineswegs entmutigt durch das Schicksal des »Zar Fjodor«, begann er die Arbeit am letzten Teil seiner dramatischen Trilogie, »Zar Boris«. Seine Forschungsarbeiten vergrößerten seinen Widerwillen gegen den Zug von Barbarei, der die russische Geschichte durchzieht und den er der tatarischen Eroberung zuschrieb. Er entwickelte dieses Thema weiter und schrieb eine Reihe bezaubernder Balladen, in denen er den gesunden Individualismus Kiews vor der tatarischen Eroberung feierte, und legte großen Wert auf die engen dynastischen, religiösen und kommerziellen Bande, die Kiew mit Deutschland, Frankreich, England und Skandinavien verbanden. In »Der Ritter Potok« erschuf er eine Art Rip van Winkle, der als freier Mann unter der Herrschaft Wladimirs von Kiew in den Schlaf versinkt und fünfhundert Jahre später in der unterdrückten Atmosphäre Moskaus wiedererwacht, wo der Zar wie ein Tatarenkhan, Henker an seiner Seite, langsam durch schweigende Straßen zieht. Trotz der tiefen Empfindungen, die diesem Sujet zugrunde lagen, schrieb Tolstoi mit kraftvollem Humor, bewegte er sich leicht und zielstrebig von der Satire und der Schauergeschichte zum Heroischen und Prophetischen.

In Tolstois Vorliebe für reiche, üppige Beschreibungen der Eigentümlichkeiten und des Malerischen, die seine Schriften zeigen, drükken sich seine tiefsten und innersten Überzeugungen aus. Was das europäische Leben zu einem einzigartigen künstlerischen Dasein machte, das war seine Mannigfaltigkeit: der Beitrag Bayerns oder der Toskana zur menschlichen Kultur war ebenso groß wie der ganzer Zivilisationen anderwärts. Entsprechend groß war auch das Entsetzen Tolstois über die Folgen der Russifizierungspolitik, welche die Regierung nach dem polnischen Aufstand von 1863 durchführte.

Der Dichter zog sich, nachdem er die Unterdrückungsmaßnahmen 1869 in einer Rede in Odessa öffentlich gegeißelt hatte, auf seine Verse zurück, die sich gegen die obersten Befürworter dieser Politik der Vereinheitlichung richteten. Aber diesmal duldete er keinen Schleier von Sarkasmus. Tolstoi zählt mehrere ethnische Gruppen auf, deren bloße Existenz das Sprachrohr der Regierung, Katkow, und seine Helfershelfer zu beunruhigen schien, und fährt dann fort:

> Aus Angst, Katkow zu erschrecken,
> Flüstere ich, wenn ich sage,
> Daß wir auch etliche Polen haben –
> Doch das nur so nebenbei.

Und etliche übrigens,
Die unseren Bestand kaum begrenzen.
Wie schade, daß darunter
Keine Neger zum Vorzeigen sind.

Erst dann könnte Fürst Tscherkaskoi,
Den der Eifer so aufrecht werden läßt,
Über ihre gesetzeslosen Fratzen
Eine Farbe schmieren – um sie weiß zu machen;

Mit gleichem Pflichtbewußtsein
Kommt Freund Samarin daher
Mit einem Eimer und etwas Kreide
Um ihre Hintern zu weißen.

Doch nur selten schlug Tolstoi so scharf zu. Seine Gedichte drückten aus, was er liebte; was er haßte, war ihm schmerzlich. »All die Napoleons dieser Welt«, schrieb er 1870, »sind nicht so viel wert wie Krasny Rog mit seinen Wäldern und Bären.« Inmitten uralter Eichen und schwankender Birken dichtete er klangvolle Balladen im Stil jener volkstümlichen *byliny*-Dichtung des Mittelalters und besang darin jene glücklichen Zeiten, als der Geist der Ritterlichkeit über ganz Europa herrschte, vom Guadalquivir bis zum Dnjepr.

Für Tolstoi wurden die Zeiten immer weniger glücklich. In Deutschland dominierte die Blut-und-Eisen-Mentalität des Berliner Hofes über die alten, unveränderlichen Welten der Höfe von Weimar und Nymphenburg, während er gleichzeitig spürte, wie die Aufhebung der weltlichen Gewalt des Papsttums sein geliebtes Rom bedrohte. Das alte Europa, das nach der Zerstörung durch Napoleon so mühsam wiedererstanden war, begann langsam zu zerbrechen. Selbst in Rußland gelang es den beiden Extremen, die Tolstoi haßte – Autokratie und Radikalismus –, jedes Jahr an Boden zu gewinnen.

Ich fürchte fortschrittliche Leute,
Die lieben Nihilisten erschrecken mich,

schrieb er prophetisch, und ähnlich humorvoll geißelte er die Kommunisten, die

Auch alles ganz buchstäblich nehmen,
Kein Gespür haben für das Subtile;
Ich glaube, weil sie nicht hübsch sind,
Wollen sie gegen die Schönheit kämpfen.

Die Extreme bezogen langsam Stellung und wurden bedrohlicher. Allmählich unterstützte Alexei Konstantinowitsch, der Anhänger des klassischen Erbes Europas, die Maßnahmen seines Vetters Dmitri Andrejewitsch, die Klassiker zur Grundlage der russischen Gymnasialbildung zu machen:

> Und ich denke, mein Namensvetter hat recht,
> Wenn er den Klassikern den Ehrenplatz einräumt;
> Denn Latein und Griechisch ziehen gerade Furchen,
> Wo der Same des Bauern aufgehen kann.

Zweifellos war Alexei im Grunde seines Herzens ein Konservativer. Er glaubte an eine Gesellschaft, in der es Hoch und Niedrig gab, mit harmonischen Beziehungen, mannigfaltig und organisch in ihrem Wachstum. Einförmigkeit verabscheute er, und er mißtraute den Entwürfen zu einer vollkommenen Gesellschaft zutiefst. Die scheinbaren Antipoden, Autokratie und Nihilismus, hielt er für Kinder aus ein und demselben Schoß. Das Leben sollte ein reiches, vielgestaltiges Fest sein, ein farbenprächtiger Gobelin mit höchst verschiedenen, jedoch harmonischen Gestalten und einer Umgebung wie ein Blumengarten. Weil er die Ängste seines Zeitalters teilte, träumte er von einem idealisierten Mittelalter mit stolzen, ritterlichen Baronen, sprachgewaltigen Prälaten, asketischen Mönchen, unverdrossenen freien Bauersleuten und zynischen Hofnarren. Das Glitzern der Rüstungen, die leuchtenden Farben von Umhang und Gehänge, die großartigen Wappenschilder, das Erschallen von Trompeten und das Trampeln von Hufen – dies alles hob sich in Tolstois Auge scharf ab vom Dienstrock des Beamten und dem roten Hemd des Revolutionärs. Bis zum Ende seiner Tage hörte er nicht auf, vom Wunderlichen und Exotischen zu träumen: von Vampiren, Gespenstern, der Waldhexe Baba-jaga. In diesem Sinne hat er niemals seine Kindheit verlassen.

Es war eine Welt, deren Sonne schnell unterging und wo dunkle Wolken sich zusammenzogen. Im Mai 1872 starb Alexeis Neffe Andrei, den er wie seinen eigenen Sohn liebte, im Alter von neunzehn Jahren. Tolstoi war gerade im Ausland, er litt immer mehr unter schweren Kopfschmerzen. Trotz schrecklicher Qualen setzte er sich hin und schrieb etwas, das als ein Meisterwerk des satirischen Gedichts angesehen wird, »Popows Traum«. Popow ist einer jener seelenlosen, mechanischen Bürokraten, von Gogol bis Tschechow der Prügelknabe der russischen Schriftsteller. Er macht sich, in voller Uniform, auf den Weg, um einem Minister zu seinem Namenstag zu gratulieren. Doch im Vorzimmer bemerkt er zu seinem Schrecken, daß er vergessen hat, Hosen anzuziehen. Es ist zu spät; er versinkt vor Entsetzen fast im Fußboden, bis er sich der streng liberalen Gesinnung des Ministers erinnert. Ein solcher Mann könnte in dem Umstand, daß er keine Hose anhat, vielleicht sogar einen Geist von Freiheit sehen, von Emanzipation! Der Minister ist in der Tat ein überzeugter Liberaler, und in seinen Reden wimmelt es von Hinweisen auf »Freiheit«, »das Volk«, »Befreiung« und so weiter. Doch als er Popow sieht, kennt sein Zorn keine Grenzen: »Was treiben Sie hier? Haben Sie zu viele von Scotts Romanen gelesen und sind Schotte geworden? Oder halten Sie sich für einen römischen Patrioten? Oder wollen Sie den russischen Staatshaushalt versinnbildlichen?«

Außer sich beschließt der Minister, daß Popows Auftreten Teil einer Verschwörung sein muß, die Regierung zu stürzen, und er übergibt ihn der gefürchteten Dritten Abteilung (politische Polizei). Dort wird Popow von einem Offizier verhört, zuerst mit freundlichen Fragen, zuletzt mit schrecklichen Drohungen. Popow gibt nach und unterzeichnet ein langes Geständnis, wobei er mehrere »Mitverschwörer« andeutet. An dieser Stelle wacht Popow auf, erblickt seine Hosen, die über einem Stuhl hängen, und merkt, daß alles nur ein Traum war. Tolstoi schließt, indem er starke Argumente gegen den Wahrheitsgehalt der ganzen Geschichte vorbringt. Es ist doch einfach absurd: Wie könnte es in Rußland einen Menschen wie diesen Popow geben oder einen derartig arroganten Amtsgewaltigen wie diesen Minister? Und könnte es wirklich solch eine Einrichtung geben wie die, zu der Popow gebracht wurde? Das ist doch völlig unmöglich: Kein Mensch vergißt, seine Hosen anzuziehen. Tolstoi weist diese Fragen mit dem Hinweis von sich, daß er nicht Popow ist und daß er für dessen Traum nicht verantwortlich gemacht werden kann.

Liest man dieses Gedicht mit seinem leichten Humor und der Eleganz seiner Sprache, dann fällt es schwer zu glauben, daß Alexei Tolstoi ein sehr kranker Mann war. In einem Brief vom 12. Oktober 1873, den er dem Manuskript beilegte, schrieb er: »Diese letzten beiden Monate ... waren eine richtige Folter, nicht einmal eine Stunde oder eine Viertelstunde lang war ich frei von diesen schrecklichen Nervenschmerzen im Kopf ...« Erneut reiste er mit der Hoffnung ins Ausland, dort seine Krankheit zu lindern, und empfing einen kurzen Trost, als er am 13. Dezember 1873 in Gesellschaft seines Vetters Leo Tolstoi zum Mitglied der St. Petersburger Akademie gewählt wurde. Er bewahrte sich jedoch seinen letzten Lebensgeist für »Die Rebellion im Vatikan« auf, das in nicht sehr ernster Weise einen Aufstand des päpstlichen Kastratenchors behandelt, der verlangt, daß sich ihr Herr der gleichen Operation unterziehen solle, die man an ihnen vorgenommen hat.

Im Spätsommer kehrte er zum letzten Mal nach Krasny Rog zurück. Er war sehr schwach und mußte sich oft Opium spritzen, um den fortwährenden Schmerz zu besänftigen. Todesahnungen konnten seine innere Ruhe nicht stören. Am 29. September 1875 verschied er friedlich im Schlaf und wurde in der Gruft der alten Holzkirche von Krasny Rog, unweit vom Grab seines Neffen Andrei, zur letzten Ruhe gebettet. Siebzehn Jahre später gesellte sich Sophie zu ihnen. Es war ein friedlicher Ort nahe dem Fluß Rog, wo Amseln auf der Wiese sangen, an deren Rand die Gräber liegen, und wo man noch die Kinder des Dorfes spielen hörte. Während der Revolution von 1905 versuchten die »lieben Nihilisten« das Grabmal zu schänden; was ihre Nachfolger nach 1917 machten, ist nicht bekannt. Man kann nur hoffen, daß sich sein Geist noch immer, wie er selber fest glaubte, im Sonnenlicht über die warmen Wiesen erhebt und zu mitternächtlicher Stunde durch das Rauschen des Waldes fliegt.

Der Halbkreis des Mondes erhebt sich über dunklen Wäldern,
Wo fahle Nebel in Schluchten zu schweben beginnen,
Die Hexe Baba-jaga reitet auf ihrem Mörser vorbei,
Im Dnjepr rühren Elfen den Schaum;
Von jenseits des Dnjepr ist ein Waldkobold zu hören,
Am Rande der Ställe hat sich ein Heinzelmännchen gerührt,
Und eine Hexe läßt von einer Kaminspitze einen wilden Schleier flattern,
Doch Potok tanzt weiter ...[4]

9

Das Streben nach Unschuld

Leo Tolstoi
(von I. N. Kramskoy, 1873)

Eines der ersten Ziele einer jeden Pilgerschaft nach Rußland ist ein Besuch des schönen Landhauses und des Gutes des Grafen Tolstoi in Jasnaja Poljana (»Helle Lichtung«) im Gouvernement Tula, südlich von Moskau. Trotz abwechselnder Besetzung durch Bolschewiken und Deutsche (die 1942 aus dem Haus ein Sanatorium machten) wurde das Haus so lebensgetreu wie nur möglich so belassen, wie es zu Lebzeiten des großen Schriftstellers bestand.[1] Es ist für alle Russen eine heilige Stätte, weil es zeit seines Bestehens eng verbunden war mit einem der größten Geister der Menschheit. Wenig andere Örtlichkeiten rufen solche Erinnerungen hervor: Hier in dem langen, weißen, zweistöckigen Gebäude, das zwischen saftigen, wogenden Feldern, Weihern und Birkenwäldchen steht, trug Tolstoi seine leidenschaftlichen Kämpfe mit sich selbst und mit der Welt aus. Hier erlebte Tolstoi jene unschuldige, glückliche Kindheit, deren Erinnerung sein Leben beherrschen sollte. Hierher kehrte er nach den Kriegen zurück, ein stürmischer, ehrgeiziger Soldat und künftiger Schriftsteller. Hier verfaßte er »Krieg und Frieden« und »Anna Karenina«, Romane, mit denen er die ganze Welt ergriff; und hier durchlebte er als Fünfzigjähriger eine Gewissenskrise, die ihn aussenden sollte auf einen Kreuzzug gegen die Düsternis des menschlichen Leidensweges.

Zumindest für den russischen Besucher liegt heute eine nicht unbedeutende Anziehung Jasnaja Poljanas darin, daß es im Sowjetstaat die einzige noch sichtbare Erinnerung darstellt an das alte Leben auf einem Gutshof, weil Tolstoi zufällig nicht nur ein großer Schriftsteller war, sondern auch der Erbe eines Adelsguts. Jeder Raum wird erhalten, soweit dies überhaupt möglich ist, mit all den Habseligkeiten des Schriftstellers, die, wie zu seinen Lebzeiten, überall verstreut umherliegen, und auch das Gut wird heute eher besser und sorgfältiger bewirtschaftet und gepflegt als je unter seinem eigensinnigen und schwärmerischen Besitzer. Man stößt in

Graf Ilja Andrejewitsch Tolstoi

der Sowjetunion häufig sowohl auf stillschweigende Verehrung als auch auf Mißgunst gegen die alte Ordnung – und nirgendwo mehr als in Jasnaja Poljana.

Mitglieder meiner Familie werden häufig gefragt, ob wir schon »unser Familiengut« besucht hätten. Daher bedarf es der Erklärung, daß wir nicht nur verschiedenen Zweigen der Familie angehören, sondern daß auch Jasnaja Poljana keineswegs ein Erbbesitz der Tolstois war. Andere Häuser, wie das meines Urgroßvaters in Mursicha bei Kasan, waren zweihundert Jahre oder länger im Besitz der Familie, aber Jasnaja Poljana wurde erst von Leos Vater durch Heirat erworben. Leos Großvater, Graf Ilja Andrejewitsch Tolstoi, gehörte der dritten Generation von Nachkommen Peter Andrejewitschs an, des berühmten Botschafters Peters des Großen in Konstantinopel. Graf Ilja war Gouverneur von Kasan, doch als er 1820 starb, waren seine Finanzen derart zerrüttet, daß sein Sohn Nikolai zwei Jahre später die Erbin des Fürsten Nikolai Wolkonski heiraten mußte, die Jasnaja Poljana erhielt. Auf diese Weise kam das Gut in den Besitz der Tolstois.

Wie so viele andere seines Namens hatte Graf Nikolai Tolstoi während der Napoleonischen Kriege gedient. Er geriet in französische Gefangenschaft, aus der er 1814 befreit wurde, als die Verbündeten in Paris einzogen. Nach seiner Vermählung mit der Fürstin Maria Wolkonskaja ließ er sich nieder, um sein neuerworbenes Gut zu verwalten. Er war kein Liberaler, doch als die reaktionäre Politik Alexanders I. immer schlimmer wurde und unter der Fuchtel Nikolaus' I. auch noch zunahm, wollte er nichts mehr mit dem Staatsdienst zu tun haben.

Maria, die Frau des Grafen, war einfachen Gemüts, aber allen für ihre Sanftmut und ihre christliche Wahrheitsliebe und Ehrlichkeit bekannt. Verehelicht im für die damalige Zeit späten Alter von zweiunddreißig Jahren, starb sie acht Jahre darauf, nachdem sie ihrem Gatten vier Söhne und eine Tochter geschenkt hatte. Der vierte Sohn war Graf Lew Nikolajewitsch, der nach russischem Brauch, wie alle seine Geschwister, den Adelstitel erbte und außerhalb Rußlands bekannter wurde als Leo Tolstoi und auch seine Briefe immer mit Leo unterzeichnete, weswegen im folgenden diese Schreibweise verwendet wird.

Leo wurde am 28. August 1828 (also nach dem neuen Stil am 9. September) auf dem Gut geboren. Seine Mutter starb am 7. März 1830. Dieser Verlust hinterließ einen tiefen Eindruck in seinem Leben. »An meine Mutter erinnere ich mich nicht«, schrieb er später. »Ich war anderthalb, als sie starb. Dank eines seltsamen Zufalls blieb kein Bildnis von ihr erhalten, so daß ich sie mir als ein wirkliches körperliches Wesen gar nicht vorzustellen vermag. In gewisser Weise bin ich froh darüber, denn in meiner Vorstellung ist sie nur eine geistige Gestalt, und alles, was ich über sie weiß, ist schön; und ich glaube, dies rührt nicht nur daher, daß alle, die mir von meiner Mutter erzählten, nur Gutes zu sagen versuchten, sondern daher, daß wirklich viel Gutes in ihr war.«

Von frühester Kindheit an zeigte Leo eine erstaunliche Bewußtseinstiefe, was sich besonders in einem warmen Gefühl für seine Mutter niederschlug, die er nie gekannt hat. Er schrieb, sie sei ihm erschienen »wie ein Wesen so erhaben, rein und geistig, daß ich oftmals in der Mitte meines Lebens, als ich gegen erdrückende Versuchungen ankämpfte, zu ihrer Seele betete und sie bat, mir beizustehen; und solche Gebete halfen mir sehr«. Immer wieder wallte in ihm in späteren Jahren ein tiefes Sehnen nach mütterlicher Liebe und kindlicher Erwiderung auf. Dies blieb eine mächtige Triebfeder seines Schaffens, und kurz vor seinem Lebensende strömte es so innig wie nur je aus ihm hervor.

Da blieb kein Geschmack von Bitterkeit zurück, wie man es in solchen Fällen häufig antrifft, und so war Leo auch von wirklich ungewöhnlich warmherziger und liebevoller Natur. Er entsann sich mit größerer Begeisterung und genauer an seine früheste Kindheit als an andere Dinge. In seiner am weitesten zurückreichenden Erinnerung sah er sich mit Wickelbändern schrecklich verschnürt, wie man die Kleinkinder in Rußland in ihre Bettstätten hineinband. Er hatte Angst und schrie. Erwachsene kamen, um ihm gut zuzureden, aber »ich spürte die Ungerechtigkeit und die Grausamkeit – nicht die der Menschen, denn die hatten ja Mitleid mit mir, sondern – die des Schicksals, und ich empfand Mitleid mit mir selbst . . ., dies war der erste und stärkste Eindruck meines Lebens. Und was mir sonst noch im Gedächtnis haftet, das sind weder meine Schreie noch mein Leid, sondern die Vielschichtigkeit und die Widersprüchlichkeit der Eindrücke. Ich sehne mich nach Freiheit, sie würde keinem schaden, doch ich, der ich Stärke brauche, bin schwach, während sie stark sind.«

Bis zum Alter von fünf oder sechs Jahren lebte Leo buchstäblich nur innerhalb der engen, vertrauten Grenzen des Kinderzimmers im ersten Stock. »Alles, woran ich mich erinnern kann, fand in Betten statt oder in Räumen. Für mich gab es weder Gras, noch Blätter, noch Himmel, noch Sonne. Man kann nicht sagen, daß ich niemals Blumen und Blätter zum Spielen bekam, daß ich niemals Gras erblickte, daß sie mich nie vor der Sonne beschützten; aber vor meinem fünften oder sechsten Lebensjahr habe ich keine Erinnerung an das, was man Natur nennt. Wenn man sie wahrnehmen will, muß man wahrscheinlich von ihr getrennt sein, aber ich war noch Natur . . . Das ist alles, woran ich mich bis zum Alter von fünf erinnere. Weder an meine Kinderfrauen noch an Tanten, Brüder, Schwestern, noch an den Vater, noch an die Räume oder an meine Spielsachen kann ich mich erinnern.«

Als er etwa fünf Jahre alt war, verließ er die Kinderetage und zog nach unten zu seinen älteren Brüdern. Es war ein Schritt, der zwar allen in seiner Umgebung unbedeutend erschien, aber auf den kleinen Buben einen tiefen Eindruck machte.

»Als ich hinunterzog zu Fjodor Iwanowitsch [den deutschen Hauslehrer] und den Jungen, empfand ich zum ersten Mal, und daher stärker als jemals seither, das Gefühl, das man als Pflichtbewußtsein bezeichnet, das Bewußtsein eines Kreuzes, das zu tragen ein jeder Mensch aufgerufen ist. Es war schwer, das zu verlassen, was ich von Anfang an gewöhnt war, und ich war traurig, auf poetische Weise traurig, nicht so sehr, weil ich Menschen verlassen mußte – Schwester, Kinderfrau und Tante –, sondern weil ich mich von meinem Kinderbettchen, dem Vorhang und dem Kissen trennen mußte; und ich fürchtete mich vor dem neuen Leben, in das ich nun eintrat. Ich versuchte, dieses neue Leben, das mich erwartete, von seiner fröhlichen Seite zu sehen; ich versuchte, die Schmeichelworte zu glauben, mit denen mich Fjodor Iwanowitsch zu sich lockte. Ich versuchte, die Verachtung zu übersehen, mit der die Brüder mich, den jüngsten Knaben, empfingen. Ich versuchte es für eine Schande zu halten, daß ein großer Bub noch bei den Mädchen wohnte, und mir einzureden, daß das Leben oben bei der Kinderfrau nicht gut sei; aber mein Herz war schrecklich traurig, ich wußte, daß ich meine Unschuld und mein Glück unwiederbringlich verlieren würde; und nur ein Gefühl persönlicher Würde und das Bewußtsein, meine Pflicht zu erfüllen, hielten mich aufrecht ... Ich empfand stillen Kummer angesichts der Unwiederbringlichkeit meines Verlusts; ich konnte einfach nicht glauben, daß das wirklich geschah ... ich war traurig, fürchterlich traurig, aber es mußte sein; und zum ersten Mal spürte ich, daß das Leben kein Spiel ist, sondern eine ernste Angelegenheit.«

Seltsamerweise hatte auch Leos eigener Sohn und Namensvetter das gleiche Gefühl. Als er 1872 am gleichen entscheidenden Wendepunkt stand, zögerte er am oberen Treppenabsatz und sagte: »Ich will wirklich nicht hinuntergehen. Ich werde schlecht, wenn ich da unten bin.«

Das Bewußtsein, die Unschuld zu verlieren, ist eine normale Begleiterscheinung des Erwachsenwerdens, was aber anders war im Falle Tolstois, das war die Schwere dieser Empfindung.

Er besaß bereits ein ihn beunruhigendes Bewußtsein seiner selbst als eines Individuums und seiner Empfindungen als festumrissene Eigenschaften. In seinem Roman »Kindheit« (1852), der in den Fakten weitgehend, im Gefühl dagegen völlig autobiographisch ist, beschreibt er die Reaktion eines kleinen Jungen auf den Tod seiner Mutter: »Vor und nach dem Begräbnis weinte ich in einem fort und fühlte mich jämmerlich, aber ich schämte mich, an mein Elend zu denken, denn da war immer ein Beigeschmack von Egoismus; einmal der Wunsch zu zeigen, daß ich von mehr Kummer erfüllt war als jeder andere; dann der Gedanke, welchen Eindruck ich auf andere machte, dann eine müßige Neugierde, die mich Mimis Hut betrachten ließ oder die Gesichter der anderen um mich herum. Ich verachtete mich, weil ich weder Kummer noch sonst irgend etwas empfand, und ich versuchte, jedes andere Gefühl zu verbergen; daher war mein Schmerz unaufrichtig und unnatürlich. Ich empfand überdies eine gewisse Freude dabei zu spüren, daß ich unglücklich war, und versuchte, mein Gefühl des Unglücklichseins zu stimulieren, und dieses selbstsüchtige Gefühl tat mehr als alles andere, meinen echten Schmerz zu ersticken.«

Eine ähnliche Passage findet sich auch in Dickens' Roman »David Copperfield«.[2]

Tolstois Erzählung kann sich nicht unmittelbar auf den Tod seiner Mutter beziehen, an den er sich nicht erinnern konnte, aber sie spiegelt zweifellos die bittere Kenntnis von der Frühreife seiner Fähigkeit zur Eigenanalyse wider. Der Verlust der Unschuld ist ein Fluch, der die ganze Menschheit traf, seit Adam im Garten Eden von der verbotenen Frucht kostete. Tolstois persönliches Problem begann damit, daß er die Unschuld höher schätzte als die meisten Menschen.

»Glückliche, glückliche, unwiederbringliche Tage der Kindheit!« ruft Tolstoi am Anfang des fünfzehnten Kapitels von »Kindheit« aus, das eigens geschrieben wurde, um sie zurückzuholen. »Wie kann man diese Erinnerung nicht lieben und pflegen? Sein Gedenken erfrischt und erhebt meinen Geist und gibt mir den Quell größter Freuden.« Leos Brüder, Nikolai, Dmitri und Sergei, teilten diese Empfindung. Gemeinsam gründeten sie ihre berühmte Bruderschaft der Anti-Brüder, »welche darin bestand, unter Stühlen zu sitzen, sich mit Schachteln zu bedecken, mit Taschentüchern abzuschirmen und sich aneinanderzuschmiegen, während man sich im Dunkeln zusammenkauerte«. Dieses Geheimnis teilten sie miteinander, doch es gab ein weiteres, das Nikolai (fünf Jahre älter als Leo) nicht preisgab. Das oberste Mysterium der Anti-Bruderschaft war »die Möglichkeit für alle Menschen, kein Unglück mehr erleiden zu müssen, aufzuhören, sich zu zanken und verärgert zu sein, und immerzu glücklich zu sein; dieses Geheimnis, sagte er, habe er auf einen grünen Stock geschrieben, den er an der Straße am Rande einer Schlucht begraben habe, wo« so fuhr Tolstoi in seinen Erinnerungen fort, »ich gebeten habe, zur Erinnerung an Nikolenka beerdigt zu werden (da mein Körper irgendwo bestattet werden muß)«.

Für die meisten Menschen ist es bedauerlich, aber unausweichlich, daß das Zeitalter der Unschuld unwiederbringlich verloren ist, aber dies wollte Tolstoi niemals zugeben. Diese fürchterliche Eventualität einzugestehen hätte ihm den Blick in eine Leere eröffnet, zu schrecklich, um darüber nachzusinnen. Schließlich ist die Intensität der Kindheitsempfindung so stark, daß im Gegensatz dazu das spätere folgerichtige Denken, die Existenz des Zweifels, daneben unwirklich erscheint.

Die Mutterstelle im Haushalt der Tolstois vertrat eine »Tante« (in Wirklichkeit war sie eine entfernte Verwandte), Tatjana, die für die Kinder mehr als nur eine Mutter war und die er verehrte. Als er 1852 beim Militärdienst im Kaukasus war, schrieb er ihr halb im Spaß von einem zärtlichen Traum, den er gehabt hatte:

»Es ist ein schöner Traum, aber es ist noch nicht alles, was zu träumen ich mir erlaube. Ich bin verheiratet – mein Weib ist ein süßes, gutes, zärtliches Wesen; sie liebt Dich in der gleichen Weise wie ich. Wir haben Kinder, die Dich ›Großmama‹ nennen; Du lebst im großen Haus, oben – im gleichen Zimmer, in dem Großmama lebte; das ganze Haus ist so, wie es zu Papas Zeit war; und wir fangen das gleiche Leben noch mal von vorne an ... Wenn sie mich zum Kaiser von Rußland machten, wenn sie mir Peru übergäben, mit einem Wort: Wenn eine Fee mit einem Zauberstab käme und mich fragen würde, was ich mir wünschte, würde ich, Hand aufs Herz, antworten, daß es mein einziger Wunsch ist, daß dies wahr wird.«

Doch diese Kindheit wurde allzu bald von der rauhen Wirklichkeit unterbrochen. Als Leo acht war, starb unversehens sein Vater, und ein paar Monate später entschlief auch seine Großmutter. Seines Vaters Tod erschien damals unwirklich; er starb in Tula, und Leo war bei der Beerdigung nicht zugegen. Aber er sah seine Großmutter im Sarg, ein Anblick, der ihn mit Grauen erfüllte. Zur gleichen Zeit wurde eine andere Stelle in ihm geschmeichelt, als er zufällig mit anhörte, wie eine alte Frau von ihm und seinen Geschwistern sagte, sie seien »ganz und gar Waisenkinder; ihr Vater erst seit kurzem tot, und nun auch die Großmutter für immer gegangen«. Der Schrecken des Todes nahm in seinen Gedanken einen immer größeren Platz ein; und dies trifft auch zu für beunruhigende Entdeckungen, daß es noch andere Familien gab, für die sein Leben überhaupt nichts bedeutete, und daß er eigentlich ein ziemlich unbedeutender kleiner Junge sei. All diese Empfindungen und Erfahrungen, mit denen die meisten Menschen im Laufe ihres Lebens allmählich fertig werden, stürmten in einem Alter auf ihn ein, als er

Jasnaja Poljana

kaum aus dieser schützenden Larve der Wärme und Zärtlichkeit ausgeschlüpft war. Der Gegensatz war unerträglich groß, und er war sich gewiß, es müsse einen Weg zurück in jene angenehmen Räumlichkeiten im Obergeschoß geben, die er einstmals gekannt hatte.

Jasnaja Poljana sollte bewußt das Gefühl verstärken, das frühere Lebensalter sei nicht unwiederbringlich dahin. Fürst Nikolai Wolkonski hatte das Haus und den Park zu Lebzeiten der großen Katharina stark erweitern und verschönern lassen, aber sieht man davon ab, war das Leben dort um 1840 kaum anders als hundert Jahre früher. Das Gut war bevölkert, von Herr und Knecht, von Männern und Frauen, deren Eltern und Großeltern bereits dort gelebt hatten. Die gewöhnliche mittelalterliche Prozession von Mönchen, Nonnen, Bettlern und heiligen Narren kam und ging; der Graf ritt aus, um unter dem weiten, unveränderlichen Himmel Wölfe zu jagen; Menschen wurden geboren, heirateten und starben in den Armen einer Kirche, die verführerische Neuerungen mied. Zu Leos Tolstois Lebzeiten war der tiefgreifendste Einschnitt die Befreiung der Leibeigenen von 1861, doch das war ein durchaus lobenswerter Wandel, zudem einer, der die menschlichen Beziehungen kaum berührte. Es kamen die ersten Schreibmaschinen, der Telegraph und das Fahrrad, aber im wesentlichen behielt das Leben seinen von alters her bestimmten Lauf bei.

Hinter Leos bewußt erlebter Verzweiflung stand die Überzeugung, man könne das Goldene Zeitalter wiedererlangen, wenn man sich nur genügend bemühte. Im Gegensatz dazu veränderte sich zur gleichen Zeit im England eines Thomas Hardy binnen eines Menschenlebens das flache Land bis zur Unkenntlichkeit. Eisenbahnen und Dampfpflüge, die Dreschmaschine und der Häckselschneider, billige Zeitungen und landwirtschaftliche Genossenschaften brachen dem traditionellen, langsamen, abergläubischen englischen Land tatsächlich das Genick. Hardy, dessen Schriften gleichfalls eine sehnsüchtige Begeisterung für den Gefühlsüberschwang der Jugend zeigen, verfiel im Gegensatz zu Tolstoi nur tiefer und tiefer in hoffnungslose Schwarzseherei.

Das Leben in Jasnaja Poljana, einem Adelsnest, das eingebettet lag zwischen Wäldern, Seen und Wiesen, wo das Leben seinem ständig sich erneuernden Rhythmus folgte, lieferte greifbare Beweise, daß der Mensch mit dem Gleichklang des Unveränderlichen und einem im Grunde einfachen Erfahrungsschatz zufrieden sein konnte. Dies war sein Mikrokosmos der Welt, den er mit bewußter Intensität erlebte. »Ohne mein Jasnaja Poljana«, schrieb er, »kann ich mir Rußland und meine Beziehung dazu kaum vorstellen. Vielleicht würde ich ohne Jasnaja Poljana die allgemeinen Grundsätze, die für mein Vaterland wichtig sind, besser verstehen, aber ich könnte es nicht mit solch zärtlicher Parteilichkeit lieben.« Es war in Wirklichkeit eine kleine Welt mit seiner eigenen Regierung und seiner eigenen Wirtschaft, gleichsam ein Modell für die große Welt draußen.

Ohne dies alles hätte sich Tolstois verzweifelter Wunsch, der *conditio humana* einen Rhythmus und Zweck abzugewinnen, sehr wohl in Gestalt einer allumfassenden Ideologie ausdrücken können, wie sie sein etwas älterer Zeitgenosse Karl Marx zur gleichen Zeit, in einem deutlich anderen Milieu nach und nach entwickelte. Es wurde tatsächlich Tolstois einziges, ausschließliches Ziel, diesen »kleinen grünen Stock« zu entdecken, den Schlüssel zur sozialen Harmonie. Im Alter von sechsundzwanzig Jahren sollte er in sein Tagebuch eintragen, daß er den Ehrgeiz habe, »eine neue Religion zu gründen, die dem gegenwärtigen Zustand der Menschheit entspricht ... eine praktische Religion, die nicht jenseitigen Segen verheißt, sondern ihren Segen auf Erden gibt«. Glücklicherweise verging ein Vierteljahrhundert, bevor er den Versuch unternahm, seinen bemerkenswerten Plan auszuführen; in der Zwischenzeit war seine rastlose Energie nach Weltveränderung in andere Kanäle geflossen.

Der frühe Verlust seiner Eltern – namentlich der seiner Mutter – scheint schon in frühen Jahren bei ihm den Eindruck einer unendlich großen Verletzlichkeit hervorgerufen zu haben. Es ist nicht verwunderlich, daß er später die Geschichte Josephs aus dem Alten Testament auswählte, um zu zeigen, welchen »enormen« Eindruck sie auf ihn in jungen Jahren gemacht hatte. Das Thema des Knaben, der von seiner Familie verstoßen wird und nach erregenden Abenteuern als eine schillernde Gestalt wieder auftaucht und die Macht besitzt, große Segnungen auf sie und jedermann sonst herabregnen zu lassen, paßt ausgezeichnet, einen Jungen in seiner Lage anzusprechen. Daß sie überdies ein hohes Maß an Egoismus nahelegt, braucht uns nicht zu überraschen. Andere Geschichten, die einen ähnlich »enormen« Eindruck auf ihn machten, waren die alten russischen *byliny*, altüberlieferte Legenden, in denen immer wieder vernachlässigte, nachgeborene Söhne vorkommen, die unversehens sehr erfolgreich werden, tapfere Helden, die allein imstande sind, sich mit dem Bösen im Kampf zu messen, und dergleichen mehr.

Bei diesen Geschichten von unerhörten Leistungen, die gegen widrigste Umstände errungen wurden, empfand der junge Tolstoi das Gefühl, daß das Glück etwas Flüchtiges sei und nur durch Leiden gewonnen werden könne. Er fügte sich Schmerzen zu in der Hoffnung auf solche Erfüllung. Zugleich erfüllte ihn der Gedanke an körperliche Züchtigungen, ob sie nun ihn oder andere trafen, mit Schrecken. Einmal sperrte ihn der französische Hauslehrer, St. Thomas, »zuerst in eine Kammer und drohte mir sodann mit Prügeln. Daraufhin verspürte ich ein entsetzliches Gefühl von Wut, Empörung und Abscheu, und zwar nicht nur St. Thomas persönlich gegenüber, sondern auch gegenüber der Gewalt, die mich bedrohte«. Als er erfuhr, daß ein Leibeigener des Gutes verprügelt werden sollte, berichtete er, er könne »das schreckliche Gefühl nicht beschreiben, das diese Worte ... auf mich machten«. Dieser Widerwille hält sein ganzes Leben in dieser Stärke an. 1857 wurde er in Paris Augenzeuge einer Hinrichtung. Dieses Erlebnis erfüllte ihn mit solchem Abscheu, daß dies zu einer der wichtigsten Ursachen dafür wurde, daß er der Staatsgewalt ihre Rechtmäßigkeit bestritt: »Keine Theorie von der Vernunft unseres gegenwärtigen Fortschritts kann diese Tat rechtfertigen ... und daher ist der Schiedsrichter darüber, was gut und was böse sei, nicht das, was Menschen sagen und tun ..., sondern es ist mein Herz und ich selbst«.

Dies entsprang Tolstois Fähigkeit, sich vollkommen mit anderen

Menschen zu identifizieren, so daß er das, was ihnen zustieß, sofort so empfand, als sei es ihm selbst zugestoßen. In seinen Romanen beschreibt er das Leiden aus dieser ganz persönlichen Sicht als eine Erfahrung, die hassenswert und für den Verursacher des Leids wie für sein Opfer gleichermaßen von Übel ist. »Im Erdgeschoß« konnte der Tod – und er tat es auch – unbegreiflicherweise jene wegholen, von denen seine einstmals sichere Kindheitswelt abgehangen hatte. Wahrhaftig, kaum eine einzige Bastion dieser scheinbar uneinnehmbaren Festung, die Kinderzimmer hieß, schien dem Angriff standzuhalten. Er entdeckte, daß er häßlich war (»alles, was ich damals besaß und je mein eigen nennen würde, hätte ich für ein hübsches Gesicht hergegeben«), und als Elfjähriger erfuhr er sogar von einem anderen Knaben, daß Gott selbst nur »eine Erfindung war ... Wir alle ... glaubten diese Kunde als etwas sehr Interessantes und leicht Mögliches«.

Infolge dieser beunruhigenden Offenbarungen wurde er ein überzeugter Solipsist. »Aber keine philosophische Strömung hat mich so sehr ergriffen wie der Skeptizismus, der mich einmal an den Rand des Wahnsinns brachte. Ich stellte mir vor, daß es außer mir nichts und niemanden auf der Welt gäbe, daß Gegenstände nicht Gegenstände seien, sondern Erscheinungen, die nur dann auftraten, wenn ich ihnen meine Aufmerksamkeit schenke und wieder verschwinden, sobald sie aus meinem Gesichtsfeld treten. Ich verschmolz, in einem Wort, mit Schelling in der Überzeugung, daß das Seiende nicht gegenständlich sei, sondern meine Beziehung zu ihm. Es gab Augenblicke, wo ich unter dem Eindruck dieser fixen Idee ein solches Maß an Verrücktheit erreichte, daß ich rasch um mich blickte, um das Nichts dort zu überraschen, wo ich nicht war.

Meine philosophischen Entdeckungen schmeichelten meiner Eitelkeit sehr: Oft stellte ich mir vor, ich sei ein großer Mann, der neue Wahrheiten entdeckt zum Wohle der Menschheit, und ich blickte auf andere Sterbliche mit einem stolzen Bewußtsein meiner Würde; wenn ich jedoch, seltsamerweise, mit diesen Sterblichen in Berührung kam, fürchtete ich mich vor jedem von ihnen.« Viele Jahre später bemerkte er klugerweise: »Verrücktheit ist bis zu seiner letzten Vollendung getriebener Egoismus.«

Viele dieser Ängste hatte auch Rousseau erlitten, wie Tolstoi als Heranwachsender bemerkte, der alles Lesbare gierig verschlang, und sie gehörten wirklich zu jener gefühlvollen Strömung der Romantik des frühen neunzehnten Jahrhunderts.[3] »Ich habe den ganzen Rous-

Leo Tolstoi im Alter von 21 Jahren

seau gelesen«, bemerkte Tolstoi einmal, »diese ganzen zwanzig Bände, das ›Wörterbuch der Musik‹ eingeschlossen. Ich war mehr als begeistert von ihm, ich betete ihn an. Mit fünfzehn trug ich statt des Kreuzes der Rechtgläubigen ein Medaillon mit seinem Bildnis am Hals. Viele seiner Seiten kommen mir so vertraut vor, als hätte ich sie selbst geschrieben.«

Rousseau half Tolstoi schon in jungen Jahren und auf breiter Grundlage, seine eigenen Wahrnehmungen klar zu umreißen und sie zu schärfen. Beide Männer standen in grundsätzlicher Opposition zu den künstlichen Beschränkungen der Gesellschaft, die eine ältere, harmonische Ordnung auf den Kopf gestellt und ins Verderben getrieben hatte. *Vormals* hatten die Menschen einfache, unkomplizierte Bedürfnisse und konnten ihre Wesensart und ihre Neigungen voll entwickeln, ohne dabei schädlich auf ihre Nachbarn einzuwirken. *Heute* verhüllte der sorgfältig ausgefeilte Apparat der zivilisierten Gesellschaft die Triebfeder des menschlichen Empfindens so wirkungsvoll, daß man Menschen dazu überreden konnte, die schrecklichsten Handlungen zu begehen und zu erleiden: Was undenkbar war, wenn es der einzelne aus eigenem Antrieb tat, war gerechtfertigt, wenn es unter dem Deckmantel staatlicher Autorität geschah. Da raubten Menschen, ermordeten und folterten einander ohne Gewissensbisse, denn jetzt waren diese Verbrechen ja verkappt als Besteuerung, Hinrichtung oder Krieg. Was war denn Napoleons Einfall in Rußland anderes als die Rechtfertigung von tausendfachen Einzelfällen von Mord, Brandstiftung und Raub? Was unannehmbar war, wenn es ein einzelner tat, war »heroisch«, wenn es massenweise geschah.

Klare, jedem Menschen zugängliche Beweise dafür bot die Erfahrung der Kindheit. Kinder sind nicht frei von Fehlern: sie lügen, streiten sich und stehlen. Aber das sind Harmlosigkeiten, weder von langer Hand geplant noch bösartig. In wichtigen Dingen sind sie Erwachsenen eigentlich überlegen: in Phantasie, Spontaneität und der Tiefe des Gefühls, auch darin, daß ihnen die Scheinheiligkeit abgeht, der Ehrgeiz und die Künstlichkeit. Tolstoi und Rousseau gewahrten, während sie älter wurden, daß auch sie sich die Züge aneigneten, die sie verachteten. Aber selbst in der Welt der Erwachsenen gab es Menschen, welche die »Wohltaten« der Zivilisation kaum berührt hatten und die immer noch in einem Zustand vergleichsweiser Unschuld lebten. Die Bauern von Jasnaja Poljana hatten sich weitgehend das Ethos der Kindheit bewahrt. Am Busen der Natur lebend, unkompliziert in ihren Bedürfnissen und Wünschen, nicht mehr verbrauchend als sie produzierten, waren sie ein lebender Beweis dafür, daß die überwältigende Mehrheit von Rußlands achtzig Millionen Einwohnern in dem »natürlichen« Zustand des Menschen ihr tägliches Brot verdiente.

In den Jahren 1852 und 1853 diente Tolstoi in der Armee des Fürsten Bariatinski, die sich darum bemühte, die Bergstämme des Kaukasus zu unterwerfen. Stationiert war er im Kosakendorf Starogladowsk, wo er sowohl den Kosaken als auch den zirkassischen Stammesgenossen, mit denen sie sich herumschlugen, häufig begegnete. Es war vorauszusehen, daß er sich in dieses sorglose, ausgelassene Kosakendasein vernarrte, das in einer der wunderschönsten Gegenden angesiedelt war, die man sich vorstellen kann. Er liebte die Offenheit, mit der sie miteinander umgingen, sichtlich unbehindert von irgendwelchen unnötig einengenden moralischen Regeln. Reiten, jagen, schmausen in freundschaftlicher Gleichheit, das war

Sergei, Nikolai, Dmitri und Leo Tolstoi, 1854

alles, was sie kannten. Namentlich die Frauen, die so freimütig waren wie schön, genossen sehr freien Umgang mit den Männern, auf den kein Schatten von falschen moralischen Beschränkungen fiel. In eine von ihnen, Marjana, verliebte er sich bis über beide Ohren; sie wies ihn zurück, weil ihm die wichtigste Eigenschaft des Kosaken abging: »Vieh zu stehlen, sich mit Tschikirenwein zu besaufen, Lieder zu singen, Menschen zu töten und leicht besäuselt für eine Nacht bei ihr einzusteigen, ohne einen Gedanken daran zu verschwenden, wer er sei oder warum er lebte«. Letzteres traf für Tolstoi vermutlich weniger zu als für irgendeinen anderen Menschen.

Er hatte soeben seine autobiographische Geschichte »Kindheit« veröffentlicht, die auf wunderbare Weise Erinnerungen heraufbeschwört und Einsichten vermittelt, und sammelte jetzt Stoff, um seine Abenteuer in den Bergen zu dichterischem Leben zu erwecken. Im März 1853 publizierte die Zeitschrift *Sovremennik* seine Geschichte »Der Überfall«, aber sein größeres Werk über diesen Gegenstand wurde erst zehn Jahre später fertig, als die viel wichtigere große Novelle »Die Kosaken« erschien. »Die Kosaken« offenbaren das innerste Problem von Tolstois damaligem Leben. Wie konnte er seine eigenen, allzu durchschnittlichen aristokratischen Neigungen mit den bewundernswert impulsiven und primitiven der Kosaken in Einklang bringen, die zu Füßen ihrer hohen schneebedeckten Berge ein »natürliches« Leben führten?

Tolstois Held Olenin ist ein begeisterungsfähiger, widerspruchsvoller junger Edelmann, der sich in einem Hochgefühl romantischer Erwartung in den Kaukasus aufmacht. »All seine Träume von der Zukunft waren durchsetzt mit solchen Helden wie Amalatbek, von zirkassischen Jungfrauen, Bergesschründen, mächtigen Sturzbächen und Gefahren.« Vor allem aber träumte er davon, eine zirkassische Jungfrau zu finden, arglos und frei, »mit langen Haarzöpfen und tiefen, ergebenen Augen«, die er während der langen Winterabende in ihrer Berghütte bilden würde. Wieder zurück in St. Petersburg würde seine junge Frau die Gesellschaft dank ihrer natürlichen Würde in Erstaunen versetzen. Bezeichnenderweise wird jedoch der Traum von Olenin selbst unterbrochen, der heiter wegwerfend vor sich hinmurmelt: »Ach, welch ein Blödsinn!« Doch es zeigt sich, daß der Kaukasus nicht weit von seiner idealisierten Vorstellung entfernt ist. Die Berge sind erhabener, als man sie sich vorzustellen vermag, die Kosaken so tollkühn und hemmungslos wie in Gogols »Taras Bulba«, und da gibt es sogar eine schwarzäugige Schönheit, Marjana, in die sich Olenin verliebt.

Aber wenn sich auch Olenin Hals über Kopf in das Leben der Kosaken stürzt und auch ihre Freundschaft findet, merkt er doch zu guter Letzt, daß er Marjana nicht einem gutaussehenden jungen Kosakenrivalen abspenstig machen oder selbst ein Kosake werden kann. Er kann machen, was er will, er entkommt nicht den Selbstzweifeln und dem Bewußtsein, daß seine Fähigkeit, die Kosaken von außen zu sehen, ihn davon abhält, sein Leben mit dem ihren zu verschmelzen. Es ist der Fluch des denkenden Menschen, ein Fluch, den er vergeblich abzuschütteln sucht. Ein Kamerad dagegen, Offizier wie er und im gleichen Dorf stationiert, findet sich rasch hinein, nimmt sich eine Kosakenfrau als Geliebte und bewegt sich ohne eine Spur von Befangenheit inmitten der Dorfbewohner. Der jedoch ist eine angenehme, unkomplizierte Seele, der nur ein bißchen Vergnügen sucht, bevor er weiterzieht. Olenin ist verblüfft über diese leichte Moral der Kosaken, weiß, daß ihre Beweggründe nicht die seinen sind, und kann nicht glauben, daß der Tod eine flüchtige Tatsache im Leben ist.

Dies war Tolstois Lebewohl an den edlen Wilden. Die Episode im Kaukasus war in mancher Hinsicht ein Idyll, aber ein Idyll, an dem ein nachdenklicher Mensch nur als Außenstehender teilnehmen konnte. Denn wenn es in Tolstoi eine Eigenschaft gab, die so stark war wie seine Suche nach Unschuld, dann war dies seine besessene Liebe zur Wahrheit. Ein starker Realitätssinn, ein Gespür für die Unsinnigkeit einer Täuschung, die nicht zu täuschen vermag, und eine heftige Liebe zur Vielfalt der Schöpfung machten es ihm unmöglich, mit Haut und Haaren in eine Welt der Illusion auszuweichen.

Unmittelbar nach seinem Kaukasusabenteuer fand sich Tolstoi kopfüber in einem richtigen Kriegsabenteuer. Rußland hatte sich im Verlauf seiner alten Feindschaft mit der Türkei der türkischen Provinzen Moldau und Walachei (später Rumänien) bemächtigt. Die russische Armee überquerte die Donau und belagerte die große türkische Festung Silistria (heute Silistra). Im Mai 1854 stieß Tolstoi zur Belagerungsarmee des Fürsten Gortschakow und beobachtete das Kampfgeschehen. Das Schauspiel, das er von der erhöhten russischen Position aus mit ansah, »war wirklich schön, vor allem nachts«.

»Der Blick von dieser Stelle war nicht nur großartig, sondern für uns alle von größtem Interesse. Man konnte die Stadt, die Festung und die kleinen Forts von Silistria sehen, als ob sie auf dem eigenen Handteller lägen, ganz zu schweigen von der Donau, ihren Inseln und ihren Sandbänken, von denen einige von den Unsrigen, andere von den Türken besetzt waren. Man konnte das Feuer der Kanonen hören und die Gewehrschüsse, die Tag und Nacht anhielten, und mit einem Feldstecher konnte man die türkischen Soldaten erkennen. Es stimmt, es ist ein seltsames Vergnügen zuzuschauen, wie Menschen einander töten, und dennoch pflegte ich jeden Morgen und Abend aufzustehen und ohne Unterlaß zuzusehen, und ich war nicht der einzige.«

Das war Krieg, wie er in beliebten Lithographien erschien: eine gigantische braune Landschaft, grandiose Wolkengebirge, ein Zickzack von Schützengräben, Rauchwölkchen aus der Festung, winzige farbige Linien von vorrückender Infanterie und nur ein malerischer, sich zurücklehnender Soldat im Vordergrund, der ein annehmbares Bild des Leidens verkörpern sollte. Tolstoi bewunderte den Kommandeur Fürst Gortschakow sehr, exzentrisch im Äußeren, aber absolut furchtlos und von seinen Männern verehrt. »Er ist ein großer Mann, das heißt, er ist ein tüchtiger und ein *ehrenwerter* Mann, wie ich das Wort verstehe ...« Unglücklicherweise erhielt der Fürst gerade in dem Augenblick, als er den Befehl zum Angriff erteilen wollte – wobei dieser Angriff gewiß die türkische Kapitulation nach sich gezogen hätte –, von oben Instruktionen, die Belagerung abzubrechen und sich über die Donau zurückzuziehen. Wiewohl Gortschakow die Enttäuschung mit Gleichmut ertrug, »kann ich sagen, ohne fürchten zu müssen, mich zu irren, daß diese Zeitung von allen – Soldaten, Offizieren und Generälen – wie ein richtiges Unglück aufgenommen wurde ...«

Trotz dieser Kehrtwendung der russischen Politik entsandten Großbritannien und Frankreich, die Verbündeten der Türkei in diesem Krieg, ein Expeditionskorps auf die Krim, und vor Sewastopol beobachtete Tolstoi das Kampfgeschehen selbst als Soldat. Der Eindruck war überwältigend. Der Heldenmut der russischen Verteidiger – Offiziere und Mannschaften – versetzte ihn in einen Rausch, und in seinen Briefen und veröffentlichten Schriften schilderte er Szenen von verbissenem Heldenmut und tollkühnen Handlungen. Obgleich er sein Vaterland über alles liebte, bewunderte er doch auch das männliche Auftreten und den Kampfesmut der Briten, und seine Feder berichtete freundlich über den Mut und die Fröhlichkeit der Männer, die Schreckliches erfahren mußten.

Doch was ihn dabei noch viel stärker betroffen machte, war die große, sinnlose Schlächterei, die dort geschah. Schließlich waren hier Tausende von einfachen Leuten, deren einfaches Menschsein Tolstois klares Auge in all seiner Individualität erfassen konnte, einzig und allein zu dem Zweck versammelt, sich gegenseitig entsetzliche Qualen und den Tod zuzufügen. Keiner von ihnen nahm persönlichen Anteil an dem Zwist oder hatte irgendeinen Grund, dem anderen zu grollen; im Gegenteil, der Feind wurde im allgemeinen mit neidlosem Respekt betrachtet. Und trotzdem – »Hunderte von Leichen, mit frischem Blut verschmiert, von Menschen, die zwei Stunden zuvor voller hochfliegender oder bescheidener Hoffnungen und Wünsche gewesen waren, lagen mit steifen Gliedmaßen im taunassen Tal der Blumen, welches die Bastion von den Schützengräben trennte, und auf dem glatten Boden der Totenkapelle von Sewastopol; Hunderte von Menschen, mit Flüchen und Gebeten auf ihren schmachtenden Lippen, krochen, krümmten sich und stöhnten, einige zwischen den Leichnamen im Tal der Blumen, andere auf Tragbahren, auf Betten oder auf dem blutbesudelten Fußboden des

Feldlazaretts; und trotzdem ging, wie an den Tagen zuvor, der Morgen rot über dem Sapunhügel auf, die blinkenden Sterne verblichen, die weißen Nebel breiteten sich von der dunklen, tosenden See her aus, die rosige Morgenröte beleuchtete den Osten, Streifen purpurroter Wolken breiteten sich über den fahlblauen Horizont; und wieder, wie an den Tagen zuvor, ging die Sonne auf in Glanz und Glorie und verhieß der gesamten erwachenden Welt Freude, Liebe und Glück.«

Wie konnte man die freundliche Welt, die Gott dem Menschen gegeben hatte, in Einklang bringen mit der blindwütigen Grausamkeit, mit der der Mensch in dieser Welt mit seinesgleichen umging – dies mußte Tolstoi ergründen. Gott in Seiner Güte ließ die Welt an jedem Morgen und in jedem Frühjahr neu beginnen; warum konnte nicht auch der Mensch einen neuen Anfang machen? Dieser Überzeugung ging der Glaube voraus, daß die menschliche Natur im wesentlichen gut sei und daß der Mensch, würde man ihm die Augen öffnen für die tiefen Abgründe, welche das wildwuchernde Raffinement der Zivilisation über ihn geworfen hatte, bestimmt zu dieser Güte zurückfinden würde. Daß der Mensch von Natur aus böse ist oder daß er das mit der gleichen Leichtigkeit werden kann, wie er sich zu bessern vermag, das hielt er für eine Möglichkeit, die er aber entschieden verwarf.

Obwohl er den Krieg verachtete, berauschte er sich doch an ihm. »Krieg hat mich immer interessiert«, schrieb Tolstoi; »nicht die Manöver eines Krieges, wie sie sich große Feldherren ausdenken – meine Phantasie weigerte sich, solch gigantische Bewegungen nachzuvollziehen, ich verstand sie nicht – sondern die Realität des Krieges, das wirkliche Töten. Ich war begieriger zu erfahren, auf welche Weise und mit welchem Gefühl ein Soldat einen anderen tötet, als zu wissen, in welcher Schlachtordnung die Armeen bei Austerlitz oder Borodino aufgestellt waren.« In Wahrheit war sein Interesse nicht so eng, wie diese Passage nahelegt. Als vollendeter Künstler war er höchst empfänglich für die Erregung und die Dramatik des Krieges und für die bewundernswerten Eigenschaften, die er den Kämpfern entlockte. Er interessierte sich aber *auch* für Fragen der Strategie, der Führung, der Kampfmoral und anderer Begleitumstände, wie jeder Leser von »Krieg und Frieden« weiß.

Was ihn verlockt hat, den Krieg zu studieren, scheint sein Wunsch gewesen zu sein, das Böse sichtbar zu machen, die Art und

Weise, wie es das ganze Gift, das schon im bürgerlichen Leben vorhanden, aber weniger leicht zu erkennen ist, an einer Stelle zusammenzieht. Dort sind offenkundige Fälle von körperlicher Grausamkeit normalerweise selten, und die wahre Unterdrückung der Menschheit beschränkt sich auf tausenderlei sorgsam verkappte Entbehrungen und Entstellungen. Im Krieg hingegen findet die Brutalität in so großem Maßstab und im allgemeinen unter so fadenscheinigen Vorwänden statt, daß die Lüge für jedermann offenkundig ist.

Tolstois Absicht war die gleiche wie die des Jungen in »Des Kaisers neue Kleider«, der alles entfernen wollte, was trügerisch und überflüssig war, um das wahre Wesen darunter wiederherzustellen. Das war kein zersetzendes Ziel, obgleich es oft so erschien; sondern ein schöpferisches: die Reinheit und Unschuld wiederherzustellen, wie er sie in seiner Kindheit in Jasnaja Poljana erfahren hatte und von der er noch immer reichliche Spuren in der Welt um ihn her sah. Es ist nicht erstaunlich, daß seine Beziehung zum anderen Geschlecht stark durchsetzt war von dieser komplexen Anschauung. Frauen sind ursprünglichere Wesen, sie haben sich viele der Kindheitseigenschaften bewahrt, deren Verschwinden Tolstoi bei sich selbst beklagte. Doch die Stärke des Geschlechtstriebs gibt ihnen eine überwältigende Kraft, das Leben der Männer auf den Kopf zu stellen; durch ein und dieselbe Handlung können sie dem einen Mann höchstes Glück bescheren, dem anderen unerträgliche Pein zufügen.

Paradoxerweise waren es die gleichen Dinge – Zuneigung, Unschuld und Schönheit –, die Tolstoi in seiner Kindheit soviel bedeutet hatten, welche sich nun in so grausamen, schmerzlichen Situationen wie in jenen des Schlachtfeldes zu einem gefährlichen Potential von extremer Eifersucht, selbstsüchtiger Besitzgier und seelischer Kerkerhaft verwandelten.

In Tolstoi war die geschlechtliche Begierde ausnehmend stark, und in hohen Jahren gab er zu, daß von all seinen schlechten Eigenschaften diese am schwierigsten zu überwinden war. Als junger Mensch genoß er die Gunstbeweise von Bauernmädchen auf dem Familiengut, von Zigeunerinnen und Freudenmädchen. Mit unterschiedlicher Stärke empfand er, daß dies nicht richtig war, und er träumte wie jedermann von der Liebe zu einem jungen Mädchen, die reinen Herzens war und ihm in seiner Lebensaufgabe eine Stütze sein würde. Abstrakt gesprochen war seine Meinung von Frauen gering. Er beschloß »die Gesellschaft von Frauen als ein notwendiges Übel des gesellschaftlichen Lebens zu betrachten und soviel Abstand wie möglich zu ihnen zu halten. Wer flößt uns denn Sinnlichkeit, Weiblichkeit, Frivolität in allen Dingen und viele andere Laster ein, wenn nicht die Frauen?« Häufig gab er der geläufigen Vorstellung Ausdruck, daß Frauen Kinder der Leidenschaft seien, des rationalen Denkens unfähig und von einer fatalen Neigung, sich jedem Mann hinzugeben, der seine Aufgabe im Leben ehrlich erfüllt. Er rechtfertigte Prostitution mit der Begründung, daß ohne sie Männer dazu gebracht würden, gegenseitig ihre Frauen und Töchter zu verführen, was die Familie zerstören würde.

Selbstredend ist Tolstoi der letzte Mensch, dessen Meinungen man aus dem Zusammenhang reißen darf, und sie geben auch nicht unbedingt seine wirklichen Beweggründe wieder. Er unterhielt zu mehreren Frauen eine völlig rationale und intellektuelle Beziehung, darunter auch zu seiner »Tante« Tatjana Ergolskaja und zu einer wirklichen Tante, Gräfin Alexandra Tolstoja. Aber es fiel ihm nicht leicht, sich Hals über Kopf zu verlieben, obgleich er dies brennend wünschte, und als er sich schließlich mit vierunddreißig entschied, Sonja Behrs zu heiraten, bemerkte er, daß der intellektuelle Leo Tolstoi wieder einmal wie gewohnt den emotionalen Leo Tolstoi eifrig und selbstzerstörerisch analysierte. »Ich fürchte mich vor mir selbst«, schrieb er am 23. August 1862 in sein Tagebuch. »Was ist, wenn dies nur ein *Begehren* nach Liebe ist und nicht echte Liebe?« Und fünf Tage später: »Häßlicher Kerl! Denk nicht an Ehe; deine Berufung liegt auf einem andern Feld.« Aber einen Monat später war er verheiratet, und seine Frau erwies sich als eine hochintelligente Stütze. Sie schenkte Leo dreizehn Kinder, versorgte den Haushalt, führte die Korrespondenz, schrieb seine Manuskripte ab, las Korrektur und kümmerte sich um die Veröffentlichung vieler von ihnen; kurz gesagt, sie widmete ihr Leben ihm und seinem Werk – das war ihr erklärtes Ziel. Sprachen sie miteinander über literarische oder gesellschaftliche Dinge, so waren ihre Ansichten immer interessant und nicht selten vernünftiger als die des launenhaften Genies, das sie geheiratet hatte.

Hier ist nicht genügend Raum, um ihre stürmische Beziehung ausführlich darzustellen, der schon viele Bücher gewidmet wurden. Vom ersten Augenblick ihrer Ehe an, als ihr Gatte sie zwang, seine Tagebucheintragungen in all ihren wollüstigen Einzelheiten zu le-

Sophia Andrejewna Tolstoja (geb. Behrs), 1863

sen, um sich von seinem Schuldkomplex zu befreien, mußte sie viel ertragen. Er scheint wenig Anstrengungen gemacht zu haben, sie zu verstehen; er veräußerte seine Rechte als Schriftsteller, stellte als seinen literarischen Sekretär den unangenehmen Scharlatan Tschertkow an und hinterließ ein Testament, mit dem er sie absichtlich grausam zu treffen schien. Er gab Sonja sogar Grund, über seine persönlichen Angewohnheiten zu klagen. »Ich werde mich nie an diesen Schmutz gewöhnen, an diesen Gestank«, lautet ein verzweifelter Eintrag in ihrem Tagebuch.

Am schwersten zu ertragen war Tolstois Sexualität. Seine Ansichten waren absonderlich genug, obschon es dafür eine Erklärung geben mag. Der Aphorismus *Post coitum omnia animalia tristia sunt* (Nach dem Beischlaf sind alle Lebewesen traurig) scheint für ihn mehr zugetroffen zu haben als für die meisten Menschen. Die Handlung als solche hielt er für widerwärtig.

»Ein Mensch, der nicht empfindet, was Elefanten empfinden, daß die Vereinigung grundsätzlich eine Handlung ist, die beide Teile erniedrigt und daher widerwärtig ist, eine Handlung, in der ein Mensch freiwillig seiner viehischen Natur Tribut zollt und die nur durch den Umstand gerechtfertigt wird, daß sie den Zweck erfüllt, das Bedürfnis nach dieser widerwärtigen und erniedrigenden Handlung zu befriedigen, das, zu gewissen Zeiten unwiderstehlich, der menschlichen Natur eingepflanzt ist – ein solcher Mensch steht, auch wenn er kritisch zu denken vermag, mit dem Vieh auf einer Stufe, und es ist unmöglich, ihm dies auseinanderzusetzen und zu beweisen.«

Obschon er nach einem Besuch im Schlafzimmer seiner Frau immer tiefe Gewissensbisse empfand, war er doch außerstande, dort nicht regelmäßig zu erscheinen. Selbst als er 1889 die »Kreuzersonate« schrieb, ein Buch, dessen wichtigstes Thema die Beschwörung der Keuschheit ist, konnte er nicht von Sonja lassen. Im Dezember des folgenden Jahres, als sie fürchtete, schwanger zu sein, vertraute sie ihrem Tagebuch an, die Moskauer Gesellschaft würde höhnen, das Kindchen sei »das natürliche Postskriptum der ›Kreuzersonate‹«. Bezüglich einer vegetarischen Mahlzeit, die Tolstoi empfahl, bemerkte sie höhnisch: »Ich nehme an, daß der Verfasser dieses Rezepts ebenso vegetarisch lebt wie der Verfasser der ›Kreuzersonate‹ in Keuschheit lebt«.

Welche Erklärung verbirgt sich hinter diesen Gewissensbissen? Gewiß verspürte Tolstoi nach dem Beischlaf größeren Widerwillen als die meisten Menschen. Er warnte seinen Sohn Andrei, der 1895 erwog, ein Bauernmädchen zu ehelichen, er werde »ein gehaßtes, widerwärtiges Weibsstück am Hals haben (wie es infolge einer rein sinnlichen Begierde immer geschieht)«. Außerdem empfand er es vielleicht als demütigend und wie Selbstverrat, die intime Handlung mit einer Frau zu vollziehen, deren Ansichten er tagsüber als völlig irrig zurückwies. Um eines flüchtigen, aber unwiderstehlichen Genusses willen begibt sich ein Mann freiwillig in die Knechtschaft einer Frau. Man muß daraus folgern, daß der Beischlaf nicht als ein unabhängiges Phänomen betrachtet werden darf, sondern als etwas, das aufs engste mit dem gesamten Komplex zwischenmenschlicher Beziehungen verflochten ist. Daß es sich so verhält, beweist schon seine große Bedeutung.

Überdies legt die große Macht dieses Triebes nahe, daß es eitel sei zu glauben, der menschliche Wille sei fähig, dieses Übel zu überwinden. Niemand wußte, welche Macht dieser Trieb über ihn hatte und wie falsch der Eindruck war, daß ihm dieses Wissen fehlte. 1906 schrieb er bitter in sein Tagebuch:

»Alle schreiben meine Biographie, und in meinem gesamten Lebenslauf wird da nichts stehen über meine Beziehung zum siebenten Gebot (Du sollst nicht töten). Noch wird da etwas zu finden sein über all den schrecklichen Schmutz der Masturbation und Schlimmerem, von meinem 13. und 14. bis zum 15., 16. Jahr (ich entsinne mich nicht, wann ich das Laster in den Hurenhäusern begann). Und bis hin zu meiner Verbindung zu dem Bauernmädchen Axinia – das Laster lebt. Dann Heirat, in der abermals, wiewohl ich meine Frau niemals betrogen habe, Lust herrschte in meinen Beziehungen zu ihr – schmutzige und verbrecherische Lust. Da wird nichts von alledem zu finden sein und, wichtiger noch, weil zumindest von allen Lastern dieses es ist, dessen ich mir am meisten bewußt bin, ist es das Laster, das mehr als alle anderen nach Bekehrung schreit.«

Aber wahrscheinlich war die leitende Kraft hinter Tolstois immer größerem Haß gegen den Geschlechtsakt nichts anderes als Eifersucht, die er bezeichnenderweise zum Extrem führte. Als im Juni 1863 ihr erster Sohn, Sergei, geboren wurde, quälte Tolstoi seine Frau mit seinem sonderbaren Verhalten. Ohne sie vorher zu warnen, bestand er darauf, daß sie den Säugling stillte, obschon ihre schwächliche Gesundheit dies zu einem Risiko machte. Als ihn ein Arzt warnend daraufhin ansprach, beschuldigte Leo ihn wütend, er habe seine Untersuchung in schamverletzender Weise durchgeführt. Das Kind einer Amme zu übergeben, hielt er für moralisch bedenklich, da es »die einzige Möglichkeit war, die Sonja vielleicht von ihrer Koketterie« abbringen könnte. Gegenüber dem Kind zeigte Tolstoi heftige Eifersucht, und er war überzeugt, daß einen ehemaligen Lehrer seiner Schule, der mit seiner Gemahlin höfliche Konversation pflegte, nach ihr gelüstete. Das alles war ganz widersinnig, aber Leo Tolstoi war wie besessen davon. In einem Tagebucheintrag des Jahres 1900 enthüllt er das groteske Ausmaß, das die Eifersucht bei ihm erreichte, als er seine Überzeugung niederschrieb, daß es um etliches *schlimmer* sei, wenn ein Mann von seiner Frau betrogen werde, als daß er in Bordellen ein und aus gehe, da und dort Geschlechtsverkehr betreibe oder »mit einem jungen Mädchen schlafe und sie dann sitzenlasse«.

In Tolstois sichtlich unvernünftigem Sexualkodex spiegelte sich seine unaufhörliche Suche nach einer Theodizee, einer befriedigenden moralischen Erklärung für das Leben, wie es der »kleine grüne Stock« seines Bruders Nikolenka verkörperte. Sein durchdringender, immerzu zerstörerischer Geist jagte einer Menschheitsillusion nach der anderen nach, bis nichts mehr heil übrigzubleiben schien. All die äußerlichen Einhaltungen der Religion seien schiere Augenwischerei, um die Wahrheit zu verbergen (vielleicht hat Christus nie gelebt, meinte er einmal); die Ehe sei eine Folterkammer; in Rußland sei die Regierung schlicht ein tödliches Hindernis zur Selbstverwirklichung des Menschen, während in Westeuropa »das ursprüngliche, *impulsive* Empfindungsvermögen des Menschen ... verlorengegangen ist, und es verschwindet, sowie die Zivilisation, das heißt der interessengebundene, rationale, selbstsüchtige Zusammenschluß von Menschen, sich ausbreitet«. Buchstäblich jede allgemein anerkannte Einrichtung und jedes Ideal sei eine vergiftete Täuschung, ausgeklügelt, um die natürliche Reinheit des Menschen zu verderben.

Daraus müsse man unweigerlich folgern, das Leben sei nichts als ein herzloser Witz und der Tod der »höchste Augenblick des Lebens«. »Wie kann der Mensch daran vorbeisehen?« schrieb er 1879. »Und wie weiterleben? Das ist das Erstaunliche! Man kann nur leben, wenn man vom Leben trunken ist; sobald man ausgenüchtert ist, kann man unmöglich übersehen, das das Ganze ein Schwindel ist, und zwar ein dummer Schwindel! Genau das ist es: da ist nichts Amüsantes und nichts Geistreiches dabei; es ist einfach grausam und dumm!« Gelegentlich dachte er in logischer Folgerung an Selbstmord: sich auf der Jagd zu erschießen oder am Balken seines Studierzimmers zu erhängen.

Dann wieder seine Angst vor dem Tod. Natürlich konnte sein ruheloser, neugieriger, tastender Geist an diesem Punkt nicht innehalten. Er *mußte* eine folgerichtige Antwort finden, eine, die seiner zerstörerischen Kritik standhielt. Schließlich hatte es ja eine Zeit gegeben, als er die Harmonie der Anti-Bruderschaft kennenlernte; und es gab eben auch Augenblicke, wie etwa eine Nacht im Mondenlicht oder ein Frühlingstag im Wald, wenn die Welt wieder zu ihrem Gleichgewicht zurückfand.

Tolstoi suchte die Antwort in der Geschichte. Der Mensch war von Natur aus zum Guten bestimmt, wie Rousseau, seine eigene Kindheit und eine grundsätzliche Notwendigkeit dies zu glauben ihn gelehrt hatten. Was aber war denn dann die Quelle all dieses Übels, das die Welt beherrschte und das die meisten Menschen irrtümli-

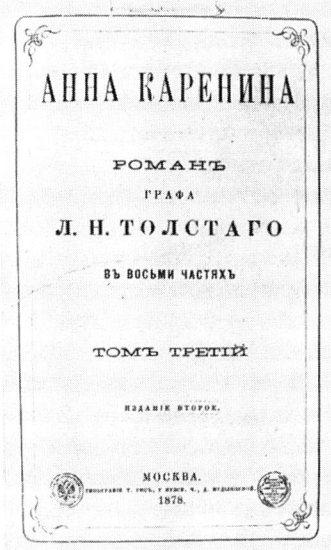 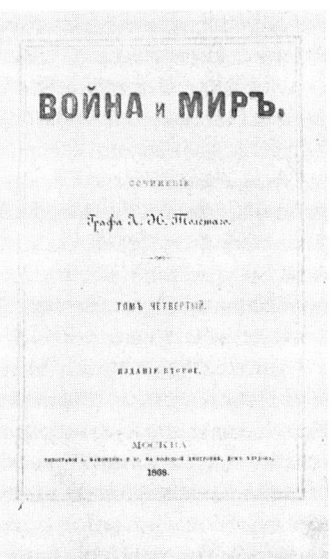

Erste Ausgaben von »Anna Karenina« und »Krieg und Frieden«

cherweise als unvermeidlich betrachteten? Wie konnten Tausende von geistig gesunden Familienvätern ihre Frauen und Kinder zurücklassen und einem eitlen Fant wie diesem Napoleon folgen, um zu stechen und zu schießen, bis Tausende anderer Weiber und Kinder als Waisen oder Witwen übrigblieben? Wie konnte die reine und einfache Lehre Christi zu einem von Priestern beherrschten Werkzeug der Verfolgung und des Aberglaubens werden?

In »Krieg und Frieden« fügte er lange Passagen ein, in denen er seine Theorie der Geschichte verfocht. Kurz gesagt, glaubte er, daß das »Massenverhalten« des Menschen – die großen Bewegungen, welche die Historiker am meisten beschäftigten – das Ergebnis von tiefen, unpersönlich wirkenden Kräften sei, die eigengesetzlich auf- und abebbten. Alle die Erklärungen, die damals oder seither für Napoleons Einfall in Rußland angeboten wurden, seien nachweislich widersinnig; der wahre Beweggrund liege vielmehr gleichsam unbewußt in der französischen Armee und Nation als großes Ganzes. Diese Unterströmung historischer Notwendigkeit habe die geschichtlichen Akteure gezwungen, das zu tun, was sie taten, und es dem Menschen, der dieser Menge voraneilte, erlaubt, sich als ihr Anführer auszugeben.

Aber trotz dieser zerstörerischen Wellen, »natürliche« Ereignisse, die nicht gänzlich der Erklärung zugänglich seien, bewege sich das Leben der Menschheit doch in dem einzigen Zyklus fort, auf den es wirklich ankomme und der der wahre Gegenstand der Geschichte sein sollte: Geburt, Ehe, die Familie, die Obliegenheiten des Alltags, derer es bedürfe, um das Leben zu erhalten, und der Tod. Obgleich diese Faktoren den Gang der Geschichte nicht stärker bestimmten als Napoleon, verkörperten sie doch ihren Endzweck, da sie ihn verstanden oder, besser noch, *lebten*.

Fragt man nur nach den Tatsachen, dann ist diese Theorie, die in ihrem zentralen Aspekt der seines Zeitgenossen Karl Marx ähnelt, einfach eine gesunde Reaktion auf die Oberflächlichkeit von Historikern wie Michailowski-Daniljewski, die in der Geschichte nichts als Kaiserkonferenzen und Heeresbewegungen von Generälen erblickten. Aber Tolstois Theorie der Geschichte ist weniger – worauf oft hingewiesen wurde – ein wissenschaftlicher Forschungsansatz, sondern vielmehr ein moralischer Protest. Sie ist eigentlich eine polemische Attacke gegen Napoleon und den Glauben an die »großen Männer«, den der französische Kaiser mehr als jeder andere verkörperte.

Tolstoi konnte Napoleon auf den Tod nicht ausstehen. Als russischer Patriot haßte er den Mann, der ohne die geringste Rechtfertigung in sein Vaterland eingedrungen war und es verwüstet hatte. (Wenn er den Kindern in seiner Schule in Jasnaja Poljana den Krieg von 1812 erzählte, versetzte er die ganze Klasse in wilden patriotischen Eifer!) Instinktiv betrachtete er das Gehabe des usurpatorischen Emporkömmlings mit der Herablassung des Aristokraten, wie er französischer Oberflächlichkeit überhaupt mißtraute.

Er unternahm die Demontage Napoleons, ohne sich über seine wahren Motive im klaren zu sein. Nun, es sei nutzlos, den wahren Grund, warum er ihn verachtete, hervorzukehren: die schreckliche Zerstörung und das Elend, das dessen selbstsüchtiger Ehrgeiz verursacht hatte. Schließlich waren viele Russen (Pierre Besuchow aus »Krieg und Frieden« nicht ausgenommen) vollauf bereit, Napoleon als einen Übermenschen zu bewundern, obwohl sie sich vollkommen dessen bewußt waren, welchen Schaden sein Ehrgeiz angerichtet hatte. Es sei notwendig, die wahre Ursache von Napoleons vermeintlicher »Größe« zu beseitigen: die Macht seiner Persönlichkeit, die mit einer Hand den Fluß der Geschichte verändert habe. Um zu beweisen, daß der französische Kaiser ebenso die Marionette der einen, großen Ursache der Geschichte sei wie der geringste seiner Grenadiere, mußte sich Tolstoi allerdings beträchtliche Freiheiten im Umgang mit dem Quellenmaterial herausnehmen.

Er verachtete ihn so sehr, daß er ihm die einzige Eigenschaft absprach, die ihm jedermann zugestand: sein erstaunliches Feldherrntalent. Dies brachte ihn dazu, Napoleon in einem unglaubwürdigen Licht darzustellen, was dem Roman einigen Abbruch tut. Selbst so unerfreuliche russische Gestalten wie Kuragin und Dolochow zeigen versöhnliche und, wichtiger noch, menschliche Züge. Napoleon, wie Tolstoi ihn sieht, hat nichts davon; er ist nichts als eine Mischung aus Blindheit und Eitelkeit. Dies ist nicht der Napoleon der Geschichte, und es ist auch innerhalb dieses Romans nicht einsehbar, wie ein solcher Mann in die Stellung hatte emporsteigen können, die er innehatte.

Tolstois russischer Patriotismus zeigt sich auch in seiner Darstellung des russischen Feldherrn Kutusow (dessen Tochter übrigens einen Tolstoi heiratete und die heute erloschene Linie der Kutusow-Tolstoi begründete). Selbstverständlich konnte Tolstoi nicht in ein und demselben Werk Napoleon unter Berufung auf unabänderliche historische Gesetzmäßigkeiten eine gewisse Rolle bezüglich des Kriegsausganges bestreiten, ohne diese Gesetze auch auf Kutusow anzuwenden. Daher erklärt Tolstoi, daß eben Kutusow mit einer Art Urinstinkt den Lauf der Ereignisse »verstand« und dieses Verstehen zu seinem Vorteil einsetzte. Solange der historische »Impetus« auf seiten der Franzosen lag, wußte er, daß es fruchtlos sei, sich ihnen entgegenzustellen. Als dieser »Impetus« in Moskau jedoch zum Erliegen kam und die Franzosen den Rückzug antraten, folgte er ihnen auf den Fersen. Auch hier wurden die Quellen verdreht und Kutusows Wesen so dargestellt, daß die Interpretation stimmte.[4]

Tolstoi neigte dazu, Werke der Literatur nach den moralischen Absichten ihrer Verfasser, oder was er dafür hielt, zu beurteilen – manchmal mit wunderlichen Ergebnissen. Verständlicherweise bewunderte er Dickens sehr, wie überhaupt englische Romane ganz allgemein. Aber er lobte auch »Onkel Toms Hütte« ganz überschwenglich, während er sich über die Werke Shakespeares und Goethes nur abfällig äußerte.

Die Welt hatte das Glück, daß Tolstoi seine zutiefst moralischen Anschauungen nicht nur in lehrhafter Form niederlegte. Man findet sie in seinen Romanen, die so viele Menschen verschlangen, wo sich – anders als bei seinen englischen und amerikanischen Kollegen, die er schätzte – die moralischen Aussagen auf explizite lehrhafte Einschübe beschränken oder versteckter noch in den Haltungen und Gesprächen seiner Protagonisten zum Ausdruck kommen. In seinen Romanen gibt es viele Passagen und viele Themen, die er zweifellos bei anderen Schriftstellern verurteilt hätte. Natürlich beschäftigte ihn zuvörderst die Wahrheit, und zwar in ihrem weitesten Sinne. Waren seine Gestalten erst einmal am Leben, mußten sie ein unabhängiges Dasein führen. Hie und da behauptete er, ihr unerwartetes Verhalten setze ihn in Erstaunen. Kunst, das sei die Übertragung von Gefühlen, sagte er in dem Essay »Was ist Kunst?« von 1898 und fährt dann fort: »Die Kunst ist eine Tätigkeit des Menschen, die darin besteht, daß ein Mensch mit Hilfe gewisser äußerer Zeichen an andere bewußt Gefühle weitergibt, die er selbst erlebt hat, und daß andere davon angesteckt werden und diese Gefühle auch empfinden.«

Es war Tolstois ehrgeiziges Ziel, die Gesamtheit menschlicher Erfahrung zu nehmen und sie auf diese Weise zu verwandeln. Es war eine außerordentlich vielgestaltige Vision, die er als eine geistige Einheit vermitteln wollte, als eine dramatische Einheit, nicht als eine ideologische. Es gibt Andeutungen dafür, daß er den Dingen seine Sicht von Gerechtigkeit auferlegt, so etwa, wenn in »Krieg und Frieden« gelegentlich Ereignisse zufällig zusammentreffen oder die Tugend belohnt wird oder wie in »Anna Karenina«, wo die möglichen Folgen beleuchtet werden, welche die sich wiederholenden Gefahren des Ehebruchs in sich bergen. Aber man muß sie gegen andere Episoden halten, und Tolstois Ziel war gewiß nicht simplizistisch. Daß er Napoleon so zurechtstutzte, ist wichtig; wichtiger aber ist noch die Darstellung dessen, was das Leben des Menschen ausmacht, das Überschäumen der »einfachen« Leute in seiner reichen Vielgestaltigkeit.

1918 hielt Alfred Adler einen glänzenden Vortrag über Dostojewskij, wovon vieles auch für Tolstoi zutraf. Nach einer zusammenfassenden Schilderung der gestörten Erziehung des Dichters beschrieb er, wie Dostojewskij bei seiner Arbeit vorging, nämlich »Schritt für Schritt alle Erfahrungen sammelnd und in einem weiten Bogen den ganzen Lebensraum umfassend, um wissend zu werden, das Leben auszutasten und nach Wahrheit zu suchen, *nach dem neuen Wort.*

Leo Tolstoi im Jahr 1876

Wer solche Gegensätze in sich birgt und solche Gegensätze zu überbrücken genötigt ist, der muß tief schürfen, um einen Ruhepunkt zu gewinnen. Ihm bleibt keine Mühe, keine Pein des Lebens erspart, er kann am kleinsten Wesen nicht vorübergehen, ohne es auf seine *Formel* zu prüfen. Alles in ihm drängt zu einer *einheitlichen* Auffassung des Lebens, damit er in seinem ewigen Schwanken, in dieser Zwiespältigkeit, in seiner Unrast Sicherheit und Ruhe finden kann.

Die *Wahrheit*, das war es, was sich ihm erschließen mußte, wenn er zur Ruhe kommen sollte. Der Weg aber ist dornenvoll, bringt große Arbeit, große Mühe, ein gewaltiges Training des Geistes und der Gefühle.«

Schließlich analysiert Adler scharfsinnig die Krise, auf die eine solche Suche hinführt:

»Da gilt es aber vor allem festzuhalten, daß sich die Bahn des Kunstschaffens abseits von dem Getümmel der Welt bewegt. Und wir können bei jedem Künstler eine Abbiegung, ein Halt! oder eine Umkehr voraussetzen, sobald die gesellschaftlich durchschnittlichen Erwartungen an ihn herantreten. Er, der sich aus dem Nichts, oder sagen wir aus seiner bevorzugten Anschauung von den Dingen eine Welt erschafft und uns anstatt einer Antwort im Sinne des praktischen Lebens die Verblüffung einer Kunstschöpfung zuteil werden läßt, zeigt sich dem Leben abgeneigt und seinen Forderungen. ›Nun, ich bin ja ein Phantast und Mystiker!‹«[5]

Da ist auch die Angst vor dem Tod, die den Dichter heimsucht, die ihn zwingt, seine Erfahrung zu verdichten und aufs neue zu erschaffen und darin einen Zweck zu entdecken, mit dessen Hilfe er die dunkle Bedrohung abzuwehren vermag. Tolstoi schrieb einmal: »Wenn ich nicht weiß, wie ich in einer bestimmten Situation handeln soll, dann frage ich mich: was würde ich tun, wenn ich morgen sterben müßte?«[6]

Leo Tolstois eigene Krise kam im Jahr 1879, nach fünf Jahren großer Seelenqual. In diesem Jahr schrieb er seine »Beichte«. »Vor fünf Jahren begann etwas sehr Seltsames mit mir. Zuerst gewahrte ich Augenblicke des Erstaunens und Empfindungen, als stehe das Leben still, als wüßte ich nicht, wie man lebt oder was man tun muß; dann fühlte ich mich verloren und war niedergeschlagen. Aber das ging vorbei, und ich lebte weiter wie vordem. Doch dann kamen diese Augenblicke ratloser Verwirrung immer häufiger und immer in der gleichen Art. Sie drückten sich immer in den Fragen aus: Wozu dient das? Wohin führt es?«

Womit er sich im Leben beschäftigt und was er geleistet hatte, auch seine schriftstellerische Tätigkeit, das wurde plötzlich auf gespenstische Weise sinnlos. »Ich spürte, daß das, worauf ich stand, zerbrochen war und daß ich nichts mehr unter meinen Füßen hatte.« Der Tod stand drohend nahe, und er war versucht, selber Hand an sich zu legen. Die Idee packte ihn, sein bisheriges Leben sei nur ein grausamer Scherz gewesen: dreißig oder vierzig Jahre lang habe er sich in der Täuschung gewiegt, er werde reifer und leiste große Dinge; dann kam der Augenblick, für den dies alles nur Vorbereitung gewesen war – die Entdeckung, daß *nichts* vor ihm lag, »nichts ... als Verwesungsgeruch und Gewürm«. Alles, was er geschaffen hatte, würde dem Vergessen anheimfallen, er und alle, die er liebte, würden tot sein, das Ganze sei eine Farce ohne Bedeutung. Es nützte nichts, das zu tun, was die meisten machten, zu erkennen, daß das Problem unlösbar war, und es daher nicht mehr zu beachten. Es war das einzige Problem, auf das es ankam, und man konnte es nicht umgehen.

Bislang hatte ihm seine Kunst Zufriedenheit gebracht, aber das schaffte sie jetzt nicht mehr. »Solange ich nicht mein eigenes Leben führte, sondern auf den Wellen eines anderen Lebens getragen

Leo Tolstoi (Ilja Repin, 1891)

wurde – solange ich glaubte, das Leben habe einen Sinn, obgleich es einer war, den ich nicht auszudrücken vermochte, bereitete mir die Spiegelung des Lebens in der Dichtung und anderen Kunstformen Vergnügen: es war schön, das Leben im Spiegel der Kunst zu erblicken. Doch als ich anfing, nach dem Sinn des Lebens zu suchen, und die Notwendigkeit verspürte, auf eigene Rechnung zu leben, wurde mir dieser Spiegel unnütz, überflüssig, lächerlich oder schmerzlich. Ich konnte mich nicht länger mit dem versöhnen, was ich im Spiegel sah, denn was ich erblickte, war, daß meine Stellung dumm und verzweifelt war. Es war alles recht und gut, sich an dem Anblick zu weiden, solange ich in der Tiefe meiner Seele glaubte, daß mein Leben einen Sinn hatte. Damals amüsierte mich das Spiel der Lichter im Leben – komisch, tragisch, rührend, schön und schrecklich, wie es war. Doch als ich erkannte, daß das Leben sinnlos und entsetzlich ist, konnte ich kein Vergnügen mehr an dem Spiel im Spiegel finden.«

Die wachsende Überzeugung, daß das Leben sinnlos und alles Erreichte wertlos war, war für Tolstoi niederschmetternd. Die Schlußfolgerung war unausweichlich. Es gab viele Menschen, die zu dumm waren, die Einfalt des Lebens zu begreifen (»zumeist Frauen oder sehr junge oder sehr stumpfe Menschen«!) und mehr noch solche, die einfach nicht die Phantasie besaßen, etwas damit anzufangen, und nur für den gedankenlosen Augenblick lebten. Aber Tolstoi »konnte nicht so leben wie diese Menschen: mir fehlte ihre dumpfe Phantasie, und ich konnte sie nicht künstlich in mir erzeugen«. Infolgedessen blieben ihm nur zwei Wege offen: der »starke«, der Selbstmord hieß; und der »schwache«, der hieß, sich am Leben festzuklammern in der vergeblichen Erwartung, es könnte sich etwas auftun und es mit Sinn erfüllen.

Tolstois unablässig forschender Geist konnte an diesem Punkt nicht haltmachen. Schließlich war es seine Vernunft, die ihn in dieses Dilemma gebracht hatte, aber die Vernunft war nur ein Produkt des Lebens – und das Produkt kann nicht seinen eigenen Schöpfer verleugnen! Etwas war von Grund auf falsch an all seinen Haarspaltereien und Zirkelschlüssen. Tolstoi dämmerte es, daß Hamlets rhetorische Frage nur für jenen winzigen, verwöhnten, frivolen und nach innen gekehrten Teil der Menschheit wirklich eine Frage war, dem er selbst angehörte. Er hatte so getan, als sei dies die ganze Welt; aber *da draußen* standen die Millionen, die mit ihrer Arbeit die Welt in Gang hielten und die ihrerseits von einem abergläubischen, aber lebendigen Glauben in Gang gehalten wurden. Es war hier in dieser wirklichen Welt, bei den »wirklich arbeitenden Menschen«, für die er »eine sonderbare körperliche Anziehung« empfand, wo er die Wahrheit suchen mußte, und nicht in der künstlichen Oberflächlichkeit seiner eigenen müßiggängerischen, freidenkerischen Klasse. »Während wir es für schrecklich halten, leiden und sterben zu müssen, leben und leiden diese Menschen und nähern sich dem Tod mit Seelenruhe und in den meisten Fällen sogar frohgemut.« Dies rühre daher, daß sie in gedankenloser Verbindung zu Gott standen und sich mit ihrer Hände Arbeit rechtschaffen ernährten, ohne sich um die Nichtigkeiten zu kümmern, die unweigerlich Körper und Seele verdarben.

Auf seiner Suche nach Gott war Tolstoi dazu gekommen, seinen eigenen orthodoxen Glauben und den Glauben aller festgefügten Religionsgemeinschaften zu verwerfen. Ihr Ausschließlichkeitsanspruch machte sie zu einem Element der Spaltung, nicht der Brüderlichkeit; viel von ihrer Theologie und ihrem Ritual verdunkelte die enge persönliche Beziehung des Menschen zu Gott und durfte auf keinen Fall anerkannt werden; sie nahmen Kriege und Tötungen von Rechts wegen hin; und schließlich war ihre Art zu leben und daß sie Ungerechtigkeit, Armut, Krankheit und Tod – die wirklichen Übel dieser Welt – als unvermeidlich ansahen, eine starke Verleugnung ihrer Lehren.

Sein Weg lag jetzt offen vor ihm. Der Drang, Hand an sich zu legen, war einfach die letzte logische Folgerung aus seiner früheren Existenz und war so falsch wie alles andere. Nach fünf Jahren des Kampfes hatte er die Lösung gefunden. »Ich fand damals die Antwort auf die Frage: ›Was ist das Leben?‹ völlig korrekt, wenn ich sagte: ›Das Leben ist böse.‹ Mein einziger Fehler lag darin, daß meine Antwort sich nur auf *mein* Leben bezog, nicht auf das Leben schlechthin. Mein Leben, ein Leben des Genusses und der Begierden, war sinnlos und böse ... und ich verstand die Wahrheit, die ich später in den Evangelien fand, daß die Menschen die Finsternis mehr lieben als das Licht, weil ihre Taten böse sind; und daß man, wenn man die Dinge sehen will, wie sie sind, vom Leben der ganzen Menschheit sprechen muß und nicht von einer Minderheit, die nur Lebensschmarotzer sind.«

Dies alles bewirkte buchstäblich eine Revolution in Tolstois Anschauung, was sich sogar in seiner Symbolik andeutet. Seine Anerkennung der Existenz Gottes resultierte aus der Vorstellung, daß »ich nicht ohne eine Ursache oder einen Grund oder einen Sinn auf diese Welt gekommen bin; ich konnte nicht das kleine Vögelchen sein, das aus dem Nest gefallen war, für das ich mich hielt. Oder angenommen, es wäre so und ich läge da auf dem Rücken im hohen Grase, selbst dann müßte ich weinen, weil ich weiß, daß eine Mutter mich in ihrem Schoße trug, mich gebar, mich wärmte, mich nährte und liebte. Wo ist sie – diese Mutter? Wenn sie mich im Stich gelassen hat, wer ist es, der das getan hat? Ich kann nicht vor mir verbergen, daß mich jemand trug, mich liebte. Wer war dieser Jemand? Noch einmal – ›Gott‹? ... Und, seltsam zu sagen, die Lebenskraft, die mich wieder durchströmte, war nicht neu, sondern ganz alt – die gleiche, die mich in meinen frühesten Tagen getragen hatte. Ich bin zurückgekehrt zu dem, was zu meiner frühesten Kindheit und Jugend gehörte.«

Die Folgen, die dieses Bloßlegen der Seele hatte, sind bekannt: Wie Tolstoi mit großem Ernst die tägliche Mühe des bäuerlichen Lebens auf sich nahm, wie er pflügte, erntete, Schuhe flickte und so weiter; wie er sich schmutzige Bauernkleider anzog und alle gesellschaftlichen Eitelkeiten mied; seine Versuche im Bereich der Erziehung in der Schule, die er in Jasnaja Poljana gründete; sein Leben als

Vegetarier; seine verzweifelten Anstrengungen, das verbrecherische Erbe des Wohlstands abzuwerfen. Die Analyse, die er in seiner »Beichte« erläuterte, führte er bis zu ihrer extremen Schlußfolgerung. Der Wohlstand der wenigen gehe zu Lasten der vielen, und die von Staats wegen eingerichtete Gewalt beschützte die Reichen vor den Armen. Die ganze Regierung sei nichts weiter als eine Verschwörung zur Niederhaltung des Volkes und ihre immer wieder vorgebrachten Ausreden, mit denen sie ihr Dasein zu rechtfertigen suchte, sei greifbarer Betrug, ausgedacht, um die Massen hinters Licht zu führen und sich selbst zu erhalten. Deshalb unterhalte die Regierung auch riesige Streitkräfte, um ihre Bürger vor ausländischen Eindringlingen zu beschützen – gleichwohl würden sämtliche Kriege nur von den Regierungen vom Zaun gebrochen und nicht von den Völkern, die keinen Nutzen, sondern nur großen Schaden daraus zögen. Das Privateigentum würde von einer bewaffneten Polizei bewacht – trotzdem sei das bescheidene Eigentum der kleinen Leute nur von den Reichen und den Regierungsbeamten bedroht. Und so weiter. Es gäbe keine legitime Rechtfertigung für eine Regierung, deren wahrer Zweck es sei, das Volk niederzuhalten.

Tolstois politisches Programm unterschied sich vom Anarchismus Bakunins und anderer nur darin, daß er jeglicher Gewaltanwendung feind war, auch der zum Zwecke der Befreiung, und in seiner humaneren Einstellung gegenüber den Menschen in der Regierung, die er als Mitmenschen anerkannte und für die er Mitgefühl hatte, wobei er zugleich aber das Übel verurteilte, das sie anrichteten.

Tolstoi verdammte alle bestehenden politischen Bewegungen, weil sie in seinen Augen dazu neigten, das Übel nur zu verfeinern. Besonders feindselig war er gegenüber den Vorschlägen des »wissenschaftlichen« Sozialismus, von dem er weissagte, er werde von »einer neuen Organisation der Gewalt eingerichtet und durch die gleichen Mittel aufrechterhalten werden« und daß eine sozialistische Regierung »überdies unweigerlich Gesetze zur Zwangsarbeit einführen muß – das heißt, sie müssen die Sklaverei in ihrer ursprünglichen Form wiederherstellen«. Um den unaufhörlichen Kreislauf von Gewalt und Gegengewalt zu brechen, riet Tolstoi, sich der Regierung zu verweigern; die Bürger sollten kein Amt annehmen und sich weigern, sich an staatlicher Gewaltanwendung, namentlich in der Armee und der Polizei, zu beteiligen.

Dank seiner überzeugenden Argumente und seiner offenkundigen

Leo Tolstoi beim Pflügen (Repin, 1887)

Aufrichtigkeit sowie, mehr noch, seiner überragenden geistigen Autorität als Verfasser von »Krieg und Frieden« genoß die Flut, die sich aus Tolstois Feder über politische, wirtschaftliche und moralische Fragen ergoß, in ganz Rußland und in der Welt ein enormes Ansehen. Die damalige Regierung betrachtete ihn mit äußerstem Unwillen – nicht zuletzt der Innenminister, Graf Dmitri Andrejewitsch Tolstoi, ein Vetter, von dem er ironisch als »Bruder Dmitri Andrejewitsch« sprach.[7] Er konnte im Ausland veröffentlichen und machte davon auch großzügig Gebrauch, aber in Rußland selbst wurden Leo Tolstois kämpferische Schriften häufig zensiert und sein Personal und die Drucker ständigen Belästigungen ausgesetzt. Trotz dieser Unterdrückungsmaßnahmen scheute sich die Regierung, den großen Schriftsteller selbst anzugreifen. Zar Nikolaus II. soll die Anregung, ihn zu verbannen, beiseite gewischt haben mit den Worten: »Ich will seinem Ruhm nicht auch noch den Heiligenschein des Märtyrers hinzufügen.«[8]

Diese Straffreiheit muß Tolstoi gewiß in seinem Glauben bestärkt haben, Gewaltlosigkeit sei ein wirkungsvolles Mittel, die unrechtmäßigen Forderungen des Staates abzuwehren. Er hatte die Regierung aufgefordert, ihn einzusperren, und war auch darauf vorbereitet, doch im Vertrauen darauf, daß die Behörden wahrscheinlich so weit nicht gehen würden. Sein Vertrauen basierte zum großen Teil auf seiner hohen gesellschaftlichen Stellung, und so darf in einer Geschichte der Familie Tolstoi der Einfluß, den seine Ahnenschaft auf seine Anschauungen und sein Verhalten ausübte, auch nicht geringgeschätzt werden.

Im Jahre 1901 fühlte Tolstoi, daß sein Sohn Andrei ein unwürdiges Leben führte, und er bat ihn in einem bitteren Schreiben, »Dir darüber klar zu werden, was Du sein und welche Rolle Du spielen würdest, wenn Du nicht Deinen Namen und Dein Geld besäßest – gerade die Dinge, die nicht Dein eigen sind, sondern Dir nur zufällig gehören«. Zugleich war sich Tolstoi der Verdienste alten Blutes und eines großen Namens durchaus bewußt und gab seine aristokratische Voreingenommenheit auch sein ganzes Leben lang deutlich zu erkennen. Er war auf einem großen Gut aufgewachsen, wo alles, Sache wie Person, das Erbeigentum seiner Ahnen war. Als junger Mensch zählte zu den vielen Seiten seiner vielschichtigen Persönlichkeit eine starke Vorliebe für die äußeren Zeichen der Vornehmheit. Ein Kommilitone des Jahres 1846 von der Universität Kasan erinnerte sich, daß er »mit dem Grafen nichts zu tun haben wollte, er stieß mich von unserer ersten Begegnung durch seine kalte Anmaßung, sein borstiges Haar und den durchdringenden Ausdruck seiner halb geschlossenen Augen ab. Niemals hatte ich einen jungen Mann mit einer solch seltsamen und für mich unverständlichen Ausstrahlung von Wichtigtuerei und Selbstzufriedenheit kennengelernt ... Zu der ersten Zeit traf ich den Grafen selten, der sich trotz seiner Unbeholfenheit und seiner Schüchternheit der kleinen Gruppe der sogenannten ›Aristokraten‹ angeschlossen hatte. Er erwiderte kaum meinen Gruß, als wolle er damit andeuten, daß wir nicht einmal hier auf annähernd gleichem Fuße standen, seitdem er mit einem schnellen Traber ankam und ich zu Fuß«.

Als die Familiengüter unter den Brüdern aufgeteilt wurden, erhielt Leo sein geliebtes Jasnaja Poljana. Infolgedessen lebte er weiterhin inmitten seines ererbten materiellen Reichtums. Von allen Wänden blickten die vornehmen Bilder vergangener Tolstois und Wolkonskis auf ihn herab, und als ein genauer Kenner der Geschichte wurde er ständig daran erinnert, welchen hervorragenden Anteil Männer, deren Blut in seinen Adern floß, an der Geschichte seines Landes hatten. Die Namen von Leos unmittelbaren Vorfahren lesen sich wie eine Nomenklatur der halben russischen Geschichte: Wolkonski, Trubezkoi, Gortschakow, Golizyn, Odojewski und Obolenski.[9]

Tolstoi interessierte sich vor allem für die Brüder Iwan und Peter Tolstoi, die in der Regierungszeit Peters des Großen so Hervorragendes geleistet hatten. Zwischen 1870 und 1873, als er sich gerade auf einen größeren Roman vorbereitete, der zur Zeit der Herrschaft dieses Zaren handeln sollte, stellte er weitläufige Forschungen bezüglich der Taten seiner Vorfahren an. Er konzentrierte sich dabei auf den Strelizenaufstand von 1682, da dieser voll dramatischen Interesses steckte und für das Leben seiner Ahnen Tolstoi und Miloslawski von größter Bedeutung war. Vielleicht war es eine Folge dieses Interesses, daß er seinem Sohn 1873 Sagoskins historischen Roman »Juri Miloslawski« vorlas, der im Jahr 1612 spielt. Doch leider erweckte Tolstois Feder seine Ahnen niemals zum Leben, da er schließlich das Zeitalter Peters als für seinen Geschmack hoffnungslos grausam ansah.[10] Vor allem widerstrebte ihm die Rolle, die sein Ahn Peter Tolstoi bei der Entführung und dem Justizmord an dem Zarewitsch Alexei gespielt hatte.

Tolstoi war sich seiner aristokratischen Voreingenommenheit vollkommen bewußt. Sein Schwager erinnerte sich, daß Leo Tolstoi »in meiner Gegenwart zugab, sowohl stolz als auch eitel zu sein. Er war ein Aristokrat durch und durch, und obschon er stets das Landvolk liebte, liebte er doch den Adel noch mehr. Für den Mittelstand hatte er nichts übrig. Als er nach seinen Mißerfolgen in jungen Jahren als Schriftsteller zur Berühmtheit gelangte, räumte er ein, daß ihm dies großes Vergnügen und ein intensives Glücksgefühl bereite. Er war, in seinen eigenen Worten, angenehm berührt, daß er sich sowohl für einen Schriftsteller als auch für einen Edelmann halten durfte.« Bezeichnend ist auch, daß er, wenn er mit dem Zug fuhr, stets erster oder dritter Klasse reiste – doch niemals zweiter!

Tolstoi war sich bewußt, daß eine solche Einstellung dünnhäutige Menschen verletzen konnte, namentlich solche aus der Intelligenzia, aber er stellte klar, daß deren Ansichten ihn wenig kümmerten. In einer Passage, die er für »Krieg und Frieden« schrieb, aber nicht in die später veröffentlichte Fassung aufnahm, beschrieb er seine Ansicht in Worten, die etliche, die den komplizierten Charakter des Grafen nur ungenügend kannten, erstaunt hat:

»Bislang habe ich nur über Fürsten, Grafen, Minister, Senatoren und deren Kinder geschrieben, und ich fürchte, daß es in meiner Geschichte auch später keine anderen Menschen geben wird.

Vielleicht ist das nicht gut, und womöglich gefällt es auch der Öffentlichkeit nicht; vielleicht wäre eine Geschichte von Bauern,

Leo Tolstoi auf seinem Pferd Délire

Kaufleuten und Theologiestudenten für sie interessanter und lehrreicher; aber obschon ich wünsche, so viele Leser zu haben wie nur möglich, kann ich diesen Geschmack aus vielen Gründen nicht befriedigen. Erstens, weil die historischen Zeugnisse jener Zeit, über die ich schreibe, nur in den Briefen und in den Denkwürdigkeiten von Menschen der höchsten Gesellschaftsschichten erhalten geblieben sind – von Menschen, die des Lesens und Schreibens kundig waren; auch die interessanten und klugen Geschichten, die zu erfahren mir gelang, hörte ich nur von Menschen aus diesem Kreis. Zweitens, weil mir das Leben der Kaufleute, Kutscher, Theologiestudenten, Häftlinge und Bauern langweilig und eintönig vorkommt und mir sämtliche Handlungen dieser Leute zum größeren Teil in ein und demselben Motiv zu wurzeln scheinen: Neid auf die Bessergestellten, Selbstsucht und materielle Beweggründe. Wenn nicht alle Handlungen dieser Menschen diesen Motiven entstammen, so sind sie doch so sehr davon getrübt, daß es schwierig ist, sie zu verstehen und zu schildern.

Drittens, weil das Leben dieser Leute (der unteren Stände) wenig Wirkung auf die Zeit hinterläßt.

Viertens, weil das Leben dieser Leute schmutzig ist.

Fünftens, weil ich nicht verstehen kann, was ein Polizist denkt, während er neben seinem Schilderhaus steht, oder was ein Ladenbesitzer denkt und fühlt, während er andere auffordert, Bänder und Krawatten bei ihm einzukaufen, oder was ein Theologiestudent denkt, wenn er zum hundertsten Male verdroschen wird, und so weiter. Ich kann das ebensowenig begreifen, wie ich auch nicht verstehe, was eine Kuh denkt, während sie gemolken wird, oder was ein Pferd denkt, während es ein Faß trägt.

Schließlich sechstens (und dies, weiß ich, ist der beste Grund), weil ich selbst dem höchsten Rang der Gesellschaft angehöre, und das gefällt mir.

Ich bin kein Bourgeois, wie Puschkin dreist sagte, und ich sage dreist, daß ich durch Geburt, Gewohnheit und Stellung ein Aristokrat bin. Ich bin Aristokrat, weil ich mich nicht nur nicht dafür schäme, sondern sogar – im Gegenteil – glücklich bin, mich meiner Ahnen zu erinnern – Väter, Großväter und Urgroßväter. Ich bin Aristokrat, weil ich von Kindesbeinen an erzogen wurde in Liebe und Achtung für den höchsten Stand der Gesellschaft und in Liebe für das Erhabene, wie es nicht nur in Homer, Bach und Raffael seinen Ausdruck findet, sondern auch in den kleinen Dingen des Lebens. Ich bin Aristokrat, weil ich genügend Glück hatte, daß weder ich noch mein Vater, noch mein Großvater Not kannten oder den Konflikt zwischen Gewissen und Not, und weil sie auch niemals Grund fanden, irgend jemanden zu beneiden oder um einen Gefallen zu bitten, und sie mußten sich auch nicht des Geldes oder einer Stellung in der Gesellschaft wegen erziehen lassen, und so weiter – dies alles Prüfungen, denen sich Bedürftige unterziehen müssen. Ich sehe durchaus, daß dies ein großes Glück war, und ich danke Gott dafür; aber wenn auch dieses Glück nicht jedermann zuteil wird, so sehe ich dennoch keinen Grund, es zurückzuweisen oder daraus nicht einen Vorteil zu ziehen.

Ich bin Aristokrat, weil ich nicht an den hohen Intellekt, den kultivierten Geschmack oder die absolute Ehrlichkeit eines Menschen zu glauben vermag, der sich in der Nase bohrt und dessen Seele mit Gott verkehrt.«[11]

Dies war der Graf Tolstoi, der einen unverschämten Bauern eigenhändig verprügeln konnte. Der gleiche war es auch, der in einem Mitteilungsschreiben an Zar Alexander III. freimütig äußerte: »Ich schreibe nicht in dem Ton, in dem Menschen gewöhnlich an Kaiser schreiben – mit Blüten von falscher und untertäniger Eloquenz, die nur Gefühle und Gedanken verdunkeln. Ich werde einfach schreiben, von Mensch zu Mensch.« Und als er sich ähnlich an dessen Nachfolger Nikolaus II. wandte, begann er einfach: »Lieber Bruder, ich halte diese Form der Anrede für die geeignetste, weil ich Sie in diesem Brief nicht so sehr als Zaren anspreche, sondern als einen Menschen – einen Bruder ...« Viel davon rührte aus Tolstois Lehre von christlicher Brüderlichkeit, aber man kann darin auch die Überzeugung entdecken, daß ein Tolstoi einem Romanow ebenbürtig sei. Ähnlich heftig bekämpfte Tolstoi jede Ungerechtigkeit, wo immer er sie antraf, doch wenn die Ungerechtigkeit ihn selbst berührte, mischte sich in seine Antwort eine starke Note von persönlicher Empörung. 1862 durchkämmte eine Polizeistreife sein Haus, die dort nach revolutionärer Literatur suchte. Glücklicherweise war Tolstoi gerade nicht zu Hause (»Wäre ich daheim gewesen, stände ich jetzt wahrscheinlich wegen Mord vor Gericht«), doch als er davon erfuhr, kannte seine Wut keine Grenzen. Die Beamten hatten gedroht wiederzukommen, worauf Tolstoi seiner Tante versicherte: »Ich habe geladene Pistolen in meinem Zimmer und werde warten, wie diese Sache ausgehen wird«. Er bat sie, den engen Freund des Zaren, seinen Vetter Alexei Konstantinowitsch (den Dichter) um Rat zu fragen, und schrieb bald darauf selbst an den Zaren: »Der Name Ihrer Majestät sei frei von jedem Vorwurf der Ungerechtigkeit, und diejenigen, die sich des Mißbrauchs dieses Namens schuldig gemacht haben, sollen, wenn nicht bestraft, so doch zumindest bloßgestellt werden«. Der Zar sandte rasch eine Entschuldigung.

Marc Raeff hat in seinem Buch »The Origins of the Russian Intelligentsia« gezeigt, welch eigentümlicher Situation die russische Aristokratie nach den Reformen Peters des Großen ihre Stellung verdankte, die ganz anders war als die der übrigen europäischen Adelsgesellschaften. Als Stand besaß sie nur wenig Macht, da diese sich ganz in den Händen des autokratischen Kaisers befand. Aber bei ihnen zu Hause auf dem Land besaßen sie beinahe unbegrenzte persönliche Macht. Im achtzehnten Jahrhundert nahm ihre Gewalt über ihre Leibeigenen sogar noch zu als eine Belohnung für ihre Ergebenheit und als ein Mittel, das Land zu befriedigen. Während die Väter jahrelang abwesend waren und ihren militärischen oder administrativen Verpflichtungen gegenüber dem Staat nachkamen, blieben die Söhne daheim in der Obhut der Frauen. Ihre Gespielen waren die Kinder der einheimischen Leibeigenen, für die sie jenes Maß an Zuneigung empfanden, wie es gegenüber Waisenkindern natürlich ist; gleichwohl übten sie über ihre kleinen Freunde absolute Gewalt aus.

Waren die adligen Jungen herangewachsen und selber zu Männern geworden, traten sie ihrerseits in den Staatsdienst. Herausgerissen aus ihrer Umgebung, litten sie zunehmend an der Isolierung vom Volk; dieses Gefühl verschlimmerte sich tragischerweise durch die Verbreitung der europäischen Kultur in den gebildeten Ständen. Schuldgefühl, Entbehrung und Isolation machten den Edelmann, wenn er wieder daheim auf seinem Gut saß, leicht zum Opfer einer ganzen Reihe einander widerstrebender Gefühle und Einstellungen. Die künstliche Art des Bürokratendaseins konnte ihn dazu bewegen, eine übertriebene, sentimentale Liebe für die »natürlichen« Bauern auf seinem Gut zu empfinden. Zugleich war er ihnen dank seiner Kultur und sogar in Sprache und Kleidung innerlich fremd. Der Aristokrat, der wieder zu Hause war, fühlte sich getrieben, das zu bewerkstelligen, was ihm während seiner eingeengten Jahre im Staatsdienst nicht gelungen war: weitreichende Neuerungen und Reformen durchzuführen. Da seine rechtlichen Vollmachten nur ungenau umschrieben waren, neigte er dazu, seine Güter mit den gleichen Augen zu betrachten, wie westeuropäische Intellektuelle im achtzehnten, neunzehnten und im zwanzigsten Jahrhundert Rußland betrachtet haben: als eine *tabula rasa*, idealer Boden für jedes beliebige Reformprojekt. Dieser Einstellung fehlte jegliche Vorstellung von der Realität, jegliches Empfinden für den Wert gewachsener Einrichtungen, aber auch jegliche Ermutigung zur Eigeninitiative von seiten der verschreckten Leibeigenen.

Seine persönlichen Erfahrungen mit der Regierung gaben Leo Tolstoi Grund zu glauben, daß die Regierung bestenfalls ein nutzloses Ärgernis sei, schlimmstenfalls ein unfähiger Tyrann. Ein Jahr im öffentlichen Verwaltungsdienst seines Gouvernements, 1861/62, verleidete ihm die ganze Politik, und seine Erfahrungen im Militärdienst überzeugten ihn derart von der Unfähigkeit des Generalstabs, daß er zuletzt zu der Ansicht gelangte, daß, um General zu sein, es nur notwendig sei, daß einem wichtige menschliche Fähigkeiten abgehen und daß Krieg auf jeden Fall eine Wissenschaft sei, die man unmöglich beherrschen könne. Von da an betrachtete er Maßnahmen der Regierung als eine widersinnige Behinderung. Seine Bücher wurden oft aus Gründen zensiert, die völlig unbegreiflich waren. Schon früh in seiner Schriftstellerlaufbahn beklagte er sich: »›Kindheit‹ ist vom Zensor verdorben und ›Der Überfall‹ einfach von ihm kaputtgemacht worden. Alles, was darin gut war, hat er entweder herausgestrichen oder verstümmelt.«

Was Wunder, daß Tolstoi nur »Widerwillen und Verachtung empfand, beinahe Haß für diese liebe Regierung, die mein Haus nach lithographischen und typographischen Geräten durchsucht«, wie er 1862 schrieb. In der Tat ließen Tolstois Ruhm und der Umstand, daß die gesamte gebildete Gesellschaft Rußlands die Grundsätze der europäischen Aufklärung akzeptierte, die Regierung zögern, sich seinem Schaffen allzu offen oder fortwährend zu widersetzen, und dieses Unbehagen half ihm paradoxerweise, seine Ansicht zu festigen, daß die Gesellschaft unter genügend Druck, durch moralische Pression radikal verändert werden könnte. Die Regierung und die künstliche Gesellschaft in den beiden Hauptstädten waren, davon war er mehr und mehr überzeugt, falsche, oberflächliche Gebilde, einem Land aufgezwungen, zu dem sie wenig Berührung hatten und dem sie keinen Nutzen brachten. Man braucht nicht hinzuzufügen, daß dies weitgehend zutraf. Die Selbstherrschaft *war* eine künstliche Idee, einer unwilligen oder gleichgültigen Bevölkerung übergestülpt; und die gebildeten Stände Rußlands waren dem gemeinen Volke entfremdet.

Tolstoi irrte sich allerdings, wenn er glaubte, daß diese einzigartige Situation, die in eigentümlichen geschichtlichen Umständen wurzelte (dem Tatarenjoch, der Größe Rußlands und der Tatsache, daß es keine natürlichen Grenzen hatte, etc.), einen Modellfall bildete, nach dem man die Menschheitsgeschichte beurteilen konnte. Der glühende Eifer seiner zerstörerischen intellektuellen Analyse ließ ihn alles Falsche, Unaufrichtige und unnötig Komplizierte zerlegen. So war die Tragödie Anna Kareninas weniger der Sünde des Ehebruchs zuzuschreiben als dem Schicksal ehrlicher, elementarer Leidenschaften, die in einer überzüchteten Gesellschaft eingeschlossen saßen. Seine Reaktion gegen diese Komplexität verführte Tolstoi zu einigen – für ihn charakteristischen – extremen Schlußfolgerungen, so zum Beispiel wenn er meinte, der Telegraph und die Eisenbahn zeitigten schädliche Wirkungen (»Die Eisenbahn ist für das Reisen, was das Bordell für die Liebe ist – ebenso bequem, aber auch ebenso unmenschlich mechanistisch und von tödlicher Gleichförmigkeit«). Aus seiner Schwarzseherei wuchs die Überzeugung, politische und soziale Reformen seien lediglich Flicken auf

Leo Tolstoi beim Spaziergang

einem fadenscheinigen Gewand; diese Ansicht bewegte ihn zu Äußerungen, die seiner inneren Natur fremd waren, wie seine anfängliche Weigerung, 1891 an dem Hilfsprogramm für Hungernde teilzunehmen, oder seine Weigerung, 1895 eine vernünftige Bewegung zugunsten der Verbesserung von Bildungsmöglichkeiten für Frauen zu unterstützen.

So interessant dies auch als eine Teilerklärung sein mag, es wäre allzu leicht, Tolstois Überzeugungen einfach als das unbewußte Produkt der Umwelt eines russischen Grundbesitzers im neunzehnten Jahrhundert zu verwerfen. Wenige Menschen waren von schärferer Kritik diesen Ansichten gegenüber als sein englischer Schüler und Biograph Aylmer Maude: »Die Kenntnis der gesellschaftlichen Umstände, in denen Tolstoi aufwuchs, macht es einfacher, die Lehren zu verstehen, die er später verkündete. Weil er in einer selbständigen und nicht von Verantwortung belasteten Stellung heranwuchs, führte dies teilweise dazu, daß er den Zustand seines eigenen Verstandes und seiner Seele für viel wichtiger hielt als die unmittelbare Wirkung seines Verhaltens auf andere, und aus dem gleichen Grund lernte er niemals die Lektionen, die bei uns jeder intelligente Mensch, der mit beiden Beinen auf der Erde steht, notgedrungen lernt.«

Aber es war der gleiche Maude, der auf die geistigen Vorzüge hinwies, mit denen das Leben den großen Schriftsteller ausstattete. »Seine unabhängige Stellung erleichterte ihm die Heranbildung einer geistigen Haltung, die frei ist von intellektuellem Vorurteil, wodurch er später in der Lage war, die Ansprüche der Kirche, die der Bibel, die der Nationalökonomen, der Regierung und die fest etablierten Verhaltensweisen und Gewohnheiten der Gesellschaft zu untersuchen, unberührt von der Furcht, er könne andere damit schockieren oder ihnen weh tun ... So schaffte er es, Dinge zu sehen, wie wir sie nicht sehen, während er einigen Dingen gegenüber blind blieb, die uns wohlbekannt sind. Dies ist ein Grund, warum er so überaus interessant ist.«

Der quälendste persönliche Ausdruck dieses Gegensatzes zwischen dem, was – wie ihm jede Faser seines Lebens sagte – richtig war, und den harschen Realitäten des Lebens war die Kluft, die zwischen ihm und seiner Frau aufriß. Ein Laster gab es, das er mied, und das war die Heuchelei. Wenn er das nicht in die Tat umsetzen konnte, was er so glühend glaubte, welchen Wert hatte dann dieser Glaube? Sonja hegte uneingeschränkte Bewunderung für die Begabung ihres Mannes als Romancier, doch sie spürte, daß seine herausfordernde Haltung gegenüber den Behörden der Familie nur Kummer und kaum irgendwem Nutzen bringen konnte und daß sein leidenschaftliches Verfassen von Flugschriften für ihn eine grausame Verschwendung seiner schöpferischen Fähigkeiten sei. Da schien auch in seiner Einstellung gegenüber Sexualität und Geld viel Scheinheiligkeit zu stecken. Sie war nicht die einzige unter seinen Bewunderern, die dies meinte. 1883 schrieb der sterbenskranke Turgenjew eine letzte vergebliche Bitte: »Lieber und gütiger Lew Nikolajewitsch ... Ich schreibe Ihnen vornehmlich, um Ihnen zu sagen, wie glücklich ich war, Ihr Zeitgenosse gewesen zu sein, und um meine letzte, aufrichtige Bitte auszudrücken. Mein Freund, kehren Sie zur Literatur zurück! Aus dieser ersten Ihrer Begabungen folgen alle anderen. Ach, wie glücklich wäre ich, wenn ich glauben dürfte, daß meine Bitte auf Sie Eindruck machte! Ich habe ausgespielt ... Mein Freund – großer Dichter des russischen Landes – hören Sie auf meine Bitte!«[12]

Tschechow, der Tolstoi gleichfalls sehr liebte, aber in seinem Urteil bedeutend schärfer war, drückte seine Ansicht 1894 privatim aus: »Die Logik und ein Sinn für Gerechtigkeit sagen mir, daß in der Elektrizität und in der Dampfkraft mehr Nächstenliebe steckt

Leo und Sonja in seinem Arbeitszimmer

als in der Keuschheit und der Enthaltsamkeit gegenüber Fleischspeisen.«

Selbst Turgenjews bewegende Bitte erreichte nichts. Ende des Jahres 1885 schrieb Tolstoi seiner Frau einen langen, gequälten Brief, worin er ihr seine Haltung verdeutlichte. Nachdem er die Meinungsverschiedenheiten, die zwischen ihnen aufgebrochen waren, bedauerte, fuhr er fort: »Vor ungefähr zehn Jahren kam ich zu dem Schluß, daß meine Rettung und die eines jeden Menschen in diesem Leben einzig und allein darin besteht, nicht für sich selbst zu leben, sondern für andere, und daß das Leben unseres Standes ganz darauf abgestellt ist, für sich selbst zu leben, und daß es ausschließlich auf Stolz, Grausamkeit, Gewalttätigkeit und dem Bösen beruht, und daß daher ein Mensch aus unseren Kreisen, der ein gutes Leben zu führen wünscht, der mit seinem Gewissen leben möchte, fröhlich leben möchte, es nicht nötig hat, nach schwierigen und entlegenen Aufgaben Ausschau zu halten, um diese zu erfüllen, sondern daß er dies jede Minute tun muß, Stunde um Stunde und Tag um Tag arbeiten muß, um sein Leben zu ändern und vom Schlechten zum Guten zu kommen; dies allein stellt für Menschen unseres Kreises Glück dar, aber Du und die ganze Familie, Ihr ändert Euer Leben nicht; während die Familie wächst und die Selbstsucht ihrer Mitglieder zunimmt, verstärkt Ihr eher Eure schlechten Seiten. Das ist der Grund für den Schmerz. Wie kann er geheilt werden? Sollte ich meinem Glauben entsagen? Du weißt, daß dies nicht möglich ist. Wenn mein Mund diese Äußerung täte, würde niemand, nicht einmal Du, ihr Glauben schenken, geradesowenig als ob ich sagte, zweimal zwei sei nicht vier. Aber was sollte ich tun? Diesen Glauben in Worten und Schriften bekennen und im wirklichen Leben anders handeln? Noch einmal, nicht einmal Du könntest mir raten, das zu tun. Sollte ich ihn vergessen? Unmöglich. Aber was soll ich tun? Der springende Punkt ist doch, daß das Thema, das mich beschäftigt und zu dem ich vielleicht berufen bin, das Lehren von Moral ist. Und dieses moralische Lehren unterscheidet sich von allen anderen Verrichtungen dadurch, daß es unabänderlich ist, es kann nicht bloße Worte bedeuten, es kann nicht für den einen Menschen bindend sein und für den anderen nicht. Wenn das Gewissen und die Vernunft etwas verlangen, und für mich steht fest, was Gewissen und Vernunft verlangen, dann kann ich mich nicht den Forderungen von Gewissen und Vernunft entziehen und mich trotzdem wohl fühlen – ich kann nicht Menschen anschauen, die mir durch Bande der Liebe verbunden sind und wissen, was Vernunft und Gewissen verlangen, und es nicht tun, ohne darunter zu leiden ... Du denkst, daß ich eines bin und mein Schreiben ein anderes. Aber mein Schreiben macht das Ganze von mir aus.«

Einen Mittelweg gab es nicht. Es gab Schriftsteller, die aus der Bequemlichkeit ihres Arbeitszimmers fromme Plattheiten verkündigten, aber Tolstoi konnte sich ihnen nicht anschließen. Den französischen Schriftsteller Ernest Renan, den er der Unaufrichtigkeit verdächtigte, beschrieb er als »einen Eunuchen, dem man die Hoden der Moral abgeschnitten hat«, und Bernard Shaw beschrieb er treffend als »klug-dumm«. Er war nicht, wie viele dachten, besessen; er konnte fröhlich über sich lachen und sich über seine eigenen Anschauungen lustig machen. Aber er hatte ein Leben damit zugebracht, nach der Wahrheit zu suchen, und konnte die Suche nicht aufgeben, nur um den häuslichen Frieden wiederzugewinnen.

Die geistige Qual nahm Jahr für Jahr zu. Im neunzehnten Jahrhundert wurden die großen Fragen im großen und ganzen von gebildeten Menschen behandelt, die, bei all ihren Fehlern, ihrer Bestechlichkeit und Trägheit, die anstehenden Fragen wenigstens in einer Atmosphäre der Höflichkeit und des gegenseitigen Respekts miteinander diskutierten. Doch zu Beginn des zwanzigsten Jahrhunderts war offenkundig, daß sich im Abgrund etwas Dunkles, Schreckliches bewegte. Die Umstände waren einer friedlichen tolstojanischen Revolution kaum günstig. Und was konnte man schließlich für all die Arbeit und Seelenqual vorweisen? Wenn Regierungen und politische Parteien sich zum Schlimmeren hin wandelten, was waren dann die Früchte seiner Arbeit im Volk? Überall auf der Welt gab es Männer und Frauen, die mit dem großen Mann im Briefverkehr standen und daher ein erfüllteres Leben führten oder dies wenigstens glaubten. Aber die meisten Versuche tolstojanischer Kolonien waren zwar gut gemeint, aber sie gingen in Streit und Unfähigkeit zugrunde, und seine Lehren zogen unweigerlich Spinner und Neurotiker an, die aus Gründen der Eitelkeit die Berührung mit dem großen Schriftsteller suchten und deren Lehren die Stellung von Menschen zu rechtfertigen scheinen, die es in ihrem persönlichen Leben zu nichts gebracht haben.

Verständlicherweise konnte der alte Graf auf Menschen dieses Schlages gelegentlich ärgerlich werden. »Es gibt weder eine tolstojanische Sekte noch eine tolstojanische Lehre«, schalt er einen Schwärmer. »Es gibt nur eine einzige Lehre, die der Wahrheit – und diese weltumfassende und ewige Lehre steht für mich nicht weniger als für andere in den Evangelien.« Als er bei denen, die sozusagen »noch tolstojanischer waren als Tolstoi«, einen heillosen Fanatismus spürte, zögerte er nicht, seiner eigenen Lehre zu widersprechen. Einem Menschen, der, wie er selber es getan hatte, darauf drängte, daß *alle* auf dem Feld arbeiten müßten, erwiderte er knapp, das »wäre Sklaverei«. Und einem anderen, der Tolstois Wüten gegen gedruckte Literatur noch übertraf, beschuldigte er, unehrlich und unaufrichtig zu sein.[13]

Unglücklicherweise geriet Tolstoi selbst in deutliche Abhängigkeit von einem dieser Jünger, Wladimir Tschertkow. Obgleich Tschertkow ein intelligenter und aufrichtiger Anhänger von Tolstois Ideen war, war er doch auch ein durchtriebener, eitler Mensch, der ehrgeizig darauf aus war, Tolstoi zu »managen«. Darin war er weitgehend erfolgreich, und dies verschlimmerte Tolstois Zerwürfnis mit seiner Frau. Er wurde nicht grundlos verdächtigt, das Einkommen Tolstois und seine Manuskripte veruntreut zu haben, und der Autor war sich zeitweise schmerzlich bewußt, in wessen Hände er sich da begeben hatte.

Leo Tolstoi mit seiner Enkelin Tanja

Der einzig wirklich befriedigende Erfolg in seinem neuen Leben war seine Beziehung zu den Schulkindern von Jasnaja Poljana. Er war immer wieder aufs neue entzückt von ihrer Frische, ihrer Phantasie und dem, was er als die intuitive Größe ihres unverdorbenen Verstandes ansah, während sie ihrerseits den großen Mann verehrten und hingerissen waren von seinen Geschichten, Possen und Witzen. »Er gewann leicht ihr Vertrauen und scheint den Schlüssel zu ihren Herzen gefunden zu haben«, notierte sein Schwager. »Ich entsinne mich, wie seine Kinder manchmal zu ihm hinrannten und ihm sagten, sie hätten ein großes Geheimnis; und wenn sie es dann partout nicht preisgeben wollten, pflegte er ihnen ins Ohr zu flüstern, was es war. ›Ach, was für einen Papa wir haben! Wie hat er das herausgefunden?‹ riefen sie dann erstaunt.«

Bei einer solch begeisternden Führung kann es nicht erstaunen, daß die Kinder nicht nur fleißig, sondern auch mit großem Vergnügen arbeiteten und weitaus bessere Ergebnisse brachten als andere, die der gefühl- und phantasielosen Disziplin unterworfen waren, die seinerzeit in Rußland und ganz Europa gang und gäbe war. War es wirklich nötig, daß der Mensch aus diesem impulsiven Daseinszustand herauswuchs, wo eine Idee, ein Gedanke, ein Gefühl sich binnen eines Augenblicks ausdehnte, bis es ein ganzes Bewußtsein füllte? Sicherlich war es nicht Gottes Wille, daß dies alles im Alter von zwölf Jahren verkümmerte? Wenn man einem Erwachsenen die Zwangsjacke auszog, die ihm die Regierung angelegt hatte, würde dann das Ergebnis nicht ähnlich sein wie nach der Befreiung der kindlichen Gemüter?

Doch es gelang nicht. Trotz der übermenschlichen Wirkung seiner eigenen Persönlichkeit, die einen Mann wie Tschechow gegen dessen Willen zu sich herüberziehen konnte, sah Tolstoi, daß die Welt sich nicht geändert hatte. In seiner »Bewegung« gab es außerhalb seines persönlichen Einflußbereiches viele bewunderungswürdige Menschen, aber auch Käuze und Eigenbrötler zuhauf. Am schlimmsten war die Lage in seiner eigenen Familie. Seine Frau war seiner Lebensweise gegenüber gänzlich feindselig eingestellt, und die meisten seiner Kinder verwarfen sie. Seine Welt stand auf dem Kopf: er predigte universale Liebe – und machte seine Frau unglücklich; er predigte die Tugenden der Armut – und lebte notgedrungen im Luxus; er hoffte auf Vereinigung mit dem Allmächtigen – und verbrachte seine Zeit zu Hause mit Zänkereien; er verachtete persönliche Eitelkeit – und war umgeben von Autogrammjägern und Photographen;[14] er geißelte den Geschlechtsverkehr, selbst den ehelichen, als »häßliche und verbrecherische Lust« – und spürte im Alter von achtzig Jahren gleichwohl den »schlimmen Trieb« so arg wie je! Einmal schon, am Abend des 17. Juni 1884, war er unversehens aus seinem Haus in der Tulaer Straße davongelaufen. Außerstande, die widerstreitenden Forderungen von Heim und Gewissen länger zu ertragen, dachte er an Flucht, vielleicht nach Frankreich. Doch Gefühle des Mitleids und der Pflicht trieben ihn zurück zu seiner Frau.[15]

Diesmal jedoch gab es kein Zurück. Er war zweiundachtzig, und die Angst vor dem Tod kannte er seit seiner Kindheit; in der Erzählung »Der Tod des Iwan Ilytsch« hatte er sie so lebhaft beschrieben, und nun umschlich sie ihn unbarmherzig. In den frühen Morgenstunden des 28. Oktober floh er heimlich aus Jasnaja Poljana und ließ Sonja eine Nachricht zurück:

»Mein Weggehen wird Dich bestürzen. Es tut mir leid, aber verstehe mich bitte, und glaube mir, daß ich nicht anders handeln konnte. Meine Stellung zu Hause wurde – ist bereits – unerträglich. Ohne weiter darauf einzugehen, ich kann nicht länger in dem Luxus leben, der mich bislang umgeben hat, und ich mache, was die meisten alten Männer meines Alters für gewöhnlich machen: sie geben die Welt auf, um ihre letzten Stunden in Einsamkeit und Schweigen zu verbringen. Bitte versteh dies, ich bitte Dich, und versuch nicht, mich zu finden, selbst wenn Du entdeckst, wo ich bin. Dein Kommen würde Deine und meine Lage nur verschlimmern und würde an meiner Haltung überhaupt nichts ändern. Ich danke Dir für die achtundvierzig Jahre ehrlichen Lebens, die Du mit mir verbracht hast, und bitte Dich, mir alles Unrecht zu vergeben, das ich Dir angetan habe, wie ich Dir auch das vergebe, was Du mir vielleicht zugefügt hast.«

Obwohl dies die echten Gründe für sein Weggehen waren, war es dennoch bezeichnend, daß der letzte Anstoß zu dieser Verzweiflungstat aus einer »gräflichen« Verärgerung darüber kam, daß seine Frau in den geheimen Bezirk seines Studierzimmers eingedrungen war. (Sie suchte nach der Neufassung seines Testaments, das er, wie sie richtig vermutete, kurz zuvor angefertigt hatte und in dem er ihr und den Kindern die Autorenrechte entzog und sie dem scheußlichen Tschertkow übertrug.) Er belauschte sie von seinem Schlafzimmer aus. »Meine Abneigung und meine Empörung wuchsen«, schrieb er ärgerlich; »ich rang nach Luft und zählte meinen Puls – 97. Ich konnte nicht länger liegenbleiben und faßte plötzlich den endgültigen Entschluß davonzulaufen.« Leo Tolstoi war ebensowenig imstande, sich von dem berühmten Familienstolz der Tolstois loszusagen (Gogol hatte ihn bereits 1846 kennengelernt[16]) wie von seinen anderen Schwächen.

Auf seiner hastigen und eher unwürdigen Flucht suchte Tolstoi den Konvent von Schamardino auf, wo seine achtzigjährige Schwester Maria seit langem als Nonne lebte. Sie war die einzige Überlebende aus jenen elysischen Kindheitstagen, zu denen er in seinen Gedanken so oft zurückkehrte. Er beschloß, dort seine Tage zu beenden; als jedoch von Sonja und seinen Kindern beunruhigende Nachrichten kamen, besann er sich eines anderen und bestieg den Zug mit der vagen Vorstellung, sich im sonnigen Kaukasus niederzulassen, wo er einst als energiegeladener junger Mensch, voller Hoffnungen und Ideen, bei den frei umherziehenden Kosaken gedient hatte. Er befand sich in Begleitung seines Arztes Duschan Makowitski und seiner jüngsten Tochter Alexandra, die sich im Kloster zu ihm gesellt hatte. Der Zufall wollte es, daß sie am frühen Morgen jenes 18. Juni 1884 geboren wurde, nur wenige Stunden

Leo Tolstoi (Repin, 1909)

nach der letzten Flucht ihres Vaters von zu Hause. Tolstoi fühlte sich ihr jetzt am engsten verbunden und redete sich ein, daß sie allein in der Familie verstand, was ihn beunruhigte.

Doch während der Zug langsam gen Süden rumpelte, wurde klar, daß der kranke alte Mann nicht in der Lage war, im Winter eine Reise von gut tausend Kilometern zu machen. An einer kleinen Station namens Astapowo stieg die Gruppe aus, und für den geschwächten Flüchtling wurde im Hause des Stationsvorstehers eine provisorische Unterkunft eingerichtet. Tolstoi lag im Sterben, mitten auf einer Reise, die er mit rücksichtsloser Überzeugung, aber mit unbestimmtem Ziel unternommen hatte. Er hatte Fieber, seine Temperatur stieg, das Herz schlug unregelmäßig, stechende Kopfschmerzen und unlöschbarer Durst quälten ihn. Aus dem Nebenraum drangen die klaren Stimmen der drei kleinen Kinder des Stationsvorstehers, die lachten und sangen, Laute, die ihn mit Freude erfüllten.

Aber es dauerte nicht lange, und statt ihrer Laute erklang das verhaltene Stimmengewirr von Besuchern, die aus allen Himmelsrichtungen an diesen unbekannten Fleck geeilt waren. Sein publicitybewußter Sekretär und Regisseur Tschertkow traf an der Spitze einer sich unablässig vermehrenden Schar von Tolstojanern ein, die allesamt bestrebt waren, bei dem bevorstehenden Ereignis, auf das sich die Augen der Welt richteten, persönlich dabei zu sein. Die Gräfin Tolstoja, die in Tula ihren Zug verpaßt hatte, mietete sich nun einen eigenen und traf mit den jungen Tolstois ein: mit Tatjana (46), Ilja (44), Andrei (33) und Michail (31). Doch auf Drängen von Tschertkow und Alexandra wurde Sonja nicht zu ihrem Mann gelassen. Sie fürchteten, daß in seinem Schwächezustand die unausbleibliche Erregung sich als tödlich erweisen könnte.

Sonja, inzwischen ganz außer sich, schritt auf dem Bahnsteig auf und ab und bat von Zeit zu Zeit verzweifelt darum, ihren Gemahl sehen zu dürfen, mit dem sie achtundvierzig Jahre verbracht hatte. Seine Beschützer waren unerbittlich: der größte Dichter der Welt dürfe nicht gestört werden. Unterdessen war ein Kamerateam eingetroffen, um den großen Augenblick unsterblich zu machen. Sie filmten alles, was ihnen vor die Kamera kam: das Schild am Bahnsteig, die Schienen, den Perron und das Haus des Vorstehers. Den großen Mann selbst konnten sie nicht aufnehmen, aber sie drehten unvergeßliche Szenen von der Erregung und dem Elend seiner Frau. Gewiß war eine Demütigung selten so öffentlich. Sie trat an das Fenster des Hauses (die Kameras surrten), um zu sehen, ob sie einen Blick auf Leo erhaschen könne – drinnen zog ihr eine fürsorgliche Hand die Vorhänge vor der Nase zu. Schließlich konnte sie es nicht länger ertragen und ging um die Ecke zum Eingang. Ihre sechsundzwanzigjährige Tochter Alexandra trat ihr entgegen und verbot ihr einzutreten. Sodann bat Sonja weinend, in den Flur kommen zu dürfen, so daß das Gewühl von Reportern und Neugierigen zumindest glauben konnte, sie sei nicht von dem Mann abgewiesen worden, dem sie ihr ganzes Leben geopfert hatte. Großherzig ließ sie Alexandra für ein paar Augenblicke lang eintreten, dann ging sie zurück in den überfüllten Raum, wo Tschertkow und die anderen führenden Köpfe der Tolstojaner ins Dunkel starrten und miteinander flüsterten.

Das Schauspiel dauerte beinahe eine Woche lang. Tolstoi lag in dem Häuschen, zeitweise bei Bewußtsein, während Sonja mit ihren Söhnen in ihrem Eisenbahnzug saß, der auf einem Seitengleis abgestellt war. Die sich beständig vermehrende Horde von Reportern kämpfte in der Nachbarschaft um Raum, während die Polizei Schwadrone berittener Polizei aussandte, um für etwaige Notfälle gerüstet zu sein. Erinnerungen quälten den Sterbenden. Als sich die

Die Lichtung des Grünen Stockes (I. P. Pochitonow, 1905)

Sekretärin seiner Frau ihm näherte, rief er energisch: »Mascha! Mascha!« Er hielt sie für seine Tochter Maria, die vier Jahre zuvor gestorben war. »Vieles ist auf Sonja gefallen«, dachte er laut, antwortete aber nicht, als ihn seine Tochter Tanja fragte, ob er sie zu sehen wünsche. »Ich bitte dich, immer daran zu denken«, sagte er fest und richtete sich im Bett auf; »neben Lew Nikolajewitsch gibt es auf dieser Welt unzählige Menschen, und ihr kümmert euch nur um ihn.« Und weiter: »Und die Bauern? Wie sterben die Bauern?« Alle Anwesenden lauschten aufmerksam, merkten sich Wort für Wort. »Sucht ... sucht weiter.« Er war am Ende seiner Kräfte. »Ich gehe irgendwohin, damit keiner mich aufhalten kann. Laßt mich allein!« Die Menge verharrte respektvoll. Nur die Schreie der Kinder des Vorstehers, die dann und wann aus der Ferne kamen, warfen auf diese historische Szene am Sterbebett einen Mißklang.

Kurz vor seinem Tod rief er nach seinem ältesten Sohn, Sergei, der inzwischen gleichfalls eingetroffen war. Sergei trat vor und kniete sich neben das Bett. Eine einzige Kerze, die daneben brannte, warf ihr Licht auf die fahlen Züge des Leidenden.

»Die Wahrheit«, murmelte Leo Tolstoi schwach; »ich liebe sie so sehr ... sie alle ...«[17]

Der letzte Satz blieb unvollendet. Dies waren seine letzten Worte, und kurz nach sechs Uhr am Morgen des 7./20. November 1910 war er tot. Dr. Makowitski beugte sich über ihn und drückte ihm die Augen zu: Alexandra Tolstoja hat mir diese Szene im Mai 1979, als sie selbst im Sterben lag, mit tiefer Gefühlsbewegung geschildert.

Leo Tolstoi wurde auf einer Lichtung in Jasnaja Poljana beigesetzt, an jener Stelle, die sein Bruder Nikolai in ihrer Kindheit als den Ruheplatz des kleinen grünen Stocks bezeichnet hatte, Talisman der immerwährenden Barmherzigkeit, der Harmonie und Zufriedenheit. Es war ein langer, steiniger, schwerer Weg, aber am Ende ist er doch angekommen.

10

Der Aristokrat an Stalins Hof

*Alexei Nikolajewitsch Tolstoi
an der Technischen Hochschule
von St. Petersburg*

Um sich zu versichern, daß in diesem Sommer der berühmte Schriftsteller Graf Alexei Tolstoi zu ihren Hausgästen zählen würde, traf die bekannte Gastgeberin der feinsten Gesellschaft, Valentina Chodasewitsch, schon Monate vorher Vorkehrungen und sandte ihm schon im Winter eine Einladung. Schließlich war der Graf ein grandioser Fang. Er war der berühmteste Romancier und Dramatiker des Landes, ein Edelmann von hohem Rang und nach ihrem Herrscher außerdem der reichste Mann von ganz Rußland. Ob in den Häusern auf dem Lande oder in den Stadtpalästen, immer war er ein begehrter Gast; er war bezaubernd, liebenswürdig, begabt und großzügig, seine Gegenwart machte jeden festlichen Empfang und jedes Diner zu einem Erfolg. Einen Teil des Sommers verbrachte er nicht selten in Sorrent, im sonnigen Italien; aber in diesem Jahr lag die Vermutung nahe, daß die unruhige politische Lage in Westeuropa eine Reise ins Ausland erschweren würde. Vielleicht würde Madame Chodasewitsch diesmal den Löwen fangen!

»Mein Mann und ich«, erinnerte sie sich, »luden Alexei Nikolajewitsch und seine Gattin ein, uns im Sommer im Dorf Dubowo am Seligersee zu besuchen, wo wir ein herrliches, großräumiges Haus besaßen. In diesem Sommer hatten wir schon ein paar Freunde zu Besuch, und viele weitere wohnten ganz in der Nähe am See. Viele davon waren auch mit Tolstoi befreundet. Es ging immer fröhlich und laut bei uns her, es gab also nichts, was Alexei Nikolajewitsch hätte abhalten können – ganz im Gegenteil. Für unsere Gäste hielten wir uns ein paar Jachten und mehrere Ruderboote. Das Haus lag direkt am Seeufer... Im allgemeinen fuhren wir mit unseren Ruderbooten zum gegenüberliegenden Ufer, wo es einen herrlichen Sandstrand gab.

Anfang August traf ein Expreßtelegramm bei uns ein: ›Wir sind angekommen – holt uns ab – Tolstoi.‹ Der Maler W. S. Basow, der gleichfalls bei uns in Dubowo wohnte, machte sich am frühen

Morgen mit dem Dampfer nach Ostaschkow auf, und gegen elf Uhr kamen sie alle mit dem Schiff in Dubowo an.

Da Tolstoi im Zug schlecht geschlafen hatte, hatte er seinen Schlaf auf dem Dampfer nachgeholt und war nun ganz benommen, hatte sich aber rasch wieder in der Hand. Sein Gepäck war geschwind ausgepackt, und Alexei Nikolajewitsch beeilte sich, all die schönen Dinge zu genießen, die der Seligersee und seine malerische Umgebung im Überfluß boten.

Unglücklicherweise erfuhr die Stimmung eine Trübung, als ein Dauerregen einsetzte. Dies nahm der Graf als Gelegenheit, geschickt und mit leichter Hand ein Bonmot des Kardinals von Polignac zu zitieren, worin dieser gegenüber Ludwig XIV. erklärte, daß für ihn der Regen nicht zu existieren brauche. Folglich beschlossen auch wir, daß es nicht regnete. Auf jeden Fall ließen wir uns nicht von langen Ausflügen mit unseren Jachten und Ruderbooten abhalten, auch nicht von tagelangem Baden und Angeln, von Wanderungen durch die Wälder, wo wir Pilze suchten, auch nicht davon, Bekannte aufzusuchen, die in den anderen Buchten wohnten. Nach dem Tag draußen, manchmal völlig durchweicht und zitternd, trockneten wir uns am Abend an unserer riesigen offenen Feuerstelle. Alexei Nikolajewitsch setzte sich auf eine große ausgestopfte Wasserschildkröte aus dem Pazifik, die vor dem Feuerplatz als Hocker stand. Die anderen versammelten sich ringsherum, lagen auf dem Teppich oder ruhten auf der Ottomane und begannen die bezauberndste Unterhaltung. Am nächsten Morgen machten wir uns wieder auf, um neue Strände und weitere Inseln im Seligersee zu finden. Ehe man sich's versah, waren zwei Wochen in dieser schönen Landschaft in ununterbrochener Muße vergangen, und dringliche Geschäfte verlangten, daß Alexei Nikolajewitsch nach Moskau zurückfuhr. Er war bereits verliebt in den Seligersee (so ging es jedem, der hierher kam), so sehr, daß er den ganzen nächsten Sommer hier mit uns zubringen und den dritten Teil seines Romans über Peter den Großen schreiben wollte.«[1]

Die meisten Leser werden nunmehr billigerweise glauben, wir seien zurückgekehrt in die glorreichen Tage unter Zar Alexander III., als vom Baltischen Meer bis zum Pazifischen Ozean Frieden herrschte, der Geist des Umsturzes eingeschläfert war und der russische Adel ein Leben in unvorstellbarem Luxus und Vergnügen führte, jedes Jahr von seinen vergoldeten Palästen in Petersburg und Moskau auf die großen Landgüter hinausfuhr, die im glänzenden

Dunst des Sommers schliefen. Prunk und Bequemlichkeit schlossen sich zusammen und machten das Leben zu einer einzigen, langen Abfolge der Zufriedenheit, zumindest für jene, die den Vorzug besaßen, dies zu genießen.

Wer die russische Geschichte ein wenig kennt, wird erstaunt sein zu erfahren, daß Graf Tolstoi diese elysischen Ferien nicht im Sommer des Jahres 1890 verlebte – sondern in dem des Jahres 1940. Dreiundzwanzig Jahre zuvor hatte die Revolution den russischen Adel in Strömen von Blut weggespült, und an seiner Statt war stolz der erste sozialistische Staat der Welt emporgestiegen. 1918 erklärte Lenin: »Der alte bürgerliche Apparat – die Bürokratie, die Privilegien des Wohlstands, der bürgerlichen Erziehung, der gesellschaftlichen Beziehungen usw. ..., all das verschwindet unter der sowjetischen Organisationsform ... Dasselbe gilt auch für die schönsten Gebäude, die Paläste, Villen und Gutshäuser«.[2] Das war die Theorie, und der englische Historiker A. J. P. Taylor hat teilnahmsvoll über die Praxis geschrieben, daß »das größte Verbrechen der Sowjetunion in den Augen des Westens darin besteht, daß es dort keine Kapitalisten und keine Großgrundbesitzer gibt«.[3] Doch der Lebensweg des Grafen Alexei Nikolajewitsch Tolstoi mag dazu dienen, einige überraschende Realitäten der Sowjetgesellschaft zu beleuchten.

Er wurde am 29. Dezember 1882 (am 10. Januar 1883 nach dem neuen Kalender) in der Stadt Nikolajewsk (heute Pugatschow) im Gouvernement Samara geboren. Sein berühmtester nächster Verwandter war Graf Dmitri Andrejewitsch Tolstoi, Vetter ersten Grades seines Großvaters und reaktionärer Minister des Inneren unter Zar Alexander III. Dies war jedoch nicht gerade die Beziehung, auf die Alexei in den nächsten Jahren seine Aufmerksamkeit lenkte, er sprach lieber über seine Verbindung zu weiter entfernten Verwandten wie Peter Andrejewitsch und den großen Leo Nikolajewitsch. Es war im selben Jahr, in dem Alexei geboren wurde, als die Enttäuschung des Verfassers von »Krieg und Frieden« über seine Lebensexistenz ihren Höhepunkt erreichte. »Was dabei herauskommen wird«, schrieb er am 31. Mai, »das weiß ich nicht, aber ich bin überzeugt, daß die Dinge sich zuspitzen werden und das Leben nicht in der gegenwärtigen Form weitergehen kann.«[4] Natürlich hatte Tolstoi recht; doch die Laufbahn seines Verwandten sollte in bemerkenswerter Weise zeigen, welch unerwartetes Paradox der revolutionäre Wandel hervorzubringen vermag.

Die Umstände von Alexei Tolstois Geburt gleichen ganz auffallend jenen eines anderen Verwandten, Alexei Konstantinowitsch, des großen Lyrikers, auf dessen Namen er getauft wurde. Sein Vater war ein wahrer Draufgänger von einem Offizier, dessen rabaukenhaftes Benehmen selbst seinen Kameraden bei den Husaren zuviel war. Er mußte seinen Abschied vom Regiment nehmen und die beiden Hauptstädte verlassen und zog sich auf sein Gut nach Samara zurück. Dort begegnete er einem lebhaften Mädchen aus guter Familie, aber mit bescheidenem Vermögen, Alexandra Leontiewna Turgenjewa. Er heiratete sie. Sie schenkte ihm zwei Söhne, Alexander und Mstislaw, sowie eine Tochter Elisabeth. Doch das ungestüme Blut der Tolstois erlaubte es ihm nicht, sich in einer Existenz häuslichen Glücks niederzulassen. Binnen eines Jahres wurde der ehemalige Husar nach Kostroma verbannt, weil er den Gouverneur von Samara beleidigt hatte. Als man dank guter Beziehungen die Dinge wieder so weit begradigt hatte, daß an eine Rückkehr zu denken war, feierte er dies, indem er einen anderen Adligen zum Duell forderte. Dies war mehr, als seine stolze Frau ertragen konnte. Sie fand das Leben an der Seite des umtriebigen Grafen unerträglich und verliebte sich fast unvermeidlich in einen ruhigen, angenehmen jungen Herrn mit passend liberalen und antiaristokratischen Neigungen namens Alexei Apollonowitsch Bostrom.

Im Mai 1882, als sie bereits seit zwei Monaten mit ihrem vierten Kind schwanger ging, floh Alexandra in die Arme ihres neuen Liebhabers. Der nun folgende Skandal war schrecklich. Der Graf schoß mit seinem Revolver auf Bostrom und wurde von den Gerichten freigesprochen, während das kirchliche Gericht zwar eine Scheidung gewährte, aber beschied, die schuldige Frau dürfe sich niemals wieder verheiraten. Um das erwartete Kind behalten zu dürfen, mußte Alexandra versichern, daß es Bostroms Kind sei. Von der Gesellschaft verbannt, für einige Jahre sogar von ihren Eltern, zog sie mit ihrem Geliebten nach Nikolajewsk, wo er eine bescheidene Stellung bei der örtlichen Verwaltung innehatte.

Hier erblickte das Knäblein Alexei das Licht der Welt. Offiziell wurde er als Sohn des Grafen Nikolai Alexandrowitsch Tolstoi registriert, doch bis zum Alter von dreizehn Jahren trug er den Namen Bostrom und hielt diesen für seinen Vater. Unter diesen Umständen wäre es nicht verwunderlich, wenn die Vaterschaft des Jungen in Frage gestellt worden wäre. Es scheint jedoch sicher zu sein, daß er der Sohn des Ehemannes seiner Mutter war. Es ist unwahrscheinlich, daß sie wünschte oder daß der Standesbeamte zugestimmt hätte, ihm den Nachnamen »Tolstoi« zu geben, wenn die Sache ernstlich bezweifelt worden wäre. Ähnlich hätte vermutlich die Familie Tolstoi 1895 die Aneignung des Namens nicht hingenommen, wenn sie nicht an seine legitime Herkunft geglaubt hätte. Und schließlich hinterließ ihm sein Vater, als er anno 1900 in Frankreich starb, eine Erbschaft von 30 000 Rubel, was er sicherlich nicht getan hätte, wenn er das Kind, das er nie zu Gesicht bekam, für ein Kuckucksei gehalten hätte.

Trotzdem kann kein Zweifel bestehen, daß der Skandal und seine Folgen auf den jungen Mann großen Eindruck machten. Er hatte niemals jemanden aus seiner Familie kennengelernt, die seine Mutter vollkommen ausgestoßen hatte, und aus dem gleichen Grund war er nie in die Gesellschaft gekommen, die sein Vater mit Recht als die seine betrachtet hätte. Der Mann, den er als seinen Vater betrachtete, war aufgrund der Umstände und aus Überzeugung ein verbitterter Gegner jenes Standes, von dem abzustammen Alexei mit Fug und Recht glauben durfte.

Der Bauernhof, das Heim seiner Kindheit, war ein einzelstehendes, ebenerdiges hölzernes Gebäude, ohne Nachbarn außer ein paar Dorfbewohnern. Doch seine Mutter und sein Ziehvater waren ein fröhliches und aufopferungsvolles Paar, und Alexeis früheste Kindheit waren glückerfüllte Jahre. Später gedachte er liebevoll der Eindrücke jener sonnenhellen Tage, als seine Welt noch von dem Garten und dem Teich von Sosnowka umgrenzt wurde und die Außenwelt allein aus dem Dorf Pawlowka bestand. 1921, als er sich im einsamen Exil langweilte, ließ er seine Kindheit in dem bezaubernden autobiographischen Roman »Nikitas Kindheit« wieder lebendig werden. Gleb Struve hielt diesen Roman für »wert, neben Leo Tolstois ›Kindheit‹ und Aksakows Autobiographie zu stehen«, und es dürfte wenig Leser geben, die diesem begeisterten Urteil widersprechen möchten.[5]

In diesem Roman schuf er jede Einzelheit des Bostromschen Hauses liebevoll nach. Wie andere Schriftsteller auch, so erfüllte Alexei die Sehnsucht nach den längst vergangenen Tagen der Kindheit, als die Welten der Wirklichkeit und der Phantasie noch unentwirrbar miteinander verschlungen waren. Aber Nikita wächst unbewußt heran, erlebt die verheißungsvolle Freude des Weihnachtsbaumes, kämpft Schneeballgefechte mit den Buben im Dorf, und er verändert sich. Das Eintreffen eines hübschen kleinen Mädchens, Lilia, erregt in ihm erste Gefühle von heftiger Zuneigung und

Glück, Gefühle, die zuvor noch in den Dingen selbst um ihn herum verborgen lagen. Denn dieses Heim ist von Liebe erfüllt, personifiziert in der Gestalt von Nikitas geliebter Mutter Alexandra. Einige wenige zaghafte, undeutlich bleibende Hinweise deuten eine unglückliche Zeit im Leben seiner Urgroßeltern an, deren Bildnis in einem unbewohnten Raum hängt, und lassen ihn erfahren, daß Liebe auch Schmerz und Trauer hervorzubringen vermag. Gewidmet wurde das Buch Alexeis kleinem Sohn Nikita, für den er spürbar hoffte, er werde eine ebenso glückliche Kindheit haben, wie er sie erlebt hatte.

Ein Bekannter erinnerte sich, wie Alexei als Achtjähriger mit seiner Mutter in den Strukowski-Gärten spazierenging: »Unweit von uns saß eine Mutter mit einem zarten, kleinen Knaben, der nicht wie die anderen Kinder war. Gekleidet war er in einen dunklen Samtanzug mit langer Hose und einer Jacke mit großem runden Kragen. An den Füßen trug er kurze Socken und Schuhe, die mit Bändern gebunden waren. Wir mochten den Jungen und tauften ihn den ›kleinen Herrn Fauntleroy‹. Er machte eher einen matten Eindruck, mit schläfriger Miene und hellen Ringellocken. Wir versuchten, mit ihm zu sprechen, aber er war schüchtern und klammerte sich an seine Mutter. Seine Mutter, eine blonde Schönheit, schien sehr streng und eine große Dame zu sein. Sie erklärte uns, daß der Knabe allein aufgewachsen und deshalb schüchtern sei. Wir baten ihn, mit uns Verstecken zu spielen. Er nahm das Spiel sehr ernst und weinte fast, wenn er entdeckt wurde.«[6]

Es fällt nicht schwer, in diesem Bild das Selbstbildnis Alexeis in »Nikitas Kindheit« wiederzuerkennen. Womöglich war er ein verwöhntes und verzärteltes Kind und entwickelte eine lebhafte Phantasie. Vielleicht läßt sich daraus auch erkennen, daß seine Mutter, die das Stigma der Armut und der gesellschaftlichen Verbannung haßte, unbedingt zeigen wollte, daß ihr Sohn ebensoviel wert war wie irgendeiner aus der Nachkommenschaft des großtuerischen Adels. Man kann daraus auch sehen, daß Alexei in großer Befangenheit gegenüber dem Titel und dem Namen, den er zu Recht trug, heranwuchs, denn nach den ungewöhnlichen Umständen seiner Erziehung zu urteilen, müssen sie eine phantasmagorische Erscheinung abgegeben haben. Auf jeden Fall waren die hervorstechendsten Charakteristika in seinem Erwachsenenalter sein Haß gegenüber Armut, Stolz, Widerwille gegen den Stand, aus dem sein ihm unbekannter Vater kam, und eine strahlende Phantasie.[7]

Wie viele russische Kinder dieser Zeit erhielt Alexei seine erste Erziehung zu Hause. Ein nicht allzu strenger Hauslehrer unterrichtete ihn, seine Mutter brachte ihm Lesen und Schreiben bei, und sein Stiefvater las ihm des Abends aus den Werken von Tolstoi und Turgenjew vor (mit beiden war Alexei durch seine Eltern verwandt). Seine Aufmerksamkeit war flüchtig, und in seinen frühesten Jahren nahmen seine Phantasie und seine Träumereien den größten Teil seiner Kraft in Anspruch. Seine Mutter war eine amateurhafte Schriftstellerin und eine Dichterin von bescheidenem Format, aber von einer ansteckenden Begeisterung. Als er zehn Jahre alt war, drängte sie Alexei, Geschichten zu schreiben. Das tat er, und beide waren entzückt darüber, wie leicht ihm die Prosa aus der Feder floß. Bald trug die Ermutigung seiner Mutter Früchte, und sein Talent wurde mit jedem Jahr offenkundiger. Tolstoi schrieb später selbst darüber: »Im Rückblick glaube ich, daß meine schöpferische Eingebung aus der Einsamkeit meiner Kindheitsjahre Nutzen zog. Ich wuchs allein auf, wuchs heran in der Betrachtung großer Bilder von Erde und Himmel. Sommerliche Blitze über dem düsteren Garten; herbstliche Wolken wie Milch; kahle Zweige segeln im Wind über das erste Eis des Teiches; im Winter Schneestürme, die Schneewehen anhäufen, so hoch wie die Kamine der Hütten; Frühlingslaute von fließendem Wasser, das Krächzen der Krähen, die sich im Nest des vergangenen Jahres niederlassen; der Wechsel der Jahreszeiten, Geburt und Tod, wie Sonnenaufgang und -untergang oder der Kreislauf des Getreides; Tiere und Vögel; rotschalige Käfer, die in Erdspalten leben; Duft von reifen Äpfeln und von Herbstfeuern in dämmrigen Tälern; mein Freund Mischa Koriaschonok samt seinen Geschichten; Winterabende mit einem Buch neben der Lampe, träumend (ich fürchte, ich war ein schlechter Schüler) . . . welch eine Fülle wunderbarer Erinnerungen sehe und fühle ich da mit herzergreifender Innigkeit . . .« Im späteren Leben Alexei Tolstois gab es viel Unaufrichtiges, aber diese Worte künden unzweifelhaft von tiefen Gefühlen.

Im sorgfältigen Studium der Werke Marx' und Plechanows fanden seine Eltern Beweise der Bösartigkeit der vorherrschenden Gesellschaftsordnung, und diese Werke bestärkten sie auch in ihrem Atheismus. Kirche und Gesellschaft, die sie zurückgestoßen hatten, wurden nun von ihnen abgelehnt. Einen noch spürbareren Beweis der Ungerechtigkeit der alten Ordnung stellte die schwere Hungersnot von 1891/92 dar, deren verheerende Auswirkungen auf den jungen Alexei Tolstoi einen tiefen Eindruck machten. Trotz fieberhafter – und keineswegs erfolgloser[8] – Anstrengungen der Regierung starben Millionen oder litten fürchterlich.

1896 wurde der Vierzehnjährige zur Schule geschickt, und im folgenden Jahr bezog er die Oberschule von Samara. Dort lernte er Physik, Chemie, das Ingenieurwesen und andere Fächer, die stärker praktisch ausgerichtet waren, als wenn er das Adelsgymnasium besucht hätte. Daß er sich über den ungerechten Gegensatz ärgerte, erhellt vielleicht daraus, daß er ungefähr um diese Zeit seinen richtigen Nachnamen annahm. Das Gehöft in Sosnowka mußte verkauft werden, und die Bostroms erwarben in Samara ein Stadthaus. Ihre Verhältnisse wurden noch beengter, ihre zwiespältige gesellschaftliche Stellung verbitterte sie mehr denn je.

Doch für den heranwachsenden Jungen gab es zum Ausgleich ein beträchtliches Angebot an Abwechslung. In der gut bestückten öffentlichen Bibliothek der Stadt stieß er auf die Abenteuergeschichten von Maine Reed, James Fenimore Cooper und Jules Verne. Diese hinterließen einen unauslöschlichen Eindruck in seiner Phantasie, die immer nach dem Dramatischen, Malerischen und Riesenhaften dürstete. All die kleinlichen Beschränkungen seines Lebens verschwanden, wenn er mit dem Wildtöter in den Wäldern Nordamerikas umherstreifte oder mit Kapitän Nemo über die Weltmeere fuhr. Namentlich Science fiction entsprach seiner Vorliebe für das Phantastische, wie er auch Gefallen an der Geschichte fand mit ihrer Beschwörung buntglänzender, unterschiedlicher Gesellschaftsordnungen und Individuen. Nach der Jugendliteratur entdeckte er Victor Hugo, den er über alle Maßen schätzte.

Im Mai 1901 beendete Alexei seine Ausbildung an der Oberschule. Er war damals achtzehn Jahre alt und litt an den Unzulänglichkeiten seines Alters, die durch seine besonderen Umstände noch verstärkt wurden. In sein Tagebuch schrieb er von seinen Ängsten, daß er »unbedeutend, ein Niemand, töricht und wertlos« sei. Er dachte daran, sich zu töten. »Zaghaftigkeit im Kampf gegen die Hindernisse, apathische Gleichgültigkeit gegenüber dem Leben, die einzig und allein aus dem Gedanken an mein Unglück aufsteigt«, entmutigten ihn; doch er war entschlossen weiterzukämpfen. Seine Mutter versuchte häufig, ihm Mut zuzusprechen, doch nunmehr verbarg er vor ihr seine Empfindungen. Allein die Schriftstellerei schien ihm Trost zu spenden. In all dem unterschied sich der junge Tolstoi nicht allzusehr von seinen Altersgenossen; nur zwei Dinge zeichneten ihn aus: die ungewöhnlichen Umstände seiner Geburt und Erziehung sowie das erwachende Bewußtsein seiner glänzenden schriftstellerischen Fähigkeiten.

Dank des unerwarteten Erbes von seinem richtigen Vater, der im Jahr zuvor im Ausland gestorben war, sah sich Alexei nun imstande, seine Studien in St. Petersburg fortzusetzen. Begierig, sich in das aufregende Treiben des Studentenlebens zu stürzen, schrieb er sich in einer privaten Vorbereitungsanstalt außerhalb der Stadt ein. Er überwand seine frühere Lethargie und hockte bald dreizehn Stunden am Tag über den Büchern. Als es September war, war er genügend vorbereitet, um an der Technischen Hochschule von St. Petersburg einen Studienplatz zu erhalten. Nachdem er den strengen Aufnahmebestimmungen genügt hatte, fand er das Leben dort herrlich freizügig und bequem. Da man nicht gezwungen war, die Vorlesungen zu besuchen, und die anwachsenden politischen Unruhen einen steten Wechsel von Studentenstreiks und polizeilich verfügten Schließungen der Universität verursachten, gab es kein Vorwärtskommen. Auf einen Jungen, der so behütet aufgewachsen war, mußte dies eine berauschende Wirkung ausüben. Er war, wie die meisten seiner Kameraden, der Regierung feindlich gesinnt und verbrachte viel Zeit mit hitzigen politischen Debatten. Am 12. Februar 1902 nahm er an einem Protestmarsch auf dem Newski-Prospekt teil, der von Polizeikräften und Kosaken auseinandergetrieben wurde; bald schrieb er sich bei der Sozialdemokratischen Partei am Institut ein. Die Studenten mochten ihn und wählten ihn in ihre Ausschüsse. Doch seine Begeisterung für Politik war lustlos und unbeständig. Als sich die Sozialdemokratische Partei 1903 in Menschewiken und Bolschewiken aufspaltete, schloß er sich keiner von beiden an. In diesem für äußere Einflüsse empfänglichen Stadium seines Lebens war er im wesentlichen ein liberalgesinnter Menschenfreund. Die Gesellschaftsordnung, in der er lebte, haßte er, hielt aber sozialistische Versprechungen von einer künftigen Gesellschaft als einem Paradies auf Erden für allzu widersinnig, um ernsthaft darüber nachzudenken.

Das Leben war übrigens zu kostbar, um sich mit so närrischen Dingen herumzuschlagen. Endlich fand er Zeit und Gelegenheit, seiner Neigung für das Theater zu frönen, die sich zu einer lebenslangen Begeisterung auswachsen sollte. Es gab Bücher, Musik, Kunst und Philosophie, die er sich mit seinen gleichgesinnten Altersgenossen teilte. In der großen Stadt gärte eine geistige und politische Unruhe, und bloß dort zu sein hieß schon leben. Sein Einkommen war bescheiden, aber was machte das? »Meine Sparsamkeit besteht darin, bei meiner Tante zu Abend zu essen und im Institut zu frühstücken. Mittagessen war, wie ich es verstand, Unsinn. Zu Mittag aß ich nicht.« Statt dessen pflegte er den ganzen Tag in den prächtigen Parkanlagen von St. Petersburg herumzustreifen, meist in Begleitung eines der lebhaften und anziehenden Mädchen, für die die Hauptstadt berühmt war. Die Gefahr, die hier versteckt lag, war viel größer als die von den Säbeln der Kosaken.

Es war eigentlich unvermeidlich, daß sich ein junger Mensch von der warmherzigen und romantischen Natur Alexeis bei der erstbesten Gelegenheit leidenschaftlich verlieben würde. Im Juni 1902, als er neunzehn war, stürzte er sich kopfüber in eine hoffnungslose Ehe. Das Mädchen hieß Julia Roschanskaja, sie war die Tochter eines Arztes aus Samara und studierte ebenfalls in St. Petersburg. Als Folge davon isolierte sich der leicht beeindruckbare junge Mann abermals. »Ich heiratete sehr jung; dies sonderte mich von meinen Kameraden ab und verzögerte eine Weile meine geistige Entwicklung.« Er wurde gefühlsbetonter und ernster. Einen Teil seiner Ingenieurausbildung mußte er in praktischer Tätigkeit in Fabriken leisten; dort lernte er die Arbeiter schätzen und die bürgerlichen Fabrikbesitzer verachten, deren Klasse bereits in Samara seine Geringschätzung hervorgerufen hatte. Sein Engagement zugunsten sozialer Reformen nahm zu, vor allem nach den gewaltigen Revolutionswirren des Jahres 1905.

Den Januar 1906 verbrachte er im Hause seiner Schwiegereltern in Kasan, aber im darauffolgenden Monat reiste er nach Dresden, um dort seine Studien fortzusetzen. Hier lernte er die schwarzäugige Studentin Sophia Dymschiza kennen, die aus einer lieblosen Ehe ausgebrochen war, um in Bern zu studieren. Tolstois Begeisterung für sie wuchs, und eines Tages sagte er zu ihrem Bruder: »Weißt du, Leo, wenn ich eines Tages wieder in der Lage sein sollte zu heiraten, dann würde ich deine Schwester zur Frau nehmen.« Da Leo wußte, daß Tolstoi bereits Frau und Kind hatte, schickte er seine Schwester schleunigst nach St. Petersburg zurück. Aber auch Tolstoi fuhr zurück und besuchte sie dort zusammen mit seiner Frau Julia in ihrem Zuhause. Er kam immer wieder, und schließlich kam er ohne seine Frau. Trotz der Einwände ihrer Eltern setzte Tolstoi seine Nachstellungen fort, bis er ihr eines Tages einen Heiratsantrag machte. Inzwischen war auch Sophia Hals über Kopf verliebt, da sie aber beide noch offiziell mit anderen Partnern verheiratet waren, schlug sie vor, daß er mit Julia eine Reise ins Ausland machen solle, um zu einer endgültigen Entscheidung zu kommen. Tolstoi war einverstanden und reiste im Sommer 1907 mit seiner Frau nach Italien. Wie vorauszusehen war, ging es daneben, und binnen eines Monats war er zurück.

Ungeachtet Julias Schmerz zog Alexei zu Sophia. Julias Familie hatte sich bereits seines kleinen Sohnes angenommen; wie es scheint, hat er seine kleine Familie ohne Bedauern verlassen. Seine zweiten »Flitterwochen« verbrachte er in der Wildnis Kareliens. Drei Monate lang lebte er eifrig schreibend in dem »Katzenhaus«, wie die Liebenden ihre Zufluchtsstätte getauft hatten. Seine Gedichte und Essays waren soeben erschienen, und es kamen zunehmend lobende Besprechungen. Seine Geliebte war eine anregende Begleitung, und sie förderte seine literarischen Bestrebungen. Er ließ sein altes Leben hinter sich. Er verließ die Hochschule, ohne sich die Mühe zu machen, die Prüfung abzulegen, und vergaß die Frau und das Kind seiner Studententage. Darüber gab es kein Bedauern, aber der Tod seiner Mutter am 25. Juli 1906 war ein schwerer Schlag. »Ich habe seither«, schrieb er, »keine Frau mehr kennengelernt, die so vornehm, rein und herausragend war . . ., seit den Tagen ihres Todes empfand ich immer ihre Gegenwart. Und je schwieriger meine Umstände wurden, desto intensiver erfuhr ich eine geistige Existenz und desto leichter konnte ich ihre Nähe fühlen.«

Eine andere persönliche Tragödie schien ihn in dieser Zeit weitaus weniger berührt zu haben. Nach ihrer Rückkehr von ihrem Liebesnest nach St. Petersburg folgte das Paar dem ausgetretenen Pfad ins Mekka der Russen, nach Paris. Dort erfuhr er von Julia, daß ihr dreijähriger Sohn an Gehirnhautentzündung gestorben war – an der gleichen schrecklichen Geißel, die auch Alexeis Mutter dahingerafft hatte. In einer dem offiziellen Sprachgebrauch angepaßten Erinnerung, die 1973 in Moskau veröffentlicht wurde, behauptete Sophia, Alexei »habe sich den Tod des Kindes sehr zu Herzen genommen«. Das darf man füglich bezweifeln. Schließlich machte der Vater keinen Versuch, seinen hinfälligen Sohn vor dessen Ende zu besuchen, und auch zur Bestattung erschien er nicht (wiewohl er eine Reise, allerdings geschäftlicher Natur, von Paris nach St. Petersburg unternahm). Spätere Ereignisse sollten zeigen, daß er einzelnen Menschen gegenüber außerordentlich gefühllos sein konnte, wie aufgeschlossen liberal auch seine Ansicht über die Menschheit als Ganzes gewesen sein mag.

In Paris bezog das Paar eine Wohnung in der Rue de Saint-Jacques Nr. 225. Die anderen Mieter gehörten allen denkbaren Nationalitäten und Berufen an, darunter zwei afrikanische Fürsten. Alexei gab sich alle Mühe, seine russische Abstammung hervorzukehren, er erschien überall in einem Pelzmantel und einer Pelzmütze. Als das Frühjahr kam, legte er sich noch aufwendigere Kleidung zu: einen Zylinder und einen englischen Gehrock. Allmählich genoß er die späte Einsicht, daß es von Vorteil war, ein Graf Alexei Tolstoi zu sein, nun, da er unter Menschen weilte, die nichts von den Demütigungen seiner Erziehung wußten. Es war eine glückliche Zeit. In Paris wimmelte es von russischen Dichtern und Malern.

»Wissen Sie, einen so überaus interessanten Menschen wie Sie trifft man selten«, sagte eines Tages der Dichter Maximilian Woloschin zu ihm. »Sie sollten derjenige sein, der die alte Tradition des literarischen ›Adelsnestes‹ weiterführt.« Tolstoi, so fuhr er fort, solle einen passenden Stil entwickeln und ein großes Epos schreiben.

Das Lob und der Ratschlag freuten Alexei. Aus persönlicher Erfahrung konnte er kaum über das Leben des Hochadels schreiben, da er mit ihm nicht bekannt war; aber er zeichnete in einer Abfolge beißender Stücke das schmutzige Leben der kleinen Grundbesitzerschicht von Samara. Er sollte mehr als seine Rache bekommen für all die Kränkungen, die seine Mutter und er hatten erdulden müssen. Ein Anflug von aristokratischer Herablassung begann sich bemerkbar zu machen; wer waren schließlich diese Flegel von jenseits der Wolga im Vergleich mit dem großen Haus Tolstoi?

In diesem Herbst kehrte das Paar heim nach Rußland, und im Sommer 1910 besuchten sie seinen Stiefvater Alexei Bostrom im vertrauten Heim in Samara. Alexei wurde ein stürmischer Empfang zuteil, viele Bekannte schauten herein, um dem aufstrebenden Schriftsteller ihre Aufwartung zu machen. Die Anerkennung, nach der er sich so lange verzehrt hatte, war endlich da. Allenthalben sprach man über seine Dichtungen und Prosawerke. Im Oktober schrieb Maxim Gorki: »Schaut euch den neuen Tolstoi an, den Alexei – er zeichnet fraglos volle, starke und ganz und gar wahrheitsgetreue Darstellungen des seelischen und wirtschaftlichen Zusammenbruchs unseres zeitgenössischen Adels ... Es wird gut und lohnend für euch sein, euch mit dieser neuen und gewaltigen Literatur bekannt zu machen.«

A. N. Tolstoi (Bakst, 1909)

Es bedeutet noch kein tieferes Nachdenken über Tolstois literarische Fähigkeit, wenn man sagt, daß seine lebendigen Menschendarstellungen höchst subjektiv waren. Von seiner Mutter und ihren Verwandten hatte er Geschichten über Menschen gehört, die er nun seinen literarischen Gestalten zugrunde legte, und die echten oder vermeintlichen Kränkungen, welche die Unkonventionalität des Bostromschen Haushaltes auf sich zog, können ihre Einstellung nur beeinflußt haben. Ähnlich müssen die idealisierten Bauern, die Tolstoi mit Vorliebe dem selbstzufriedenen Adel gegenüberstellt, zum Teil wohl auf der Realität fußen, also auf Alexeis herzlichen Beziehungen zu den Bauernjungen bei sich zu Hause, aber auch darauf, daß sie als soziale Schicht für den eher vornehmen und korrekten Herrn Bostrom nur Hochachtung zeigen konnten. Die Erzählungen hatten einen Riesenerfolg.

Trotz dieses Erfolgs kam für Tolstoi eine Zeit des Rückschlags und der Enttäuschung über seine Schriftstellerei. Er schien sein Metier erschöpft zu haben und konnte keinen neuen Weg finden. Später schob er dies auf den »reaktionären« Einfluß der Symbolisten, mit denen er Umgang pflegte. Schlechte Kritiken warfen ihn zu Boden, und ihre Wirkung war um so schlimmer, als sie seine eigene Unzufriedenheit über die Wende, die seine Dichtung genommen hatte, widerspiegelten. Im August 1911 schrieb er sein erstes Schauspiel, aber der gefeierte Moskauer Bühnendirektor, dem er es zeigte, erklärte taktvoll, es sei »interessant – aber zu schwierig, es auf die Bühne zu bringen. Er riet mir auch, es nicht zu veröffentlichen und es niemandem zu zeigen.« Tolstoi war realistisch genug, diese Warnungen zu befolgen. »Es war ein sehr schlimmes, unglaubwürdiges, kompliziertes und langweiliges Stück«, erinnerte er sich. »Trotzdem gefiel es mir sehr.«

Ein weiteres Stück, das von einem heruntergekommenen Adligen handelte, war besser, obgleich es seiner »Jenseits der Wolga-Serie« und Gontscharows Roman »Oblomow« allzusehr ähnelte.

Über diese trübseligen Tage schrieb Tolstoi später: »Ich liebte das Leben, mein ganzes Wesen widersetzte sich einer abstrakten, idealistischen Anschauungsweise. Ich war mir völlig im klaren darüber, daß eine solche Existenz ausgespielt hatte. Ich habe immer schwer gearbeitet, aber jetzt arbeitete ich sogar noch verbissener. Doch die Ergebnisse waren kümmerlich: Ich sah einfach nicht das wahre Leben des Landes und seiner Menschen.«

Wieder reiste er mit Sophia nach Paris, wo sein zweites Kind – es war ihr erstes – zur Welt kam. Es wurde in der russischen Kirche auf den Namen Marjana getauft. Auf dem Heimweg nach Rußland lasen sie im Zug in der Zeitung von der Ermordung des Premierministers Stolypin, dessen Landreformen Rußland schnell eine solide Grundlage bereiteten, die der Autokratie seit ihren Anfängen gefehlt hatte. Tolstoi war überglücklich über diese Nachricht, und einem gerade anwesenden Freund, der verärgert dagegen protestierte, daß er sich so über diesen Meuchelmord freute, antwortete er, daß man sich über die Tötung eines Mannes, der selbst für den Tod so vieler anderer Menschen verantwortlich sei, nur freuen könne.

Inzwischen war Tolstoi eine etablierte literarische Persönlichkeit, und seit dem Herbst 1912, als er sich mit seiner Familie im Haus des Fürsten Schtscherbatow in Moskau niederließ, fand er sich endlich in den Villen der Reichen ein. Wohlhabende Gönner und Literaturbegeisterte bedrängten ihn mit ihren Einladungen. Sophia erinnerte sich später: »Sie luden uns zu ihren Soireen und in ihre Salons ein, weil Alexei Nikolajewitsch sie als ein angesehener Schriftsteller aus der Hauptstadt beeindruckte und als ein adliger *homme de lettres*: ein Graf. Sie luden auch mich ein als Tolstois Frau und als Künstlerin, deren Bilder damals gerade in Petersburg und Moskau auf Ausstellungen erschienen.« Verständlicherweise fühlte er sich in dieser neuen Umgebung niemals ganz wohl, und in seinen satirischen Schriften griff er weiterhin jene Klasse an, in deren Häusern er ein- und ausging. Schließlich waren sie ordinäre Millionäre, mit denen zu verkehren die Familie seines Vaters verachtet haben würde. Welch ein Unterschied zu ihrem Hausherrn, dem Fürsten Schtscherbatow, dessen Haus mit ausgesucht gutem Geschmack eingerichtet war, ganz im Gegensatz zu dem vulgären Snobismus emporgekommener Millionäre. Die Tolstois beschlossen, sich zu behaupten.

»Nach sorgfältiger Beobachtung, wie diese Kunstmäzene ihre üppigen Empfänge arrangierten, beschlossen wir, sie auf ihr rechtes Maß zurückzustutzen, indem wir in unseren bescheidenen Räumlichkeiten einen Maskenball veranstalteten. Es strömten so viele Gäste herbei, daß wir unser gesamtes Mobiliar aus den fünf Räumen entfernen mußten. In einem Zimmer wurde ein Büffett aufgebaut. Es gab keine sehr große Auswahl von Speisen: Russischen Salat, kaltes Kalbfleisch, Champagner und Limonade. Jedermann war entzückt darüber, daß Wein und Limonade im Kinderbad im Eis standen! Das war der größte Spaß. Um Mitternacht kam das Ensemble des Maly-Theaters herüber und zog eine Show ab. Die Wohnung war gesteckt voll mit allen möglichen Leuten, von Journalisten über Buchautoren bis hin zu Malern und Mäzenen.« Die letzteren waren ganz außer sich vor Staunen angesichts des Glanzes an diesem Abend, und eine Dame war ganz besonders »erstaunt über den Erfolg, den unsere Maskerade erzielte, und konnte nicht verstehen, wie Menschen, die, nach der Art ihrer Vergnügungen zu urteilen, verarmte Bohemiens sein mußten, eine derart amüsante Unterhaltung auf die Beine brachten«.

Ein Hauch von Größe legte sich auf ihr Leben. »Meine Gemahlin, die Gräfin Tolstoja«, pflegte Alexei mit sonorer Stimme zu sagen – obgleich sie ganz offensichtlich nicht verheiratet waren. Sie kleidete sich ziemlich einfach, »aber Tolstoi trat auf wie ein bedeutender Edelmann aus der Provinz, mit einem Zylinder und einem riesigen Umhang aus Bärenfell«. Er hängte abgedunkelte Porträts in ihre Wohnung und gab sie empfänglichen Besuchern gegenüber als seine Ahnen aus. Denen, die bessere Augen besaßen oder von seiner

Kindheit wußten, gab er lachend zu verstehen, sie irgendwo aus zweiter Hand gekauft zu haben.

Trotz dieser Erfolge geriet das Leben des Paares in eine Zeit der Wirren. Im Frühling 1914, während der Ferien auf der Krim, fühlte sich Alexei sehr zu einer jungen Ballerina hingezogen, Margarita Kandaurowa. Der Bruch mit Sophia kam so plötzlich wie der mit Julia. Während eines Spazierganges sagte Alexei bedeutungsvoll: »Ich spüre, daß du mich diesen Winter verlassen wirst.« Sophia antwortete nicht, verstand aber den Wink und reiste ein weiteres Mal nach Paris. Die kleine Marjana ließ sie bei einer Tante zurück. Der Kriegsausbruch im August veranlaßte Sophia, nach Rußland zurückzukehren, aber obschon die siebzehnjährige Ballerina Alexei bald wieder verließ, führten er und seine Geliebte künftig getrennte Leben. Marjana lebte allerdings zwei Jahre bei ihrem Vater.

Im Dezember hatte Tolstoi eine neue Geliebte, Natalja Wassiljewna Wolkenstein, die von ihrem Gatten getrennt lebte. Sie heirateten erst nach der Februarrevolution, da Natalja noch nicht geschieden war.[10] Sie kam aus einer Familie von Schriftstellern und besaß als Dichterin selbst einen Namen, so daß die neue Verbindung etwas vielversprechender begann als die vorangegangenen. Auf jeden Fall verschlang der Ausbruch des Weltkrieges seine ganzen Energien. Das Kriegsfieber, das wie eine Flamme durchs Land zog, packte ihn. »Brüder, nach Berlin!« lautete der Schrei, und keiner war begeisterter als Alexei Tolstoi. Er wurde Kriegsberichterstatter und schrieb höchst patriotische Artikel für die Zeitschrift »Russische Nachrichten«, während er sich weiterhin mit literarischen Arbeiten abplackte. Der Krieg schien wie eine logische Folge zu sein – vielleicht sogar ein wenig wie eine willkommene Abwechslung – nach dem seltsamen, schlaffen, ungeduldigen und ängstlichen Jahrzehnt, das vorausgegangen war. Schon im Sommer auf der Krim, kurz vor Kriegsausbruch, hatte Alexei bemerkt: »Die ganze Welt und alle Menschen darauf wandeln am Rande einer Katastrophe«.

Die »Russischen Nachrichten« schrieben hauptsächlich für die Intelligenz, die zu Beginn des Krieges ebenso glühend patriotisch und kämpferisch gesinnt war wie die allerreaktionärsten Regierungsanhänger. Nur Lenin und die Bolschewiken waren von Anfang an dagegen, obschon der Krieg sich letzten Endes als das wirkungsvollste Instrument ihres Sieges erweisen sollte. Mit der ihm eigenen Energie reiste Tolstoi unverzüglich an die Front im Südwesten, wo die russische Armee bereits gegen die Österreicher kämpfte. Es war ein ungewöhnlich buntes und wichtiges Erlebnis. »Nach vier Tagen ununterbrochenen Herumrasens mit dem Wagen, nach Hinterhalten auf Waldstraßen im Regen, was auf mich einen einzigartigen Eindruck machte, war ich hundemüde ... Ich machte mir so viele Gedanken, daß ich in dieser einen Woche ein ganzes Jahr Erfahrung sammelte, und doch ist das erst der Anfang des Krieges.«

Alexei nahm an Ereignissen teil, die so großartig und gigantisch waren, daß sie sogar seine geschichtsbesessene Phantasie zufriedenstellten. Seine Neugierde führte ihn auf dem Pferderücken, per Wagen und zu Fuß überallhin: zu Stabsquartieren, Stellungen in der Hauptkampflinie, Nachschubbasen und Lazaretten. Es war ein berauschendes Erlebnis, und er spürte nichts von den Zweifeln an Rußlands glorreichem Ziel, die sich erst einstellten, als sich der tödliche Kampf verhärtete und verdüsterte.

Im Februar des nächsten Jahres besuchte Tolstoi erneut die Front, diesmal im Kaukasus, wo die südlichen Armeen Rußlands gegen die Türken kämpften. Für den Augenblick schien er jedoch die Erfahrung gewonnen zu haben, derer er bedurfte; und den Rest des Jahres verbrachte er in den beiden Hauptstädten und, zusammen mit seiner Frau, auf der Krim, wo er sich wieder seiner Schriftstellerei zuwandte. Zu Beginn des Jahres 1916 machte er jedoch eine noch größere Reise. Auf Einladung der englischen Regierung besuchte er mit einer Gruppe russischer Schriftsteller England. Sie besuchten König Georg V. im Buckingham Palace und David Lloyd George in Downing Street Nr. 10 und suchten, für den jungen Schriftsteller zweifellos noch interessanter, die Romanciers Arthur Conan Doyle, Edmund Gosse und H. G. Wells auf. Das riesige Industriepotential Englands sowie der Zusammenhalt und die Disziplin seines Volkes beeindruckten ihn sehr. Als nächstes wurden sie über den Kanal gesetzt, um die Front zu beobachten, von der sie ziemlich genaue Eindrücke erhielten.

Alles in allem war Alexei Tolstoi von diesem Empfang höchst angeregt und geschmeichelt, obschon die englische Meinung über *ihn* weniger schmeichelhaft war. »Ein aalglatter, fetter Bohemien mit großem literarischen Talent, aber mit einem starken Hang zu den materiellen Annehmlichkeiten des Lebens«, so beschrieb ihn der Diplomat, der ihn eingeladen hatte.[11]

Am 18. März war Tolstoi in Petrograd zurück, wie die Hauptstadt nach Kriegsbeginn umgetauft worden war. Während der Krieg seinen blutigen Lauf nahm, flüchtete sich Tolstoi aufs neue in die schöpferische, ja sogar eskapistische Literatur; er begann eine Geschichte zu schreiben, zu der ihn anscheinend H. G. Wells' »The First Man in the Moon« angeregt hatte, eine ähnliche, freilich weniger gut gelungene Mischung aus wissenschaftlicher und soziologischer Phantasterei. Wieder einmal mag er von seinem instinktiven Gespür für das Wilde, Exotische und Manierierte inspiriert worden sein, gepaart mit dem Wunsch, sich in jener Literaturgattung zu versuchen, für die er besonderes Talent besaß. Wie viele Schriftsteller vereinigte er in sich die flammende Überzeugung, etwas Erhabenes schaffen zu können, mit einer tiefen Unzufriedenheit bezüglich seiner jeweils aktuellen Leistungen. Das Lob der Kritiker tat wenig, sein ruheloses Streben zu vertreiben.

Doch nun stand ein Ereignis bevor, so gewaltig, daß sein Sturm ihn und Millionen anderer mit schrecklicher Gewalt in einem Wirbel von Unruhe, Angst, Neuerschaffung und Vernichtung hinwegfegte. Im März 1917 dankte der unglückliche Zar Nikolaus II. ab, und eine provisorische Regierung übernahm seinen Platz. Natalja war im Krankenhaus, wo sie ein paar Tage zuvor einem Sohn Nikita das Leben geschenkt hatte. (Nikita war strenggenommen ein uneheliches Kind, und weder er noch seine Nachkommen, die in der UdSSR leben, sollten zu den Tolstois gezählt werden. Das Paar wurde erst im Mai 1917 getraut, aber sie sorgten dafür, daß Nikita drei Wochen später getauft wurde. Bedauerlicherweise hat unlängst eine wissenschaftliche Veröffentlichung falsche Daten von Nikitas Eltern und seiner Geburt angegeben und daraus irrtümlicherweise den Schluß gezogen, er sei ehelich geboren.[11a])

Der Sturz der Monarchie und die Revolution versetzten Alexei in grenzenlose Begeisterung und Optimismus: Hoffnungen, die wahrscheinlich vom größten Teil der Bevölkerung geteilt wurden. Seine Ansicht hatte von Anfang an gelautet, daß aus all dem Leid die Nation neu gestärkt hervortreten würde. Er hatte geglaubt, daß »unser Chaos aus geistigem Wirrwarr und Schwäche, aus Verinnerlichung und Parteienkampf – daß alles jählings zurückweicht wie das Meer von den Ufern«. Die unzulängliche militärische Organisation und Führung bestätigten bloß, daß es genügte, die korrupte Bürokratie der Selbstherrschaft zu beseitigen, um die guten Energien Rußlands freizusetzen. Nun war dieses Ereignis in »der unblutigsten Revolution der Geschichte« eingetreten, und vor allem für Dichter und Denker schienen sich neue Hoffnungen aufzutun.

Tolstoi war seit kurzem für den Minsker *Semstwo* tätig und hatte bei der schier entmutigenden Aufgabe mitgeholfen, die Versorgung der Truppen zu beaufsichtigen.[12] Nun wurde er zum Kommissar für die Registrierung von Druckwerken ernannt und war verantwortlich für die Richtung, in die sich die neuen Kunstformen im Gefolge der Revolution bewegen würden. Emigranten-Schriftsteller kehrten ins Vaterland zurück. Auf der Moskauer Kusnetzki-Brücke versammelten sich Literaten im Café Trefoil, und Tolstoi und seine Frau, die Dichterin Maria Zwetajewa und der unlängst heimgekehrte Ilja Ehrenburg, den Alexei in Paris kennengelernt hatte, veranstalteten dort eines Abends Lesungen aus ihren neuesten Werken. Eine Schriftstellergewerkschaft tat sich zusammen, mit Tolstoi als Mitglied des Komitees, und für eine leider nur allzu kurze Zeit erblühte eine erstaunliche literarische Renaissance. Inmitten dieser großen Ereignisse gefangen, verlegte sich Tolstoi auf ein gründliches Studium der russischen Geschichte und begann intensive Nachforschungen in jener anderen Epoche revolutionären Wandels, der Regierungszeit Peters des Großen.

Aber tragischerweise stellte sich bald darauf die Enttäuschung ein. Die provisorische Regierung war entschlossen, den Krieg zu einem erfolgreichen Ende zu bringen, und auch Alexei Tolstoi war einer von denen, die auf den Schutz der »nationalen Ehre« den größten Wert legten. Doch die Ereignisse an der Front erwiesen sich als immer katastrophaler, und so begannen die Bolschewiken von allen Seiten Unterstützung zu gewinnen, weil sie die einzige Partei waren, welche die sofortige Einstellung der Feindseligkeiten verlangte, gleichgültig zu welchen Bedingungen. Der unerbittliche Vormarsch der deutschen Armeen vertrieb den Glauben des Premierministers Kerenski, daß revolutionäre Begeisterung sich als ein wirkungsvoller Ersatz für militärische Disziplin erweisen würde. Dann, während der Sommer sich hinzog, nahm die Agitation der Bolschewiken zu, und Kerenski verlor die Nerven. Schließlich schickten sich die Bolschewiken an, nach der Macht zu greifen. Im Oktober 1917 (nach dem alten Kalender gerechnet, den die Bolschewiken im Februar 1918 durch den Gregorianischen ersetzten) schlugen sie zu, und nach kurzen Kämpfen in den Hauptstädten brach die provisorische Regierung schmählich zusammen. Anfangs floß nicht viel mehr Blut als während der Februarrevolution acht Monate zuvor, aber der Kampf hatte erst begonnen.

Die ersten Tage nach dem Staatsstreich der Bolschewiki in Moskau verbrachten die Tolstois in einer zeitweise völlig verrammelten Wohnung. Zwei verirrte Geschosse waren vom Fensterbrett des Speisezimmers abgeprallt, und bald verbarrikadierten provisorisch zusammengezimmerte Blenden aus Teppichen und Schränken alle Fenster. Die Kinder (Marjana und Nikita) schliefen in einem fensterlosen Badezimmer, während alle anderen in den Fluren und Zimmerecken Zuflucht fanden, wo sie vor den Kugeln sicher waren. Die Hausbewohner bewachten der Reihe nach den Haupteingang des Hauses, wo ein Samowar Tag und Nacht dafür sorgte, daß die bewaffneten Kämpfer, die für eine kurze Verschnaufpause hereinschauten, eine Kanne Tee erhielten. Einer ihrer Besucher, ein junger Blonder, schoß vor ihren Augen zwei Kadetten nieder. Ein andermal wurde ein Kämpfer getötet und seine Leiche auf dem Treppenabsatz im Haus niedergelegt. Als es ein paar Tage später wieder möglich war, sich in den Straßen zu bewegen, sah man Scharen erstaunter Bürger vor den Plakaten zusammenströmen, die die siegreichen Bolschewiken angeschlagen hatten. Tolstoi war sehr betroffen, als er zufällig einige Brocken aus einer Unterhaltung aufschnappte. »Rußland ist am Ende!« stöhnte ein älterer Mann. »Für Sie ist's zu Ende, Väterchen«, erwiderte frohgemut eine Stimme aus der Menge; »aber für uns ist's erst der Anfang!« »Die Wahrheit ist«, schrieb Tolstoi im Dezember 1917, »daß wir glaubten, wir näherten uns einer schönen Frau, gekleidet in einen *kokoschnik* und blauen *sarafan*, liebenswürdig und gutwillig.« Aber als wir ihr von Angesicht zu Angesicht gegenüberstanden, »zuckten wir voller Abscheu zurück ... Wer ist dieses entsetzliche, wilde Wesen in schmutzigen Kleidern, bis zu den Ellenbogen mit Blut und Schwären bedeckt und mit verzerrtem, gequältem, wahnhaftem Gesicht? Ich erkenne dich nicht! Wer bist du?« Die Intellektuellen begannen zu lamentieren. Tolstoi dachte daran, in die Schweiz zu emigrieren, verwarf es aber wieder. Das Leben ging schließlich weiter, und seine Werke wurden immer noch veröffentlicht. Einige tüchtige Männer hatten tatsächlich die neue Ordnung akzeptiert. Wladimir Majakowski schäumte über vor Begeisterung für die Bolschewiken und drängte Alexei, sich ihm anzuschließen. »Ach, Graf! Nehmen Sie doch meine Einladung zu einem proletarischen Freudenfeuer an, Eure Exzellenz! Fühlen Sie sich ganz wie zu Hause.«

Doch der Graf fand das nicht amüsant. Ehrenburg, der ihm seinerzeit nahestand, gab später eine zynische Schilderung seiner Unentschlossenheit. »In den Jahren 1917/18 war er verloren, unglücklich, manchmal niedergeschlagen; er konnte nicht begreifen, was geschah. Er saß im Literatencafe ›Bom‹, besuchte das Hauskomitee, verfluchte alles und beklagte sich über alles – vor allem aber, er war verblüfft... Er beobachtete die Feigheit der Menschen, ihre Kleinkariertheit, wußte aber selber nicht, was er tun sollte. Jemand zeigte mir die Messingplakette an seiner Tür mit der Aufschrift ›Graf A. N. Tolstoi‹ und murmelte ›Graf für die einen, aber Bürger für die andern!‹ Aber er lachte selbst darüber.«

Als sich das politische Klima in diesem Winter weiter verdüsterte, biß die Entbehrung nach jedermann, ungeachtet seiner Stellung. »Heut abend kein Abendessen«, zitierte der Diener, der mit leeren Händen vom Markt zurückkam. »Keine Lebensmittel heute«, verkündete eine Tafel vor einem Laden – »und morgen auch nicht« hatte ein Witzbold darunter geschrieben. Pfannkuchen mit Marmelade und schwarzer Kaffee hielten die Familie noch ein wenig am Leben, aber wie lange? Schließlich entschlossen sie sich, Moskau zu verlassen und mit dem Zug nach Süden zu fahren, nach Odessa, mit Träumen vom Baden im Meer und von Weinbergen. Im Juni 1918 reiste die ganze Familie, Marjana ausgenommen, die bei ihrer Mutter Sophia blieb, mit der Bahn nach Kursk und von dort weiter nach Odessa. Um ihren Griff über das Land zu festigen, unterzeichneten die Bolschewiken am 3. März 1918 den verhängnisvollen Frieden von Brest-Litowsk, der die fruchtbarsten und bevölkerungsreichsten Teile des südlichen Rußlands der Verfügungsgewalt der Deutschen überließ. Odessa befand sich in ihren Händen, und hier war Tolstoi vor den Bolschewiken sicher, für die er nur noch heftige Feindschaft empfand. (»Ich würde nicht zögern, Lenin und Trotzki mit einem rostigen Bohrer die Augen auszustechen, wenn sie mir in die Hände fielen.«) Er arbeitete in einer kleinen Spielhölle und verdiente ein bißchen Geld.

Doch die Ereignisse überstürzten sich fast in jenen hektischen Tagen des Jahres 1918. Im November besiegten die Alliierten Deutschland und zwangen es, das russische Territorium zu räumen. Ihre Garnison in Odessa wurde von einem französischen Expeditionskorps abgelöst, das vor allem deshalb entsandt wurde, um den antibolschewistischen, weißen Kräften zu helfen, die Front gegen die Deutschen wieder zu errichten und dann direkt in den Kampf gegen die Sowjetmacht einzugreifen. Im Frühjahr 1919 sahen sich jedoch die Franzosen ihrerseits gezwungen, sich zurückzuziehen. Als ihre Flotte sich zum Auslaufen fertig machte, drängten sich Tausende verängstigter Russen am Kai und machten verzweifelte Anstrengungen, dem roten Terror zu entkommen, der ein paar Tage später ausbrach. Die Tolstois waren unter den Glücklichen, und im Juni waren sie in Paris.

Die Straßen waren voller russischer Flüchtlinge jeden Schlags und aller Schichten. Fürsten und Generäle fegten Straßen und fuhren, wenn sie Glück hatten, ein Taxi. In dem allgemeinen Elend bildeten die Tolstois keine Ausnahme. Zuerst fanden sie bei Freunden Unterschlupf, später bezogen sie eine Wohnung in einem Haus, das ganz von Russen bewohnt war; sie hingen gänzlich ab von dem bißchen Arbeit, das Natalja als Näherin finden konnte. Alexei war sehr niedergeschlagen über dieses Leben der Entbehrung, das nicht viel besser war als das, weswegen er Moskau verlassen hatte. Schmerzlich vermißte er das alte, angenehme und vergnügliche Leben. Die Revolution traf ihn im falschen Augenblick. Nach Jahren des Kampfes hatte er gerade erst Anerkennung als Künstler und wirtschaftlichen Erfolg erfahren, während es ihm hier noch schlechter ging als 1908, als er ganze hundert Rubel in der Tasche hatte. Jetzt fand er, wie damals, seine Zuflucht »in den aufgewühlten Wassern der Literatur«.[13]

Mit taufrischen Erinnerungen an die ungewöhnlichen Ereignisse, deren Zeuge er in den letzten Jahren geworden war, setzte er sich an die Arbeit und schrieb einen epischen Roman, der als Hintergrund die Revolution nahm. Hier war ein noch vulkanischeres Thema als es die Napoleonischen Kriege waren, die sein großer Verwandter literarisch verarbeitet hatte. Die wichtigste Absicht des Buches bestand darin, die Wirkung dieses Sturmes auf die Intelligenzia zu zeigen, die entwurzelt und über das Gesicht der Erde verstreut worden war. Sie erlebten den Ablauf des Schauspiels, waren aber außerstande, es zu begreifen. Diese Konzeption und noch vieles andere an diesem Roman war natürlich autobiographisch bis zur Selbstentblößung. Tolstoi spürte, welches Glück er hatte, daß ihm ein solches Thema in den Schoß fiel, wie es kein Schriftsteller in der Welt zuvor erfahren hatte, aber er kann sich keine Vorstellung gemacht haben, welche gewaltige Aufgabe vor ihm lag. Mehr als zwanzig Jahre sollten vergehen, ehe er es zu Ende führte, inzwischen hatten sowohl er als auch die Ereignisse, die seine Phantasie beflügelten, sich wieder und wieder verändert. Und in der gleichen Stunde, als seine Aufgabe sich vollendete, packte ihn eine neue Flut und trug ihn und Millionen anderer auf ihren Wogen davon.

Der Roman (Choschdjenie po Mukam) war eine Trilogie, die unter dem Titel »Der Leidensweg« in deutscher Übersetzung erschien. Bald darauf brach er ihn jedoch ab und schrieb »Nikitas Kindheit«. Offenbar packte ihn das schmerzliche Heimweh, das auch seine Emigrantenfreunde überfiel. Irgendwie hielten seine Schriftstellerei (er verkaufte seine Produkte an Emigranten-Verlage) und Nataljas Näherei die beiden am Leben. Weniger achtbare, dafür jedoch einträglichere Einkommensquellen waren die Gelder, die er von reichen französischen Familien erbettelte, denen er ins Gesicht schön tat, während er sie hinter ihrem Rücken schlecht machte. Schlimmer noch war der Verkauf (für 18 000 Franc) seines Gutes in Rußland – das es überhaupt nicht gab – an einen Spekulanten. Das Leben von der Hand in den Mund setzte Alexei schwer zu, er wetterte fortwährend gegen die Sinnlosigkeit ihres Daseins. Das lächerliche Politisieren, Streiten und die Flucht nach Innen der anderen Emigranten ärgerte ihn. Er hatte mit all dem nichts zu tun. »Nimm Europa«, rief er eines Tages seiner Frau zu, »diesen Friedhof. Die ganze Zeit rieche ich den Verwesungsgeruch... Von Leichen umgeben zu leben! Ich hasse diese Leute. Wir müssen von hier weg.« Seine Frau fragte ihn, wohin er gehen wolle. Er antwortete nicht, doch es war klar, wohin sein Denken zielte. In Rußland war der Vergleich mit einem riesigen Friedhof und dem Gestank von Leichen in grauenvoller Weise buchstäblich. Aber in Rußland lagen Alexeis Wurzeln, und dort blühte seine Eingebung.

Die Familie wechselte ziellos von einer Wohnung in die andere. Im Jahr darauf bezogen sie eine Hütte in der Bretagne, wo auf Waldlichtungen große Runensteine standen und ausdruckslos auf den weißgefleckten Atlantik hinausschauten. Aber, so klagte Alexei, »des Künstlers Platz ist nicht hier inmitten dieser zyklopenhaften Steine und der Einsamkeit, deren Stille nur von dem Geräusch der Brandung gestört wird, sondern inmitten jenes kochenden Brodelns, wo aus gequältem Leid eine neue Welt geboren wird«. Die weißen Armeen waren in einem Meer von Blutvergießen untergegangen, die Krim ausgenommen, wo die Armee Baron Wrangels noch aushielt. Im April 1920 waren die Polen in Rußland eingefallen, und in diesem Sommer loderte der Krieg in der Ukraine und in Weißrußland. Der sowjetische Staat (der Name Rußland wurde bald abgeschafft) kämpfte ums Überleben. Wie alle Emigranten verfolgte Tolstoi die Ereignisse im Osten mit begierigem Interesse, ohne bislang jedoch persönlich betroffen zu sein. Ärgerlich brummelte er, sein Sohn sei nicht einmal mehr Russe, und reiste nach Paris ab. Ein paar Tage später traf ein Brief ein. Beim Frühstückskaffee las Natalja sein Ultimatum.

»Das Leben ist an einem toten Punkt angelangt... Ich verbrenne alles hinter mir; es ist notwendig, wiedergeboren zu werden. Meine Arbeit verlangt rasche Entscheidungen. Verstehst Du die Endgültigkeit dieser Worte? Wir müssen zurückkehren. Werde die Wohnung los. Wir fahren nach Berlin und, wenn Du nichts dagegen hast, noch weiter.«

Dieser Bericht seiner Frau legt nahe, und alle sowjetischen Biographen haben es seither behauptet, daß Tolstoi damals eine große, unwiderstehliche Herzenssehnsucht nach seinem Vaterland, nach der *rodina*, zu verspüren begann. Dies ist jedoch ernstlich zu bezweifeln. Es mag wohl stimmen, daß er, wie jeder gute Russe, bestürzt war bei dem Gedanken, daß sein Sohn den Traditionen seiner Ahnen entwuchs und daß der zitierte Brief an seine Frau echt ist. Doch die Empfindungen waren sicherlich weit davon entfernt, irgendwelche festgefügten Überzeugungen zu verkörpern. In seinen eigenen Briefen, die er gerade zu dieser Zeit aus Bordeaux schrieb, gebrauchte er, ohne sich dessen zu schämen, Gallizismen wie *komfortabelny*, ›komfortabel‹ (statt des eigentlich russischen Wortes *uyutny*). Und als seine Familie ein paar Monate später, wie geplant, nach Deutschland zog, berichtete er begeistert über ihren höheren Lebensstandard. Noch im Januar 1922 hegte er nicht die Absicht, nach Sowjetrußland zu gehen, er erklärte: »Wenn ich etwas dafür bekomme, daß ich mein Stück auf die Bühne bringe, dann hab' ich für den Sommer ausgesorgt«. 1921 war er sicherlich unzufrieden über seine Armut in Frankreich, aber er dachte nicht ernsthaft daran, das Emigrantenleben aufzugeben.[14]

Im Oktober 1921 zog die Familie nach Berlin, wo Tolstoi bald an der Zeitung *Nakanune* (Am Vorabend) mitarbeitete. *Nakanune* war das Sprachrohr einer Gruppe unzufriedener Intellektueller, die, zusammen mit sowjetischen Schriftstellern, darauf bestanden, daß die einzige Zukunft für die Russen in Rußland selbst lag, und da dies heute Lenins Rußland bedeute, könne man nichts anderes tun, als die Anstrengungen der Bolschewiken unterstützen, das zerstörte Land wieder auf die Beine zu stellen. Berlin war in diesen Tagen Treffpunkt eines breiten Spektrums von Meinungen, die die Russen vertraten. Neben weiteren begabten Schriftstellern, die sich dort versammelten, war auch Maxim Gorki, der, im Vergleich zu Tolstoi, aus der entgegengesetzten Richtung kam: er war erst kurz zuvor krank und deprimiert über das, was er gesehen hatte, aus der Sowjetunion ausgereist.

Diese beiden Schriftsteller arbeiteten eine Zeitlang an *Nakanune* mit, doch ein Bruch war unvermeidlich. Gorki hatte mit Lenin gebrochen, er war verärgert, weil die Sowjets immer weniger freie Meinungen der Intellektuellen dulden wollten, er war besorgt angesichts der Rohheiten, die die Bauern auf dem Land begingen, und empört über die unablässig anwachsende Grausamkeit im allgemeinen. Tolstoi betrachtete andererseits Rußlands Tragödie als eine wunderbare Quelle literarischer Inspiration und hegte, zumindest in der Abstraktion, keinen ausgeprägten Widerwillen gegen Grausamkeit. Wo Gorki sein Entsetzen über den Bericht eines Opfers ausdrückte, das man gezwungen hatte, sein eigenes Gedärm auf einem Stock aufzuwickeln, sah Tolstoi darin nur den Beweis für die tragische Größe des russischen Geistes.[15] Im russischen Club, der der sowjetischen diplomatischen Mission angeschlossen war, begegnete Tolstoi seinem alten Freund Majakowski, dessen anhaltende Begeisterung für die Bolschewiken ihn sehr beeinflußte.

Die Entscheidung war nun unausweichlich. Im Mai besuchte Tolstoi Moskau und wurde wie ein Held empfangen. Schriftsteller, Schauspieler und Produzenten empfingen ihn begeistert, und er referierte vor einem eigens dafür eingeladenen Publikum über das Thema »Das verachtenswerte Wesen der weißen Emigration und die Entartung der Kunst im Westen«. Wenige Wochen später, nach seiner Rückkehr nach Berlin, wo er seine Familie abholte, schrieb er in *Nakanune* seinen Abschiedsartikel an die Emigration. »Ich kehre mit meiner Familie in die Heimat zurück, für immer. Wenn es hier im Ausland Menschen gibt, die mir nahestehen, dann richten sich meine Worte an sie. Kehre ich zurück in das Glück? Oh nein, Rußland macht gerade Schlimmes durch. Wieder einmal überzieht es eine Welle des Hasses... Ich kehre heim zu einem schweren Leben.«

Es gibt kaum einen Zweifel, daß seine eingestandenen Beweggründe echt waren; sowohl vor als auch nach seinem Exil zeigen Tolstois Schriften einen starken Patriotismus, zusammen mit einer – wie es ein westlicher Schriftsteller nannte – »unauslöschlichen, aus tiefstem Innern kommenden Liebe für sein Land, ja selbst für seine Geräusche, Gerüche und Landschaften, welche die entscheidende

Rolle dabei spielten, daß er die Entscheidung faßte, nach Sowjetrußland zurückzukehren«.[16] Aber weder dies noch sein eingestandener Glaube, daß nur Lenin und die Bolschewiken Rußland aus seiner schrecklichen Notlage befreien könnten, vermag seine dramatische Entscheidung befriedigend zu erklären.

Es sind die Worte »Ich kehre heim zu einem schweren Leben«, die man unmöglich wörtlich nehmen kann. Wenn es etwas gab, was Tolstoi am meisten haßte, dann war es jede Art von Armut und Entbehrung. Jeder, der ihn kannte, ob Rot, ob Weiß, Freunde oder Ehefrauen, sie können einstimmig bezeugen, daß er sein Leben lang die Armut fürchtete und die Bequemlichkeit, den Luxus und Reichtum entsprechend liebte. »Er schätzte die guten Dinge dieses Lebens mit einer Liebe, die man oft bei Leuten aus edlen, aber armen Familien trifft, die plötzlich zu Geld kommen.«[17] Es ist nicht nur der materielle Komfort, den er schätzte: für sein Wohlergehen war es wesentlich, daß *alles* um ihn herum Wohlbehagen ausstrahlte. Wenn eine Villa in der Stadt oder ein Landhaus sich als wenig anregend erwies, zog er in ein anderes. Wenn eine Frau nicht mehr seine Erwartungen erfüllte, weil sie langweilig oder alt wurde, suchte er sich eine andere. Kornei Schukowski, der ihn gut kannte und mit dem er dreißig Jahre lang befreundet war, erlebte ein auffallendes Beispiel dieser Neigung. Während des Zweiten Weltkriegs streifte er eines Tages mit Tolstoi durch die Botanischen Gärten von Taschkent; dabei begann er unbedacht ein Gespräch mit den leichtfertigen Worten: »Jetzt, wo wir beide alte Herren sind, die es sicher nicht mehr lange machen werden...«

Tolstoi fiel in Schweigen, sagte kein einziges Wort, aber kaum war er wieder zu Hause und hatte den Fuß in seiner Wohnung, da verkündete er seiner Familie: »Nie wieder will ich mit Schukowski irgendwohin gehen. Er hat unterwegs a-ab-scheulich dahergeredet.«[18]

In Wahrheit hat er das »schwere Leben«, von dem er schrieb, nie mitgemacht, und es scheint sicher zu sein, daß er es auch nicht erwartete. Es ist richtig, daß er ohne die bereits genannten Beweggründe überhaupt nicht an Heimkehr gedacht hätte: den tiefen Patriotismus und eine *nostalgie de la boue*. Wahrscheinlich war es Majakowski, der ihn in Berlin dazu überredete, den letzten Schritt zu tun – nebst einigen Eröffnungen sowjetischer Diplomaten. (Vor etwa fünfzehn Jahren erhielt ich von einem hohen sowjetischen Offiziellen eine ähnlich schmeichelhafte Einladung.) Sie gaben ihm ganz bestimmte Versicherungen, welchen gesellschaftlichen Rang er in einer Gesellschaft genießen werde, wo der Künstler zum ersten Mal frei sei von den entwürdigenden Fesseln des bürgerlichen Mäzenatentums. Es war, etwas prosaischer ausgedrückt, klar, daß Majakowski und seine Kollegen sich eines gehobenen Lebensstandards erfreuten und von den schrecklichen Drangsalen, wie sie der einfache Russe erleiden mußte, unberührt blieben.

Haß gegen das Bürgertum schlug in Tolstois Herz eine empfängliche Saite an. Wirkliche oder vermeintliche Kränkungen, die er während seiner Jugend in Samara erfahren hatte, die augenfällige Herablassung gönnerhafter reicher Kaufleute während seines beginnenden Aufstiegs in Moskau, und das, was er als die selbstgefällige Gleichgültigkeit der Reichen von Paris und Berlin betrachtete, erfüllte ihn mit brennendem Haß gegen ihre ganze Klasse. Anfangs hatte er auch Empörung empfunden gegenüber der alten Aristokratie, die in Gestalt der Familie seines Vaters seine Mutter und ihn selbst so grausam vernachlässigt hatten. Doch sein Vater war tot, und Alexei hatte seit langem entdeckt, daß sein Name und sein Titel ihm unweigerlich gesellschaftliche Anerkennung eintrugen. Seine Gefährten neigten dazu, bohemienhafte Künstler zu sein, die so taten, als schätzten sie erblichen Rang und Privilegien gering, aber ihr ganzes Verhalten verriet, welches romantische oder snobistische Vergnügen es ihnen bereitete, auf die illustre (und sinnigerweise literarische) Ahnenschaft ihres leichtlebigen Freundes zu blicken. In ihrer Mitte war Graf Alexei Tolstoi der Edelmann schlechthin, und offenbar gefiel ihm diese Rolle. Es war im wesentlichen ein aristokratischer Standpunkt, von dem aus er die Mittelschicht verachtete und sich hingezogen fühlte zu den unverdorbenen Bauern, die noch Ehrfurcht kannten.

Natürlich lag auch ein gewisses Risiko in der Heimkehr. Der bekannte Historiker Fürst Dmitri Swjatopolk-Mirsky beispielsweise kehrte 1932 in glühender Begeisterung in die UdSSR zurück. Er war ein überzeugter Kommunist geworden, und seine Ergebenheit wurde ihm zuletzt mit einer einfachen Fahrkarte in ein GULAG-Arbeitslager vergolten.[19] Aber Tolstoi besaß den großen Vorteil, *nicht* wirklich ein Kommunist zu sein. Er besaß auch Geschichtskenntnisse genug, um die Situation bedeutend schärfer zu erfassen. Es waren immer die großen Katastrophen der Geschichte, die ihn in ihren Bann schlugen. 1934 dachte er daran, einen Roman zu schreiben über den Untergang des Römischen Reiches.[20] Schon 1919 hatte er Georg Büchners »Dantons Tod« übersetzt, ein Schauspiel, dessen durchgängiges Thema lautet, Revolutionen seien sinnlos, weil sie Ströme von Blut vergießen, um nach einem vollen Kreis zu ihrem Ausgangspunkt zurückzukehren. Seit er sechzehn war, faszinierte ihn vor allem der Lebensweg Peters des Großen, der eine politische und gesellschaftliche Revolution herbeigeführt hatte, die sich gut mit der bolschewistischen vergleichen ließ. Im gleichen Jahr wie »Dantons Tod« veröffentlichte Tolstoi eine zwanzig Seiten umfassende Novelle, die den Titel trug »Peters Tag« und sehr lebhaft auf die Erscheinung und den Charakter des großen Zaren eingeht. In scharfem Gegensatz zu seiner späteren Schrift über den gleichen Gegenstand ist das Gesamtbild abscheulich und niederschmetternd. Obgleich ihm mitunter tragische Größe nicht fremd ist, wird Peter als ein barbarischer Tyrann dargestellt, dessen ganzes Bemühen, in Rußland das Oberste zuunterst zu kehren, zum Scheitern verurteilt ist. Die Lage des Menschengeschlechts wurzelt zu tief, als daß die Anstrengungen von einzelnen sie ändern könnten, so mächtig und entschlossen sie auch sein mögen.[21]

Es kann Tolstois Aufmerksamkeit nicht entgangen sein, daß es bei ähnlichen Gelegenheiten in der Geschichte manchen klugen und prinzipienlosen Angehörigen der enteigneten Herrschaftsschicht gelungen war (wie etwa Talleyrand), in der neuen Oligarchie einen vergleichbaren Platz zu finden. Schließlich gab es in der russischen Geschichte als leuchtendstes Beispiel für ein solches Überlaufen eines, das Alexei Tolstoi persönlich anging. Es war sein Vorfahre Peter Tolstoi, der anno 1682 als Parteigänger seines Onkels Iwan Miloslawski der wichtigste Anstifter zum Mord an dem Onkel Peters des Großen und anderer Verwandter gewesen war. Doch als Peter siegte, spielte Peter Tolstoi seine Trümpfe so geschickt, daß er einer der wichtigsten Berater des neuen Zaren wurde. Eine weitere »napoleonische« Parallele lag in der Karriere Marschall Tuchatschewskis, der wie die Tolstois seine Herkunft auf den Indris des vierzehnten Jahrhunderts zurückführte. Sein ruheloser Ehrgeiz und seine forsche militärische Tüchtigkeit hatten den ehemaligen zaristischen Offizier 1920, im Alter von siebenundzwanzig Jahren, in die Position des Oberkommandierenden aller sowjetischen Streitkräfte im Kampf gegen Polen gebracht.

Alle Anzeichen sprechen dafür, daß Alexei Tolstois historische und persönliche Einschätzung der Revolution von 1917 ihn zu der Überzeugung führte, daß sie unweigerlich dem Verlaufsmuster früherer Revolutionen folgen und eine eigene Herrschaftsschicht hervorbringen würde. Im Sommer 1923 war er vorsichtig genug, zuerst die Zustände in der UdSSR zu prüfen, bevor er mit seiner Familie den unwiderruflichen Schritt tat. Zu Recht hatte er angenommen, daß Angehörige der sowjetischen Elite vom Augenblick der Machtübernahme an sich eines großzügigen Lebensstils von ständig wachsendem Luxus erfreuen würden.[22] Aber die späteren Jahre des Grafen Alexei Tolstoi beleuchten diesen Punkt noch besser.

Am 1. August 1923 kehrte die Familie Tolstoi nach Sowjetrußland zurück und ließ sich dort nieder. Es kann nicht erstaunen, daß Alexei einige Zeit brauchte, ehe er sich an die Lebensumstände eines sowjetischen Intellektuellen angepaßt hatte. Die erste Flut revolutionären Hochgefühls war noch voll im Fluß, und eifrige Verfechter neuer Kunstformen boten diese gleich zu Dutzenden an. Sie reichten von den unbestreitbar Großen (Majakowski und Alexander Blok) bis zu geistlosen Spinnern und ganzen Gruppen geisteskranker »Künstler«, die glaubten, jede beliebige Form gedankenloser Äußerung stelle eine revolutionäre Kunstform dar. Natürlich war Tolstoi in seinem Ansatz ein Traditionalist, er hielt sich streng an die Reinheit der Sprache, an die Fülle und Exaktheit der Beschreibung und an die dramatische Einheit der Handlung. Alle diese Vorstellungen waren seinen Rivalen mehr oder minder ein Anstoß; sie fanden sich zusammen in Schulen wie »Proletkult« und »Forge«, »VAPP« oder »RAPP«, bei den Konstruktivisten, Expressionisten, Futuristen, Neorealisten, bei den einfachen Romantikern, den Imaginisten, Romantikern, Serapionsbrüdern und dergleichen.

Die wichtigste und feindseligste dieser Gruppen war »RAPP«, die Russische Assoziation Proletarischer Prosaschriftsteller, die seinerzeit in der Partei eine halboffizielle Stellung einnahm. RAPP war nicht nur gegen jede Form von »bürgerlicher« Kunst (»Im Namen unserer Zukunft – verbrennt Raffael, zerstört die Museen, zertrampelt die Blüten der Kunst!«), sondern erhob auch Einwände gegen Künstler, die keinen reinen Proletariernachweis zu erbringen vermochten. Alexei Tolstoi, der von dieser Qualifikation sehr weit entfernt war, war eine besondere Zielscheibe für ihre Verleumdungen. Schon vor seiner endgültigen Rückkehr nach Rußland wurde ihm nachgesagt, er »putze das weiße Pferd seiner ›Gesammelten Werke‹ in Erwartung eines triumphalen Einzugs in Moskau«.[23]

Fast ein Jahrzehnt lang kämpfte Tolstoi wild entschlossen, in der Literatur eine Rolle einzunehmen, die es ihm erlaubte, dem Besten Ausdruck zu verleihen, dessen er fähig war, und die zugleich die revolutionäre Wachsamkeit von RAPP und anderer Wachhunde der Partei zufriedenstellte. Das war nicht einfach. Sie verlangten von der Geschichte eindeutige Parallelen, welche den kommunistischen Endsieg verhießen, sowie die Heraushebung heldenhafter Gestalten, in denen man gleichsam die unbewußten Vorgänger der marxistischen Verheißung – im Siege Lenins und Trotzkis von 1917 fand sie ja ihre Erfüllung – erkennen konnte. Die Biographien wilder Kosakenbanditen wie Stenka Rasin und Pugatschow wurden bis zur Unkenntlichkeit verstümmelt, damit man sie als Retter des Volkes ausgeben konnte, die schon zu ihrer Zeit eine Ahnung von ihrer Rolle der Selbstaufopferung nach dem Marxschen Muster der Vorherbestimmung beflügelte.

Im Gegensatz dazu fuhr Tolstoi fort, sein eigenes Feld zu bestellen, keine Gelegenheit verstreichen zu lassen, ohne dem kränkelnden Lenin mit gemeinen Beteuerungen seiner Ergebenheit und seines Gehorsams zu schmeicheln und bisweilen in geistsprühender Weise seine Beweggründe als Literat zu verteidigen. »Wir brauchen keine Sezession literarischer Zirkel. Wir suchen Talent«, betonte er und forderte statt dessen »monumentalen Realismus« und die Anlehnung der Literatur an die reiche Sprache der russischen Massen. Doch er kannte die Gefahren gut, die ihn in solch einer Gesellschaft bedrohten. Wahrscheinlich waren es mehrere Faktoren, die ihn in den ersten Jahren nach seiner Rückkehr beschützten. Einmal Lenin selbst, dessen Einstellung gegenüber der Literatur weitgehend von Erwägungen der Nützlichkeit bestimmt war und der allmählich selbst die verschiedenen Formen des Proletkults als zersetzend und schädlich betrachtete.[24] Dann kehrte 1929 Maxim Gorki in die Sowjetunion zurück. Obschon er und Tolstoi 1923 in Berlin zu der Übereinstimmung gelangt waren, sich uneins zu bleiben, war Gorki zuletzt den gleichen Weg gegangen. Er war auf jeden Fall ein Bewunderer von Tolstois Werk und wurde in Anbetracht seines großen internationalen Ansehens von Stalin geschätzt und verhätschelt. Dies machte ihn zu einem mächtigen Schutzherrn. Und schließlich ist da einfach die Tatsache, daß Tolstois Schriften von der Öffentlichkeit mit viel Vergnügen gelesen wurden. Proletkult und andere bizarre literarische Ausdrucksformen konnten gelegentlich höchst dramatisch sein und konnten auch einige schlagende Erfolge vorweisen. Aber der halbverhungerten russischen Öffentlichkeit, die unter unvorstellbar schlechten, eintönigen Umständen lebte, kamen all diese heftigen oder auch ernsthaften literarischen Bemühungen mehr oder weniger deprimierend vor. Was sie von ihrer Lektüre verlangte, das war Aufregung, Farbigkeit und Liebschaften; und großartige Kostüme, prachtvolle Kulissen und eine spannende Handlung, wenn sie ins Theater gingen. Dies alles lieferte Tolstoi in Hülle und Fülle. Im März 1925 wurde sein Schauspiel »Die Verschwörung der Kaiserin« in Moskau aufgeführt und wurde bald ein vielgerühmter Erfolg. In Wirklichkeit war es eine ziemlich gewöhnliche, melodramatische, obschon nicht gänzlich unzutreffende Darstellung des Hoflebens unter Nikolaus II., die genau in der Art jener theatralischen Pointen gipfelte, die Tolstoi so vollkommen beherrschte: die Ermordung Rasputins. Politisch war das Stück akzeptabel, da es – notwendigerweise – die Romanows in einem schlechten Licht zeigte; aber was das Publikum liebte, das war die Aufregung, die glitzernden Hofuniformen, die Ballgewänder, vergoldete Möbel, reiche Tapeten und dergleichen.

Tolstois Gegner griffen »Die Verschwörung der Kaiserin« in der *Iswestija* und anderen Presseorganen scharf an, aber Tolstoi machte ungerührt weiter. Ein Jahr später strömten Menschenmassen zu seinem »Asew«, der Geschichte eines dem wirklichen Leben entnommenen Agent provocateur, der gleichzeitig für die Polizei und die Revolutionäre arbeitet. Auch hier gab es Verschwörungen und Gegenverschwörungen zuhauf, und der bitterböse Asew erschien so schwarz wie die Farbe, mit der es gedruckt war.

Wieder erhoben Tolstois proletarische Verleumder ihre Einwände, fügten ihrer früheren Kritik noch hinzu, daß Asews Schändlichkeit gänzlich unmotiviert dargestellt werde. Der Verfasser schlug mit einer Schmähschrift zurück, in der er die Wiedergeburt des klassischen Schurken rechtfertigte. Sein Standpunkt war schamlos aristokratisch, doch verbarg er ihn hinter einer trügerischen Mahnung an den sozialistischen Realismus. In den guten, alten Tagen des Theaters, versicherte er, seien die Schurkenherzen so schwarz wie Pech gewesen, beziehungsweise wie ihre weiten Mäntel und weitrandigen Hüte. Die elende Bourgeoisie sei es gewesen, welche die Einführung des Gesellschaftsdramas verlangt habe, wo ordinäre Zahnärzte, Anwälte und ihre neurotischen Frauenzimmer Tee tranken und sich ihren Weg durch irgendein schmutziges Ehemißverständnis heulten. Da war kein Platz für höhnende, schwarzgesichtige Briganten, die schwindelten, logen und sich ihren Weg durch die Szene mordeten.

Tolstoi kannte sein Publikum, das ihn begeistert unterstützte. Dazu zählte auch die sowjetische Führung, die nichts dabei finden konnte, daß das Volk seine Enttäuschungen auf so vergnügliche Weise loswurde und die überdies die naive Freude der Öffentlichkeit teilte. Tolstois Verteidigung dieser Schurkenstücke kam bei den Stückeschreibern an, und im gleichen Jahr schrieb Iwan Platon ein Schauspiel, das bestimmt ein Klassiker dieser Art war. Bezeichnenderweise handelt »Araktschejewschtschina« von den Alltagsszenen auf einem zaristischen Gut. Eine Zusammenfassung vermittelt den Geschmack dieses Stückes, das vermutlich nichts für empfindsame Gemüter war:

»Das Leben auf dem Gute Araktschejews besteht im Schauspiel beinahe ausschließlich aus Saufgelagen der Eigentümer nebst denen der Mönche eines nahe gelegenen Klosters und dem unbeschreiblichen Leid der Leibeigenen. In Vorbereitung auf einen Besuch des Zaren Alexander befiehlt der General, daß die hübschesten Mädchen aus den Nachbardörfern herbeigeschafft werden; einen Monat lang werden sie geschrubbt und poliert, damit sich der Zar unter ihnen einen Bettschatz aussuchen kann. In einer anderen Szene quält Araktschejews Mätresse, wütend, weil ein Glas Schnaps fehlt, einige der Leibeigenen, bis einige von ihnen Selbstmord begehen, um ihrem Elend zu entgehen. Der Wendepunkt kommt, als sich die Leibeigenen schließlich erheben und die Mätresse ermorden. In einem Anfall von Rache läßt sie der General alle foltern – einige vor dem Publikum. Platons Naturalismus geht so weit, daß er in einer Szene die blutigen, abgetrennten Finger von Araktschejews Mätresse zeigt.«

Das war das Showgeschäft des Jahres 1926.[25]

Doch trotz seiner Erfolge wußte Alexei, daß seine Kritiker gefährliche Leute waren, die von seinem aristokratischen und weißen Emigrantenhintergrund viel Aufhebens machten. Er verlegte seine Romane in den Weltraum und gab ihnen phantastische Plots, die (wie er hoffte) außerhalb der Ideologie standen. Schon in Berlin hatte er »Aelita« veröffentlicht, das von einer Expedition zum Mars handelt, von der Liebe des Expeditionsleiters zum schönen Marsmädchen Aelita und dem Versuch eines sowjetischen Agitators, das Marsproletariat zur Revolution zu führen. »Ingenieurs Garins Hyperboloid« ist die Geschichte eines größenwahnsinnigen Kapitalisten, der die ganze Welt beherrschen will; und »Sieben Tage in denen die Welt geraubt wurde« erzählt, wie eine Gruppe betrügerischer Kapitalisten versuchte, die Welt in die Hand zu bekommen, indem sie den Mond in die Luft sprengten.

Nicht eines davon kann den ehrgeizigen Verfasser gänzlich zufriedengestellt haben. Tolstoi erweckt nicht den Eindruck, als sei er seinem eigenen Werk gegenüber sehr kritisch gewesen, das meiste davon scheint er allerdings als sehr hochrangig eingestuft zu haben. Aber zweifellos würde er es vorgezogen haben, mit seinen beiden Hauptwerken in Erinnerung zu bleiben: »Der Leidensweg« und »Peter der Erste«. Während der unruhigen zwanziger und der frühen dreißiger Jahre verbrachte er viel Zeit mit Nachforschungen und mit der Niederschrift dieser kolossalen Werke. Für ersteres reiste er kreuz und quer durch Rußland, befragte zahllose Überlebende, von Woroschilow südwärts. Und was die romanhafte Biographie über Peter den Großen angeht, so erschöpfte er sich nicht nur in der Literatur aus und über diese Zeit, sondern umgab sich auch mit allerlei kostbaren und alltäglichen Dingen aus dem Besitz dieses Zaren. Seine Sammlung muß zuletzt außerordentlich wertvoll gewesen sein, da sie Porträts und eigenhändige Briefe von Peter dem Großen enthielt. Doch die kleinen, zufällig erhaltenen Versatzstücke des Alltagslebens faszinierten ihn nicht minder. Die Sichel, die der erstaunte Bauer in Händen hielt, der von der Tür seiner Hütte aus zuschaute, wie Peters Schiffe von Woronesch aus den Don hinabglitten, war für Alexei ein so wichtiges Erinnerungsstück an die Vergangenheit wie das Fernrohr, das Peter bei der Belagerung von Narwa benützte. An ihm ging, wie an vielen anderen Verfassern guter historischer Romane, ein Historiker verloren.

Beide Werke verschlangen den größten Teil seines Schriftstellerlebens. Der erste Teil seiner Trilogie »Der Leidensweg« war bereits während seiner Jahre im Exil in Paris 1920/21 erschienen. Der zweite Teil erschien in der sowjetischen Literaturzeitschrift *Nowy Mir* (Neue Welt) 1927 als Fortsetzungsroman unter dem Titel »1918« und der dritte Teil, »Düsterer Morgen«, 1940. Das Werk wurde erst 1943 in gebundener Form vorgelegt.[26] Es ist von sehr ungleicher Qualität. Gleich in der Eingangspassage mit der Beschreibung des unheilschwangeren St. Petersburg des Jahres 1914 macht der Leser Bekanntschaft mit dem, was Alexei Tolstoi am meisten auszeichnet: seinem Sinn für das passende Detail, dem beschwörende Rhythmus seiner Sprache und der Fähigkeit, ein großes

Gemälde mit turbulentem Leben zu erfüllen – was vielleicht seinen früheren Ehrgeiz widerspiegelt, Maler zu werden. Der Roman fließt dahin, doch das Fließen hält Schritt mit der Weitläufigkeit der historischen Ereignisse und mit dem Raum, den er durchmißt. Da viel davon aus dem Leben gegriffen ist, führt die anschauliche Erzählung den Leser von den staubigen Landstraßen in der von den Deutschen besetzten Ukraine zu vergessenen Kosakenstanizas; vom Ölgeruch Petrograder Fabriken zu den Rauchwölkchen und dem fernen Donner aus Kornilows Kanonen, die Jekaterinodar beschießen.

Es sind jedoch andere Gesichtspunkte, die es unmöglich machen, seine Epen mit den Romanen »Der Stille Don« oder »Doktor Schiwago« auf eine Stufe zu stellen. Ob es an seinem Bewußtsein lag, daß ihm seine Nichtzugehörigkeit zur Partei gefährlich werden könnte, oder an einer kindlichen Neigung, alles in Schwarz-Weiß-Manier zu sehen, jedenfalls war Tolstoi außerstande, die Feinde im Bürgerkrieg anders wahrzunehmen als die Schurken des Theaters, die er so erfolgreich auf die Bühne gebracht hatte. Da Tolstoi sich natürlich im klaren darüber war, daß die dramatische Wahrheit überzeugende Gestalten verlangt, die innerlich mit sich selbst übereinstimmen, stattete er seine von ihm erfundenen Weißen mit all den entsprechenden Gesinnungen und Ansichten aus. Doch kaum eine Zeile später weist er den Leser bereits auf die Falschheit, die Heuchelei und den Selbstbetrug dieser unseligen Figuren hin. Was er ihnen allenfalls zugesteht, ist ein gewisser tragischer Heroismus, mit dem sie sich hoffnungslos in Widerspruch zu den ehernen Gesetzen der Geschichte setzen. Bei den wichtigeren historischen Gestalten macht er jedoch keine derartigen Einschränkungen. Alle Widersacher der Revolution werden als bösartig, degeneriert und unaufrichtig dargestellt. Kornilow ist ein Fanatiker bis zum Selbstmord, Denikin ein schwacher Taktierer, Schkuro eine in die Enge getriebene Ratte und so weiter. Wieder einmal befinden wir uns in einer Welt von verrückt gewordenen Wissenschaftlern, die die Welt beherrschen wollen.

In der UdSSR wurde »Der Leidensweg« ein großer Erfolg. Das lag nicht nur daran, daß er seine Geschichte gut erzählte und diese durchaus literarische Vorzüge enthielt. Wahrscheinlich setzte er mehr als jedes andere Werk die Revolution in einen großen, übergreifenden historischen Zusammenhang, der ihm den Maßstab dafür lieferte, ihre Unvermeidlichkeit und ihre starke Verwurzelung in Ereignissen und in Personen der Vergangenheit zu beweisen.

Innerhalb der Sowjetunion ist Alexei Tolstois Ansehen nie in Frage gestellt worden, und er ist weiterhin Gegenstand unzähliger biographischer und literarischer Studien. Das ist nicht erstaunlich. Was dagegen auf den ersten Blick ungewöhnlich erscheint, ist, daß er Stalins »Säuberungen« in den dreißiger Jahren überlebte. Wie kam es, daß er weiterhin so hoch in der Gunst stand, anscheinend nie in Gefahr, und dies zu einer Zeit, als so viele seiner Schriftstellerkollegen verschwanden? Seine adlige Abstammung und seine Jahre in der Emigration nebst seinen früheren antisowjetischen Arbeiten schrien förmlich danach, ihn mit dem Trotzkismus oder den weißgardistischen Saboteuren in einen Topf zu werfen.

Zwei Gründe haben ihn davor bewahrt. Der erste war sein angeborenes historisches Bewußtsein, das ihn in die Lage versetzte, die wahrscheinliche Entwicklung der Revolution einzuschätzen. Von dem Augenblick an, als sich Stalins Ambitionen abzuzeichnen begannen, hatte der neue Diktator keinen größeren Schmeichler als Alexei Tolstoi. Als guter Höfling wußte Tolstoi, wo etwas zu holen war. Und als guter Höfling sagte er auch nur das, was sein Herr hören wollte; mit echter Überzeugung hatte das nichts zu tun. Einem Kollegen vertraute er 1930 zynisch an: »Weißt du, mein Freund, du und ich, wir sind fürchterliche Dummköpfe. Um Beifall zu finden, brauchen wir nur den stenographischen Bericht des letzten Parteitags zu lesen und seiner politischen Linie treu zu folgen.«[27]

Aber auf dem Bauch zu liegen genügte alleine nicht – sonst hätte es keine »Säuberungen« gegeben. Andere Schriftsteller schöpften in noch größeren Mengen aus dem gleichen Topf und kamen trotzdem nicht mit dem Leben davon. Was Stalin an Alexei Tolstoi schätzte – und das ist der zweite Grund seines Überlebens –, das war, daß seine Romane und Theaterstücke der Revolution unvergängliche historische Vorläufer schenkten und mehr als alle anderen den Mythos in die Welt setzten, der kommunistische Sieg von 1917 sei das folgerichtige Ergebnis eines Jahrhunderte währenden Reifungsprozesses. Vor allem ließ er geschickt durchblicken, daß Stalins begnadete Führung schon in längst vergangenen Zeiten angekündigt worden sei.

Alexeis Begeisterung für die Person Peters des Großen stammte schon aus der Zeit vor 1917. In den Jahren 1928/29 kam er mit dem Schauspiel »Auf der Folterbank« auf dieses Thema zurück. In zwölf Szenen, die von 1698 bis zu Peters Tod im Jahr 1725 reichen, breitete er ein Bild aus, das dem von »Peters Tag« von 1918 ähnelt. Erneut stellte er die schrecklichen Umstände von Peters Leben, seine Epilepsie und die grausame Leere seines Daseins in den Mittelpunkt. Aber letztlich warf das Gesamtbild des Stückes doch ein günstigeres Licht auf Peters gewaltige Leistungen, wie den Bau von St. Petersburg und den Sieg bei Poltawa. Weil der Moskauer Theaterdirektor fürchtete, man werde ihn beschuldigen, seine Zustimmung zu einer allzu freundlichen Präsentation eines Romanow gegeben zu haben, lud er Stalin in eigener Person zur Generalprobe ein.

Als der große Mann vorzeitig aufbrach, fürchtete man das Schlimmste. Schließlich hatten viele die unübersehbare Parallele bemerkt zwischen den Leiden des Volkes unter Peters Knute und dem Einsatz von Zwangsarbeit zur Durchsetzung des Fünf-Jahres-Planes in der Gegenwart. Der erregte Direktor Bersenjew rannte hinaus, um zu versuchen, den reizbaren *voschd* (Führer) zu versöhnen, ehe dieser in seinen Wagen stieg. Unterdessen kletterte ein Kritiker nach dem andern auf die Bühne, um seiner Empörung Luft zu machen, daß man ihnen ein so unwürdiges Stück monarchistischer Propaganda vorgesetzt hatte. Nachdem der elfte Sprecher seine Ansicht kundgetan hatte, kam Bersenjew zurück. Er erinnerte das Publikum an den dialektischen Aphorismus, daß »aus dem Zusammenprall der Meinungen die Wahrheit geboren wird« und gratulierte den elf Rednern zu ihrer Einstimmigkeit. Er meine allerdings, daß man auch anderer Ansicht sein könne... und es habe schon jemand eine gegenteilige Ansicht geäußert. Genosse Stalin habe das Stück in jeder Hinsicht für »wunderbar« befunden, außer daß der Zar nicht heroisch genug dargestellt werde. Verdutztes Schweigen, auf das eine anschwellende Flut von Hochrufen folgte. »Lang lebe Genosse Stalin!« Alle nachfolgenden Kritiker und Rezensenten teilten Stalins günstigen Eindruck.

1934 schrieb Tolstoi eine revidierte Fassung, in der er vieles von Peters Grausamkeit und Rohheit wegließ und die positiven Seiten seiner politischen Ziele stärker herausstellte. Doch inzwischen faßten die Kritiker zu der von Stalin geforderten Einstellung Vertrauen und griffen den Schreiber erneut an, die »Geschichte verfälscht« zu haben. In der dritten Fassung folgte er der Kritik richtig. Ein vollkommen neuer Peter betritt die Bühne; ein ruhiger, gutmütiger Herrscher, der sich nur dem Aufbau seines Landes widmet, ein Abstinenzler, der ganz und gar keusch lebt, und nur Ausländer sind es, die ihn hassen. In der ersten Fassung noch widersetzt sich der

A. N. Tolstoi, Konstantin Fedin und H. G. Wells in Leningrad, 1934

krankhafte Zarewitsch Alexei seinem dominierenden Vater aus persönlichen Gründen, doch in der Lesart von 1938 (es war das Jahr der Münchener Konferenz) stellt sich heraus, daß er sein Land an die Deutschen verraten wollte. Natürlich war dies alles eine absichtsvolle Klitterung der Geschichte, doch scheint Tolstoi es Vergnügen bereitet zu haben. Worauf es ankam, war nicht, seinen Peter mit dem historischen Peter in Beziehung zu setzen, sondern mit dessen Nachfolger im zwanzigsten Jahrhundert.[28]

Sofort nach der Fertigstellung von »Auf der Folterbank« setzte sich Alexei an einen großen Roman über den gleichen Gegenstand. Er wurde zwischen 1929 und 1945 in Fortsetzungen in *Nowy Mir* abgedruckt, unterbrochen vom Tod des Verfassers.[29] Seine immense Länge erlaubte es ihm, dem weitausholenden historischen Detail, das er so sehr liebte, größeren Platz einzuräumen. Gleichzeitig litt jedoch die innere Folgerichtigkeit des Werkes unter den historisch falschen, auf die Bedürfnisse des Romans zurechtgetrimmten Haltungen seiner Personen. Ohne jeden Sinn für eine natürliche Entwicklung läßt es Peter von einem wilden, grausamen und unvernünftigen Jungen, der mit hartherziger Grausamkeit seine Pläne verfolgt, schließlich zu einem majestätischen, weitblickenden Vater seines Landes heranwachsen, in dem der Leser offenbar den siegreichen

Stalin des Zweiten Weltkrieges erblicken sollte. Tolstoi machte sich allerdings die Mühe, die früheren Folgen weitgehend neu zu schreiben, um eine gewisse innere Übereinstimmung zu erzielen.[30]

Tolstois Lohn kam seinen Anstrengungen gleich. Er erhielt den mit 100 000 Rubel ausgestatteten Stalin-Preis und konnte damit seinem üppigen Lebensstil frönen. Die letzte Verkörperung des göttlichen Peter zu sein, verhieß in Stalins Augen großen Lohn. Die entsetzliche Bürde, die ein russischer Autokrat seinem Volk auferlegte, wurde damit leichter gemacht, weil dieses Opfer notwendig war, um Rußland zur Größe zu führen. Es bedurfte eines Menschen von gigantischem Mut, der bereit war, notfalls die Arme bis über die Ellbogen in Blut zu tauchen, wenn es darum ging, sein schlafendes Land voranzubringen.

Es gab einen weiteren bedeutsamen Umstand, der erklären könnte, warum Tolstoi nichts geschah, während Tausende von ergebenen Köpfen abgeschlagen wurden. Tolstoi hatte sich in seinem Roman alle Mühe gegeben, den Leser daran zu erinnern, daß der tüchtigste Diener des Zaren ebenfalls ein Graf Tolstoi war, Peter Andrejewitsch. Peter Tolstoi hatte sich ursprünglich auf die Seite der Feinde Peters geschlagen, doch nach einem kurzen Aufenthalt in Westeuropa kehrte er zurück, um seinem Herrn glänzende Dienste zuleisten. Es war jedoch nicht so sehr diese Ähnlichkeit, die Stalin gefiel, sondern die Verwandtschaft des Verfassers mit Leo Tolstoi. Das kostbarste Juwel der russischen Kultur des neunzehnten Jahrhunderts war ein Tolstoi gewesen, und nun besaß auch Stalins Rußland einen. Der Führer konnte seiner Unsterblichkeit sicher sein.

Eine merkwürdige Beobachtung scheint zu bestätigen, daß man in der Sowjetunion auf Alexeis Tolstois aristokratische Herkunft und seine einzigartige literarische Verwandtschaft erstaunlich großen Wert legt. Angesichts der eigentümlichen Umstände seiner Geburt wäre es sowjetischen Kritikern ein leichtes gewesen zu behaupten, er sei nicht der Sohn eines adligen Kavallerieoffiziers, sondern stamme von einem respektablen Marxisten, seinem Stiefvater Bostrom ab. Es kursierten zwar Gerüchte über seine Unehelichkeit in der sowjetischen Gesellschaft,[31] aber niemandem wurde je gestattet, sich über diese Eventualität in gedruckter Form auszulassen. Offenbar ist es in der Sowjetunion von Vorteil, ein Tolstoi zu sein.

Die schmeichelhafte Gleichsetzung von Stalin mit Peter dem Großen war keineswegs Alexei Tolstois einziger Dienst für seinen Herrn. Es war seiner Aufmerksamkeit nicht entgangen, daß man eine weitaus passendere Parallele finden könnte in der Person des Zaren Iwan des Schrecklichen, der einen schlagkräftigen Vorgänger des NKWD (Narodnij Kommissariat Wnutrennich Djel = Volkskommissariat für innere Angelegenheiten) eingerichtet hatte, die *opritschniki*, mit denen er gegen das russische Volk Krieg führte. Während seine krankhaften Verdächtigungen wuchsen, ließ der Zar Tausende von unschuldigen Menschen massakrieren und machte aus Rußland eine derartige Wüstenei, daß es den Krimtataren gelang, Moskau zu plündern und in Asche zu legen, was fast einer Vorwegnahme der »Säuberungen« Stalins und Hitlers anschließendem Überfall gleichkam. Ein weiterer Alexei Tolstoi (Alexei Konstantinowitsch, der Poet) hatte sich von diesem Thema angezogen gefühlt. Obzwar er dem verrückten Zaren die Statur einer tragischen Persönlichkeit verlieh, achtete Alexei Konstantinowitsch dennoch darauf, ihn lebensgetreu darzustellen: als einen blutrünstigen Tyrannen, dessen Grausamkeiten der russischen Entwicklung als einer zivilisierten Nation nicht wiedergutzumachenden Schaden zufügten.

Dies war nicht die Ansicht Alexei Nikolajewitschs. 1942 nahm er die Arbeit an zwei Theaterstücken auf, die den heroischen Kampf Iwans des Schrecklichen zeigten, einen modernen russischen Staat zu erschaffen. Mag er auch eine riesige Anzahl von Menschen getötet haben, so sei dies eben notwendig gewesen, um den spalterischen Oppositionsgeist der Bojaren und die Unaufgeklärtheit des Volkes zu überwinden. Was die *opritschniki* anlangte, nun, das sei eine Gruppe selbstloser Krieger gewesen, die sich aufopfernd dem Schutze des Vaterlandes hingab. (In seiner ersten Fassung ließ Tolstoi sie die *Autokratie* verteidigen, aber Stalin schaltete sich persönlich ein und empfahl eine taktvollere Version.) Am meisten verblüffte die Erhebung des sadistischen Anführers der *opritschniki*, Maljuta Skuratow, zu einem großherzigen Patrioten. Offenbar glaubte Stalin, daß auch sein Geheimdienstchef Berija Achtung verdiente.[32]

Schließlich gab Alexei in seinem Roman »Brot« die allegorische Form auf und präsentierte Stalin seinem Publikum als einen Helden, wie er leibte und lebte. Als Sujet diente die Belagerung von Zarizyn (später Stalingrad, heute Wolgograd), anno 1918. Da werden Stalins unglaublicher Heldenmut im Feuerregen und die kühle Art und Weise, wie er den Sieg herbeiführte, mit überschwenglichen Worten geschildert und dem schwarzherzigen Verrat des unaussprechlichen

Trotzki gegenübergestellt. Die Geschichte (1938 veröffentlicht) war so falsch und so katzbucklerisch, daß sie selbst die glühendsten Bewunderer Stalins in Verlegenheit brachte; wiewohl natürlich ängstliche Kritiker sie seinerzeit als seine größte Leistung feierten.[33]

Während dieser gefährlichen Jahre leistete Tolstoi Stalin beträchtlichen Beistand. Nach Gorkis Tod im Jahr 1936 wurde er als der größte Schriftsteller der Sowjetunion betrachtet. Seine besseren Werke fanden international Anerkennung als begnadete Literatur. Dank seines soliden Ansehens unterstrichen Tolstois historische Romane die Unausweichlichkeit des kommunistischen Sieges, und sie malten in lebhaften Farben die beiden Vorgänger Stalins, die – wie er selbst – gegen ihren Willen dazu gezwungen worden waren, dem Volk kolossale Leiden aufzuerlegen, um Rußland zur Größe zu führen. Als Propaganda waren sie im Innern wie nach außen hervorragend. Sie schlugen genau die Saiten an, auf die empfängliche Ausländer so wirkungsvoll reagierten. Die Theorie der Gleichheit und der Idealismus des Kommunismus sagten schuldbewußten westlichen Intellektuellen sehr zu, seine offenkundige Barbarei hingegen vermochten sie nur mühsam zu schlucken. Wenn man aber zeigen konnte, daß Rußland niemals etwas anderes gesehen hatte als Brutalität und Entbehrung und daß es eine unausweichliche Tatsache war, daß es seine größten Fortschritte unter Herrschern gemacht hatte, die sich genau dieser Eigenschaften als Werkzeuge des Fortschritts bedienten, dann könnte man Stalins Terror in einen glaubwürdigen Zusammenhang stellen.

Viele seiner Themen und seiner Überarbeitungen wurden Tolstoi von Stalin persönlich vorgeschlagen, und der Verfasser war jederzeit bereit, sich ihm durch neue Verdrehungen zu verpflichten. Für seine Dienste ging er nicht leer aus. In der Emigration war das Leben der russischen Schriftsteller schwer gewesen. Tolstoi erinnerte sich, daß »die Franzosen nicht sonderlich gut bezahlten, und sie verkauften nicht mehr als ein Buch im Jahr. Dafür zahlten sie 4000 Franc, von denen ein Paar mit sehr bescheidenen Ansprüchen nur zwei Monate leben konnte«.[34] Er fand, wie er ja auch richtig eingeschätzt hatte, daß ein dankbarer Sozialismus ein bißchen mehr einbringen würde.

Nicht lange nach seiner Rückkehr ließen sich er und seine Frau »in einer weitläufigen, vielräumigen alten Villa in fürstlichem Stil nieder, ausgestattet mit reichen Antiquitäten«. Das Haus lag am Katharinenpark in Detskoje Selo, außerhalb von Petrograd (das bald Leningrad hieß). Umgeben war es von einem kühlen Garten, den man von der Terrasse her überblicken konnte, wo der Autor des Abends gern herumspazierte und seine Rosen zuschnitt. Von drinnen erklangen die klaren Töne eines Klaviers, auf dem der jüngere seiner Söhne, Dmitri, übte. Hinter dem Vorderportal lag eine geräumige Halle mit Porträts und Möbeln aus dem achtzehnten Jahrhundert. Eine Treppe mit feingeschnitzter Ballustrade führte in Windungen nach oben zu den Privaträumen. Mehrere Paar Schuhe und Schuhputzzeug, die auf der Stiege lagen, vermittelten einen Hauch von Kauzigkeit, und ein erstaunter Besucher erhielt die Auskunft, daß der Graf *aus irgendeinem Grund seine Schuhe gerne selbst putzte.*

Haus und Garten waren gewöhnlich voller lachender und plaudernder Besucher. Tolstoi war oftmals außer Haus, er ließ es sich in benachbarten Parks und Palästen wohl sein oder besuchte Schauspiele und Konzerte in Leningrad. Häufig hielt er sich mit einer Schar von Freunden bei Bekannten in der alten Hauptstadt auf, wo die unerwarteten Besucher mit Freuden aufgenommen wurden. Umgekehrt war Tolstoi selbst die Gastfreundschaft in Person.

»Er kam oftmals ganz unerwartet mit einer Schar von Gästen heim nach Detskoje Selo«, entsann sich ein Freund. »Es konnte auch geschehen, daß er beim Hereinkommen ausrief: ›In einer Stunde werden fünfundzwanzig bis dreißig Leute hierher kommen. Wir haben ausgemacht, daß sie bei uns essen‹. Und wenn man Alexei Nikolajewitsch fragte: ›Wer kommt denn?‹, dann pflegte er zu antworten: ›Quäl mich jetzt nicht! Ich bin durch die Stadt gebummelt und hab' sie eingeladen; ich weiß nicht mehr, wen... aber zweifelsohne sind das gute Leute! Du wirst schon sehen.‹ Die Gesichter der Dienstboten, vor allem jener, die den häuslichen Obliegenheiten vorstanden, zuckten, aber alles klappte stets zur allgemeinen Zufriedenheit.«

Die Diener wurden stets auf Trab gehalten. Im Januar 1926 zum Beispiel, nach einem Theaterbesuch, lud Tolstoi das gesamte Ensemble des Stückes samt der Direktion ein. Obgleich die Warnung ausgeblieben war, sorgte die gräfliche Küche für ein herrliches Diner, indes aus dem Keller Ströme des besten Weines flossen. Trinksprüche, Lachen und Lieder hielten mit solch unablässiger Freude an, daß noch keine Stunde verstrichen zu sein schien, als sich das erste graue Licht des Morgens langsam durch die dicken Vorhänge stahl. Doch die Freude hielt unvermindert an, bis die Gäste zu ihrer Überraschung sahen, wie die Diener die Tische von einem

Gewirr von Flaschen und Tellern befreiten und Frühstücksplatten aufdeckten. Als die Kinder von der Schule heimkamen, fanden sie die Zecher noch immer über ihrem Tee. Diener gingen ständig ein und aus, brachten Kaffee, Kuchen und Branntwein zu den Tafeln. Erst gegen Mitternacht brachen die müden, aber glücklichen Besucher an diesem Tage auf.[35]

»Die Oktoberrevolution schenkte mir alles«, schrieb Alexei Tolstoi einmal dankbar. Es gab viel, wofür er dankbar sein mußte, und »alles« war keineswegs eine Übertreibung. 1935 schickte er seine zweite Ehefrau davon und heiratete eine dritte, eine attraktive junge Sängerin namens Ludmilla Illinitschna Krestinskaja.[36] 1938 zogen sie dann nach Moskau, bewohnten im Hotel »Metropol« eine luxuriöse Suite, während seine Stadtwohnung in der Gorkistraße und seine Vorortvilla in Barwicha renoviert wurden.[37] Es war das Jahr, in dem seine Verherrlichung Stalins, der Roman »Brot«, erschien. Die Belohnungen flossen nun in solcher Fülle, daß er so reich wurde wie jedes andere Mitglied unserer Familie vor der Revolution. »Er soll so reich gewesen sein, daß sowjetische Banken ihm ein offenes Konto einrichteten, über das er unbegrenzt verfügen konnte.«[38] Gewiß gab es nichts, was man mit Geld erwerben konnte, was ihm nicht zu Gebote stand. Das Land hungerte, Millionen von Menschen wurden hingeschlachtet, und an die zwanzig Millionen weiterer plackten sich als Sklaven in den Kohlengruben und Goldminen in der Arktik und in Sibirien ab, doch die Privilegien der neuen Herrschaftsklasse übertrafen nun sogar Tolstois kühnste Träume.

Alexei Tolstois Haus in Barwicha war für die Moskauer *high society* der größte Anziehungspunkt. Hohe Parteibonzen, Schauspieler, Schriftsteller und Ballerinas wetteiferten dort um den Zutritt. Die rundliche Gattin eines wichtigen NKWD-Mannes empfand ein Gefühl mädchenhafter Erregung, wenn sie mit ihrem Gemahl dort vorfuhr. Ihr liebenswürdiger Gastgeber, groß, breitschultrig, mit blinkenden Augen, die hinter starken Gläsern hervorlugten, besaß die ganze Courtoisie der Alten Welt. Schließlich war er ein weltberühmter Schriftsteller, trug einen der berühmtesten Namen der russischen Geschichte und war der einzige Adlige, der im öffentlichen Leben des Landes weiterhin eine Rolle spielte. (Es gab allerdings noch einen weiteren Grafen, Ignatiew, doch der war eine ziemlich lächerliche Figur, ein Geck, der sich der undankbaren Aufgabe verschrieben hatte, den Offizieren der Roten Armee Manieren beizubringen.)

Alexei Tolstoi und Ludmilla, Frühjahr 1941

Ohne Frage wurden seinem Titel und seinem Stammbaum im revolutionären Rußland ein unvergleichlich höherer Tribut gezollt als dies je unter Nikolaus II. der Fall gewesen war. Stalin selbst soll ihn mit »Graf« angesprochen haben, und er selbst ließ keine Gelegenheit verstreichen, ohne seine Besucher mit zufällig eingestreuten Anspielungen auf ein Familienerbe zu erfreuen, das zu zerstören sie sich die größte Mühe gegeben hatten. Längst waren seine bescheidene Erziehung und die Bauernfreunde seiner Kindheit vergessen, und so konnte einer seiner Freunde sich voller Bewunderung über diesen Mann äußern, der sich dem Volk so verbunden fühlte, »trotz seines Grafentitels, seiner Bildung und Jugendjahre, die er so weit entfernt vom gemeinen Mann verbrachte«. Genau diesen Eindruck versuchte Tolstoi zu vermitteln. Eine Photographie von sich selbst betrachtend, murmelte er leutselig: »und der Graf sah teuflisch gut aus«, fuhr dann jedoch schnell fort, den heroischen russischen Menschen zu preisen. Mitunter pflegte er seine Zuhörer dadurch zu erheitern, daß er mit gespielter Liebenswürdigkeit vom »lieben Baron L.« sprach oder sich mit matter Stimme nach der Gesundheit der »Gräfin Sch.« erkundigte.[39]

In Moskau lebte der Graf sogar noch verschwenderischer als in Leningrad. Die Villa in Barwicha stand auf einer Anhöhe, umgeben von welligem Ackerland und Fichtenwäldern, überdies ganz in der Nähe eines Bahnhofs. Mit ihrem hübschen, von Säulen getragenen hölzernen Portiko und ihrem hohen, steilen Dach, massiv, aber einfach, war sie das typische Landhaus eines Edelmannes in der Umgebung von Moskau. In den Jahren 1938/39, während sich über Europa Sturmwolken zusammenbrauten und Stalin sich anschickte, das Offizierskorps der Roten Armee hinzumorden, rackerten sich die Gärtner des Grafen Alexei ab, sein neues Heim mit einem bezaubernd angelegten Garten und einer geräumigen Veranda zu umgeben, von wo aus man auf raffiniert ausgeklügelte Pfade blickte, die sich zwischen Büschen und Stauden hindurchschlängelten. Im Frühjahr 1939, als Hitlers Truppen die »Resttschechei« zerschlugen, fand ein Besucher die junge Gräfin mit etwas weniger schwerwiegenden Fragen beschäftigt.

«Hier kommt ein Rosenstrauch hin und dort ein Weg... aber würde man ihn nicht besser dort drüben anlegen?«

Das Innere glich einer riesigen Bühne für eines von Tolstois exotischeren historischen Stücken. Im Saal standen schwere, dunkle Möbel aus der Zeit Peters des Großen, sie wichen, im Wohnzimmer und den Salons, leichtem, luftigem Satinholz aus der Zeit Katharinas der Großen. Mitten im Chaos und Terror des von »Säuberungen« erschütterten Moskau, wo morgens niemand wußte, welches Schicksal ihn am Abend erwartete, nahm sich die Villa in Barwicha wie ein Zauberort aus. Wenn der Gong in der Halle erklang, empfing eine attraktive blonde Hausdame bis zu vierzig Gäste im Speisezimmer, wo im Kamin ein offenes Feuer knisterte, dessen Flammen an Bronzefiguren leckten und sich in Lüstern und Kristalleuchtern spiegelten. Unbezahlbare alte flämische Meister und Porträts aus dem achtzehnten Jahrhundert blickten herab auf ein Bild, das den Herrschaften, die dafür Modell gesessen hatten, noch vollkommen vertraut gewesen wäre.

Indes die Gäste es sich auf Sofas und Sesseln bequem machten, plauderten und lachten, setzte sich Dmitri Schostakowitsch an den Bechsteinflügel und ließ die Finger spielerisch über die Tasten fliegen, bevor er sich in ein Stück von Tschaikowski, Skrjabin oder in ein eigenes Opus versenkte. Eine der kleinen Eitelkeiten des Grafen bestand darin, sich für einen gewaltigen Kenner der Musik auszugeben. Schostakowitsch lächelte, wenn sein Gastgeber sich weitschweifig über diese Kunst ausließ, doch in seinen Gedanken war er weniger respektvoll.

»Graf Alexei Tolstoi«, erläuterte er später, »schrieb zwei längere Aufsätze über meine Sinfonien – über die Fünfte und die Siebente. Beide Aufsätze sind in seinen ›Gesammelten Werken‹ enthalten,[40] und nur wenige Menschen wissen, daß diese beiden Artikel eigentlich von Musikwissenschaftlern für ihn geschrieben wurden. Sie wurden in seine Datscha gebeten und halfen ihm durch das Gewirr von Violinen und Oboen und andere verwirrende Dinge hindurch, in denen sich ein Graf unmöglich zurechtfinden konnte.«[41]

Bevorzugten Gästen wurde es hin und wieder gestattet, die Bibliothek des großen Schriftstellers im Obergeschoß zu besichtigen, deren holzverkleidete Wände Tausende wertvoller Bücher zeigten und deren Kabinette eigenhändige Schriftstücke Peters des Großen enthielten. Wie in den anderen Räumen, so hatte die Dienerschaft auch hier die düstere Wirkung der alten Möbel und Ölgemälde durch ein Meer von Blumen in freundlichen Vasen aufgehellt. Vor dem Kamin breitete sich das Fell eines riesigen Eisbären aus, Symbol des moskowitischen Adels. Hier schrieb der große Mann sein Epos »Peter der Große« nieder, nachdem er in dem Roman »Brot« die Heldentaten eines noch größeren Herrschers geschildert hatte.[42]

Bis in die dunkelsten Tage des Krieges standen ihm Autos und Chauffeure zur Verfügung, um ihn überall hinzufahren, wohin er wünschte. In Friedenszeiten, wenn er krank war, reiste er in das alte böhmische Kurbad Karlsbad. Fühlte er sich gelangweilt, machte er eine Luxuskreuzfahrt auf der Ostsee. Das Leben war wirklich angenehm.[43]

Obschon er eine Seele von einem Gastgeber war und im Privatleben die Gutmütigkeit in Person, war er unerbittlich gegenüber den Widersachern und Verrätern am Marxismus-Leninismus. Als die »Säuberungen« begannen, stürzte er sich mit fanatischer Überzeugung darauf, trotzkistisches Ungeziefer zu jagen. Als 1936 Kamenjew und Sinowjew beschuldigt wurden, zusammen mit dem exilierten Trotzki die Ermordung Stalins und den Staatsumsturz geplant zu haben, kam eine der heftigsten Beschuldigungen aus der vornehmen Bibliothek Tolstois in Detskoje Selo. »Aber was konnten wir denn von solchen Leuten erwarten? Verrat! Doch die Vorstellung erschaudert vor dem Ausmaß dieses Verrats. Die Antwort darauf kann nur die härteste Bestrafung sein und der Fluch des Befreiten Menschen bis zum Ende dieser Tage.« Beim Prozeß ging alles gut, und die beiden wurden in ihren Zellen im Lubjanka-Gefängnis erschossen. Als Tolstois menschenfreundlicher Kollege Gorki, auch

*A. N. Tolstoi mit Gorki
und Tschaljapin in Italien*

er ein großer Bewunderer des Zwangsarbeitsprojekts Bjelomor, im gleichen Jahr starb, verkündete die begabte Feder des Grafen, daß es wieder einmal Trotzkisten gewesen seien, die den feigen Akt vollbracht hätten. Wieder wurde eine Anzahl von Männern des Mordes bezichtigt und anschließend hingerichtet.[44]

Alexei Tolstoi hatte bereits 1934 gezeigt, wie geschickt er sich die neue sozialistische Ethik verinnerlicht hatte. Während einer hitzigen Debatte im Verlag der Leningrader Schriftsteller hatte der Dichter Osip Mandelstam (mit dem er seit 1906 bekannt war) die Stirn besessen, ihm ins Gesicht zu schlagen. Normalerweise hätte dies in einem Tolstoi nur *eine* Reaktion bewirken können, aber Alexei Tolstoi war nicht wie andere Tolstois. Sein gewohnter Gleichmut war völlig gebrochen, er brüllte vor Wut und reiste schnurstracks nach Moskau. Dort eilte er zu Gorki, um ihm von dem Affront zu erzählen. Der große Menschenfreund war höchst empört und erklärte (so wird berichtet): »Wir werden ihn lehren, russische Schriftsteller zu schlagen« – womit Mandelstam eindeutig bezichtigt wurde, nicht nur ein unverschämter Bürgerlicher, sondern auch

Jude zu sein. Im Nu waren die Netze ausgelegt (Gorki hatte im Jahr zuvor besonders giftig über Jagoda geschrieben, den Chef des NKWD), und in der Nacht des 13. Mai 1934 suchten Agenten des NKWD Mandelstam in seiner Wohnung auf und nahmen ihn mit. Vier Jahre später starb er in dem berüchtigten Arbeitslager Koljma – erforen, wie die glaubwürdigste Darstellung darüber berichtet.[45]

Als Dank für seine treuen Dienste, die gewiß nicht jedermanns Sache gewesen wären, genoß Tolstoi außergewöhnliche Vorrechte. Mit den Gattinnen, die er nacheinander an seiner Seite hatte (auch dies ein wertvolles Zugeständnis), nahm er häufig auf »Friedens-« und »antifaschistischen« Kongressen teil. 1937 besuchte er die Pariser Ausstellung und fuhr dann weiter nach Spanien zum Internationalen Kongreß der Schriftsteller in Madrid, wo zu jener Zeit gerade der Bürgerkrieg wütete.

Es war im großen und ganzen ein schönes Leben. Auf einer seiner Reisen traf er in Paris einen alten Freund, den Nobelpreisträger für Literatur Iwan Bunin. Diesen bedrängte er, in die Sowjetunion zurückzukehren, und erklärte: »Du kannst dir gar nicht vorstellen, wie du leben würdest. Weißt du, wie ich lebe? Ich besitze in Zarskoje Selo ein ganzes Gut, ich habe drei Autos, ich habe eine so kostbare Sammlung englischer Pfeifen, daß nicht einmal der König von England etwas Ähnliches besitzt.«

Aber Bunin ließ sich nicht überreden, und Tolstoi reiste nach England weiter, offenbar fehlte ihm das Verständnis dafür, daß es auch noch andere Wünsche geben könnte als Autos und Pfeifen.[46]

In den dreißiger Jahren verurteilte Alexei den Faschismus mit aller Schärfe, und wenn er auch nur darauf zu sprechen kam, so erzählt uns ein sowjetischer Memoirenschreiber, »erschien auf seinen gewöhnlich freundlichen Zügen ein Ausdruck des Hasses, und seine Stimme nahm einen ungewohnten Klang von Bitterkeit an«.[47] Während des Krieges gegen Deutschland war seine Stimme eine der lautesten und schärfsten, wenn es darum ging, die Aggressivität und die Brutalität der Nazis zu brandmarken. Es gab jedoch auch eine Zeit, da seine Feindschaft gegenüber dem Nazismus völlig verschwunden war, eine Zeit, in der er Hitlers Kriegsziele sogar höchst lobenswert fand. Das war der Zeitraum zwischen dem 23. August 1939 und dem 22. Juni 1941, als man zu entdecken glaubte, daß Hitler und die Nazis wirklich bewundernswerte Leute seien, und im August 1939 das Bündnis unterzeichnet wurde, das ganz und gar den sowjetischen Interessen entsprach. Am 17. September 1939

A. N. Tolstoi auf seinem Landgut Barwicha, 1939

drang die Rote Armee im östlichen Polen ein, nachdem sie zunächst mehr als zwei Wochen zugesehen hatte, bis die Deutschen das Rückgrat des polnischen Widerstands gebrochen hatten. Tags darauf erschien in der sowjetischen Zeitung *Iswestija* ein langer Artikel von Tolstoi, der über den Zusammenbruch des polnischen Staates frohlockte und erklärte, die hochherzige Rote Armee habe das Land nur aus einem Grund betreten: um sicherzustellen, daß die Bewohner des östlichen Polens (»die Sklaven von gestern«) »in Frieden, Wohlstand und Glück leben können«. Deutschland wurde in diesem Artikel nicht erwähnt, dessen ganzer Tenor besagte, daß sich die Polen dieses Unglück selbst zuzuschreiben hätten. »Rettung kommt von der UdSSR«, tönte es aalglatt vom Stalin-Preisträger; »grimmig, zäh, unnachgiebig und großherzig – die Rote Armee der Arbeiter und Bauern ist auf dem Weg.«[48]

Alexei Tolstoi hatte bislang, wie sein Herr und Meister Stalin, aus dem Bündnis mit den Nazis Nutzen gezogen. Als Hitler im Oktober 1939 England und Frankreich ein Friedensangebot machte, um Zeit zu gewinnen, seine polnische Eroberung zu verdauen, beeilte sich Stalin, seine Dankbarkeit zu bezeugen, indem er sich dem Friedensgesuch anschloß. England wies jedoch das Angebot zurück und beschleunigte seine militärischen Vorkehrungen. Am 7. November erschien Tolstoi erneut in der Presse, diesmal in der *Prawda*, um französische und englische »Fabrikbesitzer, Bankiers und Spekulanten [zu geißeln, die an der Siegfried-Linie] unter dem Slogan ›Demokratien, rettet die Demokratie!‹ ... den ganzen Schrecken eines blutigen Frontalangriffes vorbereiten«. Auch hier fehlte die geringste Anspielung auf die deutsche Aggression, und es wurde betont, das östliche Polen sei von der Roten Armee besetzt worden, um seine Einwohner zu beschützen – nicht vor der Wehrmacht, sondern vor polnischen Landbesitzern und Ausbeutern. »Das Volk will den Frieden«, schloß Tolstoi seinen Appell, »und es tut not, das Kriegspferd mit fester Hand an die Kandare zu nehmen, ehe es zu spät ist.«

England und Frankreich taten ihm diesen Gefallen nicht, und zu Weihnachten 1939 setzte Tolstoi die Leser der *Prawda* von folgendem in Kenntnis: »England stellt sich an die Spitze der Weltreaktion und bereitet systematisch und wissenschaftlich die Zerstörung der Menschheit vor, es ahmt damit Roms Vernichtung seines Rivalen, des reichen Karthago, nach«. Karthago bedeutete hier natürlich Nazi-Deutschland, über das die britische Marine soeben, wie Chamberlain und die britischen Imperialisten erklärten, die Blockade verhängt hatte, was der Schriftsteller heftig geißelte. Als nächstes folgte ein langes Loblied auf Stalin, den Träger der »Hoffnung auf Rettung von Leid und Elend jener Millionen von Menschen, die Chamberlain in den Schützengraben treibt« und die diese teuflischen Pläne gerne durchkreuzt sähen.[49]

Stalin tat dies ausgesprochen wirkungsvoll, indem er Hitlers wichtigste Bedürfnisse nach Öl, Kupfernickel, Schießbaumwolle und ähnlichem befriedigte und es ihm ermöglichte, die britische Blockade durch die Benützung der sibirischen Route in den Fernen Osten zu umgehen. Es kam daher wie ein schwerer Schock für die Sowjetregierung, als Hitler Monate später seinen nächsten Angriff gegen die Sowjetunion selbst richtete. Plötzlich entsann sich jeder, welch glühende Antifaschisten sie stets gewesen waren, und darunter keiner mehr als Alexei Tolstoi. Wenn ein Sperrfeuer von Klischees genügt hätte, den Tag zu retten, hätte die deutsche Wehrmacht niemals den Njemen überschritten. Über Nacht wurde aus Schwarz Weiß. Nun stellte sich heraus, daß *die Deutschen* durch ihren Einmarsch in Polen und Frankreich schreckliche Grausamkeiten begangen hatten. Was die bitterbösen Briten anlangt, die bislang als Kriegstreiber gegeißelt wurden – *jetzt* »verursacht jede Bombe, die auf London und andere englische Städte fällt, Schmerz in unseren Herzen«.[50]

Tolstois kämpferischer Journalismus wurde immer schriller, während er sich gleichzeitig Hunderte von Meilen von der Front zurückzog.[51] Zuerst ließ er sich in Murom nieder, gut zweihundert Kilometer östlich von Moskau. Doch im November 1941 standen die Deutschen in den Vorstädten Moskaus, und Tolstoi floh nach Taschkent, zweieinhalbtausend Kilometer entfernt, inmitten der Berge Zentralasiens gelegen. Dort leistete er seinen größten Beitrag zum Krieg, indem er die tapfere Rote Armee in einem Artikel nach dem anderen drängte, immer heroischere Anstrengungen und Opfer zu bringen. »Schande ist schlimmer als der Tod«, erklärte er. »Wohin willst du gehen, Feigling, in welchem Spalt willst du dich vor deinem Volk verstecken, vor dir selbst?«[52]

Graf Tolstois eigene Spalte in Taschkent war etwas bequemer als die der russischen Gefangenen in den Händen der Deutschen. Ihre eigene Regierung versagte ihnen den Schutz der Genfer Konvention und die Hilfe des Roten Kreuzes, sie starben zu Millionen in Lagern auf der winterlichen Steppe. Göring dröhnte vor Lachen, als er erfuhr, sie seien zu Kohleklumpen verschrumpelt, und Goebbels ließ Filme drehen von Kriegsgefangenen, die wahnsinnig vor Hunger, Kannibalismus begingen. Unterdessen lebte Tolstoi in Taschkent »in einem fröhlichen weißen Haus mit großen Fenstern und hohen Räumen, umgeben von einem schattigen Garten, in der Stadtmitte«. Als der Graf von dem unbequemen Leben erfuhr, das Iwan Bunin im besetzten Paris führte, zeigte er Mitgefühl, fügte aber gleich hinzu, daß die einst übergroße Anzahl von Juden in der sowjetischen Intelligenzia nun korrigiert worden sei[53] – im Falle Mandelstams hatte er bei der Korrektur persönliche Hilfe geleistet.

Es fällt nicht leicht zu erklären, warum Stalin sich entschied, den »dritten Tolstoi« (seine beiden großen literarischen Vorgänger waren natürlich Alexei Konstantinowitsch und Lew Nikolajewitsch) in den Rang eines Millionärs zu erheben. Keiner der sowjetischen Führer, von Lenin und Trotzki angefangen, hat sich irgendwelchen materiellen Luxus versagt. Ausnahmslos eigneten sie sich die Häuser und andere Eigentümer der früheren Herrschaftsschicht an, die ihnen gefielen. In einigen Fällen war ihr revolutionärer Eifer offensichtlich der Vorwand für die »Sozialisierung« fremden Eigentums.

Anastas Mikojan zum Beispiel legte seine Hand auf das Haus jenes Industriellen, dessen Arbeitnehmer er vor 1917 gewesen war. Stalin besaß persönlich so unermeßlichen Reichtum, daß ein sowjetischer Historiker meinte, er sei reicher gewesen als der Zar.[54] Erfolgreiche Schauspieler, Schriftsteller, Musiker und andere Künstler, deren Werk ihre Herren unterhielt, die Massen gefügig machte und Ausländer mit ihren – sowjetischen – Leistungen beeindruckte, erhielten gleichfalls die Erlaubnis, gut zu leben.

Doch dies vermag weder Tolstois außerordentlichen Wohlstand, noch seine Privilegien, noch den Umstand, daß er seine aristokratischen Ansprüche straflos genießen durfte, restlos zu erklären. Er wurde zwar als der größte Schriftsteller der Sowjetunion nach Gorki betrachtet; aber der Sowjetstaat konnte Schriftsteller groß machen – oder sie auch zerbrechen und tat dies auch mitunter, wie Pasternak, Mandelstam und andere am eigenen Leib erfahren mußten. Vielleicht lautet dafür die einleuchtendste Erklärung, daß Stalin teilweise dem Volk wie auch der Partei, die er insgeheim haßte, eine lange Nase machen wollte. Wann immer es ihm paßte, konnte er die Geschichte, die Tradition und die sowjetische Einstellung gegenüber der Religion auf den Kopf stellen. Er erklärte Trotzki zu einem faschistischen Söldner und Hitler zu einem noblen Kampfgefährten. Die Logik des Marxismus hatte ihm die absolute Macht in die Hände gelegt, und sein fürchterliches Sicherheitsbedürfnis führte ihn dazu, diese Macht auf alle möglichen widersprüchlichen und verrückten Arten zur Schau zu stellen.

Dies gab dem sowjetischen Leben einen Schuß Würze, und Tolstoi fügte ihm durch seine Kriecherei und seine Speichelleckerei noch eine Prise Witz hinzu. 1936 wurde der Graf in den Obersten Sowjet gewählt, mit dessen Orden er, gleich neben dem Lenin-Orden, auf seinem Zweireiher prunkte. Ein westlicher Besucher soll verblüfft gewesen sein, als er in seinem Moskauer Haus vorsprach und ihm der Butler höflich erwiderte: »Ich bedaure, mein Herr, der Graf wohnt soeben einer Sitzung des Obersten Sowjet bei.« Er war tatsächlich häufig im Kreml bei höfischem Zeremoniell zugegen, wo man glaubte, er verleihe dem Ganzen durch seine Anwesenheit einen gewissen Stil.[55]

Das alles war ganz harmlos, obschon unwürdig. Aber wenn Stalin seinen Lieblingstolstoi in den Himmel hob, so stieß er ihn bezeichnenderweise auch tief in den Kot. Im November 1942 wurde der größte Literat der Sowjetunion in die »Staatliche Kommission zur

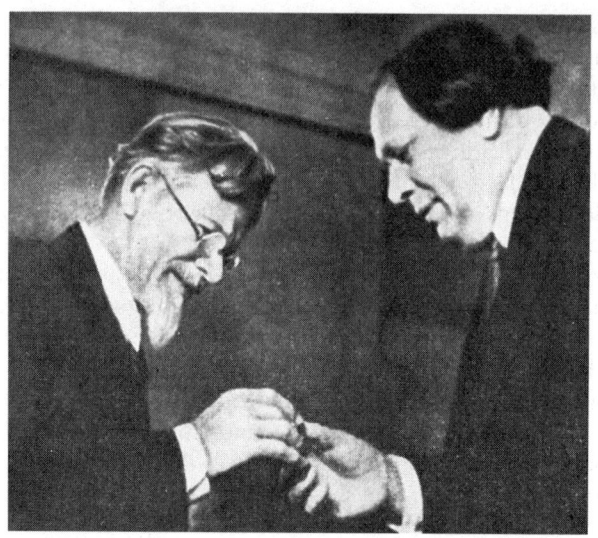

A. N. Tolstoi bei einer Auszeichnung durch Präsident Kalinin, 1939

Untersuchung Faschistischer Kriegsverbrechen« berufen, in der er einer der rührigsten Mitglieder gewesen sein soll. Im Dezember 1943 besuchte er in dieser Eigenschaft einen Prozeß, der einigen mutmaßlichen Kriegsverbrechern im befreiten Charkow gemacht wurde. Hinterher kam es zu einer Szene, die nicht weniger barbarisch war als die, für die die Angeklagten verurteilt worden waren: Sie wurden vor einer hämischen Menschenmenge von dreißig- bis vierzigtausend Leuten mittels einer langsamen Strangulation gehenkt, und ihr Leiden wurde gefilmt, damit sich auch andere Parteifreunde daran weiden konnten. Der Schriftsteller Ilja Ehrenburg war ebenfalls in der Stadt, lehnte es aber ab, diesem grausamen Schauspiel beizuwohnen. Er berichtete später, daß Tolstoi darauf bestanden hatte dabeizusein, und zwar, wie er nahelegte, aus künstlerischen Gründen.[56]

Es kam noch schlimmer. Am 13. April 1943 verkündete Radio Berlin, Militäreinheiten hätten westlich von Smolensk, bei Katyn, ein Massengrab entdeckt, in dem die Körper von Tausenden polnischer Offiziere lägen, die »von der GPU [sowjetische politische Polizei] ermordet« worden seien. Die Sowjetunion behauptete sofort das Gegenteil: sie seien von den Deutschen ermordet worden; als aber die polnische Exilregierung in London auf eine Untersuchung drängte, brachen die Sowjets unvermittelt die diplomatischen Beziehungen zu ihr ab und lehnten es auch ab, dem Internationalen Roten Kreuz die Untersuchung dieser Angelegenheit zu gestatten. Im Mai setzten die Deutschen eine internationale Kommission von gerichtsmedizinischen Experten ein, die die Gräber untersuchen sollten. Sie kamen zu dem Ergebnis, daß das Massaker im März oder April 1940 stattgefunden hatte, als Katyn in sowjetischen Händen war. Spätere Nachforschungen haben die Richtigkeit dieses Urteils bestätigt.

Bald darauf wurden die Deutschen jedoch von der vorrückenden Roten Armee aus dieser Gegend vertrieben, und die sowjetische Regierung entsandte ihre eigene Kommission nach Katyn, die beweisen sollte, daß es die Deutschen waren, die das Verbrechen begangen hatten. Der allgegenwärtige Alexei Tolstoi war Mitglied dieser Kommission; sein Chauffeur fuhr ihn am 19. Januar 1944 von Moskau aus dorthin, damit er der Untersuchung beiwohnen konnte. Er blieb eine Woche, untersuchte die Gebeine, befragte »Zeugen« und setzte erwartungsgemäß seinen Namen unter den Bericht, der die Deutschen belastete. Es gibt jedoch kaum einen Zweifel, daß er den wahren Stand der Dinge kannte.[57] Von nun an konnte die Sowjetregierung keine Lüge und kein Verbrechen mehr begehen, dem Tolstoi nicht seinen Namen geliehen hätte.

Aber ein Leben des schrankenlosen geistigen und körperlichen Genusses forderte seinen Preis. Keine fünf Monate nachdem er zwischen den verfaulten Leichen der polnischen Offiziere posiert hatte – er war erst einundsechzig –, erlitt er Anfälle einer Krankheit. Anfang Juni ließ er sich im exklusiven Kreml-Krankenhaus untersuchen. Eine Röntgenaufnahme zeigte, daß er an einem inoperablen Tumor litt, und die Ärzte schätzten, daß er nur noch sechs bis acht Monate zu leben hätte. Dem Patienten wurde die schlechte Prognose verheimlicht, aber es konnte ihm nicht lange verborgen bleiben, daß seine Tage gezählt waren.

Er begann verzweifelt mit der Fertigstellung seines Romans »Peter der Erste« zu ringen. Vielleicht stellten sich Zweifel ein, ob sein Lebenswerk wirklich so großartig war, wie ihm jedermann versicherte. Sein Stalin-Preis, seine Mitgliedschaft in der Akademie und hundert andere Ehrungen waren ihm sicherlich Beweis seiner überragenden Fähigkeiten. Aber in Stalins Rußland war es schwierig, das Echte vom Falschen zu unterscheiden. Als Schriftsteller war er stets fleißig gewesen, aber jetzt verdoppelte er seine Schaffenskraft. Im

September fing er plötzlich an, ein gigantisches neues Werk über den Großen Vaterländischen Krieg ins Auge zu fassen, der gerade sein entscheidendes Stadium erreichte. Vielleicht würde dies zuletzt »Krieg und Frieden« gleichkommen, und er begann von einem künstlerischen Projekt größenwahnsinnigen Ausmaßes zu sprechen, das »die ganze Welt und jede Nation umarmen« solle.

Doch jetzt galoppierte ihm die Zeit davon. Im gleichen Monat wurde er in ein Luxussanatorium für die Parteispitzen außerhalb von Moskau eingeliefert. Im November stellten die Ärzte fest, daß eine Hoffnung auf Heilung aussichtslos war. Das einzige, was man tun konnte, war, ihn schmerzfrei zu halten. Vor Neujahr kehrte er heim in seine große Villa in Barwicha, wo sich am 10. Januar 1945 seine Familie und seine Freunde an seinem Krankenlager versammelten, um seinen zweiundsechzigsten Geburtstag zu feiern. Sechs Wochen später war er tot.[58]

Die Bestattungsfeierlichkeiten unterschieden sich stark von denen, die in der kleinen Holzkirche von Krasny Rog für Alexei Konstantinowitsch begangen worden waren, ganz zu schweigen von denen für Leo Tolstoi auf einer birkenbestandenen Lichtung von Jasnaja Poljana. Für das Begräbnis des »dritten Tolstoi« veranstaltete der sowjetische Staat ein grandioses Spektakel, das nicht weniger üppig war als alles, was das Land seit der Revolution gesehen hatte.

Die Zeremonie folgte einem sorgsam ausgearbeiteten Ritual, das von Sachverstand und Planung zeugte. Sie zerfiel in drei Teile: die feierliche Aufbahrung, die Verbrennung und das eigentliche Begräbnis. Am 25. Februar lag sein Leichnam im Saal des Gewerkschaftshauses aufgebahrt, wo Tausende von Moskauern an seinem Sarg vorbeidefilierten und dem großen Schriftsteller, der so viel getan hatte, ihre Bürde zu erleichtern und ihr Bewußtsein der revolutionären Errungenschaften zu schärfen, die letzte Ehre erweisen mußten. Eine Anzahl von »Künstlern des Volkes«, Ehrenburg und andere, bildeten eine Ehrenformation, während die Menschenmassen gehorsam vorbeizogen.

Anläßlich des Begräbnisses bewegte sich langsam eine Prozession durch die schneebedeckten Straßen zum Neujungfrauenkloster, wo die Regentin Sophia, die Beschützerin der Gebrüder Tolstoi, 1698 vom Zaren Peter eingesperrt worden war. Hohe Parteifunktionäre hielten lange Reden in die gefrorene Luft und verweilten bei den nützlichen Diensten, die der Verstorbene dem Staat unbestreitbar geleistet hatte. Seinen bewegenden Artikeln aus der Kriegszeit wurde hohes Lob gezollt, desgleichen seiner Arbeit in Charkow und Katyn für die »Staatliche Kommission zur Untersuchung Faschistischer Kriegsverbrechen«. Dann wurde die Urne in die Grube gesenkt, und die eisige Erde schloß sich über den sterblichen Überresten eines Mannes, dessen literarische Talente zwar bestritten werden mögen, dessen Funktion als Stütze des sowjetischen Gesellschaftslebens jedoch nicht geleugnet werden kann.

Zu guter Letzt veröffentlichte die Regierung am 28. Februar noch eine Verfügung, in der sie befahl, daß der Name des großen Schriftstellers in gebührender Erinnerung gehalten werden solle.

Das Leben Alexei Nikolajewitsch Tolstois bleibt weitgehend ein Rätsel. Iwan Bunin, der russische Schriftsteller in der Emigration, hielt ihn für »einen Mann mit vielen bemerkenswerten Seiten. Er vereinigte in sich in wunderbarer Weise eine seltene persönliche Unmoral... mit ebenso seltenen Naturbegabungen, vornehmlich solche von künstlerischer Art«.[59] Tolstoi selbst war der Auffassung, daß er alles der Revolution verdankte. Was die materielle Seite anlangt, traf dies sicher zu; aber wie er es 1933 ein wenig naiv ausdrückte: »In den 10 Jahren vor dem Oktober [1917] bestand mein schöpferisches Gepäck aus vier Bänden Prosa, aber in den 15 Jahren danach habe ich elf Bände meiner wichtigsten Werke geschrieben.«[60]

Die eigentliche Frage lautet, ob er ohne die Revolution Besseres geschrieben hätte. Was sich wirklich mit Sicherheit sagen läßt, ist, daß er das Allerschlimmste hätte vermeiden können: die Schwarz-Weiß-Zeichnungen der menschlichen Charaktere in seinen politischen Romanen, die langweiligen und unaufrichtigen politischen Ausführungen und die klischeebefrachtete Propaganda der Kriegszeit. Die weitschweifigen historischen Romane, die er irrtümlicherweise für seine Stärke hielt, entsprangen beginnendem Größenwahnsinn und dem Wunsch, den Errungenschaften Leo Tolstois gleichzukommen.

Es fällt schwer zu glauben, daß die erniedrigende Rolle, die er in der sowjetischen Gesellschaft spielte, keinen nachteiligen Einfluß auf seine kreativen Fähigkeiten hatte. Sein Charakter war zweifellos derart, daß man nicht einmal mehr Verachtung für ihn empfinden konnte; er reflektierte den jämmerlichen Zustand der Moral, den viele Intellektuelle seiner Generation teilten. Sein Freund Ilja Ehrenburg schrieb einmal, daß Tolstoi alles tun würde für ein ruhiges Leben; und seine persönliche Philosophie erhob sich nie über seine *confessio vitae*, die er im Pariser Exil äußerte: »Ich weiß nur dies: Was ich am meisten hasse, das ist, mit leeren Taschen in der Stadt herumzulaufen, in Schaufenster zu blicken, ohne in der Lage zu sein, etwas kaufen zu können – für mich ist das die reinste Qual.«[61]

Es gab keine Lüge, keinen Verrat, keine Würdelosigkeit, zu der er nicht augenblicklich in der Lage gewesen wäre, um sich diese Taschen zu füllen, und in Stalin fand er einen würdigen Meister. Wenige Familien haben ein größeres Literaturtalent hervorgebracht als Leo Tolstoi – aber nur wenige auch sind zu solcher Charakterlosigkeit heruntergekommen, wie sie Alexei Nikolajewitsch verkörperte.

11
Epilog: Die Flucht der Tolstois

*Meine Großmutter,
Eileen Tolstoja-Miloslawskaja*

Fast sechshundert Jahre lang, nachdem Indris in einem Moskau eingetroffen war, das von Pest und feindlichen Einfällen verwüstet war, lebten die Tolstois in Rußland und trugen während dieser Zeit nicht wenig bei zu seiner Geschichte und seiner Kultur. Dann, in diesem Jahrhundert, kam wieder eine Zeit des Terrors, und das Land wurde abermals von inneren und äußeren Feinden zerrissen. Unsere Familie wurde über das ganze Antlitz der Erde verstreut; ein paar überlebten in der Sowjetunion, andere flüchteten in so entlegene Länder wie Schweden und Südamerika.

Von denen, die in der Sowjetunion blieben, war Alexei Nikolajewitsch, der Romancier, der einzige, der großes Talent zeigte. Die meisten der Kinder und der Kindeskinder Leo Tolstois schrieben einfach ihre Erinnerungen an den großen Mann nieder, und eine Enkelin, Sophia Andrejewna, wurde 1950 zur Direktorin des Tolstoi-Museums ernannt. Sie war die vierte Frau des futuristischen Dichters Sergei Jesenin. Iwan Iwanowitsch Tolstoi, ein Enkel des Postministers Alexanders II., war Professor an der Universität Leningrad und galt als eine Autorität auf dem Gebiet des klassischen Griechenlands, während andere Verwandte aus den Nebenlinien ähnliche Stellungen einnahmen.

Leo Tolstois Lieblingstochter Alexandra war im Weltkrieg als Krankenschwester tätig. Sie wurde bei der Revolution für zwei Monate in das berüchtigte Moskauer Lubjanka-Gefängnis gesperrt und verbrachte danach einige Zeit in einem Lager. Nach dem Bürgerkrieg wurde eine Verfügung verabschiedet, welche die Wohnstätte ihres Vaters, Jasnaja Poljana, in ein Museum verwandelte und das Gut in eine Kolchose. Alexandra wurde zu ihrem Erstaunen zur Kustodin des Museums ernannt und durfte »heim«-kehren. Doch als ergebene Schülerin der Philosophie ihres Vaters fand sie, daß der Entzug der Freiheit und die religiöse Verfolgung mehr waren, als sie ertragen konnte. Sie wollte unbedingt fliehen, und diese Möglichkeit bot sich schließlich, als sie im Spätsommer 1929 ein Telegramm aus Japan erhielt, worin sie eingeladen wurde, in Tokio Vorlesungen zu halten. »Wenn Sie mich nicht gehen lassen«, sagte sie zu Lunatscharski (dem Kommissar für Volksbildung), »werde ich nach Japan telegraphieren lassen müssen, daß Sie fürchten, mich ins Ausland reisen zu lassen.« Sie erhielt einen Paß und reiste auf der transsibirischen Eisenbahn nach Osten. Nach fast zwei Jahren in Japan emigrierte sie in die Vereinigten Staaten und ließ sich dort nieder.[1]

Zehn Jahre später gründete Alexandra Tolstoja zusammen mit russischen und amerikanischen Kollegen die Tolstoi-Stiftung, die es sich zur Aufgabe machte, politischen Flüchtlingen, die zum größten Teil, aber nicht ausschließlich, aus der UdSSR kamen, bei ihrer Eingliederung in den USA zu helfen. 1941 vermachte eine Amerikanerin, Mrs. Edward Harkness, der Stiftung eine 30 Hektar große, stattliche Farm im Staat New York. Hier errichtete Alexandra das »amerikanische Jasnaja Poljana«, das aus Bauernhof, Quartieren, Kapelle, Hospital und Bibliothek besteht und Zehntausenden hilfloser Menschen, welche die Tyrannei aus ihrer Heimat vertrieben hat, eine Zuflucht gab.[2] Sie starb dort im Alter von fünfundneunzig Jahren, aber ihr Werk lebt fort. Ich besuchte sie kurz vor ihrem Tod und sah, wieviel Achtung und Hingabe sie den Menschen an ihrer Seite einflößte. Sie war bis zuletzt geistig lebhaft und rege.

Sergei Tolstoi, der Sohn von Leo Tolstois neuntem Kind, dem Sohn Michail, ist heute in Paris ein bekannter Arzt, ehemaliger Generalsekretär der Société de Médecine; er hat vor kurzem eine interessante Monographie über seinen Großvater und seine Verwandtschaft verfaßt.[3] Als ich am Trinity Colleg in Dublin studierte, lernte ich den inzwischen verstorbenen Michail Pawlowitsch kennen, den letzten aus der Linie der Golenischtschew-Kutusow-Tolstoi. Er führte am Ende des Zweiten Weltkrieges in Ungarn ein aufregendes Leben, war aber dann vorsichtig genug, sich rechtzeitig in der Stille des irischen Landes niederzulassen.

Der Genealoge Nicolas Ikonnikow zählt insgesamt etwas mehr als tausend Mitglieder auf, die sich zwischen dem Indris des vierzehnten Jahrhunderts und der heutigen Generation ausgebreitet haben. Es ist nicht möglich, auf diesen Seiten dem Schicksal eines jeden einzelnen seit der Revolution zu folgen, und ich möchte mich auf ein paar abschließende Bemerkungen über meine Linie beschränken, die, als die ältere, hier vielleicht stellvertretend stehen kann.

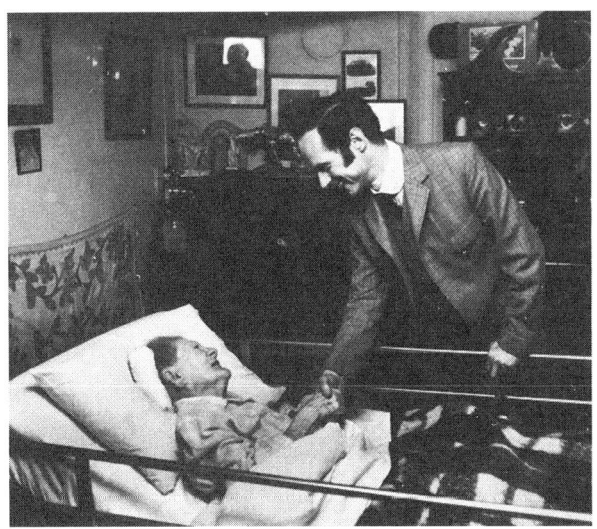

Der Verfasser am Krankenbett von Alexandra Lwowna Tolstoja

Wir sind im Ausland verstreut, aber geistig sind wir uns nahe. Mein Vater, Anwalt Ihrer Majestät, verbringt seinen Ruhestand in Spanien, während seine jüngeren Brüder Paul und Iwan in Paris und Kopenhagen leben. Vetter Wladimir ist Professor für Russisch an der amerikanischen Marineakademie in Annapolis. Ein anderer Verwandter, Michail, nun leider nicht mehr unter uns, diente während des Krieges in der Luftwaffe der britischen Flotte. Sein entwaffnender Charme befreite ihn aus vielen schlimmen Klemmen. Er war Generalleutnant der venezolanischen Luftwaffe und soll in dieser Eigenschaft zuletzt alte »Dakotas« an Kaiser Haile Selassie von Äthiopien verkauft haben.

Als ich 1968 in St. Petersburg war, stattete ich dem Haus meines Urgroßvaters in der Mochowaja-Straße Nr. 11 einen Besuch ab. Wenn er in der Hauptstadt weilte, lebte er dort und kam seinen Verpflichtungen als Kammerherr bei Hofe nach. Heute ist daraus ein Wohnblock geworden, grau und deprimierend wie so vieles andere in der Sowjetunion. Während ich so dastand und im Dämmerlicht auf seine schweigende Fassade blickte, mußte ich an jenes quirlige, farbige Leben denken, das siebzig Jahre zuvor darin geherrscht hatte, als mein Urgroßvater dort lebte. Pawel Sergejewitsch wurde 1848 geboren und hatte von seiner Frau Nina sieben Kinder. 1876 schenkte sie ihm Zwillinge, Sergei und Nikolai, die das tragische Schicksal erlitten, das seinerzeit trotz bester medizinischer Versorgung so häufig war. Sie starben binnen weniger Monate. Unglück hatten meine Urgroßeltern auch mit dem nächsten Kind. Das war Dmitri, der im Oktober 1877 geboren wurde. Er trat in die Kaiserliche Marine ein und erhielt 1904 sein Leutnantspatent. Für die russische Flotte war das kein glückliches Jahr. Im Krieg gegen Japan kam es in der Meerenge von Tschuschima zu einer Schlacht gegen die Flotte des Admirals Togo, bei der die Russen die schrecklichste Seeniederlage in ihrer Geschichte erlitten. Am 28. Mai wurde die *Swetlana*, die in der Vorhut fuhr, von zwei japanischen Kreuzern angegriffen und versenkt. Dmitri wurde von einer Granate getötet, die neben ihm auf dem Deck explodierte.[4]

Der vierte Sohn der Tolstois war der einzige, der überlebte, mein Großvater Michael, geboren 1884. Er hatte zwei Schwestern, meine allerliebsten Großtanten Maroussia und Lily, geboren 1881 und 1882, die heute beide auf dem Gunnersbury Cemetery begraben liegen. Das letzte Kind, nach seinem Vater Pawel benannt, erlitt das Schicksal der Zwillinge: es verstarb im dritten Lebensjahr.

Als ich vor Jahren unser Petersburger Haus besuchte, kam mir diese verlorene Welt sehr vertraut vor. Meine Großtanten Maroussia und Lily wurden beide über neunzig und haben mir viele Male von jenem zauberhaften Land erzählt, von dem wir ausgeschlossen wurden, in dem aber unsere tiefsten Wurzeln liegen. Tante Maroussia ließ sich kurz vor dem Russisch-Japanischen Krieg in England nieder. Als sie bei Ausbruch der Feindseligkeiten kurzzeitig mittellos war, wurde sie von einem Admiral Nicholson und seiner Gemahlin unterstützt. Sie wurden so gute Freunde, daß Tante Maroussia für immer bei ihnen in Bude Castle in Cornwall blieb. Admiral Nicholson wurde eines Tages Sir Douglas, Befehlshaber der Home Fleet und Flügeladjutant König Georgs, aber ich gehe davon aus, daß Tante Maroussia die Familie und den Haushalt fest im Griff hatte. Sie besaß viele liebenswürdige Schrullen, eine davon war, daß sie auf keinen Fall wollte, daß jemand ihr Alter erfuhr. Neugierigen pflegte sie zu antworten: »neunundneunzig« oder »hundert«. Für die Sowjetunion empfand sie größte Verachtung, sie nannte sie immer »Bolschewien«.

Tante Lily wuchs auf dem Familiengut in Mursicha, am linken Ufer der Kama oberhalb von Kasan, im Kreis ihrer Geschwister auf.

Michael Tolstoi-Miloslawski (stehend) mit Freund

Das Dorf zählte etwa tausend Einwohner und bildete für den Flußverkehr eine wichtige Anlegestelle.⁵ Die meisten der Einwohner waren Tataren, und es gab dort neben der orthodoxen Kirche auch eine Moschee. Das Gut war beinahe zweihundert Jahre lang im Besitz unserer Familie, ehe uns die Revolution daraus vertrieb. Wassili Borisowitsch, Enkel des berühmten Gouverneurs von Asow zur Zeit Peters des Großen, hatte es erworben, als er Darja Smejewa heiratete, kurz vor 1730. Sie vermachte es 1772 ihrem Sohn Lew, und es blieb bis 1918 im Besitz der Tolstois.⁶

In Tante Lilys Kindheitstagen gehörte es noch immer ihrem Großvater, der 1877/78 gegen die Türken gekämpft hatte. Sein Park grenzte an den Fluß, und vom Haus aus konnte man Schlepper und Barken sehen, die Holz, Metalle, Getreide und Vieh von Sibirien flußabwärts nach Kasan brachten und dabei an langen Flottillen

Picknick in den Wäldern von Mursicha, 1903

vorbeifuhren, die zu der großen Messe nach Nischni-Nowgorod dampften. Noch größere Aufregung verursachte es, wenn die Raddampfer in Mursicha anlegten und die Passagiere an Land strömten, die, wenn sie Bekannte oder wichtige Leute waren, unweigerlich im Haus ihres Vaters, des Generals, vorsprachen.

Für Tante Lily war Mursicha ein Paradies. Das Haus war geräumig und sonnig und voller Onkel, Tanten, Kusinen, Besucher und Dienstboten. Wenn das große Haus voll war, und das war oft der Fall, blieben die jüngeren Verwandten im sogenannten »Fliegel«, einem langen, hölzernen Gebäude neben dem Haupthaus. Ich war nie dort und weiß nicht einmal, ob es noch steht. Aber es fällt nicht schwer, mit Hilfe von Tante Lilys Erinnerungen und einer Reihe von Photographien, die neben mir auf dem Schreibtisch liegen, sich diese goldenen Tage zu vergegenwärtigen. Da gab es Ställe und Pferde sonder Zahl, mit denen man im Park oder auf den Feldern und in den Wäldern ringsumher ausreiten konnte. Vom Haus aus konnte man die Kuppel der Dorfkirche sehen, die Tante Lilys Großvater erbaut hatte und wo er 1894 die letzte Ruhe fand. In der großen Halle des Hauses, die vom Erdgeschoß bis zum Dach hinaufreichte, ließ Pawel Lwowitsch (1784–1866), der Vater des Generals, Veteran von Borodino und Dresden und ein großer Liebhaber der

Musik, eine eigene Galerie errichten, die als Bühne dienen konnte. Ein Neffe, der im Jahr 1838 unerwartet zu Besuch kam, erschien gerade rechtzeitig zur Galavorstellung. »Das Gutshaus war famos beleuchtet. Das Fortissimo des Orchesters konnte man bis in die Dorfstraße hören, und die Einwohner lauschten der Musik und spähten zu den Fenstern hinein. Onkel Pawel Lwowitsch nahm für sich in Anspruch, ein großer Musikliebhaber zu sein, und hatte aus den Leibeigenen seines Gutes ein ausgezeichnetes Orchester zusammengestellt. Ich stand auf sehr gutem Fuß mit meinem Onkel, und mein Erscheinen rief Jubelrufe hervor.

›Wie wunderbar, daß du gekommen bist‹, sagte Pawel Lwowitsch. ›Ein fröhlicher Abend erwartet uns.‹«[7]

Die Halle öffnete sich auf eine weite Terrasse, wo man im Sommer das Essen einzunehmen pflegte. Früher konnte man dort auch dem Orchester zuhören, aber zu Tante Lilys Zeiten war es nicht weniger vergnüglich, das Tuten der Raddampfer zu vernehmen und sich zu fragen, wer wohl angekommen war.

Ein Lieblingsort des Generals, der eine historische Ader hatte, war das kleine Archiv von Mursicha. Es enthielt Urkunden, Rechtstitel, Testamente und Briefe von längst verstorbenen Tolstois. Die kostbarste Archivalie war vielleicht der Schriftwechsel zwischen Peter dem Großen und Iwan Tolstoi in Asow. Glücklicherweise wurde er während der Revolution nicht vernichtet; heute wird er im histori-

Familienausflug in Mursicha (Tante Lily mit Kind auf dem Arm)

schen Archiv in Kasan unter dem Titel »Tolstoi-Miloslawski-Sammlung« aufbewahrt.[8]

Zu den Schnappschüssen zählen Bilder von jungen Herren mit Jagdgewehren und Spaniels, den Vettern Serjoscha und Lewa, die ihre neuen Fahrräder ausprobieren, Mädchen in langen Röcken und enganliegenden Taillen, die auf der Veranda sitzen, Tante Lily, die gerade mit der *droschky* des Gutes zu einem Picknick in den Wäldern aufbricht, mit einem silbernen Samowar, der unter den Fichten kocht, Ausflügen auf der Kama, Spaziergänge am See... man kann sich unschwer vorstellen, daß Mursicha »ein Paradies« war. Das Leben auf dem Lande bedeutete niemals das einsame Dasein, das es heute nur allzu leicht sein kann. Nicht nur kamen Verwandte aller Altersstufen scharenweise und für längere Zeit und schauten zahllose Besucher den ganzen Sommer über herein, sondern sie alle brachten auch ihre Diener mit und vergrößerten auf diese Weise den Haushalt gewaltig. Zu Lebzeiten Tante Lilys machte das Gut 11 184 Hektar aus. Die Familie mochte die einheimischen Bauern, die früher einmal ihre Leibeigenen gewesen waren, und diese erwiderten ihre Zuneigung. Tante Lily liebte sie ganz besonders, und ich besitze Photographien von ihren besonderen Lieblingen nebst schön gestickten Schürzen von Bäuerinnen aus dieser Gegend, die Tante Maroussia dank einer glücklichen Fügung als Phantasiekostüme für Kinderspiele mit nach England brachte.

Das Leben floß langsam weiter. 1894 war General Sergei Tolstoi gestorben, das Gut Mursicha vermachte er seinem zweiten Sohn, Sergei. Sergei Tolstoi wurde zum Adelsmarschall von Kasan ernannt, so daß es bei ihnen zu Hause zuging wie in einem Bienenstock. 1912 folgte dann ein glückliches und romantisches Ereignis. Nach dem Ende ihrer Schulzeit hatten Maroussia und Lily in Dresden eine weiterführende Schule besucht. Tante Lily kehrte aus irgendeinem Grunde ziemlich bald zurück, aber Tante Maroussia blieb. Sie freundete sich dort mit einer wunderschönen Engländerin namens Eileen Hamshaw an, einer Studienkollegin. Dies führte die beiden Familien zusammen, und Eileen verbrachte einen Sommer in Liwadija auf der Krim. Mein Großvater war ebenfalls dort und wohnte bei einem Kommilitonen. Er spielte mit Eileen Tennis, sie gingen zusammen am Meer spazieren und bummelten durch die lieblichen Gärten von Jalta. Sie verliebten sich ineinander und wurden am 25. Januar 1912 in der Kapelle der russischen Botschaft in London getraut. Das neuvermählte Paar kehrte kurz darauf nach

*Mein Großvater, Tante Maroussia und
meine Großmutter auf der Krim*

Rußland zurück und zog in Michaels Haus in Moskau, Siwzek-Wraschek Nr. 43.⁹ Dort wurde am 26. Oktober mein Vater Dmitri geboren. Die Ferien verbrachte das junge Paar mit dem Rest der Familie in Mursicha, und Tante Lily begeisterte sich für ihren kleinen Neffen.

Doch dräuende Wolken zogen am Horizont auf. Es waren keine zwei Jahre vergangen; Rußland hatte mobilgemacht und rückte nach Ostpreußen vor. An den Masurischen Seen wurden seine Armeen eingekreist und vernichtet; das Reich verkrallte sich in einem verzweifelten Kampf gegen die schreckliche deutsche Militärmaschinerie. Wie in jeder russischen Familie, hoch wie niedrig, eilten auch aus Mursicha junge Männer zu den Fahnen. Vetter Lewa ging zur Kavallerie, er erhielt später zweimal das Kreuz des hl. Georgs; auch Serjoscha wurde hoch ausgezeichnet, während mein Großvater an der Front im Nordwesten beim Roten Kreuz diente. 1915 kehrte er als Verwalter eines kaiserlichen Gutes im Gouvernement Kasan ins bürgerliche Leben zurück. Er konnte wieder bei seiner jungen Frau und seinem zweijährigen Sohn Dmitri sein, jedoch nur für kurze Zeit. Am 4. Januar 1916 starb meine Großmutter, und mein Großvater stand mit dem kleinen Kind alleine da. Eine hingebungsvolle englische Kinderfrau, Lucy Stark, nahm sich des kleinen Dmitri an.

Die Ereignisse begannen sich zu überstürzen. In diesem Jahr errangen die russischen Armeen unter ihrem tüchtigen General Brussilow endlich ein paar Siege, und noch im Januar 1917 erzielten sie an der Ostsee mit einem Überraschungsangriff gegen die Deutschen »einen achtunggebietenden Erfolg«.[10] Aber der russische Fels zerbarst, das gesellschaftliche Korsett gab nach, und im März 1917 erfuhr die Gemeinde von Mursicha die schreckliche Nachricht von der Abdankung des Zaren. Für die Tolstois war dies beängstigend, denn mehrere von ihnen standen in verschiedenen Eigenschaften direkt im Dienste des Kaisers, aber zunächst schien das Leben unverändert weiterzugehen. Die neue provisorische Regierung war ebenso fest entschlossen wie ihre Vorgängerin, so lange zu kämpfen, bis Deutschland besiegt war, und verkündete, daß sie entsprechende konstitutionelle und rechtliche Reformen durchführen wolle. Aber Reden war kein Ersatz für die strengen praktischen Maßnahmen, derer Rußland unbedingt bedurfte, und der berüchtigte Befehl Nummer 1 hob praktisch in den sieben Millionen Mann starken Streitkräften Rußlands die Disziplin auf. Im Juni schlugen die Bahnarbeiter zu. Im Oktober – nach dem neuen Kalender wäre es der November – machten Lenin und Trotzki in der Hauptstadt ihren Staatsstreich und verkündeten den ersten Arbeiterstaat der Welt.

Mursicha lag Hunderte von Meilen östlich jener Gegenden, in denen diese Ereignisse stattfanden, aber binnen kürzester Zeit kündeten Wellen warnend den Sturm an, der sich im Zentrum zusammenbraute. Im Hochsommer kamen viele Deserteure nach Kasan, und viele von ihnen brachten die Keime des Defätismus und der Revolution mit heim in ihre Dörfer. Kasan war ein wichtiger Eisenbahnknotenpunkt, und die Bahnarbeiter waren aktive Bolschewiken. Als die Oktoberrevolution ausbrach, bewaffneten sie sich aus einer Lieferung von 40 000 Gewehren, die am Bahnhof in Lastwagen lagen.[11]

Das Land befand sich noch lange nicht im eisernen Griff der Bolschewiken, das kam erst später. Doch das Leben wurde rasch hart und schwer, und es schien keine andere Wahl zu geben, als den Kopf vor dem Sturm zu beugen und so gut wie möglich zu überleben.

Onkel Sergei verbrachte den Winter in seinem großen Stadthaus in der Lezkaja-Uliza in Kasan. Die meisten Mitglieder der Familie suchten bei ihm Unterschlupf, auch mein Vater, mein Großvater und Tante Lily.

Schwer zu sagen, was nun zu tun war. Im Mai richteten die Bolschewiken in Kasan eine Abteilung der gefürchteten Tscheka ein, ihrer neuen politischen Polizei. Sofort fingen sie damit an, politische Gegner in der Stadt festzusetzen.[12] Kein Mensch wußte, wie lange es dauern würde, bis sie die endgültige Abrechnung mit dem Klassenfeind vornehmen würden. In der Nacht waren häufig Schüsse zu hören; tagsüber zogen ganze Wagenladungen von Bolschewiken drohend durch die Straßen, während ihre Agitatoren an den Straßenecken entsetzliche Drohungen ausstießen gegen weißgardistische Banditen und bourgeoise Ausbeuter. Aus der weiteren Umgebung kamen Nachrichten, aber man konnte kaum sagen, was davon zu halten war. Das Reich schien auseinanderzubrechen; die Deutschen besetzten die Ukraine, englische Truppen landeten in Murmansk, und Soldaten der Tschechischen Legion wandten sich gegen die Bolschewiken, nachdem diese versucht hatten, sie gewaltsam zu entwaffnen. Im fernen Süden gab es Grund zu vorsichtigem Optimismus: General Denikin und seine antibolschewistische Freiwilligenarmee führten im Kubangebiet einen erfolgreichen Feldzug, während der Ataman der Donkosaken, General Krasnow, dem Bolschewismus im Dongebiet offenen Widerstand leistete. Doch das war Hunderte von Meilen entfernt; an Ort und Stelle waren die Bolschewiken allmächtig, und was würde überhaupt schutzlosen Menschen geschehen, die buchstäblich als Geiseln in der Stadt saßen, falls die Bolschewiken angegriffen wurden?

1918 war für Tante Lily ein beängstigendes Jahr. Im Januar war ihre Wohltäterin und Freundin Maria Kasem-Bek gestorben. Ungefähr zur gleichen Zeit hatte sie sich mit einem charmanten, intelligenten jungen Mann verlobt, den sie seit einigen Jahren kannte. In der Nacht vor der Vermählung brach eine Schar Bolschewiken in das Haus ihres Verlobten ein und schoß ihn auf der Stelle nieder. Sie trug Trauer bis zum Ende ihrer Tage. Sie war ein Mensch voller Liebe, mit der sie nun ihre Familie überschüttete, namentlich die jüngeren Mitglieder, doch ein tiefer Pessimismus hatte sie ergriffen. Ein beinahe ebenso schrecklicher Schock war die Nachricht, die im Juli eintraf – die Bolschewiken hatten in Jekaterinenburg den Zaren samt Frau und Kindern ermordet. Die Lage schien mit jedem

Lucy Stark und der kleine Dmitri   *Mein Großvater (links), Vater und Urgroßvater*

Augenblick schwieriger. Der kleine Dmitri lag mit Scharlach zu Bett, und Tante Lily und die Kinderfrau Lucy hatten neben der weitverbreiteten Furcht, von den Bolschewiken niedergemetzelt zu werden, auch noch diese Angst um ihn auszustehen.

Dann wendete sich plötzlich das Blatt. Die freiwillige Tschechische Legion geriet in Kämpfe mit den Bolschewiken und hatte sich der transsibirischen Eisenbahn bemächtigt, an der entlang sie sich ursprünglich gen Osten bewegt hatte, um über Wladiwostok evakuiert zu werden. Antibolschewistische Russen ergriffen die Gelegenheit beim Schopf und richteten in Samara eine Gegenregierung ein, und weil sie glaubten, das britische Expeditionskorps im Weißen Meer werde von Archangelsk nach Süden vorrücken, gingen sie zum Angriff über. Zufällig gehörte der örtliche sowjetische Kommandeur an der Front vor der neu ausgerufenen Regierung in Samara den Sozialrevolutionären an, der insgeheim gegen die Bolschewiken opponierte. Er bemächtigte sich der Stadt Simbirsk und erklärte sich zum Verbündeten der Tschechen, wurde aber seinerseits von einheimischen Bolschewiken gestürzt und getötet. Doch die Regierung von Samara erblickte für sich eine Gelegenheit, und am 22. Juli führte ein tapferer weißrussischer Offizier, Oberst Wladimir Kappel, eine Kolonne von Soldaten nach Simbirsk und besetzte es im Namen der Weißen. Dieser Erfolg bewegte die Anführer in Samara dazu, einen noch kühneren Streich ins Auge zu fassen. Am 6. August bemächtigte sich eine Streitmacht, die aus Tschechen und Weißrussen bestand und von Simbirsk aus auf der Wolga vorrückte, nicht nur der Stadt Kasan, sondern auch der gesamten russischen Goldreserve, die mehrere hundert Millionen Pfund Sterling wert war.

Man kann sich die Freude der Tolstois in dem belagerten Haus an der Lezkaja-Uliza vorstellen, als die Kommunisten nach Westen abzogen und Kappels Reiterei vom Süden her einritt. Doch die Erleichterung währte nur kurze Zeit. Die Weißrussen hatten sich überspannt, und die Roten holten nun unter der Leitung Trotzkis zu einer mächtigen Gegenoffensive aus. Am 10. September, kaum einen Monat nach ihrem Einmarsch, mußten sich die weißrussischen Truppen schleunigst aus der Stadt in Richtung Simbirsk zurückziehen. Während die tschechische Infanterie ihren gepanzerten Zug bestieg, konnte man das Knattern aus Trotzkis Gewehren hören, die sich von Swjaschsk her näherten. Im Morgengrauen würden sie in Kasan sein, und kein Mensch machte sich irgendwelche Illusionen, was dann geschehen würde.[13]

Als der weißrussische Kommandeur Sergei Tolstoi von seiner Entscheidung in Kenntnis setzte, stand fest, daß die Tolstois keine Wahl hatten, als sich der Evakuierung anzuschließen. Als Adelsmarschall des Gouvernements war Sergei Tolstoi-Miloslawski die führende Persönlichkeit in der Stadt, und das Haus in der Lezkaja-Uliza würde auf Trotzkis Liste an oberster Stelle stehen. Unwahrscheinlich, daß dieser Besuch freundlich ausfallen würde – erst am 2. September hatte Lenin in Petrograd die Ermordung von fünfhundert Geiseln befohlen, die allein aufgrund ihrer klassenmäßigen Herkunft getötet wurden. Tante Lily erinnert sich, wie sie an diesem letzten Abend wertvolle Ikonen im Garten vergruben. »Wir dachten, wir würden für einige Tage weggehen, aber es war ein Abschied für immer«, sagte sie. Da schlugen die Worte des Hausarztes wie eine Bombe ein: Mein Vater, der fünfjährige Dmitri, läge noch immer im Fieber und dürfe unmöglich transportiert werden. Was war jetzt zu tun? Es bestand kein Zweifel, daß die Roten jedes erwachsene männliche Familienmitglied, das ihnen in die Hände fiel, ermorden würden. Da wandte sich meine Tante Lily an ihren Bruder Michael und erklärte standhaft, sie werde bleiben und sich um den

Großvater und Vetter Lewa (links) auf ihrem Weg zu Gen. Denikin, 1918

kleinen Dima kümmern. Es war ein fürchterlicher Augenblick, aber was sonst konnten sie tun?

Nach einem kurzen, schmerzlichen Abschied sattelten Onkel Sergei, seine Söhne, mein Großvater und die anderen Männer der Familie Tolstoi ihre Pferde und ritten oder fuhren nach Samara in Sicherheit. Onkel Sergei, damals neunundsechzig Jahre alt, konnte sich zu guter Letzt durch ganz Sibirien bis nach Japan durchschlagen; er beendete seine Tage in Italien. Mein Großvater Michael Tolstoi-Miloslawski und sein Vetter Lewa reisten gen Süden, um sich der Weißen Armee General Denikins anzuschließen, die im südlichen Rußland eine Reihe tapferer Siege über die Rote Armee erkämpfte. Ein Familienphoto zeigt sie mit britischen Offizieren an Bord eines Kreuzers der Royal Navy, wie sie gerade wolgaabwärts fahren, auf dem Weg zu Denikin.[14] Beide überlebten den Bürgerkrieg und ließen sich schließlich in Frankreich nieder.

Daheim in Kasan begann für Tante Lily eine Zeit des Terrors. Die ganze Familie war fort und hatte sie mit dem kranken Kind zurückgelassen. Sie hatte noch eine Gefährtin, die englische Kinderfrau Lucy Stark, die keinen Augenblick daran dachte, ihren Schützling allein zu lassen. Ihr Mut war unbeugsam, obgleich sie keineswegs wußte, was sich da abspielte. Für sie schien der revolutionäre Umbruch nur eine dieser wilden Unruhen zu sein, dem sich die ansonsten liebenswerten Russen von Zeit zu Zeit hingaben. Selbstverständlich konnten sie unmöglich in dem verlassenen Haus in der Lezkaja-Uliza bleiben; die drei fanden Unterschlupf im Haus eines treuen Dieners der Familie, der sich anbot, sie zu beschützen. Tante Lily vergaß nie mehr die Furcht jener Tage des Versteckens.

Daß sie Frauen waren, die ein kleines Kind hatten, bot ihnen keinerlei Schutz. Latzis, das aktive Haupt der Tscheka, hatte festgelegt, welche Politik in diesem Monat zu befolgen war: »Wir kämpfen nicht gegen einzelne Bürgerliche. Unser Ziel ist es, die Bourgeoisie als Klasse zu vernichten... Wenn ein Bürgerlicher verhört wird, sollte man sich nicht in erster Linie darum bemühen, belastendes Material dafür zu finden, ob er sich der Sowjetregierung durch Worte oder Taten widersetzt hat, sondern dem Angeklagten diese drei Fragen stellen: Welcher Klasse gehört er an? Welche Herkunft hat er? Wie waren seine Erziehung, seine Ausbildung, sein Beruf? Einzig und allein mit Blick auf diese Fragen sollte sein Schicksal entschieden werden. Denn das ist es, was ›Roter Terror‹ bedeutet und mit sich bringt.«[15]

Jeden Tag verschwanden in Kasan Menschen, aus den Straßen wie aus ihren Häusern. Es war allgemein bekannt, daß es die Bolschewiken besonders darauf abgesehen hatten, die Familien der Adelsmarschälle aufzuspüren, und Tante Lily erfuhr, daß jemand ihr Versteck an die Mittelmänner des Genossen Karlson verraten hatte. In aller Eile flüchtete sich die kleine Gruppe in das Haus eines Freundes und mietete dort einige Zimmer. Eines Tages kam Tante Lily in unmittelbare Berührung mit der Gefahr. Sie war zeitlebens sehr gottesfürchtig und konnte schließlich nicht mehr widerstehen, den Gottesdienst zu besuchen. Als sie am Ende alle zusammen heraustraten, erschien plötzlich eine Horde bewaffneter Tschekisten, umzingelte die Gemeinde und trieb sie wie eine Herde durch die Straßen zum Gefängnis der Stadt. Während die vordersten Opfer dort schon hineingeführt wurden, beherrschte Tante Lily nur die Sorge um Lucy und Dima, die ängstlich auf ihre Rückkehr warteten. Sie faßte sich ein Herz, duckte sich an einem der Wächter vorbei und eilte zwischen die Menge der Passanten, die den Bürgersteig säumten. Sie ließen sie durch und schlossen gleich hinter ihr die Reihen. »Den Hut weg!« schrien einige Stimmen, und eine freundliche Hand schlug ihr den auffälligen Kopfputz herunter. Finster dreinblickende

Tschekisten drängten nach, verlangten nach der Flüchtigen, aber die Menge leugnete entschlossen, sie gesehen zu haben. Tante Lily, eine kleine, zierliche Erscheinung, verbarg sich eine Weile bei ihren Beschützern und rannte dann, als die Luft rein war, den ganzen Weg heim. »Lange Zeit«, erzählte sie mir, »schwamm mein Kopf und meine Hände zitterten, und ich war außerstande, mich zu bewegen oder richtig zu sprechen.«

Abermals mußten sie woanders hingehen; sie zogen in ein Eckhaus, wo Tante Lily und mein Vater in einem Raum schliefen und Lucy ein Bett in einem Alkoven am Ende des Hauses hatte. So zogen sich lange Monate dahin, keine einzige Stunde verging, in der sie nicht fürchteten, schwere Stiefel auf der Stiege und ein Klopfen an der Tür zu vernehmen. Lucy, sagte Tante Lily, »war wunderbar«. Mit echt englischer Selbstsicherheit versorgte sie den kleinen Haushalt, ihre Nationalität flößte allen Stadtbewohnern Respekt ein. Bald spürte sie die Gefahr ebenso wie die andern, aber sie zeigte keine Anzeichen von Furcht und schien das Ganze für eher lächerlich zu halten; bestimmt könnte derlei in England niemals passieren.

Inzwischen wendete sich das Blatt. Die frühen Siege der weißen Armee wichen nun Niederlagen, und die Überreste von Denikins Armee wurden nach Süden getrieben, in den Kaukasus und das Schwarze Meer. Ende 1919 war die Intervention der Briten zugunsten der Weißen so gut wie am Ende, und die Regierung Lloyd George bereitete sich darauf vor, mit den neuen Herren Rußlands handelseinig zu werden. Es begannen zaghafte Verhandlungen, und am 12. Februar 1920 wurde schließlich ein Übereinkommen unterzeichnet, wobei die Briten allerdings heftige Befürchtungen hegten, daß die Sowjets Vorwände suchten, um die Vertragsverpflichtungen nicht genau einhalten zu müssen.[16]

Die Nachricht von diesem Abkommen sickerte zu den Flüchtigen nach Kasan durch. Es hieß, es beziehe sich nur auf britische Staatsangehörige. Da dies aber für Lucy Stark zutraf und für den kleinen Dmitri zur Hälfte, hoffte Tante Lily, daß dies sich als Fluchtweg für ihren Neffen erweisen könnte. Um sich zur Repatriierung registrieren zu lassen, mußten sie unter großen Scherereien nach Moskau reisen. Da sie noch immer von der Tscheka gejagt wurden, traf Tante Lily die geniale Vorkehrung, ein Telegramm nach Kasan zu senden, das einen Bericht über ihr Ableben enthielt. Die Familie hatte noch Freunde in Moskau, die ein kümmerliches Dasein führten, bedroht von Kälte, Hunger und der Allgegenwart der Tscheka. Immer wieder wurden Mitglieder aus der einstigen Herrschaftsschicht verhaftet und ins Gefängnis geworfen, um als Geiseln zu dienen, falls es in der Stadt zu antisowjetischen Aktivitäten kam. Im September hatten Anarchisten das Hauptquartier der Kommunistischen Partei bombardiert. Ohne abzuwarten, wer dafür verantwortlich war, befahl Felix Dscherschinski, der Leiter der Tscheka, daß *alle* Aristokraten und andere Klassenfeinde, die sie als Geiseln in ihren Händen hatten, getötet werden sollten. Infolgedessen wurden Hunderte niedergemetzelt, einige im Keller des Gefängnisses erschossen, andere in den Petrowski-Park getrieben und dort unter freiem Himmel exekutiert.[17]

Sobald sie wieder in Moskau waren, machte sich Lucy Stark auf, um herauszufinden, wie man als Engländer in Rußland den Heimweg antreten könne. Da es keine diplomatische Vertretung Großbritanniens gab, war die Registrierung der Heimreiseberechtigten dem britischen Militärgeistlichen in Moskau, Reverend F. W. North, anvertraut worden, der in den beiden Jahren seit der Revolution selbst im Grunde als Gefangener festgehalten wurde. Lucy erklärte, wer sie sei, und fragte, ob sie Dmitri mitnehmen könne. Mr. North bestätigte, daß alle britischen Staatsangehörigen ausreisen durften, bedauerte aber, daß er den Jungen unter keinen Umständen mit aufnehmen könne, da er nur britische Staatsangehörige registrieren dürfe. Lucy entgegnete, daß Dmitri sehr nah mit ihr verwandt und daher auch Brite sei. North lächelte. Als britischer Militärpfarrer in Moskau während der letzten fünfzehn Jahre hatte er meine Großeltern kennengelernt, als sie 1912 von ihrer Hochzeit aus London zurückgekehrt waren, und er erinnerte sich Dmitris Geburt Ende des gleichen Jahres. Es war für beide ein schrecklicher Augenblick. Lucy sollte mit ansehen, wie der Knabe, den sie liebte, der Gnade der Bolschewiken ausgeliefert wurde. Mr. North lief Gefahr, wenn er Lucys Geschichte glaubte, nicht nur selber nicht ausreisen zu dürfen, sondern die überaus heikle Organisation der Gefangenenheimkehr zu gefährden. Er war selbst erst kurz zuvor von der Tscheka verhört worden, die ihn beschuldigte, ein Agent der Briten und der Weißen zu sein. Offenbar suchten sie einen Vorwand, ihn zurückzuhalten. Und nun stand da diese Engländerin vor ihm, die genau diesen Vorwand liefern konnte. Aber für diesen Mann gab es nur eine einzige Entscheidung. »Ich weiß nichts davon«, murmelte er augenzwinkernd, als er meinen Vater als britischen Staatsangehörigen eintrug.

Dadurch ermutigt, fragte Lucy als nächstes, ob er auch Tante Lily aufnehmen könne. Aber hier mußte der Pfarrer einen Schlußstrich ziehen. Tante Lily war so offenkundig eine Russin, daß es unmöglich war, aus ihr eine Engländerin zu machen. Es gab zahllose Russen, einige mit, andere ohne Beziehungen nach England, die damals alles dafür hergegeben hätten, ihr geschlagenes Land verlassen zu dürfen. Daß er Dmitri wissentlich mit aufnahm, muß vermutlich dem Umstand zugeschrieben werden, daß er seine englische Mutter gekannt hatte, als sie in Moskau lebte. So mußte sich also die arme Tante Lily von ihrem Neffen verabschieden, für den sie alles riskiert hatte, und in der Höhle des Löwen zurückbleiben. Doch so wenig sie nicht einmal im Traum daran gedacht hatte, ihn 1918 zu verlassen, als die Familie aus Kasan floh, so sehr empfand sie jetzt Erleichterung darüber, daß er endlich in Sicherheit zu sein schien.

In Wirklichkeit war die Gefahr noch nicht vorbei. Während der Eisenbahnfahrt zur finnischen Grenze unterwies Lucy Dmitri, wie er sich als englischer Junge verhalten müsse. Die Bolschewiken waren von krankhaftem Argwohn, daß Spione oder Klassenfeinde diese Fluchtgelegenheit ausnützen würden (sie machten sogar den Versuch, Mr. North im letzten Augenblick zurückzuhalten). Auch dieser Zug wurde angehalten. Die Rotgardisten stiegen ein und gingen durch jedes einzelne Abteil, bis sie zu Lucy und Dmitri kamen. Nun kam der schrecklichste Augenblick im Leben der beherzten Kinderfrau. Jedesmal, wenn sie Dmitri eingebleut hatte, was er sagen müsse – vor allem aber, daß er einen englischen Namen angeben müsse –, hatte er mit dem Eigensinn eines Siebenjährigen geantwortet: »Diesen Namen will ich *nicht* sagen. Ich heiße Tolstoi.« Als die Gardisten schließlich in ihr Abteil traten, wurde Lucy, die für sie beide Rede und Antwort stehen wollte, unterbrochen und hinausgeschickt. Durch das Fenster sah sie die Befragung wie eine Pantomime ablaufen. Sie erfuhr niemals richtig, was Dmitri eigentlich gesagt hatte; aber was es auch war, die Bolschewiken stellte es zufrieden, und sie durften weiterreisen.

Am Freitag, dem 21. Mai 1920, legte das Dampfschiff *Dongola* mit seiner Ladung befreiter britischer Staatsangehöriger – und einem russischen Buben – in Southampton an.

Tante Lily, noch immer in Rußland, zog nach Petrograd, wo sie lange Zeit in der gleichen Gefahr schwebte wie zuvor. Dann glückte auch ihr die Flucht. Eine ehemalige Hausangestellte der Familie, die aus den baltischen Provinzen stammte, hatte von der neugegründeten Republik Estland einen Paß ausgestellt bekommen. Sie war so treu und so hingebungsvoll wie die anderen und vertauschte mit ihrer einstigen Herrin die Pässe. Der estländische Konsul drückte dabei ein Auge zu, und Tante Lily reiste nach Estland, wobei sie die Grenze vorsichtshalber zu Fuß und durch die Wälder überquerte. Von Estland fuhr sie mit dem Schiff nach Kopenhagen, wo sie die Kaiserinwitwe Maria Fjodorowna besuchte. Nach einem kurzen Aufenthalt bei ihrer Schwester Maroussia und ihrem Neffen Dmitri in England gesellte sie sich zur russischen Gemeinde in Paris. Ihr Bruder (mein Großvater) steckte immer noch irgendwo in den Überresten der Weißen Armee, aber auch ihm gelang endlich die Flucht, die ihn schließlich nach Paris führte.

Auf diese Weise kamen wir nach Europa. Ich wurde fünfzehn Jahre nach dem Eintreffen meines Vaters in England geboren, als die meisten Emigranten noch immer fest daran glaubten, daß Stalins Schreckensherrschaft bald zusammenbrechen müsse und die verstreuten Emigranten heimkehren könnten. Heute ist die Generation, die das alte Rußland gekannt hat, beinahe ausgestorben, und an ihrer Stelle stehen ihre Söhne und Töchter, die das Land ihrer Ahnen nur als Besucher kennen.

So hat sich der Kreis geschlossen. 1353 trafen wir, aus dem Westen kommend, in Tschernigow ein, wo Pest, Krieg und Verwüstung herrschten. 630 Jahre später sind wir wieder im Westen. Und was die Zukunft für uns bereithält? Wir wissen es nicht.

Die Familie Tolstoi heute:
Anastasia (links), Georgina, Xenia,
Dmitri, Nikolai, Alexandra

Anhang

Über russische Titel

Der einzige alte Titel in Rußland ist der des *knjas,* was im Deutschen mit »Fürst« wiedergegeben wird. Die meisten Fürsten waren Nachkommen älterer fürstlicher Häuser, einheimischer wie ausländischer, die im Russischen Reich aufgegangen waren. Ein Gesetz vom 12. Januar 1682 bestimmte, daß alle russischen Adligen, ungeachtet ihres Titels und ihrer Ahnenschaft, standesgleich seien.[1] Peter der Große war es, der (im Jahre 1706) den Grafentitel und (1710) den Titel des Barons von Europa übernahm als eine billige Möglichkeit, jemanden für gute Dienste zu entlohnen.

Keiner dieser erblichen Titel verlieh dem Träger irgendwelche Privilegien, und auf dem berühmten »Tableau der Ränge« von 1722, das die Rangfolge innerhalb des Russischen Reiches darstellte, treten sie überhaupt nicht in Erscheinung. Da jeder Nachkomme den gleichen Titel trug wie der ursprüngliche Titelempfänger, wurden die erblichen Titel an sich ziemlich bedeutungslos. Ihr Wert war großen Schwankungen unterworfen, er hing ab von der jeweiligen geschichtlichen Epoche, dem Namen des Trägers, seinem Reichtum und seiner persönlichen Stellung. Mithin war der Wert nur ehrenhalber, und er dokumentierte auch nicht immer die Bedeutung einer Familie, da viele der bedeutendsten Familien (wie die Naryschkins und die ältere Linie der Scheremetjews) zum Beispiel überhaupt keinen Titel trugen. Trotz alledem, Titel bedeuteten eine Auszeichnung, mochten sie auch von einem unterschiedlichen und unbestimmbaren Wert sein; besonders wertvoll waren sie für ihren ursprünglichen Empfänger.[2]

Am 7. Mai 1724 verlieh Peter der Große Peter Andrejewitsch Tolstoi für seine Dienste als Botschafter in Konstantinopel und in späterer Zeit den Grafentitel. Dieser Titel wurde ihm am 6. Mai 1727 entzogen; Kaiserin Elisabeth erstattete ihn am 30. Mai 1760 seinen Nachkommen zurück.

Am 27. Oktober 1796 machte Katharina die Große Alexander

Iwanowitsch Tolstoi zum Grafen Osterman-Tolstoi; dieser Titel erlosch mit seinem Tod im Februar 1857.

Am 13. Oktober 1863 ernannte Alexander II. Alexander Alexandrowitsch Dmitrijew, Enkel des berühmten Medailleurs Fjodor Petrowitsch Tolstoi, unter dem Namen Alexander Tolstoi zum Grafen. Der Genealoge Ikonnikov bemerkte, daß diese Annahme des Namens Tolstoi durch eine andere Familie geschehen sei »en violation de tout précédent«, und er sei »surpris par le fait, qu'aucun des Tolstoy, titré ou pas, n'avait protesté en 1863 contre cet Oukaze Imperiale, qui devait apporter une confusion dans la lignée des Tolstoy«.

Am 16. April 1866 machte Alexander II. den Postminister und Großmarschall des Hofes, Iwan Matwejewitsch Tolstoi, zum Grafen.

Nikolaus II. erklärte, nachdem er Pawel Sergejewitsch Tolstoi im Jahr 1910 gestattet hatte, als weiteren Zunamen den Namen Miloslawski anzuhängen, seine Absicht, den Grafentitel in der älteren Linie der Familie anzuerkennen, deren Vorfahre Iwan Andrejewitsch Tolstoi 1713, als er starb, kurz davor stand, ihn zu erhalten. Die bevorstehende Krise verhinderte, daß diese Absicht umgehend in die Tat umgesetzt wurde. 1917 dankte zuerst der Kaiser ab, später sein Bruder, Großfürst Michael, sodann fielen die kaiserlichen Rechte gemäß der Erbfolge auf Großfürst Kyrill Wladimirowitsch.[3] Am 8. Oktober 1930 bestätigte er, daß der frühere Kammerherr Pawel Sergejewitsch zur Führung dieses Titels berechtigt sei, welcher von der Kaiserinwitwe und den Großfürstinnen Xenia und Olga anerkannt worden war.[4]

Das Wappen der Tolstois wird von alters her überliefert als »ein Schild mit blauem Grund, das ein goldenes Schwert und einen silbernen Pfeil zeigt, der diagonal durch den ringförmigen Griff eines goldenen Schlüssels gleitet, und rechts über dem Schlüssel ist ein silberner, ausgestreckter Flügel«.[5]

Zum Stammbaum

Der Stammbaum (auf dem Vorsatzpapier dieses Buches) folgt mit kleineren Verbesserungen und Ergänzungen den folgenden Titeln:

V. V. Rummel und V. V. Golubtsov, Родословный сборникы русскихв дборянскихъ фамилій (St. Petersburg 1887), II, S. 487–533.

Graf Alexander Bobrinskoy, Дворянскіе роды внесенные въ общй гербовникъ всероссийской имперій (St. Petersburg 1890).

Fürst A. B. Lobanov-Rostovsky, Русская родословная кніга (St. Petersburg 1895), I, S. 381–5.

V. G. Chertkov (Hg.), Л. Н. Толстой: полное собрание сочинений (Moskau-Leningrad 1934), XLVI, S. 479–514.

Nicolas Ikonnikov, *La Noblesse de Russie* (Paris 1962), R. I, S. r23–r193.

Über Umschrift und Datierung

Die Umschrift, die in diesem Buch verwendet wurde, soll für den deutschen Leser vor allem einfach und verständlich sein. Es gibt, für verschiedene Personen, geringfügig abweichende Schreibweisen (z. B. Nikolaus I. neben Nikolai Tolstoi); aber die Unterschiede sind so gering, daß man sich nicht daran zu stoßen braucht.

Was die Datierung anlangt, verwendete Rußland bis zum 1. Februar 1918 (= 14. Februar 1918) den Julianischen Kalender, der im 20. Jahrhundert 13 Tage hinter dem in Westeuropa gebräuchlichen Gregorianischen Kalender lag, im 19. Jahrhundert 12 Tage, im 18. Jahrhundert 11 Tage, im 17. Jahrhundert 10 Tage. Die Daten sind daher in diesem Buch – für die russische Geschichte bis Februar 1918 – nach dem Julianischen Kalender angegeben worden, wobei in einigen Fällen auch das westliche Datum in Klammern hinzugefügt wurde. Soweit aus Originaldokumenten zitiert wurde, wurde dasjenige Datum angegeben, das sich auf dem Dokument befindet.

Danksagung

Ich hoffe, daß die freundlichen Menschen, die mir beim Zusammentragen dieses Buches durch ihre großzügige Hilfe und ihren Rat geholfen haben, nicht enttäuscht sein werden über den Text, der ihrer Hilfe soviel schuldet. Dazu zählen Mrs. John Allen-Stevens, Mr. H. Graham Bower, Miss Margaret Dalton, der Rev. Martin Dimnik, Mr. Andrei Dzierzhinsky, Prof. J. L. I. Fennell, Fürst Emmanuel Galitzine, Mr. Michael Giedroić, Dr. Ronald Hingley, Madame Hélène Rehle, Prof. Allen A. Sinel, Fürst George Vassilchikoff, Mr. Igor Vinogradoff, Fürstin Catherine Volkonsky (von der Puschkin Stiftung), Prof. Jackson Taylor und Mr. Kyril Zinoviev.

Außerdem möchte ich den Mitarbeitern folgender Institutionen danken, die weitaus mehr für mich mich taten, als ihre Pflicht verlangt: Bodleian Library, British Library, Helsinki University Library, Hermitage Museum, London Library, National Board of Antiquities in Helsinki und die Slavonik and Greek Library der Taylor Institution in Oxford.

Anthony Sheil, Penelope Hoare und Dr. Anthony Storr waren mir durch ständige Ermutigung und wertvolle Anregungen eine große Hilfe gerade auch in jenen dunklen Tagen, als es schien, daß ich niemals über das Jahr 1700 hinausgelangen würde.

Ein Buch dieser Art zu schreiben ist ein bedeutendes Erlebnis, da es nicht nur auf den normalen historischen und literarischen Forschungen fußt, sondern auch auf den Erinnerungen, die meine Verwandten – viele von ihnen sind bereits gestorben – und ich zu Lebzeiten angesammelt haben. Mehr, als ich auszudrücken vermag, schulde ich namentlich meinen lieben Großtanten Maroussia und Lily, die sich aus der Herrschaftszeit des Kaisers Alexander III. lebhafte Erinnerungen bewahrt haben. Mein Großvater verbrachte den letzten Teil seines Lebens damit, genealogische und andere historische Materialien zu unserer Familiengeschichte zu sammeln.

Ich bin jedoch vor allem meinem Vater verpflichtet, daß dieses Buch von Fehlern befreit wurde. Er las jedes Kapitel, sowie ich es fertiggeschrieben hatte, prüfte die Belege, korrigierte meine Fehler und fügte aus seinem reichen Vorrat an Kenntnissen, persönlichen wie auch historischen, Wertvolles hinzu. Gelegentlich waren wir in kleineren Fragen unterschiedlicher Auffassung, aber ich hoffe, daß das fertige Produkt keine allzu grobschlächtige Geschichte der Menschen ist, die vor uns gelebt haben.

Nikolai Tolstoi

Bildnachweis

Der Verfasser bedankt sich bei folgenden Institutionen für ihre Hilfe bei der Zusammenstellung der Illustrationen: der British Library; der Bodleian Library, Oxford; dem Hermitage Museum, Leningrad; dem National Museum Finnlands in Helsinki; der London Library; der Taylor Institution; V/O »Vneshtorgizdat«.

Copyright im Besitz der British Library: Karte von Asow (Seite 77); Kruzenstern vor Petropawlowsk (Seite 162); Dmitri Andrejewitsch Tolstoi (Seite 217); General Dmitri Bibikow (Seite 238); Dmitri Andrejewitsch Tolstoi (Seite 256); General Loris-Melikow (Seite 259); Alexei Konstantinowitsch Tolstoi (Seite 282).

Copyright im Besitz der Bodleian Library, Oxford: Maria Ilinitschna Miloslawskaja (Seite 23).

Copyright im Besitz des Eremitage Museums, Leningrad: Peter Tolstoi (Seite 103); General Osterman Tolstoi (Seite 141); General Peter Alexandrowitsch Tolstoi (Seite 229).

Copyright im Besitz des National Museums von Finnland, Helsinki: Brücke bei Idensalm (Seite 165).

Anmerkungen

Vorwort

1 Marc Raeff, *Origins of the Russian Intelligentsia: The Eighteenth-Century Nobility* (New York 1966), S. 18–20
2 N. P. Pavlov-Silvansky, Очерки по русской исторій XVII–XIX вв. (St. Petersburg 1910), S. 4.
3 ›Николай Васильевичъ Гоголь‹, Русская старина (1890), LXVII, S. 195.
4 S. L. Tolstoi, Федор Толстой американец (Moskau 1926), S. 94–5
5 ›Воспоминанія М. Ф. Каменской‹, Историческій вѣстникъ (1894), IV, S. 303. 1979 hörte ich von einer Mrs. Ida Seymor, der Tochter des Britischen Militärgeistlichen in Moskau vor 1888; ihre Mutter vermittelte junge Engländerinnen an russische Familien, die Gouvernanten suchten. »Auch die Tolstois suchten eine«, schrieb sie, »und erhielten bald ein Mädchen, die aber bald wieder wegging und in arger Verzweiflung meine Mutter aufsuchte, um sich über das sehr ungezogene Betragen der männlichen Familienmitglieder zu beklagen. Daher mußten meine Eltern ihnen erklären, warum sie kein weiteres Mädchen mehr erhielten.«
6 Aylmer Maude, *The Life of Tolstoy: First Fifty Years* (London 1911) S. 128, 173–4, 205, 367; Henri Troyat, *Tolstoï* (Paris 1965), S. 801. Alle Kinder Leo Tolstois erbten diese ungewöhnliche Körperstärke. (Tatyana Tolstoy, *Tolstoy Remembered* (London 1977), S. 37, 253–4).

Herkunft der Familie

1 A. E. Pennington (Hg.), *Grigorij Kotošixin: o Rossii v carstvovanie Alekseja Mixajloviča* (Oxford 1980), S. 59.
2 Vgl. A. V. Artsikhovsky (Hg.), Очерки русской Культуры XVII века (Moskau 1979), S. 300-1; A. M. Kleimola, »Boris Godunov and the Politics of Mestnichestvo«, *The Slavonic and East European Review* (London 1975), LIII, S. 354–69.
3 V. V. Rummel und V. V. Golubtsov, Родословный Сборникъ Русскиѣ Дворянцкихѣ Фамиліи (St. Petersburg 1887), II, S. 487; Alexan-

der Bobrinskoy, Дворянскіе Роды внесенные въ Общій Гербовникъ Всероссійской Имперій (St. Petersburg 1890), I, S. 369–72; Pavel Stroev, ›Записки М. В. Данилова‹, Русскій Архивъ (St. Petersburg 1883), II, S. 4. Ein Chronist des Jahres 1353 hätte natürlich nicht A. D. verwendet (das von Peter I. eingeführt wurde), sondern nach der Erschaffung: 6861. Aber am Ende des 17. Jhs. wurden beide Formen verwendet; vgl. Полное Собрание Русских Летописей (Moskau 1968), XXX, S. 88. Es ist bezeichnend, daß »obwohl an den Höfen der Olgovichi [Fürsten von Tschernigow] Chroniken geführt werden mußten, keine überlebt hat.« (Martin Dimnik, *Mikhail, Prince of Chernigov and Grand Prince of Kiev 1224–1246* (Toronto 1981), S. I). Die besten Autoritäten der Genealogie anerkennen sowohl die Echtheit des Eintrags in die verlorengegangene Chronik von Tschernigow als auch die Schlußfolgerungen der litauischen Herkunft Indris'. Vgl. Rummel und Golubtsov, a. a. O., II, S. 487; V. G. Chertkov (Hg.), Л. Н. Толстой: полное собрание сочинений (Moskau-Leningrad 1934), XLVI, S. 485.

4 Hinsichtlich des deutschen Namens »Indrok« s. Полное Собрание Русских Летописей, XXXI, S. 136; vgl. den Namen »Indrich« (Лѣтопись по ипатоскому списку (St. Petersburg 1871), S. 268, 270, 614). Der Name »Leonti«, den Indris nach seiner Konvertierung annahm, ist gleichbedeutend mit dem westlichen »Leo« (ebd., S. 79). Die Namen »Indrichowitsch« und »Schimont« (letzterer wird als »ein Ritter« beschrieben) tauchen in einer Charta des Königs Wladeslaw von Polen auf, datiert 1378 (M. M. Peshchak (Hg.), Грамоти XIV ст. (Kiew 1974), S. 59, 88, 89).

5 J. L. I. Fennell, *The Emergence of Moscow 1304–1359* (London 1968), S. 145–7, 211–12.

6 Ebd., S. 204–7, 217.

7 R. V. Zotov, О черниговскихъ киязьяхъ по любецкому синодику и о Черниговскомъ Княжествъ въ татарское время (St. Petersburg 1892), S. 255.

8 Ebd., S. 138–9, 145, 255; Henryk Paszkiewicz, *The Origin of Russia* (London 1954), S. 211, 216–17; Fennell, a. a. O., S. 122, 133.

9 V. T. Pashuto, B. N. Florya und A. L. Khoroshkevich (Hg.), Древнерусское наследие и исторические судьбы восточного славянства (Moskau 1982), S. 32; Paszkiewicz, a. a. O., S. 215, 219, 249; Fennell, a. a. O., S. 256–8.

10 Ebd., S. 163–4; N. A. Kazakova, Русско-ливонские и русско-ганзейские отношения: Конец XIV-начало XVIb. (Leningrad 1975), S. 134.

11 Fennell, a. a. O., S. 155. Olgerds Vorgänger Mindaugas hatte im Jahrhundert zuvor ein Bündnis mit den livländischen Deutschen Rittern geschlossen (Eric Christiansen, *The Northern Crusades: The Baltic and the Catholic Frontier 1100–1525* (London 1980), S. 134).

12 M. Tikhomirov, *The Towns of Ancient Rus* (Moskau 1959), S. 357–71; B. A. Rybakov, Киевская Русь и русские княжества XII–XIIIвв (Moskau 1982), S. 498–501.

13 Robert Michell und Nevill Forbes (Hg.), *The Chronicle of Novgorod 1016–1471* (London 1914), S. 120–37.

14 Ebd., S. 133, 145.

15 Vgl. die lebhaften Bilder der zeitgenössischen Epik (M. N. Tikhomirov (Hg.), Задонщина: похвала великому князю Дмитрию Ивановичу и брату его князю Владимиру Андреевичу (Moskau 1980), S. 55).

16 Vgl. R. E. F. Smith, *Peasant Farming in Muscovy* (Cambridge 1977), S. 7, 16–21, 33–6, 57–79; K. G. Vasiliev und A. E. Segal, История епидемии в России (Moskau 1960), S. 31.

17 Jerome Blum, *Lord and Peasant in Russia from the Ninth to the Nineteenth Century* (Princeton 1961), S. 43–5, 80; Richard Hellie, *Enserfment and Military Change in Muscovy* (Chicago 1971), S. 25–7.

18 Andrzej Walicki, *The Slavophile Controversy: History of a Conservative Utopia in Nineteenth-Century Russian Thought* (Oxford 1975), S. 27.

19 Задонщина, S. 43, 97. Das Wappen von Tschernigow wird dargestellt und eingehend behandelt in dem prächtigen Band von N. N. Speransov, Земельные гербы России (Moskau 1974), S. 80–1.

20 Was Abbildung, Beschreibung und eingehende Behandlung des Wappens der Tolstoi anlangt, siehe Общій Гербовникъ дворянскихъ родовъ Всероссійскія Имперій начашый въ 1797мъ году (1798), II, S. 12, 42; P. N. Petrov, Исторія родовъ русскаго дворянства (St. Petersburg 1886), I, S. 310; Alexander Lakier, Русская Гералдика (St. Petersburg 1855), S. 556–9. Wappen entwickelten sich in Rußland am Ende des 16. Jhs., und zwar unter dem Einfluß der europäischen Heraldik (U. K. Lukomsky und N. A. Tipolt, Русская геральдика: руководство къ составленію и описанію гербовь (Petrograd 1915), S. 1–2;vgl. Pennington, a. a. O., S.41–2). Ein westlicher Besucher des 17. Jhs. fand die Russen »sehr ungeschickt« beim Ausmalen der Wappen. (A. Loviagin (Hg.), Адамъ Олерій: Описаніе путешествія въ Московію и черезъ Московію въ Персію и обратно (St. Petersburg 1906), S. 41).

21 *Lord and Peasant in Russia*, S. 80–3; Marc Raeff, *Origins of the Russian Intelligentsia: The Eighteenth-Century Nobility* (New York 1966), S. 16.

22 Blum, a. a. O., S. 71–2, 172–4; Nancy Shields-Kollmann, »The Boyar Clan and Court Politics: The Founding of the Muscovite Political System«, *Cahiers du Monde Russe et Sovietique* (Paris 1982), XXIII, S. 5–-31.

23 Rummel und Golubtsov, a. a. O., S. 488. Kaiser Nikolaus I. informierte Graf Tolstoi, daß sein Nachname eine Übersetzung aus dem Deutschen sei (Graf M. Tolstoy, ›Краткое описаніе жизни графа Петра Андреевича Толстаго‹, Русскій Архивъ (1896), I, S. 21).

24 Vgl. B. O. Unbegaun, *Russian Surnames* (Oxford 1972), S. 19.

25 Vgl. Prokofis Mission nach Polen im Jahr 1584 (B. N. Florya, Русско-польские отношения и политическое развитие Восточной Европы во второй половине XVI начале XVII в. (Moskau 1978), S. 126.)

26 V. I. Buganov (Hg.), Разрядиая книга 1559–1605гг. (Moskau 1974), S. 73; dergl. Разрядная книга 1475–1598гг. (Moskau 1966), S. 240, 279, 308, 331, 487, 526; Боярские списки последней четверти XVI-начала XVII в. и роспись русского войска 1604г, S. 138, 157, 171, 187, 190, 195, 202, 234, 241, 242, 292, 311, (Teil II) 9, 13; M. N. Tikhomirov, Российское государство XV–XVII веков (Moskau 1973), S. 252
27 V. Klyuchevsky, Курс русскои истории (Moskau 1937), III, S. 76.

2 Die Tolstois und die Miloslawskis

1 Vgl. Fürst A. B. Lobanov-Rostovsky, Русская родословная книга (St. Petersburg 1895), I, S. 381–5.
2 Сенатскіе Вѣдомости, (St. Petersburg 1910), Nr. 97, Vgl. G. de Morant und H. D'Angerville (Hg.), *Annuaire de la Noblesse de France et d'Europe* (Paris 1957), LXXXVIII, S. 265.
3 F. C. Belfour (Hg.), *The Travels of Macarius, Patriarch of Antioch: written by his attendant Archdeacon Paul of Aleppo, in Arabic* (London 1836), I, S. 322, 379; II, S. 29–31, 45; A. M. Loviagin (Hg.), Адамъ Олеарій: Описаніе путешествія въ Московію и черезъ Московію въ Персію и обратно (St. Petersburg 1906), S. 114, 116, 153, 155.
4 Ebd., S. 257. 1660 wurde ein Diplomat zu Rutenstreichen verurteilt, weil er das Wort »Herr« (*gosudar*) ausgelassen hatte (A. E. Pennington (Hg.), *Grigorij Kotošixin: O Rossii v carstvovanie Alekseja Mixajloviča* (Oxford 1980), S. 1).
5 Loviagin, a. a. O., S. 153; Belfour, a. a. O., II, S. 30, 113, 135.
6 Ebd., I, S. 342–6, 350; Loviagin, a. a. O., S. 158; A. von Mayerburg, *Voyage en Moscovie d'un Ambassadeur, Conseiller de le Chambre Impériale, Envoyé par l'Empereur Leopold au Czar Alexis Mihailowics, Grand Duc de Moscovie* (Leiden 1688), S. 106.
7 Guy Miège, *A Relation of Three Embassies From his Sacred Majestie Charles II to the Great Duke of Muscovie, The King of Sweden, and the King of Denmark* (London 1669), S. 44–5, 49–51.
8 Ebd., S. 35; Loviagin, a. a. O., S. 198, 278–9; Belfour, a. a. O., S. 351, 399; Mayerburg, a. a. O., S. 101–2
9 Das ausgefeilte Zeremoniell der Vermählung des Zaren Alexei Michailowitsch findet sich ausführlich beschrieben bei Kotoshchikhin (S. 19–29); Полное собрание русских летописей (Moskau 1968), XXXI, S. 164–8; Alexander Barsukov, Родъ Шереметевыхъ (St. Petersburg 1883), III, S. 365–71. Das zeitgenössische russische Eheritual bei Loviagin, a. a. O., S. 206, 210–17, 222, 262–3, 317; S. Collins, *The Present State of Russia, In a Letter to a Friend at London; Written by an Eminent Person residing at*

the Great Tzars Court at Moscow for the space of nine years (London 1671), S. 6–11, 35–7; Count Macdonnell (Hg.), *Diary of an Austrian Secretary of Legation at the Court of Czar Peter the Great* (London 1863), II, S. 131–2, 212–16.

Dank der Abwesenheit von Minnesängern, Clowns und anderer öffentlicher Unterhalter stand diese königliche Heirat in deutlichem Gegensatz zu früheren. Der fromme Alexei ließ sie binnen einiger Monate gänzlich untersagen (vgl. Russell Zguta, *Russian Minstrels: A History of the Skomorokhi* (Oxford 1978), S. 57, 58–62, 106).

10   Collins, a. a. O., S. 103–4; Mayerburg, a. a. O., S. 203–4; Loviagin, a. a. O., S. 262–3; Полное собрание русскихъ лѣтописей, XXXI, S. 168; Kotoshchikhin a. a. O., S. 19–20; N. I. Kostomarov, Русская исторія (o. d.), II, S. 86; V. P. Semeonov, Россія: полное географическое описаніе нашего отечества (St. Petersburg 1899), I, S. 267; Ivan Zabelin, Домашній бытъ русскихъ царицъ въ XVI и XVII см. (Moskau 1869), S. 106–7, 252–3, 257–9.

11   Lobanov-Rostovsky, a. a. O., I, S. 381. Die Rimski-Korsakows stammen von den gleichen Vorfahren ab.

12   V. P. Semeonov, a. a. O., S. 267; ›Дневиникъ И. М. Снѣгирева‹, Русскій Архивъ (1903), III, S. 269. Eine Darstellung der Kirche des hl. Nikolaus findet man in M. Ilyin (Hg.), Москва: Памятники архитектуры XIV–XVII веков (Moskau 1973), Tafeln 152–6.

13   Vgl. Боярские списки послѣдней четверти XVI– начала XVIIв. и роспись русского войска 1604г. (?Moskau o. D.), S. 114, 116, 119 (1588–9 Liste der Bojaren), 188 (1598–9), 214, 231 (1602–3); V. I. Buganov (Hg.), Разрядная книга 1559–1605гг. (Moskau 1974), S. 80; ders., Разрядная книга 1475–1598гг. (Moskau 1966), S. 244, 260, 415, 492, 502, 511; A. N. Nasonov (Hg.), Псковские лѣтописи (Moskau 1955), S. 276–7, 278 (Mihail Miloslavsky, Voevod of Pskov in 1611–1613); »Списокъ воеводъ Яренскаго на выми городка«, Русскій Архивъ (1906), III, S. 611 (Iakov Mihailovich Miloslavsky, Woiwode von Iarensk von 1629–1631). 1634 stand B. E. Miloslawski auf der Liste der Adligen, die bei großen Gelegenheiten im Palast des Zaren zugelassen waren (Ikonnikow). Eine vollständige Aufstellung der Woiwodämter, welche die Bojaren Miloslawski zwischen 1613 und 1679 innehatten, gibt Alexander Barsukov, Списки городовыхъ воеводъ и другихъ лицъ воеводскаго управленія Московскаго государства (St. Petersburg 1902), S. 518–19.

14   Collins, a. a. O., S. 57, 103–4; Miège, a. a. O., S. 64; Barsukov, a. a. O., S. 55. Bezüglich der Beziehung zwischen Danilo Miloslawski und Gramotin, für den Collins angeblich »Wein zog«, vgl. Lobanov-Rostovsky, a. a. O., S. 382. Loviagin, a. a. O., S. 263. Für Möglichkeiten, bei denen eine Adelsfamilie ihren Reichtum verlieren konnte, vgl. Marc Raeff, *Origins of the Russian Intelligentsia: The Eighteenth-Century Nobility* (New York

1966), S. 16. Ein Volkslied erinnerte an einen Daniel Miloslawski, der vielleicht Iljas Vater war, als einen Kriegshelden Rußlands (K. Waliszewski, *Le Berceau d'une Dynastie: Les Premiers Romanov 1613–1682* (Paris 1909), S. 182).

15 Изъ писемъ И. Д. Вѣлаева къ А. Н. Попову, Русскій Архивъ (1886), III, S. 249–50.

16 N. A. Smirnov, Россия и Турция в XVI–XVIIвв. (Moskau 1946), I, S. 31, II, S. 87–9.

17 Vgl. Richard Hellie, *Enserfment and Military Change in Muscovy* (Chicago 1971), S. 190; Русскій Архивъ (1912), II, S. 8; Русская Старина, (1909), CXL, S. 439; ebd. (1912), CLII, S. 428; A. V. Artsikhovsky (Hg.),Очерки русской культуы XVII века (Moskau 1979), S. 268; Joseph T. Fuhrmann, *Tsar Alexis: His Reign and his Russia* (Gulf Breeze 1981), S. 123.

18 V. P. Semeonov, a. a. O., S. 221; Loviagin, a. a. O., S. 263; Collins, a. a. O., S. 62; Русскій Архивъ (1893), III, S. 28–9; Zabelin, a. a. O., S. 475; A. A. Novoselsky und N. V. Ustyug (Hg.), Очерки истории СССР: период феодализма XVIIв. (Moskau 1955), S. 92. Ein Aquarell des frühen 19. Jhs., das den Palast der Miloslawskis zeigt, findet sich bei Ilyin, a. a. O., S. 45. Bezüglich der wunderbaren Bauweise der Paläste der Moskauer Großen zu jener Zeit vgl. Belfour, a. a. O., I, S. 397–8. Olearius erwähnt eine Heirat, die Ilja Danilowitsch in seiner Kirche stattfinden ließ (Loviagin, a. a. O., S. 306).

19 *Passages from the Diary of General Patrick Gordon of Auchleuchries* (Aberdeen 1859), S. 46, 61; N. B. Golikova, Политические процессы при Петре I.

20 ›Записки М. В. Данилова‹, Русскій Архивъ (1883), II, S. 5. Professor R. E. Smith hat eine Karte veröffentlicht, die einen Teil des Gutes von I. D. Miloslawski im Dorf Anninskoje bei Moskau beinhaltet (*Peasant Farming in Muscovy* (Cambridge 1977), Tafel 11).

21 William Palmer, *The Patriarch and the Tsar* (London 1876), V, S. 249 (2. Teil); D. A. Rovinsky, Подробный словарь русскихъ гравированныхъ портретовъ (St. Petersburg 1889), II, S. 325. Was die Feindseligkeit von Kirche und Staat gegenüber westl. Porträtmalerei angeht vgl. W. Bruce Lincoln, *The Romanovs, Autocrats of All the Russias* (London 1981), S. 96; Belfour, a. a. O., S. 50. Eine interessante Eintragung in einem Gebetbuch erinnert an Iwan B. Miloslawskis Hochschätzung von Ilja Danilowitsch und die Frauen des letzteren (I. V. Pozdeeva, I. D. Kashkarova und M. M. Lerenman (Hg.) Каталог книг кириллической печати XV–XVII в.в. (Moskau 1980), S. 80–1). Die Geschichte des georgischen Zarewitschs erzählen M. Rabinovich und G. Latysheva, Из жизни древней Москвы (Moskau 1961), S. 171–2). Was Malerei auf dem Gut der Miloslawski in Kirschach angeht, vgl. Pierre Pascal, *Avvakum et les Débuts du Raskol: La crise religieuse au XVIIe siècle en Russie* (Paris 1938), S. 348. Ihr Beichtvater war

der berühmte Archimandrit Paul von Tschudow (ebd., S. 357), und Anna Ilinitschnas Kaplan war ein gewisser Dmitri (ebd., S. 331; vgl. S. 334).
22 Vgl. Loviagin, a. a. O., S. 263; Pennington, a. a. O., S. 29. Sein Silber, Juwelen, Zobel usw. werden erwähnt in Русскій Архивъ (1893), III, S. 15, 29; Zabelin, a. a. O., S. 94, 130, 135 (2. Paginierung).
23 Collins, a. a. O., S. 31; Gordon, a. a. O., S. 53; Mayerburg, a. a. O., S. 156–9, 297–8. Miloslawski hatte den Zaren bei der Belagerung Rigas 1656 begleitet (Полное собрание русских летописей, XXXI, S. 170). Zum Feldzug selbst vgl. C. Bickford O'Brien, *Muscovy and the Ukraine from the Pereiaslavl Agreement to the Truce of Andrusovo, 1654–1667* (Los Angeles 1963), S. 40; und zu Ilja Miloslawskis Anwesenheit, Joseph T. Fuhrmann, a. a. O., S. 74.
24 S. A. Piontkovsky (Hg.), Городские восстания в Московском государстве XVIIв. (Moskau 1936), S. 135–6. Dem Woiwoden von Ustjug unterstanden gewöhnlich zwei oder drei Sekretäre (Pennington, a. a. O., S. 121).
25 Den besten allgemeinen Bericht über diese Aufstände von 1662 gibt Richard Hellie, a. a. O., S. 55, 134–7. Vgl. auch W. Bruce Lincoln, a. a. O., S. 42–4; Loviagin, a. a. O., S. 264–73; Mayerberg, a. a. O., S. 205–6; Pennington, a. a. O., S. 113–18; Полное собрание русских летописей, XXXI, S. 168. Zur Rolle Iwan M. Miloslawskis vgl. A. A. Novoselsky und N. V. Ustyugov, a. a. O., S. 260; N. N. Voronin und V. V. Kostochkin (Hg.), Троице-Сергиева лавра: художественные памятники (Moskau 1968), S. 138. Waliszewski erwähnt die außergewöhnliche Befähigung der drei führenden Miloslawski-Bojaren, die auch, wie es heißt, »d'affreux coquins« waren (Waliszewski, a. a. O., S. 529). 1654 zählte Ilja zu den 29 großen moskowitischen Bojaren (Loviagin, a. a. O., S. 276; vgl. Pennington, a. a. O., S. 37).
26 Hellie, a. a. O., S. 141, 186–201, 222, 246–9, 254–5, 262–5; Collins, a. a. O., S. 105; Loviagin, a. a. O., S. 280; *Gordon Diary*, S. 45–6, 52, 53. Ilja Danilowitsch versuchte energisch, ausländische Offiziere zur Orthodoxie zu bekehren (Pascal, a. a. O., S. 177, 198).
27 Loviagin, a. a. O., S. 282, 283–4; Collins, a. a. O., S. 106; Mayerberg, a. a. O., S. 298–9. I. D. Miloslawski investierte viel Geld in die ersten Anfänge einer russ. Industrialisierung, errichtete auf seinen Gütern Fabriken u. ä. (vgl. A. A. Novoselsky und N. V. Ustyugov, a. a. O., S. 90, 91, 92, 343; Fuhrmann, a. a. O., S. 110). Bezüglich der Zwecke, die die *prikasi* verfolgten, vgl. Pennington, a. a. O., S. 120–1, 122–3.
28 Waliszewski, a. a. O., S. 82–6, 513; Hellie, a. a. O., S. 249–50; Pennington, a. a. O., S. 113; Mayerberg, a. a. O., S. 298, 319, 348–51; Fuhrmann, a. a. O., S. 146, 150, 151. Iwan A. Miloslawski stand dem *iamskoi prikas* vor (Loviagin, a. a. O., S. 277, 281), dazu auch Pennington, a. a. O., S. 123.
29 Zabelin, a. a. O., S. 350 (1. Abt.), 94, 101, 102 (2. Abt.); Collins, a. a. O., S. 106–7; Mayerberg, a. a. O., S. 111, 114, 121; Palmer, a. a. O.,

S. 761–71. Die seltsame moskowitische Etikette hielt Ilja davon ab, seine Tochter, die Zarin, öffentlich als seine Verwandte anzuerkennen (Collins, a. a. O., S. 12; Mayerberg, a. a. O., S. 297).
30 Pascal, a. a. O., S. 229, 247, 331; Waliszewski, a. a. O., S. 491–2, 521; Zabelin, a. a. O., S. 159, 169, 294, 333–9, 348, 350–1, 356, 379, 416, 469, etc; Miège, a. a. O., S. 134, 144; Mayerberg, a. a. O., S. 304–5, 350; Pennington, a. a. O., S. 29, 46–9; Belfour, a. a. O., II, S. 88, 107, 223–4, 249; Collins, a. a. O., S. 65, 112, 124; Fuhrmann, a. a. O., S. 189–92. Die Zarin beschenkte ein Kloster auf dem Gut der Miloslawskis in Alexandrow überreich (Semeonov, a. a. O., S. 263, 267).
31 Waliszewski, a. a. O., S. 156–7, 169–71; Bruce Lincoln, a. a. O., S. 52; Novoselsky und Ustyugov, a. a. O., S. 303–8; Kostomarov, a. a. O., II, S. 261, 266; Semeonov, a. a. O., VI, S. 389–90, 540; A. G. Mankov (Hg.), Иностранные известия о восстании Степана Разина: Материалы и исследованния (Leningrad 1968), S. 47, 71, 78, 116, 140, 149; Полное собрание русских летописей, XXXI, S. 8, 217, 227–32; P. Martinov, Матеріалы историческіе и юридическіе района бывшаго приказа казанского дворца (Simbirsk 1904), IV, S. 14. Was zeitgenössische Berichte der Eroberung Astrachans durch Miloslawski angeht, s. A. A. Novoselsky (Hg.), Крестьянская война под предводительством Степана Разина: сборник документов (Moskau 1962), III, S. 181–90; Fuhrmann, a. a. O., S. 185, 186.
32 Iwan Bogdanowitsch war dabei, als seine Verwandte mit dem Zaren vermählt wurde, der Glanz seines späteren Hoflebens wird oft geschildert. Vgl. Полное собрание русских летописей, XXXI, S. 167; Zabelin, a. a. O., S. 351, 352, 386, 660 (1. Abt.), 156 (2. Abt.); P. S. Sheremetev, ›О русскихъ художественныхъ промыслахъ‹, Русскій Архивъ (1913), II, S. 456; Novoselsky und Ustyugov, a. a. O., S. 72. 1671 stand sein Moskauer Haus in der Wosdwischenka-Straße (Русскій Архивъ (1879), VI, S. 218); Fuhrmann, a. a. O., S. 187.
33 In der Hierarchie folgte Iwan Michailowitsch hinter Ilja Danilowitsch und Iwan Bogdanowitsch (vgl. S. 38). 1673 wurde Fjodor Jakowlewitsch Miloslawski als Gesandter nach Paris geschickt (Novoselsky, a. a. O., III, S. 290).
34 Nicolas Ikonnikov, *La Noblesse de Russie* (Paris 1962), T. 1, S. 41; Сборникъ русскаго исторического общества, CXLII, S. 652; Nasonov, a. a. O., S. 289, 290; Zabelin, a. a. O., S. 28–30 (2. Abt.); L. M. Savelov, ›Страничка изъ исторіи смутнаго времени‹. Русскій Архивъ (1914), I, S. 226, 228; Semeonov, a. a. O., II, S. 475; Разрядная книга 1475–1598, S. 487.
35 Ikonnikov, a. a. O., S. 46–7; Zabelin, a. a. O., S. 260 (1. Teil). Eine Verwandte, Darja Iwanowna Tolstoja gehörte zu den Hofdamen der Zarin (ebd., S. 499 (2. Teil)).
36 Hellie, a. a. O., S. 219.

37 Kostomarov, a. a. O., II, S. 352–53; Zabelin, a. a. O., S. 150–51, 496 (1. Abt.). I. M. Miloslawski stand gleichzeitig drei Behörden vor: dem Amt für Ausländer, der Kavallerie- und der Artillerie-Behörde (V. I. Buganov (Hg.), Восстание в Москве 1682 года: сборник документов (Moskau 1976), S. 18); vgl. L. V. Cherepnin und A. G. Mankov (Hg.), Крестьянская война нод предводительством Степана Разина (Moskau 1976), IV, S. 190, 193; Zabelin, a. a. O., 556.

38 Vgl. I. S. Bieliaev, ›Походъ боярина Петра Васильевича Большого Шереметева въ Малороссію въ 1679г‹. Русскій Архивъ (1915), II, S. 15–31.

39 Kostomarov, a. a. O., II, S. 356; Bruce Lincoln, a. a. O., S. 64. Im Januar 1680 erfreute sich Iwan Miloslawski noch immer der königlichen Gunst (vgl. A. G. Kuznetsov (Hg.), Кунгурскіе акты XVII вѣка (1668–1699г.) (St. Petersburg 1888), S. 43.

40 Vgl. Kostomarov, a. a. O., II, S. 391; N. B. Golikova, a. a. O., S. 98. Iwan Michailowitsch war beim Begräbnis von Zar Fjodor anwesend (Полное собрание русских летописей, XXXI, S. 188).

41 Kostomarov, a. a. O., II, S. 352–81; Ernest Schuyler, *Peter the Great, Emperor of Russia* (London 1884), I, S. 38–119; Bruce Lincoln, a. a. O., S. 60–74; Robert K. Massie, *Peter the Great: His Life and World* (London 1981), S. 35–52; V. N. Smolianinov (Hg.), Архивъ Кн. Ф. А. Куракина (St. Petersburg 1890), I, S. 44–9; Полное собрание русских летописей, XXXI, S. 177–9; I. P. Sakharov (Hg.), Записокъ русскихъ людей (St. Petersburg 1841), S. 12–56; Buganov, a. a. O., S. 110–11; V. G. Chertkov (Hg.), Л. Н. Толстой: полное собрание сочинений (Moskau 1936), XVII, S. 423.

42 Kostomarov, a. a. O., II, S. 391, 393; Schuyler, a. a. O., I, S. 340; Golikova, a. a. O., S. 98. Der Brief ist abgedruckt in Письма и бумаги Петра Великаго (St. Petersburg 1887), I, S. 266.

43 Bruce Lincoln, a. a. O., S. 42; Waliszewski, a. a. O., S. 201.

44 G. de Morant und H. D'Angerville (Hg.), *Annuaire de la Noblesse de France et d'Europe* (Paris 1957), LXXXVIII, S. 265. Bezüglich der Charaktere der Tolstois und Miloslawskis im 17. Jh. vgl. Constantine de Grunwald, *Peter the Great* (London 1956), S. 62.

3 Der Fluch des Zarewitschs

1 N. P. Pavlov-Silvansky, Очерки по русской исторіи XVIII–XIX вв. (St. Petersburg 1910), S. 7–9, 12; *Analecta Slavica: A Slavonic Miscellany Presented for his Seventieth Birthday to Bruno Becker* (Amsterdam 1955), S. 21–3; N. Popov, »Изъ жизни П. А. Толстаго«, Русскій Вѣстникъ (Moskau 1860), XXVII, S. 320–1, 345; M. M. Bogoslovsky, Петр I: Мате-

риалы для биографии (Moskau 1940), I, S. 37, 388; R. Nisbet Bain, *The Pupils of Peter the Great: A History of the Russian Court and Empire from 1697 to 1740* (London 1897), S. 37; V. Klyuchevsky, Курс русской истории (Moskau 1937), IV, S. 267; ›Петр великiи въ разсказахъ Нартова‹, Русская старина (1892) LXXIII, S. 124.

2 Vgl. Robert O. Crummey, ›Peter and the Boiar Aristocracy, 1689–1700‹, *Canadian–American Slavic Studies* (1974), VIII, S. 274–287; Graf M. Tolstoy, ›Краткое описанiе жизни графа Петра Андреевича Толстаго‹. Русскiй Архивъ (1896), I, S. 20. Eine Liste der Woiwodschaften, die Tolstois zwischen 1621 und 1693 innehatten, in: Alexander Baruskov, Списки городовыхъ воеводъ и другухъ лицъ воеводскаго управленiя Московскаго государства XVII столѣтiя (St. Petersburg 1902), S. 577).

3 V. N. Smolianinov (Hg.). Архивъ Кн. Ф. А. Куракина (St. Petersburg 1893), IV, S. 74; Русскiй Вѣстникъ, XXVII, S. 320–1; V. I. Buganov (Hg.), Возстанiе в Москве 1682 года (Moskau 1976), S. 16, 19, 262, 305; ders., Возстанiе московских стрельцовъ 1698г (Moskau 1980), S. 288. Bezüglich hochgestellter Verwandter vgl. A. A. Titov (Hg.), Кингурскiе акты XVII вѣка (1668–1699г.) (St. Petersburg 1888), S. 40; I. Zabelin, Домашнiй бытъ русскихъ цапицъ въ XVI и XVII ст. (Moskau 1869) S. 499–500 (1. Teil); Bogoslovsky, a. a. O., I, S. 179; Русскiй Архивъ (1896), I, S. 21.

4 Письма и бумаги императора Петра Великаго (St. Petersburg 1887), I, S. 133–5; Max J. Okenfuss, ›Russian Students in the Age of Peter the Great‹, *The Eighteenth Century in Russia* (hg. J. G. Garrard) (Oxford 1973), S. 133–6.

5 Drei Verwandte der Miloslawskis begleiteten ihn (Письма и бумаги Петра Великаго, I, S. 610).

6 Das Tagebuch wurde herausgegeben von seinem Verwandten Graf Dmitri Tolstoi: ›Путешествiе стольника П. А. Толстого‹, Русскiй Архивъ (1888), I, S. 161–204, 321–68, 505–52; II, 5–62, 113–56, 225–64, 369–400. Vgl. Pavlov-Silvansky, a. a. O., II, S. 13–19; *Analecta Slavica*, S. 21, D. S. Likhachev, ›Повести русских послов как памятники литературы‹, Путешествия русских послов XVI–XVIIвв (Moskau 1954) S. 338–46; Klyuchevsky, a. a. O., IV, S. 267; Русскiй Вѣстникъ, XXVII, S. 322.

7 Iwan Tolstoi wurde am 26. 12. 1700 zum Botschafter ernannt (P. Martynov (Hg.), Материалы историческiе и юридическiе района бывшаго приказа Казанскаго дворца (Simbirsk 1904), IV, S. 355).

8 Bogoslovsky, a. a. O., I, S. 331; *Analecta Slavica*, S. 22. Ein zeitgenössischer Stich der Einnahme Asows zeigt auch Peter Tolstoi zu Pferde (M. S. Lebedyansky, Гравер Петровской эпохи Алексей Зубов (Moskau 1973), S. 18).

9 Письма и бумаги Петра Великаго, II, S. 24–5, 98, 152, 169, 333, 384, 398, 421, 525, 532, 577–8, 580–1. Einen zeitgenössischen Stadtplan von

Asow findet man bei B. B. Kaffengaus (Hg.), Очерки истории СССР: период феодализма (Moskau 1954), S. 443; Русская старина (1899), С, S. 261.

10 Письма и бумаги Петра Великаго, II, S. 20–2, 30–8, 52–6, 321, 334–5; ebd., III, S. 79–80.

11 Akdes Nimet Kurat (Hg.). *The Despatches of Sir Robert Sutton, Ambassador in Constantinople (1710–1714)* (London 1953), S. 2.

12 N. Ustrialov, Исторія царствованія Петра великаго (St. Petersburg 1863), IV (Teil 2), S. 399.

13 Die Behauptung des französischen Konsuls Villardeau, Tolstoi habe seinen Sekretär vergiftet, damit nicht ans Tageslicht kam, daß der Botschafter Gelder der Botschaft veruntreut hatte (*Analectica Slavica*, S. 22–3), scheint ein Stück zeitgenössischer Verleumdung zu sein. Tolstoi empfing reichliche Mengen an Geld und Zobel (vgl. Письма и бумаги Петра Великаго, V, S. 585–6), und eine kleine Veruntreuung hätte den Zaren wahrscheinlich nicht übermäßig erregt (Русскій Вѣстникъ, XXVII, S. 326–9).

14 A. V. Cherepnin und A. G. Mankov (Hg.), Крестьянская война под предводительство Степана Разина (Moskau 1976), IV, S. 216); vgl. Письма и бумаги Петра Великаго, III, S. 392–4, 859–60, 865, 873, 876, 1019–21.

15 Письма и бумаги Петра Великаго, VII, S. 649.

16 Ebd., S. 837. Bezüglich der Schlüssel vgl. S. 734–5.

17 Zu Iwan Andrejewitsch Tolstoi und Bulawin vgl. General-Major P. S. Tolstoy, ›Иванъ Андреевичъ Толстой †1713г. Письма къ нему Петра Великаго‹. Русская старина (1879), X, S. 144–7; Собраніе сочиненій Н. И. Костомарова (St. Petersburg 1905), VI, S. 581; Kaffengaus, a. a. O., S. 262–4. Iwan Tolstois Bericht über seinen Sieg ist abgedruckt in Письма и бумаги Петра Великаго, VIII, S. 478, und seine Antwort auf das Dankschreiben des Zaren in ebd., S. 481; ebd., X, S. 502–3; XII (Teil 1). S. 271, 343–5; XII (Teil 2), S. 351; A. Karasev, ›Бумаги относящіяся къ Булавинскому бунту‹, Русскій Архивъ (1894), III, S. 299–305.

18 Ebd., X (Teil 1), S. 186.

19 Русская старина, X, S. 252–4. Iwan Tolstoi antwortete am 3. Juli (Письма и бумаги Петра Великаго, IX, S. 1001–2); er gab die wichtige Nachricht auch an seinen Bruder Peter in Konstantinopel und an den Khan der Krim weiter (ebd., S. 996–7).

20 Kurat, a. a. O., S. 13–35.

21 Vgl. ebd., S. 17, 47, 170–1.

22 Ebd., S. 72, 90–1; V. V. Rummel und V. V. Golubtsov, Родословный сборникъ русскихъ дборянскихъ фамилій (St. Petersburg 1887), II, S. 493–4.

23 Martynov, a. a. O., S. 585–8.

24 Kurat, a. a. O., S. 144–6.

25 Bezüglich Peter Tolstois Botschafteramt in der Türkei vgl. Pavlov-Silvansky, a. a. O., S. 19–26; Русскій Вѣстникъ, XXVII, S. 323–9; Kaffengaus, a. a. O., S. 514, 522; Smolianov, a. a. O., S. 232–4; IV, S. 174–5, 202–3, 211–12, 218–19, 295–6; V, S. 211.

26 *Analecta Slavica*, S. 23

27 L. A. Nikiforov, Русско-англичанские отношения при Петре I (Moskau 1950), S. 144–8.

28 Eugene Schuyler, *Peter the Great, Emperor of Russia: A Study of Historical Biography* (London 1884), II, S. 386; Robert K. Massie, *Peter the Great: His Life and Times* (London 1981), S. 654; Vicomte de Guichen, *Pierre le Grand et le Premier Traité Franco-Russe* (Paris 1908), S. 189.

29 Der Bericht über die Flucht, Entführung und den Tod des Zarewitschs beruht zum größten Teil auf der wichtigsten Quelle: der wunderbaren Dokumentensammlung, herausgegeben von Ustryalov im Bd. 6 seiner *History of Peter the Great* (›Царевичъ Алексѣй Петровичъ‹). Vgl. auch Русскій Архивъ (1912), III, S. 44–9; Русская старина, LXXIII, S. 122–3; Schuyler, a. a. O., II, S. 406–36; Massie, a. a. O., S. 668–710; *Analecta Slavica*, S. 24–5; Kaffengaus, a. a. O., S. 425–7.

30 Pavlov-Silvansky, a. a. O., S. 9.

31 Русснiй Вѣстникъ, XXVII, S. 333–4, 336; Ustryalov, a. a. O., VI, S. 578; Русская старина, X, S. 261–2; Schuyler, a. a. O., II, S. 441,474; Pavlov-Silvansky, a. a. O., S. 31–2; *Analecta Slavica*, S. 33; Klyuchevsky, a. a. O., S. 122

32 Pavlov-Silvansky, a. a. O., S. 30–1.

33 Ebd., S. 32–3; Nikiforov, a. a. O., S. 211; Schuyler, a. a. O., II, S. 524–7. Ein schönes Porträt von Tolstoi zu dieser Zeit, von Tannauer gefertigt, ist abgedruckt in dem Jahresband S. M. Borisov, Ясная Поляна (Moskau 1978), S. 50. Für weitere Porträts vgl. A Wassiltschikoff, *Liste Alphabétique de Portraits Russes* (St. Petersburg 1875), II, S. 472–3.

34 Schuyler, a. a. O., S. 587–96; Pavlov-Silvansky, a. a. O., S. 32–3; Kaffengaus, a. a. O., S. 609; L. Maikov, ›Княжна Марія Кантемирова‹. Русская старина (1897), LXXXIX, S. 67–8.

35 Pavlov-Silvansky, a. a. O., S. 33–4; Русскій Архивъ (1896), I, S. 20; *Analecta Slavica*, S. 34.

36 Pavlov-Silvansky, a. a. O., S. 29–30; Constantin de Grunwald, *Peter the Great* (London 1956), S. 198–9; Сборникъ русскаго историческаго общества (1868), III, S. 333, 394, 481; ebd., XXXIV, S. 309, 397.

37 Schuyler, a. a. O., I, S. 533, 537; II, S. 549.

38 *Analecta Slavica*, S. 25–6.

39 Vgl. ›Указъ по поводу смерти Петра Великаго‹, Русская старина (1890), LXVII, S. 876 und Facsimile

40 *Anecdotes Originales de Pierre le Grand . . . par M. de Staehlin* (Straßburg 1787), S. 59–60.

41 Bezüglich Tolstois späterer Jahre vgl. Pavlov-Silvansky, a. a. O., S. 29–38; Русскій Вѣстникъ, XXVII, S. 337–44; *Analecta Slavica*, S. 25–30; ›Обозрѣніе историческихъ журналовъ‹. Русская старина (1894), LXXXI, S. 249–55; Nisbet Bain, a. a. O., S. 80–111; Klyuchevsky a. a. O., S. 274, 286–7.

42 S. A. Malsagoff, *An Island Hell: A Soviet Prison in the Far North* (London 1926), S. 74.

43 Pavlov-Silvansky, a. a. O., S. 38–9; ›Историческія замѣтки профес. В. С. Иконикова‹, Русская старина (1888), VIII, S. 603. Der Grafentitel wurde den Nachkommen Peter Tolstois am 26. Mai 1760 zurückgegeben. Dem Wappen der Tolstois fügte er ein Geviert hinzu, welches die Sieben Türme zeigte (in denen er in Konstantinopel eingekerkert war), ferner den russischen Reichsadler und das Kreuz des hl. Andreas (Общій Гербовникъ дворянскихъ родовъ Всероссійскія Имперій начащый въ 1797мъ году (St. Petersburg 1798), S. 11–12).

4 Der General und die drei Bären

1 V. A. Bilbasov, Исторія Екатерины второй (Berlin 1900), II, S. 187–91; Русскій Архивъ (1912), II, S. 482; Русская старина (1876), XV, S. 747; Laurence Kelly, *St. Petersburg: A Travellers' Companion* (London 1981), S. 67. Bezüglich der Verschwörung vgl. Isabel de Madariaga, *Russia in the Age of Catherine the Great* (London 1981), S. 33–4. Der Tolstoi, auf den sich die Zarin bezog, könnte ebensogut Graf Peter Andrejewitsch gewesen sein, von dem und von dessen Kindern sie begeistert war (siehe 6. Kap.).

2 Die wichtigsten Quellen für die Laufbahn Osterman-Tolstois sind A. A. Polovstov, Русскій біографическій словарь (St. Petersburg 1905), S. 420–3; Dmitry Zavalishin, ›Воспоминаніе о графѣ А. И. Остерманъ-Толстомъ‹, Историческій вѣстникъ (1880), II, S. 92–9; ›Изъ старой записной книжки, начатой въ 1813 году‹, Русскій Архивъ (1875), I, S. 196–200; ›Графъ Остерманъ-Толстой‹, ebd. (1878), I, S. 360–4; Сочиненія И. Лажечникова (St. Petersburg 1884), XII, S. 319–47.

3 P. Karatygin, ›Семеимыя отношенія Графа А. И. Остермана‹, Историческій вѣстникъ (1884), XVII, S. 603–23.

4 V. V. Rummel und V. V. Golubtsov, Родословный Сборникъ Руссихъ дворянскихъ фамилій (St. Petersburg 1887), II, S. 517.

5 General A. I. Mikhailovsky-Danilievsky, Описание первой войны Императора Александра съ Наполеономъ въ 1805-мъ году (St. Petersburg 1844), S. 256–67.

6 Michael und Diana Josselson, *The Commander: A Life of Barclay de Tolly* (Oxford 1980), S. 30.

7   Denis Dawydow gibt einen Blick auf Bennigsen und Tolstoi vor Pr.-Eylau, wie sie vor einer Gruppe von Stabsoffizieren Karten betrachten und Schlachtpläne besprechen (V. Orlov (Hg.), Денис Давыдов: Военные Записки (Moskau 1940), S. 74; vgl. S. 74, 100). Unmittelbar nach Friedland instruierte Bennigsen Tolstoi, daß er die russische Grenze gegen ein Vorrükken der Franzosen beschützen solle (General A. I. Mikhailovsky-Danilievsky, Описаніе второй войны Императора Александра ръ Наполеономъ въ 1806 и 1807 годахъ (St. Petersburg 1846), S. 344). Bezüglich Tolstois Entweichen bei Pr.-Eylan siehe Lazhechnikov, a. a. O., S. 337.

8   Leonid I. Strakhovsky, *Alexander I of Russia: The Man Who Defeated Napoleon* (London 1949), S. 78; Русскій Архивъ (1901), III (Ergänzung), S. 347. Ein schönes Porträt Nikolai Tolstois von Angelika Kaufmann ist reproduziert in N. K. Schilder, Императоръ Александръ Первый (St. Petersburg 1897), II, S. 57. Sein wappengeschmücktes Exlibris wird reproduziert von S. G. Ivensky, Книжный знак: история, теория, практика художественного развития (Moskau 1980), S. 34.

9   Als er dann jedoch in Paris war, fand französische Höflichkeit ein Echo in der Brust des alten Soldaten. Einmal erzählte ihm Marschall Macdonald entwaffnend über Rußlands großen Kriegshelden: »Obschon es sich Kaiser Napoleon nicht erlaubt, Suworows Erfolge in Italien [1799] zu leugnen, spricht er trotzdem nicht gern davon. Zur Zeit der Schlacht von Trebbia war ich sehr jung; dieses Mißgeschick hätte eine verhängnisvolle Wirkung auf meine Karriere haben können, und mich schützte nur der Umstand, daß der, der mich besiegte, Suworow hieß.« Bezüglich Peter Tolstois Mission in Paris vgl. Bde. LXXXVIII, LXXXIX und LXXIV der Сборникъ Императорскаго Русскаго Историческаго Общества, wo viele seiner Berichte gesammelt sind; ›Россія въ ея отношеніяхъ къ Европѣ‹, Русская старина (1890), LXV, S. 143–221; ebd., CXXII, S. 316–20; V. Orlov, a. a. O., S. 48. Fürst Dolgoruki beschrieb ihn als »allenthalben bewundert wegen seines treuen Charakters, er ist ein *chevalier sans peur et sans repoche*« (Prince Pierre Dolgorouky, *Notice sur les Principales Familles de la Russie* (Brüssel 1843), S. 89). Bezüglich einer Abbildung des Porträts von Dawe vgl. Schilder, a. a. O., II, S. 201. Der Philosoph La Harpe berichtete Alexander I. 1808, »Graf Tolstoi ist ein hervorragender Mann, Euch sehr ergeben, treu, beliebt ob seiner Gutmütigkeit und, soweit ich urteilen kann, außerstande, betrogen zu werden oder sich in seinen Diensten Unrecht zufügen zu lassen«. (Jean Charles Biaudet und Françoise Nicod (Hg.), *Correspondance de Frédéric-César de La Harpe et Alexandre Ier* (Neuchâtel 1979), II, S. 313; vgl. S. 409.)

10 Josselson, a. a. O., S. 61.

11 Ebd., S. 96, 99–100; Русскій Архивъ (1878), I, S. 361; P. A. Zhilin, Гибель Наполеоновской армии в России (Moskau 1974), S. 105.

12 Ebd., S. 110; Josselson, a. a. O., S. 108–11; David G. Chandler, *The Campaigns of Napoleon* (London 1967), S. 779.

13 Ebd., S. 794–808; Josselson, a. a. O., S. 134–46; Rev. Herbert Randolph (Hg.), *Narrative of Events during the Invasion of Russia ... by General Sir Robert Wilson* (London 1860), S. 141, 147, 153, 163; L. G. Beskrovny und G. P. Meshcheryakov (Hg.), Бородино: Документы, письма, воспоминания (Moskau 1962), S. 319–20, 325, 327, 333, 336, 352, 356, 364, 365, 386.
14 *Krieg und Frieden* (Aus dem Russischen übertragen von Marianne Kegel), München 1956, S. 1134–5.
15 Josselson, a. a. O., S. 148–51; Polovtsov, a. a. O., S. 421
16 ›Записки князя Николая Борисовича Голицына‹, Русскій Архивъ (1884), II, S. 346–7.
16a Bezüglich der Schlacht von Kulm und ihrer Folgen s. General A. I. Mikhailovsky-Danilievsky, Описаніе войны 1813 года (St. Petersburg 1840), a. a. O., S. 338–80; desgl., Записки о походѣ 1813 года (St. Petersburg 1836), S. 237–68; Chandler, a. a. O., S. 911–12; Josselson, a. a. O., S. 179–80; *The Memoirs of the Baron de Marbot* (London 1892), II, S. 373–6; Randolph, a. a. O., S. 236. Bezüglich der Auszeichnungen, welche die alliierten Herrscher der Armee übertrugen, siehe den gelehrten Bericht von V. G. von Richter, Собрание трудов по русской военной медалистикѣ и истории (Paris 1972), S. 293–303. 1823 schlug Osterman-Tolstois begabter Verwandter, Graf Fjodor Petrowitsch Tolstoi, eine hübsche Medaille, die an den Sieg erinnert (E. V. Kuznetsova, Федор Петрович Толстой (Moskau 1977), S. 68, 71, 312).
17 Gräfin Lulu Thürheim, *Mein Leben. Erinnerungen aus Österreichs großer Welt, 1788–1819* (München 1913), II, S. 53. Der Eintrag datiert vom 2.11.1813.
18 Lazhechnikov, a. a. O., S. 322. Zum Aufenthalt der Großherzogin Katharina in Weimar anno 1814 s. I. N. Bozheryanov, Великая Княгиня Екатерина Павловна (St. Petersburg 1888), S. 74.
19 A. B. Granville, *St. Petersburgh. A Journal of Travels to and from that Capital* (London 1828), II, S. 714. Der Papierrubel war im täglichen Gebrauch nur ein Viertel des Silberrubels wert (ebd., S. 329). Zum Englischen Kai vgl. ebd., I, S. 434, 442–3; und die Ansicht von Fjodor Alexejew, reproduziert von V. Pushkyarov, *The Neva Symphony: Leningrad in Graphic Works of Art and Painting* (Leningrad 1975), Tafel 39.
20 Историческій Вѣстникъ(1880), II, S. 95–6. Bezüglich des Bolschoi-Theaters vgl. die Beschreibung in Granville, a. a. O., II, S. 376–81; und die Bilder in V. Pushkyarov, a. a. O., Tafeln 63 und 117. Die Büste der Gräfin Osterman-Tolstoja wurde von Thorwaldsen während seines Besuches in Rom, 1815, geschaffen (Eugene Plon, *Thorvaldsen: His Life and Works* (London 1874), S. 282; Adolf Rosenberg, *Thorwaldsen* (Bielefeld und Leipzig 1896), S. 49).
21 Granville, a. a. O., I, S. 354.
22 Die Medaille wurde bebildert von Richter, a. a. O., S. 303.

23   Русская старина (1880), XXVII, S. 642; Русскій Архивъ (1875), I, S. 199; ebd. (1884), II, S. 253; Lazhechnikov, a. a. O., S. 332.
24   D. A. Rovinsky, Подробный словарь русскихъ гравированныхъ портретовъ (St. Petersburg 1889), I, S. 1201. Osterman-Tolstois Haus in Florenz war das gleiche, das später von seinem Landsmann, dem berühmten Bildhauer Fürst Juri Trubezkoi bewohnt wurde (M. D. Buturlin, ›Записки графа М. Д. Бутурлина‹, Русскій архивъ (1898), III, S. 436).
25   John Murray, *A Hand-Book for Travellers in Switzerland* (London 1846), S. 152. Bezüglich Stiche von Osterman-Tolstoi vgl. Rovinsky, a. a. O., I, S. 1199–1201. Sein Verwandter Fjodor Petrowitsch Tolstoi machte eine schöne Wachsbüste von ihm, die ihn, vor seiner zeitweiligen Pensionierung anno 1810, in seiner Generalsuniform zeigt (Kuznetsova, a. a. O., S. 307).

5 »Der Amerikaner«

1   Andrew Steinmetz, *The Romance of Duelling in all Times and Countries* (London 1868), II, S. 291–2.
2   S. L. Tolstoy, Федор Толстой американец (Moskau 1926), S. 7; G. V. Krasnov (Hg.), Л. Н. Толстой в воспоминаниях современников (Moskau 1978), I, S. 91. Ich versuche in diesen Anmerkungen, sich wiederholende Hinweise auf die maßgebliche Monographie Sergei Tolstois zu vermeiden, eine unverzichtbare Quelle für jede Arbeit über F. I. Tolstoi. Vgl. auch V. I. Saitov (Hg.), Остафьевскій архивъ князей Вяземскихъ (St. Petersburg 1899), I, S. 518–21.
3   S. L. Tolstoy, a. a. O., S. 14; vgl. E. V. Kuznetsova, Федор Петрович Толстой 1783–1873 (Moskau 1977), S. 15.
4   K. T. Khlebnikova (Hg.) Русская Америка в неопубликованных записках (Leningrad 1979), S. 267.
5   S. L. Tolstoy, a. a. O., S. 15–26; Русская старина (1876), XV, S. 539–40; Литературный Вѣстникъ(1904), VII, S. 43; Русскій Архивъ (1873), XI, S. 1102–4; P. A. Tikhmenev, *A History of the Russian-American Company* (Washington 1978), S. 65–74; Richard Belgrave Hoppner (Übers.), *Voyage Round the World, in the years 1803, 1804, 1805, & 1806 ... under the Command of Captain A. J. von Krusenstern* ... (London 1813), S. 212.

Der Hinweis erscheint angebracht, daß es in obiger Darstellung der Abenteuer Fjodor Iwanowitschs im Fernen Osten kleinere Unstimmigkeiten gibt, die man unmöglich zufriedenstellend zu erklären vermag. Die Anekdoten und der Aufenthalt Tolstois in der Wildnis werden von Freunden und Verwandten, denen er sie schilderte, bezeugt. Doch als Kruzenstern gen Kamtschatka segelte, hielt er an keiner verlassenen Insel an, wo, nach den meisten Berichten, Tolstoi ausgeladen wurde. Überdies deutet der Beiname »Der Amerikaner«, den Tolstoi erhielt, und der Umstand, daß er bei dem Stamme der Tlingit in Alaska lebte, an, daß sein Aufenthaltsort weit von Kamtschatka entfernt war, also vermutlich die Kodiak-Inseln oder eine der Inseln des Alexander-Archipels. Die plausibelste Erklärung ist, daß Fjodor Iwanowitsch auf einem einsamen Küstenstrich unweit des Hafens Petropawlosk auf Kamtschatka gelassen wurde und von dort, aus unbekannten Gründen, über die Aleuten zu den Inseln vor der Küste Russisch-Alaskas gelangte, wo er den Winter verbrachte. Sergei Tolstoi schlägt andere Möglichkeiten vor, aber im wesentlichen wird nur der Aufenthaltsort –nicht seine Geschichte an sich –in Frage gestellt.

6   N. Arnold, a. a. O., S. 376; Русскій Архивъ, XI, S. 1103.

7   ›Изъ записокъ И. П. Липранди‹, ebd. (1871), VIII, S. 339–47. Der Dichter Marin sandte Tolstoi eine heiter-mitfühlende Ode an seinen Verbannungsort Nyslott (N. Arnold, a. a. O., S. 103–6; vgl. S. 290) in Beantwortung einer ironischen Bitte Tolstois vom 7. August 1805 (S. 374, 375–6).

8   Ebd., S. 348–9: V. Orlov (Hg.), Денис Давыдоб: Военные записки (Moskau 1940), S. 199.

9   Русская старина, XV, S. 538–9.

10   *Verstand schafft Leiden*, Leipzig 1970.

11   Литературный Вѣстникъ, VII, S. 42–3; V. Veresaev, Спутники Пушкина (Moskau 1937), S. 35. Die vollständige Hymne der Ritter des Korkens wurde veröffentlicht von T. A. Martemianov in Историческій вѣстникъ (1903), XCII, S. 210–11.

Ein interessanter Punkt, auf den Sergei Tolstoi in seiner Monographie nicht eingeht, ist die Erwähnung, daß Fjodor Iwanowitsch in Kamtschatka ausgesetzt wurde und später zu den Aleuten reiste. Daß Tolstoi nicht darauf eingeht, bedeutet wahrscheinlich, daß dies in der Tat seiner Reiseorder entsprach.

12   Vgl. den humorvollen Austausch von Gedichten zwischen Tolstoi und S. N. Marin (N. Arnold, a. a. O., S. 103–6, 375–6).

13   Bezüglich Tolstois Beziehung zu Puschkin vgl. S. L. Tolstoy, a. a. O., S. 49–56; Tsiavloskaia, a. a. O., S. 141–3; L. A. Chereisky, Пушкин и его Окружение (Leningrad 1975), S. 415; V. Veresaev, a. a. O., S. 36–7; ›Г. В.‹, ›Эпиграмма Толстова-Американциа на А. Пушкина‹, Литературная мысль: альманах (Petrograd 1923), II, S. 237–9; Пушкин: Письма последних лет 1834–1837 (Leningrad 1969), S. 473–4; N. Lerner, ›Съ кого Пушкинъ списалъ Зар ѣцкаго‹, Русская старина (1908), CXXXIII, S. 422–4.

14   Vgl. Русскій Архивъ (1901), I, S. 89.

15   N. Arnold, a. a. O., S. 367, 368.

16   *Dramen und Gedichte* (Aus dem Russischen übertragen von Manfred von der Ropp u. a.), München 1972, S. 113–5.

17 T. G. Tsiavlovskaia, a. a. O., S. 143-4.
18 ›Воспоминанія М. О. Каменской‹, Историческій бѣстникъ (1894), LVII, S. 41-2.
19 Русскій Архивъ (1873), XI, S. 838; ebd. (1871), VIII, S. 349-50.
20 Nikolai Varsukov, жизнь и труди М. П. Погодина (St. Petersburg 1892), V, S. 360.
21 M. A. Shchepkin, Михаилъ Семеновичъ Щепкинъ 1788-1863 (St. Petersburg 1914), S. 219.
22 Veresaev, a. a. O., S. 35.
23 Leo Tolstoi, *Frühe Erzählungen* (nach der Gesamtausgabe bearbeitet und ergänzt von Josef Hahn), München 1960, S. 317, 334-5.
24 Русскій Архивъ (1876), II, S. 218.
25 Русская старина, CXXXIII, S. 426-7.

6 »Die Verkörperung einer ganzen Akademie«

1 Воспоминанія М. Ф. Каменской, Историческій вѣстникъ (1894), LV, S. 48-58. Madame Kamenskajas Memoiren sind weiterhin die wichtigste Quelle des Privatlebens Fjodor Petrowitschs. Mit einigen wenigen Ausnahmen wird dieses Kapitel keine Verweise oder bibliographischen Angaben enthalten, denn alle zugänglichen Quellen werden in der neuen, ausgezeichneten Biographie von E. G. Kuznetsova, Федор Петрович Толстой (Moskau 1977) gegeben.
2 Vgl. Max J. Okenfuss, ›The Jesuit Origins of Petrine Education‹, in J. G. Garrard (Hg.), *The Eighteenth Century in Russia* (Oxford 1973), S. 106-30.
3 Bezüglich der Akademie vgl. Kuznetsova, a. a. O., S. 16-17; A. B. Granville, *St. Petersburgh. A Journal of Travels to and from that Capital* (London 1828), II, S. 138-44.
4 Ein Selbstbildnis von 1804 zeigt Tolstoi in Marineuniform mit Seitengewehr und kecker Mütze (Kuznetsova, a. a. O., S. 109).
5 Eine Reproduktion davon in ebd., S. 27.
6 Kuznetsova, a. a. O., S. 32. 307.
7 Vgl. A. Strycek, *La Russie des Lumières: Denis Fonvizine* (Paris 1976), S. 344-69.

7 Zwei Reaktionäre

1 Graf M. Tolstoi, ›Краткое описаніе жизни Петра Андреевича Толстаго‹, Русскій Архивъ (1896), I, S. 20. Der Ergebenheit des Grafen gegenüber Bischof Tichon (s. unten) gedachte Dmitri Tolstoi, als er Minister für Volksaufklärung war (P. D. Shestakov, ›Графъ Дмитрій Андреевичъ Толстой: министръ народнаго просвѣщенія‹, Русская старина (1891), LXX, S. 200). Etwa zur gleichen Zeit reiste Graf N. S. Tolstoi auf ähnlichen Strecken, wobei er 10 Wagen dabeihatte, die von 45 Pferden gezogen wurden; seine Begleitung bestand aus 45 Dienern ›Русская жизнь въ началѣ XIX вѣка‹‹, ebd. (1899), XCVII, S. 35).

2 Dies war in Rußland sicherlich seit dem 12. Jh. Brauch (vgl. Russell Zguta, *Russian Minstrels: A History of the Skomorokhi* (Oxford 1978), S. 98). Bezüglich Graf Fjodor Tolstois Bibliothek, vgl. Friedrich Otto, *The History of Russian Literature* (Oxford 1839), S. 384. Er starb mit 90 Jahren, 1849 (Vladimir Saitov, Петербургскій Некрополь (Moskau 1883), S. 132).

3 Dmitri Tolstois Verwandter, der Dichter Alexei Konstantinowitsch, begann seinen Dienst zu seiner Zufriedenheit in den Archiven, wütete aber später heftig gegen die goldenen Ketten, die ihn an den Hof banden (André Lirondelle, *Le Poète Alexis Tolstoi: l' homme et l' œuvre* (Paris 1912), S. 28, 191–4). Die beste Behandlung des Tableaus der Ränge gibt Helju Aulik Bennett, ›Evolution of the Meanings of Chin‹, *California Slavic Studies* (1977), X, S. 1–43.

4 Vgl. M. V. Nechkin (Hg.), Восстание Декабристов: Документы (Moskau 1980), XVII, S. 126, 233.

5 M. D. Buturlin, ›Записки графа М. Д. Бутурлина‹, Русскій Архивъ (1898), III, S. 424–41, 522–79; L. A. Chereysky, Пушкин и его окружение (Leningrad 1975), S. 416.

6 Vgl. Daniel T. Orlovsky, *The Limits of Reform: The Ministry of Internal Affairs in Imperial Russia, 1802–1881* (Harvard 1981), S. 72, 117, 148.

7 ›Изъ памятныхъ замѣток П. М. Голенищева-Кутузова-Толстаго‹, Русскій Архивъ (1883), I, S. 221–2.

8 D. N. Tolstois Autobiographie, bis 1861, wurde veröffentlicht unter ›Записки графа Дмитрія Николаевича Толстаго‹, ebd. (1885), II, S. 5–70.

9 E. M. Feoktistov, Воспоминания за кулисами политики и литературы (Leningrad 1929), S. 163.

10 Bezüglich des Lyzeums zur Zeit D. A. Tolstois vgl. Allen Sinel, *The Classroom and the Chancellery: State Educational Reform in Russia under Count Dmitry Tolstoi* (Harvard 1973), S. 37–44; ders., ›The Socialization of the Russian Bureaucratic Elite, 1811–1917: Life at the Tsarskoe Selo Lyceum and the School of Jurisprudence‹, *Russian History* (1976), III, S. 1–31. Für seine Hilfe bei Erarbeitung dieses Teils bin ich Prof. Sinel dankbar.

11 ›Воспоминанія князя А. В. Мещерскаго‹, Русскій Архивъ (1901), I, S. 497–500; Feoktistov, a. a. O., S. 166.
12 Orlovsky, a. a. O., S. 35–6, 224.
13 Hugh Seton-Watson, *The Russian Empire 1801–1917* (Oxford 1967), S. 380.
14 Vgl. Lyman H. Legters (Hg.), *Russia: Essays in History and Literature* (Leiden 1972), S. 27–32; R. E. F. Smith, *The Enserfment of the Russian Peasantry* (Cambridge 1968), S. 26.
15 Robert K. Massie, *Peter the Great: His Life and World* (London 1981), S. 781–2; Isabel de Madariaga, *Russia in the Age of Catherine the Great* (London 1981), S. 298–9.
16 Terence Emmons, *The Russian Landed Gentry and the Peasant Emancipation of 1861* (Cambridge 1968), S. 310.
17 Aylmer Maude, *The Life of Tolstoy: First Fifty Years* (London 1911), S. 299.
18 I. Listovsky, ›Письмо графа Д. А. Толстого къ дядѣ его графу Д. Н. Толстому‹, Русскій Архивъ (1905), I, S. 688. Bezüglich dem Einfluß des älteren Tolstoi auf den jüngeren vgl. Sinel, a. a. O., S. 47, 49, 275. Nach Feokistov (a. a. O., S. 167) brach Dmitri Andrejewitsch nach D. N. Tolstois morganatischer Ehe und der Geburt eines unerwarteten Erben für das Gut Snamenskoje die Beziehung zu seinem Onkel ab.
19 Sinel, a. a. O., S. 49–52.
20 W. Bruce Lincoln, *The Romanovs: Autocrats of All the Russias* (London 1981), S. 437–40.
21 James C. McClelland, *Autocrats and Academics: Education, Culture, and Society in Tsarist Russia* (Chicago 1979), S. 58–60, 95–6.
22 Nicholas V. Riasanovsky, *A Parting of Ways: Government and the Educated Public in Russia 1801–1855* (Oxford 1976), S. 275.
23 Sinel, a. a. O., S. 57–8; Feoktistov, a. a. O., S. 169–70.
24 Sergei Manassein, ›Графъ Д. А. Толстой въ Казани‹, Русская старина (1905), CXXII, S. 572–7; P. D. Shestakov, ›Графъ Дмитрій Андреевичъ Толстой какъ министръ народнаго просвѣщенія‹, ebd. (1891), LXIX, S. 387–405; N. Bekkarevich, ›Оренбургская гимназія стараго времени‹, ebd. (1903), CXVI, S. 408–10.
25 McClelland, a. a. O., S. 11, 40.
26 ›И. И. Пироговъ‹, Русская старина (1881), XXX, S. 631–3.
27 McClelland, a. a. O., S. XI.
28 E. Lampert, *Studies in Rebellion* (London 1957), S. 151–4.
29 Allen Sinel, ›Educating the Russian Peasantry: The Elementary School Reforms of Count Dmitrii Tolstoi‹, *Slavic Review* (New York 1960), XXVII, S. 70.
30 McClelland, a. a. O., S. 14, 22.
31 Allen Sinel, ›Count Dmitrii Tolstoi and the Preparation of Russian School Teachers‹, *Canadian Slavic Studies* (Montreal 1969), III, S. 261–2.

32 Ders., a. a. O., S. 53.
33 Orlovsky, a. a. O., S. 170–96.
34 W. Bruce Lincoln, a. a. O., S. 592.
35 Vgl. Hans Rogger, ›The Jewish Policy of Late Tsarism: A Reappraisal‹, *The Wiener Library Bulletin* (1971), XXV, S. 44–5; ders., ›Tsarist Policy on Jewish Emigration‹, *Soviet Jewish Affairs* (1973), III, S. 28–9; ders., ›Government, Jews, Peasants, and Land in Post-Emancipation Russia‹, *Cahiers du Monde russe et soviétique* (1976), XVII, S. 171–85; Sylvain Bensidoun, *L'agitation paysanne en Russie de 1881 à 1902* (Paris 1975), S. 292–6.
36 Русскій Архивъ (1905), I, S. 688–9. Bezüglich Michail Wladimirowitsch Tolstoi vgl. ›Путевые очерки, замѣтки и наброски Троице-Сергіева лавра, 1882г.‹, Русская старина (1889), LXII, S. 508–9.
37 Stephen Lukashevich, ›The Holy Brotherhood: 1881–1883‹, *The American Slavic and East European Review* (1959), XVIII, S. 491–509.
38 *Soviet Jewish Affairs*, II, S. 29.
39 ›М. Н. Катков и Александр III в 1886-1887гг.‹, Красный архив (1933), LVIII, S. 74–5.
40 Vgl. Seton-Watson, a. a. O., S. 569–74. Tolstoi empfand stark patriotisch und war dem herrischen Gebaren Deutschlands gegenüber feindselig (Edmond Toutain, *Alexandre III et la République Française 1885–1888* (Paris 1929), S. 62, 216).
41 Mein zusammenfassender Bericht über Dmitri Tolstois Amtszeit als Innenminister beruht weitgehend auf der unveröffentlichten phil. Diss. von Jackson Taylor, die 1970 von der New York University angenommen wurde unter dem Titel *Dmitri Andreevich Tolstoi and the Ministry of the Interior, 1882–1889*. Für weitere Kommentare und Informationen bin ich J. Taylor sehr verpflichtet.
42 Vgl. Jac L. Williams, ›The Turn of the Tide: Some Thoughts on the Welsh Language in Education‹, *Transactions of the Honourable Society of Cymmrodorion* (1963), I, S. 51.
43 Bernhard Fürst von Bülow, Denkwürdigkeiten (Berlin 1931), IV, S. 572, 574. J. Taylor hat mich freundlicherweise auf diese wichtige Quelle hingewiesen.
44 A. Walicki, *The Controversy over Capitalism: Studies in the Social Philosophy of the Russian Populists* (Oxford 1969), S. 132–65; Seton-Watson, a. a. O., S. 530–1; Leszek Kolakowski, *Main Currents of Marxism* (Oxford 1978), II, S. 329–44.
45 Ebd., S. 331.
46 D. Mackenzie Wallace, *Russia* (London 1877), I, S. 167–8.
47 Vgl. Richard Jefferies, *Hodge and his Masters* (London 1880), II, S. 231–58.
48 Bensidoun, a. a. O., S. 201–301; cf. Красный архив (1938), LXXXIX, S. 208–57.

49 Th. G. Terner, ›Воспоминанія жизни Ф. Т. Тернера‹, Русская старина (1911), CXLV, S. 394–6.
50 Jackson Taylor hat mich darauf hingewiesen, daß bis ins Einzelne gehende Berichte über Tolstois Krankheiten in den Berichten der engl. Botschaft zu finden sind (PRO: FO. 65/1216, 1295, 1329, 1333).
51 FO. 65/1361.
52 Русская старина, LXX, S. 208.
53 V. P. Semeonov (Hg.), Россія: полное географическое описаніе нашего отечества (St. Petersburg 1902), II, S. 402.

8 Ein russischer Walter Scott

1 Vgl. den Bericht von Tolstois Freund, Fürst Meschtschersky (›Воспоминанія князя А. В. Мещерскаго‹, Русскій Архивъ (1900), II, S. 370–4).
2 Bezüglich der Freundschaft zwischen Alexander Petrowitsch Tolstoi und Gogol vgl. Henri Troyat, *Gogol* (Paris 1971), S. 429–31, 507–9, 518, 560–1; N. D. Brodsky u. a. (Hg.), Гоголь в воспоминаниях современников (Moskau 1952), S. 122, 311, 405, 414, 428, 435, 445, 496, 504, 509, 517, 519–20, 546, 549, 552–3; Русская старина (1902), CX, S. 441–7. David Magarshack umspinnt die letzten Tage Gogols mit einer Verschwörungstheorie, die sich durch die Primärquellen nicht beweisen läßt (*Gogol: A Life* (London 1957), S. 303–7; vgl. S. 226, 235, 237, 248, 251, 261–3, 269).
2a Graf Alexei K. Tolstoi, Gedichte, übers. von Friedrich Fiedler, Leipzig 1895, S. 43 f.
3 Ich bin meinem alten Freund H. Graham Bower verpflichtet, daß er meine Aufmerksamkeit auf diesen unveröffentlichten Briefwechsel gelenkt hat.
4 Angesichts der hervorragenden Biographie von André Lirondelle, *Le Poète Alexis Tolstoï: l'home et l'œuvre* (Paris 1912), die ich oftmals herangezogen habe, verzichte ich hier auf weitere Anmerkungen. Neuere Bibliographien finden sich bei D. S. Likhachev u. a. (Hg.), Русские Писатели: Библиографический словарь (Moskau 1971), S. 620–4; und in der ausgezeichneten Literaturstudie von A. K. Dalton, *A. K. Tolstoy* (New York 1972).

9 Das Streben nach Unschuld

1 Ich bin Will Moser, Bezirksleiter, verpflichtet, der 1942 als Angehöriger einer Sanitätsabteilung in Jasnaja Poljana stationiert war; er hat mir Photos und einen Bericht besorgt über das Haus während der deutschen Besatzungszeit. – Einen Reisebericht aus den 1980er Jahren bietet Colin Thubron, *Among the Russians* (London 1983), S. 125–7.

2 R. F. Christian, *Tolstoy: A Critical Introduction* (Cambridge 1969), S. 28–9; vgl. E. B. Greenwood, *Tolstoy: The Comprehensive Vision* (London 1975), S. 23. Angesichts der Vielzahl von Büchern über L. N. Tolstoi beschränke ich mich in diesem Kapitel in den Anmerkungen auf Dinge von besonderem Interesse. Die reichste biographische Quelle (bis 1892) ist N. N. Gusev's Лев Николаевич Толстой (Moskau 1954–79); wahrscheinlich die bestgeschriebene und scharfsinnigste bleibt Aylmer Maude's *The Life of Tolstoy* (London 1911). Für den allgemeinen Leser geeignet ist die umfängliche, ausgeschmückte Tolstoi-Biographie von Henri Troyat, *Tolstoï* (Paris 1965), der erstaunlicherweise das Werk von A. Maude nicht gelesen zu haben scheint. Zitate von Briefen Tolstois erscheinen gewöhnlich in der Übersetzung von R. F. Christian, *Tolstoy's Letters* (New York 1978).

3 Vgl. *Œuvres de J. J. Rousseau* (Paris 1819), III, S. 221–3, 228; H. Kohn, *The Mind of Germany* (London 1965), S. 50.

4 Greenwood, a. a. O., S. 57–81.

5 Alfred Adler, *Praxis und Theorie der Individualpsychologie*, Frankfurt/Main 1974, S. 281 f, 285.

6 Ders., *Problems of Neurosis: A Book of Case-Histories* (London 1929), S. 146.

7 Gusev, a. a. O., IV, S. 209.

8 Troyat, a. a. O., S. 650.

9 S. M. Borisov, Ясная Поляна (Moskau 1978), S. 52–3.

10 V. G. Chertkov (Hg.), Л. Н. Толстой: Полное собрание сочинений (Moskau 1936), XVII, S. 402, 407, 423–4, 628.

11 Zit. nach R. F. Christian, *Tolstoy's »War and Peace«: A Study* (Oxford 1962), S. 102–3.

12 Л. Н. Толстой: Переписка с русскими писателями (Moskau 1978), I, S. 203.

13 Greenwood, a. a. O., S. 148–9.

14 Vgl. Troyat, a. a. O., S. 804–5.

15 Gusev, a. a. O., IV, S. 329–31.

16 ›Николай Васильевичъ Гоголь: Письма къ нему А. О. Смирновой, рожд. Россетъ‹, Русская старина (1890), LXVII, S. 195. Gogols Hinweis bezieht sich auf Sophia Petrowna Apraxina (1800–1886), Tochter von Peter A. Tolstoi, der 1807 als Botschafter am Hofe Napoleons war.

17 S. A. Makashin (Hg.), Л. Н. Толстой в воспоминаниях современников (Moskau 1978), II, S. 448.

10 Der Aristokrat an Stalins Hof

Dieses Kapitel stützt sich weitgehend auf die nachfolgenden Werke; genaue Angaben werden nur dort erfolgen, wo etwas von besonderem Interesse ist.

A. V. Alpatov, Алексей Николаевич Толстой (Moskau 1955); Алексей Толстой –Мастер исторического романа (Moskau 1958).

A. V. Alpatov und L. M. Poliak (Hg.), Творчество А. Н. Толстой: сборник статей (Moskau 1957).

Vadim Baranov, Революция и судьба художника: А. Толстой и его путь к социалистическому реализму (Moskau 1967).

I. I. Veksler, Алексей Николаевич Толстой: жизненный и творческий путь (Moskau 1948).

P. A. Borozdina, А. Н. Толстой и Театр (Woronesch 1974).

V. A. Zapadov, Алексей Николаевич Толстой: биография (Leningrad 1969).

Y. A. Krestinsky, А. Н. Толстой: жизнь и творчество (Краткий очерк) (Moskau 1960).

Alexei Naldeev, Революция и родина в творчестве А. Н. Толстого (Moskau 1968); Алексей Толстой (Moskau 1974).

Z. A. Nikitina und L. I. Tolstoi (Hg.), Воспоминания об А. Н. Толстом: сборник (Moskau 1973).

L. M. Poliak, Алексей Толстой –художник: проза (Moskau 1964).

I. S. Rozhdestvenskaya und A. G. Khodyuk, А. Н. Толстой: семинарий (Leningrad 1962).

G. Smirnova, Трилогия А. Н. Толстого »Хождение по мукам« (Leningrad 1976).

M. Charny, Путь Алексея Толстого: очерк творчества (Moskau 1961). Diese Werke aus der Sowjetunion sind zwar wissenschaftlich erarbeitet und von Wert, aber es fehlt ihren Verf. die Einsicht in die nicht-sowjetische Literatur. Von den genannten sind die Werke Iwan Bunins am unverzichtbarsten. Eine englischsprachige Bibliographie über Tolstois Werke findet man in Heinrich E. Schulz u. a. (Hg.), *Who was Who in the USSR* (Metuchen, N. J. 1972), S. 545.

1 Nikitina und Tolstoi, a. a. O., S. 250–2, 293–4.
2 Ernst Fischer und Franz Marek, *Lenin in His Own Words* (London 1972), S. 89.
3 Vgl. *Encounter* (April, 1979), LII, S. 94.
4 L. D. Opulskaya, Лев Николаевич Толстой: Материалы к биографии с 1886 по 1892 год (Moskau 1979), S. 268.
5 Gleb Struve, *Russian Literature under Lenin and Stalin 1917–1953* (Oklahoma UP 1971), S. 142–3.
6 Nikitina und Tolstoy, a. a. O., S. 22–3.
7 Ein ausführlicher, wenngleich vielleicht parteiischer Bericht über den Streit zwischen Alexeis Eltern vgl. ebd., S. 70–3.

8 Vgl. Richard G. Robbins, Jr., *Famine in Russia 1891–1892* (New York 1975).
10 Zapadov, a. a. O., S. 47; Nikitina und Tolstoy, a. a. O., S. 116. Tolstois Aussehen und »Ahnen« werden beschrieben von Ivan Bunin, Воспоминанія (Paris 1950), S. 210–12.
11 R. H. Bruce Lockhart, *Memoirs of a British Agent* (London 1933), S. 145.
11a Jacques Ferrand, *Les Familles Comtales de l'Ancien Empire de Russie en Emigration*, Montreuil 1983, S. 187.
12 Nikitina und Tolstoy, a. a. O., S. 113–14. Bezüglich der Semstwos vgl. George Katkov, *Russia 1917: The February Revolution* (London 1967), bes. S. 3–11.
13 A. S. Miasnikov, A. N. Tikhonov und L. I. Tolstoy (Hg.), А. Н. Толстой: Полное собрание сочинений (Moskau 1949), XIII, S. 557.
14 Der Bericht Gräfin Tolstojas ist in Nikitina und Tolstoy, a. a. O., S. 124–5; aber vgl. Bunin, a. a. O., S. 234.
15 Guy Verret, ›Maxime Gor'kij et Alexis Tolstoj à la Croisée des Chemins‹, *Revue des Études Slaves* (Paris 1975), XXXIV, S. 144–50.
16 D. Fedotoff White, ›An Aristocrat at Stalin's Court‹, *The American Slavic and East European Review* (New York 1950), IX, S. 209–10).
17 Ebd., S. 216. Vgl. Bunins spitzen Kommentar über Tolstois Einstellung zu seinem Leben im Exil (a. a. O., S. 205–7, 234).
18 Nikitina und Tolstoy, a. a. O., S. 41–2.
19 Struve, a. a. O., S. 270–1.
20 Nikitina und Tolstoy, a. a. O., S. 131.
21 Vgl. G. Nivat, ›La genèse d'un roman historique soviétique: Pierre le Grand d'Alexis Tolstoï‹, *Cahiers du Monde Russe et Soviétique* (Den Haag 1961), II, S. 40–2.
22 Vgl. mein *Stalin's Secret War* (London, 1981), S. 35–49. Edward J. Brown bemerkt klug, daß Tolstoi, »nach seiner Rückkehr als eine Art ›Arbeiter- und Bauern-Graf‹ leben konnte, was aber noch wichtiger für ihn war, daß er ein russischer ›Graf‹ bleiben konnte« (*Russian Literature Since the Revolution* (London 1969), S. 255).
23 Struve, a. a. O., S. 83; George Reavey, *Soviet Literature To-day* (London 1946), S. 46.
24 Vgl. Peter Reddaway, ›Literature, the Arts and the Personality of Lenin‹, in Leonard Schapiro und Peter Reddaway (Hg.), *Lenin: The Man, the Theorist, the Leader* (New York 1967), S. 37–70.
25 Roberts, a. a. O., S. 86–91.
26 Vgl. Rozhdestvenskaya und Khodyuk (Hg.), S. 274.
27 Alexander Barmine, *One Who Survived: The Life Story of a Russian under the Soviets* (New York 1945), S. 298–9; Nikitina und Tolstoy, S. 367.
28 Vgl. Roberts, a. a. O., S. 95–126.
29 Vgl. Rozhdestvenskaya und Khodyuk (Hg.), S. 274–5.

30 Vgl. *Cahiers du Monde Russe et Soviétique*, II, S. 37–55. Bezüglich einer Auswertung des literarischen und historischen Wertes des Porträts, das Tolstoi von Peter gab, vgl. Xenia Gasiorowska *The Image of Peter the Great in Russian Fiction* (Wisconsin 1979).
31 Barmine, a. a. O., S. 298.
32 Roberts, a. a. O., S. 144–51.
33 Vgl. Rozhdestvenskaya und Khodyuk, a. a. O., S. 60.
34 Полное собрание сочинений, XIII, S. 491.
35 Eugene Lyons, *Assignment in Utopia* (London? 1937), S. 587; Nikitina und Tolstoy, a. a. O., S. 140–1, 194, 241–3, 291, 300–3.
36 Ebd., S. 243; Rozhdestvenskaya und Khodyuk, S. 164.
37 Nikitina und Tolstoy, a. a. O., S. 244, 342.
38 Brown, a. a. O., S. 257.
39 Ebd., S. 159–60, 259, 272, 446; Adam B. Ulam, *Stalin: The Man and his Era* (London 1974), S. 436.
40 Полное собрание сочинений, XIII, S. 474-6; ebd., XIV, S. 360–2.
41 Solomon Volkov (Hg.), *Testimony: The Memoirs of Dmitri Shostakovich* (London 1979), S. 172–3.
42 Nikitina und Tolstoy, a. a. O., S. 248–50, 322–3, 360–3, 422–4, 430.
43 Ebd., S. 179, 193–4, 283, 291–2, 364.
44 Полное собрание сочинений, XIII, S. 146–8; Robert Conquest, *The Great Terror: Stalin's Purge of the Thirties* (London 1968), S. 330; Struve, a. a. O., S. 63. Tolstoi muß sich im klaren gewesen sein, daß der NKWD –falls dies nötig sein sollte –ein Dossier über ihn besaß (Nadezhda Mandelstam, Воспоминания (New York 1970), S. 336.
45 Ebd., S. 7, 15, 25, 96, 236, 378; Nikitina und Tolstoy, a. a. O., S. 239.
46 Bunin, a. a. O., S. 235.
47 Nikitina und Tolstoy, a. a. O., S. 261.
48 Полное собрание сочинений, XIII, S. 249–50.
49 Ebd., S. 250–5, 262–6.
50 Ebd., XIV, S. 87.
51 Vgl. die Broschüre mit gesammelten Artikeln, Статьи *(1942–1943)* (Moskau 1944), die auf die Fronttruppe eine mitreißende Wirkung gehabt haben soll.
52 Полное собрание сочинений, XIV, S. 111–17.
53 Czapski, a. a. O., S. 187–91.
54 Vgl. Nikolai Tolstoy, a. a. O., S. 35–49, und die dort zitierten Quellen.
55 Rozhdestvenskaya und Khodyuk, a. a. O., S. 167; Nikitina und Tolstoy a. a. O., S. 177, 244–5, 262, 289, 364, 367, 369–70.
56 Zapadov, a. a. O., S. 124; Czapski, a. a. O., S. 188; Arthur Koestler, *The Yogi and the Commissar and other Essays* (London 1945), S. 152; Ilya Ehrenburg, ›Люди, годы, жизнь‹, Литературная газета (1960), 4. Juni. Bei Tolstois erstem Erscheinen im Obersten Sowjet hielt Molotow eine Willkommensrede (Bunin, a. a. O., S. 202).

57 Rozhdestvenskaya und Khodyuk, a. a. O., S. 26, 182, 186–7, 393, 438; Louis FitzGibbon, *Katyn: a crime without parallel* (London 1971), S. 164; ders., *Unpitied and Unknown: Katyn ... Bologoye ... Dergachi* (London 1975), S. 60, 83, 183, 191.
58 Rozhdestvenskaya und Khodyuk, a. a. O., S. 188–91; Nikitina und Tolstoy, a. a. O., S. 295–8; Zapadov, a. a. O., S. 125–6. Tolstoi war eine Ausnahme: ihm wurde während des Krieges ein Wagen bewilligt (Reavey, a. a. O., S. 31.)
59 Bunin, a. a. O., S. 201.
60 Полное собрание сочинений, XIII, S. 494.
61 Ilya Ehrenburg, ›Люди, годы, жизнь‹, Новый Мир (April 1962), XXXVIII, S. 61; Bunin, a. a. O., S. 229–30.

11 Epilog

1 Alexandra Tolstoy, Дочь (London, Ontario, 1979), S. 69–409.
2 Vgl. Paul B. Anderson, ›The Tolstoy Foundation‹, *The Russian Review* (1958), XVII, S. 60–6.
3 Serge Tolstoi, *Tolstoï et les Tolstoï* (Paris 1980).
4 Vgl. Vladimir Semenoff, *The Battle of Tsushima* (London 1907), S. 65; A. S. Novikov-Priboi, Цусима (Moskau 1958), S. 765.
5 V. P. Semenov (Hg.), Россія. Полное географическое описаніе нашего отечества (St. Petersburg 1901), VI, S. 362.
6 P. Martynov (Hg.), Матеріалы историческіе и юридическіе района бывшаго приказа Казанскаго дворца (Simbirsk 1904), IV, S. 365, 590.
7 G. M. Tolstoy, ›Поѣздка въ Туринскъ къ декабристу Вас. Петр. Ивашеву‹, Русская старина (1890), LXVIII, S. 334.
8 Письма и бумаги императора Петра Великого (Moskau 1946), VII (Teil 2), S. 844.
9 Vgl. Вся Москва: адресная и справочная книга на 1915 годъ (Moskau 1915), S. 493.
10 Vgl. Norman Stone, *The Eastern Front 1914–1917* (London 1975), S. 280–1.
11 Roger Pethybridge, *The Spread of the Russian Revolution: Essays on 1917* (London 1972), S. 43, 50, 67, 174.
12 George Leggett, *The Cheka: Lenin's Political Police* (Oxford 1981), S. 37, 280.
13 John Silverlight, *The Victors' Dilemma: Allied Intervention in the Russian Civil War* (London 1970), S. 61–2, 78–9.
14 Dieses Bild kam irgendwie in die große Geschichte, herausgegeben von H. W. Wilson und J. A. Hammerton, *The Great War* (London 1919), XIII, S. 377).

15   Leggett, a. a. O., S. 119, 261, 451; Lennard D. Gerson, *The Secret Police in Lenin's Russia* (Philadelphia 1976), S. 137.
16   Richard H. Ullmann, *Britain and the Russian Civil War: November 1918–February 1920* (Princeton 1968), S. 339–43.
17   Leggett, a. a. O., S. 198–9.

Anhang

1   Fürst Pierre Dolgorouky, *Notice sur les Principales Familles de la Russie* (Brüssel 1843), S. 5.
2   Ungemein klar berichten über den russischen Adel folgende Titel: Marc Raeff, *Origins of the Russian Intelligentsia: The Eighteenth-Century Nobility* (New York 1966), S. 38–9, 181–2; Kyril Fitzlyon und Tatiana Browning, *Before the Revolution: A View of Russia under the Last Tsar* (London 1977), S. 21–5.
3   Nikolaus II. dankte am 2./15. März 1917 in seinem eigenen und im Namen des Zarewitschs ab; sein Bruder, Großfürst Michael, regierte genau einen Tag lang als Kaiser, bis auch er, am 3./16. März 1917, abdankte. Nach dem Thronfolgerecht folgte ihm automatisch Großfürst Kyrill, obschon nun die Monarchie de facto am Ende war; sie wurde einige Zeit später durch einen verfassungswidrigen Akt der provisorischen Regierung abgeschafft (vgl. George Katkov, *Russia 1917: The February Revolution* (London 1967), S. 413). Er machte im August 1924 seine Rechte geltend, als offenkundig war, daß der letzte Zar, der Zarewitsch und Großfürst Michael nicht mehr am Leben waren.
4   Die *Gramota* (Urkunde) vom 8. Oktober 1930, ausgestellt zugunsten Pawel Sergejewitsch Tolstoi-Miloslawskis, wurde seinen Nachkommen durch eine weitere Verfügung vom 18. Dezember 1930 bestätigt. Vgl. Graf Georges de Morant und Graf d'Angerville (Hg.), *Annuaire de la Noblesse de France et d'Europe* (Paris 1957), LXVIII, S. 265. Bezüglich der Rechtslage von Übertragungen, die von nichtregierenden Häuptern von Dynastien vorgenommen werden, siehe Ronald E. Prosser, *The Royal Prerogative* (Iowa City 1981), S. 51–3; siehe ferner die Bemerkungen des Marquis de Ruvigny im Vorwort seines Buches *The Jacobite Peerage* (Edinburgh 1904), S. XIII.
5   Общій Гербовникъ дворянскихъ родовъ Всероссійскія Имперій начашый въ 1797мъ году (1798), II, S. 42.

Personenregister

Kursive Seitenangaben verweisen auf ein Bildnis der jeweiligen Person

Achmed Pascha 84 f.
Adler, Alfred (1870–1937) 340 f.
Afrosinja 89, 94 f., 97 f.
Agafja Semeonowna, Zarin
  (gest. 1681) 48
Ahmed III., Sultan (1673–1736) 71
Aksakow, Sergei Timofejewitsch
  (1791–1858) 373
Alexander I., russ. Kaiser
  (1777–1825) 122, 125, 127, 128,
  140, 142, 147, 156, 163, 188, 194,
  202, 204, 206, 208, 226, 315
Alexander II., russ. Kaiser
  (1818–1881) 232, 239, 240, 242,
  248, 254, 258, 259, 260, 266, 281,
  284, 291, 292, 300, 303
Alexander III., russ. Kaiser
  (1845–1894) 260, 261, 263, 268,
  272, 274, 275, 351, 371
Alexei Michailowitsch, Zar
  (1629–1676) 26 f., 31, 34–36, 38,
  40, 42, 46 f. 49, 64, 117, 239
Alexei Petrowitsch, Zarewitsch
  (1690–1718) 89–102, *99*
»Der Amerikaner« → Tolstoi,
  Fjodor Iwanowitsch
Andrei Charitonowitsch,
  gen. *tolstoi* 21
Anochin, Wassili 221 f.
Apraxin, Graf Fjodor, Admiral
  (1661–1728) 59, 78, 80, 84, 107,
  109

Apraxina, Martha Matwejewna,
  Zarin (1664–1715) 48
Apraxina, Sophia Petrowna
  (1800–1886) 145
Araktschejew, Alexei Andrejewitsch
  (1769–1834) 146
Arnold, Matthew (1822–1888) 265
August der Starke, König von Polen
  (1670–1733) 67, 81, 87

Bachmetewa, Sophie → Tolstoja,
  Sophia Alexejewna
Bagration, Fürst Peter Iwanowitsch,
  General (1765–1812) 129, 131, 133
Bakunin, Michail Alexandrowitsch
  (1814–1876) 346
Barclay de Tolly, Fürst, Feldmarschall (1761–1818) 127, 128, 130,
  133 f., 137, 164
Bariatinski, Fürst Alexander
  Iwanowitsch, Feldmarschall
  (1814–1879) 325
Bariatinski, Fürst Juri Nikitsch
  (gest. 1685) 44
Barnsley, William 35
Beauharnais, Fürst Eugène
  (1781–1824) 130–133
Belinski, Wissarion Grigorjewitsch
  (1811–1848) 174, 215
Bennigsen, Graf Lewin August von
  (1745–1826) 122, 125, 134

Bibikow, Alexander Ilytsch, General (1729–1774) 118, 119
Bibikow, Dmitri Gawrilowitsch, General (1792–1870) 237, 238
Bilibin, Iwan Jakowlewitsch (1876–1942) 7
Blok, Alexander Alexandrowitsch (1880–1921) 397
Blum, Jerome 20
Bobrinski, Graf Alexei 237, 291, 301
Boccaccio, Giovanni 214
Bogdanowitsch, Ippolit Fjodorowitsch (1743–1803) 196
Boris Godunow, Zar (um 1552–1605) 22, 25
Bostrom, Alexei Apollonowitsch 372, 380 f., 406
Brjullow, Karl Pawlowitsch (1799–1852) 215, 282, 283
Brussilow, Alexei Alexejewitsch, General (1853–1926) 436
Buckle, Henry (1821–1862) 271
Büchner, Georg (1813–1837) 396
Bülow, Fürst Bernhard von (1849–1929) 268–270, 271, 272
Bulawin, Kondrati Afansjewitsch, Atman (um 1660–1708) 75–78
Bulgarin, Faddei Wenediktowitsch (1789–1859) 168, 180
Bunin, Iwan Alexejewitsch (1870–1953) 415, 418, 423
Buturlin, Iwan Iwanowitsch, General (1661–1738) 109, 111, 139
Buxhoevden, Graf Fjodor Fjodorowitsch, General (1750–1811) 122
Byron, Lord George (1788–1824) 148, 227

Canova, Antonio (1757–1822) 142
Casanova, Giacomo (1725–1798) 281
Cathcart, Lord, General (1755–1843) 124

Caulaincourt, Marquis Armand de (1773–1827) 133
Chamberlain, Neville (1869–1940) 417
Charlotte, Prinzessin von Braunschweig-Wolfenbüttel (gest. 1715) 89, 91
Chodasewitsch, Valentina 369
Chorlülu Ali Pascha 72, 82 f.
Chowanski, Fürst Iwan Andrejewitsch (gest. 1682) 51–55
Collins, Dr. Samuel (gest. um 1671) 36, 40, 42
Collins, William Wilkie (1824–1889) 304
Colloredo, Graf 96
Cooper, James Fenimore (1789–1851) 376
Cromwell, Oliver (1599–1658) 56
Czacki, Tadäus (1753–1813) 203

Daltaban Pascha, Großwesir 74
Dante 214
Daun, Graf Wirich von, Vizekönig (1669–1741) 93
Davout, Louis, Marschall (1770–1823) 125, 131
Dawydow, Denis Wassiljewitsch (1784–1839) 169
Degajew, Sergei Petrowitsch (1857–1920) 266, 268
Demidow, Fürst 286
Denikin, Anton Iwanowitsch, General (1872–1947) 437, 440
Derschawin, Gawril Romanowitsch (1743–1816) 151
Devier, Graf Anton Manuilowitsch (1673–1745) 108, 111 f.
Dickens, Charles (1812–1870) 304, 318, 339
Dmitri, Prätendent (gest. 1606) 22, 25
Dmitri, Zarewitsch 25

Dmitri Olgerdowitsch, Fürst von Tschernigow 20
Dochturow, Dmitri Sergejewitsch, General (1756–1816) 132
Dochturowa, Maria 225, 227, 228
Dolgoruki, Fürst Michail Jurjewitsch (gest. 1682) 53
Dolgoruki, Fürst Wassili Wladimirowitsch (1667–1746) 76
Dolgorukow, Fürst Michael Petrowitsch, General (1780–1808) 163, 166
Don, Sir George, General (1754–1832) 124
Dostojewskij, Fjodor Michailowitsch (1821–1881) 253, 299, 340
Doyle, Sir Arthur Conan (1859–1930) 385
Drizen, Baron, Oberst 156
Dscherschinski, Felix Edmundowitsch (1877–1926) 443
Dumas, Alexandre 299
Dymschiza, Sophia Isaakowna 378 f., 382, 384, 389

Ehrenburg, Ilja Grigorjewitsch (1891–1967) 387, 389, 420, 422 f.
Elisabeth I., Königin von England 305
Elisabeth Alexejewna, russ. Kaiserin (1779–1826) 208
Elisabeth (I.) Petrowna, Zarin (1709–1762) 111 f., 117, 192, 244, 279
Enghien, Herzog Louis Antoine d' (1772–1804) 127
Ergolskaja, Tatjana Alexandrowna (1792–1874) 332
Eudoxia Lopuchina, Zarin (1669–1731) 89, 98
Eugen von Württemberg, Herzog, General (1768–1857) 137
Evelyn, John (1620–1706) 65

Fallmerayer, Jakob (1790–1861) 148
Ferdinand I., Kaiser von Österreich (1793–1875) 149
Figner, Vera Nikolajewna (1852–1942) 266, 268, 276
Fjodor, Sohn des Indris → Simonten
Fjodor I. Iwanowitsch, Zar (1557–1598) 25
Fjodor II. Alexejewitsch, Zar (1661–1682) 14, 46 f., 49, 51, 55
Fonvisin, Denis Iwanowitsch (1745–1792) 214
Fourier, Charles (1772–1837) 252
Franz II., röm. Kaiser, als Franz I. Kaiser von Österreich (1768–1835) 122
Friedrich IV., König von Dänemark (1671–1730) 87
Friedrich Wilhelm I., König von Preußen (1688–1740) 87
Friedrich Wilhelm III., König von Preußen (1770–1840) 122, 124, 127, 138 f.

Gagarin, Fürst Grigori Grigorjewitsch (1810–1893) 175
Garnerin, André (1769–1823) 156
Gay, Nikolai (1831–1894) 99
Georg I., König von England (1660–1727) 88
Georg V., König von England (1865–1928) 385
Gérard, Graf Etienne, Marschall (1773–1852) 132
Ghirey, Devlet, Khan der Krimtataren 79
Giers, Nikolai Karlowitsch 264
Glinka, Fjodor Nikolajewitsch, Oberst (1786–1880) 203
Glinka, Michail Iwanowitsch (1804–1857) 215

Goebbels, Joseph 418
Göring, Hermann 418
Goethe, Johann W. von
    (1749–1832) 140, 207, 281, 339
Gogol, Nikolai Wassiljewitsch
    (1809–1852) 9, 180 f., 214, 273,
    283, 286 f., 308, 327, 362
Golenischtschew-Kutusow-Tolstoi,
    Michail Pawlowitsch 428
Golenischtschew-Kutusow-Tolstoi,
    Pawel Matwejewitsch
    (1800–1883) 232
Golizyn, Fürst Alexander Nikolaje-
    witsch (1773–1844) 164, 202
Golizyn, Fürst Dmitri Michailo-
    witsch (1665–1737) 108, 109
Golizyn, Fürst Leonid 144
Golizyn, Fürst Michail Michailo-
    witsch (1674–1730) 133
Golizyn, Fürst Valerian 144
Golizyn, Fürst Wassili Andreje-
    witsch (1643–1714) 30, 37, 59
Golowin, Graf Fjodor Alexejewitsch
    (gest. 1706), 65 f., 71, 85, 86
Golowkin, Gavril Iwanowitsch
    (1660–1734) 86, 87, 100, 107,
    109
Golownin, A. W., Professor
    (1821–1866) 241, 243
Gontscharow, Iwan Alexandro-
    witsch (1812–1891) 302
Gortschakow, Fürst Michail
    Dmitrijewitsch, General
    (1793–1861) 328 f.
Gorki, Maxim (1868–1936)
    380, 393, 398, 408, 414, 415, 419
Gosse, Sir Edmund (1849–1928)
    385
Gribojedow, Alexander Sergeje-
    witsch (1795–1829) 169–171
Gustav IV., König von Schweden
    (1778–1837) 124

Haile Selassie, Kaiser von Äthiopien
    429
Hardy, Thomas (1840–1928) 321
Harkness, Mrs. Edward 428
Heinrich II., König von Frankreich
    (1519–1559) 299
Herzen, Alexander Iwanowitsch
    (1812–1870) 9, 174, 178, 183
Hitler, Adolf 407, 412, 416, 417, 419
Hoffmann, E. T. A. (1776–1822)
    281, 286
Holstein-Gottorp, Herzogin Anna
    Petrowna (1708–1728) 110
Holstein-Gottorp, Herzog Karl
    Friedrich (1700–1728) 110–112
Home, Daniel Dunglas (1833–1886)
    297
Hugo, Victor (1802–1885) 376

Ibrahim Pascha (1789–1848) 148
Ignatiew, Graf 410
Ignatiew, Graf N. P. (1832–1908)
    260 f., 262
Ikonnikow, Nikolai Flegontowitsch
    (geb. 1883) 428
Indris, Woiwode von Tschernigow
    10, 14–22, 224, 396, 427, 428
Iosif, Patriarch 27, 34
Istomina, Awdotia Ilinitschna
    (1788–1848) 144
Iwan IV. Wassiljewitsch, »der
    Schreckliche«, Zar (1530–1584)
    21, 25, 35, 298–300, 407
Iwan V. Alexejewitsch, Zar
    (1666–1696) 46, 49, 52–54
Iwan VI., Zar (1740–1764) 117

Jagoda, H. H. 415
Jani-Beg, Khan (gest. 1357) 15
Jermolow, Alexei Petrowitsch,
    General (1777–1861) 134,
    137 f., 166

Jessenin, Sergei Alexandrowitsch (1895–1925) 427
Joachim Patriarch 54
Jomini, Baron Antoine, General (1779–1869) 143

Kalinin, Michail Iwanowitsch (1875–1946) 420
Kamenjew, Lew Borisowitsch (1883–1936) 413
Kamenskaja, Maria Fjodorowna (geb. Tolstoja; 1817–1898) 178
Kandaurowa, Margarita 384
Kappel, Wladimir Oskarowitsch, Oberst (1880–1920) 438 f.
Karakosow, Dmitri Wladimirowitsch (1840–1866) 242 f., 246
Karamsin, Nikolai Michailowitsch (1766–1826) 192, 224
Karatigin, Andrei Wassiljewitsch (1774–1831) 144
Karl II., König von England (1630–1685) 30
Karl VI., röm. Kaiser (1685–1740) 91, 93, 95–97, 110
Karl XII., König von Schweden (1655–1697) 67 f., 73 f., 77, 79, 81–83, 85, 86 f., 103
Kasem-Bek, Maria Lwowna (1855–1918) 436
Katharina I., Zarin (1683–1727) 86, 97, 106–109, 112
Katharina II., »die Große«, Zarin (1729–1796) 9, 26, 117, 120, 121, 187, 190, 192, 239, 320
Katkow, Michail Nikiforowitsch (1818–1887) 262, 306
Kerenski, Alexander Fjodorowitsch (1881–1970) 387
Klijutschewski, Wassili Ossipowitsch (1841–1911) 9, 22
Konstantin, Sohn von Indris → Litwinos

Konstantin Pawlowitsch, Großfürst (1779–1831) 241
Kostenezky, General 143
Kostomarow, Nikolai Iwanowitsch (1812–1885) 304
Krasnow, Peter Nikolajewitsch, General (1869–1947) 437
Kruzenstern, Iwan Fjodorowitsch, Admiral (1770–1846) 156, 157–163
Krylow, Iwan Andrejewitsch (1768–1844) 192, 215
Kurakin, Fürst 34
Kutschkowski, Arzt 139
Kutusow, Michail Larionowitsch, Feldmarschall (1745–1813) 122, 130 f., 134, 144, 339

Labsin, Alexander Fjodorowitsch (1766–1825) 199
Lancaster, Joseph 202
Lannes, Jean, Marschall (1769–1809) 125
Latzis, Martyn Janowitsch (1888–1938) 441
Lenin, Wladimir Ilytsch (1870–1924) 113, 268, 371, 384, 393, 394, 398, 418, 436, 439
Leonti → Indris
Lermontow, Michail Jurjewitsch (1814–1841) 286
Lincoln, Bruce, Professor 56, 260
Liprandi, Iwan Petrowitsch, General (1790–1880) 179
Lisiansky, Juri Fjodorowitsch, Kapitän (1773–1837) 160
Liszt, Franz (1811–1886) 304
Litwinos 14
Lloyd George, David (1863–1945) 385, 442
Loewenstern, Wladimir, General (1777–1858) 133
Longinow, Michail 230

Longinow, Nikolai 208
Loris-Melikow, Michail Tarielowitsch, General (1825–1888) 259, 260, 266, 272, 275
Ludwig XIV., König von Frankreich (1638–1715) 30, 370
Ludwig XV., König von Frankreich (1710–1774) 88, 100
Lunatscharski, Anatol Wassiljewitsch (1875–1932) 428

Mahmud II., Sultan (1785–1839) 148 f.
Maikow, Apollon Nikolajewitsch (1821–1897) 215
Majakowski, Wladimir Wladimirowitsch (1893–1930) 388, 393, 394 f., 397
Makowitski, Dr. Duschan (1866–1921) 362, 365
Mandelstam, Ossip Emiljewitsch (1891–1938) 414 f., 418, 419
Maria Alexandrowna, russ. Kaiserin (gest. 1880) 292 f., 301
Maria Fjodorowna, russ. Kaiserin (1847–1928) 445
Marie Louise, Kaiserin 140
Martinovič, Marko 61
Marx, Karl (1818–1881) 252, 270, 271, 276, 321, 338
Maslow, Stepan 226, 228
Matwejew, Andrei Artamonowitsch (1666–1728) 54
Matwejew, Artamon Sergejewitsch (1625–1682) 46, 48–54
Maude, Aylmer (1858–1938) 355
Mazeppa, Iwan Stepanowitsch (um 1644–1709) 79, 81, 102 f.
Mecklenburg, Herzogin Katharina Iwanowna (1692–1733) 87
Mecklenburg, Herzog Karl Leopold (1678–1747) 87

Menschikow, Fürst Alexander Danilowitsch (1673–1729) 86, 89, 100, 106, 108–112
Menschikowa, Fürstin Maria 111
Metternich, Fürst Klemens (1773–1859) 208
Michael I. Fjodorowitsch, Zar (1596–1645) 25, 27, 47
Mikojan, Anastas Iwanowitsch (1895–1978) 418 f.
Miloradowitsch, Graf Michail Andrejewitsch, General (1770–1825) 130
Miloslawskaja, Anna Ilinitschna (gest. 1662) 35
Miloslawskaja, Maria Ilinitschna (1625–1669) 23, 32, 35, 41, 42, 46, 117
Miloslawski, Alexander Iwanowitsch (1678–1746) 52
Miloslawski, Fjodor Iwanowitsch 35
Miloslawski, Fjodor Jakolewitsch (gest. 1678) 30
Miloslawski, Grigori Jakolewitsch (gest. 1672) 30
Miloslawski, Ilja Danilowitsch (1594–1668) 10, 33–42, 46 f., 56, 65
Miloslawski, Illarion Semjonowitsch 54
Miloslawski, Iwan Andrejewitsch (gest. 1663) 30, 41
Miloslawski, Iwan Bogdanowitsch (gest. 1681) 30, 43 f., 48, 50
Miloslawski, Iwan Michailowitsch (1629–1685) 10, 39, 47–52, 54–56, 59
Miloslawski, Matwei Bogdanowitsch 54
Miloslawski, Michail Michailowitsch 45
Miloslawski, Michail Wassiljewitsch 39

Miloslawski, Simeon Jurjewitsch 30
Miloslawski, Wassili Iwanowitsch 35
Mons, Wilhelm (gest. 1724) 106 f.
Morand, Graf Louis, General (1771–1835) 132
Morier, Sir Robert (1826–1893) 274
Morosow, Boris Iwanowitsch (1590–1661) 34 f., 39 f., 46
Morosow, Iwan Wassiljewitsch (gest. 1670) 33 f.
Murat, Joachim, Marschall, König von Neapel (1767–1815) 128, 131 f., 139
Murawiew, Graf Michail Nikolajewitsch (1796–1866) 303
Mussorgski, Modest (1839–1881) 25
Mustapha II., Sultan (1664–1703) 69, 71

Nelson, Horatio, Admiral (1758–1805) 189
Netschajew, Sergei (1847–1882) 253 f.
Ney, Michel, Marschall (1769–1815) 131
Nicholson, Sir Douglas, Admiral (1867–1946) 430
Nikitenko, Alexander Wassiljewitsch (1804–1877) 305
Nikolaus I., russ. Kaiser (1796–1855) 26, 146, 148, 150, 180, 202, 210, 213, 215, 226, 227, 229, 236, 238 f., 285, 286, 288, 290, 315
Nikolaus II., russ. Kaiser (1868–1918) 268, 347, 351, 386, 399
North, F. W. 443 f.
Numan Pascha, Großwesir 82

Napier, Sir Charles, Admiral (1786–1860) 290
Napoleon I., Kaiser (1769–1821) 122, 123–125, 127, 128, 130–134, 136, 139 f., 163, 166, 192, 204, 206, 226, 307, 337–340
Napoleon III., Kaiser (1808–1873) 253
Naryschkin, Alexander (gest. 1809) 164 f.
Naryschkin, Iwan 98
Naryschkin, Iwan Kyrillowitsch (1658–1682) 51, 54
Naryschkin, Kyrill Poluektowitsch (1623–1691) 54
Naryschkina, Natalja Kyrillowna, Regentin (1651–1694) 46, 49–52, 54
Naschtschokin, Peter Alexandrowitsch 166 f.
Nekrasow, Sergei Gennadjewitsch (1847–1882) 286

Odojewski, Fürst 286
Olgerd, litauischer Herrscher (gest. 1377) 15–17
Osterman, Graf Andrei Iwanowitsch (1686–1747) 108, 111, 121
Osterman, Gräfin Anna Wassiljewna (geb. Tolstoja; 1732–1809) 119
Osterman, Graf Fjodor Andrejewitsch (1713–1804) 121
Osterman, Graf Iwan Andrejewitsch (1725–1811) 121, 128
Osterman-Tolstoi, Graf Alexander Iwanowitsch, General (1770–1857) 10, 115, 120 f., 123, 127, 136, 140, 141, 143–146, 147–152, 151, 200, 201, 206; Offizier der Preobraschenski-Garde 120; zum Grafen ernannt 121; Amtierender Geheimer Staatsrat 121; im Kampf gegen Napoleon I. 124–139; Schlacht

von Kulm 137–139; Armamputation 139; sein Haus in St. Petersburg 141 f.; verläßt Rußland 147; Tod in Genf 152
Osterman-Tolstoja, Gräfin Elisabeth Alexejewna (1779–1835) 121, 145, 150

Pasternak, Boris Leonidowitsch (1890–1960) 419
Paul I., russ. Kaiser (1754–1801) 121, 188
Pavlov-Silvansky, Nikolai Pawlowitsch (1869–1908) 86
Perowski, Alexei Alexejewitsch 280–285
Peter I. Alexejewitsch, »der Große«, russ. Kaiser (1672–1725) 9, 41, 46–49, 54–56, 59–61, 67–70, 75–81, 83–91, 95–98, 99, 100–110, 111, 225, 239, 401, 403, 422
Peter II., russ. Kaiser (1715–1730) 89, 98, 105, 107 f., 110–112, 113
Peter III., russ. Kaiser (1728–1762) 118, 226
Petraschewski, Michail Wassiljewitsch (1821–1866) 236
Philipp II., König von Spanien (1527–1598) 299
Pirogow, Nikolai Iwanowitsch (1810–1881) 249
Platon, Iwan 400
Plechanow, Georgi Valentinowitsch (1856–1918) 270, 271
Pobedonoszew, Konstantin Petrowitsch (1827–1907) 261, 262, 275
Pomare IV., Königin von Tahiti (gest. 1877) 163
Potemkin, Fürst Grigori Alexandrowitsch (1739–1791) 117, 120
Pugatschew, Jemeljan Iwanowitsch (um 1741–1775) 118, 398

Puschkin, Alexander Sergejewitsch (1799–1837) 25, 171–173, 176, 177 f., 211, 215, 227, 231, 234, 286
Puschkin, Peter Petrowitsch 30

Rabutin, Graf, österr. Botschafter 110 f.
Rachel (1821–1858) 292
Raeff, Marc, Professor 8, 352
Rajewski, Nikolai Nikolajewitsch, General (1771–1825) 132 f., 134
Rasin, Stenka (gest. 1671) 43 f., 47, 75, 78, 398
Rastrelli, Bartolomeo (1700–1771) 219, 280
Rasumowski, Graf Alexei Kyrillowitsch (1748–1822) 279
Renan, Ernest (1823–1892) 358
Repnin, Fürst Nikita Iwanowitsch, General (1668–1726) 109
Repnin, Fürst Nikolai Wassiljewitsch, Feldmarschall (1734–1801) 121
Riasanovsky, Nicholas 243
Ribopier, Graf Constantine (1781–1865) 148
Romodanowski, Fürst Fjodor Jurjewitsch (um 1640–1717) 66
Rousseau, Jean-Jacques (1712–1778) 323–325, 336
Rumjanzew, Graf Peter Alexandrowitsch, Feldmarschall (1725–1796) 147
Rumjanzow, Alexander, Hptm., 90–96, 100 f.

Sabelin, Iwan Jegorowitsch (1820–1909) 304
Sagoskin, Michail Nikolajewitsch (1789–1852) 43, 298, 299

Saltykow-Schtschedrin, Michail Jewgrafowitsch (1826–1889) 236
Sapieha, Graf 111, 112
Savary, General (1774–1883) 127
Sayn-Wittgenstein, Prinzessin Helene (gest. 1887) 304
Schafirow, Baron Peter Pawlowitsch (1669–1739) 83, 87, 88
Scheremetjew, Boris, Marschall 67, 86
Scheremetjew, Wassili Iwanowitsch 30
Schestakow, Peter Dmitrijewitsch (1826–1889) 244
Schewtschenko, Taras Grigorjewitsch (1814–1861) 215
Schostakowitsch, Dmitri Dmitrijewitsch (1906–1975) 412 f.
Schtschepkin, Michail Semjonowitsch (1788–1863) 180
Schtscherbatow, Michail Michailowitsch (1733–1790) 19
Schtscherbatow, Fürst Sergei Alexandrowitsch (geb. 1874) 382 f.
Schuiski, Wassili 25
Schukowski, Kornei Iwanowitsch (1882–1969) 394
Schukowski, Wassili (1783–1852) 181, 192, 215, 283, 286
Schuwalow, Graf Pawel Andrejewitsch (1776–1823) 128
Schwartz, Wjatscheslaw 304
Scott, Sir Walter (1771–1832) 145, 286, 298, 299, 309
Semeonowa, E. S. 144
Seton-Watson, Hugh, Professor (geb. 1916) 238
Shaw, George Bernard (1856–1960) 358
Simonten 14
Sinel, Allen, Professor 248, 275
Sinowjew, Grigori Jewsejewitsch (1883–1936) 413
Sinzendorff, Graf 92

Skoropadski, Iwan Ilytsch, Hetman (1646–1722) 102
Sophia Alexejewna, Regentin (1657–1704) 37, 49–51, 54 f., 59, 66, 422
Sophie, Fürstin von Litauen 35
Stalin, Joseph (1879–1953) 36, 398, 403 f., 406, 407, 408, 411, 412
Stark, Lucy, 436, *438*, 440–445
Stroganoff, Graf A. G. 208 f., 230
Struve, Gleb 373
Suworow, Fürst Alexander Wassiljewitsch, Feldmarschall (1729–1800) 120, 124, 147
Swjatopolk-Mirsky, Fürst Dmitri Petrowitsch (1890–1937) 395

Taylor, A. J. P., Professor (geb. 1906) 371
Taylor, Jackson, Professor 275
Thorwaldsen, Bertel (1770–1844) 282
Tichomirow, Lew Alexandrowitsch (1852–1923) 268
Tichon, Bischof (1724–1783) 220
Togo, Admiral 430
Tolstoi, Alexander Iwanowitsch → Osterman-Tolstoi
Tolstoi, Alexander Nikolajewitsch 221
Tolstoi, Alexander Petrowitsch (1777–1819) 188 f.
Tolstoi, Alexander Petrowitsch (1801–1863) 287
Tolstoi, Alexei Konstantinowitsch (1817–1875) 9, 10, 189, 277, 282, 285–288, 296, 352, 407; Kindheit 279–281; Reisen nach Deutschland und Italien 281 f., 283 f., 304; im Archiv des Außenministeriums 283; erste Veröffentlichungen 285; Verbindung mit Sophie Bachmetewa 288–290;

Zeremonienmeister 291; Flügeladjutant Kaiser Alexanders II.
292; seiner Pflichten entbunden
297; »Fürst Serebriany«
297–302; Heirat 301; England-
reise 303 f.; »Iwans Tod« und
»Zar Fjodor« 304–306; Gedichte
306–308, 310; »Popows Traum«
308 f.
Tolstoi, Alexei Nikolajewitsch
(1882/3–1945) 25, 367, 369–371,
381, 405, 411, 415, 416, 420, 427;
Erziehung 372–376; Studium in
St. Petersburg 377; erste Ehe 378;
Liebschaft mit Sophia Dymschiza
378; erste Veröffentlichungen
373–374, 381–382; erste Reise
nach Paris 382; neuerliche Heirat
384; Korrespondent im 1. Weltkrieg 384 f.; in der Russ. Revolution 388 f.; als Emigrant
in Paris 390–392; »Der Leidensweg« 391; in Berlin 392–394;
Heimkehr in die UdSSR 397;
»Die Verschwörung der Kaiserin«
und »Asew« 399; Stalin rühmt
»Auf der Folterbank« 404–405;
Stalin-Preis 406; als Hausherr
408–414; Heirat mit Ludmilla
410; »Brot« 410; als Propagandist
im 2. Weltkrieg 415–418; Mitglied des Obersten Sowjet 419;
Mitglied der »Staatl. Kommission
zur Untersuchung Faschistischer
Kriegsverbrechen« 419 f.; am
Massengrab von Katyn 421;
»Peter der Erste« 421 f.; Staats-
begräbnis 422 f.
Tolstoi, Alexei Petrowitsch
(1798–1864) 144
Tolstoi, Andrei Charitonowitsch
(um 1430) 21
Tolstoi, Andrei Lwowitsch
(1877–1916) 334, 347

Tolstoi, Andrei Stepanowitsch
(1793–1830) 233
Tolstoi, Andrei Wassiljewitsch
(gest. um 1698) 14, 45, 50, 55
Tolstoi, Boris Iwanowitsch 70, 78,
84, 112
Tolstoi, Dmitri Alexejewitsch
(1823–1889) 217, 256, 267, 308,
346 f., 371; im Lyzeum 234 f.;
im Innenministerium 236 f.;
als Vorstand der Kanzlei des
Marineministeriums 238–241;
als Minister für Volksaufklärung
242–259; als Innenminister
261–274; seine Einstellung
gegenüber Nihilismus und
Kommunismus 268–270; Tod 274
Tolstoi, Dmitri Nikolajewitsch
(1806–1884) 219 f., 225–229,
256, 236; Kindheit auf dem Gut
Snamenskoje 220–223; Umzug
der Familie nach Moskau 223 f.;
in der Abteilung für Bittgesuche
229 f.; als Gouverneur 231;
als Direktor der Polizeiabteilung
232 f.; nimmt den Namen
Tolstoi-Snamenski an 233 f.
Tolstoi, Dmitri Nikolajewitsch
(1827–1857) 326
Tolstoi, Dmitri Pawlowitsch
(1877–1905) 430
Tolstoi, Graf Fjodor Andrejewitsch,
General (1758–1849) 224
Tolstoi, Fjodor Iwanowitsch
(1726–1760) 224
Tolstoi, Fjodor Iwanowitsch, »der
Amerikaner« (1782–1846) 9, 153,
155, 167–173, 175–178, 179,
180 f., 183; als Offizier der Preobraschenski-Garde 156; Reise
in die Südsee 157–160; auf einer
Insel im Pazifik ausgesetzt 160 f.;
milit. Laufbahn 162–166; Heirat
mit einem Zigeunermädchen 174

Tolstoi, Fjodor Petrowitsch
(1783–1873) *185*, 187, 188, 190 f.,
196–204, 206 f., 209 f., 287; wird
Schüler der Kunstakademie
192 f.; beendet die Marine-
laufbahn 194; seine Tätigkeit in
der Eremitage 194; Heirat 195;
beginnt eine Serie von Medaillen
205; findet die Gunst der Kaiserin
208; macht Entwürfe fürs Ballett
212; Reise nach Italien 213–216
Tolstoi, Gleb Dmitrijewitsch
(1862–1904) 262
Tolstoi, Graf Ilja Andrejewitsch
(1794–1837) *314*
Tolstoi, Iwan Andrejewitsch
(1644–1713) 50, 56, 59, 67, 84;
Woiwode von Asow 67–70; ver-
teidigt Asow gegen die Kosaken
75–78; Geh. Staatsrat 78;
übergibt Asow an das Osmanische Reich 84
Tolstoi, Iwan Andrejewitsch
(gest. um 1752) 97, 119
Tolstoi, Iwan Iwanowitsch
(geb. 1882) 427
Tolstoi, Iwan Matwejewitsch
(1808–1867) 144
Tolstoi, Iwan Petrowitsch
(gest. 1728) 61, 73, 112–113
Tolstoi, Konstantin (1780–1870)
189, 279–280
Tolstoi, Leo (Lew) Nikolajewitsch
(1828–1910) 9, 10, 55, 127, 168,
240, 293, 310, *311*, 321–323, *324*,
326, *341*, *343*, *347*, *350*, *355*, *357*,
360, *363*, 406, 422; früher Tod
der Mutter 315; Kindheit
315–320; Tod des Vaters 319;
Militärdienst im Kaukasus
325–328; »Die Kosaken« 326 f.;
auf dem Balkanfeldzug 328–330;
seine Einstellung gegenüber
Sexualität 331–335; Heirat 332;
»Die Kreuzersonate« 334; sittliche
Anschauungen 336–338, 357 f.;
Geschichtstheorie 337–339;
»Krieg und Frieden« 130, 134,
155, 338 f.; »Beichte« 342; seine
Lebenseinstellung 343–345;
sein bäuerl. Lebensstil 345 f.;
politische Anschauungen 346 f.,
353 f.; erbt Jasnaja Poljana 348;
seine aristokratischen Vorurteile
348–352; seine Anhänger
358 f.; Flucht von Jasnaja Poljana
und Tod 362–365
Tolstoi, Lew Wassiljewitsch
(1740–1816) 117
Tolstoi, Matwei Andrejewitsch
(1701–1763) 119
Tolstoi, Michael Wladimirowitsch
(1812–1896) 261
»Tolstoi«, Nikita Alexejewitsch
(unehelich) 374, 392
Tolstoi, Nikolai Alexandrowitsch
(1765–1816) 127, *129*
Tolstoi, Nikolai Alexandrowitsch
(1849–1900) 372
Tolstoi, Nikolai Fjodorowitsch
(gest. 1820) 219 f.
Tolstoi, Nikolai Ilytsch (1794–1837)
314
Tolstoi, Nikolai Nikolajewitsch
(1823–1860) 326, 336, 365
Tolstoi, Nikolai Pawlowitsch
(1876–1877) 430
Tolstoi, Nikolai Wassiljewitsch
(1737–1774) 117–119
Tolstoi, Peter Alexandrowitsch,
General (1770–1844) 122, *123*,
124, 127, 145, 191, 192, 193, 200,
228, 229
Tolstoi, Peter Andrejewitsch
(1645–1729) 50, 52 f., 56, *57*,
59 f., 62, 78 f., *103*, 147, 219, 241,
314; Woiwode von Ustjug 60;
erlernt in Italien die Navigation

61–66; Botschafter im Osmanischen Reich 67–74, 79–86; Reise nach Westeuropa 87–89; Jagd nach dem Zarewitsch und dessen »Hinrichtung« 91–102; Fluch des Zarewitschs 102; amtierender Geh. Staatsrat 102–105; Intrigen um die Thronfolge 106–112; Verbannung und Tod 112–114
Tolstoi, Graf Peter Andrejewitsch, General (geb. 1746) 187 f., *190*, 199, 279
Tolstoi, Peter Petrowitsch (gest. 1728) 61, 102
Tolstoi, Peter Petrowitsch (1787–1809) 189
Tolstoi, Sergei Dmitrijewitsch 233 f.
Tolstoi, Sergei Lwowitsch (1863–1947) 183, 335, 365
Tolstoi, Sergei Michailowitsch (geb. 1912) 428
Tolstoi, Sergei Nikolajewitsch (1826–1904) 326
Tolstoi, Sergei Pawlowitsch, General (1824–1894) 434
Tolstoi, Sergei Pawlowitsch (1876–1877) 430
Tolstoi, Sylvester Iwanowitsch (gest. 1612) 22
Tolstoi, Wassili ›Charp‹ Iwanowitsch (gest. 1650) 45, 50, 233
Tolstoi, Wladimir Petrowitsch 189
Tolstoi, Wladimir Sergejewitsch (1806–1888) 228
Tolstoi-Miloslawski, Dmitri Michailowitsch (geb. 1912) 435–437, *438*, 442–445
Tolstoi-Miloslawski, Iwan Michailowitsch (geb. 1926) 429
Tolstoi-Miloslawski, Michael Pawlowitsch (1884–1947) 430, *431*, *438*, 439 f., *440*
Tolstoi-Miloslawski, Michail Sergejewitsch (1922–1969) 429
Tolstoi-Miloslawski, Paul Michailowitsch (geb. 1923) 429
Tolstoi-Miloslawski, Pawel Sergejewitsch (1848–1940) 429 f.
Tolstoi-Miloslawski, Sergei Michailowitsch (Serioscha) (1892–1938) 438 f.
Tolstoi-Miloslawski, Sergei Sergejewitsch (1849–1925) 439 f.
Tolstoi-Miloslawski, Wladimir Sergejewitsch (geb. 1927) 429
Tolstoja, Alexandra Andrejewna (1817–1904) 332
Tolstoja, Alexandra Leontiewna (geb. Turgenjewa; 1854–1906) 372, 374 f.
Tolstoja, Alexandra Lwowna (1884–1979) 362–365, 427 f., *429*
Tolstoja, Anastasia Iwanowna (1816–1889) 212
Tolstoja, Anisia Kyrillowna 106
Tolstoja, Anna Alexejewna (geb. Perowskaja; 1796–1857) 279 f., 292, 294
Tolstoja, Anna Fjodorowna, gen. Annette (1792–1835) 194–196, *195*, 212
Tolstoja, Elisabeth Fjodorowna, gen. Lisa (1811–1836) 196, 198, 208, 212
Tolstoja, Eudokai Maximowna (1796–1861) 174 f.
Tolstoja, Jefrosinja Fjodorowna 233
Tolstoja, Julia Wassiljewna 378 f.
Tolstoja, Ludmilla Ilinitschna 410, *411*
Tolstoja, Maria Matwejewna (geb. Apraxina) 50, 59, 84
Tolstoja, Maria Nikolajewna (geb. Wolkonskaja; 1780–1830) 314 f.
Tolstoja, Maria Wassiljewna 384
»Tolstoja«, Marjana (unehel.) 384
Tolstoja, Natalja Andrejewna 219

Tolstoja, Natalja Wassiljewna 386, 390, 392
Tolstoja, Olga Michailowna (geb. Katkowa) 262
Tolstoja, Praskowia Fjodorowna (1831–1887) 175, 181
Tolstoja, Sarah Fjodorowna (1817–1838) 174 f.
Tolstoja, Solomonida Michailowna (geb. Miloslawskaja) 45, 50
Tolstoja, Sophia Andrejewna (1827–1902) 288, 294, 297, 301, 302, 303, 310
Tolstoja, Sophia Andrejewna, gen. Sonja (geb. Behrs; 1844–1919) 332, *333*, 334, 356, *357*, 357 f., 361–365
Tolstoja, Sophia Andrejewna 427
Tolstoja, Sophia Dmitrijewna (geb. Bibikowa; gest. 1907) 237, 261, 274 f.
Tolstoja-Miloslawskaja, Eileen May (geb. Hamshaw; gest. 1916) *425*, 434 f.
Tolstoja-Miloslawskaja, Lydia Palowna, gen. Lily (1882–1975) 189, 430, 431 f., *433*, 437, 439–445
Tolstoja-Miloslawskaja, Maria Pawlowna, gen. Maroussia (1881–1974) 430, 434 f., *435*, 445
Tolstoy-Miloslavsky, Alexandra Nikolajewna (geb. 1973) *445*
Tolstoy-Miloslavsky, Anastasia Nikolajewna (geb. 1975) *445*
Tolstoy-Miloslavsky, Dmitri Nikolajewitsch (geb. 1978) *445*
Tolstoy-Miloslavsky, Georgina (geb. 1948) *445*
Tolstoy-Miloslavsky, Nikolai (geb. 1935) *445*
Tolstoy-Miloslavsky, Xenia (geb. 1980) *445*

Trotzki, Lew Dawidowitsch (1879–1940) 398, 408, 413, 418, 419, 436, 439
Tschechow, Anton Pawlowitsch (1860–1904) 308, 356, 361
Tscherkaskoi, Fürst Iwan Araslanowitsch 30, 39
Tschernyschewski, Nikolai Gawrilowitsch (1828–1889) 303
Tschertkow, Wladimir Grigorjewitsch (1854–1936) 333, 359, 362–364
Tschitschagow, Pawel Wassiljewitsch, Admiral (1765–1849) 194
Tschitscherin Boris Nikolajewitsch, Professor (1829–1904) 257
Tuchatschewski, Michail Nikolajewitsch, Marschall (1893–1937) 396
Turgenjew, Iwan Sergejewitsch (1818–1883) 215, 286, 287, 356, 375

Vandamme, Graf Dominique, General (1770–1830) 136–139
Vergil 214
Verne, Jules (1828–1905) 376
Villardeau, Biograph Peter Tolstois 86, 107

Wallace, Sir Donald Mackenzie (1841–1919) 271
Wassili II., »der Blinde« (reg. 1425–1462) 21
Weide, Adam, General 90
Wells, H. G. (1866–1946) 385, 386
Weselowski, Avram (1683–1780) 90 f., 95
Whitworth, Baron (1675–1725) 103
Wiasemski, Fürst Peter Andrejewitsch (1792–1878) 169, 172, 286

Williams, William, nachmals Sir William (1800–1883) 231
Winckelmann, Johann Joachim (1717–1768) 206
Witte, Graf Sergei Juliewitsch (1849–1915) 248
Wladimir I. von Kiew (gest. 1015) 20
Wladimir II. Monomach (gest. 1125) 31
Wolkonski, Fürst Nikolai 314, 320

Woloschin, Maximilian Alexandrowitsch (1877–1932) 380
Wsewoloschski, Euphemia Fjodorowna 34
Wolkenstein, Natalja Wassiljewna 384
Wrangel, Peter Nikolajewitsch, General (1878–1928) 391

Zwetajewa, Maria Iwanowna (1892–1941) 387

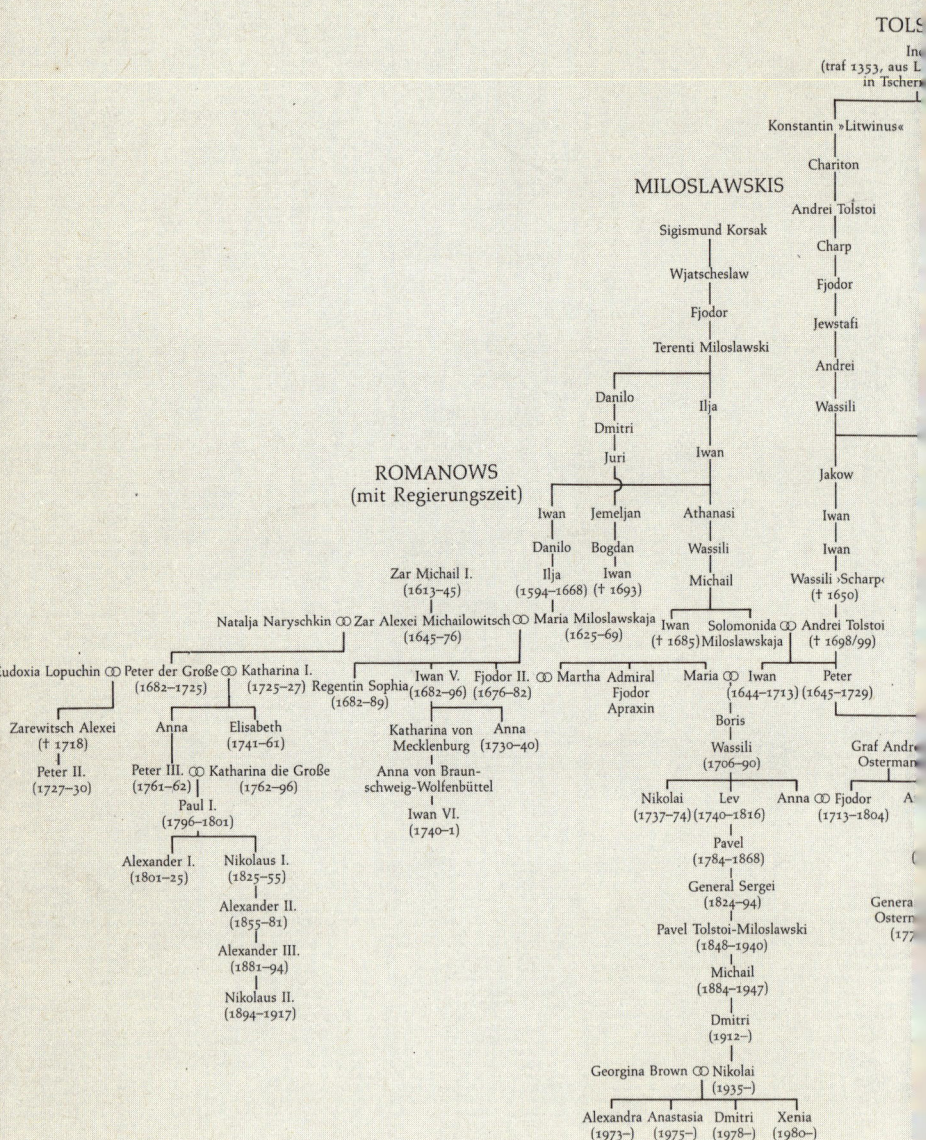